ଓଡ଼ିଶାର ଆଦିବାସୀ ସଂସ୍କୃତି

ପ୍ରମୁଖ ଅବଧାରଣା

"This short and fascinating book is written from the perspective of the outsider and of the insider as well, which cannot be said about most of the studies on the life and the culture of the *janajatis* of Odisha in Odia language. Very informative and eminently readable, this book will be of much use to the specialists and the non-specialists alike."

B. N. Patnaik
(Retired) Professor of English and Linguistics, IIT Kanpur, Kanpur

"Tribal studies as an area of investigation have long been treated as a part of Cultural anthropology. Others who tried to enter the arena of tribal life at different times could not move beyond the scope of literary analysis of the cultural narratives of the indigenous communities. In the given scenario the present work, *Odishara Adibasi Sanskruti: Pramukha Abadharana* will be a scholarly attempt to explore an area under the discipline, Community studies. It is expected to argue in favour of 'Tribal-life' at par with Folklife (in place of Folklore) in the west."

P. C. Pattanaik
*Professor, Department of Modern Indian Languages and Literary Studies,
University of Delhi, Delhi*

"*Odishara Adibasi Sanskruti: Pramukha Abadharana* is based on tribal culture, their love of nature, religious rituals, love and affections, worship of personality, hope and philosophy. The data of the book have been properly systematized and highly documented. The arrangement of tribal facts in alphabetical order is quite convincing. Hope, this book will be very essential for the scholars and as well as general readers."

N. Sahoo
Professor of Emirates, Utkal University, Bhubaneswar

"The work *Odishara Adibasi Sanskruti: Pramukha Abadharana* enumerates the unknown elements of Tribal culture of Odisha and their living tradition. Such action certainly unfurls the unexplored cultural traits of the tribal life-world and their knowledge system that is amply helpful to the other part of the civilization."

M. K. Mishra
Chief Editor, Lokaratna (a Peer-reviewed International Journal in Arts and Humanities)

Odishara Adibasi Sanskruti: Pramukha Abadharana is a compendium of major terms and connotations relating to the lives, customs, conventions, languages, beliefs and cultural practices of the tribal people of Odisha. Written in the style of encyclopaedia each alphabetic entry has been explained with proper illustration so to make the reader understand the cultural context of the term. Reading this book the reader is suddenly aware of about how the tribals have been living a life of harmony and peace with their immediate neighbours who happen to be Dalits and Other Backward Classes. Living proximately with nature tribals, Dalits and Other Backward Classes have a shared culture and memory which the author, through his research, tries to establish at a time when we are facing a cultural crisis.

Raj Kumar
Professor, Department of English, University of Delhi, Delhi

ଓଡ଼ିଶାର ଆଦିବାସୀ ସଂସ୍କୃତି

ପ୍ରମୁଖ ଅବଧାରଣା

ସଞ୍ଜୟ କୁମାର ବାଗ

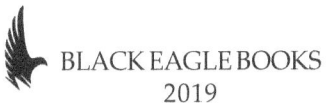

BLACK EAGLE BOOKS
2019

BLACK EAGLE BOOKS

USA address:
7464 Wisdom Lane
Dublin, OH 43016

India address:
E/312, Trident Galaxy, Kalinga Nagar,
Bhubaneswar-751003, Odisha, India

E-mail: info@blackeaglebooks.org
Website: www.blackeaglebooks.org

First International Edition Published by
BLACK EAGLE BOOKS, 2019

Odishara Adibasi Sanskruti: Pramukha Abadharana
by **Sanjaya Kumar Bag**

Copyright © **Sanjaya Kumar Bag**

All rights reserved. No part of this publication may be reproduced, stored in a retrieval system, or transmitted, in any form or by any means, electronic, mechanical, photocopying, recording or otherwise without the prior permission of the publisher.

Cover Photo: Jaher khand_ Baha Parab / Source: Ganesh Murmu
Cover & Interior Design: Ezy's Publication

ISBN- 978-1-64560-058-9 (Paperback)

Printed in United States of America

ପ୍ରକୃତିକୁ ଉତ୍ଖାତ ନକରି ଦିନରାତି କୃତଜ୍ଞତା ଜ୍ଞାପନ କରୁଥିବା; ସହାବସ୍ଥିତ ଗୋଷ୍ଠୀ, ଜାତି ସହ ଶୃଙ୍ଖଳିତ ଅବସ୍ଥାନ, ମୈତ୍ରୀବନ୍ଧନ, ଓ ସାମୂହିକ ଜୀବନ ଜୀଇଁ ନିଜନିଜର ସାଂସ୍କୃତିକ ପରିଚିତି ନିର୍ମାଣରେ ବିଶ୍ୱାସ ରଖୁଥିବା ସମଗ୍ର ଜନଜାତି ଓ ମିତାନ୍ ଗୋଷ୍ଠୀର ସଦସ୍ୟଙ୍କୁ...

କୃତଜ୍ଞତା

ପୁସ୍ତକଟିର ପ୍ରସ୍ତୁତି ସମୟରେ ଅନେକ ପ୍ରବନ୍ଧ, ଗବେଷଣାତ୍ମକ ପୁସ୍ତକ, ଓ ବିଭିନ୍ନ ଗୋଷ୍ଠୀର ସାଂସ୍କୃତିକ ପରାମର୍ଶଦାତାଙ୍କ ସାହାଯ୍ୟ ନିଆଯାଇଛି। ଅତଏବ, ଏହି ସମସ୍ତ ଲେଖକ, ଗବେଷକ, ଓ ପରାମର୍ଶଦାତାଙ୍କ ପାଖରେ ମୁଁ କୃତଜ୍ଞ। କ୍ଷେତ୍ରକାର୍ଯ୍ୟ ଓ ତଥ୍ୟ ସଂଗ୍ରହ ସମୟରେ ବିଭିନ୍ନ ଭାବରେ ସାହାଯ୍ୟ ସହଯୋଗ କରିଥିବା ସୁଜାତା ସାହାଣୀ, ରବିଶଙ୍କର ପ୍ରଧାନ, ସନ୍ତୋଷ ମହାନ୍ତି, ଶ୍ରୀକାନ୍ତ ମହାନ୍ତି, ରୁଦ୍ରାଣୀ ମହାନ୍ତି, ମୋହନ କର, ଗଣେଷ ମୁର୍ମୁ, ଲଖନ ମୁର୍ମୁ, ଅନିମା ବାସ୍କେ, ରାଜୀବ ଶଗଡ଼ିଆ, ହେମନ୍ତ ଦଳପତି, ବିବେକ ସୁନା, ଭୋଳାନାଥ ସରେନ, ଦେବାଶିଷ ମହାପାତ୍ର, ଅଜୟ କୁମାର ମିଶ୍ର, ସୁଧୀର କୁମାର ସାହୁ, ପରମେଶ୍ୱର ମୁଣ୍ଡ, ବିବେକ ସୁନା, କ୍ଷେତ୍ରବାସୀ ମାନସେଠ୍, ରାଜେନ୍ଦ୍ର ପାଢ଼ୀ, ବିଜୟ ବହିଦାର, ଅଖିଳ ନାୟକ, ମନ୍ମଥନାଥ ଘଡ଼େଇ ପ୍ରମୁଖଙ୍କ ପାଖରେ ମଧ୍ୟ ମୁଁ କୃତଜ୍ଞ। ମୁଁ କୃତଜ୍ଞ ପ୍ରଫେସର ପ୍ରକାଶ ପଟ୍ଟନାୟକ, ଓ ପ୍ରଫେସର ନାରାୟଣ ସାହୁଙ୍କ ପାଖରେ ଯାହାଙ୍କ ଦିଗଦର୍ଶନ ମୋତେ ସବୁବେଳେ ପ୍ରଜାତିକ ଜୀବନଧାରା ତଥା ଲୋକଧାରା ଗବେଷଣା କରିବାପାଇଁ ଉତ୍ସାହିତ କରିଛି। କୃତଜ୍ଞ ପ୍ରଫେସର ବିବୁଧେନ୍ଦ୍ର ନାରାୟଣ ପଟ୍ଟନାୟକ ପାଖରେ।

ବ୍ଲାକ୍ ଈଗଲ ବୁକ୍ସ ଏହାର ପ୍ରକାଶନ ଦାୟିତ୍ୱ ନେଉଥିବାରୁ ପ୍ରକାଶକ ତଥା ପ୍ରକାଶନ ପ୍ରସ୍ତୁତି ଦାୟିତ୍ୱରେ ଥିବା ସମସ୍ତ ବନ୍ଧୁଙ୍କୁ ମଧ୍ୟ କୃତଜ୍ଞତା ଜଣାଉଛି।

ସଞ୍ଜୟ କୁମାର ବାଗ

ପ୍ରାକ୍-କଥନ

ଓଡ଼ିଶାରେ ୬୨ ପ୍ରକାରର ଆଦିବାସୀ ବସବାସ କରୁଛନ୍ତି । ସେ ମଧ୍ୟରୁ ସାନ୍ତାଳୀ, ମୁଣ୍ଡାରୀ, ଭୁଞ୍ଜିଆ, ବଣ୍ଡା, ହୋ, କନ୍ଧ, ପରଜା, ଗାଦବା ଭଳି କେତେକ ଆଦିବାସୀ ଗୋଷ୍ଠୀର ସ୍ୱତନ୍ତ୍ର ଭାଷା ଅଛି । ସେହିପରି, ସମସ୍ତ ଆଦିବାସୀ ଗୋଷ୍ଠୀର ସ୍ୱତନ୍ତ୍ର ସଂସ୍କୃତି ଅଛି । ସଂସ୍କୃତି ପ୍ରତ୍ୟେକ ଗୋଷ୍ଠୀ ପାଇଁ ସେମାନଙ୍କ ପରିଚିତିର ସ୍ୱରୂପ । ସାଂସ୍କୃତିକ ଅଧ୍ୟୟନରୁ ଆମେ ସମ୍ପୃକ୍ତ ଗୋଷ୍ଠୀର ଜୀବନଧାରା, ରୀତିନୀତି, ବିଚାରବୋଧ, ବିଶ୍ୱଦୃଷ୍ଟି ସମ୍ପର୍କରେ ଅବଗତ ହୋଇଥାଉ । ବ୍ରିଟିଶ୍ ଶାସନ କାଳରେ ଅନେକ ଆଦିବାସୀ ଓ ମିତାନ୍ ଗୋଷ୍ଠୀ (ସହାବସ୍ଥିତ ସମାନ ସାମାଜିକ-ସାଂସ୍କୃତିକ ଗୋଷ୍ଠୀ)ର ସଦସ୍ୟଙ୍କୁ କ୍ରିମିନାଲ୍ ଟ୍ରାଇବ୍ (Criminal Tribes Act, 1871, 1876, 1911, 1924) ଭାବରେ ଗଣନା କରାଯାଉଥିଲା । ତେବେ, ସ୍ୱାଧୀନତାର ବହୁ ବର୍ଷ ପରେ ବି ଆଦିବାସୀ ଓ ମିତାନ୍ ଗୋଷ୍ଠୀଗୁଡ଼ିକୁ ନେଇ ପ୍ରସ୍ତୁତ ସାଂସ୍କୃତିକ ଆଖ୍ୟାନରେ ସେମାନଙ୍କୁ ମୂର୍ଖ, ଅସଭ୍ୟ, କୁସଂସ୍କାରଗ୍ରସ୍ତ, ଅନ୍ଧବିଶ୍ୱାସୀ ଭାବରେ ବର୍ଣ୍ଣନା କରାଯିବା ଦେଖିବାକୁ ମିଳେ । ଏପରିକି ସେମାନଙ୍କ ଭାଷା ପାଇଁ ସେମାନଙ୍କଦ୍ୱାରା ବିକଶିତ ଲିପିକୁ ଅବୈଜ୍ଞାନିକ, ଉଦ୍ଭଟ, ଅବାସ୍ତବ କୁହାଯାଏ । ସ୍ୱାଧୀନତାର ଦୀର୍ଘ ଦିନ ପରେ ମଧ୍ୟ ଏହି ସବୁ ଗୋଷ୍ଠୀର ଅନେକ ସଦସ୍ୟ ଆନୁଷ୍ଠାନିକ ଓ ଆଧୁନିକ ଶିକ୍ଷାଠାରୁ ବହୁ ଦୂରରେ । ଆମ ଦେଶର ଅନେକ ଲୋକ (ବିଶେଷ କରି ଅନୁସୂଚିତ ଜାତି ଓ ଜନଜାତି)ଙ୍କ ପାଖରେ ନିମ୍ନତମ ଶିକ୍ଷା, ସ୍ୱାସ୍ଥ୍ୟ ଓ କର୍ମ ସଂସ୍ଥାନ ନାହିଁ । ଏବେ ମଧ୍ୟ ଚୁକଟିଆ ଭୁଞ୍ଜିଆ, ବିରହୋର, ବଣ୍ଡା, ଡିଡ଼ାୟୀ, ଡଙ୍ଗରିଆ କନ୍ଧ, ଜୁଆଙ୍ଗ, ଖଡ଼ିଆ, କୁଟିଆ କନ୍ଧ, ଲାଞ୍ଜିଆ ସଉରା, ସଉରା, ମାଙ୍କିର୍ଡ଼ିଆ, ପାହାଡ଼ି ଭୂୟାଁ ପ୍ରଭୃତି ଅନେକ ଆଦିବାସୀ ବିକାଶର ସର୍ବନିମ୍ନ ସ୍ତରରେ । ଆଉ ଆମ ପାଖରେ ଶିକ୍ଷା ଓ ସ୍ୱାସ୍ଥ୍ୟ ସୁବିଧା ଥାଇ, ଆର୍ଥିକ ଭାବେ ସ୍ୱଚ୍ଛଳ ହୋଇ ମଧ୍ୟ ଗୁଣିଗାରେଡ଼ିରେ ବିଶ୍ୱାସ କରୁଛୁ ସେତେବେଳେ ଏସବୁରୁ ବଞ୍ଚିତ ଗୋଷ୍ଠୀର ସେହି ପ୍ରକାର ବିଶ୍ୱାସକୁ ଅନ୍ଧବିଶ୍ୱାସ ଭାବରେ ଆଲୋଚନା କରିଥାଉ, ଯାହା

ଦୁର୍ଭାଗ୍ୟପୂର୍ଣ୍ଣ। ସମ୍ପ୍ରତି ବହୁ ଆଦିବାସୀ ଗୋଷ୍ଠୀର ଜୀବନଧାରା, ଭାଷା-ସଂସ୍କୃତି ସଙ୍କଟାପନ୍ନ (endangered) ଅବସ୍ଥାରେ। ବ୍ରିଟିଶ୍ ଶାସନକାଳରୁ ତଥା ଆନୁଷ୍ଠାନିକ ଶିକ୍ଷା ଓ ଗବେଷଣାର ପ୍ରାରମ୍ଭିକ ସମୟରୁ ଆଦିବାସୀଙ୍କ ବିଷୟରେ କେବଳ ସଂସ୍କୃତି ଗବେଷକ ନୁହନ୍ତି, ସମାଜତତ୍ତ୍ୱ, ଅର୍ଥତତ୍ତ୍ୱ, ନୃତତ୍ତ୍ୱ, ଭାଷାତତ୍ତ୍ୱର ବହୁ ଗବେଷକ ଅନେକ ଗବେଷଣା କରିସାରିଛନ୍ତି, କରିଚାଲିଛନ୍ତି ତଥାପି ସେମାନଙ୍କ ଭିତରୁ ଅନେକଙ୍କ ସ୍ଥିତି ବିପନ୍ନ, ଜୀବନଧାରଣର ମାନ ନିମ୍ନ; ଏହା ଆମ ଜ୍ଞାନ, ଗବେଷଣା, ସହାବସ୍ଥିତ ଅନ୍ୟ ଗୋଷ୍ଠୀ ପ୍ରତି ଅବଧାରଣା, ଓ ସାମଗ୍ରିକ ଜାତୀୟ ଅଗ୍ରଗତିରେ ଆମର ନକରାତ୍ମକ ଦିଗକୁ ପ୍ରକାଶ କରେ।

ଏହି ପୁସ୍ତକରେ ଓଡ଼ିଶାର ଆଦିବାସୀ ଗୋଷ୍ଠୀଗୁଡ଼ିକର ସାଂସ୍କୃତିକ ଅବଧାରଣାକୁ ସନ୍ନିବେଶିତ କରିବାର ପ୍ରୟାସ କରାଯାଇଛି ଯଦିଓ ଓଡ଼ିଶାରେ ବସବାସ କରୁଥିବା ଆଦିବାସୀ ଗୋଷ୍ଠୀଗୁଡ଼ିକର ସମସ୍ତ ସାଂସ୍କୃତିକ ଆଖ୍ୟାନ ବା ଅବଧାରଣା ପ୍ରସ୍ତୁତ କରିବା ସମ୍ଭବ ହୋଇପାରି ନାହିଁ। ଏଠାରେ ଉଲ୍ଲେଖନୀୟ ଯେ, ନିର୍ଦ୍ଦିଷ୍ଟ ଆଦିବାସୀ ଗୋଷ୍ଠୀ ତଥା ସହାବସ୍ଥିତ ସମ-ଭାଷିକ ଗୋଷ୍ଠୀର ସଂସ୍କୃତିରେ ଅନେକ ସମାନତା ଦେଖା ଯାଉଥିଲେ ମଧ୍ୟ ଅଞ୍ଚଳ ତଥା ଗୋଷ୍ଠୀ ଭେଦରେ କିଛିକିଛି ସ୍ୱତନ୍ତ୍ରତା ପରିଲକ୍ଷିତ ହୋଇଥାଏ। ସେହିପରି, ଆଦିବାସୀ ଗୋଷ୍ଠୀ ସହିତ ସହାବସ୍ଥିତ ଅନ୍ୟ ଜାତିର ସଂସ୍କୃତିରେ ମଧ୍ୟ ଅଳ୍ପ ବହୁତ ସମାନତା ଆମେ ଦେଖିବାକୁ ପାଇଥାଉ, ଓ ଏମାନେ ସାମାଜିକ ସାଂସ୍କୃତିକ ଭାବରେ ପରସ୍ପର ପରିପୂରକ। ଏଇଥି ପାଇଁ ଏହି ଗୋଷ୍ଠୀଙ୍କୁ ମିତାନ୍ ଜାତି କୁହାଯାଏ। ଅନୁରୂପ ଭାବରେ, ଉଭୟ ଗୋଷ୍ଠୀରେ ପୂଜିତ ଦେବଦେବୀ ଓ ସେମାନଙ୍କ ପୂଜାବିଧିରେ ଅନେକତ୍ର ସାମଞ୍ଜସ୍ୟ ରଖେ। ଆଦିବାସୀ ଓ ମିତାନ୍ ଗୋଷ୍ଠୀରେ ବିଭିନ୍ନ ବଂଶ ଅବଧାରଣାରେ ମଧ୍ୟ ସାମଞ୍ଜସ୍ୟ ଦେଖିବାକୁ ମିଳେ। ଉଦାହରଣ ସ୍ୱରୂପ ବାଘ, ସିଂହ, ନାଗ, ହାତୀ, ନାଏକ, କଇଁଛ ଭଳି ଅନେକ ବଂଶର ଅବଧାରଣା କେବଳ ମିତାନ୍ ଗୋଷ୍ଠୀରେ ନୁହେଁ, ପେଣ୍ଟିଆ, ହଲବା, ଭତରା, ବଣ୍ଡା, ଭୂମିଆ, ଗାଦବା, ଦୁରୁଆ, ବିଞ୍ଝାଲ ଆଦି ଆଦିବାସୀ ଗୋଷ୍ଠୀରେ ମଧ୍ୟ ଦେଖିବାକୁ ମିଳେ। ଏହି ବଂଶ ପରମ୍ପରା ସହିତ ଖର୍ସେଲ, ମାଝୀ (ମାଂଝି), ପ୍ରଧାନ, ଛତ୍ରିଆ (ଛତର), ପାଣିଗିରି (ପାଣିଗ୍ରାହୀ) ଆଦି ସାଙ୍ଗିଆ ଉଭୟ ମିତାନ୍ ଓ ଆଦିବାସୀ ଗୋଷ୍ଠୀରେ ଦେଖାଯାଏ। ସେହିପରି, ଜନ୍ମ-ମୃତ୍ୟୁ-ବିବାହ ସହିତ ସମସ୍ତ ସାମୂହିକ ପର୍ବପର୍ବାଣି ପାଳନ ଓ ପରିବେଷଣ ଦେବୀଦେବତାଙ୍କ ପୂଜା, ସାମାଜିକ ରୀତିନୀତିରେ ସାମଞ୍ଜସ୍ୟ ଓ ସମାନତା ଦେଖିବାକୁ ମିଳେ। ପ୍ରତ୍ୟେକ ପୂଜା ପର୍ବ, ସାମାଜିକ, ସାଂସ୍କୃତିକ ଅନୁଷ୍ଠାନରେ ଗଉଡ଼ ହାତର ଘିଅ, ଗୋରସ; ମାଳି ହାତର ଫୁଲ; କଣ୍ଡରା ବା ମାହାର ହାତର ବାଉଁଶ,

ବାଉଁଶ ଚାଙ୍ଗୁଡ଼ି; କୁମ୍ଭାର ହାତର ରୁଖା, ଦୀପ, ମାଟି କଳସ; କେଉଟ ଆଉ ମାଳୀ ହାତର ଖଇ; ତେଲି ହାତର ତେଲ, ଝରା; ଲୋହରା ହାତର ଶିକୁଳି, ଶୁକୁନ; ଘାସି ହାତର ଗୋବର; ଗଣା ହାତର କପଟା (ବାଏନ), ବାଜା; ଜାନୀ, ଝାଁକର ହାତର ପୁଞ୍ଜି; ଧୋବା ହାତର ଚୁନା, ଗୁଣା ଆଦି ଆବଶ୍ୟକ ହୋଇଥାଏ। ଏସବୁ ଏକ ଭୌଗୋଳିକ ପରିବେଶରେ ସହାବସ୍ଥିତ ଗୋଷ୍ଠୀଗୁଡ଼ିକର ସାମୂହିକ ଜୀବନଧାରା ଓ ମୈତ୍ରୀ ଭାବନାର ପ୍ରକାଶକ। ଭାରତୀୟ ଜାତି ପରମ୍ପରାରେ ଆମେ ଯଦିଓ ଅସ୍ପୃଶ୍ୟତା ତଥା ଛୁଆ-ଅଛୁଆଁ ଭେଦଭାବ ଦେଖିଥାଉ ଓ ଏହାର ପ୍ରଭାବ ସମ୍ପ୍ରତି ମଧ୍ୟ ବଳବତ୍ତର, ତଥାପି ଏହି ମିତାନ୍ ଅଞ୍ଚଳଗୁଡ଼ିକରେ ଧର୍ମୀୟ ଉତ୍ସବ, ଜନ୍ମ-ବିବାହ-ମୃତ୍ୟୁ ଆଦି ସାମାଜିକ ସଂସ୍କାର, ବିଭିନ୍ନ କୃଷି ଆଧାରିତ ଓ ସାମୂହିକ ପର୍ବପର୍ବାଣିରେ ସମସ୍ତଙ୍କ ଅଂଶଗ୍ରହଣ ଦେଖିବାକୁ ମିଳେ। ଅତଏବ, ଏହି ସାଂସ୍କୃତିକ ଅବଧାରଣାର ଆଖ୍ୟାନରେ ସେହିସବୁ ମିତାନ୍ ଜାତି ବା ଗୋଷ୍ଠୀ ବିଷୟରେ ମଧ୍ୟ ଉଲ୍ଲେଖ କରାଯାଇଛି। ଏହା ବ୍ୟତୀତ, ଆଦିବାସୀ ଓ ମିତାନ୍ ଗୋଷ୍ଠୀ ଭିତରେ ପ୍ରଜାତିକ ସମ୍ପର୍କକୁ ନେଇ ମଧ୍ୟ ସ୍ୱତନ୍ତ୍ର ଅବଧାରଣା ବି ଦେଖିବାକୁ ମିଳେ ଯାହା ଏଠାରେ ଉଲ୍ଲେଖନୀୟ ଯେପରି, କନ୍ଧ ଓ ଗଣା ବା ଡମ୍, ଗଣ୍ଡ ଓ କନ୍ଧ ପରସ୍ପରକୁ ଦୁଦଭାଇ କହିଥାନ୍ତି। ସେହିପରି ଭୁଞ୍ଜିଆ, ପହରିଆ, ବୈଗା, ଭତରା, ପରଜା, ଅଗରିଆ ଆଦି ଗୋଟିଏ ଗୋଷ୍ଠୀରୁ ସୃଷ୍ଟି ହୋଇଥିବା ବିଭିନ୍ନ ପ୍ରଜାତିକ ଆଖ୍ୟାନ ଶୁଣାଯାଏ। ହୋ, ସାନ୍ତାଳ, ମୁଣ୍ଡା, ମୁଣ୍ଡାରୀ, ମାଙ୍କିଡ଼ିଆ, ବିରହୋର; କନ୍ଧ, ପରଜା, ବଣ୍ଡା, ଓ ଗାଦବା ଆଦି ଗୋଷ୍ଠୀ ମଧ୍ୟ ପରସ୍ପରର ପ୍ରଜାତିକ ଏକତା ସମ୍ପର୍କରେ ବ୍ୟାଖ୍ୟା କରନ୍ତି। ଏଠାରେ ଏହା ମଧ୍ୟ ଉଲ୍ଲେଖନୀୟ ଯେ ଗଣା ଓ ବିଞ୍ଝାଲ ଉଭୟଙ୍କ ପ୍ରଜାତିକ ଭାଟ ବିରଥିଆ ଭାବରେ ପରିଚିତ।

ଏହି ସାଂସ୍କୃତିକ ଅବଧାରଣାର ବର୍ଣ୍ଣନାରେ ନିର୍ଦ୍ଦିଷ୍ଟ ଅବଧାରଣା ବା ପରିଭାଷା ପରେ ପରେ ତାହାର ମାନକ ଓଡ଼ିଆ ଅର୍ଥ, ପରେ କେଉଁ ଗୋଷ୍ଠୀରେ ଅର୍ଥାତ୍ କେବଳ ଆଦିବାସୀ ନା ମିତାନ୍ ଗୋଷ୍ଠୀରେ ମଧ୍ୟ ସମ୍ପୃକ୍ତ ଅବଧାରଣା ଦେଖିବାକୁ ମିଳେ ସେ ବିଷୟରେ ସୂଚନା, ଶେଷରେ ପରିଭାଷାର ସାଂସ୍କୃତିକ ସ୍ୱରୂପ ବା ପରିସର (cultural domain) ସହ ନିମ୍ନରେ ଅବଧାରଣାଟିକୁ ସଂକ୍ଷେପରେ ବର୍ଣ୍ଣନା କରାଯାଇ ତାହାର ଭିନ୍ନରୂପ, ଅନ୍ୟରୂପ ଓ ବିଭିନ୍ନ ଗୋଷ୍ଠୀ ତଥା ଅଞ୍ଚଳରେ କିପରି ଭିନ୍ନ ଭାବରେ ପରିଚିତ ସେ ବିଷୟରେ ମଧ୍ୟ ଯଥାସମ୍ଭବ ସୂଚନା ଦେବାକୁ ପ୍ରୟାସ କରାଯାଇଛି। ଏହା ସହିତ ସମ୍ପର୍କିତ-ଅବଧାରଣା, ଓ ଅନୁରୂପ ବା ସମରୂପ ଅବଧାରଣାର ସନ୍ଦର୍ଭ ପାଇଁ ଦ୍ରଷ୍ଟବ୍ୟ ଦିଆଯାଇଛି ଓ ଯଥାସମ୍ଭବ ପ୍ରକାଶିତ ଆଲୋଚନାର ପାଠ-ମଧ୍ୟ ଗ୍ରନ୍ଥ ସୂଚୀ (in-text reference) ପ୍ରତ୍ୟେକ ପାଠରେ ପ୍ରଦାନ କରାଯାଇଛି । ଏହି ପୁସ୍ତକ ସମଗ୍ର ବା କୌଣସି ଗୋଟିଏ ଆଦିବାସୀ କିମ୍ବା ମିତାନ୍ ଗୋଷ୍ଠୀର ବିଶେଷ ସାଂସ୍କୃତିକ ଅବଧାରଣା ନୁହେଁ, ବରଂ ଏକାଧିକ ଆଦିବାସୀ ଓ ମିତାନ୍ ଗୋଷ୍ଠୀର ସାଂସ୍କୃତିକ ସ୍ୱରୂପର ସାମଗ୍ରିକ ସଂକ୍ଷିପ୍ତ ଆଖ୍ୟାନ ମାତ୍ର । ଆଦିବାସୀ ଓ ମିତାନ୍ ଗୋଷ୍ଠୀର ଜୀବନଧାରା, ପ୍ରଜାତିକ ଅଧ୍ୟୟନ, ନୃତତ୍ତ୍ୱ, ସମାଜ ବ୍ୟବସ୍ଥା, ଲୋକଧାରା, ଗୋଷ୍ଠୀ ଅଧ୍ୟୟନ (community studies) ଆଦି ଗବେଷଣାରେ ଆଗ୍ରହ ରଖୁଥିବା ଗବେଷକଙ୍କୁ ଏହି ସବୁ ଗୋଷ୍ଠୀର ବିଭିନ୍ନ ସମ୍ଭାବ୍ୟ ସାଂସ୍କୃତିକ ଆୟାମ ସମ୍ପର୍କରେ ଅବଗତ ହେବାରେ ଏହା ସହାୟକ ହେବ ବୋଲି ଆଶା କରାଯାଏ ।

ଏକ ସୀମିତ ପରିସର ଓ ବ୍ୟକ୍ତିଗତ ପ୍ରୟାସରେ ଏହି ସାଂସ୍କୃତିକ ଅବଧାରଣାରେ କୌଣସି ଜନଜାତିର ବିଶେଷ ଅବଧାରଣା ହୁଏତ ବାଦ୍ ପଡ଼ିଥାଇପାରେ ବା ଭିନ୍ନ ଭାବରେ ଉପସ୍ଥାପିତ ହୋଇଥାଇପାରେ ସେସବୁ ବିଷୟରେ ଦୃଷ୍ଟି ଆକର୍ଷଣ କଲେ ପରବର୍ତ୍ତୀ ସଂସ୍କରଣରେ ସ୍ଥାନିତ କରିବାକୁ ପ୍ରୟାସ କରାଯିବ । ତେବେ, ଏଭଳି ଅପୂର୍ଣ୍ଣତାକୁ ଉତ୍ତର ପିଢ଼ିର ଗବେଷକ ବି ଆଗେଇ ନେବାକୁ ପ୍ରୟାସ କରିପାରିବେ ।

ସଞ୍ଜୟ କୁମାର ବାଗ

ସୂଚୀପତ୍ର

ଅଁତରା ୨୧

ଅକତ ୨୨

ଅଠର ଦେଉଳ ୨୩

ଅନକା ୨୩

ଅମେରା ପାଏନ୍ ୨୪

ଅସା ପରବ ୨୫

ଆଁକିଫୁକା ୨୬

ଆଁଟ ଭଁଟା ୨୬

ଆଦିବାସୀ ୨୭

ଆନିଦାଦି ୨୮

ଆମୁସ୍ ପରବ ୨୯

ଆଷାରଖେନା ୩୦

ଆସ୍କାରାନ୍ଧା ୩୧

ଇଡ଼ିତାଲ ୩୨

ଉଦଲିଆ ୩୩

ଓସନା ୩୪

କଟାର ଯାତ୍ରା ୩୬

କଣାବରା	୩୬	ଗନସେନ୍	୬୨
କଥାନି	୩୮	ଗବଡ଼ାଶନି	୬୩
କନ୍ୟା ଅଣ୍ଟାନି	୪୦	ଗରହଟଲା	୬୪
କମାନି	୪୧	ଗାତିମାରା	୬୫
କରମ	୪୨	ଗାଦି ପୂଜା	୬୬
କରମା	୪୩	ଗିନଂ	୬୭
କଷା	୪୪	ଗୀତ	୬୮
କାଁଟା କୁରସି	୪୪	ଗୁଣାଦିଆ	୬୯
କାଇ	୪୫	ଗୁରୁମାଇ	୭୦
କାଟାହାବୁଙ୍	୪୫	ଘଁଟ ଯାତ୍ରା	୭୧
କାନ୍ଦା କରଡ଼ି	୪୬	ଘରଜିଆ	୭୨
କାମିନୀ	୪୭	ଘର ସମ୍ବା	୭୩
କିତୁଙ୍	୪୯	ଘାଟ	୭୩
କୁଆଁରୀଦାଗା	୪୯	ଚଇତ ପରବ	୭୫
କୁକୁଡ଼ା	୫୦	ଚଉଲଟିକା	୭୭
କୁକୁଡ଼ାଗାଲି	୫୧	ଚଉଲଧୁଆନି	୭୮
କୁରେ ପତର	୫୨	ଚରୁ	୭୮
କୁଲା	୫୩	ଚିକଲଣ୍ଠି	୭୯
କେନ୍ଦୁ ଖଟଲି	୫୪	ଛତର	୮୦
କେରଙ୍ଗା ଶାଢ଼ି	୫୪	ଛିତୁକ୍	୮୧
ଖଗଲା	୫୫	ଛୁଆବିକା	୮୨
ଖଦାଶାଲ	୫୬	ଛେରଛେରା	୮୨
ଖଲି ପତର	୫୭	ଜଘା ଦେଓ	୮୩
ଖସା	୫୮	ଜନମ	୮୪
ଗଣାବାଜା	୫୮	ଜଲଞ୍ଛିଆ	୮୫
ଗତର	୬୦	ଜାନୀ	୮୬
ଗଦନାଶାଲ	୬୧	ଜାହେର	୮୭

ଜିଲିଞ୍ଜ ଡାହାର୍	୮୮	ଧୁକା ପବନ	୧୧୬
ଝୁଲଯିବା	୮୯	ଧୁନକେଲ	୧୧୬
ଜୋହାର	୮୯	ନାଁ ଧରା	୧୧୭
ଟକି ପରବ	୯୦	ନାଇକ	୧୧୮
ଟିକଲମରା	୯୩	ନାଚ	୧୧୯
ଟୁସୁ	୯୪	ନାମନାବେଟା	୧୨୧
ଡମ୍ୱରୁ	୯୫	ନିମଦାଃମାଢ଼ି	୧୨୧
ଡାଲଖାଇ	୯୬	ନିଶାନିମୁଣ୍ଡା	୧୨୨
ଡୁମା	୯୭	ନୂଆଖାଇ	୧୨୩
ଡୁମାଆନା	୯୮	ପଁଚ	୧୨୪
ଢେମ୍ସା	୧୦୦	ପତରପେଣୋ ଫିଙ୍କା	୧୨୫
ଢେଲାପିଟାଣି	୧୦୧	ପରସାମୁଡ଼ି	୧୨୬
ତିଆରି ବେଭାର	୧୦୧	ପହନା	୧୨୭
ତୁକୁଇ ଲୁତୁର	୧୦୨	ପାଏନ୍ ମିଶାନି	୧୨୮
ତେଲ ହଳଦୀ	୧୦୩	ପାଟଖଣ୍ଡା	୧୨୯
ଦଦରା ଫାଡ଼ା	୧୦୪	ପାନିରୁକା	୧୨୯
ଦଶରା	୧୦୫	ପାରସି ଅରା	୧୩୦
ଦଶା	୧୦୫	ପିଠାପନା	୧୩୧
ଦାଣ୍ଟାହୁଲିଆ	୧୦୭	ପିତା	୧୩୨
ଦାସାୟଁ	୧୦୮	ପିଦର	୧୩୩
ଦେ'ଦେବତା	୧୦୯	ପୁରୁଷା ପାଟ	୧୩୪
ଦେଓବାଢ଼ନି	୧୧୧	ପୁଷଚୋର	୧୩୪
ଦେହେଲିଆ ମାସ	୧୧୨	ପେଜ ଭାତ	୧୩୫
ଧନା	୧୧୨	ପୋଢ ପୂଜା	୧୩୬
ଧାଙ୍ଗଡ଼ାବସା	୧୧୩	ପୋରା ଉଡ଼ାଁସ	୧୩୮
ଧାରନୀ ଗୁଡ଼ି	୧୧୪	ଫୁଲାଲିଆ	୧୩୯
ଧୁଇଲ ବେଟବା	୧୧୫	ବଂଶ ଅଁଶ୍	୧୪୦

ବଏବାନ୍ଦବା	୧୪୧	ଭୀମା	୧୬୬
ବଜାପାର	୧୪୧	ମଣ୍ଡେଇ	୧୬୮
ବନାଗୁଦାନି	୧୪୩	ମଦଥ୍ପେନ୍	୧୬୯
ବନ୍ଧୁ କୁଟୁମ୍ବ	୧୪୪	ମରନ	୧୭୦
ବାଗାଲ୍	୧୪୪	ମହୁଲ	୧୭୨
ବାଘ ଯାତରା	୧୪୫	ମାଂଝି ଆଖଲା	୧୭୩
ବାଢ଼ନି	୧୪୬	ମାଂଝିହାଲାମ ବଙ୍ଗା	୧୭୪
ବାନ୍ଦନା	୧୪୭	ମାଏଟଦିଆ ଜୋଏଦିଆ	୧୭୫
ବାବାଏଙ୍ଗା	୧୪୭	ମାଏଟ୍ ପାଏନ୍	୧୭୫
ବାଲି ଯାତ୍ରା	୧୪୮	ମାଏନ ଧରମ	୧୭୭
ବାସି ତିଆସି	୧୫୦	ମାଗେନ୍	୧୭୮
ବାହା ପାରାବ୍	୧୫୦	ମାଗବଙ୍ଗା	୧୭୯
ବିଜପୁଟନି	୧୫୨	ମାଚ ମଉସ	୧୮୦
ବିନତିମରା	୧୫୩	ମାଣ୍ଡକୁଲେନ୍	୧୮୧
ବିରଥ୍ଆ	୧୫୩	ମାଣ୍ଡିଆ	୧୮୧
ବିହା ବରପନ	୧୫୪	ମାଭାରବନମ୍	୧୮୨
ବୁରଲାଙ୍ଗ ପୂଜା	୧୫୬	ମାମୁ ମଥଲା	୧୮୩
ବେଙ୍ଗେଇନାଟ	୧୫୭	ମାରାଂବୁରୁ	୧୮୩
ବେଜରନା	୧୫୮	ମାରା ମାନା	୧୮୪
ବେଣ୍ଡ ଯାତ୍ରା	୧୫୯	ମାସକିଆ	୧୮୫
ବେରଣମୁଣ୍ଡା	୧୫୯	ମାହାଲା	୧୮୬
ବେଲ କାଳ	୧୬୦	ମିଟିମଡ଼୍	୧୮୭
ବୋଏଲ	୧୬୧	ମିତ ମା'ପ୍ରସାଦ	୧୮୮
ବୋରିଆ	୧୬୨	ମିତାନ୍ ଗୋଷ୍ଠୀ	୧୮୯
ଭାତ	୧୬୩	ମିରଚୁକ୍	୧୯୦
ଭାନସି	୧୬୩	ମୁଡ଼ାଗାଡ଼ିବା	୧୯୧
ଭାଲୁମତାନି	୧୬୫	ମୁହୁଁକୁଆ	୧୯୨

ମୋଡ଼୍ ଝରଲେନ୍	୧୯୨
ଯାତରା ପରବ	୧୯୩
ରାନୀ ପରବ	୧୯୪
ଲାଦା	୧୯୫
ଲିପାପୋଛା	୧୯୬
ଶାଗ ଡାଲ	୧୯୬
ଶିଖଆ	୧୯୭
ଶିରା ଗୁନିଆ	୧୯୮
ଶୋଲା	୧୯୯
ସମାଜ	୨୦୦
ସଲପ	୨୦୧
ସାନକାମ	୨୦୨
ସାରନା	୨୦୩
ସିଆନ୍	୨୦୪
ସିନ୍ଧିବୁଟୀ	୨୦୫
ସୁତରେନ୍	୨୦୫
ହଲପୋଡ଼ି	୨୦୬
ହାଙ୍କାର ଉଡୁଁ	୨୦୭
ହାଟ	୨୦୮
ହିଁସଲାବା	୨୦୮
ହୁରାତୁଟା	୨୦୯
ପ୍ରାନ୍ତ କଥା	୨୧୧
ସହାୟକ ଗ୍ରନ୍ଥସୂଚୀ	୨୨୧
ଅନୁକ୍ରମଣିକା	୨୪୦

ଅଁତରା

ଉହ୍ଲେଇ; ଦେଶିଆ, ପଶ୍ଚିମ ଓଡ଼ିଶାର କଥିତ ଓଡ଼ିଆ; ଆଦିବାସୀ, ମିତାନ୍ ଗୋଷ୍ଠୀ; ଦୈନନ୍ଦିନ ଜୀବନଧାରା– ଋତୁକାଳୀନ

ଶୀତ ଦିନରେ ଶୀତର ପ୍ରକୋପରୁ ରକ୍ଷା ପାଇବା ପାଇଁ ବିଭିନ୍ନ ସ୍ଥାନରେ ନିଆଁ ଜାଳିବା ଦେଖାଯାଏ। ଗାଁ ଦାଣ୍ଡରେ ଘର ପିଣ୍ଡାରେ ବା ଦୁଆରରେ ତଥା ଧାନ ଅମଳ ସମୟରେ ଖଳାରେ ଉହ୍ଲେଇ ଜଳାଯାଇଥାଏ ଯାହା ଅଁତରା ଭାବରେ ପରିଚିତ। ଶୀତରୁ ରକ୍ଷା ପାଇବା ସହିତ ଏହାର ଚାରିକଡ଼େ ବସି ଲୋକେ ଗପସପ ତଥା ନାଚଗୀତ ଆଦି କରିଥାନ୍ତି। ଅନେକ ସମୟରେ କଥାନି, ଗମାତ, ଅନ୍ୟାନ୍ୟ ଆଖ୍ୟାନ, ଉପାଖ୍ୟାନ ଆଦି ମଧ୍ୟ ପରିବେଷିତ ହୋଇଥାଏ। ଗଣ, ଭତରା ଗୋଷ୍ଠୀରେ (ସାଧାରଣତଃ ଶୀତ ଋତୁରେ ହେଉଥିବା ବିବାହରେ) ଗାଁ ଦାଣ୍ଡରେ ଅଁତରା ଜାଳି ଚାରିକଡ଼େ ବୁଲିବୁଲି ଗୀତ ପରିବେଷଣ କରାଯାଏ ଯାହା 'ସେଲାରେଲା' ଭାବରେ ପରିଚିତ।

ଖଣ ଶୀତକେ ଜୋଏ ଅଁତରା
ଆର୍ ଧାଙ୍ଗରା, ଧାଙ୍ଗରିକେ ଯାନିଯାତରା।

(ପ୍ରବଳ ଶୀତରେ ସେଭଳି ନିଆଁ ଖୁସି ଦିଏ, ଯେମିତି ଧାଙ୍ଗରା ଧାଙ୍ଗରି ବା ଯୁବକ ଯୁବତୀଙ୍କୁ ଯାନିଯାତ୍ରା ଆନନ୍ଦ ଦେଇଥାଏ।)

ଅଁତରା ଗାଦବା ଗୋଷ୍ଠୀରେ 'କର୍‌ସି ସୁଅଁଲ୍' ଭାବରେ ପରିଚିତ ହେଲା ବେଳେ କନ୍ଧମାନେ ଏହାକୁ 'ହିଚଛୁ', ସାନ୍ତାଳମାନେ 'ଜୁରୁଃ', ଓ ଭୂମିଜମାନେ 'ଜୁରୁନ' କହିଥାନ୍ତି।

ଦ୍ରଷ୍ଟବ୍ୟ: ଗୀତ, କଥାନି, ନାଚ, ଧନ୍ଦା

ଗ୍ରନ୍ଥ ସୂଚନା: ପାଢ଼ୀ, ଓ ଉପାଧ୍ୟାୟ ୨୦୧୦, ୧୪।

ଅକତ

ଅରୁଆ ଚାଉଳ; ଦେଶିଆ, ପଶ୍ଚିମାଞ୍ଚଳ ଓଡ଼ିଆ; ଆଦିବାସୀ, ମିତାନ୍ ଗୋଷ୍ଠୀ; ଖାଦ୍ୟ ପରମ୍ପରା–ରୀତିନୀତି

କେବଳ ଅଣଆଦିବାସୀ ପରମ୍ପରାରେ ନୁହେଁ ଆଦିବାସୀ ଏବଂ ମିତାନ୍ ଗୋଷ୍ଠୀରେ ମଧ୍ୟ ଅରୁଆ ଚାଉଳର ଭୂମିକା ଗୁରୁତ୍ୱପୂର୍ଣ୍ଣ ଯଦିଓ ଦୈନନ୍ଦିନ ଜୀବନରେ ବା ଖାଦ୍ୟ ପରମ୍ପରାରେ ଅରୁଆ ଚାଉଳର ବ୍ୟବହାର ବହୁତ କମ୍। ପ୍ରାୟ ଆଦିବାସୀ ତଥା ମିତାନ୍ ଗୋଷ୍ଠୀରେ ଖାଦ୍ୟ ଭାବରେ ଅରୁଆ ଚାଉଳ କେବଳ କ୍ଷୀରି ବା ପିଠା ତିଆରି କରିବା ପାଇଁ ହିଁ ବ୍ୟବହୃତ ହୁଏ। ତେବେ, ରୀତିନୀତି ତଥା ବିଭିନ୍ନ ପୂଜାପାଠ ସମୟରେ ଯଥା ଶିଶୁର ନାଁଧରା, ଗୁଣାଦିଆ ବା ନିମନ୍ତ୍ରଣରେ, ବିବାହ ଆଦିରେ ଅକତ ବା ଅରୁଆ ଚାଉଳର ବ୍ୟବହାର ଦେଖିବାକୁ ମିଳେ। ସେହିପରି, ଟଲାଭଙ୍ଗା ଆଦି ବୀରୁ କାମରେ ଅରୁଆ ଚାଉଳ ବ୍ୟବହାର ହୁଏ। ଅରୁଆ ଚାଉଳ ବିନା ପ୍ରକ୍ରିୟାକରଣରେ ପ୍ରସ୍ତୁତ ହେଉଥିବାରୁ ଏହାକୁ ଶୁଦ୍ଧ ତଥା ପବିତ୍ର ମନେକରାଯାଏ। ତେବେ, ଉଲ୍ଲେଖନୀୟ ଯେ ଭୁଞ୍ଜିଆ, ଗାଦବା ଭଳି କେତେକ ଗୋଷ୍ଠୀରେ ଦୈନନ୍ଦିନ ଖାଦ୍ୟରେ କେବଳ ଅରୁଆ ଚାଉଳକୁ ହିଁ ପ୍ରାଥମିକତା ଦିଆଯାଏ। ଅରୁଆ ଚାଉଳ ଅ(ଆ)ଲୁଆ, ଆଦଆ, ଆଦବା (ସାନ୍ତାଳ), ଆତୁଗ୍ ମାଂଜି (କନ୍ଧ), ରୁକୁ (ଗାଦବା) ଭାବରେ ମଧ୍ୟ ବିଭିନ୍ନ ଗୋଷ୍ଠୀରେ ପରିଚିତ।

ଦ୍ରଷ୍ଟବ୍ୟ: ଦେ'ଦେବତା, ବିହା ବରପନ, ଗରହଟଲା

ଗ୍ରନ୍ଥ ସୂଚନା: ପାଢ଼ୀ, ଓ ଉପାଧ୍ୟାୟ ୨୦୧୦, ୧୨।

ଅଠର ଦେଉଳ

ବାଥୁଡ଼ି, ଭୂମିଜ ଆଦି ଜନଜାତିର ପୂଜାପୀଠ; ବାଥୁଡ଼ି; ଆଦିବାସୀ; ପ୍ରଜାତିକ ପୂଜାପୀଠ

ଶିମିଳିପାଳ ଜଙ୍ଗଲ ଭିତରେ ବାଥୁଡ଼ି ଜନଜାତିର ଉପାସନା ପୀଠ ରହିଛି ଯାହା ଅଠର ଦେଉଳ ଭାବରେ ପରିଚିତ। ଏଠାରେ ସତରଟି ପ୍ରାକୃତିକ ଗୁମ୍ଫା ଓ ଏକ ମାନବକୃତ ଦେଉଳରେ ବିଭିନ୍ନ ଦେବଦେବୀ ପୂଜା ପାଉଛନ୍ତି। ଏହି ଦେଉଳଗୁଡ଼ିକ ହେଉଛି– ୧. ମାନବ ଦେଉଳ, ୨. ଈଶ୍ୱର ଦେଉଳ, ୩. ଲକ୍ଷ୍ମୀ ଭଣ୍ଡାର (ବିଷ୍ଣୁ ମନ୍ଦିର), ୪. ବାଉଳି ମନ୍ଦିର, ୫. ଗୁଡୁମାଟି, ୬. ଯମୁନା ବାରଦଣ୍ଡା, ୭. ମେଘେଇଶୂଳୀ, ୮. ଚମ୍ପା ଘାଟି, ୯. ବରେହିପାଣି, ୧୦. ଯୋରନ୍ଦା (ଜାଉରନ୍ଦା), ୧୧ ଦେବସ୍ଥଳୀ, ୧୨. ରାମରଜା ଦେଉଳ, ୧୩. ଯୋଗୀମଠ, ୧୪. ଯଶୀପୁର, ୧୫. ଅମୁହା

ଦେଉଳ, ୧୬. ମହାବୀର ଦଣ୍ଡା, ୧୭. ଶିମୁଳିଆ ଗଡ଼, ୧୮. ଦୁଆରଶୁଣି। ଅଠର ଦେଉଳ ସମଗ୍ର ଶିମିଳିପାଳ ଜଙ୍ଗଲ ମଧ୍ୟରେ ପରିବ୍ୟାପ୍ତ। ପ୍ରତି ବର୍ଷ ଚୈତ୍ର ମାସରେ ପାଦରେ ଚାଲିଚାଲି ଭକ୍ତମାନେ ଅଠର ଦେଉଳ ପୂଜାରେ ଯାଇଥାନ୍ତି। ଶ୍ୱେତ ବସ୍ତ୍ର ପରିଧାନ କରି ସାଙ୍ଗରେ ଭୋଗ ସାମଗ୍ରୀ ଓ ଚୂଡ଼ା, ଚାଉଳ ଆଦି ନେଇ ଯାଇଥାନ୍ତି। କାରଣ, ଜଙ୍ଗଲ ମଧ୍ୟରେ ସାତ ଦିନ ସାତ ରାତି ରହି ବିଭିନ୍ନ ସ୍ଥାନରେ ଥିବା ଦେବଦେବୀମାନଙ୍କୁ ପୂଜା କରିବାକୁ ହୋଇଥାଏ। ଅନ୍ୟାନ୍ୟ ଦେବଦେବୀଙ୍କ ମଧ୍ୟରେ ଈଶ୍ୱର, ପାର୍ବତୀ, ଲକ୍ଷ୍ମୀ, ଛତ୍ରୀ ମହାବୀର, ନିରାକାର, ଓ ଅନନ୍ତ ବାସୁକୀଙ୍କୁ ପୂଜା କରାଯାଏ। ଶେଷରେ ମାନବ ଦେଉଳ ନିକଟରେ ସମସ୍ତେ କୁଡ଼ିଆ ନିର୍ମାଣ କରି ରହିଥାନ୍ତି। ରାତିରେ ଧୂନି ଜାଳି ଚାଙ୍ଗୁ ନୃତ୍ୟ କରିଥାନ୍ତି। ଅଠର ଦେଉଳ ପୂଜା ସାରିଲା ପରେ କେତେକ ବାଥୁଡ଼ି ଗ୍ରାମରେ ବଡ଼ାମଶାଳଠାରେ ଡାଳି ପୂଜା ଅନୁଷ୍ଠିତ ହୁଏ। ଗ୍ରାମର ପ୍ରାୟ ସମସ୍ତ ବାଥୁଡ଼ି ସମ୍ପ୍ରଦାୟର ଲୋକ ମହୁଲ, ଭାଲିଆ, ଶାଳ, କେନ୍ଦୁ, ଆମ୍ବ, ଅଁଳା, ପଳାଶ ଓ କରମ ଗଛର ଡାଳ ନେଇ ବଡ଼ାମଶାଳକୁ ଯାଇଥାନ୍ତି। ବଡ଼ାମ୍ ହେଉଛନ୍ତି କୃଷିକାର୍ଯ୍ୟର ଦେବତା। ବିଭିନ୍ନ ଆଦିବାସୀ ଗୋଷ୍ଠୀରେ ବଡ଼ାମ୍ ଅନୁରୂପ ଅନ୍ୟ ଗ୍ରାମ ଦେବତା 'ବୁଢ଼ାରଜା'ଙ୍କର ପୂଜା କରିବା ମଧ୍ୟ କେତେକ ଅଞ୍ଚଳରେ ଦେଖିବାକୁ ମିଳେ।

ଦ୍ରଷ୍ଟବ୍ୟ: ଜାହେର, ଭୀମା, ବୁରଲାଙ୍ଗ୍ ପୂଜା

ଗ୍ରନ୍ଥ ସୂଚନା: ନାୟକ ୨୦୧୬, ୩୨-୩୫; ପ୍ରଧାନ ୨୦୧୮, ୭୭-୮୬।

ଅନକା

ଲାଉ ଡଙ୍କି; ଦେଶିଆ; ଆଦିବାସୀ; ଗୃହ ଉପକରଣ– ରୀତିନୀତି

ଅନକା ଏକ ପ୍ରକାରର ଲାଉରୁ ପ୍ରସ୍ତୁତ ଡଙ୍କି। ଡଙ୍କି ପ୍ରସ୍ତୁତ କରିବା ପାଇଁ ଲାଉକୁ ପାକଳ ହେବା ପରେ କାଟି ଆଣି ଟୁମକା ବା ଗୋଲପଟକୁ ଅଧା ଫାଳ କରି ଭିତରେ ଥିବା ଶସକୁ ବାହାର କରି ଶୁଖାଯାଏ, ତା'ପରେ ଟାଣ କରିବା ପାଇଁ ନିଆଁରେ ସେକାଯାଏ। ଏହା ସାଧାରଣତଃ ପେଜ, ପାନୀୟ ଆଦି ପରିବେଷଣ କରିବା ପାଇଁ ବ୍ୟବହୃତ ହୋଇଥାଏ। ଅନକା ତିନି ପ୍ରକାରର-୧. ଡୁମଣି, ୨. ଅନକା, ୩. ଡୁମ୍ବା। ଡୁମଣି ସାଧାରଣତଃ ଛୋଟ ଲାଉରୁ ପ୍ରସ୍ତୁତ ହୋଇଥାଏ। ଏହା ମଦ, ସଲପ ରସ, ତରକାରୀ ଆଦି ପରଷିବା କାମରେ ଆସିଥାଏ। ବିଶେଷ କରି ମହୁଲି, ସଲପ ଆଦି ଏକାଥରରେ ଆପାତତଃ ବେଶି ପରିମାଣ ଉଠେଇବା ପାଇଁ କିମ୍ବା ଗୋଟିଏ ମାଟିଆ ବା ହାଣ୍ଡିରୁ ଅନ୍ୟ ହାଣ୍ଡି ବା ପାତ୍ରକୁ ନେବା ପାଇଁ ଅନକା ବ୍ୟବହାର କରାଯାଏ।

ତୁମ୍ବାର ଆକାର ସବୁଠାରୁ ବଡ଼। ଏଥିରେ ପେଜ, ପାଣି, ପେଣ୍ଡମ୍, ସଲପ ଆଦି ପାନୀୟ ରଖିବା ତଥା ଡଙ୍ଗରକୁ ନେବା ସହଜ ହୋଇଥାଏ।

ଅନକା ସାଧାରଣତଃ ସ୍ତ୍ରୀଲୋକମାନଙ୍କଦ୍ୱାରା ବ୍ୟବହୃତ ହେଉଥିବାରୁ ଏହା ତାଙ୍କର ସମ୍ପତ୍ତି ଭାବରେ ଗ୍ରହଣ କରାଯାଏ ଓ ତୁମ୍ବାକୁ ପୁରୁଷଙ୍କର। ସାଧାରଣତଃ ଗୋଟିଏ ଅନକା, ଡୁମୁଣି, ଓ ତୁମ୍ବା ଆଦି ଗୋଟିଏ ପୁରୁଷ ଯାଏ ବ୍ୟବହୃତ ହୋଇଥାଏ। ପୁରୁଷ ବା ସ୍ତ୍ରୀ କାହାର ବି ମୃତ୍ୟୁ ହେଲେ ତା ସାଙ୍ଗରେ ଏସବୁ ବ୍ୟବହୃତ ପଦାର୍ଥ ବେଜରନା ଯାଏଁ ଯାଏ। ସେହିପରି, ଅନକା ପ୍ରସ୍ତୁତି ପୂର୍ବରୁ ଗ୍ରାମଦେବୀଙ୍କ ପାଖରେ 'ଅନକାକରା' ପୂଜା ହୁଏ, ଜାନୀ ପ୍ରଥମେ ଦେବୀଙ୍କ ଆସ୍ଥାନରେ ଗୋଟିଏ ଅନକା ପ୍ରସ୍ତୁତ କରିଥାନ୍ତି ପରେ ଗ୍ରାମବାସୀ ନିଜନିଜ ବ୍ୟବହାର ପାଇଁ ପ୍ରସ୍ତୁତ କରନ୍ତି।

ଦ୍ରଷ୍ଟବ୍ୟ: ମରନ, ଲାନ୍ଦା, ସଲପ

ଗ୍ରନ୍ଥ ସୂଚନା: ପାଢ଼ୀ, ଓ ଉପାଧ୍ୟାୟ ୨୦୧୦, ୧୫-୧୬।

ଅମେରା ପାଏନ୍

ପବିତ୍ର ପାଣି (ବିବାହକାଳୀନ); ପଶ୍ଚିମାଞ୍ଚଳ ଓଡ଼ିଆ; ଆଦିବାସୀ, ମିତାନ୍ ଗୋଷ୍ଠୀ; ବିବାହ ରୀତିନୀତି

ମୋଡ଼ୋଶାଲ ବା ବିବାହ ମଣ୍ଡପର ମଝିରେ ବେଦୀ ପାଖରେ ଏକ ଖୁଣ୍ଟ ପୋତା ଯାଇ ସେଥିରେ ପରିବାରର ଭୁଆଷୁଣିମାନଙ୍କଦ୍ୱାରା ନଦୀ ବା ପୋଖରୀରୁ ଅଣାଯାଇଥିବା ପାଣି ହାଣ୍ଡିକୁ ଶିକାରେ ଓହଳାଇ ରଖାଯାଇଥାଏ। ଏହି ଖୁଣ୍ଟକୁ ଅମେରାଡ଼େଲି ଏବଂ ଶିକାରେ ରଖାଯାଇଥିବା ପାଣିହାଣ୍ଡିକୁ 'ଅମେରା ପାଏନ' ବା 'ଅମେରା ପାଣି' କୁହାଯାଏ। ମୋଡ଼ୋ ଗନସନ୍ ଆଉ ଦୁରଲା ନଚା ପରେ ଅମେରା ପାଏନ ମରା(ଢଳା) ଯାଏ। ଗୋଟିଏ କଖାରୁ ବଡ଼ିରେ ଚାରୋଟି କାଠି ଗେଞ୍ଜି ଗୋଡ଼ ଭଳି କରାଯାଏ। ଏହାକୁ 'ଅମେରା ବକା' କହନ୍ତି। ବର କିମ୍ବା କନ୍ୟାଙ୍କ କେହି ଜଣେ ବିବାହିତ ହୁରିଆ ସମ୍ପର୍କୀୟ ଏହାକୁ ଟାଙ୍ଗୀ ବା ମହୁଲ ଡାଳ ସାହାଯ୍ୟରେ ମାରେ। ଆଗକାଳରେ ଏକ ବକା (ଅଣ୍ଡିରା ଛେଳି) ବା ବୋଦା ବଳି ଦିଆଯାଉଥିଲା। ଜଣେ ମହିଳା ବରପିଲାର ବାମ ହାତ ଧରି ଦ୍ରୁତ ପଦ ପାତରେ ବେଦୀ ପରିକ୍ରମା କରାଇଥାନ୍ତି। ପରିକ୍ରମା କରିବା ସମୟରେ ବର ଅମେରା ବକାକୁ ଏଡ଼ିରେ ଘଷି ଗୁଣ୍ଡ କରିଥାଏ ଓ ନିଜ କପାଳରେ ଲଗାଏ। ଏଭଳି ସାତ ଥର ପରିକ୍ରମା କରିବା ପରେ ବେଦୀ ପାଖରେ ହୁରିଆ ସମ୍ପର୍କୀୟ ଜଣକ ଅମେରାଡ଼େଲିରେ ରଖାଯାଇଥିବା ହାଣ୍ଡିର ପାଣି ବରପିଲା ଉପରକୁ ଢାଳନ୍ତି, ଏହାକୁ 'ଅମେରା ମରା' କୁହାଯାଏ। 'ଅମେରା

ମରା' ସରିବା ପରେ ବରପିଲାକୁ ଗାଧୋଇ ଦେଇ ଘର ଭିତରକୁ ନିଆଯାଏ। ବିଭିନ୍ନ ଆଦିବାସୀ ଗୋଷ୍ଠୀରେ ଏହା ଧରମ ପାଏନ୍, କରସ ପାଏନ୍, ଡିଣ୍ଡାପାନି, ନିତାହାଣ୍ଡି ପାନି, ନିତାଡ଼ାଗ୍, ଦା'ଦୁପୁର, ଜଲକଲସି ଦା' ଆଦି ଭାବରେ ପରିଚିତ।

ଦ୍ରଷ୍ଟବ୍ୟ: ଗନସନ, ହୁରିଆ, ଓସନା, କଣାବରା

ଗ୍ରନ୍ଥ ସୂଚନା: ବାଗ ୨୦୦୯, ୪୮; ସୁନାନୀ ୨୦୦୯, ୧୫୦।

ଅସା ପରବ

ନୂଆଖାଇ; ଦେଶିଆ; ଆଦିବାସୀ, ମିତାନ୍ ଗୋଷ୍ଠୀ; କୃଷିଭିତ୍ତିକ ପର୍ବପର୍ବାଣି

ଅସା ପରବ ପ୍ରାୟ ଆଦିବାସୀ ଗୋଷ୍ଠୀରେ ଗ୍ରାମ ତଥା ଅଞ୍ଚଳ ଭେଦରେ ଭାଦ୍ରବ ମାସର ବିଭିନ୍ନ ଦିନରେ ପାଳିତ ହୋଇଥାଏ। ଅନେକ ଆଦିବାସୀ ତଥା ସହାବସ୍ଥିତ ମିତାନ୍ ଗୋଷ୍ଠୀରେ ଅସା ପରବ ପରେ ହିଁ ମକା, ନୂଆଧାନ, ନୂଆ ତେନ୍ତୁଳି, କୁମୁଡ଼ା, ସାରୁ ଆଦି ଖିଆଯାଏ। ଅତଏବ, ଏହା ନୂଆଖାଇ ଭାବରେ ମଧ୍ୟ ପରିଚିତ। ଏହି ଦିନ ପ୍ରତ୍ୟେକ ଘର ପରିବାରରେ ବିଧିବିଧାନ ପୂର୍ବକ ଆନିଦାଦି ବା ପୂର୍ବପୁରୁଷଙ୍କ ନାମଧରି ବୀରୁ (ପୂଜା) ହୁଏ। ଏଥିରେ ଘରର ମୁରବୀ ପୂଜା କରିଥାନ୍ତି। ସ୍ତ୍ରୀଲୋକଙ୍କଦ୍ୱାରା ଚରୁ ରନ୍ଧାଯାଇ ଆନିଦାଦିଙ୍କୁ ଅର୍ପଣ କରିବା ପରେ ସମସ୍ତେ ଏକତ୍ର ବସି ତାହାକୁ ପ୍ରସାଦ ଭାବରେ ଗ୍ରହଣ କରିଥାନ୍ତି। ଧାନ ପତ୍ର, ସାରୁ ପତ୍ର, କୁମୁଡ଼ା ପତ୍ର, ସାରୁ, ତେନ୍ତୁଳି ଏସବୁକୁ ସିଝାଇ ଭାତରେ ମିଶାଇ ଏହି ଚରୁ ପ୍ରସ୍ତୁତ ହୋଇଥାଏ।

ଭାଦ୍ରବ ମାସର ଶୁକ୍ଳପକ୍ଷ ଦଶମୀ ତିଥିରେ ମକା ପରବ ପାଳିତ ହୁଏ। ତେବେ ଦିଶାରି ଓ ଗାଁର ସିଆନମାନଙ୍କ ସହମତିରେ ପାଖାପାଖି ଅନ୍ୟ କୌଣସି ଦିନରେ ବି ଏହା ପାଳନ କରାଯାଇପାରେ। ଏହା ବି ନୂଆଖିଆ ଭାବରେ ପରିଚିତ। ଏହିଦିନ କୋରାପୁଟ ଜିଲ୍ଲାର ବିଭିନ୍ନ ଅଞ୍ଚଳର ଆଦିବାସୀ ତଥା ମିତାନ୍ ଗୋଷ୍ଠୀର ଅନେକ ସଦସ୍ୟ ଧାନପତ୍ର ସାଙ୍ଗରେ ସାରୁ, କୁମୁଡ଼ା (ବୋଇତାଲୁ), ନୂଆ ତେନ୍ତୁଳି ମିଶାଇ ଚରୁ ରାନ୍ଧି ପିତୃପୁରୁଷଙ୍କୁ ଅର୍ପଣ କରିବା ପରେ ହିଁ ଯାଇ ମକା, ନୂଆ ଧାନ, ନୂଆ ତେନ୍ତୁଳି, କୁମୁଡ଼ା ଓ ସାରୁ ଆଦି ଖାଇଥାନ୍ତି। ତେବେ, ବିବାହିତା ଝିଅ କିମ୍ବା ଅନ୍ୟ ଅତିଥି ଘରକୁ ଆସିଥିଲେ ସେମାନଙ୍କୁ ଏହି ଚରୁ ଦିଆଯାଏ ନାହିଁ। ପ୍ରାୟ ସମସ୍ତ ଆଦିବାସୀ ଓ ମିତାନ୍ ଗୋଷ୍ଠୀରେ ଆନିଦାଦି ବା ପୂର୍ବପୁରୁଷଙ୍କୁ ଅର୍ପଣ କରାଯାଇଥିବା ଭୋଗ ପରିବାର ତଥା ପରିବାରର ନିର୍ଦ୍ଦିଷ୍ଟ ସଦସ୍ୟଙ୍କ ବ୍ୟତୀତ ଅନ୍ୟ କାହାକୁ ଦିଆଯାଏ ନାହିଁ।

ଅସା ପରବର ବାସିଦିନ କରଡ଼ି ସହ କଣ୍ଡେଙ୍ଗ ଡାଲ ଓ କ୍ଷୀର ମିଶ୍ରିତ ବ୍ୟଞ୍ଜନ

ପ୍ରସ୍ତୁତ କରାଯାଏ ଏବଂ ପ୍ରାୟ ଫୁଟେ ଦୁଇଫୁଟ ଉଚ୍ଚର ଛୋଟ ମଞ୍ଚା(ପଲା)କରି ତା ଉପରେ ଚରୁ ଭାତ ଓ କଣ୍ଡେଙ୍ଗ ତରକାରୀ ଆନିଦାଦିଙ୍କ ଉଦ୍ଦେଶ୍ୟରେ ଅର୍ପଣ କରି ରଖାଯାଏ।

ଦ୍ରଷ୍ଟବ୍ୟ: ନୂଆଖାଇ, ଚରୁ

ଗ୍ରନ୍ଥ ସୂଚନା: ପାଢ଼ୀ, ଓ ଉପାଧ୍ୟାୟ ୨୦୧୦, ୨୦, ୬୮, ୨୯୦; ମାନ୍ଦ୍ରା ୨୦୧୮, ୨୨୭; ସ୍ୱାଇଁ ୨୦୧୮, ୨୦୦।

ଆଁକିଫୁଙ୍କା

ନାମକରଣ ପୂର୍ବ ପ୍ରକ୍ରିୟା; ପଶ୍ଚିମାଞ୍ଚଳ ଓଡ଼ିଆ, ଦେଶିଆ; ଆଦିବାସୀ, ମିତାନ୍ ଗୋଷ୍ଠୀ; ଜନ୍ମ ପର ରୀତିନୀତି

ନାଁ ଧରା ବା ନାମକରଣ ପୂର୍ବରୁ ନାଭିନାଡ଼ ପଡ଼ିବା ପରେ ଶିଶୁର ମୁଣ୍ଡନ କରି ଆଁକିଫୁଙ୍କା ହୁଏ। ଏହି ଦିନ ସାହିର ବା ନିଜ ଗୋଷ୍ଠୀର ସଦସ୍ୟମାନେ ଥାଳି କିମ୍ବା ଗିନାରେ ଅନ୍ୟାନ୍ୟ ଉପହାର ସହିତ ଚାଉଳ ନେଇ ଆସିଥାନ୍ତି। ଶିଶୁକୁ କୋଳରେ ଧରି ମାଆ ବାପା ବସନ୍ତି। ଶିଶୁର ମୁହଁ ଦେଖା ନଯିବା ଭଳି ଏକ ପତଳା କପଡ଼ା ଢାଙ୍କି ଦିଆଯାଏ। କାରଣ, ଶିଶୁର ମୁହଁ ଦେଖାଗଲେ ଟେରା ହେବାର ସମ୍ଭାବନା ଥାଏ ବୋଲି ବିଶ୍ୱାସ ଅଛି। ଜଣେ ମହିଳା ହାତରେ ଭାତ ମେଞ୍ଚାଏ ଓ ତା ଉପରେ ସଳିତାଟିଏ ରଖି ଅନ୍ୟ ହାତରେ ଜଳନ୍ତା ଦୀପଟିଏ ଧରିଥାଏ, ସେ ଶିଶୁ ଓ ମାଆ ବ୍ୟବହାର କରିଥିବା ଖଟ ତଥା ଘରର ବିଭିନ୍ନ ସ୍ଥାନରେ ଭାତ ମେଞ୍ଚାରେ ଥିବା ସଳିତାରେ ନିଆଁ ଲଗାଇ ଫୁଁକରି ଲିଭାଇ ଦିଅନ୍ତି। ସେହିପରି, ପରିବାର ଅନ୍ୟ ସମସ୍ତ ତଥା ଜନ୍ମ ସମୟରେ ଉପସ୍ଥିତ ଅନ୍ୟ ପରିବାରର ସଦସ୍ୟ ଏବଂ ପଡ଼ୋଶୀମାନେ ମଧ୍ୟ ସେଠାରେ ଉପସ୍ଥିତ ଥିଲେ ସେମାନଙ୍କ ଆଖି, କାନ, ହାତ ପାପୁଲି ପାଖରେ ଏହିପରି ଆଁକିଫୁଙ୍କା ହୁଏ। ଅଞ୍ଚଳ ଓ ଗୋଷ୍ଠୀ ଭେଦରେ ଆଁକିଫୁଙ୍କା ବା ଅନୁରୂପ ପରମ୍ପରା ବିଭିନ୍ନ ଭାବରେ ପାଳନ କରାଯାଏ।

ଦ୍ରଷ୍ଟବ୍ୟ: ନାଁଧରା, ଏକୋଇଶା

ଗ୍ରନ୍ଥ ସୂଚନା: ବାଗ ୨୦୦୯, ୨୬; ସୁନାନୀ ୨୦୦୯, ୧୩୧-୨।

ଆଁଟ ଭଁଟା

ପଡ଼ିଆ ଜମି; ପଶ୍ଚିମାଞ୍ଚଳ ଓଡ଼ିଆ, ଦେଶିଆ; ଆଦିବାସୀ, ମିତାନ୍ ଗୋଷ୍ଠୀ; ପାରମ୍ପରିକ ଭୌଗୋଳିକ ଅବଧାରଣା

"ତୁଇ ଭଁଟାକେ (ଶ୍ମଶାନକୁ) ଯିବୁ!", "ଚୋରଚୋର କୋଦୋ ଆଁଟେ ଭେଟଘାଟ୍!" ଭଳି ପାରମ୍ପରିକ ପରିପ୍ରକାଶରୁ ପାରମ୍ପରିକ ଜୀବନଧାରାରେ ଆଁଟ ଭଁଟା କିପରି ଗୁରୁତ୍ୱପୂର୍ଣ୍ଣ ତାହା ଅନୁମାନ କରାଯାଇପାରେ।

ପ୍ରତ୍ୟେକ ଗ୍ରାମରେ କୃଷି ଉପଯୋଗୀ ଜମି ବ୍ୟତୀତ କିଛି କିଛି ଆଁଟ ଭଁଟା ମଧ୍ୟ ଥାଏ। ଏହା ଅପେକ୍ଷାକୃତ ଅନୁର୍ବର ଜମି। ତେବେ, ଏଠାରେ ମଧ୍ୟ ଅଳ୍ପ ଦିନିଆ ଧାନ, ତଥା ମୁଗ, ବିରି, ବୁଟ, କୋଳଥ, ମାଣ୍ଡିଆ, ଗୁରଜି (yellow millet), ଚିନାବାଦାମ ଆଦି ଚାଷ କରାଯାଏ। ସେହିଭଳି, କିଛି ଭଁଟା ଜମି କେବଳ ଗୋରୁ ଚାରଣ ପାଇଁ ରଖା ଯାଇଥାଏ କାରଣ, ସବୁ ଗ୍ରାମ ନିକଟରେ ଝାର ଜଙ୍ଗଲ ମିଳିବା ସମ୍ଭବ ନୁହେଁ। ଅନୁରୂପ ଭାବରେ, ଗ୍ରାମ ପ୍ରାନ୍ତରରେ କିଛି ଭଁଟା ଜମି ଥାଏ ଯାହା ଶ୍ମଶାନ ଭାବରେ ବ୍ୟବହୃତ ହୋଇଥାଏ। ଆଁଟ ଭଁଟାକୁ ଶିଶୁ କିଶୋରମାନେ ପାରମ୍ପରିକ କ୍ରୀଡ଼ା ପରିବେଷଣ କରିବାକୁ ବି ଉପଯୋଗ କରିଥାନ୍ତି, ଅମଳ ସମୟରେ ଖଳା କଟା ହୋଇଥାଏ, କେତେକ ଗୋଷ୍ଠୀରେ ସେନ୍ଦ୍ରା ତଥା ଶିକାରରୁ ଫେରି ଭୋଜିଭାତ କରିବା ଖାଇବା ଦେଖାଯାଏ। ପାରମ୍ପରିକ ସମାଜରେ କୃଷି ଉପଯୋଗୀ ଜମି ଯେତେ ଆବଶ୍ୟକ ଆଁଟ ଭଁଟା ମଧ୍ୟ ସେତିକି ଜରୁରୀ। ସମ୍ପ୍ରତି ଓଡ଼ିଶାର ଅନେକ ଅଞ୍ଚଳରେ ଲୋକ ସଂଖ୍ୟା ବୃଦ୍ଧି କାରଣରୁ ତଥା ଅନ୍ୟାନ୍ୟ ଆବଶ୍ୟକତା ଦୃଷ୍ଟିରୁ ଏହି ଆଁଟ ଭଁଟା ଆଉ ଦେଖିବାକୁ ମିଳୁନାହିଁ। ଆଁଟ ଭଁଟାର ଅଭାବରୁ ତଥା କର୍ମସଂସ୍ଥାନରେ ଦେଖା ଦେଉଥିବା ପରିବର୍ତ୍ତନରୁ ପାରମ୍ପରିକ ଗୋପାଳନ ମଧ୍ୟ କମି ଆସିଲାଣି।

ଇଟା କାଏଁ ଭାଟାନେ ପଡ଼ା ଆଚେ କି ?
(ଏହା କ'ଣ ପଡ଼ିଆରେ ପଡ଼ିଛି କି?)
ଭାଁଟେ ପରତିସ, ଭାଁଟେ ଯାଇତିସ।
(ପଡ଼ିଆରେ ପଡ଼ିବୁ ବା ଶ୍ମଶାନକୁ ଯିବୁ।)
ଆଁଟ ଭାଁଟା, ସଙ୍ଗ ଚହଟା
ଥିଲେ ଚୁଟଚୁଟା ନାଇଥିଲେ ଖିଟଖିଟା।

(ଗାଁରେ ପଡ଼ିଆ ଜମି ଓ ଜୀବନରେ ସାଙ୍ଗସାଥୀର ଭୂମିକା ଗୁରୁତ୍ୱପୂର୍ଣ୍ଣ। ଏମାନଙ୍କ ଉପସ୍ଥିତି ଜୀବନକୁ ବହୁ ଭାବରେ ସୁଗମ କରିଥାଏ ଓ ଏମାନଙ୍କ ଅନୁପସ୍ଥିତିରେ ଅନେକ ଅସୁବିଧା ଭିତରେ ଗତି କରିବାକୁ ହୁଏ।)

ଦ୍ରଷ୍ଟବ୍ୟ: ପୋରା ଉଆଁସ, ଗବଡ଼ାଶନି, କଟାର ଯାତ୍ରା

ଆଦିବାସୀ

ଆଦିବାସୀ; ଓଡ଼ିଆ; ଆଦିବାସୀ, ମିତାନ୍ ଜାତି; ପ୍ରଜାତିକ ଗୋଷ୍ଠୀ

ଓଡ଼ିଶାରେ ବାଷଠି ଗୋଷ୍ଠୀର ଆଦିବାସୀ ବସବାସ କରନ୍ତି– ବାଗତା, ବୈଗା,

ବଞ୍ଜାରା (ବଞ୍ଜାରି), ବାଥୁଡ଼ି, ଭୋତଡ଼ା (ଧୋତଡ଼ା), ଭୂୟା (ଭୂଇୟାଁ), ଭୂମିଆ, ଭୂମିଜ, ଭୁଞ୍ଜିଆ, ବିଞ୍ଝାଲ, ବିଞ୍ଜିଆ (ବିଞ୍ଜୋଆ), ବିରହୋର, ବଣ୍ଡା ପରଜା, ଚେଞ୍ଚୁ, ଦାଲ, ଦେଶିଆ ଭୂମିଜ, ଧାରୁଆ, ଡିଡ଼ାୟୀ, ଗାଦବା, ଘରା, ଗଣ୍ଡ (ଗୋଣ୍ଡ), ହୋ, ହଲବା, ଜଟାପୁ, ଜୁଆଙ୍ଗ, କନ୍ଧ ଗଉଡ଼, କୱାର, ଖଡ଼ିଆ (ଖଡ଼ିଆନ୍), ଖରୱାର, କନ୍ଧ (ନାଙ୍ଗୁଳି କନ୍ଧ, ସିତା କନ୍ଧ), କିସାନ, କୋଲ, କୋହ୍ଲ (କୋହ୍ଲ ଲୋହରା), କୋଲ୍ହା, କୋଲି (ମହ୍ଲାର), କୋଣ୍ଡାଦୋରା, କୋରା, କୋରୁଆ, କୋଟିଆ, କୋୟା, କୁଲି, ଲୋଧା, ମାଡ଼ିଆ, ମାହାଲି, ମାଙ୍କଡ଼ି, ମାଙ୍କିରଡ଼ିଆ, ମାଟିଆ, ମିର୍ଦ୍ଧା, ମୁଣ୍ଡା (ମୁଣ୍ଡା ଲୋହରା, ମୁଣ୍ଡା ମାହାଲି), ମୁଣ୍ଡାରୀ, ଅମାନତ୍ୟ, ଓରାଓଁ, ପାରେଙ୍ଗା, ପରଜା, ପେଣ୍ଟିଆ, ରାଜୁଆର, ସାନ୍ତାଳ, ସଉରା (ସବର, ସହରା), ଶବର (ଲୋଧା), ସାଉଂଟି, ଥାରୁଆ। ସେହିପରି, ସହାବସ୍ଥିତ ତଥା ମିତାନ୍ ଗୋଷ୍ଠୀ ଭାବରେ ବଢେଇ, ବାଉରି, ବେଲଦାର, ଭୋଇ, ଚମାର, ସତନାମୀ, ବାରିକ, ଡମ, ଗଣା (ଗାଣ୍ଡା), କେଳା, ଘୋଗିଆ, ଧୋବା, କୁମ୍ଭାର, ମାଳି, ତେଲି, ଅଗରିଆ ଆଦି ଗୋଷ୍ଠୀ ବସବାସ କରନ୍ତି। ଉପକୂଳ ଓଡ଼ିଶାରେ ଏହି ଗୋଷ୍ଠୀଗୁଡ଼ିକ ସହିତ ଆଦିବାସୀ ଗୋଷ୍ଠୀ ସହାବସ୍ଥାନ କରୁନଥିବାରୁ ସେମାନଙ୍କ ସାମାଜିକ ରୀତିନୀତି ଆଦିବାସୀ ଗୋଷ୍ଠୀର ରୀତିନୀତି ସହ ବିଶେଷ ସାମଞ୍ଜସ୍ୟ ରଖେ ନାହିଁ। ସେହିପରି, ଆଦିବାସୀ ଅଞ୍ଚଳରେ ମିତାନ୍ ଗୋଷ୍ଠୀରେ ବିଭିନ୍ନ ରୀତିନୀତି, ପର୍ବପର୍ବାଣି, ସାମାଜିକ ଆଦାନପ୍ରଦାନ ସ୍ୱତନ୍ତ୍ର ଭାବରେ ପାଳନ କରାଯାଉଥିଲେ ମଧ୍ୟ ଅନେକ ସାମଞ୍ଜସ୍ୟ ଦେଖିବାକୁ ମିଳେ।

ଦ୍ରଷ୍ଟବ୍ୟ: ମିତାନ ଗୋଷ୍ଠୀ

ଗ୍ରନ୍ଥ ସୂଚନା: <http://censusindia.gov.in/Tables_Published/SCST/ST%20 Lists. pdf>, and<http://stscodisha.gov.inpdfScheduled Tribe_List.pdf>.

ଆନିଦାଦି

ପୂର୍ବପୁରୁଷ; ଦେଶିଆ, ପଶ୍ଚିମାଞ୍ଚଳ ଓଡ଼ିଆ; ଆଦିବାସୀ, ମିତାନ୍ ଗୋଷ୍ଠୀ; ପୂର୍ବପୁରୁଷ

ଆଦିବାସୀ ଓ ମିତାନ୍ ଗୋଷ୍ଠୀରେ ପରିବାରର କୌଣସି ସଦସ୍ୟଙ୍କ ମୃତ୍ୟୁ ହେଲେ ସ୍ୱର୍ଗପ୍ରାପ୍ତି ନୁହେଁ ବରଂ ସେମାନେ ଘରର ଏକ ସଦସ୍ୟ ଭାବରେ ଆଖପାଖରେ ଡୁମା ହୋଇ ରହିଥାନ୍ତି ବୋଲି ବିଶ୍ୱାସ କରିବା ସହ ପରିବାରର ଭଲମନ୍ଦରେ ସେମାନଙ୍କର ଶୁଭ ଦୃଷ୍ଟି, ଆଶୀର୍ବାଦ ଆବଶ୍ୟକ ହୋଇଥାଏ ବୋଲି ଭାବନ୍ତି। ଏମାନଙ୍କୁ ଘରେ ଡୁମା

ଭାବରେ ଆବାହନ କରି ପୂଜା କରାଯାଏ। ଆନିଦାଦି ବା ପୂର୍ବପୁରୁଷଙ୍କୁ ଉପେକ୍ଷା କରି ଆଦିବାସୀ ଓ ମିତାନ୍ ଗୋଷ୍ଠୀରେ କୌଣସି ପର୍ବ ତଥା ସାମାଜିକ ସାଂସ୍କୃତିକ ଉତ୍ସବ ପାଳିତ ହୋଇନଥାଏ। ଏପରିକି, କୁଆଡ଼େ ଯାତ୍ରା କଲେ ମଧ୍ୟ ଦାଦିପୁରୁଷାଙ୍କୁ ସ୍ମରଣ କରି ବାହାରିଥାନ୍ତି। ଆଦିବାସୀ ଓ ମିତାନ୍ ଗୋଷ୍ଠୀର ସଦସ୍ୟମାନେ ସହଜରେ ନିଜ ବାସସ୍ଥାନ ଛାଡ଼ି କୁଆଡ଼େ ଯାଆନ୍ତି ନାହିଁ କାରଣ, ସେମାନଙ୍କର ଆନିଦାଦି ବା ପୁରୁଷା ନିଜର ପୁରୁଷପୁରୁଷ ଧରି ବସବାସ କରିଆସୁଥିବା ସ୍ଥାନ ତଥା ଯେଉଁଠି ତାଙ୍କର ପୂର୍ବପୁରୁଷ ଡୁମା ହୋଇଛନ୍ତି ସେମାନଙ୍କୁ ନେଇ କୁଆଡ଼େ ଯିବା ସମ୍ଭବ ନୁହେଁ ତଥା ସେମାନେ ଏହି ପୂର୍ବପୁରୁଷଙ୍କଠୁ ବିଛିନ୍ନ ହେବାକୁ ଭୟ କରିଥାନ୍ତି। ଆନିଦାଦି ବିଭିନ୍ନ ଆଦିବାସୀ ଗୋଷ୍ଠୀରେ ପାଟପୁର୍‌ଷା, ପୁର୍‌ଷା, ଆକୁଁଅଜାଁଅ, ଆଜା ଆଜି ଭାବରେ ମଧ୍ୟ ପରିଚିତ।

ଦ୍ରଷ୍ଟବ୍ୟ: ଡୁମା, ଡୁମାଆନା

ଗ୍ରନ୍ଥ ସୂଚନା: ପାଢ଼ୀ, ଓ ଉପାଧ୍ୟାୟ ୨୦୧୦, ୨୭-୨୮; ବାଗ ୨୦୦୯, ୬୦; ସୁନାନୀ ୨୦୦୯, ୧୭୪; ଭୋଳ, ୨୦୦୩, ୩୨-୩୩; ମିଶ୍ର ୧୯୯୮, ୪୦- ୪୧।

ଆମୁସ୍ ପରବ

ଅମାବାସ୍ୟାକାଳୀନ ପର୍ବ; ଦେଶିଆ; ଆଦିବାସୀ, ମିତାନ୍ ଗୋଷ୍ଠୀ; ପର୍ବପର୍ବାଣି

ଆଷାଢ ମାସରେ ଗଣ୍ଡ, ଭତ୍ରା, ଭୂମିଆ, ଗାଦବା ପ୍ରଭୃତି ଆଦିବାସୀମାନେ ଆମୁସ୍ ପର୍ବ ପାଳନ କରିଥାନ୍ତି। ଧାନ କ୍ଷେତକୁ ରୋଗପୋକ ଦାଉରୁ ରକ୍ଷା କରିବା ପାଇଁ ମାଟିମାଆକୁ ପୂଜା ପ୍ରାର୍ଥନା କରିବା ପୂର୍ବକ ଜମିରେ କେନ୍ଦୁ, ବଣ ଭାଲିଆ, ଓ ଦେଓବାଡ଼ନି ଡାଳ ପୋତି ପୂଜା କରିଥାନ୍ତି। ସେହିପରି, ଭାଦ୍ରବ ମାସରେ ମଧ୍ୟ ଗାଈଗୋରୁଙ୍କ ମଙ୍ଗଳ କାମନା କରିବା ସହିତ ଜମିରେ ଭଲ ଫସଲ ହେବା ପାଇଁ, ରୋଗପୋକ ଦାଉରୁ ରକ୍ଷା ପାଇବା ପାଇଁ ପୂଜା କରାଯାଏ ଏହା 'ବଉଲାନି ଯାତ୍ରା' ଭାବରେ ପରିଚିତ। ବଉଲାନି ଯାତ୍ରା ଅବସରରେ ପ୍ରଥମେ ଗାଁର ଠାକୁରାଣୀ ଗୁଡ଼ି ବା ହୁଣ୍ଡି ଗୁଡ଼ିରେ ପୂଜା ହୋଇଥାଏ। ସେଠାରେ ବଳି ଭୋଗ ଦିଆଯାଏ। ଗାଁର ଅଳିଆ ଆବର୍ଜନା ପରିଷ୍କାର କରି ଏକ ବାଉଁଶ ଟୋକେଇରେ ଭର୍ତ୍ତି କରି ଗ୍ରାମ ବାହାରେ ଥିବା ଡାଲାବାଟ (ଛକବାଟ)ରେ ଫିଙ୍ଗିଦିଆଯାଏ। କେତେକ ଅଞ୍ଚଳରେ ଏହି ଅଳିଆ ଓ ପୋକ କୀଟ ଭର୍ତ୍ତି ଟୋକେଇକୁ ନାଲି, ନୀଳରଙ୍ଗର କପଡ଼ା ଗୁଡ଼ା ଯାଇଥିବା ଏକ କେନ୍ଦୁ କାଠ (ଅଞ୍ଚଳ ଭେଦରେ ଶିମୁଳୀ କାଠ)ର ଶଗଡ଼ରେ ରଖି ବିଧିବଦ୍ଧ ଭାବରେ ପୂଜାରୀ, ଦିଶାରିମାନଙ୍କଦ୍ୱାରା ପୂଜା କରାଯାଇ ତାହାକୁ ଡାଲାବାଟ ବା ବେଜରନାରେ

ଫୋପାଡ଼ି ଦିଆଯାଏ। ସେଠାରେ ଛେଳି, କୁକୁଡ଼ା ଆଦି ବଳି ଦିଆଯାଏ। ଗ୍ରାମର ପୁରୁଷ ଲୋକ ଏଥିରେ ଭାଗ ନେଇଥାନ୍ତି। ଏହି ମାଂସ ବା ଭୋଜି ଘରକୁ ଆଣିବା ମନା ହୋଇଥାଏ। ଆମୁସ୍ ପରବ କେତେକ ଅଞ୍ଚଳରେ ରୋଗ ବହଲାନି, ବଉଲାନି, ବଅଁଲାନି, ବଲାଣି ଆଦି ଭାବରେ ମଧ୍ୟ ପରିଚିତ।

ଦ୍ରଷ୍ଟବ୍ୟ: ପୋରା ଉଆଁସ, ଗବଡ଼ାଶନି

ଗ୍ରନ୍ଥ ସୂଚନା: ପାଢ଼ୀ, ଓ ଉପାଧ୍ୟାୟ ୨୦୧୦, ୩୦, ୩୪୮; ବାଗ ୨୦୦୯, ୬୬; ସୁନାନୀ ୨୦୦୯, ୩୮୩; ମିଶ୍ର ୧୯୯୬, ୧୦୭-୮।

ଆଷାରଖେନା

କୃଷିଭିତ୍ତିକ ପର୍ବ; ପଶ୍ଚିମାଞ୍ଚଳ ଓଡ଼ିଆ; ଆଦିବାସୀ, ମିତାନ୍ ଗୋଷ୍ଠୀ; ପର୍ବପର୍ବାଣି

ଆଷାଢ଼ ଶୁକ୍ଳ ଏକାଦଶୀଠାରୁ ପୂର୍ଣ୍ଣିମା ଭିତରେ ଏହି ପର୍ବ ପାଳିତ ହୋଇଥାଏ। ଏହାକୁ ଗଙ୍ଗାଦି ଯାତ୍ରା ମଧ୍ୟ କହିଥାନ୍ତି କାରଣ ପ୍ରାୟ ଆଦିବାସୀ ତଥା ମିତାନ ଗୋଷ୍ଠୀ ବାସ କରୁଥିବା ଗାଆଁଗୁଡ଼ିକରେ ଗ୍ରାମଦେବୀ ରୂପେ ଗଙ୍ଗାଦେଇ ଠାକୁରାଣୀ ପୂଜା ପାଇଥାନ୍ତି। ଅକ୍ଷୟ ତୃତୀୟା ଦିନ ବୁଣା ଯାଇଥିବା ଧାନସବୁ ଗଜା ଉଠିଲେ ସେଥିରେ ଘାସ ବାଲୁଙ୍ଗା ଆଦି ବଢ଼ି ଯାଇଥାଏ ଏଣୁ ମଇ ଦେବାର ଆବଶ୍ୟକତା ପଡ଼େ। ପୁଣି ଧାନ ବୁଣି ନଥିବା ଚାଷୀମାନେ ରୁଆ କରିବା ପାଇଁ ଅପେକ୍ଷା କରିଥାନ୍ତି। ତେବେ, ଆଷାରଖେନା ଯାତରା ନସରିବା ଯାଏ ଗ୍ରାମର କେହି ବାଲୁଙ୍ଗା, ଘାସ ଆଦି ବାଛିବା, ମଇ ଦେବା, ତଳି ରୋଇବା ପ୍ରଭୃତି କାମ କରିପାରନ୍ତି ନାହିଁ।

ଆଷାରଖେନା ଯାତ୍ରା ପାଳନ କରିବା ପାଇଁ ଗ୍ରାମର ସମସ୍ତଙ୍କୁ ନେଇ ଝାଁକର ଗଙ୍ଗାଦି ବା ଠାକୁରାଣୀଗୁଡ଼ିରେ ବସି ଯାତ୍ରା ଦିନ ନିର୍ଦ୍ଧାରଣ କରନ୍ତି। ଯାତ୍ରା ଦିନ ଗ୍ରାମର ଲୋକ ଚାଉଳ କୁକୁଡ଼ା ଧରି ଦେବୀଙ୍କ ପୂଜାପାଇଁ ଗୁଡ଼ିକୁ ଆସନ୍ତି। ଦେବୀଙ୍କ ପାଖରେ ଝାଁକର ଚାଉଳ ପୁଞ୍ଜି ପକାଏ ଓ କୁକୁଡ଼ା ବଳିଦିଏ। ବଳି ରକ୍ତକୁ ଦେବୀଙ୍କ ଆସ୍ଥାନ ଓ ଅସ୍ତ୍ରରେ ଲଗାଏ। ଏହାପରେ ଗ୍ରାମର ଅନ୍ୟମାନେ ଆଣିଥିବା କୁକୁଡ଼ା, ପାରା ଆଦି ଦେବୀଙ୍କୁ ଭୋଗ ଲଗାଏ। ଦେବୀଙ୍କ ଭାଗ ବଳିର ମୁଣ୍ଡକୁ ଛାଡ଼ି ବାକି ଅଂଶକୁ ଧରି ଲୋକମାନେ ନିଜ ଘରକୁ ଫେରନ୍ତି ଓ ରାନ୍ଧି ଭୋଗ ଭାବରେ ଖାଇଥାନ୍ତି। ପରଦିନଠାରୁ ଜମିରେ ମଇ ଦେବା, ତଳି ରୋଇବା, ଓ ଘାସ ବାଛିବା କାମ ହୁଏ। ଯଦି କୌଣସି ଚାଷୀ ଯାତ୍ରା ପୂର୍ବରୁ ଜମିରେ ମଇ ଦିଅନ୍ତି ତେବେ, ଅମନିଆ ଭୋଗ ଦେଇ ଦେବୀଙ୍କୁ ସନ୍ତୁଷ୍ଟ କରିବା ପରେ ହିଁ ଦୋଷମୁକ୍ତ ହୋଇଥାନ୍ତି ନହେଲେ ଦେବୀଙ୍କ କୋପଦୃଷ୍ଟିର ଶିକାର ହେବାକୁ ପଡ଼ିଥାଏ ବୋଲି ବିଶ୍ୱାସ ଅଛି।

ଦ୍ରଷ୍ଟବ୍ୟ: କଟାର ଯାତ୍ରା, ବିଜପୁଟନି

ଗ୍ରନ୍ଥ ସୂଚନା: ମିଶ୍ର ୧୯୯୬, ୮୬-୭; ଭୋଇ ୨୦୦୩, ୬୨; ବାଗ ୨୦୦୯, ୬୬; ସୁନାନୀ ୨୦୦୯, ୩୮୨-୩; ମିଶ୍ର ୧୯୯୮, ୫୬।

ଆସ୍‌କାରାନ୍ଧା

ଅଭିସମ୍ପାତ; ପଶ୍ଚିମାଞ୍ଚଳ ଓଡ଼ିଆ; ଆଦିବାସୀ, ମିତାନ୍ ଗୋଷ୍ଠୀ; ବାଚିକ ପରମ୍ପରା

ଆଦିବାସୀ ତଥା ବିଭିନ୍ନ ମିତାନ୍ ଗୋଷ୍ଠୀଗୁଡ଼ିକରେ କେହି ଶାରୀରିକ କିମ୍ବା ମାନସିକ ଭାବେ କାହାଠୁ ଆଘାତ ପାଇଲେ, କୌଣସି ଜିନିଷ ଚୋରି ହୋଇଗଲେ, କେହି କୌଣସି ପ୍ରକାର ଅନିଷ୍ଟ ସାଧନ କଲେ ସେହି ବ୍ୟକ୍ତିପ୍ରତି ଲଗାତାର କିଛି ସମୟ ସ୍ତ୍ରୀଲୋକମାନେ ବିଭିନ୍ନ ପ୍ରକାର ଅଶ୍ଳୀଳ ଶବ୍ଦ ପ୍ରୟୋଗ ସହିତ ସମ୍ପୃକ୍ତ ବ୍ୟକ୍ତି ଓ ତଥା ପରିବାରର ସଦସ୍ୟଙ୍କ ଆକସ୍ମିକ ମୃତ୍ୟୁ ତଥା ଅନିଷ୍ଟ କାମନା କରି ଉଚ୍ଚ ସ୍ୱରରେ ଗାଳି କରିଥାନ୍ତି। ଏହାଦ୍ୱାରା କିଛି ହେଉ ବା ନହେଉ ଗାଳି କରୁଥିବା ସ୍ତ୍ରୀ ଲୋକଟିର ମନବୋଧ ହୋଇଥାଏ ତଥା ବେଳେବେଳେ ଉଭୟ ଗୋଷ୍ଠୀ ଭିତରେ ବିବାଦ ପ୍ରବଳ ହେବା ସହିତ ମାଡ଼ ଲାଗିବା ଯାଏଁ ମଧ୍ୟ ଯାଇଥାଏ। ଏହା ଅନେକତଃ ଅଶ୍ରାବ୍ୟ ଅତଏବ, ସମ୍ପ୍ରତି ଏପରି ଆସ୍‌କାରାନ୍ଧା କରିବା କ୍ୱଚିତ ଦେଖାଯାଏ। ଆସ୍‌କାରାନ୍ଧା ତଥା ଏହାର ଭିନ୍ନରୂପଗୁଡ଼ିକ ବିଭିନ୍ନ ଆଦିବାସୀ ଗୋଷ୍ଠୀରେ ଆଉଲି (ବଣ୍ଡା), ମରମାଅଁସୁ (ଗାଦବା), ଆନ୍ଦାକତେ ଆଗେର୍ (ସାନ୍ତାଳ) ଭାବରେ ପରିଚିତ।

ଦ୍ରଷ୍ଟବ୍ୟ: ଗାଳି, ଟିକଲମରା

ଗ୍ରନ୍ଥ ସୂଚନା: ମିଶ୍ର ୨୦୧୨, ୧୬-୧୯; Dundes at al 1970, 325-349; Paliglia 2009, 61-68; Glazer 1976, 87-89; Hughes 2006, 247-248; Jay, and Krristin 2008, 267-288।

ଇଡ଼ିତାଲ

ପବିତ୍ର କାନ୍ଥ ଚିତ୍ର; ଲାଞ୍ଜିଆ ସଉରା; ଆଦିବାସୀ; ପାରମ୍ପରିକ ଚିତ୍ରକଳା– ରୀତିନୀତି

ଇଡ଼ିତାଲ ସାଧାରଣତଃ ଭଣ୍ଡାର ଘର ଭିତର କାନ୍ଥରେ ହୋଇଥାଏ। କାନ୍ଥକୁ ଲିପାପୋଛା କରି ମନୁଷ୍ୟ, ପଶୁପକ୍ଷୀ, ଚତୁର୍ଭୁଜ, ତ୍ରିଭୁଜ, ବୃକ୍ଷଲତା ଆଦି ଅଙ୍କନ କରାଯାଏ। ସାଧାରଣତଃ ନୂଆ ଘର ତିଆରି କଲେ 'ଇଡ଼ିତାଲ' କରାଯାଏ। ସେହିପରି, କୌଣସି ଭଙ୍ଗା ଘର ବା ପୁରୁଣା କୋଠରୀକୁ ପୁଣିଥରେ ନୂଆ କରି ତିଆରି କଲାବେଳେ ମଧ୍ୟ ଇଡ଼ିତାଲର ଆବଶ୍ୟକ ହୋଇଥାଏ। ମୁଖ୍ୟ ପୂଜକ କୁଡ଼ାଙ୍ଗ୍ ବା ତାଙ୍କ ପରିବାରର

ବ୍ୟକ୍ତି ହିଁ ଇଡ଼ିତାଲ କରିଥାନ୍ତି । କୁଡ଼ାଙ୍ଗ୍ ହେଉଛନ୍ତି ସଉରା ଗୋଷ୍ଠୀର ମୁଖ୍ୟ ପୂଜକ । ତେବେ, ବ୍ୟକ୍ତି ବିଶେଷରେ ବୋୟା ସମସ୍ତ ଗୋଷ୍ଠୀଗତ ପୂଜା ରୀତିନୀତି କରିଥାନ୍ତି । କୁଡ଼ାଙ୍ଗ ଚିତ୍ର ମଧ୍ୟ କରିଥାନ୍ତି, ଏହାଙ୍କୁ ସାହାଯ୍ୟ କରୁଥିବା ବ୍ୟକ୍ତି 'ଇଡ଼ିତାଲମାର' ଭାବରେ ପରିଚିତ । ଇଡ଼ିତାଲ କରାଉଥିବା ଗୃହକର୍ତ୍ତା ଗାଧୋଇ ପୂର୍ବଦିନ ସନ୍ଧ୍ୟା ବେଳରୁ ଅରୁଆ ଚାଉଳ ଗୁଣ୍ଡ କରି ରଖନ୍ତି । ପରଦିନ, ଇଡାଲମାର, କୁଡ଼ାଙ୍ଗ୍ ଆସି ନିରୂପିତ ସ୍ଥାନରେ ସେହି ଚାଉଳ ଗୁଣ୍ଡରେ ପିଠଉ ପ୍ରସ୍ତୁତକରି ବାଉଁଶ ତୁଳୀ ସାହାଯ୍ୟରେ ଚିତ୍ର କରିଥାନ୍ତି । ଏହି ଦିନ ଘରର ସ୍ତ୍ରୀଲୋକମାନେ ଉପବାସ କରିଥାନ୍ତି । ଚିତ୍ର ଅଙ୍କନ ସମୟରେ ଘରର ଏମାନେ ଗୀତ ମଧ୍ୟ ପରିବେଷଣ କରିବା ଦେଖାଯାଏ । ଚିତ୍ର ଅଙ୍କନ ସରିବା ପରେ କୁଡ଼ାଙ୍ଗଙ୍କଦ୍ୱାରା ଚିତ୍ର ପ୍ରତିଷ୍ଠା କରାଯାଏ । ଏହି ପ୍ରତିଷ୍ଠା କାର୍ଯ୍ୟ କେବଳ କୁଡ଼ାଙ୍ଗ୍ ହିଁ କରିଥାନ୍ତି । ଚିତ୍ର ପାଖରେ ଶିକା ସାହାଯ୍ୟରେ ମାଠିଆରେ ଚାଉଳ, ପନିପରିବା ଅର୍ପଣ କରାଯାଏ, ପୂଜାପାଠ କରି ନିଜର ପୂର୍ବପୁରୁଷଙ୍କ ଉଦ୍ଦେଶ୍ୟରେ କୁକୁଡ଼ା ଆଦି ବଳି ଦିଆଯାଏ ଏବଂ ଭୋଜିଭାତ କରି ଖିଆଯାଏ । ଚିତ୍ର ପ୍ରତିଷ୍ଠା ଦିନ କୁଡ଼ାଙ୍ଗଙ୍କୁ ଗୃହକର୍ତ୍ତା ଚାଉଳ, ନୂଆ ଧୋତି କପଡ଼ା, କୁକୁଡ଼ା, ଡାଲି, ମଦ ଆଦି ଦେଇଥାନ୍ତି । ସଉରାମାନେ ଇଡ଼ିତାଲଙ୍କୁ ବିଭିନ୍ନ ଭାବରେ ଚିହ୍ନିତ କରିଥାନ୍ତି ଯେପରି – ଆନ୍ଦୁଞ୍ଜାପୁର (ବିହନବୁଣା ଚିତ୍ର), ସାର୍ପାଲାସୁମ୍ (ମହା ଦେଓ), ସିଡ଼ାଙ୍ଗପୁର (ଭଲ ଫସଲ), ଗାଙ୍ଗସୁମ୍ (ବସନ୍ତ ବିସୂଚିକାରୁ ରକ୍ଷା), ଇସାରସୁମ୍ (ଡୁମାର ଆବାହନ ପାଇଁ ଅଙ୍କା ଯାଉଥିବା ଇଡ଼ିତାଲ) ।

ଇଡ଼ିତାଲ ଲାଞ୍ଜିଆ ସଉରାମାନଙ୍କ ପାଇଁ ମନ୍ଦିର ସଦୃଶ । ଏଠାରେ ତାଙ୍କର ପିତୃପୁରୁଷ ଅବସ୍ଥାନ କରନ୍ତି ବୋଲି ସେମାନେ ବିଶ୍ୱାସ କରନ୍ତି । ବର୍ଷର ବିଭିନ୍ନ ସମୟରେ ଫଳୁଥିବା ଫଳ ତଥା ନୂଆ ପରିବା ଘରକୁ ଆଣିଲେ ପ୍ରଥମେ ଚିତ୍ର ପାଖରେ ଅର୍ପଣ କରିବା ପରେ ତାହାକୁ ଗ୍ରହଣ କରାଯାଏ । ସେହିପରି, କାହାର ଦେହ ଅସୁସ୍ଥ ହେଲେ ଚିତ୍ର ପାଖରେ ରୋଗୀକୁ ଶୁଆଇ ଗୁହାରି କରିବା ବା ଅଧିଆ ପଡ଼ିବା ମଧ୍ୟ ଦେଖାଯାଏ । କନ୍ଧ ଗୋଷ୍ଠୀରେ ମଧ୍ୟ ପର୍ବପର୍ବାଣି ଦିନ ଭିତର କାନ୍ଥରେ ଅଙ୍କିତ ଝୋଟି ଚିତ୍ରରେ ଦେବଦେବୀଙ୍କୁ ଆରୋପିତ କରି ପୂଜା କରିବା ସଙ୍ଗେ ସଙ୍ଗେ ପିତୃପୁରୁଷଙ୍କୁ ମଧ୍ୟ ଆରାଧନା କରିଥାନ୍ତି ।

ଆଦିବାସୀ ସମେତ ସମସ୍ତ ମିତାନ୍ ଗୋଷ୍ଠୀରେ ବିଭିନ୍ନ ପର୍ବପର୍ବାଣିରେ ଝୋଟି ଚିତା ଅଙ୍କନ କରିବା ଦେଖାଯାଏ । ଅନେକ ସମୟରେ ଏହି ଝୋଟିଗୁଡ଼ିକୁ ପବିତ୍ର ମଧ୍ୟ ମନେ କରାଯାଇଥାଏ । ଏହା ଉପରେ ପାଦ ପକାଇବାକୁ ବାରଣ କରାଯାଏ । ଝୋଟି ଚିତା ବିଭିନ୍ନ ଆଦିବାସୀ ଗୋଷ୍ଠୀରେ ବାନା (ଭତରା), କାନ୍ଥଚିତ୍ର ମାଞ୍ଜିଗୁଣ୍ଡା

(ଡ଼ଙ୍ଗରିଆ କନ୍ଧ), ଟିକାଙ୍ଗକୁଡ଼ା (କୁଟିଆ କନ୍ଧ), ଝାଙ୍ଗରା (ପାହାଡ଼ି ଭୂୟାଁ), ଚିତାର (ସାନ୍ତାଳ), ମୁଗୁଲୁ (କୋଣ୍ଡାଦୋରା) ତଥା ବନା ଭାବରେ ମଧ୍ୟ ପରିଚିତ।

ଦ୍ରଷ୍ଟବ୍ୟ: ବନାଗୋଦା, ଟଲାଭଙ୍ଗା

ଗ୍ରନ୍ଥ ସୂଚନା: ପାଢ଼ୀ, ଓ ଉପାଧ୍ୟାୟ ୨୦୧୦, ୩୫-୩୬; ପାଢ଼ୀ ୨୦୧୩, ୬୮-୬୯; ପ୍ରଧାନ ୨୦୧୩, ୪୫-୩୯; ଭୋଇ ୨୦୧୩, ୬୦; ମହାନ୍ତି ୨୦୧୪, ୩୧; ସାହୁ ୨୦୧୨, ୨୧-୬୦; Pradhan 2004, 304; Patel 2005, 53-57।

ଉଦଲିଆ

ଝିଅର ଇଚ୍ଛାକୃତ ବିବାହ; ଦକ୍ଷିଣ ଓଡ଼ିଶାର ଭାଷା, ଦେଶିଆ; ଆଦିବାସୀ, ମିତାନ୍ ଗୋଷ୍ଠୀ; ବିବାହ ପରମ୍ପରା

ଉଦଲିଆ ଯିବା ଆଦିବାସୀ ତଥା ମିତାନ୍ ଗୋଷ୍ଠୀରେ ପ୍ରାୟ ଦେଖିବାକୁ ମିଳେ। ଯୁବତୀ ନିଜେ ପସନ୍ଦ କରୁଥିବା କୌଣସି ଯୁବକ ସହିତ ରାସ୍ତାରୁ, ହାଟ ବଜାରରୁ, ଗାଧୋଇବାକୁ ଯାଇ, ଯାତ୍ରା ବା ମେଳା ସ୍ଥାନରୁ ବାପା ମାଆ ବା ଘରର ମୁରବିଙ୍କୁ ନଜଣାଇ ପଳାୟନ କରିଥାଏ। ସାଧାରଣତଃ ପୁଅର ଦୂର ସମ୍ପର୍କୀୟଙ୍କ ଘରକୁ ଏମାନେ ଯାଇଥାନ୍ତି କେତେକ କ୍ଷେତ୍ରରେ ଅଜଣା ସ୍ଥାନକୁ ବି ଯାଆନ୍ତି। ପରେ ଘରକୁ ଫେରିଥାନ୍ତି। ଝିଅଘର ଲୋକେ ଖବର ପାଇବା ପରେ ପୁଅଘରକୁ ଆସି ସମାଜ ବା ପଁଚ ବସାଇବା ସହିତ ମିଳାମିଶା ହୋଇ ଆନୁଷ୍ଠାନିକ ଭାବରେ ବିବାହ କରିଥାନ୍ତି। ବେଳେବେଳେ ଅନ୍ୟ ଜାତି ବା ଗୋଷ୍ଠୀର ପୁଅ ସହିତ ବି ଉଦଲିଆ ଯିବା ଦେଖାଯାଏ। ଏ କ୍ଷେତ୍ରରେ ପୁଅର ପରିବାର ନିର୍ଦ୍ଦିଷ୍ଟ ରୀତିନୀତି (ପାନି ମିଶାଇବା) ପାଳନ କରି ପୁଣି ନିଜ ଗୋଷ୍ଠୀରେ ସାମିଲ କରିଥାନ୍ତି। ଭୁଞ୍ଜିଆ ଭଳି କେତେକ ଗୋଷ୍ଠୀରେ ରକ୍ଷଣଶୀଳତା କାରଣରୁ ଆଦୌ ଗ୍ରହଣ କରାଯାଏ ନାହିଁ। ସେମାନେ ସ୍ୱତନ୍ତ୍ର ଭାବରେ ଜୀବନଜୀବିକା ନିର୍ବାହ କରିଥାନ୍ତି।

କେବଳ ଆଦିବାସୀ କି ମିତାନ୍ ଜାତି ନୁହେଁ ଅନ୍ୟ ଗୋଷ୍ଠୀରେ ମଧ୍ୟ ପୁଅ ଓ ଝିଅ ନିଜନିଜ ପସନ୍ଦ ଅନୁସାରେ ବିବାହ କରିବା ଦେଖିବାକୁ ମିଳେ। ଏହି ଗୋଷ୍ଠୀରେ ଏହା ଇଚ୍ଛାକୃତ ବା ନିଜ ପସନ୍ଦ ବିବାହ ଭାବରେ ପରିଚିତ। କେତେକ କ୍ଷେତ୍ରରେ ପୁଅ ଓ ଝିଅର ବାପାମାଆଙ୍କ ସହମତିରେ ବିବାହ ସମ୍ପନ୍ନ କରାଯାଇ ପୁଅ ଘରେ ସେମାନଙ୍କୁ ସ୍ୱୀକୃତି ଦେଉଥିବା ବେଳେ କେତେକ କ୍ଷେତ୍ରରେ ବହୁଦିନ ଯାଏ ସ୍ୱୀକୃତି ମିଳେନାହିଁ।

ଉଦଲିଆ ବ୍ୟତୀତ, ପରସାମୁଡ଼ି (ପୁଅକୁ ଝିଅ ଏକତରଫା ପ୍ରେମକରି ତା ସହିତ ତାଙ୍କ ଘରକୁ ଯାଇ ରହିବା), ଘିଚା (ଝିଅକୁ ପୁଅ ଏକତରଫା ପ୍ରେମ କରୁଥିଲେ ବେଳେବେଳେ ଉଭୟ ପକ୍ଷରୁ ପ୍ରେମ ସମ୍ପର୍କ ଥିଲେ ମଧ୍ୟ ଉଦଲିଆ ଯିବା ପାଇଁ ରାଜି ନଥିଲେ, ପୁଅ ଝିଅକୁ ଜୋର କରି ଘରକୁ ଉଠାଇ ଆଣିବା) ବିବାହ ମଧ୍ୟ ଦେଖିବାକୁ ମିଳେ। ତେବେ, ସମ୍ପ୍ରତି ଅନେକ ଗୋଷ୍ଠୀରେ ପରସାମୁଡ଼ି ଓ ଘିଚା ପରମ୍ପରା ଆଉ ଦେଖିବାକୁ ମଳୁନାହିଁ। ବିଭିନ୍ନ ଆଦିବାସୀ ଗୋଷ୍ଠୀରେ ଉଦଲିଆ ଭଳି ରାଷ୍କାଡ଼ପ୍ (ଝିକା ବିବାହ), ଫୁଲ ବିବାହ ବା ଆମପତର ବିବାହ, ନାପାନ୍ ଆଣ୍ଦି, ପାନିବସାନି ବିବାହ, ଠେଙ୍ଗା ଉତୁରାନି ବିବାହ ଆଦି ଭଳି ବିଭିନ୍ନ ପ୍ରେମ ବିବାହର ପରମ୍ପରା ଦେଖିବାକୁ ମିଳେ।

ଦ୍ରଷ୍ଟବ୍ୟ: ବିହା ବରପନ, ପରସାମୁଡ଼ି, ଘରଜିଆ

ଗ୍ରନ୍ଥ ସୂଚନା: ପାଢ଼ୀ, ଓ ଉପାଧ୍ୟାୟ ୨୦୧୦, ୪୬-୪୭; ବାଗ ୨୦୦୯, ୩୯; ସୁନାନୀ ୨୦୦୯, ୧୬୦; ପ୍ରଧାନ୨୦୦୭, ୧୨୩-୪; ମେହେର ୨୦୧୦, ୨୧-୬୩ ।

ଓସନା

ଓଳି; ପଶ୍ଚିମାଞ୍ଚଳ ଓଡ଼ିଆ, ଦେଶିଆ; ଆଦିବାସୀ, ମିତାନ୍ ଗୋଷ୍ଠୀ; ଗୃହ ପରିସର– ରୀତିନୀତି

ଆଦିବାସୀ ଓ ମିତାନ୍ ଗୋଷ୍ଠୀରେ ଓସନା କେବଳ ଗୃହ ପରିସର ନୁହେଁ ବରଂ ରୀତିନୀତି ସହିତ ମଧ୍ୟ ସମ୍ପୃକ୍ତ। କୌଣସି ବ୍ୟକ୍ତି କୌଣସି ଏକ ପ୍ରସଙ୍ଗରେ ବା ଘଟଣାକ୍ରମେ 'କିରିଆ କରିଥିଲେ' ବା ରାଣ ଖାଇଥିଲେ ସାଧାରଣତଃ ସେହି କାମ ଆଉ କରିନଥାନ୍ତି। ଉଦାହରଣ ସ୍ୱରୂପ, ଦୁଇ ଜଣ ବାନ୍ଧବୀଙ୍କ ମଧ୍ୟରେ ଝଗଡ଼ା ହେଲା, ଏବଂ ଜଣେ ବାନ୍ଧବୀ ଉତ୍ତେଜନାବଶତଃ କହିଦେଲେ, "ଯଦି ମୁଁ ତୋ ସାଙ୍ଗରେ କଥା ହେବି ତେବେ ମୋର ମାଆର ମୁଡ଼୍‌କେ ଖାଏବି (ମୋ ମାଆର ମୁଣ୍ଡ ଖାଇବି ଅର୍ଥାତ୍– ମୋ ମାଆ ମରିଯିବ)"। କିନ୍ତୁ ପରବର୍ତ୍ତୀ ସମୟରେ ଯେତେବେଳେ ପରିସ୍ଥିତି ବଦଳିଯାଏ, ଏବଂ ସେ ଦି'ଜଣ ପୁଣି କଥା ହେବାକୁ ବା ସମ୍ପର୍କ ରଖିବାକୁ ଚାହାଁନ୍ତି ତେବେ, ସେମାନଙ୍କୁ କିରିଆ ଭାଙ୍ଗିବାକୁ ପଡ଼ିଥାଏ, ଏହା 'କିରିଆ ମୁକୁଲାଇବା' ଭାବରେ ପରିଚିତ। ଏଥିପାଇଁ ଜଣେ କେହି ହୁରିଆ ସମ୍ପର୍କୀୟ (ମାମୁ ଝିଅ/ପୁଅ ବା ଭାଉଜ/ଭିଣୋଇ, ନଣନ୍ଦ/ଦିଅର, ବା ଶଳା/ଶାଳୀ) ଦରକାର ହୋଇଥାଏ। ସେ ଘରର ଓଳି ତଳେ ଦି'ଜଣଙ୍କୁ ଠିଆ କରାଇ ଗୋଟିଏ ଢାଳ ପାଣିରେ ଜଳନ୍ତା ଅଙ୍ଗାର ପକେଇ 'ଆଜିଠୁ ପାଣିରେ ଅଙ୍ଗାର ପଡ଼ି ତାହାର ନିଆଁ

ଲିଭିଗଲା ପରି ରାଣ ବି ଲିଭିଗଲା' ବୋଲି ରାଣ ପକାଇଥିବା ବ୍ୟକ୍ତିର ମୁଣ୍ଡରେ ପାଣି ଢାଳି ଦେଇଥାଆନ୍ତି। ଏହା ହେବା ପରେ ସେ ଦେଇଥିବା ରାଣ ଭାଙ୍ଗିଗଲା ବୋଲି ବିଶ୍ୱାସ କରାଯାଏ। ପ୍ରାୟ ଆଦିବାସୀ ଓ ମିତାନ୍ ଗୋଷ୍ଠୀରେ ପାରମ୍ପରିକ ଜୀବନଧାରା ଭିତରେ ରହୁଥିବା ସଦସ୍ୟଙ୍କ ପାଖରେ ଏହି ପରମ୍ପରା ଦେଖିବାକୁ ମିଳେ।

କିରିଆ ଭାଙ୍ଗିବା ବ୍ୟତୀତ ଅନେକ ଆଦିବାସୀ ତଥା ମିତାନ୍ ଗୋଷ୍ଠୀରେ ଓସନାର ଅନ୍ୟ ଭୂମିକା ମଧ୍ୟ ଅଛି। ସାନ୍ତାଳ ଶିଶୁଟିଏ ଜନ୍ମ ହେଲାବେଳେ ସାତେ ଲାତାର' (ଓସନା)ରେ ତଳେ ହିଁ ବସି ଜାତି ପାଏ। ଶିଶୁର ଜନ୍ମ ପରେ ଛୁତିକା ସାରିବା ପାଇଁ ଛୁତ୍ ଫେଳାଅ ପାଳନ କରାଯାଏ। ମାଆ ଶିଶୁକୁ ଧରି ଓଳି ତଳେ ବସେ। ସେହିଠାରେ ଅଶନ (Indian laurel) ପତ୍ର ଓ ଗୋବରକୁ ହାତରେ ନେଇ ଶିଶୁ ଓ ମାଆର ମୁଣ୍ଡରେ ଛୁଆଇଁ ଦିଆଯାଏ। ସେହିପରି, ସାନ୍ତାଳ ଗୋଷ୍ଠୀରେ କାହାର ମୃତ୍ୟୁ ହେଲେ ମଧ୍ୟ ଏହି ଓଳି ତଳେ ବସି ପବିତ୍ର ହୁଅନ୍ତି। ମୃତକର ଶବ ସତ୍କାର କରି ଫେରିବା ପରେ ପୁଅ ବୋହୂ ତଥା ପରିବାର ଓ ବଂଶର ଅନ୍ୟ ସଦସ୍ୟମାନଙ୍କୁ ଶୁଦ୍ଧି କରିବା ପାଇଁ ସାତେ ଲାତାର ତଳେ ବସାଇ ବଟାଯାଇଥିବା କୁଶ ଘାସର ଚେରମିଶା ପାଣି ତିନି ଥର ଛିଞ୍ଚାଯାଏ। ତା'ପରେ ତାଙ୍କୁ ସେଠାରେ କରମ (karam) ପତ୍ରର ତିନି କୋଣିଆ ଠୋଲାରେ କୁକୁଡ଼ା ଚିଆଁର ମାଂସ, ମାଛ ଏବଂ ଭାତ ଦିଆଯାଏ। ତେବେ, ସେସବୁ ସେମାନେ ଖାଆନ୍ତି ନାହିଁ କେବଳ ପାଟିରେ ଛୁଆଁଇ ଦେଇଥାନ୍ତି। ଏହା 'ବାଃରାମା' ଭାବରେ ପରିଚିତ। ଏହି କାରଣରୁ ଅନ୍ୟ ସମୟରେ ଓଳିତଳେ ବସି ସାନ୍ତାଳମାନେ କୌଣସି ଖାଦ୍ୟ ଖାଆନ୍ତି ନାହିଁ। ଗଣ୍ଡ ଗୋଷ୍ଠୀରେ ମୃତକ ପାଇଁ ତେଲ କାମ ବା ସାନ କାମ ନସରିବା ଯାଏ ତାଙ୍କ ପରିବାରର ଲୋକ ଏହି ଓଳି ତଳେ ଗୋଟିଏ ଛୋଟ କୁଣିରେ ଭାତ ଡାଲି ବା ଦୈନନ୍ଦିନ ଖାଦ୍ୟ ରଖିଥାଆନ୍ତି। ଅନୁରୂପ ଭାବରେ ସେମାନେ ତେଲ କାମ ବା ତିନିଦିନିଆ କାମ ସରିବା ଯାଏଁ ଏହି ଓଳି ତଳେ ଛୋଟ କୁଣି (ଛୋଟିଆ ମାଟି ପାତ୍ର)ରେ ଖାଦ୍ୟ ପ୍ରସ୍ତୁତ କରି ମୃତକ ଶବ ସତ୍କାର ସ୍ଥାନକୁ ନେଇ ଅର୍ପଣ କରିଥାନ୍ତି। ଓସନା ଆଦିବାସୀ ତଥା ମିତାନ୍ ଗୋଷ୍ଠୀରେ ବିଭିନ୍ନ ରୀତିନୀତିଗତ ବିଶ୍ୱାସର ଅବଧାରଣା ବି ନିର୍ମାଣ କରିଥାଏ। ଉଦାହରଣ ସ୍ୱରୂପ, ତାଣ୍ଡି ବଂଶର ପରିବାରର ବଡ଼ବୋହୂ 'ଓସନା ଢ଼େଗା' ଅର୍ଥାତ୍ ଅନ୍ୟ ଘରୁ ଆସିଥିବା ଖାଦ୍ୟ ପଦାର୍ଥ ଖାଆନ୍ତି ନାହିଁ। ସେହିପରି ଗୁଣିଆ, ଶିରା, ପୂଜାରୀମାନେ ମଧ୍ୟ ଓସନା ଢ଼େଗା ଖାଦ୍ୟ ଖାଇନଥାନ୍ତି।

ଦ୍ରଷ୍ଟବ୍ୟ: ଭାନସି

ଗ୍ରନ୍ଥ ସୂଚନା: ସୁନାନୀ ୨୦୦୯, ୫୩; ବେଶ୍ରା ୨୦୦୮, ୧୪୪-୪୫।

କଟାର ଯାତ୍ରା

ଖଳା ଯାତ୍ରା; ଦେଶିଆ, ପଶ୍ଚିମାଞ୍ଚଳ ଓଡ଼ିଆ; ଆଦିବାସୀ, ମିତାନ୍ ଗୋଷ୍ଠୀ; ପର୍ବପର୍ବାଣି– କୃଷିଭିତ୍ତିକ

ଧାନ ଅମଳ କରିବା ପାଇଁ ତଥା ଧାନ, ବିରି, ମୁଗ, କୋଳଥ ଆଦି ଶସ୍ୟକୁ ଅମଳ କରିବା ପାଇଁ ଯେଉଁ ସ୍ଥାନରେ ଗଦା କରି ରଖାଯାଏ ତଥା ଅମଳ କରାଯାଏ ତାହା ଖଳା, କଟାର ବା ଲାଡ଼ି ଭାବରେ ପରିଚିତ। ଧାନ ଅମଳ ସରିବା ପରେ ଏଠାରେ ବିଭିନ୍ନ ଦେବଦେବୀଙ୍କୁ ପୂଜା କରାଯାଏ ତଥା କୁକୁଡ଼ା, ମଦ, ଛେଳି ମେଣ୍ଢା ଆଦି ବଳି ଦେଇ ଭୋଜି କରାଯାଏ। ଏହି ଭୋଜିରେ ନିକଟତମ ସଦସ୍ୟ ତଥା ଧାନ ଅମଳ କାର୍ଯ୍ୟରେ ନିୟୋଜିତ ହୋଇଥିବା ଅନ୍ୟମାନଙ୍କୁ ଡାକି ଭୋଜି ଖାଇବାକୁ ଦିଆଯାଏ। ଏହା ଖଳା ପୂଜା, ଖାଲା ଯାତ୍ରା, ଖଳା ସାରାନି(ଣି), କ୍ଷେତ ଉଠାଓ(ନି) ଆଦି ଭାବରେ ମଧ୍ୟ ପରିଚିତ। ଖଳା ପୂଜା ଦିନ ଅମଳ କାର୍ଯ୍ୟରେ ସାହାଯ୍ୟ କରିଥିବା ପରିବାର ଭିନ୍ନ ଅନ୍ୟମାନଙ୍କୁ ଖଳା ଛାଁଡ଼ା (ଫସଲ ଅମଳ ସମାପ୍ତି) ଉପହାର ଭାବେ ଧାନ ତଥା ଅମଳ କରାଯାଇଥିବା ଅନ୍ୟ ଶସ୍ୟ ଅଡ଼ାଏ (ପାଖାପାଖି ଏକ କିଲୋଗ୍ରାମ୍), ମାଣେ (ପାଖାପାଖି ଚାରି କିଲୋଗ୍ରାମ୍) ବା ସାମର୍ଥ୍ୟ ଅନୁସାରେ ଅଧିକ ମଧ୍ୟ ଉପହାର ଭାବରେ ଦିଆଯାଏ।

ଦ୍ରଷ୍ଟବ୍ୟ: ଆଷାରଖେନା, ବିଜପୁଟନି

ଗ୍ରନ୍ଥ ସୂଚନା: ପାଢ଼ୀ ୨୦୧୦, ୬୫; ପାତ୍ର ୨୦୧୮, ୩୨।

କଣାବରା

ଝିଅମାନଙ୍କ ପ୍ରାକ୍-ବିବାହ କର୍ମ; ପଶ୍ଚିମାଞ୍ଚଳ ଓଡ଼ିଆ; ଆଦିବାସୀ, ମିତାନ ଗୋଷ୍ଠୀ; ପ୍ରାକ୍-ବିବାହ ପରମ୍ପରା

କଣାବରା ଏକ ପ୍ରାକ୍-ବିବାହ ପରମ୍ପରା। ଏହା ଝିଅର ପ୍ରଥମ ଋତୁ ଦର୍ଶନ ପୂର୍ବରୁ ସମ୍ପାଦିତ ହୋଇଥାଏ। କଣାବରା ପାଇଁ ବିବାହ ଅନୁରୂପ ମୋଡ଼ୋ ଗଡ଼ା ଯାଇଥାଏ ବା ତାଳପତ୍ରରେ ଏକ ଛାଉଣି ତାଆରି କରାଯାଏ। ଏହି ମୋଡ଼ୋର ମଝି ସ୍ଥାନରେ ମହୁଲ ଡାଳ ବା 'ଯୋଗ ଖୁଟା (ଖୁଣ୍ଟ)' ପୋତାଯାଏ। ଏହି ଡାଳକୁ ଲଗାଇ ତଳ ଉପର କରି ପାଞ୍ଚଟି ହାଣ୍ଡି ବନ୍ଧାଯାଏ ଯାହା 'ବଏଟାଣି' ଭାବରେ ପରିଚିତ। ଏହାର ଚାରି କୋଣରେ ପ୍ରାୟ ଏକ ଫୁଟ ପରିସୀମା ଭିତରେ ଚାରୋଟି ଖୁଣ୍ଟ ପୋତି ପ୍ରତି ଖୁଣ୍ଟରେ ଗୋଟିଏ ଲେଖାଏଁ ରୁଖାବତୀ ସ୍ଥାପନ କରାଯାଏ। ପୋଖରୀ ବା ନଦୀରୁ ଦୁଇଟି ନୂଆ ହାଣ୍ଡିରେ ପାଣି ଆଣି ଗୋଟିଏ ହାଣ୍ଡି ପାଣିକୁ ମୋଡ଼ୋରେ ଏକ ନୂଆ ଶିକାରେ ବାନ୍ଧି

ଝୁଲେଇ ରଖାଯାଏ ଅନ୍ୟ ହାଣ୍ଡିକୁ ମୋଡ଼ୋଠାରୁ ଅନତି ଦୂରରେ ଗୋଟିଏ ଯୁଆଳି ପାଖରେ ରଖାଯାଏ। ଯୁଆଳି ପାଖରେ କଣାବରା କରାଯାଉଥିବା ଝିଅକୁ ପୂର୍ବ ଦିଗକୁ ମୁହଁ କରି ଠିଆ କରାଯାଏ। କଣାବରା ହେଉଥିବା ଝିଅ ଦୁଇ ହାତର ଆଙ୍ଗୁଠି ଛନ୍ଦି କପାଳରେ ରଖେ। ଦିଶାରି ବା ସମାଜର କୌଣସି ସିଆନ୍ ବ୍ୟକ୍ତି– 'ମଙ୍ଗଲକାରିଆ' ମଙ୍ଗଳ ଗୀତ ଗାଇ ଝିଅ ମୁଣ୍ଡରେ ପାଣି ଢାଳେ ପରେପରେ ଝିଅର ବାପାମାଆ ସମେତ ସମାଜର ଅନ୍ୟ ବିବାହିତ ନାରୀ ପୁରୁଷ ସମସ୍ତେ ପାଣି ଢାଳିଥାନ୍ତି। ଠାକୁରାଣୀ ଗୁଡ଼ିରୁ ପୂଜା କରି ଅଣାଯାଇଥିବା ତେଲ ହଳଦୀ ଲଗାଇ ଗାଧୋଇ ଦିଆଯାଏ। ଗାଧୋଇ ସାରିବା ପରେ ଝିଅକୁ କୌଣସି ଜଣେ ଭାଉଜ ସମ୍ପର୍କୀୟା ଯୋଗ ଖୁଟା ପାଖରେ କୋଳରେ ଧରି ବସେ। ବିବାହିତା ନାରୀମାନେ ଜଣ ଜଣ କରି ପ୍ରଥମେ ବଏଟାଣିରେ ହଳଦୀ ଲଗାଇ ପରେ ଝିଅର ପାଦ, ଆଣ୍ଠୁ, କହୁଣୀ, ଓ ମୁଣ୍ଡରେ ଆମ୍ବ ପତ୍ର ସାହାଯ୍ୟରେ ହଳଦୀ ଲଗାଇଥାନ୍ତି। ପ୍ରଥମେ ତଳୁ ଉପରକୁ ସାତ ଥର ଲଗାଇବା ପରେ ଉପରୁ ତଳକୁ ଲଗାଇଥାନ୍ତି ଏହି ପ୍ରକ୍ରିୟା ଯଥାକ୍ରମେ ହଳଦୀ ଚଗା ଓ ହଳଦୀ ଉତରା ଭାବରେ ପରିଚିତ। ଏହାପରେ ଅମେରା ପାଏନ୍ ମରାଯାଏ। ଅମେରା ମାରିବା ପରେ ଯୋଗ ଖୁଟା ଆଉ ବଏଟାଣିର ଚାରିପାଖକୁ ଝିଅ ଧାଇଁଧାଇଁ ସାତ ଥର ପରିକ୍ରମା କରେ। ଏହି ପରିକ୍ରମା ସମୟରେ ମୋଡ଼ୋରେ ଶିକାରେ ଝୁଲାଇ ରଖାଯାଇଥିବା ଅମେରା ପାନିକୁ ଜଣେ ବିବାହିତ ପୁରୁଷ ଝିଅ ମୁଣ୍ଡରେ ଢାଳି ଦେଇଥାନ୍ତି। ଝିଅ ମୁଣ୍ଡ ଉପରକୁ ପାଣି ଢାଳିବା ବେଳେ ଛିଟିକି ପଡୁଥିବା ପାଣିକୁ ବିବାହିତ ନାରୀପୁରୁଷମାନେ ହାତରେ ନେଇ ନିଜ ମୁଣ୍ଡରେ ଲଗାଇବା ସହ ଝିଅକୁ ଆଶୀର୍ବାଦ କରନ୍ତି। ଏକାସାଙ୍ଗରେ ଏକାଧିକ ଝିଅର କଣାବରା ମଧ୍ୟ କରାଯାଏ। କଣାବରା କଲେ ଝିଅମାନଙ୍କ ରିଷ୍ଟ ଖଣ୍ଡନ ହୁଏ ବୋଲି ବିଶ୍ୱାସ କରାଯାଏ। ତେବେ ଏହା ପଛରେ ଆଉ ଏକ ଧାରଣା ହେଉଛି ଯେ' କୌଣସି କାରଣରୁ ବା ଆର୍ଥିକ ଅସୁବିଧାରୁ ଝିଅଟି ଉଦଲିଆ, ପରସାମୁଡ଼ି ଚାଲିଗଲେ କଣାବରା ହୋଇଥିଲେ ବିବାହଜନିତ ନୀତି ନିୟମକୁ ଉପେକ୍ଷା କରାଯାଇପାରେ। କାରଣ, ବିନା ବିବାହରେ ଘରସଂସାର କରିଥିବା ବୋହୂ ଘର ବା ପରିବାରର କୌଣସି ମାଙ୍ଗଳିକ କାର୍ଯ୍ୟରେ ଅଂଶଗ୍ରହଣ କରିପାରିନଥାଏ। ତେବେ, ସମସ୍ତ ଗୋଷ୍ଠୀରେ ଏହି ପରମ୍ପରା ପାଳନ କରାଯାଏ ନାହିଁ ଉଦାହରଣ ସ୍ୱରୂପ– ଗାଦବା, ସାନ୍ତାଳ, କନ୍ଧ, ବଣ୍ଡା ଆଦି ଗୋଷ୍ଠୀରେ ଏହି ପରମ୍ପରା ଦେଖିବାକୁ ମିଳେନାହିଁ।

କଣାବରା କେତେକ ଅଞ୍ଚଳରେ କାଣବରା, କୁଣାବେରା ଭାବରେ ମଧ୍ୟ ପରିଚିତ ତଥା ଆଂଶିକ ପରିବର୍ତ୍ତିତ ରୂପରେ ପାଳନ କରାଯାଏ ତଥା ସମ୍ପୃକ୍ତ ଅଞ୍ଚଳ ତଥା ଗୋଷ୍ଠୀରେ ପ୍ରଚଳିତ ବିବାହ ପରମ୍ପରା ଅନୁରୂପ ପ୍ରଥାକୁ ଅନୁସରଣ କରିଥାଏ।

ଦ୍ରଷ୍ଟବ୍ୟ: ଅମେରାପାଏନ, ବିହା ବରପନ, ମୋଡ଼ୋ ଝରଲେନ

ଗ୍ରନ୍ଥ ସୂଚନା: ବାଗ ୨୦୦୯, ୩୧-୩୩; ସୁନାନୀ ୨୦୦୯, ୧୪୦-୧୪୩; ପାତ୍ର ୨୦୧୮, ୨୫।

କଥାନି

ପାରମ୍ପରିକ କାହାଣୀ; ପଶ୍ଚିମାଞ୍ଚଳ ଓଡ଼ିଆ; ଆଦିବାସୀ, ମିତାନ୍ ଗୋଷ୍ଠୀ; ବାଚିକ ପରମ୍ପରା

ଲିଖିତ ପରିପ୍ରକାଶର ପରମ୍ପରା ପୂର୍ବରୁ ପ୍ରତ୍ୟେକ ଗୋଷ୍ଠୀ ପାରମ୍ପରିକ ଭାବରେ ନିଜର ଭାବନା ପରିପ୍ରକାଶ କରୁଥିଲେ। ଆଜି ମଧ୍ୟ ସମସ୍ତ ଗୋଷ୍ଠୀର ସବୁ ସଦସ୍ୟ ଯେ କେବଳ ଲିଖିତ ଭାବରେ ସେମାନଙ୍କ ମନର ଭାବକୁ ପ୍ରକାଶ କରୁଛନ୍ତି ତାହା ନୁହେଁ। ଆନୁଷ୍ଠାନିକ ଶିକ୍ଷା ଲାଭ କରିଥିବା ସଦସ୍ୟମାନେ ମଧ୍ୟ ଅନେକ ସମୟରେ ସେମାନଙ୍କ ଭାବ ବିଚାରକୁ ମୌଖିକ ଭାବରେ ହିଁ ଅଧିକ ପ୍ରକାଶ କରିବା ଦେଖାଯାଏ। ଆଦିବାସୀ ତଥା ମିତାନ୍ ଗୋଷ୍ଠୀରେ ଆନୁଷ୍ଠାନିକ ଶିକ୍ଷା ଅନ୍ୟ ଗୋଷ୍ଠୀ ଅପେକ୍ଷା ଅନେକତଃ କମ୍ ଅତଏବ, ସେମାନେ ସେମାନଙ୍କ ସର୍ଜନଶୀଳତାକୁ ଅଧିକତଃ ମୌଖିକ ଭାବରେ ପ୍ରକାଶ କରିବା ଦେଖିବାକୁ ମିଳେ। କଥାନି ହେଉଛି ଏହି ପରମ୍ପରାର ଗଦ୍ୟାତ୍ମକ ରୂପ। କଥାନିଗୁଡ଼ିକ ସମ୍ପୂର୍ଣ୍ଣ ଭାବେ କାଳ୍ପନିକ। ଏଗୁଡ଼ିକୁ ଐତିହାସିକ ସତ୍ୟ ଭାବରେ ଗ୍ରହଣ କରାଯାଏ ନାହିଁ। ଏସବୁର ଆଖ୍ୟାନରେ ସ୍ଥାନ ଓ ସମୟର ମଧ୍ୟ ନିର୍ଦ୍ଦିଷ୍ଟତା ନଥାଏ। କଥକମାନେ କଥାନିର ବିଷୟବସ୍ତୁ ଓ ବର୍ଣ୍ଣନା ଶୈଳୀକୁ ଅନୁସରଣ କରି ଅନୁରୂପ ଭାବେ ଅଙ୍ଗଭଙ୍ଗୀ ସହିତ ପରିବେଷଣ କରିଥାନ୍ତି ଯଦିଓ ପରିସ୍ଥିତି, ପରିବେଶ, ଏବଂ କଥକଙ୍କ ସୃଜନଶୀଳତାର ପ୍ରଭାବରେ ପ୍ରତ୍ୟେକ ପରିବେଷଣରେ କିଛି ନା କିଛି ନୂତନତ୍ୱ ଦେଖା ଦେଇଥାଏ।

କଥାନି କଥକ କହିଲେ ବିଶେଷ ଭାବରେ ଯେଉଁମାନଙ୍କୁ ବୁଝାଏ ସେମାନେ ହେଲେ– ପରିବାରର ବୟସ୍କ ଲୋକ? ଅପା, ଆଈ, ଜେଜ, ଦାଦି (ଅଜା), ସାଙ୍ଗସରସା, ମାଁ, ମାଉସୀ, ବଡ଼ ବାପା, ବଡ଼ ମାଆ ପ୍ରଭୃତି; ସାମାଜର ସାଂସ୍କୃତିକ ପ୍ରତିନିଧି କୋଏନୀକାର, କୁହୁନିକାର, ଟହଲିଆ, ସୁତରେନ୍, ମେଲା ଭୁତିଆର, ଜଲଙ୍ଗିଆ, ସିଆନ, ଜାନୀ, ଝାଁକର, ଦିଆରି, ଗୁନିଆଁ, ଦେହେଲିଆ ପ୍ରଭୃତି ଓ ଘୋଗିଆ, ପରଘନିଆ, ଭଗୁଆ, ମରାଲ, ବିରଥିଆ ଆଦି ପ୍ରଜାତିକ ଭାଟ, ଦେବଗୁନିଆ ଏବଂ ଏମାନଙ୍କ ପରିବାରର ସ୍ତ୍ରୀଲୋକମାନେ। ସେହିପରି, କୌଣସି ନିୟମିତ କଥକ ଯଦି ଉପସ୍ଥିତ ଥାଆନ୍ତି ତେବେ ତାଙ୍କୁ କଥାନି ପରିବେଷଣ ପାଇଁ ଅନୁରୋଧ କରାଯାଏ,

ନହେଲେ ଯେକୌଣସି ବୟସ୍କ ବ୍ୟକ୍ତି ଯିଏ କଥାନି ପରିବେଷଣ କରିପାରିବେ, କରିଥାନ୍ତି।

ପାରମ୍ପରିକ କଥାନି ପରିବେଷଣକାରୀମାନେ କଥାନିକୁ ବିଭିନ୍ନ ଭାବରେ ବିଭାଗୀକରଣ କରିବା ଦେଖାଯାଏ ଯେପରି— (କ) ମଥାନ କଥା: ସିଡ଼ି, ଶିରା, ଗାଭାଆଦି ସୃଷ୍ଟି ପୁରାଣ / ଲୋକ ପୁରାଣ /ଜାତି ପୁରାଣ ଓ ଲୋକ କାବ୍ୟଗୁଡ଼ିକ ମଥାନ କଥାର ଅର୍ନ୍ତଗତ। (ଖ) ଉପସନ୍ କଥା: ଜୀବ, ଉଦ୍ଭିଦ ଓ ପଦାର୍ଥ, ବିଭିନ୍ନ ବସ୍ତୁସକଳର ସୃଷ୍ଟି ପ୍ରସଙ୍ଗ ବିଶେଷତଃ ମିଥ ସମୂହ ଏହାର ଅନ୍ତର୍ଗତ। ମଥାନ୍ କଥାରେ ମଧ୍ୟ ଏହା ଥାଏ। (ଗ) ଧାନ୍ନା କଥା: ଦେବଦେବୀଙ୍କ ଧରାବତରଣ ଓ ଲୋକ ଶିକ୍ଷା ତଥା ଧର୍ମସ୍ଥାପନ ଉଦ୍ଦେଶ୍ୟରେ ବିଭିନ୍ନ ମାନବୋଚିତ ଲୀଳାପ୍ରସଙ୍ଗ ବର୍ଣ୍ଣିତ କଥାନି। (ଘ) ଖମନା: ଆରଣ୍ୟକ କଥାନି ସମୂହ ଏହାର ଅନ୍ତର୍ଗତ। (ଙ) ଯୁଗଲ: ପ୍ରଶ୍ନୋତ୍ତରୀ ବା ଓଗାଳ (ବିଶେଷତଃ ଧନ୍ଦାମୋଚନଧର୍ମୀ) ପଚାରଉଚାର କଥା। ଲଘୁ କଥାଶୈଳୀ ଓ ଦୀର୍ଘ କଥାଶୈଳୀ ଏପରି ଉଭୟ ଶୈଳୀରେ ଏହା ପ୍ରଚଳିତ। (ଚ) ଚତରାଙ୍ଗି: ଲଘୁ ହାସ୍ୟ ବା ଚତୁର୍ଯ୍ୟପୂର୍ଣ୍ଣ ବିନୋଦମୂଳକ କଥା। ଏଥିରେ ପ୍ରାୟ ବୌଦ୍ଧିକ ପ୍ରହେଳିକା ସ୍ଥାନ ପାଇଥାଏ। (ଛ) ଲବଜ୍: ଲୋକଶିକ୍ଷାମୂଳକ ସମୟୋପଯୋଗୀ ଲଘୁ କଥା। (ଜ) ?: କିମ୍ବଦନ୍ତୀ ବା ଜନଶୃତିର ସ୍ଥାନୀୟ ପରିଭାଷା ସଠିକ୍ ଜଣାପଡୁ ନାହିଁ। ତଥାପି କୁହୁନି, କୋଏନୀ ନାମରେ ମିଳୁଥିବା କିଛି କଥାନିକୁ ଏହାର ଅନ୍ତର୍ଗତ କରାଯାଇଥାଏ। (ଝ) ଟୋବୋରୋଚୋ: ଲବଜଧର୍ମୀ ଓ ଛଳ ଚତୁର ଲୋକ କଥା। (ଞ) ଲମକ୍: ଦୀର୍ଘ କଥାନି।

କଥାନି ପରିବେଷଣର ପ୍ରାରମ୍ଭ ପହେଲିରୁ ଅନେକ ସମୟରେ ହୋଇଥାଏ। ଏଇଠୁ କଥାନିର 'ମୁନ୍ଦଲ' ପଡ଼େ। ଧୀରେଧୀରେ କଥାନି ଆଗକୁ ବଢେ ଯାହା 'ଚହଲେନ' ଭାବରେ ପରିଚିତ। ଏହା ବିଭିନ୍ନ କଥକ କ୍ଷେତ୍ରରେ ଭିନ୍ନଭିନ୍ନ ହୋଇଥାଏ। ସମାନ କଥାବସ୍ତୁ ହୋଇଥିଲେ ମଧ୍ୟ ବିଭିନ୍ନ କଥକ ଭିନ୍ନଭିନ୍ନ ଶୈଳୀରେ କଥାନି ଚହଲେଇଥାନ୍ତି। କଥାନି ବେଶ୍ କିଛି ସମୟ ଗଡିକଲା ପରେ କଥକ ବିଶ୍ରାମ ନେବାକୁ ଚାହିଁଲେ ବିଶ୍ରାମ ନେଇଥାନ୍ତି। ଏହା ହେଉଛି 'ଥାକେନ୍'। ଏହି ସମୟରେ ସେ ବିଡ଼ିଟେ କିମ୍ବା ପିକାଟେ ନହେଲେ ଭାଁଗ୍ ଟିକିଏ ଯାହାର ଯେଉଁ ଅଭ୍ୟାସ ଥାଏ, ନହେଲେ ଖରା ଦିନ ହୋଇଥିଲେ ପାଣି ଟିକିଏ ବି ପିଇଥାନ୍ତି। ପୁଣି ଥରେ ଆରମ୍ଭ ହୁଏ ପରିବେଷଣ। କଥାନି ପରିବେଷଣ ମଝିରେ ଶ୍ରୋତାଙ୍କୁ ହୁଁ ବା ହଁ ମାରିବାକୁ ପଡ଼ିଥାଏ। ଏହାକୁ 'ହୁଁକରାବା' ବା 'ହୁଁକରେନ୍' କୁହାଯାଏ। ବେଳେବେଳେ କଥାନିର ଗୋଟେ ଭାଗ ଆଗକୁ ବଢିଯାଏ ତ ଆର ଭାଗକୁ ବର୍ଣ୍ଣନା କରିବାକୁ

ହୋଇଥାଏ ଏହାକୁ 'ପଛ ଘିଚେନ' କୁହାଯାଏ। କଥାନି ପରିବେଷଣ ମଝିରେ କଥକକୁ ଶ୍ରୋତାମାନେ ବେଳେବେଳେ ବିଭିନ୍ନ ବର୍ଣ୍ଣନା ଉପରେ ଜିଜ୍ଞାସା କରିଥାନ୍ତି। ଏହାକୁ 'ପଚରେନ୍' କୁହାଯାଏ। କଥାନି ପରିବେଷଣକୁ ଏକତରଫା କିମ୍ବା ଚିରାଚରିତ ନକରିବାକୁ କଥକ କିଛି ଘଟଣାକ୍ରମକୁ ଦ୍ୱନ୍ଦ୍ୱାତ୍ମକ କରି ଛାଡ଼ି ଦିଅନ୍ତି। ଏ କ୍ଷେତ୍ରରେ ଶ୍ରୋତାମାନେ ତାଙ୍କୁ ପ୍ରଶ୍ନ କରିଥାନ୍ତି ସେ ସେଇଠୁ ଦ୍ୱନ୍ଦ୍ୱମୋଚନ କରିଥାନ୍ତି ଏହା 'ହିଟେନ୍' ଭାବରେ ପରିଚିତ। ଏହିପରି ପଛ ଘିଚେନ, ପଚରେନ୍, ହିଟେନ୍ ଭିତରେ କଥକ କଥାନିଟିକୁ ଆଗକୁ ବଢେଇଥାନ୍ତି ଯାହାକୁ 'ଚଘେନ୍' କୁହାଯାଏ। ବେଳେବେଳେ କଥକ କଥାବସ୍ତୁକୁ ଭିନ୍ନ ଭାବରେ କହିବା ସହ କିଛି ଅଂଶ ଛାଡ଼ିଯିବାର ସମ୍ଭାବନା ବି ଦେଖାଯାଏ ଯାହା 'ହଲି ବହଢ଼େନ୍' ଭାବରେ ପରିଚିତ। ଏପରି କ୍ଷେତ୍ରରେ ଶ୍ରୋତା ତାଙ୍କୁ ସତର୍କ କରିଥାନ୍ତି, ଛାଡ଼ିଯାଇଥିବା କଥାବସ୍ତୁ ଯୋଡ଼ିଥାନ୍ତି, ବେଳେବେଳେ କଥାବସ୍ତୁରେ ନୂତନ ଉପାଖ୍ୟାନ ବି କଥକ ଯୋଡ଼ିବା ଦେଖାଯାଏ ଯାହାସବୁ 'ମିଶେନ୍' ବା 'ଭିରେନ' ଭାବରେ ପରିଚିତ।

କଥାନି ବିଭିନ୍ନ ଗୋଷ୍ଠୀରେ କୁଇନି, କାତାନି, ପୁଷପୁନି (କନ୍ଧ), ଗଏଟ୍ (ଭୁଞ୍ଜିଆ) ଉସର (ଡ଼ିଡ଼ାୟୀ) ଆଦି ଭାବରେ ମଧ୍ୟ ପରିଚିତ।

ଦ୍ରଷ୍ଟବ୍ୟ: ଗୀତ, ନାଚ, ଗାଳି, ଧନ୍ଦା

ଗ୍ରନ୍ଥ ସୂଚନା: ବାଗ ୨୦୧୦, ୧୪୩-୪; ବିଶୀ, ୧୯୯୬, ୪-୬; ପଟେଲ ୨୦୧୫, ୪୯।

କନ୍ୟା ଅଝାନି

କନ୍ୟା ପାଶୋରା (ବିବାହ ପର ବିଶେଷ ପରମ୍ପରା); ଭତରା; ଆଦିବାସୀ; ବିବାହ ପର ରୀତିନୀତି

କନ୍ୟା ଅଝାନି ଭତରା ସମ୍ପ୍ରଦାୟର ଏକ ବିବାହ ପର ପରମ୍ପରା। ବିବାହ ପରେ ବର କନ୍ୟାକୁ ଧରି ଫେରିବା ସମୟରେ କନ୍ୟାକୁ ଜାଣିଶୁଣି ଭୁଲିଯାଏ। କନ୍ୟା ବରଘରକୁ ଆସିବା ବାଟରେ କୌଣସି ଏକ ଗାଁରେ ଥିବା ସମ୍ପର୍କୀୟ ବା ନିଜ ଗୋଷ୍ଠୀର କାହା ଘରେ କିଛି ସମୟ ପାଇଁ ରହିଯାଏ। ବର ଘରକୁ ଫେରିଲେ ତାଙ୍କର ପରିବାର ତଥା ଗୁରୁଜନମାନେ କନିଆ କାହିଁ ବୋଲି ପଚାରନ୍ତି ଓ ବରର ଦାୟିତ୍ୱହୀନତା ପାଇଁ "ଆମର ଝିଅ କୁଆଡ଼େ ଗଲା ? ତୁମେ ଏବେଠାରୁ ଏମିତି ଭୁଲାମନ ହେଲେ ସଂସାର କିପରି କରିବ" ? କହି ବରକୁ ଗାଳି ଦିଅନ୍ତି। ବର କନ୍ୟାକୁ ଖୋଜି ସାଙ୍ଗରେ ଘରକୁ ଆଣିଥାନ୍ତି। ଏହି ପରମ୍ପରା ସେତେବେଳର ଯେତେବେଳେ ଗାଡ଼ିମଟର କି ଯାନବାହାନ

ନଥିଲା ତଥା ଲୋକେ ଚାଲିକି କିମ୍ବା ଶଗଡ଼ରେ ବରଯାତ୍ରୀ ଯାଉଥିଲେ। ସମ୍ପ୍ରତି ଏହା ଆଉ ପାଳନ କରାଯାଉ ନାହିଁ। ତେବେ, କେତେକ ସ୍ଥାନରେ କେବଳ ନୀତିନିୟମ ରକ୍ଷା ପାଇଁ କେବଳ ପ୍ରତୀକ ଭାବରେ ପାଳିତ ହେଉଥିବା ଦେଖାଯାଏ। ଏହି ପରମ୍ପରା କେବଳ କୋରାପୁଟ, ନବରଙ୍ଗପୁର ଅଞ୍ଚଳର କେତେକ ସ୍ଥାନରେ ଦେଖିବାକୁ ମିଳେ। ଭତ୍ରା ଗୋଷ୍ଠୀର ଏଭଳି ପରମ୍ପରା ସମ୍ଭବତଃ ଅନ୍ୟ ଆଦିବାସୀ ଓ ମିତାନ୍ ଗୋଷ୍ଠୀରେ ଦେଖିବାକୁ ମିଳେନାହିଁ।

ଦ୍ରଷ୍ଟବ୍ୟ: ବିହା ବରପନ୍

ଗ୍ରନ୍ଥ ସୂଚନା: ପାଢ଼ୀ, ଓ ଉପାଧ୍ୟାୟ ୨୦୧୦, ୬୯।

କମାନି

ବସନ୍ତ, ମିଳିମିଳା, ହାଡ଼ଫୁଟି ଆଦି ରୋଗ; ପଶ୍ଚିମ ଓଡ଼ିଶା କଥିତ ଭାଷା, ଦେଶିଆ; ଆଦିବାସୀ, ମିତାନ୍ ଗୋଷ୍ଠୀ; ରୋଗବ୍ୟାଧି ଆଧାରିତ ଅବଧାରଣା– ରୀତିନୀତି

ବସନ୍ତ, ହାଡ଼ଫୁଟି, ମିଳିମିଳା ଆଦି ରୋଗ ହେଲେ ବିଭିନ୍ନ ଗୋଷ୍ଠୀରେ କମାନି ବା ଠାକୁରାଣୀ ହୋଇଛି, ମାଆ କରିଛନ୍ତି ବୋଲି କୁହାଯାଏ; ଯଦିଓ ଏସବୁ ବାୟୁବାହିତ ରୋଗ। ଅତଏବ, ଏହି ଅବଧାରଣାରୁ ଏହାକୁ ଠାକୁରାଣୀଙ୍କ କୋପ ମନେକରି ଧୂପଝୁଣା କରିବା ସହିତ ମାନସିକ କରିଥାନ୍ତି। କମାନି ହୋଇଥିବା ଘରେ ଡାଲି ଛୁଙ୍କ ଦେବା, ଡାଲି ରଗଡ଼ିବା, ଖଇ କିମ୍ବା ମୁଢ଼ି ଭାଜିବା, ରୋଗୀ ସାମ୍ନାରେ କୁଲାରେ ପାଛୁଡ଼ିବା ଆଦି କାମ କରାଯାଏ ନାହିଁ। ରୋଗୀକୁ ନିମ୍ବ ହଳଦୀ ପାଣିରେ ନିୟମିତ ଗାଧୋଇ ଦେବା ସହ ବିଶ୍ରାମ କରିବାକୁ ଦିଆଯାଏ। କେତେକ କ୍ଷେତ୍ରରେ ଗାଁ ଠାକୁରାଣୀଙ୍କୁ ଡାକି ତାଙ୍କର ପୂଜା କରାଯାଏ, ଆଉ ଭଲ ହୋଇଯିବା ପରେ ଚଇତ୍ରା ବା ଗାଁ ଠାକୁରାଣୀଙ୍କ ଯାତ୍ରା ଦିନ ମାନସିକ ଭାବରେ ମୟୂରପର ପଙ୍ଖା, ନଡ଼ିଆ, କଦଳୀ ଆଦି ପ୍ରଦାନ କରାଯାଏ। କମାନିରେ ଭଲ ନହୋଇ ମୃତ୍ୟୁବରଣ କଲେ ଅନେକ କ୍ଷେତ୍ରରେ ଶବକୁ ଦାହ ନକରି ପୋତି ଦିଆଯାଏ। ମୃତ ବ୍ୟକ୍ତିର କ୍ରିୟାକର୍ମ କରାଯାଏ ନାହିଁ। ଗାଦବା ଗୋଷ୍ଠୀରେ ଏପରି ଭାବରେ ମୃତକର ଶବ ସତ୍କାରକୁ 'କୁଦୁବ୍' କୁହାଯାଏ। କମାନି ଆଦିବାସୀ ଓ ମିତାନ ଗୋଷ୍ଠୀରେ ଠାକୁରାଣୀ, ମାରାଂହାସୁ, ମାଆ ଆଦି ଭାବରେ ମଧ୍ୟ ପରିଚିତ।

ଦ୍ରଷ୍ଟବ୍ୟ: ଧାରନୀ ଗୁଡ଼ି, ଘଁଟ ଯାତ୍ରା

ଗ୍ରନ୍ଥ ସୂଚନା: ବାଗ ୨୦୦୯, ୬୨; ପାଢ଼ୀ, ଓ ଉପାଧ୍ୟାୟ ୨୦୧୦, ୧୧୧; ସୁନାନୀ ୨୦୦୯, ୧୦୮, ୧୩୫।

କରମ

ପ୍ରଥମ ରଜଦର୍ଶନ; ପଶ୍ଚିମାଞ୍ଚଳ ଓଡ଼ିଆ, ଦେଶିଆ; ଆଦିବାସୀ, ମିତାନ୍ ଗୋଷ୍ଠୀ; ଝିଅମାନଙ୍କର ଯୌବନପ୍ରାପ୍ତି ସଂସ୍କାର

ପ୍ରାୟ ସମସ୍ତ ଆଦିବାସୀ ଓ ମିତାନ୍ ଗୋଷ୍ଠୀରେ ଝିଅମାନଙ୍କର ପ୍ରଥମ ରଜ ଦର୍ଶନ ବିଶେଷ ଭୂମିକା ରଖେ। ଝିଅର ପ୍ରଥମ ରଜ ଦର୍ଶନ ହେଲେ ତାକୁ ଏକ କୋଠରୀ ଭିତରେ ରହିବାକୁ ଦିଆଯାଏ। କୌଣସି ପୁରୁଷ ଲୋକଙ୍କ ଦର୍ଶନ, ଗୃହକାର୍ଯ୍ୟ ଆଦି କାମ କରିବାକୁ ମନାକରାଯାଏ। ସମ୍ପର୍କୀୟ ତଥା ବନ୍ଧୁପରିଜନ ଝିଅକୁ ଖାଇବା ଆଣି ଦେଇଥାନ୍ତି। ଝିଅଟିକୁ ଏହିପରି ପାଞ୍ଚ ଦିନ ରହିବାକୁ ପଡ଼େ। ସ୍ଥଳ ବିଶେଷରେ ସାତ କିମ୍ବା ନଅ ଦିନ ମଧ୍ୟ ରଖାଯାଏ। ଶେଷ ଦିନ ଉଠାଇବା ବା ବାହାର କରିବା ଦିନ। ଏହି ଦିନ ପାହାନ୍ତିଆ ସମୟରେ କେତେକ ସ୍ତ୍ରୀ ଲୋକ ଝିଅକୁ ନେଇ ପୋଖରୀ ବା ପାଣି ଘାଟକୁ ଯାଆନ୍ତି। ସେଠାରେ କାମିନୀ ଦେବୀଙ୍କୁ ପୂଜା କରାଯାଏ। ପୂଜାରେ କୁକୁଡ଼ା, ନଡ଼ିଆ, ସାର କନ୍ଦା, ରାମ ଫଳ, ହଂସ, ଗୁଣ୍ଡୁରି ଚଢେଇ, ପାରା, କୁକୁଡ଼ା ଅଣ୍ଡା ଆଦି ବଳି ଦିଆଯାଏ। ରଜ ଦର୍ଶନ ଆରମ୍ଭରୁ ଶେଷ ଯାଏଁ ପିନ୍ଧିଥିବା ସମସ୍ତ ଲୁଗାକୁ ସେଇ ନଈ ପାଣିରେ ଭସାଇ ଦେଇ କିମ୍ବା ପୋଖରୀର ଅବ୍ୟବହୃତ ସ୍ଥାନରେ ଫିଙ୍ଗି ଦେଇ ସ୍ନାନ କରି ନୂଆ ଲୁଗା ପିନ୍ଧି ଘରକୁ ଫେରିଥାଏ। ଧରୁଆ ଗୋଷ୍ଠୀରେ ଝିଅକୁ ଶୁଦ୍ଧ ସ୍ନାନ ଦିନ ମାଣ୍ଡିଆ ଚୁନା ଲଗାଇ ଗାଧୁଆ ଯାଏ। ଉଲ୍ଲେଖନୀୟ ଯେ' ପାରମ୍ପରିକ ଜୀବନଧାରାରେ ପ୍ରଥମ ରଜସ୍ୱଳା କି ନିୟମିତ ଶୁଦ୍ଧ ସ୍ନାନ ହେଉ ଆଦିବାସୀ, ମିତାନ୍ ତଥା ଅଣଆଦିବାସୀ ଗୋଷ୍ଠୀରେ ମଧ୍ୟ ହଳଦୀ ଲଗେଇ ଗାଧୋଇବା ପରମ୍ପରା ସର୍ବତ୍ର ଦେଖିବାକୁ ମିଳେ। କେତେକ ଆଦିବାସୀ ଓ ମିତାନ୍ ଗୋଷ୍ଠୀରେ ଝିଅର ପ୍ରଥମ ଋତୁଦର୍ଶନକୁ ନେଇ ଅନେକ ବିଶ୍ୱାସ ଦେଖାଯାଏ ଯେପରି– ଖଟରେ ଶୋଇଥିବା ବା ବସିଥିବା ବେଳେ ରଜସ୍ୱଳା ହେଲେ ଖାଟଗୋରୋ ଲାଗିଛି ଓ ଏଭଳି ଝିଅ ସ୍ୱାମୀଘାତିନୀ ହୋଇଥାଏ ବୋଲି ବିଶ୍ୱାସ କରାଯାଏ। ସେହିପରି, ଘର ବାହାରେ ରଜସ୍ୱଳା ହୋଇଥିଲେ ଝିଅକୁ କୌଣସି ଏକ ମହିଳା ପିଠିରେ ବୋହିକି ଆଣିଥାନ୍ତି। ଅନୁରୂପ ଭାବରେ, ସୋମବାର, ବୁଧବାର, ଗୁରୁବାର, ଶୁକ୍ରବାରକୁ ଶୁଭ ଓ ମଙ୍ଗଳବାର, ଶନିବାର, ରବିବାର ଦିନରେ, ଅମାବାସ୍ୟା, ସଂକ୍ରାନ୍ତିରେ ରଜସ୍ୱଳା ହେଲେ ଅଶୁଭ ମନେକରାଯାଏ।

ପ୍ରଥମ ଋତୁ ଦର୍ଶନ ବିଭିନ୍ନ ଆଦିବାସୀ ତଥା ମିତାନ୍ ଗୋଷ୍ଠୀରେ କରମ ଗଲି, କରମ ହେଲି, ବାଢଲି, ଘର ଗଲି, ଯୁବାହେଲି, ପାଏନ ଗାଧଲି, ସିଆନି ହେଲି, ବଡ଼ ହେଲି, ଜୁଗୁତାଙ୍ଗିୟନ୍, କାଚଲି, ଜୁଗତମାନ୍ ବା ଯୁକତମାନ୍, ଡାଆଁହାନେଁ, କୋଡ଼ପୁନ୍,

ମଡ଼ଅନବ୍, ନାହାନ ବୁରନା ଆଦି ଭାବରେ ପରିଚିତ ତଥା ଏ ସମ୍ପର୍କିତ କ୍ରିୟାକର୍ମ ଅଞ୍ଚଳ ଏବଂ ଗୋଷ୍ଠୀ ଭିତ୍ତିରେ ଅଳ୍ପବହୁତ ପରିବର୍ତ୍ତିତ ଭାବେ ପାଳିତ ହୋଇଥାଏ।

ଦ୍ରଷ୍ଟବ୍ୟ: ମାସକିଆ, ମାରା ମାନା

ଗ୍ରନ୍ଥ ସୂଚନା: ବାଗ ୨୦୦୯, ୩୪-୩୫; ସୁନାନୀ ୨୦୦୯, ୧୩୭-୩୮; ପାଢ଼ୀ, ଓ ଉପାଧ୍ୟାୟ ୨୦୧୦, ୨୦୬, ୧୬୮; ପାଢ଼ୀ ୨୦୦୩, ୧୬।

କରମା

ବୃକ୍ଷ ଦେବୀଦେବତାଙ୍କ ପୂଜା; ପଶ୍ଚିମ ଓଡ଼ିଶା କଥିତ ଭାଷା; ଆଦିବାସୀ, ମିତାନ୍ ଗୋଷ୍ଠୀ; ପର୍ବପର୍ବାଣି

କରମା ଆଦିବାସୀ ତଥା ସହାବସ୍ଥିତ ଅନ୍ୟ ମିତାନ୍ ଗୋଷ୍ଠୀଦ୍ୱାରା ପାଳିତ ହୋଇଥାଏ। କେବଳ ଓଡ଼ିଶାରେ ନୁହେଁ ବିହାର, ମଧ୍ୟପ୍ରଦେଶ, ପଶ୍ଚିମବଙ୍ଗ, ଆସାମ ପ୍ରଭୃତି ରାଜ୍ୟରେ ମଧ୍ୟ କରମା ପାଳିତ ହୁଏ। ସାଧାରଣତଃ ଭାଦ୍ରବ ଶୁକ୍ଳପକ୍ଷ ଏକଦାଶୀ ତିଥିରେ ଏହା ଆୟୋଜିତ ହୋଇଥାଏ। ତେବେ ଅଞ୍ଚଳ ତଥା ଗୋଷ୍ଠୀ ଭେଦରେ ଅନ୍ୟ ସମୟରେ ମଧ୍ୟ ଏହାର ଆୟୋଜନ ଦେଖିବାକୁ ମିଳେ। କରମସାଇଁ, କରମସାନୀ, କରମରାନୀ ଏହି ପୂଜାର ମୁଖ୍ୟ ଆରାଧ୍ୟ ଦେବୀ। କରମ, ଶାଳ ଆଦି ଗଛକୁ ଅଞ୍ଚଳ ଭେଦରେ ଏହି ଦେବୀଙ୍କ ପ୍ରତୀକ ଭାବରେ ପୂଜା କରାଯାଏ। କେତେକ ସ୍ଥାନରେ କରମସାନୀଙ୍କୁ ବଳି ଦିଆଯାଉଥିବା ବେଳେ କେତେକ ସ୍ଥାନରେ ବଳି ଦିଆଯାଏ ନାହିଁ ଉଦାହରଣ ସ୍ୱରୂପ, ପାହାଡ଼ି ଖଡ଼ିଆମାନେ କୁକୁଡ଼ା, ମେଣ୍ଢା ବଳି ଦେଉଥିବା ବେଳେ ଦୁଧ୍ ଖଡ଼ିଆ, ଓ ଓରାଓଁମାନେ କୌଣସି ବଳି ଦିଅନ୍ତି ନାହିଁ। ଖଡ଼ିଆ, ଓରାଓଁ ବ୍ୟତୀତ ସାନ୍ତାଳ, ମୁଣ୍ଡା, ଢେଲକି, କୋରୱା, ବିରଜିଆ ଆଦି ଗୋଷ୍ଠୀରେ ଓ କେତେକ ମିତାନ୍ ଜାତିର ସଦସ୍ୟ ମଧ୍ୟ କରମା ପୂଜାର ପରମ୍ପରା ଦେଖିବାକୁ ମିଳେ। ରାତିରେ ନାଚଗୀତ ପରିବେଷଣ କରାଯାଏ ଯାହା କରମା ନାଚ ଭାବରେ ପରିଚିତ। କରମ, ଓ ଶାଳ ଗଛ ବ୍ୟତୀତ ମହୁଲ, ଶିମୁଳୀ (cotton tree), ଆମ୍ବ, ପଳାଶ (flame-of-the forest), ସିନ୍ଧିବୁଟା (dwarf date palm), ଭାଲିଆ (phobi nut tree), ଡିମିରି ଆଦି ବୃକ୍ଷଗୁଡ଼ିକୁ ମଧ୍ୟ ବିଭିନ୍ନ ଆଦିବାସୀ ଓ ମିତାନ୍ ଗୋଷ୍ଠୀରେ ପୂଜା କରିବା ଦେଖାଯାଏ।

ଦ୍ରଷ୍ଟବ୍ୟ: ଡାଲଖାଇ, ବାହା ପାରାବ୍, ସିନ୍ଧିବୁଟା, ମହୁଲ

ଗ୍ରନ୍ଥ ସୂଚନା: ପଶାୟତ ୧୯୯୯, ୧୫-୨୧; Crooke 1894, 237-277; Satapathy 2016, 67; Swadhin 2015, 1216।

କଷା

କଷା (ପ୍ରସୂତୀ ନାରୀର ବିଶେଷ ଖାଦ୍ୟ); ପଶ୍ଚିମାଞ୍ଚଳ ଓଡ଼ିଆ, ଦେଶିଆ; ଆଦିବାସୀ, ମିତାନ୍ ଗୋଷ୍ଠୀ; ଖାଦ୍ୟ ପରମ୍ପରା– ରୀତିନୀତି

ପ୍ରାୟ ସମସ୍ତ ଆଦିବାସୀ ତଥା ମିତାନ୍ ଗୋଷ୍ଠୀରେ ପ୍ରସୂତୀ ନାରୀମାନଙ୍କୁ ପ୍ରସବ ପରବର୍ତ୍ତୀ ବେଦନାର ଉପଶମ ପାଇଁ ଚେରମୂଳ ମିଶ୍ରିତ ଡାଲି ଜାତୀୟ ଶସ୍ୟରୁ ପ୍ରସ୍ତୁତ ସ୍ୱତନ୍ତ୍ର ଖାଦ୍ୟ ଦିଆ ଯାଇଥାଏ ଯାହା 'କଷା' ଭାବରେ ପରିଚିତ। ପ୍ରସବର ତୃତୀୟ ଦିନରେ ଏହା ପ୍ରସ୍ତୁତ କରାଯାଇ ପ୍ରସୂତୀ ନାରୀକୁ ଖାଇବାକୁ ଦିଆଯାଇଥାଏ। ସରଗି (ଶାଳ), ରସନା (ଭକ୍ଷଙ୍କର ଶସଭଶରକ୍ସ), ସିନ୍ଧି ଚେର, ବେଲଡ଼ାଳ, କୋଳଥ ଆଦିକୁ ମିଶାଇ ତାକୁ ପାଣିରେ ଫୁଟାଇ କଷା ପ୍ରସ୍ତୁତ କରାଯାଏ। କେତେକ କ୍ଷେତ୍ରରେ ନିମ ପତ୍ରକୁ ମଧ୍ୟ ସିଝାଇ ଏଭଳି କଷା ପ୍ରସ୍ତୁତ ହୋଇଥାଏ। ଗଣ, ଗଣା, କୁମ୍ଭାର, ଭତରା ଆଦି ଗୋଷ୍ଠୀରେ କେବଳ କୋଳଥକୁ ସିଝାଇ ଝୋଳ ସହିତ ଦିଆଯାଉଥିବା ବେଳେ ଗାଦବା, ପରଜା ଆଦି ଗୋଷ୍ଠୀରେ ତଥା ଅଞ୍ଚଳ ଭେଦରେ କେବଳ ରସନା ଚେରକୁ ସିଝାଇ କଷା ଭାବରେ ପିଇବାକୁ ଦିଆଯାଏ।

ଦ୍ରଷ୍ଟବ୍ୟ: ଜନମ

ଗ୍ରନ୍ଥ ସୂଚନା: ପାଢ଼ୀ, ଓ ଉପାଧ୍ୟାୟ ୨୦୧୦, ୮୧।

କାଁଟା କୁରସି

କଣ୍ଟା ଦୋଳି; ଦେଶିଆ, ପଶ୍ଚିମ-ଦକ୍ଷିଣ ଓଡ଼ିଶାର କଥିତ ଭାଷା; ଆଦିବାସୀ, ମିତାନ୍ ଗୋଷ୍ଠୀ; ପାରମ୍ପରିକ ଉପକରଣ– ରୀତିନୀତି

କଁଟା କୁରସି କହିଲେ କାଠନିର୍ମିତ ଏକ ଛୋଟ ଚୌକି ବା ଦୋଳିକୁ ବୁଝାଏ ଯେଉଁଠି କଣ୍ଟାସବୁ ଉପରମୁହାଁ ହୋଇ ଲାଗିଥାଏ ଅର୍ଥାତ୍ ତୀକ୍ଷ୍ଣଭାଗ ଉପରକୁ ଥାଏ। ବିଭିନ୍ନ ଦେବଦେବୀଙ୍କ ପୂଜାରେ ଭୀମାବିହା ସମୟରେ ତଥା ଶିରା ବସେଇଲାବେଳେ ସାଧାରଣତଃ ଦେବଦେବୀ ବା କାଳିସୀର ମହିମା ତଥା ସତ୍ୟତା ପ୍ରମାଣ କରିବା ପାଇଁ ଏହି ଦୋଳି ବ୍ୟବହାର କରାଯାଏ। କାଳିସୀକୁ ଏହି ଦୋଳିରେ ବସି ପରୀକ୍ଷାରେ ଉତ୍ତୀର୍ଣ୍ଣ ହେବାକୁ, କରତୁତ୍ ଦେଖାଇବାକୁ ହୁଏ। ବେଳେବେଳେ ଦେବଦେବୀ ବା ଶିରାର ଆଶୀର୍ବାଦରେ ଏହି କଣ୍ଟା ଦୋଳିରେ ସାଧାରଣ ଲୋକ ମଧ୍ୟ ବସିଥାନ୍ତି ଓ ତାଙ୍କର କୌଣସି କ୍ଷତି ହୋଇନଥାଏ।

ଦ୍ରଷ୍ଟବ୍ୟ: ଦେ'ଦେବତା, ଧାରନୀ ଗୁଡ଼ି, ଭୀମା

ଗ୍ରନ୍ଥ ସୂଚନା: ପାଢ଼ୀ, ଓ ଉପାଧ୍ୟାୟ ୨୦୧୦, ୬୬-୬୮, ୧୧୪; ଆଚାର୍ଯ୍ୟ ୨୦୧୩, ୨୩୫-୨୩୬।

କାଇ

ଏକ ପ୍ରକାରର ପିମ୍ପୁଡ଼ି; ଦେଶିଆ; ଆଦିବାସୀ, ମିତାନ୍ ଗୋଷ୍ଠୀ; ଖାଦ୍ୟ ପରମ୍ପରା

କାଇ (weaver ant) ବା ତାପେଙ୍ଗା ଏକ ପ୍ରକାରର ପିମ୍ପୁଡ଼ି। ଏହାକୁ ସାମାନ୍ୟ ଭାଜି ସଲପ ବା ମହୁଲି ମଦ ସାଙ୍ଗରେ ତଥା ଭାତ ସହ ମଧ୍ୟ ଖିଆଯାଏ। ସେହିପରି, ତାପେଙ୍ଗା ଅଣ୍ଡା ମଧ୍ୟ ଆଦିବାସୀମାନଙ୍କର ଅତି ପ୍ରିୟ। ତାପେଙ୍ଗା ଅଣ୍ଡାକୁ ଲୁଣ, ମରିଚ, ହଳଦୀ ଦେଇ ଚଟଣି, ପତ୍ରପୋଡ଼ା ତଥା ଝୋଳ କରି ଖିଆଯାଏ। ତାପେଙ୍ଗାର ଆମ୍ବିଳା ଝୋଳ ଓ ଭାତ ଆଦିବାସୀ ଗୋଷ୍ଠୀରେ ଅନ୍ୟତମ ପ୍ରିୟ ଆହାର। କାଇ ଅଣ୍ଡା ସାଧାରଣତଃ ଶାଳ, ଆମ୍ବ, କୁସୁମ (lac tree), ଜାମୁକୋଳି ଓ କରଞ୍ଜ (Indian beech) ଗଛ ପ୍ରଭୃତିରେ ବହୁ ପରିମାଣରେ ଦେଖାଯାଇଥାଏ। ଏହା ପୀତନାଶକ ଔଷଧ ଭାବରେ ମଧ୍ୟ ବ୍ୟବହାର କରାଯାଏ। ସାନ୍ତାଳ ଗୋଷ୍ଠୀରେ ଉପିଆତା ବା ଝଡ଼ି ପୋକ (winged ant)କୁ ମଧ୍ୟ ବର୍ଷାଋତୁରେ ସଂଗ୍ରହ କରି ତା'ର ପରକୁ ଝାଡ଼ି ଭଜାଯାଇ ଚାଉଳ ଭଜା ସହିତ ମିଶାଇ ଖିଆଯାଏ। କାଇ ତଥା କାଇରୁ ପ୍ରସ୍ତୁତ ଖାଦ୍ୟ ଆଦିବାସୀ ଗୋଷ୍ଠୀରେ ଚଟଣି, ଚାପଡ଼ା, ହାଓ, କୁରକୁଟି ଆଦି ଭାବରେ ପରିଚିତ।

ଦ୍ରଷ୍ଟବ୍ୟ: ମାଁଚ ମଉସ, ଶାଗ ଡାଲ

ଗ୍ରନ୍ଥ ସୂଚନା: ପାଢ଼ୀ, ଓ ଉପାଧ୍ୟାୟ ୨୦୧୦, ୧୮୩।

କାଟାହାବୁଙ୍ଗ୍

ଗୋଡ଼ଧୁଆ; ମୁଣ୍ଡାରୀ; ଆଦିବାସୀ; ସାମାଜିକ ପରମ୍ପରା– ଜୀବନଧାରା

ମୁଣ୍ଡାରୀ, ମୁଣ୍ଡା, ସାନ୍ତାଳ ଆଦି କେତେକ ଆଦିବାସୀ ପରମ୍ପରାରେ ଘରକୁ ଅତିଥି ଆସିଲେ ସତ୍କାର ପ୍ରଦର୍ଶନ ସ୍ୱରୂପ ଘରର ଝିଅବୋହୂ ସେମାନଙ୍କୁ ପ୍ରଥମେ ଦୁଆରରେ ଗୋଟିଏ ପିଢାରେ ଠିଆ କରାଇ ଗୋଡ଼ ଧୋଇଦେଇ ପରେ ତେଲ ଲଗାଇ ପୁଣି ଥରେ ଧୋଇଥାନ୍ତି ଓ ଗାମୁଛା କିମ୍ବା କପଡ଼ାରେ ପୋଛି ଦିଅନ୍ତି। ଅଞ୍ଚଳ ଭେଦରେ ଗୋଟିଏ 'ପରଦା' ବା ଚଉଡ଼ା ପାତ୍ର ଆଣି ସେଇଠି ଗୋଡ଼ ରଖିବାକୁ କହି ଢାଳରେ ପାଣି ଆଣି ମଧ୍ୟ ଧୋଇଦେଇଥାନ୍ତି। ଏଇ କେତୋଟି ଆଦିବାସୀ ଗୋଷ୍ଠୀ ବ୍ୟତୀତ ଅନ୍ୟ ସମସ୍ତ ଗୋଷ୍ଠୀରେ ଘରକୁ କେହି ଆସିଲେ ଗୋଡ଼ ଧୋଇବା ପାଇଁ ପାଣିଢାଳ ଦେବା ଆଜି ବି ପାରମ୍ପରିକ ସମାଜରେ ଦୁର୍ଲ୍ଲଭ ନୁହେଁ, ଯଦିଓ ଧୋଇ ଦିଆଯାଏ ନାହିଁ। ତେବେ, ଉକ୍ତ ଗୋଷ୍ଠୀରେ ଏହି ପରମ୍ପରା କିଛି ଦଶନ୍ଧି ତଳେ ପାଳନ କରାଯାଉଥିବା ସମ୍ପୃକ୍ତ ଗୋଷ୍ଠୀର ସଦସ୍ୟମାନେ କହନ୍ତି। ସେହିପରି, ସମସ୍ତ ଆଦିବାସୀ ଓ ମିତାନ୍ ଗୋଷ୍ଠୀରେ ଅତିଥି ଆସିବା ଦିନ ଏକ ଉତ୍ସବର ଦିନ ଭାବେ ପରିଗଣିତ

ହୋଇଥାଏ। ଅତିଥି ଆସିଲେ ତାଙ୍କୁ କୁକୁଡ଼ା ତଥା ମାଂସ ତରକାରୀ ଓ ମଦ୍ୟରେ ଆପ୍ୟାୟିତ କରିବା ଏକ ସାଧାରଣ ପରମ୍ପରା। ବିଭିନ୍ନ ଆଦିବାସୀ ତଥା ମିତାନ୍ ଗୋଷ୍ଠୀରେ ଅତିଥିର ଏଭଳି ଅତିଥି ସତ୍କାର ଗଡୁପାନି, ଗାମଛା ପାନି, ମାଏନ୍ ଧରମ୍ ଆଦି ଭାବରେ ମଧ୍ୟ ପରିଚିତ।

ଦ୍ରଷ୍ଟବ୍ୟ: ଜୋହାର, ମାଏନ୍ ଧରମ

ଗ୍ରନ୍ଥ ସୂଚନା: ବାଗ ୨୦୦୯, ୨୪; ସୁନାନୀ ୨୦୦, ୨୨୩-୨୨୪।

କାନ୍ଦା କରଡ଼ି

କନ୍ଦ ଓ କରଡ଼ି; ଦେଶିଆ, ପଶ୍ଚିମ ଓଡ଼ିଶା କଥିତ ଭାଷା; ଆଦିବାସୀ, ମିତାନ୍ ଗୋଷ୍ଠୀ; ପ୍ରଜାତିକ ଖାଦ୍ୟ ପରମ୍ପରା

ପ୍ରାୟ ସମସ୍ତ ଆଦିବାସୀ ଗୋଷ୍ଠୀରେ ଭାତ, ମାଣ୍ଡିଆ, ଗୁରଜି ଆଦିକୁ ଛାଡ଼ିଲେ ଅନ୍ୟ ପ୍ରମୁଖ ଖାଦ୍ୟ ହେଉଛି କନ୍ଦମୂଳ। ଏପରିକି ଅଧିକାଂଶ କନ୍ଦମୂଳକୁ କାଟି ଶୁଖାଇ ଖାଦ୍ୟାଭାବ ସମୟରେ ଖାଇବାକୁ ସାଇତି ରଖିଥାନ୍ତି। ବିଭିନ୍ନ ପ୍ରକାରର କାନ୍ଦା ଦେଖିବାକୁ ମିଳେ ଆଦିବାସୀ ଖାଦ୍ୟ ପରମ୍ପରାରେ। ଉଦାହରଣ ସ୍ୱରୂପ ଏଠାରେ ପିତା କାନ୍ଦା (potato yam), ଚେରେଙ୍ଗ୍ କାନ୍ଦା (discorea wallichii hook l.), ତରଗା କାନ୍ଦା (dioscorea tomentosa j.), ବାଟ କାନ୍ଦା (dioscorea belophylla), ସୋରନ୍ଦା କାନ୍ଦା (five-leaf yam), ପିଟ କାନ୍ଦା (three-leaf yam), କେଉ କାନ୍ଦା (cheilocostus specious), କାନ୍ଦା (horenem manihot esculenta), ମାଟି କାନ୍ଦା (sweet potato) ଆଦି ଉଲ୍ଲେଖନୀୟ। ସେହିପରି, କୁସେର କାନ୍ଦା (aponogeton undulates roxb.), ଭୂଇଁ କଖାରୁ (giant potato), ସୋରନ୍ଦା କନ୍ଦା, ସାକର କାନ୍ଦା (sweet potato) ଆଦି କନ୍ଦମୂଳ ଖାଦ୍ୟ ସହିତ ଔଷଧୀୟ କାମରେ ମଧ୍ୟ ବ୍ୟବହାର କରାଯାଏ। ରାଣି କାନ୍ଦା (aerial yam), କୁସେର କାନ୍ଦା ଆଦି କନ୍ଦକୁ କଞ୍ଚା ବା ପୋଡ଼ି ମଧ୍ୟ ଖିଆଯାଇ ପାରେ, ତେବେ ପ୍ରାୟ କନ୍ଦକୁ ସିଝାଇ ଖିଆଯାଏ। କେବଳ ଆଦିବାସୀ ନୁହନ୍ତି ସହାବସ୍ଥିତ ଅନ୍ୟ ଗୋଷ୍ଠୀର ସଦସ୍ୟ ମାନେ ମଧ୍ୟ କନ୍ଦମୂଳର ସମାନ ଉପଯୋଗ କରିଥାନ୍ତି।

କାନ୍ଦା ଭଳି କରଡ଼ି ମଧ୍ୟ ଏକ ବନଜାତ ଖାଦ୍ୟ ଦ୍ରବ୍ୟ। କରଡ଼ି କହିଲେ ବାଉଁଶ ଗଜାକୁ ବୁଝାଏ। କରଡ଼ିକୁ ବିଭିନ୍ନ ଭାବରେ ଖାଦ୍ୟରୂପେ ଉପଯୋଗ କରାଯାଇଥାଏ ଯଥା, ସିଝାଇ ପାଣି ବାହାର କରି ଦେଇ ଲୁଣଲଙ୍କା ଦେଇ ଭାଜି ଖିଆଯାଏ, ବେଳେବେଳେ ଏହା ସହିତ ସଜନା ପତ୍ର, କଖାରୁ, ଭେଣ୍ଡି ଆଦି ମିଶାଇ ରନ୍ଧାଯାଏ।

କରଡ଼ିକୁ ପ୍ରଥମେ କାଟି ବତୁରାଇ ଦିଆଯାଏ ରାତିରେ, ସକାଳେ କରଡ଼ିକୁ ଚାଉଳ ଚୁନା ସାଙ୍ଗରେ ତେନ୍ତୁଳି ମିଶାଇ ଆମ୍ବିଳା ପ୍ରସ୍ତୁତ କରାଯାଏ ଯାହା କରଡ଼ି ଆମଟ୍ ଭାବରେ ପରିଚିତ। କରଡ଼ିକୁ ସିଝାଇ ଶୁଖାଇ ରଖାଯାଇ ବର୍ଷା ଋତୁରେ ତରକାରୀ କରି ବି ଖିଆଯାଏ ଏହା 'କରଡ଼ି ଉସେରା' ପରିଚିତ। ସେହିପରି, କରଡ଼ିକୁ ଶୁଖାଇ ଗୁଣ୍ଡ କରି 'ହଣୁଆ' ଭାବରେ ପରବର୍ତ୍ତି ସମୟରେ ତରକାରୀରେ ବ୍ୟବହାର କରାଯାଏ। କରଡ଼ିକୁ ବତୁରେଇ ଏହାର ପାଣିକୁ ଫସଲରେ ପତ୍ର ପୋଡ଼ା ହୋଇଥିଲେ ଔଷଧ ଭାବରେ ସିଞ୍ଚନ ମଧ୍ୟ କରାଯାଏ।

କରଡ଼ି ବିଭିନ୍ନ ଗୋଷ୍ଠୀରେ ଇଲେ, ଦା ହେଲତା ଭାବରେ ମଧ୍ୟ ପରିଚିତ।

ଦ୍ରଷ୍ଟବ୍ୟ: ଶାଗ ଡାଲ, ମାଁଚ ମଉସ

ଗ୍ରନ୍ଥ ସୂଚନା: ପାଢ଼ୀ, ଓ ଉପାଧ୍ୟାୟ ୨୦୧୦, ୭୫-୭; ଓତା, ପରିଡ଼ା, ଓ ପଟେଲ ୨୦୧୦, ୧୪-୧୫, ୩୧, ୭୦, ୯୦।

କାମିନୀ

ଜଳ ଦେବୀ; ପଶ୍ଚିମାଞ୍ଚଳ ଓଡ଼ିଆ, ଦେଶିଆ; ଆଦିବାସୀ, ମିତାନ୍ ଗୋଷ୍ଠୀ; ପାରମ୍ପରିକ ଦେବଦେବୀ

ଆଦିବାସୀ ତଥା ମିତାନ୍ ଗୋଷ୍ଠୀରେ ଜଳ କାମିନୀ, ପାତାଳ କାମିନୀ, ସାତ ଭଉଣୀ, ସିଙ୍ଗରାଜ, ଛୋଟି, ବୁଢା, ଜାକାର ଆଦି ସାତ କାମିନୀକୁ ପୂଜା କରିଥାନ୍ତି। ଏମାନଙ୍କ ପୂଜାରେ କଳାଗୁଣା, ରଡାଗୁଣା, ଅଣ୍ଡା, ଖଇରା କୁକୁଡ଼ା, କଳାଚୁଡ଼ି, କଳାମାଳି, ଦର୍ପଣ, ପାନିଆ, ହଳଦୀ, ସିନ୍ଦୂର ଆଦି ଲାଗେ। ଭୂମିଆ ଗୋଷ୍ଠୀରେ ମୃତକର୍ମ ସମୟରେ, ବିବାହ ବେଳେ ପାଣି ଆଣିବା ସମୟରେ, ବିଲ ବାଛିବା ବେଳେ, ରୁଆ ସମୟରେ, ଧାନକଟା ସମୟରେ, ଝିଅମାନଙ୍କ ପ୍ରଥମ ରଜସ୍ୱଳା ସମୟରେ, ବାହାଘର ପରେ କାଦୁଅ ଖେଳସାରି ଗାଧୋଇବା ବେଳେ ବି ପୂଜା କରାଯାଏ। କାମିନୀ ପୂଜାର ଉଦ୍ଦେଶ୍ୟ ହେଲା ଜୀବନରେ ବା ଆଗକୁ ଆସୁଥିବା ଦିନଗୁଡ଼ିକ ସୁଖଶାନ୍ତିରେ କଟିବ, ଚାଷବାସ ଭଲ ହେବ। ସେହିପରି, ଏହି ଦେବୀ ରାଗିଗଲେ ବିଲରେ ପ୍ରବଳ ଜୋକ, କୋଚିଆ, ଧଣ୍ଡ ଆଦି ହୋଇଥାନ୍ତି ବୋଲି ବିଶ୍ୱାସ କରାଯାଏ। ଖଦାଶାଳରେ ହାଣ୍ଡି ମନକୁ ମନ ଭାଙ୍ଗିଯାଏ, ଡୁମା ଭୂତପ୍ରେତ ଧରିଥାନ୍ତି, ଗାଈଗୋରୁ ପାଣିରେ ବୁଡ଼ି ମରିଯାନ୍ତି, ନଦୀପାର ହେବା ସମୟରେ ଡଙ୍ଗା ବି ବୁଡ଼ିଯିବାର ଆଶଂକା ଥାଏ।

କାମିନୀ ଦେବୀ ସାଧାରଣତଃ ନାରୀମାନଙ୍କ ଉପରେ ଆଖି ପକେଇଥାନ୍ତି।

ଏମାନଙ୍କ କୋପଦୃଷ୍ଟିରେ ନାରୀ ବନ୍ଧ୍ୟା ହୁଏ। ବୟସ ହେଲେ ବି ଝିଅମାନେ ଗୃହଯୁକ୍ତା ହୁଅନ୍ତି ନାହିଁ। ସେହିଭଳି ଯେଉଁ ଝିଅମାନେ ଖଟରେ ଶୋଇଥିବା ଅବସ୍ଥାରେ ଗୃହଯୁକ୍ତା ହୁଅନ୍ତି ସେମାନଙ୍କୁ ଦୋଷ ଲାଗିଥାଏ ବୋଲି ବିଶ୍ୱାସ କରାଯାଏ।

କାମିନୀ ଦେବୀ ସାତ ଭଉଣୀ ଥିବା ମିଥ୍ ଶୁଣିବାକୁ ମିଳେ। ଏହି ସାତ ଭଉଣୀ ହେଉଛନ୍ତି– ଗଙ୍ଗାଦି, ଛୋଟି ବୁଢୀ, ଧାରନୀ ଦେଇ, ପଥର ଗାଁଡ଼େନ୍, ଯାଡ଼େନ୍, କାଲକା ଦେଇ, ଓ ନାଚନୀ ଦେଇ। ସାତ କାମିନୀଙ୍କର ପୂଜା ଜଳାଶୟ ନିକଟରେ ହିଁ ହୋଇଥାଏ। ପୂଜା ନିମନ୍ତେ ଚଣା ବା ବୁଟ, ମୁଗ, ମସୁର, ଲିଆ ଓ ଗୁଡ଼ ତିଆରି ସାତଟି ଲଡୁ, ଚାଉଳ ବାଟି କଞ୍ଚା ପିଠଉ ପିଠା ସାତଟି, ଏକୋଇଶ ପ୍ରକାରର ଫୁଲ, ଗୋଟିଏ ପାରା, ଦେଢ ହାତର ମହାଲିଙ୍ଗ ଗଛରେ ତିଆରି ଗୋଟିଏ ଡଙ୍ଗା, ଧୂପ, ଦୀପ ସାତ ଗୋଟି ଏବଂ ଘିଅ ସଳିତା ଆବଶ୍ୟକ ହୋଇଥାଏ। ଜଳାଶୟ କୂଳରେ ସାତ ଗୋଟି ଗାତ ଖୋଳାଯାଏ। ସେଇ ଗାତ ଆଗରେ ତିନିଟି ଗାର କଟାଯାଏ। ପ୍ରଥମେ ହଳଦୀ ଗୁଣ୍ଡ ମଝିରେ ଚାଉଳ ଗୁଣ୍ଡ ଓ ଶେଷରେ କୋଇଲା ଗୁଣ୍ଡ ଢଳାଯାଏ। ଏହି ଗାର ପାଖରେ ଡଙ୍ଗା ଏବଂ ଡଙ୍ଗା ପଛରେ ଯାହା ନିମନ୍ତେ ପୂଜା ଆୟୋଜନ କରାଯାଇଥାଏ ସେ ବସନ୍ତି। ତାଙ୍କ ପଛରେ ଚାଉଳ ଗୁଣ୍ଡ, ଚାଉଳ ଗୁଣ୍ଡ ଓ କୋଇଲା ଗୁଣ୍ଡରେ ସାତ ଗୋଟି ଝୋଟି ଦିଆଯାଏ। ପରିବାରର ସଦସ୍ୟ ବାମ କଡ଼ରେ ବସନ୍ତି। ସାତ ଗାତ ସାମ୍ନାରେ ସାତଟି ଦୀପ ଜଳାଯାଏ। ସାତଟି ଦନାରେ ଲଡୁ ଏବଂ ଗୋଟିଏ ଟଙ୍କା ସହ ସାତ ଗୋଟି କଳାକନା ଦିଆଯାଏ। ଦିଆରୀ ପୂଜା ସାରିବା ପରେ ଡଙ୍ଗାରେ ପୂଜା କରାଯାଇଥିବା ସଳିତା, ଲଡୁ, ଓ କଞ୍ଚା ପିଠା ରଖି ପୂଜା କରୁଥିବା ଝିଅ ସହିତ ଜଳ ମଧ୍ୟକୁ ଯାଇଥାନ୍ତି ଓ ସେଠାରେ ଦେବୀଙ୍କୁ ପ୍ରାର୍ଥନା କରନ୍ତି। ସେହି ଡଙ୍ଗାରେ ଦେବୀଙ୍କ ନିମିତ୍ତ ରିବନ, ଚୁଡ଼ି, କଜ୍ଜଳ, ସିନ୍ଦୂର, ହଳଦୀ, ସାବୁନ ଇତ୍ୟାଦି ରଖାଯାଏ। ସେସବୁକୁ ସେଇ ଜଳ ମଧ୍ୟରେ ଦେବୀଙ୍କୁ ପ୍ରାର୍ଥନା କରିବା ପରେ ତାଙ୍କ ଉଦ୍ଦେଶ୍ୟରେ ଅର୍ପଣ କରାଯାଏ। ପରେ ଝିଅ ବୁଡ଼ ଦେବା ସହ ଘରକୁ ଏକ ମୁହାଁ ହୋଇ ଫେରିଥାଏ। ଏହା ଦ୍ୱାରା ଝିଅର ବନ୍ଧ୍ୟାଦୋଷ କଟିଯାଏ ବୋଲି ବିଶ୍ୱାସ କରାଯାଏ।

ଦ୍ରଷ୍ଟବ୍ୟ: ଗରହଟଲା

ଗ୍ରନ୍ଥ ସୂଚନା: ପାଢ଼ୀ, ଓ ଉପାଧ୍ୟାୟ ୨୦୧୦, ୯୧; ଶତପଥୀ ୨୦୦୬, ୯୪-୯୫; ପ୍ରଧାନ ୨୦୦୭, ୧୦୧; ନାୟକ ୨୦୧୫, ୧୨୨।

କିତୁଙ୍ଗ୍

ଶବର ଦେବତା; ଶବର; ଆଦିବାସୀ; ଦେବଦେବୀ– ମୂଳ ଦେବତା

ସଉରାମାନେ କିତୁଙ୍ଗଙ୍କୁ ମହାଦେଓ ଭାବେ ମାନିଥାନ୍ତି। ସେ ଜିଆ ଦେହରୁ ମାଟି ଆଣି ପୃଥିବୀ ସୃଷ୍ଟି କରିଥିବା ସଉରା ମିଥ୍ ବ୍ୟାଖ୍ୟା କରେ। ଏକ ବନ୍ଦ ପେଟି(ବାକ୍ସ) ଭିତରେ ଭାସି ଆସୁଥିବା ଭାଇ ଭଉଣୀଙ୍କୁ ଆଣି ପତିପତ୍ନୀ ରୂପେ ସୃଷ୍ଟି ସର୍ଜନା କରିବା ପାଇଁ ମହାପ୍ରଭୁ ଆଦେଶ ଦେଲେ। ଆଦେଶ ନମାନିବାରୁ ସେମାନଙ୍କୁ ମହାପ୍ରଭୁ ବସନ୍ତ ରୋଗରେ ପୀଡ଼ିତ କରି ବିକଳାଙ୍ଗ କରିଦେଲେ। କିଛି କାଳ ପରେ ସେମାନେ ପରସ୍ପରକୁ ଚିହ୍ନି ନପାରି ପତିପତ୍ନୀ ଭାବେ ବଞ୍ଚିବାକୁ ଲାଗିଲେ। ସେମାନଙ୍କ ଗର୍ଭରୁ ଯେଉଁ କେତୋଟି ସନ୍ତାନ ଜନ୍ମ ନେଲେ ସେମାନଙ୍କ ମଧ୍ୟରେ ସବା ସାନ ଭାଇ ଥିଲେ ଜଗନ୍ତା। ଜଗନ୍ତାଙ୍କ ବ୍ୟତୀତ ତାଙ୍କର ଅନ୍ୟ ଛଅ ଭାଇ ବାହା ହୋଇଥିଲେ। ଜଗନ୍ତାଙ୍କ ରୂପଗୁଣରେ ମୁଗ୍ଧ ହୋଇ ତାଙ୍କର ଭାଉଜମାନେ ତାଙ୍କ ସହ ପ୍ରେମ କରିବା ପାଇଁ ଚେଷ୍ଟା କଲେ। କିନ୍ତୁ ଜଗନ୍ତା ସେମାନଙ୍କ ସହିତ ରାଜି ହେଲେ ନାହିଁ। ଏହି ବିଷୟ କାଳେ ଜଗନ୍ତା ତାଙ୍କ ଭାଇମାନଙ୍କୁ କହିଦେବ ଏଇ ଭୟରେ ଭାଉଜମାନେ ବାଳ ମୁକୁଳା କରି ଗାଲ, ନାକ, ମୁହଁକୁ ଆମ୍ପୁଡ଼ା ରାମ୍ପୁଡ଼ା କରି ସେମାନଙ୍କ ସ୍ୱାମୀମାନେ କାମ କରୁଥିବା ସ୍ଥାନକୁ ଯାଇ ଜଗନ୍ତାଙ୍କ ନାମରେ ମିଛ କଥାଗୁଡ଼ିକ କହିଲେ। ଭାଇମାନେ ସେମାନଙ୍କ କଥାକୁ ସତ ଭାବି ଘରକୁ ଆସି ଜଗନ୍ତାର ହାତ ଗୋଡ଼ ବାନ୍ଧି ପାହାଡ଼ ତଳେ ଥିବା ଏକ ବରଗଛ ମୂଳେ ଫିଙ୍ଗି ଦେଲେ। କିଛି ଦିନ ଗଲା ପରେ ସମସ୍ତେ ଦେଖିଲେ ଯେ ଜଗନ୍ତାଙ୍କର କୌଣସି କ୍ଷତି ହୋଇନାହିଁ ଅତଏବ, ସମସ୍ତେ ଆଶ୍ଚର୍ଯ୍ୟ ହୋଇ ତାଙ୍କୁ କିତୁଙ୍ଗ ମହାପ୍ରଭୁ ଭାବରେ ପୂଜା କଲେ। ଜଗନ୍ତା ରାବଣଗିରିରେ ପଥର ଫଟେଇ ପ୍ରଥମେ ନିଆଁ ଓ ପବନକୁ ଜନ୍ମ ଦେଲେ, ଏହି ସମୟରେ ଖଣ୍ଡିଏ ପଥର ତାଙ୍କ ମୁହଁରେ ବାଜିବାରୁ ଓ ନିଆଁରେ ତାଙ୍କ ଗୋଡ଼ ହାତ ଜଳିପୋଡ଼ି କଳା ହୋଇଯିବାରୁ ସେ ସେଠାରେ ମାଦଳ ଭାବରେ ପଡ଼ି ରହିଲେ। ସେହି ଦିନଠାରୁ ହାତ ଗୋଡ଼ ବିହୀନ କିତୁଙ୍ଗ୍ ପୂଜାପାଇ ଆସୁଛନ୍ତି।

ଦ୍ରଷ୍ଟବ୍ୟ: ଜଙ୍ଘା ଦେଓ, ମାରାଂବୁରୁ

ଗ୍ରନ୍ଥ ସୂଚନା: ପାଢ଼ୀ, ଓ ଉପାଧ୍ୟାୟ ୨୦୧୦, ୧୦୦-୧୦୧; ସାହୁ ୨୦୧୨, ୨୫; ମେହେର ୨୦୧୦, ୬୫-୬୮।

କୁଆଁରୀ ଦାଗା

** କୁଆଁରୀ ସୂତା; ପଶ୍ଚିମ-ଦକ୍ଷିଣ ଓଡ଼ିଶାର କଥିତ ଭାଷା; ଆଦିବାସୀ, ମିତାନ୍ ଗୋଷ୍ଠୀ; ବିବାହକାଳୀନ ରୀତିନୀତି**

ବିବାହ ଲଗ୍ନ ସମୟରେ ପ୍ରାୟ ସମସ୍ତ ଆଦିବାସୀ ଓ କେତେକ ଜାତିରେ ଦିଶାରି ମନ୍ତ୍ର ପଢି କନ୍ୟା ହାତରେ ନୂଆ ସୂତା– କୁଆଁରୀ ଦାଗା ବାନ୍ଧିଥାଏ। ସେହିପରି, କେତେକ ଗୋଷ୍ଠୀରେ ଧାଙ୍ଗଡ଼ାମାଂଝି ଗନସନ ଦିନ ବରପିଲାକୁ କାକନ (ଆମ୍ବ ପତ୍ରକୁ ମୋଡ଼ି ହଳଦୀଲଗା ସୂତାରେ ବନ୍ଧାଯାଏ) ପିନ୍ଧାଏ। କେତେକ ଅଞ୍ଚଳରେ ବର ପିଲାର ଗଳାରେ ଏହା ବନ୍ଧା ଯାଉଥିବା ବେଳେ କେତେକ ଅଞ୍ଚଳରେ ବରର ପାଦରେ ନୂପୁର ପିନ୍ଧାଇଲା ଭଳି ବନ୍ଧାଯାଇଥାଏ। କାକନକୁ ପବିତ୍ର ସୂତ୍ର ଭାବରେ ଗ୍ରହଣ କରାଯାଏ ଏଣୁ, ବିବାହ କାର୍ଯ୍ୟରେ ଅଂଶଗ୍ରହଣ କରିଥିବା ଅନ୍ୟ ସଦସ୍ୟମାନେ ମଧ୍ୟ ଇଚ୍ଛା କଲେ ଧାଙ୍ଗଡ଼ାମାଂଝିଙ୍କ ପାଖରେ କାକନ ବନ୍ଧେଇ ହୋଇଥାନ୍ତି।

ଦ୍ରଷ୍ଟବ୍ୟ: ବିହା ବରପନ

ଗ୍ରନ୍ଥ ସୂଚନା: ବାଗ ୨୦୦୯, ୫୦, ସୁନାନୀ ୨୦୦୯, ୧୪୯; ପାଢ଼ୀ, ଓ ଉପାଧ୍ୟାୟ ୨୦୧୦, ୧୦୪।

କୁକୁଡ଼ା

କୁକୁଡ଼ା; ଓଡ଼ିଆ; ଆଦିବାସୀ, ମିତାନ୍ ଗୋଷ୍ଠୀ; ଗୃହପାଳିତ ପକ୍ଷୀ– ରୀତିନୀତି

କୁକୁଡ଼ା ଏକ ଗୃହପାଳିତ ପକ୍ଷୀ। ତେବେ, ଆଦିବାସୀ ଓ ମିତାନ୍ ଗୋଷ୍ଠୀରେ କୁକୁଡ଼ା କେବଳ ମାଂସ ବା ଅଣ୍ଡା ପାଇଁ ଆବଶ୍ୟକ ହୁଏନି ବରଂ ଜନ୍ମଠାରୁ ମୃତ୍ୟୁ ଯାଏଁ ସମସ୍ତ କ୍ରିୟାକର୍ମରେ କୁକୁଡ଼ା ଓ କୁକୁଡ଼ା ଅଣ୍ଡା ବଳି ଦିଆଯାଏ। ଆଦିବାସୀମାନେ କୁକୁଡ଼ାକୁ ବାରବାନିଆ କୁକୁଡ଼ା, କାନ୍ଧୁଲବାନିଆ କୁକୁଡ଼ା, ଖଇରା କୁକୁଡ଼ା, କାଳିଆ କୁକୁଡ଼ା, ଚିତ୍ରି କୁକୁଡ଼ା, ଧବଳି କୁକୁଡ଼ା ଆଦି ଭାବରେ ଚିହ୍ନିତ କରିଥାନ୍ତି। ତେବେ, ପୂଜା ରୀତିନୀତିରେ କାଳିଆ କୁକୁଡ଼ା, ଖଇରା କୁକୁଡ଼ା, ପେଣ୍ଠି ଆଦି ବହୁଳ ଭାବରେ ବ୍ୟବହୃତ ହୋଇଥାଏ। ସେହିପରି, ବନ୍ଧୁକୁଟୁମ୍ବ ଆସିଲେ କୁକୁଡ଼ା ମାରିବା ଓ ମଦ୍ୟପାନରେ ଆପ୍ୟାୟିତ କରିବା ଏକ ସାଧାରଣ ପରମ୍ପରା। ଆଦିବାସୀ ତଥା ବିଭିନ୍ନ ମିତାନ୍ ଜାତିରେ ଅଣ୍ଡିରା କୁକୁଡ଼ାକୁ ଗଞ୍ଜା, ମାଈ କୁକୁଡ଼ାକୁ ପେଣ୍ଠି, ଓ ଅଣ୍ଡା ଦେଇନଥିବା କୁକୁଡ଼ାକୁ ପୁଙ୍ଗ କୁହାଯାଏ। କୁକୁଡ଼ା ବଳି (ଘିସିଂ)କୁ ନେଇ ବଣ୍ଡା ଗୋଷ୍ଠୀରେ ସ୍ୱତନ୍ତ୍ର ଅବଧାରଣା ଦେଖିବାକୁ ମିଳେ। ବଣ୍ଡାମାନେ ଦେବୀ ଦେବତାଙ୍କୁ କେବଳ ଧଳା କୁକୁଡ଼ା ସହିତ ପାଙ୍ଗନନାଶନ, ରୋଗଶୋକରେ କଳା କୁକୁଡ଼ା ଓ ଡଙ୍ଗର ଦେବତାଙ୍କୁ ଖଇରିଆ କୁକୁଡ଼ା ବଳି ଦେବାରେ ବିଶ୍ୱାସ କରନ୍ତି। ସେହିପରି, ପରଜା ଗୋଷ୍ଠୀରେ ଚଇତ୍ର ପରବର ପ୍ରାରମ୍ଭରେ 'ଜାଗରନା (ଉଜାଗର)' ପୂର୍ବ ଦିନ ହଳଦୀ ଭାତରେ ଗୋଟା କୁକୁଡ଼ାକୁ

ଦୁଇଫାଳ କରି ରାନ୍ଧି ପାହାନ୍ତିଆ ପୂର୍ବରୁ ସିଆଲି (maloo creeper) ପତ୍ରରେ କାଉମାନଙ୍କୁ ଦିଆଯାଏ ।

ଦ୍ରଷ୍ଟବ୍ୟ: କୁକୁଡ଼ାଗାଲି

ଗ୍ରନ୍ଥ ସୂଚନା: ପାଢ଼ୀ, ଏବଂ ଉପାଧ୍ୟାୟ ୨୦୧୦, ୧୦୪, ୧୬୮ ।

କୁକୁଡ଼ାଗାଲି

କୁକୁଡ଼ା ଲଢେଇ (ଏକ ପାରମ୍ପରିକ କ୍ରୀଡ଼ା); ଦେଶିଆ, ପଶ୍ଚିମାଞ୍ଚଳ ଓଡ଼ିଆ; ଆଦିବାସୀ, ମିତାନ୍ ଗୋଷ୍ଠୀ; କ୍ରୀଡ଼ା– ପାରମ୍ପରିକ ଆମୋଦପ୍ରମୋଦ

ସମଗ୍ର ବିଶ୍ୱର ବିଭିନ୍ନ ସ୍ଥାନରେ କୁକୁଡ଼ା ଲଢେଇ ଦେଖିବାକୁ ମିଳେ । ଓଡ଼ିଶାରେ ମଧ୍ୟ କୁକୁଡ଼ା ଲଢେଇ ଏକ ଲୋକପ୍ରିୟ ଆୟୋଜନ । ଏହା ମୁକ୍ତପ୍ରାଙ୍ଗଣରେ ଅନୁଷ୍ଠିତ ହୋଇଥାଏ । ଏଥିରେ ଅଂଶଗ୍ରହଣକାରୀମାନେ ନିଜନିଜ କୁକୁଡ଼ାକୁ ଲଢେଇବା ପାଇଁ ଲଢେଇ ସ୍ଥାନକୁ ଆଣିଥାନ୍ତି । କୁକୁଡ଼ା ଲଢେଇବା ପାଇଁ ସ୍ୱତନ୍ତ୍ର ଲୋକ ଥାଆନ୍ତି ଯାହାଙ୍କୁ 'ପାଦାନ୍‌କାରୀ' କୁହାଯାଇଥାଏ । ଏମାନେ କୁକୁଡ଼ା ଲଢେଇ କରିବା ପାଇଁ ଅଂଶଗ୍ରହଣକାରୀଙ୍କଠାରୁ କୁକୁଡ଼ା ପିଛା ପାରିଶ୍ରମିକ ନେଇଥାଆନ୍ତି । ପାଦାନ୍‌କାରୀ କୁକୁଡ଼ା ଲଢେଇ କରିବା ସହିତ କାତି ବାନ୍ଧିବା, ଲଢେଇ ସମୟରେ କୁକୁଡ଼ା ଆଂଶିକ ଭାବରେ କ୍ଷତାକ୍ତ ହେଲେ ତାହାର ଚିକିତ୍ସା କରି ପୁଣି ଲଢେଇ ପାଇଁ ପ୍ରସ୍ତୁତ କରିବା ଆଦି କାମ କରିଥାନ୍ତି । ଦୁଇଟା କୁକୁଡ଼ା ଲଢେଇ କରିବା ଭିତରେ ଯେଉଁ କୁକୁଡ଼ା ଅନ୍ୟ କୁକୁଡ଼ାଟିକୁ ମାରି ଦେଇପାରେ ସେହି କୁକୁଡ଼ା ବିଜୟ ଲାଭ କରିଥାଏ । ଲଢେଇ ପାଇଁ ବ୍ୟବହୃତ କୁକୁଡ଼ାର ଡାହାଣ ଗୋଡ଼ରେ ଦୁଇ ତିନି ଇଞ୍ଚର ସ୍ୱତନ୍ତ୍ର ଭାବେ ପ୍ରସ୍ତୁତ ଛୁରୀ ବନ୍ଧା ଯାଇଥାଏ । ଏହି ଛୁରୀକୁ 'କାତି' କୁହାଯାଏ । କୁକୁଡ଼ା ଲଢେଇ ସ୍ଥାନରେ 'କାତି ଚଢେଇବା' ପାଇଁ ସ୍ୱତନ୍ତ୍ର ଲୋକ ଥାଆନ୍ତି । କାରଣ ଏଥିପାଇଁ ବିଶେଷ କୌଶଳ ଆବଶ୍ୟକତା ଥାଏ । କୁକୁଡ଼ା ଦି'ଟା ଲଢେଇ ସମୟରେ ଏହି ଛୁରୀ ସାହାଯ୍ୟରେ ପରସ୍ପରକୁ ଆଘାତ କରିଥାନ୍ତି । କୁକୁଡ଼ା ଲଢେଇ ଆଇନସମ୍ମତ ହୋଇନଥିବାରୁ ଗୋହିରୀ ବିଲ ତଥା ଗ୍ରାମ ଦୂରବର୍ତ୍ତୀ ସ୍ଥାନରେ ଏହାର ଆୟୋଜିତ ହୋଇଥାଏ । ଏଥିରେ ଅଂଶଗ୍ରହଣକାରୀଙ୍କ ସାଙ୍ଗକୁ ବହୁ ସଂଖ୍ୟକ ଲୋକଙ୍କୁ ଦର୍ଶକ ଭାବରେ ଦେଖିବାକୁ ମିଳେ । ଲଢେଇ କରୁଥିବା କୁକୁଡ଼ାକୁ ନେଇ ଦର୍ଶକଙ୍କ ମଧ୍ୟରେ ବାଜି ମଧ୍ୟ ଲାଗେ । ଏପରିକି ଗୋଟିଏ ଗୋଟିଏ କୁକୁଡ଼ା ଲଢେଇରେ ଲକ୍ଷେରୁ ଦେଢ ଲକ୍ଷ ଯାଏ ଟଙ୍କାର ବାଜି କାରବାର ହୁଏ । କୋରାପୁଟ, ନବରଙ୍ଗପୁର, ମାଲକାନଗିରି, କେଉଁଝର, ମୟୂରଭଞ୍ଜ ଆଦି ଜିଲ୍ଲାରେ ଏହି କ୍ରୀଡ଼ା ଏବେ ବି ବହୁଳ ଭାବରେ ପରିବେଷିତ ହେଉଛି ।

କୁକୁଡ଼ାଗାଲି ଏକ ଖେଳ ମାତ୍ର ନୁହେଁ, ଏହା ସହିତ ସମ୍ପୃକ୍ତ ଅଞ୍ଚଳର ସଂସ୍କୃତି ମଧ୍ୟ ଜଡ଼ିତ। କୁକୁଡ଼ା ଲଢେଇ ପାଇଁ ପାଳନ କରାଯାଉଥିବା କୁକୁଡ଼ାର ବିଶେଷ ଯତ୍ନ ନିଆଯାଏ। ଏହାକୁ ଅନ୍ୟ କୁକୁଡ଼ାମାନଙ୍କ ସହିତ ରଖାଯାଏ ନାହିଁ। ଏହି କୁକୁଡ଼ା ଥିବା ଘରକୁ ରଜସ୍ୱଳା ନାରୀଙ୍କୁ ପଶିବାକୁ ବାରଣ କରାଯାଇଥାଏ ଓ ଏହି କୁକୁଡ଼ାଠାରୁ ଝାଡ୍ରୁ, କୁଲା, ପନିକି ଭଳି ଜିନିଷ ଦୂରେଇ ରଖାଯାଏ। ସେହିପରି, ଅନ୍ୟ କୁକୁଡ଼ାମାନଙ୍କୁ ଅଇଁଠା ଖାଦ୍ୟ ପଦାର୍ଥ ଦିଆଯାଉଥିବାବେଳେ ଏଭଳି କୁକୁଡ଼ାକୁ ସେସବୁ ଦିଆଯାଏ ନାହିଁ। କୁକୁଡ଼ା ଲଢେଇ ପାଇଁ ଘରୁ ବାହାରିବା ବେଳେ ସାଧାରଣତଃ କୌଣସି ସ୍ତ୍ରୀଲୋକଙ୍କ ମୁହଁ ଦର୍ଶନ କରନ୍ତି ନାହିଁ, କିମ୍ବା ସେମାନଙ୍କ ସହ କଥାବାର୍ତ୍ତା କରନ୍ତି ନାହିଁ।

ଦ୍ରଷ୍ଟବ୍ୟ: କୁକୁଡ଼ା, ପୋରା ଉଆଁସ

ଗ୍ରନ୍ଥ ସୂଚନା: ବାଗ ୨୦୧୨, ୧୪୧-୨; ପାଢ଼ୀ, ଓ ଉପାଧ୍ୟାୟ ୨୦୧୦, ୧୦୫-୧୦୭।

କୁରେ ପତର

କୁରେଇ (sweta indrajao, conessi tree) ଗଛର ପତ୍ର; ପଶ୍ଚିମାଞ୍ଚଳ ଓଡ଼ିଆ, ଦେଶିଆ; ଆଦିବାସୀ, ମିତାନ୍ ଗୋଷ୍ଠୀ; ପତ୍ର – ପର୍ବପର୍ବାଣି

ନୂଆଖାଇ ଦିନ କେବଳ କୁରେଇ ବା କୁରେ ପତ୍ରରେ ହିଁ ନୂଆ ଖିଆଯାଇଥାଏ। ତେବେ, କେତେକ ବଂଶର ଲୋକ ଶାଳ ପତ୍ର, ସାରୁ ପତ୍ର, ଭେଲୁଆ ପତ୍ର, ମହୁଲ ପତ୍ର, ସିମେଲ (red cotton tree) ପତ୍ରରେ ମଧ୍ୟ ନୂଆ ଖାଇଥାନ୍ତି। ଉଦାହରଣ ସ୍ୱରୂପ, ଗଣ୍ଡା ଗୋଷ୍ଠୀର ସୁନା ବଂଶର ସଦସ୍ୟମାନେ ସାରୁ ପତ୍ରରେ ନୂଆଖାଇ ଥାଆନ୍ତି। ସୁନା ବଂଶର ଯେଉଁ ଗୋଷ୍ଠୀ ସାରୁ ପତ୍ରରେ ନୂଆ ନଖାଇ କୁରେ ପତ୍ରରେ ଖାଆନ୍ତି ସେମାନେ କୁରେ ପତରିଆ ସୁନା ଭାବରେ ପରିଚିତ। ସେହିପରି, ଭୂମିଜମାନେ ନୂଆ ଖାଇବା ପାଇଁ ଭାଲିଆ ପତ୍ର ବ୍ୟବହାର କରିଥାନ୍ତି। କୁରେଇ ପତ୍ର ପରି କୁରେଇ ଫୁଲ ଆଦିବାସୀ ଗୋଷ୍ଠୀରେ ଅତି ପ୍ରିୟ। କୁରେଇ ଫୁଲ ପେନ୍ଥାକୁ ଆଦିବାସୀ ରମଣୀ ଅତି ଆଦରର ସହିତ ଜୁଡ଼ାରେ ପିନ୍ଧିବା ଦେଖାଯାଏ। କୋରାପୁଟ ଅଞ୍ଚଳରେ ଆଦିବାସୀ ଯୁବତୀମାନଙ୍କୁ କୁରେଇ ଫୁଲ ସହିତ ତୁଳନା କରିବା ସର୍ବତ୍ର ଶୁଣିବାକୁ ମିଳେ।

ଦ୍ରଷ୍ଟବ୍ୟ: ନୂଆଖାଇ, ଅସା ପରବ

ଗ୍ରନ୍ଥ ସୂଚନା: ସୁନାନୀ ୨୦୦୯, ୬୪, ୩୭୨; ପାଢ଼ୀ, ଓ ଉପାଧ୍ୟାୟ ୨୦୧୦, ୧୧୬ ଭୋଳ ୨୦୦୩, ୬୦।

କୁଲା

କୁଲା; ଓଡ଼ିଆ; ଆଦିବାସୀ, ମିତାନ୍ ଗୋଷ୍ଠୀ; ଗୃହପୋକରଣ – ରୀତିନୀତି

କୁଲା କେବଳ ଆଦିବାସୀ ଓ ମିତାନ୍ ଗୋଷ୍ଠୀରେ ନୁହେଁ ବରଂ ଓଡ଼ିଶାର ସର୍ବତ୍ର ତଥା ଭାରତର ଅନ୍ୟାନ୍ୟ ରାଜ୍ୟରେ ମଧ୍ୟ ବିଭିନ୍ନ ଆକାର ଓ ରୂପରେ ଦେଖିବାକୁ ମିଳେ। ଏକ ପାରମ୍ପରିକ ଉପକରଣ ଭାବରେ କୁଲା ସମ୍ପୃକ୍ତ ଗୋଷ୍ଠୀର ସାମାଜିକ ସାଂସ୍କୃତିକ ରୀତିନୀତି ସହିତ ମଧ୍ୟ ଜଡ଼ିତ। କୁଲା ସାଧାରଣତଃ ଧାନ, ଚାଉଳ ପାଛୁଡ଼ିବା କାମରେ ବ୍ୟବହୃତ ହୋଇଥାଏ। ଦକ୍ଷିଣ ତଥା ପଶ୍ଚିମ ଓଡ଼ିଶାରେ ଗଣ, ଭତ୍ରା, ପରଜା, ଧରୁଆ ଆଦି ଗୋଷ୍ଠୀର ସଦସ୍ୟ ବାଉଁଶ କାମ କରିବା ଦେଖାଯାଏ। ଏମାନେ କୁଲା ସହିତ ଚାଙ୍ଗୁଡ଼ି, ଟୋକେଇ, ପାଛିଆ, ଡାଲା, ପାଲ ଆଦି ବିଭିନ୍ନ ଗୃହପୋକରଣ ପ୍ରସ୍ତୁତ କରିଥାନ୍ତି।

ଧାନ, ଚାଉଳ ପାଛୁଡ଼ିବା ବ୍ୟତୀତ ଧାନ ଉଡ଼ାଇବା ପାଇଁ ମଧ୍ୟ କୁଲା ବ୍ୟବହୃତ ହୋଇଥାଏ। ତେବେ, ଧାନ ଉଡ଼ାଇବା ସମୟରେ ଘରେ ବ୍ୟବହୃତ ହେଉଥିବା କୁଲା ବ୍ୟବହାର ନକରି ନୂଆ କୁଲା ବ୍ୟବହାର କରାଯାଏ। ଉଡ଼ା ସରିଥିବା ଧାନ ମାପିବା ପୂର୍ବରୁ ଧାନକୁ 'ରାଏଶ୍' କରି ରଖାଯାଏ ଓ ଏହାର ପୂର୍ବ ଦିଗରେ କିକିରି କଁଟା (mount atlas daisy or akarkara), ଦଗା (ଦହାଣି), ଦାଆ, ମାଣ ସହିତ କୁଲା ରଖାଯାଏ ଓ ଧୂପଝୁଣା ପୋଡ଼ି ତଥା କେତେକ କ୍ଷେତ୍ରରେ ନଡ଼ିଆ ଭାଙ୍ଗି ଧାନ ମପାଯାଏ। ଏଠାରେ ଅବଶ୍ୟ ଉଲ୍ଲେଖନୀୟ ଯେ ଆବଶ୍ୟକ ହେଲେ ତଥା ଧାନ ବହୁତ ଥିଲେ ମାଣରେ ନମାପି ଶୀଘ୍ର ସାରିବା ପାଇଁ ବଡ଼ ଡାଲାରେ ମପାଯାଏ। ଏ କ୍ଷେତ୍ରରେ ମଧ୍ୟ ପ୍ରଥମେ ମାଣରେ କିଛି ଧାନ ମାପିବା ପରେ ହିଁ ଡାଲା ବ୍ୟବହୃତ ହୋଇଥାଏ।

କୁଲା, ମାଣ ଆଦିରେ ଧାନ ମପା ଯାଉଥିବାରୁ ଏଥିରେ ଗୋଡ଼ ଲାଗିଲେ ଜୁହାର ହେବା ଦେଖାଯାଏ, ତଥା ଏହା ସାମ୍ନାରେ ବସି ଖିଆଯାଏ ନାହିଁ। ସେହିପରି, କାହାକୁ କୁଲା କି ମାଣରେ ଧାନ କିମ୍ବା ଚାଉଳ ଦିଆଯାଏ ନାହିଁ। ଭୀମାବିହା ତଥା ଅନ୍ୟାନ୍ୟ ରୀତିନୀତିରେ ବାଦନ କରାଯାଉଥିବା ଧୁନକେଲର ଅନ୍ୟତମ ମୁଖ୍ୟ ଉପକରଣ ହେଉଛି କୁଲା।

କୁଲା ଏଡ଼କି ମୁହୁଁ ଆର୍ ଡାଲା ଏଡ଼କି ମୁଡ଼୍।
(କେହି ଅଭିମାନ କରିଥିଲେ ଏପରି କୁହାଯାଏ।)

ଦ୍ରଷ୍ଟବ୍ୟ: ଧୁନକେଲ, ଦେ'ଦେବତା

ଗ୍ରନ୍ଥ ସୂଚନା: ପାଢ଼ୀ ୨୦୦୩, ୯୦।

କେନ୍ଦୁ ଖଟଲି

କେନ୍ଦୁ ଡାଳ; ଦେଶିଆ, ପଶ୍ଚିମାଞ୍ଚଳ ଓଡ଼ିଆ; ଆଦିବାସୀ, ମିତାନ୍ ଗୋଷ୍ଠୀ; ସାମାଜିକ ପରମ୍ପରା– ବୃକ୍ଷ

ଆଦିବାସୀ ଓ ମିତାନ୍ ଗୋଷ୍ଠୀର ପାରମ୍ପରିକ ଜୀବନଧାରାରେ ଜନ୍ମଠାରୁ ମୃତ୍ୟୁ ଯାଏଁ କେନ୍ଦୁ ଡାଳର ଗୁରୁତ୍ୱପୂର୍ଣ୍ଣ ଭୂମିକା ଦେଖିବାକୁ ମିଳେ। ଜନ୍ମ ସମୟରେ ଗଦନାଶାଲ ତିଆରି କରିବା ସମୟରେ କେନ୍ଦୁ ଖଟଲି ବା କେନ୍ଦୁ ଡାଳ ଆବଶ୍ୟକ ହୋଇଥାଏ। ସେହିପରି, ବିବାହ ସମୟରେ ବେଦୀ ବା ମୋଡ଼ୋଶାଳରେ ଗୋଷ୍ଠୀ ତଥା ଅଞ୍ଚଳ ଭେଦରେ କେନ୍ଦୁ, ମହୁଲ, ଶାଳ, ଆମ୍ବ ଡାଳ, ବାଉଁଶ ଆଦି ଯୋଗ ଖୁଟା ବା ଶୁଭ ସ୍ତମ୍ଭ ଭାବରେ ପୋତାଯାଏ। ମୃତ୍ୟୁ ପରବର୍ତ୍ତୀ ରୀତିନୀତିରେ ମଧ୍ୟ ଡୁମା ଆଣିବା ସମୟରେ ପୂଜା କଲା ବେଳେ କେନ୍ଦୁ ଖଟଲିର ବ୍ୟବହାର ହୋଇଥାଏ। ଟଲାଭଙ୍ଗା ସମୟରେ ମଧ୍ୟ କେନ୍ଦୁ ଖଟଲି, କେନ୍ଦୁ ଡାଳର ଆବଶ୍ୟକତା ଦେଖାଯାଏ। ଆମୁସ ପରବରେ ଜମିରେ ରୋଗପୋକ ଦାଉରୁ ରକ୍ଷା କରିବା ପାଇଁ ଧୂପଦୀପ ସହ ବଣଭାଲିଆ (phobi nut), ଦେଓ ବାଡ଼ନି ବା ବାତରେଙ୍ଗା (broom grass) ଡାଳ ସହ କେନ୍ଦୁ ଡାଳ ମଧ୍ୟ ପୋତା ଯାଇଥାଏ।

କନ୍ଧ ଗୋଷ୍ଠୀରେ କେନ୍ଦୁ ନୂଆ ଭାବରେ ସ୍ୱତନ୍ତ୍ର କେନ୍ଦୁ ଖାଇବା ପାଇଁ ନୂଆଖାଇ ପାଳନ କରାଯାଇଥାଏ।

ଦ୍ରଷ୍ଟବ୍ୟ: ଗଦନାଶାଲ, ବିବାହ, ଖନ୍ଦାଶାଲ, ମୋଡ଼ୋ ଝରଲେନ୍

ଗ୍ରନ୍ଥ ସୂଚନା: ବାଗ ୨୦୦୯, ୨୬; ବେହେରା, ବିଶୀ, ଓ ମୁଣ୍ଡ ୧୯୯୮, ୧; ପାଢ଼ୀ, ଓ ଉପାଧ୍ୟାୟ ୨୦୧୦ ୩୦।

କେରଙ୍ଗ ଶାଢ଼ି

ଗାଦବା ଗୋଷ୍ଠୀର ଶାଢ଼ି; ଗୋଟୁବ; ଆଦିବାସୀ, ମିତାନ୍ ଗୋଷ୍ଠୀ; ବୟନ ପରମ୍ପରା

କେରଙ୍ଗ ଶାଢ଼ି ଗାଦବା ଗୋଷ୍ଠୀରେ ପ୍ରସ୍ତୁତ ହୁଏ ତଥା ସେମାନଙ୍କଦ୍ୱାରା ବ୍ୟବହାର କରାଯାଏ। ଆଙ୍କୁଲି ଗଛର ତନ୍ତୁରୁ ସୂତା ବାହାର କରି ଏଥିରେ ସବୁଜ ଓ ନାଲି ରଙ୍ଗ ମିଶାଇ ଲୁଗା ବୁଣିବାକୁ ବ୍ୟବହୃତ ହୋଇଥାଏ। ସାଧାରଣତଃ ଗାଦବା ଅବିବାହିତ ଯୁବତୀମାନେ ଏହି ଲୁଗା ବୁଣିଥାନ୍ତି। କୁହାଯାଏ ରାଜାଙ୍କ ପାଲିଙ୍କି ବୋହୁଥିବା ଗାଦବାମାନେ ଏହା ପିନ୍ଧୁଥିଲେ। ଏହାକୁ ବୁଣିବା ପାଇଁ କୁଟୁରା ସିଙ୍ଗ, ସମ୍ବର ସିଙ୍ଗରେ ପ୍ରସ୍ତୁତ ସ୍ୱତନ୍ତ୍ର ବୁଣାଯନ୍ତ୍ର ବ୍ୟବହୃତ ହୋଇଥାଏ।

ଗାଦବା ପରି ସାନ୍ତାଳ ଗୋଷ୍ଠୀରେ ମଧ୍ୟ ବୟନ ପରମ୍ପରା ଦେଖାଯାଏ।

ସାନ୍ତାଳମାନଙ୍କ ପ୍ରସ୍ତୁତ ଲୁଗା ଫୁଟାହ୍ ଶାଢ଼ି 'ଝାଲାଃ', ଫୁଟାହ୍ ଧୋତି 'ଫୁଟା କାଚା' ଭାବରେ ପରିଚିତ। ସେହିପରି, ବିବାହ ସମୟରେ ପିନ୍ଧାଯାଉଥିବା ବିଶେଷ ଶାଢ଼ି ସାନ୍ତାଳୀ ଗୋଷ୍ଠୀରେ 'ଖାଣ୍ଡା' ଭାବରେ ପରିଚିତ।

ବିଭିନ୍ନ ଆଦିବାସୀ ଗୋଷ୍ଠୀ ପରି ଅନ୍ୟ ମିତାନ୍ ଗୋଷ୍ଠୀ ମଧ୍ୟ ନିଜନିଜ ବ୍ୟବହାର ପାଇଁ କପଡ଼ା ବୁଣିବା ଦେଖାଯାଏ। ତେବେ, ସମୟ ଓ ପରିବର୍ତ୍ତିତ ପରିସ୍ଥିତିରେ ଯେଭଳି ଭୁଲିଆ, ସାନ୍ତାଳ ଗୋଷ୍ଠୀ ନିଜ ବୟନକଳାକୁ ବଞ୍ଚାଇ ରଖିଛନ୍ତି ସେଭଳି କରିପାରିନାହାନ୍ତି। ଉଦାହରଣ ସ୍ୱରୂପ, ଗଣା ସମ୍ପ୍ରଦାୟରେ ମଧ୍ୟ ବୟନ ପରମ୍ପରା 'କପଟା' ଥିଲା ଯାହା ସମ୍ପ୍ରତି ଅପସୃୟମାନ। ତେବେ, ସମ୍ପ୍ରତି ଲୋକ ମହୋତ୍ସବ ତଥା ଅନ୍ୟ ପରିସରଗୁଡ଼ିକରେ ପାରମ୍ପରିକ ବୟନ ଶିଳ୍ପକୁ ପ୍ରୋତ୍ସାହନ ମିଳିବା ଫଳରେ ଅନେକ ଗୋଷ୍ଠୀରେ ବୟନ ପରମ୍ପରା ପୁଣି ଥରେ ଫେରିବା ଦେଖିବାକୁ ମିଳୁଛି। ଦୁରୁଆ, ବଣ୍ଡା, ପରଜା, କନ୍ଧ ଆଦି ଗୋଷ୍ଠୀରେ ସେମାନଙ୍କଦ୍ୱାରା ପ୍ରସ୍ତୁତ ଲୁଗା ରିଙ୍ଗା, ପାଟା, ପାଟାଇ, ଦିପେଡ଼ି ଆଦି ଭାବରେ ପରିଚିତ।

ଦ୍ରଷ୍ଟବ୍ୟ: ଗାତିମାରା

ଗ୍ରନ୍ଥ ସୂଚନା: ବେଶ୍ରା ୨୦୦୯, ୬୪; ପାଢ଼ୀ, ଓ ଉପାଧ୍ୟାୟ ୨୦୧୦, ୧୧, ୪୪୯।

ଖଗଲା

ଗଳାରେ ପିନ୍ଧୁଥିବା ଅଳଙ୍କାର; ଦେଶିଆ; ଆଦିବାସୀ; ପାରମ୍ପରିକ ଅଳଙ୍କାର

ଖଗଲା ରୁପା ତଥା ରସରେ ତିଆରି ବେକରେ ପିନ୍ଧାଯାଉଥିବା ଏକ ଅଳଙ୍କାର। ଏହା ଦେଖିବାକୁ ଗୋଲାକାର। ବଣ୍ଡା, ପରଜା, ଦୁରୁଆ, ଗାଦବା ଆଦି ଗୋଷ୍ଠୀର ନାରୀମାନେ ଏହାକୁ ପିନ୍ଧିଥାନ୍ତି। ଏମାନେ ବେକରେ ଏକାଧିକ ଖଗଲା ସହିତ ବିଭିନ୍ନ ପ୍ରକାରର ମାଳି ପିନ୍ଧିଥାନ୍ତି ଯାହା ସେମାନଙ୍କର ସମଗ୍ର ବେକ ଓ ଛାତିକୁ ଆବୃତ୍ତକରି ରଖିଥାଏ। ଖଗଲାକୁ ଡାଟେ, ଉସୁଙ୍ଗୁ ମଧ୍ୟ କୁହାଯାଏ।

ଖଗଲା ବ୍ୟତୀତ ଆଦିବାସୀ ତଥା ମିତାନ୍ ଗୋଷ୍ଠୀର ନାରୀମାନେ ଗଳାରେ ଚିପ ମାଳି, ଗାନି ମାଳି, ଗୋରିଆ ମାଳି, ବେଲପତ୍ରୀ ମାଳି, ଧାନ ମାଳି, ନାନୁ, ଚାପସରି ଆଦି ମାଳି ପିନ୍ଧିଥାନ୍ତି। ସେହିପରି, କାନରେ ବନ୍ଦରିଆ, ନାଗୁଲ, ଜାଲିଫୁଲ, ତାମାଟୁଲ, ଫୁଲି, ଲୁଲି, ଝିକା, ଖଞ୍ଜା; ନାକରେ ବେସରି, ଲବଙ୍ଗ କଢି, ଝୁମ୍ପି, ଗୁଣା, ମାରାଦଣ୍ଡି; ଅଣ୍ଟାରେ ଅଣ୍ଟା ସୂତା; ଗୋଡ଼ରେ ପଇଁରି, ପାଞ୍ଜୁଲ; ହାତ ପାଦ ଆଙ୍ଗୁଳିରେ ବିଭିନ୍ନ ପ୍ରକାର ମୁଦି, ଝୁଣ୍ଟିଆ ଆଦି ପିନ୍ଧିଥାନ୍ତି। ତେବେ, ଆଦିବାସୀ

ପୁରୁଷମାନେ ମଧ୍ୟ ହାତରେ ଖଡ୍ଗ, ବାଆଁଟା, ଏପରିକି ମୁଣ୍ଡରେ ମଧ୍ୟ ଜୁଡ଼ା ରଖିବା ସହିତ ବିଭିନ୍ନ ପ୍ରକାରର ଚିପନା କଣ୍ଠା ଆଦି ପିନ୍ଧିବା ଦେଖାଯାଏ। କେବଳ ସୁନା, ରୂପା, କଉଡ଼ି ଆଦିରେ ତିଆରି ଅଳଙ୍କାର ନୁହେଁ, ଫୁଲ ପତ୍ର ଯଥା– କିଆ ଫୁଲ ବା ପତ୍ର, ଶାଳ ଫୁଲ, କୁନ୍ଦ ଫୁଲ, ଚମ୍ପା ଫୁଲ, ମଣ୍ଡା ଫୁଲ, ସେବତୀ ଫୁଲ, ମଲ୍ଲୀ ଫୁଲ, ଓ ଜୁଇ ଫୁଲ ଆଦି ମଧ୍ୟ ଆଦିବାସୀ ଗୋଷ୍ଠୀରେ ସାମୟିକ ମୁଖ୍ୟ ଅଳଙ୍କାର ବା ପରିଧାନ ଭାବରେ ବ୍ୟବହୃତ ହୋଇଥାଏ।

ଦ୍ରଷ୍ଟବ୍ୟ: କେରଙ୍ଗ ଶାଢ଼ି

ଗ୍ରନ୍ଥ ସୂଚନା: ପାଢ଼ୀ, ଓ ଉପାଧ୍ୟାୟ ୨୦୧୦, ୧୨୫; ପ୍ରଧାନ ୨୦୦୭, ୧୪୬-୧୬୨।

ଖନ୍ଦାଶାଲ

ବିବାହ ଭୋଜିଆଦିର ରୋଷେଇ ସ୍ଥାନ; ପଶ୍ଚିମାଞ୍ଚଳ ଓଡ଼ିଆ; ଆଦିବାସୀ, ମିତାନ୍ ଗୋଷ୍ଠୀ; ସାମାଜିକ ଆସ୍ଥାନ

ଖନ୍ଦାଶାଲ ହେଉଛି ବିବାହ, ମୃତ୍ୟୁ, ଏକୋଇଶା ଆଦି ପାଳନ ଅବସରରେ ସାମୂହିକ ଭୋଜି ପାଇଁ ପ୍ରସ୍ତୁତ କରାଯାଉଥିବା ରନ୍ଧନଶାଳା। ତେବେ, ଅନ୍ୟ ଅବସରରେ ବା ସାଧାରଣ ଭୋଜି କରିବା ସମୟରେ ମଧ୍ୟ ରନ୍ଧନ ସ୍ଥାନକୁ 'ଖନ୍ଦାଶାଲ(ଳ)' କୁହାଯାଇଥାଏ। ବିବାହ, ମୃତ୍ୟୁ, ଏକୋଇଶା, କଣାବରା, ନାକ କାନ ଭେଦା ଆଦି ଅବସରରେ ଖନ୍ଦାଶାଳର ପ୍ରସ୍ତୁତି ସମୟରେ ଅଞ୍ଚଳ ଓ ଗୋଷ୍ଠୀ ଭିତ୍ତିରେ ପୂଜା ବି କରାଯାଇଥାଏ। ଖନ୍ଦାଶାଳକୁ ରୋଷେଇ ଘର ଭଳି ପବିତ୍ର ମନେକରାଯାଏ। ଖନ୍ଦାଶାଲରେ ସାଧାରଣତଃ ବନ୍ଧୁକୁଟୁମ୍ବ ଲୋକ ରନ୍ଧନ କାର୍ଯ୍ୟ କରିଥାନ୍ତି ଏମାନଙ୍କୁ 'ଖନ୍ଦାଶଲିଆ' କୁହାଯାଏ। ବୟସ୍କ ବନ୍ଧୁକୁଟୁମ୍ବଙ୍କ ସହିତ ଯୁବକମାନେ ମଧ୍ୟ ଏଥିରେ ଅଂଶଗ୍ରହଣ କରିଥାନ୍ତି। ଏମାନେ ଗୃହକର୍ତ୍ତା ଯୋଗେଇ ଦେଇଥିବା ରୋଷେଇ ସାମଗ୍ରୀ ସବୁକୁ ରାନ୍ଧିବା ସହିତ ସାମୂହିକ ଭୋଜିରେ ସେସବୁ ପରିବେଷଣ କରିବାର ଦାୟିତ୍ୱ ମଧ୍ୟ ନେଇଥାନ୍ତି। ଭୋଜିଭାତ ପରେ ଖନ୍ଦାଶାଲକୁ ରୀତିନୀତିର ସହ ପୋତିବାକୁ ବି ହୁଏ। ସାମୂହିକ ଭୋଜିଭାତ ସରିବା ପରେ ଗୃହକର୍ତ୍ତା ବେଳେବେଳେ ଖନ୍ଦାଶଲିଆମାନଙ୍କୁ ସ୍ୱତନ୍ତ୍ର ଭାବରେ ଭୋଜି କରି ଖାଇବାକୁ ମଧ୍ୟ ଯୋଗାଡ଼ ଦେଇଥାନ୍ତି।

ଆଜିକାଲି ପରିବର୍ତ୍ତିତ ପରିସ୍ଥିତିରେ ସହରାଞ୍ଚଳର ପ୍ରଭାବକ୍ରମେ ଅନେକ ଗୋଷ୍ଠୀରେ ତଥା ଅଞ୍ଚଳ ଭେଦରେ ସ୍ୱତନ୍ତ୍ର ଭାବରେ ରୋଷେଇଆ ଡାକିବା ଦେଖାଯାଉଛି। ତେବେ ମଧ୍ୟ ଏଠାରେ ଉଲ୍ଲେଖନୀୟ ଯେ ବନ୍ଧୁକୁଟୁମ୍ବ ବା ସମାଜର

ପାଞ୍ଚଲୋକ ବା ପାଞ୍ଚ ଗଙ୍ଗା ଯାହା ରୋଷେଇ କରିଥାନ୍ତି ତାହା ପବିତ୍ର ବା ସାମାଜିକ ସାଂସ୍କୃତିକ ଦୃଷ୍ଟିରୁ ଗୁରୁତ୍ୱପୂର୍ଣ୍ଣ ମନେକରାଯାଏ। ଖନ୍ଦାଶାଲ ବିଭିନ୍ନ ଆଦିବାସୀ ଗୋଷ୍ଠୀରେ ଖାନ୍ଦା, ତିରିସଂ, ଢଙ୍ଗା ଚୁଲହା ଆଦି ଭାବରେ ମଧ୍ୟ ପରିଚିତ।

ଦ୍ରଷ୍ଟବ୍ୟ: ବିହା ବରପନ, ସାନ କାମ, ଦଶା

ଖଲି ପତର

ପତ୍ର ନିର୍ମିତ ଖାଦ୍ୟ ପାତ୍ର; ପଶ୍ଚିମାଞ୍ଚଳ ଓଡ଼ିଆ, ଦେଶିଆ; ଆଦିବାସୀ, ମିତାନ୍ ଗୋଷ୍ଠୀ; ଗୃହ ଉପକରଣ

ଆଦିବାସୀ ତଥା ମିତାନ୍ ଗୋଷ୍ଠୀରେ କେବଳ ଭୋଜିଭାନସରେ ନୁହେଁ ଦୈନନ୍ଦିନ ଜୀବନରେ ମଧ୍ୟ ଖଲି ପତ୍ରର ବହୁଳ ବ୍ୟବହାର ଦେଖାଯାଏ। ଖଲିଦନା ତିଆରି କରିବା ପାଇଁ ସିଆଳି ପତ୍ର, ଶାଳ, ଟେକ୍ (teak), ଗମ୍ଭାରୀ (white teak) ଆଦି ଗଛର ପତ୍ର ସାଧାରଣତଃ ବ୍ୟବହାର ହୋଇଥାଏ। ବଡ଼ ଆକାରର ପତ୍ର ପାତ୍ର ଖଲି ଭାବରେ ପରିଚିତ ହେବାବେଳେ ଛୋଟ (ଗିନା) ଆକାରର ପାତ୍ର ଦନା, ଚକନି ଭାବରେ ପରିଚିତ। ଖଲି ପତ୍ରରେ କେବଳ ଭାତ ନୁହେଁ ପେଜ, ମାଣ୍ଡିଆ ପେଜ, ତଥା ଦନାରେ ତରକାରୀ, ଡାଲି, ଚଟଣି ଆଦି ମଧ୍ୟ ଖିଆଯାଏ। ସେହିପରି, ଭୋଜିଭାନସ୍ ବ୍ୟତୀତ ଦେବଦେବୀଙ୍କ ପୂଜା ଆରାଧନାରେ ସମସ୍ତ ପ୍ରକାରର ଭୋଗ ଖଲି ପତ୍ର ତଥା ଚକନିରେ ହିଁ ଦିଆଯାଏ। ଅନୁରୂପ ଭାବରେ ଧୂପଝୁଣା, ଗୁଡ଼ଘିଅ ମଧ୍ୟ ଏହି ଦନା, ଚକନିରେ ହିଁ ପୋଡ଼ାଯାଏ, ଅର୍ପଣ କରାଯାଏ। ଏହା ବ୍ୟତୀତ, ଗୁଡ଼, ତେନ୍ତୁଳି, ଆମ୍ବସଢା ଆଦି ଖାଦ୍ୟଦ୍ରବ୍ୟ ସାଇତି ରଖିବା ପାଇଁ ଖଲି ପତ୍ର ପୁଡ଼ିଆ ବ୍ୟବହାର ହୋଇଥାଏ। ଏଠାରେ ଉଲ୍ଲେଖନୀୟ ଯେ, ଜୁଆଙ୍ଗ ଗୋଷ୍ଠୀରେ ପତ୍ରର ବ୍ୟବହାରକୁ ଆଧାର କରି ଏହାର ବିଭିନ୍ନ ନାମକରଣ ଦେଖିବାକୁ ମିଳେ। ଉଦାହରଣ ସ୍ୱରୂପ, ଗୋଟିଏ ପତ୍ରର ନଳକୁ ଅଚିପର୍ତେ, ଗୋଟିଏ ପତ୍ରର ଖଲିକୁ ଲାରକା, ଦୁଇଟି ପତ୍ରର ଖଲିକୁ ସୁଉତି, ତିନିଟି ପତ୍ରର ଖଲିକୁ ଉଟୁଳି, ଚାରି, ପାଞ୍ଚ, ଛଅଟି ପତ୍ରର ଖଲିକୁ ଯଥାକ୍ରମେ 'ପଲଙ୍ଗା', 'ଠୋଲା', 'ଉଲଙ୍ଗ୍', 'ଉଟୁକା', 'ଆଲଙ୍ଗନ୍(ଖଲି)', ଗୁଡ଼ାଏ ପତ୍ରକୁ ବ୍ୟବହାର କରି ପ୍ରସ୍ତୁତ ପତ୍ର ହାଣ୍ଡି ଯେଉଁଠି କାଠ ଅଙ୍ଗାର ତଥା ଶସ୍ୟ ଆଦି ରଖାଯାଇପାରେ ତାହା 'ଆଡ଼ପ୍' ଭାବରେ ପରିଚିତ।

ଖଲି ପତ୍ର ବିଭିନ୍ନ ଗୋଷ୍ଠୀରେ ଆକାଅଲା, ଫୁଲୁପାତଲା, ଖାଲା ଆଦି ଭାବରେ ପରିଚିତ ତଥା ଏହାକୁ ନୂଆ ବରତନ୍ ବା ନିତ୍ୟନୂତନ ବାସନ ଭାବରେ ଆଦିବାସୀ ପ୍ରାୟ ତଥା ମିତାନ୍ ଗୋଷ୍ଠୀରେ ପରିଚିତ କରାଯାଏ।

ଦ୍ରଷ୍ଟବ୍ୟ: ବିହା ବରପନ, ସାନ କାମ, ଦଶା, ଦେ'ଦେବତା

ଗ୍ରନ୍ଥ ସୂଚନା: ପାଢ଼ୀ, ଓ ଉପାଧ୍ୟାୟ ୨୦୧୦, ୧୨୬-୭; ମିଶ୍ର ୨୦୧୮, ୭୬-୮୦।

ଖସା

ଏକ ପ୍ରକାର କେଶପ୍ରସାଧନ ଶୈଳୀ; ପଶ୍ଚିମାଞ୍ଚଳ ଓଡ଼ିଆ; ଆଦିବାସୀ, ମିତାନ୍ ଗୋଷ୍ଠୀ; ପ୍ରସାଧନ ସଂସ୍କୃତି

ଆଦିବାସୀ ତଥା ମିତାନ୍ ଗୋଷ୍ଠୀରେ ସ୍ତ୍ରୀଲୋକମାନେ ମୁଣ୍ଡରେ ଜଡ଼ା, ଟୋଲା, କୁସୁମ ତେଲ ଲଗାଇ ବାଳର ଶେଷ ଭାଗ ବା ଚେଣ୍ଟିକୁ ମୁଣ୍ଡର ପଛପଟେ କୁଣ୍ଡାଇ ନେଇ ଜୁଡ଼ା ବାନ୍ଧିଥାନ୍ତି ଯାହା ଖସା ବା ଖୋସା ଭାବରେ ପରିଚିତ। ଏହି ଖୋସା ଓଡ଼ିଶାର ଅନ୍ୟ ଅଞ୍ଚଳର ଆଦିବାସୀମାନଙ୍କ ଖୋସାଠାରୁ ସମ୍ପୂର୍ଣ୍ଣ ଭିନ୍ନ। ବିଶେଷତଃ ଏହି ଖୋସା ଡାଲିଆ ଖୋସା ତଥା ଅଞ୍ଚଳ ଭେଦରେ ଢୋଲିଆ ଖୋସା, ଡାଲିମ୍ବ ଖୋସା ଭାବରେ ପରିଚିତ। ଆଦିବାସୀ ନାରୀ ଖୋସାରେ ବିଭିନ୍ନ ପ୍ରକାର ଫୁଲ ସହିତ ଖୋସାର ଉଭୟ ପାର୍ଶ୍ୱରେ ଆଠ ଦଶଟି ମୁଣ୍ଡ କଣ୍ଟା ବା ଗୋଜି କଣ୍ଟା ଖୋସି ଥାଆନ୍ତି। ଆଦିବାସୀ ଓ ମିତାନ୍ ଗୋଷ୍ଠୀରେ ଢୋଲିଆ ଖୋସା ବ୍ୟତୀତ ଝଲକା ଖୋସାର ଅବଧାରଣା ମଧ୍ୟ ଦେଖାଯାଏ। ଏହା ଏକ ପ୍ରକାର କୃତ୍ରିମ ଖୋସା ଯାହା ଟ୍ୟାସିଲ ବା ଘୋଡ଼ାବାଳ ଯୋଡ଼ି ବଡ଼ କରି ବନ୍ଧାଯାଇଥାଏ। ସାଧାରଣତଃ ଯେଉଁ ସ୍ତ୍ରୀ ଲୋକମାନଙ୍କ ବାଳ ପତଳା ଥାଏ ବା କମ୍ ଥାଏ ସେମାନେ ଖୋସାକୁ ଆଖି ଦୃଶିଆ ଓ ସୁନ୍ଦର କରିବା ପାଇଁ ଟ୍ୟାସିଲ ଲଗାଇଥାନ୍ତି। ଖସା ବିଭିନ୍ନ ଆଦିବାସୀ ଗୋଷ୍ଠୀରେ ସୁତ୍, ରଦ, କୁବୁ ଆଦି ଭାବରେ ପରିଚିତ।

ଦ୍ରଷ୍ଟବ୍ୟ: ଗାତିମାରା, ଖଗଲା

ଗ୍ରନ୍ଥ ସୂଚନା: ପାଢ଼ୀ, ଓ ଉପାଧ୍ୟାୟ ୨୦୧୦, ୧୨୯-୧୩୦, ୨୦୮।

ଗଣାବାଜା

ଗଣାମାନେ ବଜାଉଥିବା ବାଜା; ପଶ୍ଚିମାଞ୍ଚଳ ଓଡ଼ିଆ, ଦେଶିଆ; ମିତାନ୍ ଗୋଷ୍ଠୀ, ଆଦିବାସୀ; ପାରମ୍ପରିକ ବାଦ୍ୟ

କେବଳ ପଶ୍ଚିମ କିମ୍ବା ଦକ୍ଷିଣ ଓଡ଼ିଶାରେ ନୁହେଁ ସମଗ୍ର ଓଡ଼ିଶାର ପ୍ରାୟ ଅଞ୍ଚଳରେ ପାରମ୍ପରିକ ବାଦ୍ୟ ଅନେକତଃ ଗଣା, ଡମ୍ ବା ପାଣମାନେ ହିଁ ପରିବେଷଣ କରିଥାନ୍ତି। ତେବେ, ପଶ୍ଚିମ ଓ ଦକ୍ଷିଣ ଓଡ଼ିଶାରେ ଡମ, ଗଣା ବା ଗଣ୍ଡାମାନେ ପରିବେଷଣ

କରୁଥିବା ବାଜା ଉପକୂଳ ଓଡ଼ିଶାର ବାଜାଠୁ ଅଲଗା। ଏହି ବାଜା କେବଳ ବିବାହ ସମୟରେ ନୁହେଁ, ମୃତ୍ୟୁ ସମୟରେ ମଧ୍ୟ ବାଜିଥାଏ। ମୃତକର୍ମରେ ବାଜୁଥିବା ବାଜାକୁ 'ମରାବାଜା' ବୋଲି କୁହାଯାଏ କାରଣ, ଏ କ୍ଷେତ୍ରରେ କେବଳ 'ମରାପାର' ହିଁ ବାଜେ। ସେହିପରି ଗାଁର ପର୍ବପର୍ବାଣି, ସମସ୍ତ ରୀତିନୀତିରେ ଗଣା ବାଜା ପ୍ରମୁଖ ଭୂମିକା ଗ୍ରହଣ କରିଥାଏ। ଗଣା ବାଜାରେ ମହୁରୀ, ଢୋଲ, ନିସାନ୍, ତାସା ବା ଠିରିବିଡ଼ି ଆଦି ବାଦ୍ୟଯନ୍ତ୍ର ବାଦନ କରାଯାଇଥାଏ। ଏହି ବାଦ୍ୟଯନ୍ତ୍ର ସବୁ ସମ୍ପୃକ୍ତ ଗୋଷ୍ଠୀ ସଦସ୍ୟଙ୍କଦ୍ୱାରା ହିଁ ପ୍ରସ୍ତୁତ ହୋଇଥାଏ। ଯେଉଁ ନିସାନରେ ଶିଂଘ ଭଳି ଲମ୍ବା ଲୁହାର ଆକୃତି ଥାଏ ତାହାକୁ ଶିଂଘବାଜା ଓ ଯେଉଁଠି ଏହି ଆକୃତି ନଥାଏ ତାହାକୁ ମୁରରି ବାଜା କୁହାଯାଏ। ମୁରରି ବାଜା କେତେକ ଅଞ୍ଚଳରେ ଢୋଲ ବାଜା, ଢାପ୍ ବାଜା, ଲୁହୁଟି ବାଜା ବା ଟିମକିଡ଼ି ବାଜା ଭାବରେ ମଧ୍ୟ ପରିଚିତ। ମୁରରି ବାଜାରେ ଢୋଲ ବ୍ୟବହାର ହେଲେ ଢାପ ବ୍ୟବହାର ହୋଇ ନଥାଏ। ବେଳେବେଳେ ଢାପ, ଢୋଲ ସହିତ ମହୁରୀ ନିସାନ ଆଉ ଛୋଟ ନିସାନ ବା ଟିମକିଡ଼ି ବ୍ୟବହାର ମଧ୍ୟ କରାଯାଏ ଯାହାକୁ ଟିମକିଡ଼ି ବା ଲୁହୁଟି ବାଜା କୁହାଯାଏ।

ଢୋଲ, ଟମକ, ନାଗରା, ଢାପ୍ ପ୍ରଭୃତି ବାଦ୍ୟଯନ୍ତ୍ର ହାଡ଼ି, ବାଉରି, ପାଣ, ଗଣା ପ୍ରଭୃତି ଗୋଷ୍ଠୀର ଲୋକ ନିର୍ମାଣ କରିଥାନ୍ତି। ଏହିସବୁ ବାଦ୍ୟଯନ୍ତ୍ରରେ ଗୋରୁ, ଛେଳି, ମାଙ୍କଡ଼, ଗୋଧି, ବେଙ୍ଗ ଆଦି ପଶୁଙ୍କ ଚମଡ଼ା ବ୍ୟବହୃତ ହେଉଥିବାରୁ ଗଣା ତଥା କେତେକ ଆଦିବାସୀ ଗୋଷ୍ଠୀ ଭିନ୍ନ ଅନ୍ୟ ଗୋଷ୍ଠୀର ସଦସ୍ୟ ଏହା ବଜାଇବାକୁ ଚାହିଁନଥାନ୍ତି। ସେହିପରି, ଆଦିବାସୀମାନେ ମଧ୍ୟ ନିଜିନିଜ ବାଦ୍ୟ ଯନ୍ତ୍ର ନିଜେ ନିର୍ମାଣ କରିଥାନ୍ତି। ଉଦାହରଣ ସ୍ୱରୂପ, ପରଜାମାନଙ୍କ ଡୁଙ୍ଗଡୁଙ୍ଗା, ଦୁରୁଆମାନଙ୍କ କିରକିସା, କନ୍ଧମାନଙ୍କ ଢାପ, ସଉରାଙ୍କ ରେଗରେଗା, ଗଣ୍ଡ ଓ ସାନ୍ତାଳମାନଙ୍କ ମାଦଳ ସମ୍ପୃକ୍ତ ଗୋଷ୍ଠୀ ସଦସ୍ୟଙ୍କଦ୍ୱାରା ହିଁ ତିଆରି ହୋଇଥାଏ। ଅବିଭକ୍ତ କୋରାପୁଟ ଜିଲ୍ଲାର ବିଭିନ୍ନ ଅଞ୍ଚଳରେ ଆଦିବାସୀମାନଙ୍କ ବାଜା ଦେଶିଆ ବାଜା ବା ଦେଶିଆ ବାଇଦ ଭାବରେ ବି ପରିଚିତ। ଆଦିବାସୀ ଗୋଷ୍ଠୀରେ ବାଦ୍ୟଯନ୍ତ୍ର ମଧ୍ୟରେ ଡୁଙ୍ଗଡୁଙ୍ଗା (କନ୍ଧ, ପରଜା, ଗାଦବା), ରାମଗୁଟା (ଗାଦବା, ପରଜା, ଓମାନତ୍ୟ), ଧୁଡ଼କି (ସଉରା), ମୁଜରା (ଭତ୍ରା), ଗୁନୁଂକୁ (ବଣ୍ଡା), ଶିଂଗା (ବଣ୍ଡା, ଡିଡ଼ାୟୀ, କନ୍ଧ, ଦୁରୁଆ, ସଉରା), ବାଇକୁଣ୍ଡଳ (ଲୋଧା), ଚାଙ୍ଗୁ (ବାଥୁଡ଼ି, ଜୁଆଙ୍ଗ, ପାହାଡ଼ି ଭୂୟାଁ) ଆଦି ଉଲ୍ଲେଖନୀୟ ତଥା ଜୁଆଙ୍ଗମାନେ ସେମାନଙ୍କର ମଜାଙ୍ଗରେ ଚାଙ୍ଗୁକୁ ରଖି କେତେକ ପର୍ବପର୍ବାଣି ସମୟରେ ପୂଜା କରିବା ମଧ୍ୟ ଦେଖିବାକୁ ମିଳେ। ସେହିପରି, କିଛି ବାଦ୍ୟଯନ୍ତ୍ରର ଅଞ୍ଚଳ ତଥା ଗୋଷ୍ଠୀ ଭେଦରେ ଅନ୍ୟରୂପ ତଥା ଭିନ୍ନରୂପ ମଧ୍ୟ ଦେଖିବାକୁ ମିଳେ। ଉଦାହରଣ

ସ୍ୱରୂପ, ଗଣ ଢୋଲ (ଡୁମ୍‌ରି), ବଣ୍ଡା ଢୋଲ (ଟୁଡୁଂ), ଦୁରୁଆ ଢୋଲ (ଢୋଲା), ସଉରା ଢୋଲ (ତୁଡୁଂ) ଆଦି କେବଳ ବିଭିନ୍ନ ନାମ ପାଇଁ ନୁହେଁ ଆକାର ଓ ପ୍ରକାର ଦୃଷ୍ଟିରୁ ମଧ୍ୟ ନିଜନିଜର ସ୍ୱତନ୍ତ୍ରତା ରକ୍ଷା କରେ। ସେହିପରି, କନ୍ଧ, ସଉରା, ଦୁରୁଆ, ସାନ୍ତାଳମାନଙ୍କ ବଂଶୀଗୁଡ଼ିକ ମଧ୍ୟ ସେମାନଙ୍କ ସ୍ୱତନ୍ତ୍ରତା ରକ୍ଷା କରିଥାଏ। ପାରମ୍ପରିକ ଜୀବନଧାରାରେ ବାଦ୍ୟର ଭୂମିକା କିପରି ଗୁରୁତ୍ୱପୂର୍ଣ୍ଣ ନିମ୍ନୋକ୍ତ ଲୋକୋକ୍ତିରୁ ତାହାର ଅବଧାରଣା କରାଯାଇପାରେ –

ଆଗେ ବାଜା, ପଛେ ରଜା

ଆଗେ ବାଜା, ପଛେ ଦେବତା, ବିହା।

ଆଗେ ବାଜା, ପଛେ ବିହା

ଆଗେ ବାଜାବାଜଣା, ପଛେ ଦେ'ସଲତା।

ଦ୍ରଷ୍ଟବ୍ୟ: ବାଜା ପାର, ବିହା ବରପନ, ଡୁମାଆନା, ମରନ

ଗ୍ରନ୍ଥ ସୂଚନା: ବାଗ ୨୦୦୯, ୭୬-୭୭; ସୁନାନୀ ୨୦୧୦, ୨୮୩-୨୯୨; ପାଢ଼ୀ ୨୦୧୬, ୧୯୧-୨୭୪; ପାଢ଼ୀ, ଓ ଉପାଧ୍ୟାୟ ୨୦୧୦, ୨୭୪-୫; ପ୍ରଧାନ ୨୦୧୨, ୨୧୨-୨୨୭; ଆଚାର୍ଯ୍ୟ ୨୦୧୩, ୧୮୦-୧୮୨; ମହନ୍ତ, ୨୦୦୭; ମହାପାତ୍ର ୨୦୦୨, ୨୪; Guzy 2013, 121-140।

ଗତର

ଗାଦବା ଗୋଷ୍ଠୀର ମୃତ୍ୟୁ ପର କ୍ରିୟାକର୍ମ; ଗୋତୁବ; ଆଦିବାସୀ; ମୃତ୍ୟୁ ପର ରୀତିନୀତି

ଗତର ବା ଗୋତର ଗାଦବାମାନଙ୍କ ବିଶେଷ ଅନୁଷ୍ଠାନ ଯାହା ଚାରି କିମ୍ବା ପାଞ୍ଚ ବର୍ଷରେ ଥରେ ପାଳନ କରାଯାଏ। ଦଶାହ ଅନୁରୂପ ଏହି ଅନୁଷ୍ଠାନ ମୃତକର ଆତ୍ମାକୁ ଶାନ୍ତିଦେବା ପାଇଁ ଆୟୋଜନ ହୋଇଥାଏ। ଯେଉଁମାନଙ୍କ ଆର୍ଥିକ ସ୍ଥିତି ସ୍ୱଚ୍ଛଳ ନଥାଏ ସେମାନେ ଗତର ସମୟରେ ଏକତ୍ରିତ ଭାବେ ଦଶାହ କାର୍ଯ୍ୟ ସମାପନ କରିଥାନ୍ତି। ଗତର ଏକାଦିକ୍ରମେ ଆବଶ୍ୟକ ଅନୁସାରେ ମାସାଧିକ କାଳ ମଧ୍ୟ ପାଳିତ ହୋଇଥାଏ। ଗତର ମନାଉଥିବା ପରିବାର ସେମାନଙ୍କ ବନ୍ଧୁକୁଟୁମ୍ବଙ୍କୁ ଡାକିଥାନ୍ତି। ପ୍ରତ୍ୟେକ ପରିବାର ମୃତକ ନାମରେ ଏକ ପୋଢ (ପଣ୍ଡା) କିଣିଥାନ୍ତି। ମୃତକ ମହିଳା ହୋଇଥିଲେ ମହିଷି କିଣିଥାନ୍ତି। ଏହା ବ୍ୟତୀତ, ଏକତ୍ର ଭାବେ ଆଉ ଏକ ପୋଢ କିଣିଥାନ୍ତି ଯାହା 'କୁଟି ପୋଢ' ଭାବରେ ପରିଚିତ। ଗତରର ମାସେ ପୂର୍ବରୁ ଏହି ପୋଢ଼ଗୁଡ଼ିକୁ କିଣି ଶିମିଳି ଗଛ ଶାଖାରେ ବନ୍ଧା ଯାଇଥାଏ। ଗତର ପାଳନ ସମୟରେ

ମଦ ମାଂସ ପରିବେଷଣ କରାଯାଏ। ଗତର ପୂର୍ବ ଦିନ ମୃତକଙ୍କୁ ମନେପକାଇ ପରିବାରର ସମସ୍ତ ସଦସ୍ୟ ପୋଢ଼କୁ କୁଣ୍ଢାଇ ବାହୁନିଥାନ୍ତି। ପରଦିନ ସେହି ପୋଢକୁ ଗତରମୁଣ୍ଡା (ପୂଜା ବା ବଳି ଦିଆଯାଉଥିବା ସ୍ଥାନ)ରେ ପୂଜା କରିବା ସହିତ ବଳି ଦିଆଯାଏ। ତେବେ, ଉଲ୍ଲେଖନୀୟ ଯେ ଯାହାର ପୁଅ ନଥାନ୍ତି ସେମାନେ ନିଜର ଗତର ମୃତ୍ୟୁ ପୂର୍ବରୁ ପାଳନ କରିଥାନ୍ତି ଯାହା ଅନ୍ୟ ଗୋଷ୍ଠୀଠାରୁ ସେମାନଙ୍କ ସ୍ୱତନ୍ତ୍ରତାକୁ ପ୍ରଦର୍ଶିତ କରିଥାଏ। ପୋଢ଼କୁ ବଳି ଦେବା ପୂର୍ବରୁ ମୃତକର ନିକଟ ସମ୍ପର୍କୀୟ ତଥା ବନ୍ଧୁବାନ୍ଧବ ପୋଢ଼କୁ ଟିକା ଦେବା ସହିତ ବନ୍ଦାପନା କରିଥାନ୍ତି। ଏହା ପରେ ଜୁହାର ଭେଟ ହୋଇଥାଏ। ଦିଶାରି ବା ଶିଶା ପୋଢ଼କୁ ବଳି ଖଣ୍ଡାରେ ଦୁଇ ହାଣ ଦେଲା ପରେ ଅନ୍ୟ ଜାତି ଭାଇମାନେ ତାକୁ ଟାଣି ନେଇ ହାଣିଥାନ୍ତି। ତା'ପରେ ଭୋଜିଭାତ ହୋଇଥାଏ। ଗତର ଅନୁରୂପ ପରମ୍ପରା ସଉରା ଗୋଷ୍ଠୀରେ ମଧ୍ୟ ଦେଖିବାକୁ ମିଳେ ଯାହା 'ଗୁଆର' ଭାବରେ ପରିଚିତ।

ଦ୍ରଷ୍ଟବ୍ୟ: ଦଶା, ହାଙ୍ଗାର ଉଡୁଂ

ଗ୍ରନ୍ଥ ସୂଚନା: ପାଢ଼ୀ, ଓ ଉପାଧ୍ୟାୟ ୨୦୧୦, ୧୩୫-୬; ଓତା, ଓ ମହାନ୍ତି ୨୦୧୨, ୨୦(କ), ୧୪(ଖ); ପାଢ଼ୀ ୨୦୧୬, ୩୬।

ଗଦନାଶାଲ

ପ୍ରସୂତୀ ନାରୀର ସ୍ନାନଶୌଚ ବା ଗାଧୋଇବା ସ୍ଥାନ; ପଶ୍ଚିମାଞ୍ଚଳ ଓଡ଼ିଆ, ଦେଶିଆ; ଆଦିବାସୀ, ମିତାନ୍ ଗୋଷ୍ଠୀ; ଜନ୍ମ ପର ରୀତିନୀତି

ଘର ବାହାରେ ପାଖାପାଖି ଗୋଟିଏ ଗାତ ଖୋଳାଯାଇ ତିନି ପାଖରେ ତାଳପତ୍ରରେ ଛୋଟ ବାଡ଼ ଦିଆଯାଏ। କେତେକ କ୍ଷେତ୍ରରେ ଏହାକୁ ନୂଆ କପଡ଼ାଦ୍ୱାରା ଢାଙ୍କି ରଖାଯାଏ। ମାଆ ଗର୍ଭରୁ ପଡ଼ିଥିବା ଫୁଲକୁ ଚାଙ୍ଗୁଡ଼ିରେ ଭର୍ତ୍ତି କରି ସେହି ଗାତରେ ପୋତି ଦିଆଯାଏ। ଖାଲରେ ତିନୋଟି କିମ୍ବା ପାଞ୍ଚଟି କେନ୍ଦୁ ଖଟଲି (ଅଞ୍ଚଳ ତଥା ଗୋଷ୍ଠୀ ଭେଦରେ ଆମ୍ବ ଡାଳ ମଧ୍ୟ)। ଏହା ଗଦନାଶାଲ ଭାବରେ ପରିଚିତ। ଏହି ଗଦନାଶାଲକୁ ଜନ୍ମିତ ଶିଶୁର ବାପା କିମ୍ବା କକା ପ୍ରସ୍ତୁତ କରିଥାନ୍ତି। ଶିଶୁର ଆଁକିଫୁଙ୍କା ପର୍ଯ୍ୟନ୍ତ ଶିଶୁକୁ ଏହି ସ୍ଥାନରେ ଗାଧୋଇ ଦିଆଯାଏ। ଗାଧୁଆ ପାଣି କେବଳ ଗଦନାଶାଲରେ ହିଁ ପଡ଼ିବ ବାହାରକୁ ଗଡ଼ି ଆସିବ ନାହିଁ ସେଥିପ୍ରତି ଧ୍ୟାନ ଦିଆଯାଏ। ପ୍ରସବ ପରବର୍ତ୍ତୀ ସମୟରୁ ନାଁଧରା ସରିବା ଯାଏଁ ଏହି ଗଦନାଶାଲରେ ହିଁ ପ୍ରସୂତୀ ନାରୀ ତା'ର ନିତ୍ୟକର୍ମ କରିଥାଏ। ନାଁଧରା ସରିଯିବା ପରେ ଏହି ସ୍ଥାନକୁ ପୋତି ଦିଆଯାଏ। ଏହି ପୋତିବା କାମ ମଧ୍ୟ ଶିଶୁର ବାପା କିମ୍ବା କକା ହିଁ କରିଥାନ୍ତି।

ପ୍ରସବର ଏକ ସପ୍ତାହ ଯାଏଁ ପ୍ରସୂତୀ ନାରୀକୁ କୋଳଥ ସିଝାଇ ଝୋଲ ଦିଆଯାଏ ଯାହା କଷାଖିଆ ଭାବରେ ପରିଚିତ। ବାସି ତଥା ଖଟା ଜାତୀୟ ଜିନିଷ ଖାଇବାକୁ ଦିଆଯାଏ ନାହିଁ। ଏହା ସହିତ ଶିଶୁ ଜନ୍ମ ହୋଇଥିବା ଘରକୁ ଚିରକିଟିଆ ଘର ବା ଅଶୁଦ୍ଧ ଘର ବୋଲି କେହି ତାଙ୍କ ଘରୁ ପାଣି କିମ୍ବା ଖାଦ୍ୟ ଗ୍ରହଣ କରିନଥାନ୍ତି ତଥା ଏହି ଘରର କୌଣସି ସଦସ୍ୟଙ୍କୁ କେହି ସ୍ପର୍ଶ କରିନଥାନ୍ତି। ନାଁଧରା ବା ଆଁକିଫୁକା ଦିନ ପ୍ରସୂତୀ ନାରୀ ଶୁଦ୍ଧସ୍ନାନ କରିବା ସହିତ ଘରକୁ ମଧ୍ୟ ଶୁଦ୍ଧ କଲାପରେ ସବୁକିଛି ସ୍ୱାଭାବିକ ହୋଇଥାଏ। ପ୍ରାୟ ଆଦିବାସୀ ତଥା ମିତାନ୍ ଗୋଷ୍ଠୀରେ ଗଦନାଶାଲର ପରମ୍ପରା ଅଛି ଓ ଅନେକତ୍ର ପ୍ରାୟ ସମାନ ରୀତିନୀତି ଅନୁସରଣ କରାଯାଏ।

ଗଦନାଶାଲ ବିଭିନ୍ନ ଆଦିବାସୀ ଗୋଷ୍ଠୀରେ ଖୁଦ୍ରାଠେଗଲାନି, ଖୋଦରା, ବମଲିଖାଲ, ଦା'ଆଡ଼େ ଆଦି ଭାବରେ ମଧ୍ୟ ପରିଚିତ।

ଦ୍ରଷ୍ଟବ୍ୟ: ଆଁକିଫୁକା, ଜନମ, କଷା

ଗ୍ରନ୍ଥ ସୂଚନା: ବାଗ ୨୦୦୯, ୨୬; ସୁନାନୀ ୨୦୦୯ ୧୨୭-୮; ପାଢ଼ୀ, ଓ ଉପାଧ୍ୟାୟ ୨୦୧୦, ୧୨୫।

ଗନସେନ୍

ବର ଓ କନ୍ୟାଙ୍କୁ ବିବାହବେଦୀ ଚାରିକଡ଼େ ବୁଲାଇବା ପରମ୍ପରା; ପଶ୍ଚିମ ଓଡ଼ିଶାର କଥିତ ଭାଷା, ଦେଶିଆ; ଆଦିବାସୀ, ମିତାନ୍ ଗୋଷ୍ଠୀ; ବିବାହ ରୀତିନୀତି

ଗନସେ(ସ)ନ ଦୁଇ ପ୍ରକାରର ହୋଇଥାଏ ସାନ ଗନସନ୍ ଓ ବଡ଼ ଗନସନ୍। ଏହି ଦିନ ବର ଓପାସ ରହେ। ଗୋଟିଏ ନୂଆ ଧୋତି ଖାକ୍ ସୁତି (ପଇତା ଭଳି) କରି କାନ୍ଧରେ ଝୁଲାଇ ଦିଆଯାଏ। ଏଇ ଧୋତି କାନିରେ ସାତଟି ଚାଉଳ, ସାତଟି ମୁଗ ଓ ସାତଟି ହଳଦୀକୁ ଗଣ୍ଠି କରି ବନ୍ଧାଯାଇଥାଏ। ଏହା ସହିତ ସାତ ତାଗ ସୂତାରେ ଆମ୍ବ ପତ୍ର ବିଡ଼ା ଗୁନ୍ଥି ପଇତା ଭଳି ତିଆରି କରି ବରକୁ ପିନ୍ଧିବାକୁ ଦିଆଯାଏ ଯାହା 'କାକନ' ଭାବରେ ପରିଚିତ। ଏହି କାକନ ବାନ୍ଧିବା କାମ ସାଧାରଣତଃ ଲଗନିଆ ବା ଲଗନକାରିଆ କରିଥାନ୍ତି। ତେବେ, କାକନ କେବଳ ବରକୁ ପିନ୍ଧାଯାଏ ନାହିଁ। ବରର ବାପାମାଆ, ପରିବାରର ଅନ୍ୟ ସଦସ୍ୟ ତଥା ନିକଟ ସମ୍ପର୍କୀୟ ଅନ୍ୟ ବନ୍ଧୁକୁଟୁମ୍ବମାନେ ବି କାକାନ ପିନ୍ଧିଥାନ୍ତି। ଏହାକୁ ପବିତ୍ର ବା ଶୁଭ ମନେକରାଯାଏ।

ସାନ ଗନସନ ସମୟରେ ତିନୋଟି ଆମ୍ବ ପତ୍ରରେ ମୁକୁଟ ତିଆରି କରି ବରପିଲାକୁ ପିନ୍ଧାଯାଏ। ବଟା ହଳଦୀକୁ ତେଲରେ ମିଶାଇ ଆମ୍ବ ପତ୍ରରେ ପ୍ରଥମେ

ପାଦରୁ ଆଣ୍ଠୁ, କାନ୍ଧ, ଓ ମୁଣ୍ଡରେ ଲଗାଯାଏ। ଏହା ହଳଦି ଚଗା ଭାବରେ ପରିଚିତ। ଏହି କାମ କେବଳ ସ୍ତ୍ରୀଲୋକମାନେ ହିଁ କରିଥାନ୍ତି। ସାନ ଗନସନକୁ 'କୋଟେନ୍ ଗନସନ୍' ମଧ୍ୟ କୁହାଯାଏ। କାରଣ ଏହି ଦିନ ବରକୁ କୋଟେନ ପାଖରେ ତିନି ଥର ବୃତ୍ତାକାରରେ ବୁଲାଯାଇଥାଏ। କୋଟେନ୍ ଗନସନ୍ ସରିବା ପରେ ଓଞ୍ଜଲି (ଆଞ୍ଜୁଳା) ବାହାର କରାଯାଏ। ଆଞ୍ଜୁଳାରେ ଆଞ୍ଜୁଳାଏ ଚାଉଳ, ହରିଦ୍ରା, ଗୁଆ ଆଦି ଥୋଇ ବିବାହ ବେଦୀର ଚାରିଆଡ଼େ ପାଞ୍ଚ ନଚେତ୍ ସାତଘେରା ବୁଲାଯାଏ ଏହି କାମ ଭାଉଜ, ସଙ୍ଗାତ, ହୁରିଆ ବା ଖେଡାମାନ୍ୟ ସ୍ତ୍ରୀଲୋକମାନେ ହିଁ କରିଥାନ୍ତି।

ବଡ଼ ଗନସନ୍ ଦିନ ମହୁଲ ଡାଳ ଆବଶ୍ୟକ ହୋଇଥାଏ। ବିବାହ ବେଦୀରେ ଦୁଇଟି ମହୁଲ ଡାଳ ସାମ୍ନାରେ ଦୁଇଟି ମାଟି କଣି (ଅପେକ୍ଷାକୃତ ସାନ ହାଣ୍ଡି, ଢାଳ ସଦୃଶ ମାଟିପାତ୍ର) କଳସ ଭାବରେ ପାଣି ରଖାଯାଏ। ମହୁଲ ଡାଳ ସାମ୍ନାରେ ଚାଉଳ, ହଳଦୀ ଗୁଣ୍ଡକୁ ଦୁଇ ଧାଡ଼ି ଗୋଲ କରି ରଖାଯାଏ, ମଝିରେ ଗୋଟି ଏ ଦୀପ ଜଳାଯାଏ। ଏଇ କଳସରେ ସାତଟି ମୁଗ, ସାତଟି ଚାଉଳ ପକାଇ ସାତ ତାଗ ସୂତା ବନ୍ଧାଯାଏ। ଏହି ଠାରେ ଗନସନ୍ ହୁଏ। ବରକୁ ପରିବାରର ନିକଟତମ ସ୍ତ୍ରୀ ପୁରୁଷ ସଦସ୍ୟ ପିଠିରେ ନାଉ କରି ନଚାଇଥାନ୍ତି ଯାହାକୁ 'ଦୁରଲାନଚା' କୁହାଯାଏ।

ଦ୍ରଷ୍ଟବ୍ୟ: ବିହା ବରପନ, କଣାବରା, ମାହାଲକାରିଆ

ଗ୍ରନ୍ଥ ସୂଚନା: ସୁନାନୀ ୨୦୦୯, ୧୪୮-୫୧; ବାଗ ୨୦୦୯, ୧୪୮-୫୧; ମିଶ୍ର ୧୯୯୬, ୭୬-୭୭।

ଗବଡ଼ାଶନି

ଅନିଷ୍ଟକାରୀ ଦେବତା; ପଶ୍ଚିମାଞ୍ଚଳ ଓଡ଼ିଆ; ଆଦିବାସୀ, ମିତାନ୍ ଗୋଷ୍ଠୀ; ଦେବୀଦେବତା

ଗାଁରେ ଗ୍ରାମଦେବୀଙ୍କ ସହିତ ଏକ ଅନିଷ୍ଟକାରୀ ଦେବତା ଗବଡ଼ାଶନି ଥାଆନ୍ତି। ସେ ଅଳିଆ ଆବର୍ଜନା ତଥା ବିପଦଆପଦ ଓ ନାନା ରୋଗଶୋକର ଦେବତା ଭାବରେ ପରିଚିତ। ଅତଏବ, ଏହି ଦେବତାଙ୍କୁ ଶାନ୍ତି କରିବାକୁ ଯାଇ ଗୋଟିଏ ହାଣ୍ଡିରେ ଗୋଟିଏ ଜୀବନ୍ତ ଘୁଷୁରିକୁ ରଖି ଗବଡ଼ା ବା ଅଳିଆ ଗଦାରେ ପୋତି ଦିଆଯାଏ। ଏପରି କଲେ ମାଟି ଶୀତଳ ହେବା ସହିତ ଆଉ ଗାଁରେ ଗବଡ଼ାଶନି ଉପଦ୍ରବ ରହେନାହିଁ ବୋଲି ବିଶ୍ୱାସ କରାଯାଏ।

କୋରାପୁଟ ମାଲକାନଗିରି ଆଦି ଆଦିବାସୀ ବହୁଳ ଜିଲ୍ଲାରେ ହୁଣ୍ଡି ଦେବତା ଭାବରେ ଅନୁରୂପ ଦେବତାଙ୍କ ପୂଜା କରାଯାଏ। ଗ୍ରାମରେ ମହାମାରୀ ପଡ଼ିଲେ,

ଆକସ୍ମିକ ଭାବରେ ମଣିଷ, ଗାଈଗୋରୁ ମଲେ, ହଇଜା ଲାଗିଲେ, ଫସଲ ନଷ୍ଟ ହେଲେ ହୁଣ୍ଡି ନସି ଯାଇଛି ବା ହୁଣ୍ଡି ଦେବତା କୋପ କରିଛନ୍ତି ବୋଲି ଛେଳି ମେଣ୍ଢା ଘୁଷୁରି ବଳି ଦେଇ ଶାନ୍ତ କରାଯାଏ। ପ୍ରତିବର୍ଷ ବାନ୍ଦନା ସମୟରେ ଏହି ପୂଜା ଅନୁଷ୍ଠିତ ହୋଇଥାଏ। ଅନୁରୂପ ପରମ୍ପରା ବଣ୍ଡାମାନଙ୍କ ଗୁରାଙ୍ଗ୍ ବୀର ଦେବତାଙ୍କ କ୍ଷେତ୍ରରେ ମଧ୍ୟ ଦେଖିବାକୁ ମିଳେ।

ଦ୍ରଷ୍ଟବ୍ୟ: ବାନ୍ଦନା, ବଉଲାନି ଯାତ୍ରା, ଆମୁସ ପରବ

ଗ୍ରନ୍ଥ ସୂଚନା: ମିଶ୍ର ୧୯୯୬, ୧୦୮; ପାଢ଼ୀ, ଓ ଉପାଧ୍ୟାୟ ୨୦୧୦, ୧୫୭, ୪୯୨।

ଗରହଟଲା

ଗ୍ରହଶାନ୍ତି; ପଶ୍ଚିମାଞ୍ଚଳ ଓଡ଼ିଆ, ଦେଶିଆ; ଆଦିବାସୀ, ମିତାନ୍ ଗୋଷ୍ଠୀ; ସାମାଜିକ ରୀତିନୀତି

ଆଦିବାସୀ ଓ ମିତାନ୍ ଗୋଷ୍ଠୀରେ ବିବାହ ପୂର୍ବରୁ ତଥା ପ୍ରଥମ ରଜସ୍ୱଳା ହେବା ସମୟରେ ତଥା ଅନ୍ୟ କେତେକ ପ୍ରସଙ୍ଗରେ ଗରହ ଲାଗିଛି ବୋଲି କୁହାଯାଇଥାଏ। ଉଦାହରଣ ସ୍ୱରୂପ, ଖଟରେ ବସିଥିବା ସମୟରେ ରଜସ୍ୱଳା ହେଲେ 'ଖାଟଗୋରୋ' ଲାଗିଛି କୁହାଯାଏ। ଅନୁରୂପ ଭାବରେ, ବିବାହ ପରବର୍ତ୍ତୀ ସମୟରେ କନିଆ ଅନ୍ୟ ଗାଆଁରୁ ଆସୁଥିବାରୁ ରାସ୍ତା ଘାଟରୁ ବିଭିନ୍ନ ଦେ'ଦବତାର ଖରାପ ନଜର ପଡ଼ିବାର ସମ୍ଭାବନା ଥିବାରୁ ସେଇ କ୍ଷେତ୍ରରେ ମଧ୍ୟ କନିଆକୁ ଗରହ ଲାଗିଥିବାର ଆଶଙ୍କା କରି ଏହାର ଉପଚାର ପାଇଁ ବିଧିବିଧାନ କରାଯାଇଥାଏ ଯାହା ଗରହଟଲା ଭାବରେ ପରିଚିତ।

ଗରହଟଲାର ସମାଧାନ ପାଇଁ ଗୁଣିଆ ତଥା ଦିଶାରିକୁ ଡକାଯାଇଥାଏ। ଗୁଣିଆ କହିବା ଅନୁସାରେ ଖଇରି ପଇଁ (କୁକୁଡ଼ା) ବା ଘୁଷୁରି ଆବଶ୍ୟକ ହୋଇଥାଏ। ଏହା ସହିତ ମୁଗ, ବିରି, ଚାଉଳ, କୋଳଥ, କୋଦୋ (kodo millet), ଗୁରଜି, ଓ ଚନା(ବୁଟ) ଇତ୍ୟାଦି ସାତ ରକମର କିଲସ ବା ଶସ୍ୟ; ସାତ ରକମର ଗୁଣ୍ଡ ଯଥା– ପିଠଉ, ହଳଦୀ, କୋଇଲା, ଇଟା, ରତାଗୁଣ୍ଡ, ବେଲ ପତ୍ର, ନୂଆ ବତୀ, ଶିରିସୂତା, ଅରୁଆ ଚାଉଳ, ନୂଆହାଣ୍ଡି, ପାନିଆ, ଦର୍ପଣ, ଛିଟ କନା, ସିନ୍ଦୂର, ଅଳତା, ଆଦି ଦରକାର ହୋଇଥାଏ। ଘରର ତିନି ଚାରି ଜଣ ବୟସ୍କ ଲୋକଙ୍କ ସହ ଝିଅକୁ ଗୁଣିଆ ଅର୍ଦ୍ଧ ରାତ୍ରରେ ପୋଖରୀର ହୁଡ଼ାକୁ ନହେଲେ ଡାଲାବାଟକୁ ନେଇଥାଏ, ଘରର ନିଭୃତ ସ୍ଥାନରେ ମଧ୍ୟ ଏହା ଆୟୋଜିତ ହୋଇଥାଏ। ପୂଜା ସ୍ଥାନରେ ଚକ୍ରାକାରରେ ଏକ

ମଣ୍ଡଳୀ ଅଙ୍କନ କରିଥାଏ ଗୁଣିଆ। ମଝିରେ ଅରୁଆ ଚାଉଳର ପୁଞ୍ଜି ପକେଇ ବତୀ ଜଳାଏ। ସେଇଠି ଝିଅ ପଶ୍ଚିମ ଦିଗକୁ ମୁହଁ କରି ଠିଆ ହୋଇଥାଏ। ଗୁଣିଆ କାମିନୀ ତଥା ଜଳଦେବୀଙ୍କୁ ଆବାହନ କରିଥାଏ ସେଠାରେ ସେ ଦେବୀଙ୍କୁ ନୂଆ କପଡ଼ା, ପାନିଆ, ଦର୍ପଣ, ଛିଟ କନା, ସିନ୍ଦୂର, ଅଳତା ଆଦି ଅର୍ପଣ କରିବା ସହିତ କୁକୁଡ଼ା, ଘୁଷୁରି ବଳି ଦିଆଯାଏ। ବଳି ଦେବା ପରେ ପୂଜାକୋଠି ବା ମଣ୍ଡଳୀକୁ ଝିଅକୁ ଡ଼େଇଁବାକୁ କୁହାଯାଏ। ଝିଅ ମଣ୍ଡଳୀ ଡ଼େଇଁ ପୋଖରୀକୁ ଯାଇ ବୁଡ଼ ଦେବା ସହ ଏକ ମୁହାଁ ହୋଇ ଘରକୁ ଫେରିଥାଏ। ପରେ, ବଳି ପଡ଼ିଥିବା କୁକୁଡ଼ା ଘୁଷୁରିର ମାଂସକୁ ପୁରୁଷ ଲୋକମାନେ ରୋଷେଇ କରି ଖାଇଥାନ୍ତି।

ଗରହଟଲା 'ଟଲାଭଙ୍ଗା' ଭାବରେ ମଧ୍ୟ ପରିଚିତ। ତେବେ, ଗହରଟଲା କୁଆଁରୀ ତଥା ବିବାହ ହେବାକୁ ଥିବା କନ୍ୟାର ହିଁ ହୋଇଥାଏ। ଅନ୍ୟ କେତେକ କ୍ଷେତ୍ରରେ ମଧ୍ୟ, ଉଦାହରଣ ସ୍ୱରୂପ, ଜର ହେଲେ ଅଜଣା କିଛି ରୋଗ ହେଲେ, କେହି ଗୁଣି କରିଥିବାର ଆଶଂକା ଥିଲେ ଗୁଣିଆ ଡାକି ଟଲାଭଙ୍ଗା କରାଯାଏ। ଏହି ଟଲାଭଙ୍ଗାରେ ମଧ୍ୟ ସାତ କିଳସ, ସାତ ଶସ୍ୟ, କଳା କିମ୍ବା ନାଲି ଛିଟ, କୁକୁଡ଼ା, ପାରା ଆଦି ଆବଶ୍ୟକ ହୋଇଥାଏ। ଅଞ୍ଚଳ ତଥା ଗୋଷ୍ଠୀ ଭେଦରେ ବିଭିନ୍ନ ଆଦିବାସୀ ଗୋଷ୍ଠୀରେ ଟଲାଭଙ୍ଗା ବିଭିନ୍ନ ଉପାୟରେ କରିବା ଦେଖିବାକୁ ମିଳେ।

ଦ୍ରଷ୍ଟବ୍ୟ: କାମିନୀ ପୂଜା, ବିହା ବରପନ, କରମ

ଗ୍ରନ୍ଥ ସୂଚନା: ସୁନାନୀ ୨୦୦୯, ୧୩୮; ବାଗ ୨୦୦୯, ୩୪-୫; ପାଢ଼ୀ, ଓ ଉପାଧ୍ୟାୟ ୨୦୧୦, ୯୧, ୧୪୬।

ଗାତିମାରା

ଦକ୍ଷିଣ ଓଡ଼ିଶାର ଆଦିବାସୀ ନାରୀଙ୍କ ଶାଢୀପିନ୍ଧା ଶୈଳୀ; ଦେଶିଆ; ଆଦିବାସୀ; ପ୍ରସାଧନ ଶୈଳୀ

ଆଦିବାସୀ ମହିଳାମାନେ ଶାଢ଼ିର ତିନି ଚତୁର୍ଥାଂଶକୁ ଅଣ୍ଟାରୁ ଆଣ୍ଠୁ ପର୍ଯ୍ୟନ୍ତ ଆଉ ଏକ ଚତୁର୍ଥାଂଶ ଛାତି ଓ ପିଠିରେ ଗୁଡ଼ାଇ ବାମ କାନ୍ଧର ଉପର ପାର୍ଶ୍ୱରେ ଗୋଟିଏ ଗଣ୍ଠି ପକାଇଥାନ୍ତି। ଫଳରେ କାମ କରିବା ସମୟରେ କିମ୍ବା ନାଚଗୀତରେ ଅଂଶଗ୍ରହଣ କରିବାବେଳେ ଶାଢ଼ିଟି ଖସିଯିବାର ଭୟ ନଥାଏ। ଏହି ଶୈଳୀକୁ ଗାତି ମାରିବା କୁହାଯାଏ। ପରଜା, କନ୍ଧ, ଗାଦବା ଆଦି ଗୋଷ୍ଠୀରେ ବିଭିନ୍ନ ଶୈଳୀରେ ଶାଢ଼ି ପରିଧାନ କରିବା ଦେଖିବାକୁ ମିଳେ ଓ ଏହା ଲାଗୁର୍ (ଗାଦବା), ହେନ୍ଦରା (କନ୍ଧ), ଆକାବାନ୍ଦେ (ସାନ୍ତାଳୀ) ଭାବରେ ମଧ୍ୟ ପରିଚିତ।

ଦ୍ରଷ୍ଟବ୍ୟ: କେରଙ୍ଗ ଶାଢ଼ି

ଗ୍ରନ୍ଥ ସୂଚନା: ପାଢ଼ୀ, ଓ ଉପାଧ୍ୟାୟ ୨୦୧୦, ୧୪୨।

ଗାଦି ପୂଜା

ଦେବଦେବୀଙ୍କ ଆସ୍ଥାନ ପୂଜା; ପଶ୍ଚିମାଞ୍ଚଳ ଓଡ଼ିଆ, ଦେଶିଆ; ଆଦିବାସୀ, ମିତାନ୍ ଗୋଷ୍ଠୀ; ସାମାଜିକ ପରମ୍ପରା – ରୀତୀନୀତି

ଆଦିବାସୀ ଓ ମିତାନ୍ ଗୋଷ୍ଠୀରେ ଜାତି ତଥା ବଂଶ ଭିତ୍ତିରେ ପ୍ରତ୍ୟେକ ପରିବାରରେ ଆରାଧ୍ୟ ଦେବୀଦେବତାଙ୍କୁ ପୂଜା କରାଯାଇଥାଏ। କେତେକ କ୍ଷେତ୍ରରେ ଗୋଟିଏ ପରିବାର ବା ବଂଶରେ ଏକମାତ୍ର ଆରାଧ୍ୟ ଦେବଦେବୀ ଥାଆନ୍ତି ତ କେତେକ କ୍ଷେତ୍ରରେ ଏକାଧିକ ଆରାଧ୍ୟ ଦେବଦେବୀ ଥିବା ମଧ୍ୟ ଦେଖାଯାଏ। ବଂଶର ମୁଖ୍ୟ ବା ବଡ଼ପୁଅ, ବଡ଼ବୋହୂ ଏହି ପୂଜା କରିଥାନ୍ତି। ସେମାନେ କୌଣସି କାରଣରୁ ନିଜର ଅସାମର୍ଥ୍ୟ ପ୍ରକାଶ କଲେ ପରିବାର ବା ବଂଶର ଅନ୍ୟ କେହି ଏହି ଦାୟିତ୍ୱ ନେଇଥାନ୍ତି। ଗାଦି କହିଲେ ପ୍ରାରମ୍ଭିକ କାଳରେ ବଂଶର ଯେଉଁ ପରିବାରରେ ସମ୍ପୃକ୍ତ ଦେବଦେବୀ ଥାଆନ୍ତି ସେଇ ପରିବାର ରହୁଥିବା ସ୍ଥାନ। ପରିବେଶ ଓ ପରିସ୍ଥିତିକ୍ରମେ ବଂଶବୃଦ୍ଧି ହେବା ସହିତ ଏକତ୍ର ଗୋଟିଏ ଗାଁରେ ବସବାସ ନକରି ବିଭିନ୍ନ ଗ୍ରାମରେ ବସବାସ କରିବାର ସମ୍ଭାବନା ଥାଏ। ଅତଏବ, କିଛି ବର୍ଷର ବ୍ୟବଧାନରେ ନିୟମିତ ଭାବେ ବିଭିନ୍ନ ସ୍ଥାନରେ ବସବାସ କରୁଥିବା ବଂଶର ସଦସ୍ୟ ଦେବଦେବୀ ଥିବା ସ୍ଥାନକୁ ଆସି ପୂଜା ଆୟୋଜନ କରିଥାନ୍ତି। ସାଧାରଣତଃ ବର୍ଷକରେ ଥରେ ଏହି ପୂଜା ଆୟୋଜିତ ହୋଇଥାଏ। ତେବେ, କୌଣସି କାରଣରୁ ତିନି, ପାଞ୍ଚ, ସାତ କିମ୍ବା ବାର ବର୍ଷରେ ମଧ୍ୟ ଥରେ ପୂଜା ଆୟୋଜନ କରାଯାଏ।

ଦୀର୍ଘଦିନର ବ୍ୟବଧାନରେ ପୂଜା ଆୟୋଜିତ ହେଉଥିବାରୁ ଗାଦିକୁ ବା ଗାଦି ଆସ୍ଥାନକୁ ନୂତନ ଭାବେ ଲିପାପୋଛା କରାଯାଇଥାଏ। ଅନେକତଃ ଦେବଦେବୀଙ୍କ ସ୍ୱତନ୍ତ୍ର ଗୁଡ଼ି ଥାଏ। ଅତଏବ, ସେ କ୍ଷେତ୍ରରେ ଗୁଡ଼ିକୁ ଲିପାପୋଛା କରି ଝୋଟିଚିତା ଦେଇ ନୂତନ ରୂପ ଦିଆଯାଏ। ଅଲଗା ଅଲଗା ରହୁଥିବା ବଂଶର ସମସ୍ତ ପରିବାର ବୋଦା, କୁକୁଡ଼ା ପେଣ୍ଠି, ନଡ଼ିଆ, ଚାଉଳ, ପନିପରିବା, ଡାଲି ଆଦି ଧରି ପୂଜା ଦିନ ଗାଦିରେ ଏକତ୍ରିତ ହୋଇଥାନ୍ତି। ସମସ୍ତ ପାରମ୍ପରିକ ନୀତିନିୟମ ସହିତ ପୂଜା କରାଯାଏ। ଏଠାରେ ଉଲ୍ଲେଖନୀୟ ଯେ ଗାଦି ପୂଜା ତିନିଟି ସ୍ଥାନରେ ହୋଇପାରେ ଯଥା– ଗୁଡ଼ି, ଗାଦି, ଓ ବାହାରେ। ଗୁଡ଼ିରେ ବୁଢୀମା, ବାବୁରାଏ, ପରଦେଶେନ୍, ଭଣ୍ଡାର ଘରେନ୍ ଆଦି ଦେବୀ ଦେବତାଙ୍କୁ ପୂଜା କରାଯାଉଥିବାବେଳେ ଧରମ ଦେବତାକୁ ସାହାଜ

(ସାହାଡ଼ା) ଗଛ ତଳେ ପୂଜା କରାଯାଏ। ବଳି ବୋଦା ଆଦି ସେଇ ଗଛ ତଳେ ହିଁ ଭୋଗ ଦିଆଯାଏ ଓ ସେସବୁକୁ ରାନ୍ଧି ସେଇଠି ହିଁ ପ୍ରସାଦ ଭାବରେ ଖିଆଯାଏ।

ଗାଦିପୂଜା ଦିନ ବଂଶର ଲୋକ ଚୁଆବାଳ(ଜନ୍ମ ସମୟର ବାଳ) ରଖିଥିଲେ କାଟି ଥାନ୍ତି। ସାଧାରଣତଃ ବନ୍ଧୁ କୁଟୁମ୍ବ ଲୋକ ହିଁ ଏହି ବାଳ ପକାଇବା କାମ କରିଥାନ୍ତି। ଗୃହ ଦେବଦେବୀଙ୍କ ପାଖରେ ବିଶେଷ ମାନସିକ କରିଥିଲେ ଏହି ଗାଦି ପୂଜା ଦିନ ମାନସିକ କରିଥିବା ଭୋଗ ଦେବୀଙ୍କୁ ଅର୍ପଣ କରିଥାନ୍ତି। ଗାଦି ପୂଜା ଦିନ ପୂଜା କରୁଥିବା ବ୍ୟକ୍ତି ବା ପୂଜାରୀଙ୍କୁ କେତେକ ସ୍ଥଳରେ କାଳିସୀ ଲାଗିଥାଏ। ସେ କାଳିସୀ ଲାଗିଥିବା ଅବସ୍ଥାରେ ଆଶୀର୍ବାଦ କରିବା ସହିତ ବଂଶର ବିଭିନ୍ନ ସଦସ୍ୟଙ୍କ ଭଲମନ୍ଦ ଶୁଣିଥାନ୍ତି।

ଗାଦି ପୂଜା ସମ୍ପୃକ୍ତ ବଂଶର ଏକ ସାମୂହିକ ପର୍ବ। ସମସ୍ତ ସଦସ୍ୟଙ୍କ ମିଳନ ପାଇଁ ଏକ ସୁଯୋଗ ସୃଷ୍ଟି କରିଥାଏ। ବଂଶର ବିଭିନ୍ନ ସ୍ଥାନରେ ରହୁଥିବା ପରିବାର ଓ ପରିବାରର ସିଆନମାନେ ଏକାଠି ହେବା ସହିତ ନୂତନ ପିଢି ସହିତ ପୁରାତନ ପିଢି ଆରାଧ୍ୟ ଗାଦି ପୂଜା ତଥା ଅନ୍ୟ ଦେବଦେବୀଙ୍କ ପୂଜା ବିଷୟରେ ଆଲୋଚନା କରିବା ସହ ବଂଶାବଳୀର ଆଦାନପ୍ରଦାନ ହୋଇଥାଏ । ଗାଦିଗୁଡ଼ିକୁ ବଂଶର ଅନ୍ୟ ସଦସ୍ୟ 'ଖଲା' ମଧ୍ୟ କହିଥାନ୍ତି।

ଦ୍ରଷ୍ଟବ୍ୟ: ଜାହେର

ଗ୍ରନ୍ଥ ସୂଚନା: ସୁନାନୀ ୨୦୦୯, ୬୮, ୩୯୧-୨; ପାଢ଼ୀ, ଓ ଉପାଧ୍ୟାୟ ୨୦୧୦, ୧୪୩।

ଗିନଂ

କନ୍ୟାମୂଲ; ବଣ୍ଡା; ଆଦିବାସୀ, ମିତାନ୍ ଗୋଷ୍ଠୀ; ବିବାହ ପୂର୍ବ ପରମ୍ପରା

ବଣ୍ଡା ସମାଜରେ ପ୍ରଥା ଅନୁସାରେ ବର ତରଫରୁ କନ୍ୟାକୁ ଏକ ଖଡୁ ଦିଆଯାଏ। କନ୍ୟା ଖଡୁଟିକୁ ଗ୍ରହଣ କଲା ପରେ ବରର ପିତାମାତା କନ୍ୟା ଘରକୁ ଯାଇ ତା'ର ବାପା ମାଆକୁ ଝିଅ ଦେବାକୁ ଅନୁରୋଧ କରନ୍ତି। କନ୍ୟାପିତା ରାଜି ହେଲେ କନ୍ୟା ବାବଦକୁ ବରପିତା କେତେ ଜୋ(ଜ)ଲା ଟଙ୍କା ବା ଗିନଂ ବା ଗିନିଂ ଦେବେ ତାହା ସ୍ଥିର ହୁଏ। ଏହି ଗିନଂ ସାଧାରଣତଃ କିଛି ଗାଈଗୋରୁ, ମଦ, ପେଣ୍ଡମ୍ ଓ କିଛି ଟଙ୍କା ଆକାରରେ ସ୍ଥିର ହୁଏ। କେବଳ ବଣ୍ଡା ଆଦିବାସୀ ନୁହନ୍ତି, ଅନ୍ୟ ଆଦିବାସୀ ତଥା ମିତାନ୍ ଗୋଷ୍ଠୀରେ ମଧ୍ୟ ଏହି ପରମ୍ପରା ଦେଖିବାକୁ ମିଳେ। ଅନେକ ଗୋଷ୍ଠୀରେ ପରିବର୍ତ୍ତିତ ସମୟ ଓ ପରିସ୍ଥିତିରେ ସମ୍ପ୍ରତି ଜଲା ଟଙ୍କା ରୀତିନୀତି ଅନୁସରଣ କରିବା

ପାଇଁ ନାମକୁ ମାତ୍ର ଟଙ୍କାଏ କିମ୍ବା ଏଗାର ଟଙ୍କା ନିଆଯାଉଛି। ବିଭିନ୍ନ ଆଦିବାସୀ ଗୋଷ୍ଠୀରେ ଏହା ଗୁସାନି (ଦୁରୁଆ), ବାଡ଼ିକାଲ (କୋୟା), ଓଲି (ବାଗତା), ପାଚାମୁ (କନ୍ଧ), ଡାଲିଢ଼ିବା (ଓରାଓଁ), ହରଜା (ଡ଼ମ, ଗଣା, ଗଉଡ଼ ଆଦି ମିତାନ୍ ଜାତିରେ) ଭାବରେ ପରିଚତ।

ଦ୍ରଷ୍ଟବ୍ୟ: ମାଗେନ୍, ବିହା ବରପନ

ଗ୍ରନ୍ଥ ସୂଚନା: ପାଢ଼ୀ, ଓ ଉପାଧ୍ୟାୟ, ୨୦୧୦: ୧୪୫, ୧୫୯, ଓ ୩୬୦; ବାଗ ୨୦୦୯, ୪୫; ସୁନାନୀ ୨୦୦୯, ୧୪୬; ପାତ୍ର ୨୦୧୮, ୬୦।

ଗୀତ

ପାରମ୍ପରିକ ଗୀତ; ଓଡ଼ିଆ; ଆଦିବାସୀ, ମିତାନ୍ ଗୋଷ୍ଠୀ; ବାଚିକ ପରମ୍ପରା

ଆଦିବାସୀ ଓ ମିତାନ୍ ଗୋଷ୍ଠୀରେ ବାଚିକ ପରିପ୍ରକାଶର ସମୃଦ୍ଧ ପରମ୍ପରା ଦେଖିବାକୁ ମିଳେ। ବିଭିନ୍ନ ପର୍ବପର୍ବାଣିରେ, ବିବାହ ତଥା ଦେବଦେବୀ ପୂଜାରେ, ଅବସର ସମୟରେ ମନୋରଞ୍ଜନ ପାଇଁ ତଥା ସାମାଜିକ ତଥା ରୀତିନୀତି ଅନୁସାରେ ନାଚଗୀତର ପରିବେଷଣ ଆୟୋଜିତ ହୋଇଥାଏ। ଓଡ଼ିଶାର ବିଭିନ୍ନ ଆଦିବାସୀ ଓ ମିତାନ୍ ଗୋଷ୍ଠୀରେ ରସରକେଲି, ଜାଇଫୁଲ, ବଉଲି, ଡାଲଖାଇ, କିଆଝରନ, ରିଙ୍ଗୋଡ଼ି, କିନ୍ଦ୍ରି, ସାଇଁଲଡ଼ି, ଲାଣ୍ଡି, ବାହା ସେରେଞ୍ଜ ଆଦି ଗୀତ ପାରମ୍ପରିକ ଭାବରେ ପରିବେଷିତ ହୋଇଥାଏ। ପରିବେଷଣ ଦୃଷ୍ଟିରୁ ଲୋକ ଗୀତର କେତୋଟି ଆୟାମକୁ 'ମୁନ୍ଦଲେନ୍', 'ଲହରେନ୍', 'ରାଗ ଧରେନ' ବା 'ରାଗ ଟେକେନ୍', 'ସୁତଲେନ୍' ଓ 'ଛିଡ଼େନ୍' ଭାବରେ ଉଲ୍ଲେଖ କରାଯାଏ। ସେହିପରି, ଜଣେ ପାରମ୍ପରିକ ଭାବେ ଗୀତ ପରିବେଷଣରୁ ବା ଅନ୍ୟଠୁ ଶୁଣିକି ଗୀତ ଶିଖିବାକୁ 'ଗୀତ ବେଟିବା' ବା 'ଗୀତ ବେଟେନ' କୁହାଯାଇଥାଏ। ଅନୁରୂପ ଭାବରେ, ଗୀତ ମଝିରେ ତାଳ ଧରିବା 'ପାଲି ଧରେନ' ଭାବରେ ପରିଚିତ। ଦୀର୍ଘ ସମୟଧରି ପରିବେଷଣ କରାଯାଉଥିବା ଗୀତରେ ମଝିରେ ଧନ୍ଦା, ଛଟକନ୍ ଆଦି ମଧ୍ୟ ପରିବେଷିତ ହୋଇଥାଏ।

ଜାତି, ଧର୍ମ, ଗୋଷ୍ଠୀ, ବୟସ ନିର୍ବିଶେଷରେ ସମସ୍ତ ଗୋଷ୍ଠୀର ପ୍ରାୟ ଉଣାଅଧିକେ ସଦସ୍ୟ ନିଜନିଜ ପରିବେଶରେ କିଛି ନା କିଛି ଗୀତ ପରିବେଷଣ କରିଥାନ୍ତି। ତେବେ, ନିୟମିତ ଗୀତ ପରିବେଷଣକାରୀ ସାଧାରଣତଃ ଗୀତକୁଡ଼ିଏନ, ଗୀତକୁଡ଼ିଆ ଭାବରେ ପରିଚିତ। ସେହିପରି, ଗୀତଗୁଡ଼ିକ ବିଶେଷ ଆୟୋଜନରେ, ନୃତ୍ୟ ପରିବେଷଣରେ, ପର୍ବପର୍ବାଣିରେ, ଦୀର୍ଘ ସମୟ ଧରି କରାଯାଉଥିବା ଶ୍ରମରେ ଶ୍ରମଲାଘବ ପାଇଁ ଉଦାହରଣ ସ୍ୱରୂପ, ହଳ କଲାବେଳେ (ବୋରିଆ, ସଜନୀ, ଜାଇଫୁଲ

ଆଦି), ବିବାହର କେତେକ କ୍ରିୟାକର୍ମ ସମ୍ପାଦନ ସମୟରେ କିଛି ଗୋଷ୍ଠୀରେ ମୃତ ସମ୍ପର୍କିତ ବିଶେଷ କର୍ମ ସମୟରେ (ଭୂମିଜଙ୍କ ହାଙ୍କାର ଉଡୁଂ, ଗଣ୍ଡମାନଙ୍କ ମାଣ୍ଡଲପାଟା, ଓ ଗାଦବାମାନଙ୍କ ଗତର), କେତେକ ପାରମ୍ପରିକ କ୍ରୀଡ଼ା ପରିବେଷଣ କଲାବେଳେ (ବୋରିଆ, ପୁଚି, ଟଙ୍ଗିଆ ଛନେ ଦିଅ), ତଥା ପିଲା ବୁଝାଇବାକୁ ଯାଇ ମଧ୍ୟ ଘରର ବୟସ୍କ ସଦସ୍ୟ ଗୀତ ପରିବେଷଣ କରିବା ଦେଖାଯାଏ। ସେହିପରି, ଭୁଞ୍ଜିଆ ଗୋଷ୍ଠୀରେ ବିବାହ ସମୟରେ ଦେବୀଦେବତାଙ୍କୁ ସୁମରଣା କରିବା, ହଳଦୀ ଲଗାଇବା, ଗନସନ୍, ଓଲଗାନ୍ (ନିଜ ଗୋଷ୍ଠୀର ବିଭିନ୍ନ ସଦସ୍ୟଙ୍କୁ ପ୍ରଣାମ କରି ଆଶୀର୍ବାଦ ନେବା) ଆଦି ସମୟରେ ଧରମ ଡାକରା ଗୀତ, ହରଦିଗରଦି ଗୀତ, ଗୁଞ୍ଜାରେନ୍ ଗୀତ, ତଥା ଓଲଗାନ୍ ଗୀତ ଆଦି ପରିବେଷଣ କରିବା ଦେଖାଯାଏ। କେବଳ ଭୁଞ୍ଜିଆ ଗୋଷ୍ଠୀ ନୁହନ୍ତି ଅନ୍ୟ ଆଦିବାସୀ ତଥା ମିତାନ୍ ଗୋଷ୍ଠୀରେ ମଧ୍ୟ ଜନ୍ମ ବିବାହ ତଥା ବିଭିନ୍ନ ପର୍ବପର୍ବାଣି ସମୟରେ ଗୀତ ଓ ନୃତ୍ୟର ପରିବେଷଣ ଦୁର୍ଲ୍ଲଭ ନୁହେଁ। ଗୀତ ବିଭିନ୍ନ ଆଦିବାସୀ ଗୋଷ୍ଠୀରେ ସେସେର, ସେରେଞ୍ଜ, ପାଟାମ୍ବୁ, ଓସ୍ମାର ଆଦି ଭାବରେ ପରିଚିତ।

ଦ୍ରଷ୍ଟବ୍ୟ: କଥାନି, ହାଙ୍କାର ଉଡୁଂ, ଗତର

ଗ୍ରନ୍ଥ ସୂଚନା: ପାଢ଼ୀ, ଓ ଉପାଧ୍ୟାୟ ୨୦୧୦, ୧୪୭-୮; ପ୍ରଧାନ ୨୦୧୨, ୧୬୪, ୧୭୮; ବେଶ୍ରା ୨୦୧୦, ୭୭; ସୁନାନୀ ୨୦୦୯, ୪୬୨-୪୦୬; ବାଗ ୨୦୦୯, ୧୨୫-୧୪୪ ; ମିଶ୍ର ୧୯୯୬, ୧୨୬-୨୦୨।

ଗୁଣାଦିଆ

ବିବାହ ପାଇଁ ନିମନ୍ତ୍ରଣ ବିଧି; ପଶ୍ଚିମାଞ୍ଚଳ ଓଡ଼ିଆ, ଦେଶିଆ; ଆଦିବାସୀ, ମିତାନ୍ ଗୋଷ୍ଠୀ; ବିବାହପୂର୍ବ ରୀତିନୀତି

ବିବାହ ଠିକ୍ ହେବା ପରେ ଉଭୟ ବର ଏବଂ କନ୍ୟାପକ୍ଷ ନିଜନିଜ ସମ୍ପର୍କୀୟ, ପରିଚିତ ବନ୍ଧୁ ତଥା ସାହି ଏବଂ ଗାଁ ବାସିନ୍ଦାଙ୍କୁ ବିବାହ ଉତ୍ସବରେ ଯୋଗ ଦେବାକୁ ନିମନ୍ତ୍ରଣ କରିଥାନ୍ତି। କପାଳରେ ହଳଦୀଲଗା ଚାଉଳ ଟିକା ଦେବା ସହିତ ଆମ୍ବ ପତ୍ରରେ ହଳଦୀଲଗା ଚାଉଳ ପୁଡ଼ା କରି ବିବାହ ଉତ୍ସବକୁ ଆସିବା ପାଇଁ କହିକି ଆସନ୍ତି। ଏହା 'ଗୁଣାଦିଆ' ଭାବେ ପରିଚିତ। ସମ୍ପ୍ରତି ମୁଦ୍ରିତ ନିମନ୍ତ୍ରଣ ପତ୍ର ବ୍ୟବହାର ହେଉଥିଲେ ମଧ୍ୟ ଲଫାପା ଭିତରେ ନଚେତ୍ ବାହାରେ ହଳଦୀ ଟିକିଏ ଲଗାଇବା ଦେଖାଯାଏ। ଏଠାରେ ଉଲ୍ଲେଖନୀୟ ଯେ, ସାନ୍ତାଳୀ ଗୋଷ୍ଠୀରେ ଭାଣ୍ଡାନ ଗିରଃ (ଶ୍ରାଦ୍ଧ ସମୟର ନିମନ୍ତ୍ରଣ), ବାପଲା ଗିରଃ (ବିବାହ ସମୟର ନିମନ୍ତ୍ରଣ), ସେନ୍ଦରା ଗିରଃ (ଶିକାର ସମୟର ନିମନ୍ତ୍ରଣ) ଭଳି ବିଭିନ୍ନ ନିମନ୍ତ୍ରଣ ପରମ୍ପରା ଦେଖିବାକୁ ମିଳେ ଯଦିଓ ଏହା ବି

ସମ୍ପ୍ରତି ଅପସୃୟମାନ। ଏହି ନିମନ୍ତ୍ରଣ ବିଧିଗୁଡ଼ିକ ସ୍ୱତନ୍ତ୍ର ଯେମିତି, ବାପଲା ଗିରଃରେ ଶାଳ ପତ୍ରରେ ହଳଦୀ ଓ ଚାଉଳର ପୁଡ଼ିଆ କରି ଉପରେ ହଳଦୀଲଗା ସୂତା ବିବାହ ଦିନକୁ ଆଧାର କରି ହଳଦୀ ସୂତା ଗୁଡ଼ାଯାଇଥାଏ ଅର୍ଥାତ୍ ବିବାହ ଆଗକୁ ସାତ ଦିନ ପରେ ଥିଲେ ସାତଟି ଗଣ୍ଠି ପଡ଼ିଥାଏ। ସେହିପରି, ଭାଣ୍ଡାନ ନିମନ୍ତ୍ରଣରେ ଶାଳପତ୍ର ଭିତରେ ଚାଉଳ ଓ ଅଙ୍ଗାର ଥାଏ ଓ ଧଳା ସୂତାରେ ଅନୁରୂପ ଭାବରେ ଗଣ୍ଠି ପଡ଼େ। ସେହିପରି, ସେନ୍ଦରା ଗିରଃରେ ଲାଡ୍ (ସିଆଲି ପତ୍ରରେ) ଲାଡ୍ ବାବେର (ସିଆଲି ଡ଼ୋର)ର ମଧ୍ୟ ଅନୁରୂପ ଭାବରେ ଦିନକୁ ଆଧାର କରି ଗଣ୍ଠି ପଡ଼ିଥାଏ। କେତେକ ଗୋଷ୍ଠୀରେ ଗୁଣାଦିଆ 'ଗୁଆ କିନ୍ଦ୍ରାନି' ଭାବରେ ମଧ୍ୟ ପରିଚିତ।

ଦ୍ରଷ୍ଟବ୍ୟ: ବିହା ବରପନ, ଦଶା, ସାନ କାମ, ଗତର, ହାଙ୍କାର ଉଡ୍ଡୁଂ

ଗ୍ରନ୍ଥ ସୂଚନା: ବାଗ ୨୦୦୯, ୪୬; ପାଢ଼ୀ, ଓ ଉପାଧ୍ୟାୟ ୨୦୧୦, ୧୪୮-୯।

ଗୁରୁମାଇ

ମହିଳା ପୂଜାରୀ; ଦେଶିଆ; ଆଦିବାସୀ; ସାଂସ୍କୃତିକ ପ୍ରତିନିଧି

ଦକ୍ଷିଣ ଓଡ଼ିଶାର ଆଦିବାସୀ ଗୋଷ୍ଠୀରେ ମହିଳାମାନେ ମଧ୍ୟ ପୂଜାରୀ ଭାବରେ ଭୂମିକା ନିର୍ବାହ କରିବା ଦେଖିବାକୁ ମିଳେ। ଯେଉଁ ଝିଅ ଦେହରେ କିଛି ଐଶ୍ୱରିକ ସତ୍ତା ଥାଏ ତା ଦେହରେ ଦେବୀଦେବତା ପ୍ରବେଶ କରିଥାନ୍ତି। ତେବେ, ସାଧାରଣତଃ ଏହା ଗୁଣିଆ ବା ଶିରାମାନଙ୍କଦ୍ୱାରା ସ୍ଥିର କରାଯାଇଥାଏ। ଯେଉଁ ଝିଅ ଗୁରୁମାଇ ହେବାକୁ ଥାଏ ସେ ରଜସ୍ୱଳା ହେବା ପୂର୍ବରୁ ଗୁରୁ ତାଙ୍କର ଏ ତାଙ୍କର ପିତାମାତାଙ୍କ ଅନୁମତି ନେଇ ତାଙ୍କୁ ବିଦ୍ୟା ବା ପାରମ୍ପରିକ ପୂଜାବିଧି ଶିକ୍ଷା ଦେବା ସହିତ ଗୋଟିଏ ଶୁଭ ଦିନ ଦେଖି ଦୀକ୍ଷିତ କରିଥାନ୍ତି। ବିଭିନ୍ନ ପର୍ବପର୍ବାଣି ଦିନ, ବାଲି ଯାତ୍ରା ତଥା ଭୀମାବିହା ଆଦି ସମୟରେ ବାଜା ବାଜିବା ମାତ୍ରେ ଗୁରୁମାଇଙ୍କ ଦେହରେ ଦେବୀଦେବତା ସବାର ହୋଇଥାନ୍ତି। ଗୁରୁମାଇମାନେ ଧୁନକେଲ ବଜାଇ ନିଜ ଭାଷାରେ ମନ୍ତ୍ର ପଢ଼ିଥାନ୍ତି। ବାଳ ମୁକୁଳା କରି ନାଚନ୍ତି। ଗ୍ରାମବାସୀ ତାଙ୍କ ଆଗରେ ସମସ୍ୟା ଉପସ୍ଥାପନ କରିଥାନ୍ତି। ସେ ସେହି ସମସ୍ୟାର ସାମାଧାନ ବତାଇଥାନ୍ତି।

ସାଧାରଣତଃ ତିନି ପ୍ରକାର ଗୁରୁମାଇ ଦେଖିବାକୁ ମିଳନ୍ତି– ପାଟ ଗୁରୁମାଇ, ଶିରା ଗୁରୁମାଇ, ଗୁଣିଆ ଗୁରୁମାଇ। ପାଟ ଗୁରୁମାଇ ବିଶେଷ କରି ବାଲି ଯାତ୍ରାରେ ପୂଜା କାର୍ଯ୍ୟ କରିଥାନ୍ତି ଏମାନଙ୍କ ବିନା ବାଲି ଯାତ୍ରା ତଥା ଅନ୍ୟାନ୍ୟ ପୂଜାପାଠ ଆୟୋଜନ ହେବା ଅସମ୍ଭବ। ଏମାନେ ଜାନୀଙ୍କ ଭଳି ପୂଜା କାର୍ଯ୍ୟ ତୁଲାଇଥାନ୍ତି।

ସେହିପରି, ଯେଉଁ ଗୁରୁମାଇ ଉପରେ ଡୁମା, ଦେବତା ସବାର ହୁଅନ୍ତି ସେ ଶିରା ଗୁରୁମାଇ। ଗାଁରେ ପ୍ରାକୃତିକ ବିପର୍ଯ୍ୟୟ, ଝାଡ଼ାବାନ୍ତି ହେଲେ ସେ ଏହାର କାରଣ ବ୍ୟାଖ୍ୟା କରିବା ସହିତ ପ୍ରତିକାର କରିଥାନ୍ତି। ଅନୁରୂପ ଭାବରେ, ପାଙ୍ଗନନାଶନ, ରୋଗ ଆଦି ଭଲ କରିବା ପାଇଁ ଝଡ଼ାଫୁଙ୍କା ତଥା ମନ୍ତ୍ରତନ୍ତ୍ର କରିପାରୁଥିବା ଗୁରୁମାଇଙ୍କୁ ଗୁଣିଆ ଗୁରୁମାଇ କୁହାଯାଏ। କନ୍ଧ ଗୋଷ୍ଠୀରେ ଗୁରୁମାଇ ବେଜୁଣୀ ତଥା ପେଜୁଣୀ ଭାବରେ ପରିଚିତ। ପରଜା, କନ୍ଧ ଭଳି କେତେକ ଗୋଷ୍ଠୀରେ ଏମାନେ ବିବାହ ଆଦି କାର୍ଯ୍ୟ ମଧ୍ୟ କରିଥନ୍ତି। ଏପରିକି ପରିବାର ମଧ୍ୟରେ ଗୋରୁଗାଈ, ଛେଳି ମେଣ୍ଢା, କୁକୁଡ଼ା, ବତକ, ପଶୁପକ୍ଷୀ ମରିଯାଉଥିଲେ ଫସଲରେ ରୋଗ, ପୋକ ଲାଗିଲେ, ଗ୍ରାମରେ ଅଶୁଭ ଦେଖାଦେଲେ ମଧ୍ୟ ଗୁରୁମାଇ ଡକାଇ ପୂଜା ତଥା ବିଧିବିଧାନ କରାଯାଇଥାଏ।

ଦ୍ରଷ୍ଟବ୍ୟ: ଜାନୀ, ଶିରା ଗୁନିଆ

ଗ୍ରନ୍ଥ ସୂଚନା: ପାଢ଼ୀ, ଓ ଉପାଧ୍ୟାୟ ୨୦୧୦, ୧୫୭-୯; ପ୍ରଧାନ ୨୦୦୭, ୭୧।

ଘଁଟ ଯାତ୍ରା

ଘଟ ଯାତ୍ରା; ପଶ୍ଚିମ ଓଡ଼ିଶାର କଥିତ ଓଡ଼ିଆ; ଆଦିବାସୀ, ମିତାନ୍ ଗୋଷ୍ଠୀ; ପର୍ବପର୍ବାଣି

ଘଁଟ ଯାତ୍ରା କଳସୀ(ଘଟ) ଯାତ୍ରା, ଠାକୁରାଣୀ ଯାତ୍ରା, ଓ ଚଇତ୍ରା ଭାବରେ ମଧ୍ୟ ପରିଚିତ। ଏହି ଯାତ୍ରା ଚଇତ୍ର ଓ ଫାଲଗୁନ୍ ମାସରେ ଅନୁଷ୍ଠିତ ହୋଇଥାଏ। ଚଇତ୍ରା କେତେକ ଆଦିବାସୀ ଗୋଷ୍ଠୀରେ ପାଳିତ ହେଉଥିବା ଚଇତ ପର୍ବଠାରୁ ଭିନ୍ନ। ୭ରୁ ୧୦ ବର୍ଷ ବୟସ୍କା କୁମାରୀ କନ୍ୟା ଗ୍ରାମ ଠାକୁରାଣୀଗୁଡ଼ିଠାରୁ ମାଟି ଘଟରେ ପବିତ୍ର ପାଣି ଧରି ଘରକୁ ଘର ବୁଲିଥାନ୍ତି। ଠାକୁରାଣୀଗୁଡ଼ିଠାରୁ ବାହାରି ପୂଜାରୀ ଘରକୁ ପ୍ରଥମେ ଯାଇଥାନ୍ତି ସେଇଠୁ ଘଟ ବୋହି ଗୌନ୍ତିଆ ଘର ଓ ଗଣା ଘରକୁ ଯାଆନ୍ତି ସେଇଠି ତାଙ୍କୁ ମଳା ମିଳିଥାଏ। ପରେ ଅନ୍ୟ ଘର ବା ଗାଁ ଦାଣ୍ଡରେ ବୁଲିଥାନ୍ତି ଯାହା 'ବୋଏଲ ବୁଲା' ଭାବରେ ପରିଚିତ। ଏହି ଦେବୀଙ୍କ ଯାତ୍ରା ପାଳନରେ ରୋଗଶୋକ, ବସନ୍ତ ବିସୂଚିକା ଆଦିରୁ ରକ୍ଷା ମିଳେ ତଥା ଗ୍ରାମର ମଙ୍ଗଳ ହୁଏ ବୋଲି ବିଶ୍ୱାସ କରାଯାଏ। ବୋଏଲ ବୁଲିବା ବେଳେ ଦେବୀଙ୍କୁ ନଡ଼ିଆ, କଦଳୀ, ଧୂପଝୁଣା ଆଦି ପ୍ରଦାନ କରିବା ସହ ସନ୍ଧ୍ୟାରେ ଗୁଡ଼ିରେ କୁକୁଡ଼ା, ଛେଳି, ମେଣ୍ଢା ବଳି ଦିଆଯାଏ।

ଘଁଟ ଯାତ୍ରା ବିଭିନ୍ନ ଆଦିବାସୀ ଗୋଷ୍ଠୀରେ ତଥା ଅଞ୍ଚଳ ଭେଦରେ କଳସୀ

ଯାତ୍ରା, ହୁଣ୍ଡି ଯାତ୍ରା ଭାବରେ ମଧ୍ୟ ପରିଚିତ। ସେହିପରି, କେବଳ ଗାଁ ଠାକୁରାଣୀଙ୍କର ନୁହେଁ, ଶୀତଳା ମାତା, ଡଙ୍ଗର ଦେଇ, ଭଣ୍ଡାର ଘରେନ, ଉମରକୋଟର ମଙ୍ଗଳା, ଓ ପେଣ୍ଡ୍ରାଗଡ଼ିଏନ ଦେବୀଙ୍କ ମଧ୍ୟ କଳସୀ ଯାତ୍ରା ବା ଘଟ ଯାତ୍ରା ଅନୁଷ୍ଠିତ ହୋଇଥାଏ।

ଦ୍ରଷ୍ଟବ୍ୟ: ଗବଡ଼ାଶନି, ପୋରା ଉଆଁସ, ଚଇତ ପରବ

ଗ୍ରନ୍ଥ ସୂଚନା: ପାଢ଼ୀ, ଓ ଉପାଧ୍ୟାୟ ୨୦୧୦, ୧୬୬-୧୬୭।

ଘରଜିଆ

ଘରଜ୍ୱାଇଁ; ପଶ୍ଚିମାଞ୍ଚଳ ଓଡ଼ିଆ, ଦେଶିଆ; ଆଦିବାସୀ, ମିତାନ୍ ଗୋଷ୍ଠୀ; ସାମାଜିକ ପରମ୍ପରା – ପ୍ରାକ୍-ବିବାହ

ଆଦିବାସୀ ଓ ମିତାନ୍ ଗୋଷ୍ଠୀରେ ଘର ଜ୍ୱାଇଁ ରହିବା ପ୍ରଥା ବହୁ ପୁରାତନ। ଯେଉଁ ଯୁବକ ଘରଜିଆ ରହେ ବା ଘରଜିଆ ଖଟେ ତାଙ୍କୁ ସେ ବିବାହ ହେବାକୁ ଥିବା ଯୁବତୀ ଘରେ ରହି ଘରର ବିଭିନ୍ନ କାମ ତଥା ଚାଷବାସ କରିବାକୁ ହୋଇଥାଏ। ଏପରିକି ଯୁବତୀ ଘରେ ରହି ମଜୁରୀ ବି କରେ ତ ସେଇ ମଜୁରୀରେ ଯୁବତୀ ଘରର ହିଁ ଅଧିକାର ଥାଏ। ଏହିପରି ଏକାଧିକ ବର୍ଷ ବା ଧାର୍ଯ୍ୟକାଳ ଶେଷ ହେବା ପରେ କୌଣସି ଏକ ଶୁଭ ଦିନ ଦେଖି ସେମାନଙ୍କର ବିବାହ ଆୟୋଜିତ ହୋଇଥାଏ। ବିବାହ ପରେ ସ୍ୱାମୀ ସ୍ତ୍ରୀ ଦୁହେଁ କନ୍ୟାପିତା କିମ୍ବା ବରପିତାଙ୍କ ଘରେ ରହନ୍ତି। ଯେଉଁ ଝିଅ ପାଇଁ ଘରଜିଆ ଖଟାଯାଏ ତାକୁ 'ଘରଜେନ' କୁହାଯାଏ। ସେହିପରି, ଯୁବତୀ ମଧ୍ୟ ବେଳେବେଳେ ଯୁବକ ଘରକୁ ଯାଇ ସମ୍ପୃକ୍ତ ପରିବାରରେ ଝିଅ ଭଳି କାମଧନ୍ଦା କରି ରହିଥାଏ ଯାହାକୁ 'ଭୁଆସେନ୍ ଖଟିବା' କୁହାଯାଏ। ଏବଂ, ଅନୁରୂପ ଭାବରେ ସମୟ ଦେଖି ସେମାନଙ୍କ ବିବାହ କରି ଦିଆଯାଏ। ସାଧାରଣତଃ ପରିବାରରେ ଗୋଟିଏ ମାତ୍ର ଝିଅ ଥିଲେ ଘରଜିଆ ରଖିବା ଭଳି ପରମ୍ପରାକୁ ଗୁରୁତ୍ୱ ଦିଆଯାଏ ସେହିପରି, ଘରେ କୌଣସି କାରଣରୁ ଝିଅ ପିଲାଟିଏର ଆବଶ୍ୟକତା ଥିଲେ ଓ ବିବାହ ଆୟୋଜନ କରିବାର ସମ୍ଭାବନା ନିକଟ ଭବିଷ୍ୟତରେ ନଥିଲେ ଭୁଆଷୁଣି ଆଣିବାକୁ ପ୍ରୟାସ କରାଯାଏ। ତେବେ, ଆଜିକାଲି ଏହି ପରମ୍ପରା ଧୀରେଧୀରେ ଅପସାରିତ ହେବାକୁ ବସିଲାଣି।

ଘରଜିଆ, ଭୁ(ବୁ)ଆସେନ୍ ଆଦି ପରମ୍ପରା ବିଭିନ୍ନ ଆଦିବାସୀ ଗୋଷ୍ଠୀରେ ଅଳାଃ ଜାଓୟାଁ, ଗାର୍ଦି ଜାଓୟାଁ (ସାନ୍ତାଳ, ଭୂମିଜ), କାର୍ଜିମ୍ ବା ହୁନିଂଇ (କନ୍ଧ) ଆଦି ଭାବରେ ପରିଚିତ।

ଦ୍ରଷ୍ଟବ୍ୟ: ବିହା ବରପନ, ଉଦଲିଆ

ଗ୍ରନ୍ଥ ସୂଚନା: ବାଗ ୨୦୦୯, ୪୦; ସୁନାନୀ ୨୦୦୯, ୧୬୧; ବେଶ୍ରା, ୩୨-୩୩।

ଘର ସମବା

ଗୃହ ପ୍ରବେଶ କରିବା; ପଶ୍ଚିମାଞ୍ଚଳ ଓଡ଼ିଆ, ଦେଶିଆ; ଆଦିବାସୀ, ମିତାନ୍ ଗୋଷ୍ଠୀ; ସାମାଜିକ ପରମ୍ପରା – ରୀତିନୀତି

ଆଦିବାସୀ ତଥା ମିତାନ୍ ଗୋଷ୍ଠୀରେ ଘର ସମବା ବା ଗୃହ ପ୍ରବେଶ ଏକ ଗୁରୁତ୍ୱପୂର୍ଣ୍ଣ ଅବଧାରଣା। 'ଘର ସମବା' କହିଲେ ନୂତନ ଗୃହ ପ୍ରବେଶକୁ ସାଧାରଣତଃ ବୁଝାଏ। ତେବେ, ଆଦିବାସୀ ଓ ମିତାନ୍ ଗୋଷ୍ଠୀରେ ଛୁତିକିଆ ପରେ ସ୍ୱାଭାବିକ ଗୃହକାର୍ଯ୍ୟ କରିବାକୁ ବି ବୁଝାଏ। ମୃତକର୍ମ କ୍ଷେତ୍ରରେ ମଧ୍ୟ ତିନିଦିନିଆ କାମ ସରିବାରେ ହିଁ ସମ୍ପୃକ୍ତ ପରିବାରର ସଦସ୍ୟଙ୍କୁ ରୋଷେଇ କରିବାର ଅନୁମତି ମିଳେ, ଏହା ମଧ୍ୟ ଘର ସମବା ଭାବରେ ପରିଚିତ। ଜନ୍ମ ପରେ ପରେ ବି ନାଁ ଧରା ବା ଆଁକିଫୁଙ୍କା ପରେ, ତଥା ମୃତକର୍ମ, ସାନ କାମ ବା ଡିବି ପରେ ପରିବାରର ସଦସ୍ୟ ନିଜ ଘରେ ରୋଷେଇ କରିବାକୁ ମଧ୍ୟ 'ଘର ସମବା' କୁହାଯାଇଥାଏ। ଏହା କେତେକ ଆଦିବାସୀ ଗୋଷ୍ଠୀରେ 'ଆଣ୍ଡି ଦାରାନି', ଘର ମଣ୍ଡାନି, ତିକିସୁବଦ୍ ଭାବରେ ପରିଚିତ। ତେବେ, ଯେଉଁ ଗୋଷ୍ଠୀରେ ଛିଟୁକ୍ ବା ଅଶୁଦ୍ଧିର ଅବଧାରଣା ନାହିଁ ସେହି ଗୋଷ୍ଠୀରେ ଏହା ଅର୍ଥପୂର୍ଣ୍ଣ ମନେହୁଏ ନାହିଁ ଏହାର ଉଦାହରଣ ସ୍ୱରୂପ କନ୍ଧ, ଗାଦବା ଆଦି ଗୋଷ୍ଠୀକୁ ଗ୍ରହଣ କରାଯାଇପାରେ।

ଦ୍ରଷ୍ଟବ୍ୟ: ମାସକିଆ, ଛିଟୁକ୍, ମୃତକର୍ମ, ଜନମ, କରମ

ଗ୍ରନ୍ଥ ସୂଚନା: ପାଢ଼ୀ, ଓ ଉପାଧ୍ୟାୟ ୨୦୧୦, ୨୫-୨୬; ବାଗ ୨୦୦୯, ୨୮, ୩୪, ୩୬; ସୁନାନୀ ୨୦୦୯, ୧୩୭।

ଘାଟ

ଘାଟ; ଓଡ଼ିଆ; ଆଦିବାସୀ, ମିତାନ୍ ଗୋଷ୍ଠୀ; ସାମାଜିକ ଆସ୍ଥାନ

ଘାଟ କହିଲେ ନଦୀ, ପୋଖରୀ, ଝରଣା ଆଦି ଜଳସ୍ରୋତର ନିର୍ଦ୍ଦିଷ୍ଟ ସ୍ଥାନ ଯେଉଁଠି ଲୋକେ ଗାଧୋଇବା ତଥା ପାଣି ନେବା ଆଦି କାମ କରିଥାନ୍ତି। ଶ'ଘାଟ ଭଳି ଶବ୍ଦର ପ୍ରୟୋଗରୁ ପାରମ୍ପରିକ ଜୀବନଧାରାରେ ଘାଟର ଗୁରୁତ୍ୱ ଉପଲବ୍ଧି କରାଯାଇପାରେ। ଘାଟରେ କେବଳ ଗାଧୋଇବା, ଲୁଗା କାଚିବା, ଦୈନନ୍ଦିନ ବ୍ୟବହାର ପାଇଁ ପାଣି ନେବା ଆଦି କାମ ହୋଇଥାଏ ନୁହେଁ ବିଭିନ୍ନ ରୀତିନୀତିର

ପରିବେଷଣ ମଧ୍ୟ ହୋଇଥାଏ। ମୃତକର୍ମରେ ଶବ ସତ୍କାର ଅର୍ଥାତ୍ ପୋତିବା କିମ୍ବା ଦାହ କରିବା ପରେ ଘାଟକୁ ଯାଇ ହିଁ ସ୍ନାନ କରିବାକୁ ହୋଇଥାଏ କେହି ନଳକୂଅ କିମ୍ବା ଅନ୍ୟ କୌଣସି ସ୍ନାନାଗାର ଉପଲବ୍ଧ ଥିଲେ ମଧ୍ୟ ବ୍ୟବହାର କରନ୍ତି ନାହିଁ। ଟଲାଭଙ୍ଗା ତଥା ଜଳକାମିନୀ ଆଦି ଦେବୀଙ୍କ ପୂଜା ଘାଟ ପାଖରେ ହିଁ ହୋଇଥାଏ। ବିବାହ ଆଦି କାର୍ଯ୍ୟରେ ଅମେରା ତଥା ଧରମପାନି ଘାଟରୁ ହିଁ ନିଆଯାଇଥାଏ। କାଦୁଅ ଖେଳା, ମୁଦିଲୁକାନି, କାଣବିନ୍ଧା ଭଳି କିଛି ବିବାହ ପରବର୍ତ୍ତୀ କ୍ରିୟାକର୍ମ ପ୍ରାୟ ଗୋଷ୍ଠୀରେ କେବଳ ଘାଟରେ ହିଁ ଅନୁଷ୍ଠିତ ହୋଇଥାଏ।

ସହାବସ୍ଥିତ ଗୋଷ୍ଠୀ ତଥା ସାମାଜିକ ପ୍ରସ୍ଥିତିକୁ ଆଧାର କରି ଘାଟଗୁଡ଼ିକ ଅଲଗା ହୋଇଥାଏ। ଅର୍ଥାତ୍ ପାଏନଖିଆ ଗୋଷ୍ଠୀମାନଙ୍କ ପାଇଁ ଗୋଟିଏ ଘାଟ ହୋଇଥିବା ବେଳେ ଅନ୍ୟ ଗୋଷ୍ଠୀଙ୍କ ପାଇଁ ଆଉ ଗୋଟିଏ ଘାଟ ହୋଇଥାଏ। ସେହିପରି, ପୁରୁଷ ଓ ନାରୀମାନଙ୍କ ପାଇଁ ସ୍ୱତନ୍ତ୍ର ଭାବେ ସ୍ନାନ କରିବାକୁ ମଧ୍ୟ ଅଲଗା ଘାଟ ଥାଏ। ଆଦିବାସୀ ଅଞ୍ଚଳଗୁଡ଼ିକରେ ଝରଣା ବା ପ୍ରବାହମାନ ଜଳାଧାରାରେ ଦେଖାଯାଏ ଉପର ମୁଣ୍ଡରେ ପାଏନଖିଆ ଗୋଷ୍ଠୀ ଗାଧୋଇବା ତଥା ପାଣି ନେବା ପାଇଁ ଘାଟ କରୁଥିବାବେଳେ ତଳକୁ ଥାଏ ଅନ୍ୟ ଗୋଷ୍ଠୀଙ୍କ ପାଇଁ ଘାଟ, ଓ ସବା ତଳେ ଥିବା ଘାଟକୁ ଗାଈଗୋରୁ ଆଦିଙ୍କୁ ଗାଧୋଇବା ପାଇଁ ତଥା ସେମାନଙ୍କୁ ପାଣି ପିଆଇବା ପାଇଁ ବ୍ୟବହାର କରାଯାଏ।

ଘାଟରେ କେବଳ ଗାଧୋଇବା କାମ ନୁହେଁ ବରଂ ପରସ୍ପର ଭିତରେ ଭଲମନ୍ଦ ସୁଖଦୁଃଖର ଆଲୋଚନା ବି ହୋଇଥାଏ। ନାରୀମାନେ ଗାଧୋଇବାରେ ଦୀର୍ଘ ସମୟ ଲଗାଇବା ସହିତ ଘର ପରିବାର ତଥା ଅନ୍ୟ ଅନେକ ବିଷୟର ଆଲୋଚନା କରିବା ସହ ପରସ୍ପର ଭିତରେ କଳି, ଗାଳି ବି ହେବା ଦେଖାଯାଏ। ଘାଟ ଚଲାବାଟ ପାଖରେ ଥିଲେ ଅନ୍ୟ ଗାଁର କେହି ଚିହ୍ନା ପରିଚିତ କାହା ସହିତ ଦେଖାହେବାର ସମ୍ଭାବନା ଥାଏ। ଖରାଦିନେ ଜଳାଶୟରେ ଖେଳା ଯାଉଥିବା ଫୁଇଟ୍, ପହଁରା ଆଦି ପାରମ୍ପରିକ ଖେଳ ମଧ୍ୟ ଘାଟରେ ପରିବେଷଣ କରାଯାଏ। ଉଲ୍ଲେଖନୀୟ ଯେ ଆଦିବାସୀ ଓ କେତେକ ମିତାନ୍ ଗୋଷ୍ଠୀରେ କେତେକ ଅଞ୍ଚଳରେ ଝିଅର ପ୍ରଥମ ରଜଦର୍ଶନକୁ ଘାଟ ମାଡ଼ିବା, ଘାଟଯିବା ବୋଲି ବି କୁହାଯାଇଥାଏ।

ଲୋକକେ ଜାନବ ହାଁଟେ, ଆର ଗାଁକେ ଜାନବ ଘାଁଟେ।
(ମଣିଷକୁ ହାଟରେ ଚିହ୍ନିବ (ଭେଟିବ) ଓ ଗାଁକୁ ଘାଟରୁ ଜାଣିବ।)
ଘାଟେ ଯାଏତିସ୍।
(ପାଣିରେ ବୁଡ଼ି ମରିବୁ !)

ଖାଟେ ନାଙ୍ଗଲା କି ଘାଟେ ନାଙ୍ଗଲା।

(ଖଟରେ ବା ଶୋଇବା ଘରେ କିମ୍ବା ପାଣି ଘାଟରେ ମଣିଷ ନଙ୍ଗଳା ହୁଏ।)

ଦ୍ରଷ୍ଟବ୍ୟ: କରମ, କାମିନୀ ପୂଜା, ଗରହଟଲା, ଚିକଲଣ୍ଡି, ମୋଡ଼ୋ ଝରଲେନ୍

ଗ୍ରନ୍ଥ ସୂଚନା: ବାଗ ୨୦୦୯, ୫୪-୫; ସୁନାନୀ ୨୦୦୯, ୧୩୯; ଭୋଲ ୨୦୦୩, ୨୩, ୨୭; ଆଚାର୍ଯ୍ୟ ୨୦୧୩, ୧ ୭୦।

ଚଇତ ପରବ

ଚଇତ ପର୍ବ; ପଶ୍ଚିମାଞ୍ଚଳ ଓଡ଼ିଆ, ଦେଶିଆ; ଆଦିବାସୀ, ମିତାନ୍ ଗୋଷ୍ଠୀ; ପର୍ବପର୍ବାଣି

ଚଇତ ପରବ ସାଧାରଣତଃ ଚୈତ୍ର କୃଷ୍ଣପକ୍ଷ ପ୍ରଥମୀଠାରୁ ଉଆଁସ (ଅମାବାସ୍ୟା) ମଧ୍ୟରେ ଆୟୋଜିତ ହୋଇଥାଏ। ପ୍ରତ୍ୟେକ ଗୋଷ୍ଠୀ ତଥା ଗ୍ରାମର ଦିଶାରି ଏହି ସମୟ ସୀମା ଭିତରେ ସୁବିଧା ଅନୁସାରେ ତିଥି ଠିକ୍ କରିଥାନ୍ତି। ପରମ୍ପରା ଅନୁସାରେ ଏହି ତିଥି କୃତ୍ତିକା, ମଘା, ଓ ଶ୍ୱାତୀ ନକ୍ଷତ୍ର ଅନୁଯାୟୀ ଠିକ୍ ହୋଇଥାଏ ଅତଏବ, ଏହା ମଘା ପରବ, କୃର୍ତ୍ତିକା ପରବ, ଶ୍ୱାତୀ ପରବ ନାମରେ ମଧ୍ୟ ପରିଚିତ। ପ୍ରଥମେ ଶୁକ୍ଳ ପକ୍ଷ ଦ୍ୱିତୀୟ କିମ୍ବା ତୃତୀୟା ତିଥିରେ ମାଉଲୀ ଦେବୀଙ୍କ ପାଖରେ ଛେଳି କୁକୁଡ଼ା ବଳି ଦିଆଯାଏ। କେତେକ ସ୍ଥାନରେ ଦୁଇ ତିନୋଟି ଗାଆଁ ମିଳିତ ଭାବେ ମଧ୍ୟ ଏହି ପରବ ପାଳିଥାନ୍ତି।

ତିନୋଟି ପର୍ଯ୍ୟାୟରେ ଏହି ପୂଜା ଅନୁଷ୍ଠିତ ହୋଇଥାଏ। ପ୍ରଥମ ଦିନ ଜାଗରନା, ଦ୍ୱିତୀୟ ଦିନ ବିହନ ପୂଜା, ତୃତୀୟ ଦିନ ବଡ଼ ବେଣ୍ଟ, ଓ ଫୁଲ ବେଣ୍ଟ। ବେଣ୍ଟ କହିଲେ ଦଳବଦ୍ଧ ହୋଇ ଶିକାରକୁ ଯିବାକୁ ବୁଝାଇଥାଏ। ସେହିପରି, ଫୁଲ ବେଣ୍ଟ ଶିକାର ଶିକାରର ପରବର୍ତ୍ତୀ ପୁନରାବୃତ୍ତିକୁ ବୁଝାଇଥାଏ। ଜାଗରନା ଦିନ ଗାଁ ହୁଣ୍ଡି ବା ଗୁଡ଼ି ନିକଟରେ ଧାନ, ମୁଗ, ବିରି, ଅଳସୀ, ଜହ୍ନା ଇତ୍ୟାଦି ଶୁଖିଲା ବିହନ ଧରି ଆସିଥାନ୍ତି। ଏହି ଦିନ ସ୍ଥଳ ବିଶେଷରେ କୁକୁଡ଼ା ମଧ୍ୟ ବଳି ଦିଆଯାଏ। ଆଜିକାଲି ନଡ଼ିଆ କ୍ଷୀର ଭୋଗ ମଧ୍ୟ ଦିଆଯିବା ଦେଖିବାକୁ ମିଳୁଛି। ଏହି ଦିନ ଆମ୍ବ, କାନ୍ଦୁଲକୁ ମଧ୍ୟ ଦେବୀଙ୍କ ପାଖରେ ଭୋଗ ଲଗାଯାଏ। ସମସ୍ତଙ୍କ ବିହନକୁ ନେଇ ଦିଶାରି ହୁଣ୍ଡି ଘର ଭିତରେ ରଖି କବାଟ ଆଉଜେଇ ଦିଅନ୍ତି ଯାହା ଚବିଶ ଘଣ୍ଟା ପରେ ଏହି କବାଟ ଖୋଲାଯାଏ। ପରବ ନକ୍ଷତ୍ର ତିଥିରେ ଜନ୍ମ ହୋଇଥିବା ଅବିବାହିତ ପୁଅ ପିଲାଟିଏ ସେହି ବିହନକୁ ଆଣି ପୁଣି ଥରେ ସମସ୍ତଙ୍କୁ ବାଣ୍ଟିଦିଏ। ଲୋକେ ସେସବୁକୁ ନେଇ ତା ଆର ଦିନ କ୍ଷେତରେ ବୁଣିଥାନ୍ତି। ଏଥିରୁ

ଭଲ ଗଜା ବାହାରିଲେ ସେ ବର୍ଷ ଭଲ ଫସଲ ହେବ ବୋଲି ବିଶ୍ୱାସ କରାଯାଏ। ଏହି ଦିନ ପ୍ରତ୍ୟେକ ଘରେ ଚରୁ ରନ୍ଧାଯାଏ। ଦ୍ୱିତୀୟ ଦିନ ବିହନ ବୁଣା ସରିବା ପରେ 'ଟିଙ୍ଗିରି ବେଣ୍ଟ' ବା କିଶୋରମାନଙ୍କର ଶିକାର ପର୍ବ ଅନୁଷ୍ଠିତ ହୋଇଥାଏ। ତୃତୀୟ ଦିନ ଧନୁ ପୂଜା ବା ଶସ୍ତ୍ର ପୂଜା ଆୟୋଜିତ ହୋଇଥାଏ। ଶସ୍ତ୍ର ପୂଜା ପରେ ଦିଶାରି ଗୋଟିଏ କୁକୁଡ଼ା ଅଣ୍ଡା ଆଣି ଧନୁ ରହିଥିବା ଗଛ ମୂଳରେ ରଖେ। ସେଠାରୁ ଠିକ୍ ନଅ ଧନୁ ମାପରେ ଏକ ଚିହ୍ନ ଦିଆଯାଏ। ସେଇ ଚିହ୍ନ ପାଖରେ ଠିଆ ହୋଇ ଯେଉଁ ଧାଙ୍ଗଡ଼ା ଗୋଟିଏ ତୀରରେ ସେଇ ଅଣ୍ଡାକୁ ବିନ୍ଧିପାରେ ସେ ବେଣ୍ଟ ଶିକାରର ନେତୃତ୍ୱ ନେଇଥାଏ। ବେଣ୍ଟ ଶିକାର ପାଇଁ ତିନିଦିନ ଜଙ୍ଗଲରେ ବିତାଇବାକୁ ପଡ଼େ। ଯେଉଁ ପୁରୁଷ ଶିକାରକୁ ଯାଇନଥାଏ ତାକୁ ସ୍ତ୍ରୀଲୋକମାନେ କାଦୁଅ ଓ ଗୋବର ପାଣି ପକାଇ, 'ତଅଡ଼େ' ଗାଇ ଗାଁରୁ ତଡ଼ି ଦେଇଥାନ୍ତି। ଶିକାରକୁ ଯାଇଥିବା ସମସ୍ତ ସଦସ୍ୟଙ୍କୁ କିଛି ନା କିଛି ଶିକାର ଆଣିବାକୁ ହୋଇଥାଏ ଖାଲି ହାତରେ ଫେରିଲେ ସେହି ଭଳି କାଦୁଅ ଓ ଗୋବର ପାଣି ମାଡ଼ ସହିତ ଅପମାନଜନକ ଗାଳି-ଗୀତ ଶୁଣିବାକୁ ମିଳେ।

ବେଣ୍ଟରେ ଯାଇ ଆଣିଥିବା ଶିକାରକୁ ହୁଣ୍ଡି ଘରେ ରଖି ଦେବୀଙ୍କୁ ପୂଜା କରାଯାଏ। ଏହି ଶିକାର ଚାରିପଟେ ରୁଣ୍ଡ ହୋଇ ଢେମସା ନାଚ ସଙ୍ଗେସଙ୍ଗେ ସ୍ତ୍ରୀଲୋକମାନେ ଶିକାର ଅଭିନୟ କରିଥାନ୍ତି। ଏହାକୁ 'ଡ଼ାଲ ସମ୍ବର' କୁହାଯାଏ। ବଡ଼ ବେଣ୍ଟ ପରେ ବି ଦି ଆଉ ଥରେ ପର ଦିନରେ ଶିକାର ପାଇଁ ଯିବା ଆବଶ୍ୟକ ହୋଇଥାଏ ତେବେ, ତାହାକୁ ଚାଖନା ବେଣ୍ଟ କୁହାଯାଏ। ଏହି ବେଣ୍ଟାରେ ଶିକାର ମିଳିଲେ କି ନମିଳିଲେ ସେଥିରେ କୌଣସି କଟକଣା ନଥାଏ ସେପରି ସମସ୍ତ ଶିକାର ନଗଲେ ମଧ୍ୟ କାହାକୁ ଅପମାନିତ କରାଯାଏ ନାହିଁ। ବଡ଼ ବେଣ୍ଟରୁ ଫେରିବାର ଦଶ ପନ୍ଦର ଦିନପରେ ଫୁଲ ବେଣ୍ଟ ଅନୁଷ୍ଠିତ ହୋଇଥାଏ। ଏହାକୁ ଗୋବର ଲେଉଟାନି ବା ବାହୁଡ଼ାନି ବୋଲି ମଧ୍ୟ କୁହାଯାଏ। ସମସ୍ତ ଆଦିବାସୀ ଗୋଷ୍ଠୀରେ ବେଣ୍ଟ ପାଳନ ହେବାର ପରମ୍ପରା ଦେଖାଯାଏ ନାହିଁ ତେବେ, କୋୟା, ମୁଣ୍ଡା, ସାନ୍ତାଳ, ହୋ, ବଣ୍ଡା, ଡିଡ଼ାୟୀ, ଓ ଦୁରୁଆମାନେ ନିଶ୍ଚିତ ରୂପେ ପାଳନ କରିଥାନ୍ତି। ଏହି ବେଣ୍ଟ ସମୟରେ ପ୍ରଚୁର ମଦ୍ୟପାନ କରାଯାଉଥିବାରୁ ଏହାକୁ ସୁରାମ୍ ପରବ ମଧ୍ୟ କୁହାଯାଏ। ଫୁଲ ବେଣ୍ଟ ପରେ ଉତରାନି ପରବ ହୋଇଥାଏ। ଏହି ପରବରେ ବେଣ୍ଟକାରିଆ ବା ଶିକାରକୁ ଯାଇଥିବା ସମସ୍ତ ଲୋକ ନିଜନିଜ ତୀରଧନୁ ଜମା କରନ୍ତି ଦିଶାରି ମନ୍ତ୍ର ପଢି ସବୁ ତୀରରୁ ବିଷ ଉତାରିଥାନ୍ତି।

ଦ୍ରଷ୍ଟବ୍ୟ: ଛେରଛେରା, ଚଉଲଧୁଆ, ଦେହେଲିଆ ମାସ

ଗ୍ରନ୍ଥ ସୂଚନା: ପାଢ଼ୀ, ଓ ଉପାଧ୍ୟାୟ ୨୦୧୦, ୧୭୦-୪, ୧୮୧, ୩୩୯, ପ୍ରଧାନ ୨୦୦୭, ୭୪-୭୬; ପାତ୍ର ୨୦୧୫, ୬୨-୬୩; ବେଶ୍ରା ୨୦୦୩, ୨୬; ଶବର ୨୦୧୮, ୧୪୩-୧୫୦; ମେହେର ୨୦୧୦, ୮୮-୯୧।

ଚଉଲ ଟିକା

ଚାଉଳ ଟିକା; ପଶ୍ଚିମାଞ୍ଚଳ ଓଡ଼ିଆ, ଦେଶିଆ; ଆଦିବାସୀ, ମିତାନ୍ ଗୋଷ୍ଠୀ; ବିବାହକାଳୀନ ରୀତିନୀତି

ଚଉଲ ବା ଚାଉଳ ଟିକା କହିଲେ ବର ଓ କନ୍ୟାକୁ ଏକତ୍ର ବସାଇ ଜଣକ ପରେ ଜଣେ ହଳଦୀ ଓ ଚାଉଳ ଟିକା ଦେବାକୁ ବୁଝାଏ। ବରକନ୍ୟାକୁ ମକୁଟ ପିନ୍ଧାଇ ମୋଡ଼ୋଶାଳରେ ବେଦୀ ପାଖରେ ବସାଯାଏ। ସେମାନଙ୍କ ସାମ୍ନାରେ ଗୋଟିଏ ଥାଳିରେ ହଳଦୀ ଓ ଚାଉଳ ରଖାଯାଇଥାଏ। ପରେ ଉପସ୍ଥିତ ଗୋଷ୍ଠୀର ସମସ୍ତ ଉଭୟ ବୟସ୍କ ଓ ଅଳ୍ପ ବୟସ୍କ ନିଜ ଇଚ୍ଛାରେ ଜଣେ ପରେ ଜଣେ ଆସି ଚାଉଳ ଓ ହଳଦୀ ଉଠାଇ ସଂସାରର ଚଳଣି ବିଷୟ ପଦେଅଧେ କହିବା (ବୟସ୍କ ସଦସ୍ୟ କେବଳ ଏଭଳି କରିଥାନ୍ତି) ସହ ବର ଓ କନ୍ୟାଙ୍କ କପାଳରେ ଟିକା ଦେଇଥାନ୍ତି। ଏହି ବୟସ୍କ ସଦସ୍ୟଙ୍କୁ ବର ଓ କନ୍ୟା ଜୁହାର ହୋଇଥାନ୍ତି। ଉପହାର ଭାବରେ ସୁନା ଗହଣା, ଟଙ୍କା ମଧ୍ୟ ଦିଆଯାଇଥାଏ। ତେବେ, ଉପହାର ଦେବା ବାଧ୍ୟତାମୂଳକ ନୁହେଁ। ଚାଉଳ ଟିକା ପରେ ଝିଅ ବା କନ୍ୟାର ସାନ ଭାଇଭଉଣୀ ବରକୁ ସେମାନଙ୍କ ଭିଣୋଇକୁ ବିଧା ମାରିବାର ପରମ୍ପରା ଅଛି ଯାହା ଶଳାବିଧା ଭାବରେ ପରିଚିତ। ଏହି କ୍ଷେତ୍ରରେ ମଧ୍ୟ ବରକୁ ତା ଶଳା ଶାଳୀଙ୍କୁ ଉପହାର ଦେବାକୁ ହୋଇଥାଏ।

ଚାଉଳ ଟିକା ବା ବନ୍ଦାପନା କନ୍ୟା ଘରରେ ଆୟୋଜିତ ହେବା ପରେ ବର ଘରରେ ପୁଣି ଥରେ ଆୟୋଜିତ ହୋଇଥାଏ। ବର ଘରେ ଟିକା ବନ୍ଧାପନା ହେବା ପରେ କନ୍ୟାର ଗୃହ ପ୍ରବେଶ ସମୟରେ ବରର ଭଉଣୀ ଦୁଆର ମୁହଁରେ ଅଟକାଇଥାଏ ସେଇଠି କନ୍ୟା ତା'ର ନଣନ୍ଦ (ବରର ଭଉଣୀ)କୁ ଉପହାର ଦିଏ। ବର, କନ୍ୟାର ନିଜର ଭାଇଭଉଣୀ ନଥିଲେ କାକା ବଡ଼ ବାପା ତଥା ବଂଶର ଅନ୍ୟ କୌଣସି ଭାଇଭଉଣୀ ମଧ୍ୟ ସେହି ଭୂମିକା ନିର୍ବାହ କରିଥାନ୍ତି। ଅନୁରୂପ ପରମ୍ପରା ଗାଦବା ଓ ଭୂମିଜ ଗୋଷ୍ଠୀରେ 'ରୁକୁଡ଼ା', 'ଚୁମାଣ' ଭାବରେ ପରିଚିତ।

ଦ୍ରଷ୍ଟବ୍ୟ: ଦେ'ଦେବତା, ବିହା ବରପନ

ଗ୍ରନ୍ଥ ସୂଚନା: ସୁନାନୀ ୨୦୦୯, ୧୫୪-୫; ଭୋଳ ୨୦୦୩, ୨୬।

ଚଉଲଧୁଆନି

ଚାଉଳଧୁଆ ଯାତ୍ରା; ପଶ୍ଚିମାଞ୍ଚଳ ଓଡ଼ିଆ, ଦେଶିଆ; ଆଦିବାସୀ, ମିତାନ୍ ଗୋଷ୍ଠୀ; ପର୍ବପର୍ବାଣି –କୃଷିଭିତ୍ତିକ

ଚଉଲଧୁଆନି ବା ଚାଉଳଧୁଆ ଯାତ୍ରା କହିଲେ ନୂଆ ଚାଉଳକୁ ପ୍ରଥମ କରି ଧୋଇ ଭାତ ରାନ୍ଧିବାର ପର୍ବ। ଏହା ପାଳନ ହେବା ପୂର୍ବରୁ ସମ୍ପୃକ୍ତ ପର୍ବ ପାଳନ କରୁଥିବା ଗୋଷ୍ଠୀର ସଦସ୍ୟ ଚାଉଳକୁ ଧୋଇ ରୋଷେଇ କରିନଥାନ୍ତି। ଏହି ପରବ ସାଧାରଣତଃ କାର୍ତ୍ତିକ ମାସରେ ଆୟୋଜିତ ହୋଇଥାଏ। ଏହି ଯାତ୍ରାରେ ଚାଉଳକୁ ଧୋଇ ରୋଷେଇ କରିବା ସହିତ ଗ୍ରାମ ଦେବତା, ଗୃହ ଦେବତା ଓ ଗାଈ ଗୋରୁଙ୍କୁ ଦିଆଯାଏ। ତେବେ, ଗାଈଗୋରୁ ନୁହେଁ, ଘରର ତଥା ଗ୍ରାମର ଦେବଦେବୀଙ୍କୁ ନୂତନ ଶସ୍ୟ ଆନୁଷ୍ଠାନିକ ଭାବରେ ଅର୍ପଣ କରିବା ହିଁ ଏହାର ଉଦ୍ଦେଶ୍ୟ। ପୂଜା ଅବସରରେ କୁକୁଡ଼ା, ପାରା ବଳି ଦିଆଯାଏ, ଭୋଜିଭାତ କରାଯାଏ। ଚଉଲଧୁଆନି ଦିନ ପ୍ରଥମ କରି ନୂଆ ଚାଉଳରୁ ପିଠା ପ୍ରସ୍ତୁତ ହୁଏ, ଏଣୁ ଏହା 'ପିଟୋରି ଯାତ୍ରା' ଭାବରେ ମଧ୍ୟ ପରିଚିତ। ଏହି ଦିନ ଗାଁ ଗୁଡ଼ିରେ ତଥା ଘରେ ନୂଆ ଚାଉଳର ପିଠଉରେ ଝୋଟିଚିତା ଦିଆଯାଏ ଘରେ ବ୍ୟବହୃତ ହେଉଥିବା ପୁରୁଣା ହାଁଣିକୁଣି ବଦଳାଯାଏ। ଅତଏବ, ଏହାକୁ ସମ୍ପୃକ୍ତ ଗୋଷ୍ଠୀରେ ତଥା ଅଞ୍ଚଳ ଭେଦରେ 'ହାଁଣିଫିକା' ଯାତ୍ରା ବୋଲି ବି କହିଥାନ୍ତି। କେବଳ ଆଦିବାସୀ ଓ ମିତାନ୍ ଗୋଷ୍ଠୀ ନୁହେଁ ସହାବସ୍ଥିତ ଅନେକ ଅଣଆଦିବାସୀ ଗୋଷ୍ଠୀରେ ମଧ୍ୟ ଏହା ପାଳିତ ହୋଇଥାଏ।

ଦ୍ରଷ୍ଟବ୍ୟ: ଛେରଛେରା, ନୂଆଖାଇ, ମହୁଲ, ଯାତରା ପରବ

ଗ୍ରନ୍ଥ ସୂଚନା: ବାଗ ୨୦୦୯, ୬୬; ସୁନାନୀ ୨୦୦୯, ୩୮୨; ପାଢ଼ୀ, ଓ ଉପାଧ୍ୟାୟ ୨୦୧୦, ୧୭୯; ମିଶ୍ର ୧୯୯୮, ୬୨।

ଚରୁ

ପବିତ୍ର ଅନ୍ନ; ଓଡ଼ିଆ, ପଶ୍ଚିମାଞ୍ଚଳ ଓଡ଼ିଆ, ଦେଶିଆ; ଆଦିବାସୀ, ମିତାନ୍ ଗୋଷ୍ଠୀ; ଖାଦ୍ୟ ପରମ୍ପରା – ରୀତିନୀତି

ଅଣଆଦିବାସୀ ଗୋଷ୍ଠୀ ଭଳି ଆଦିବାସୀ ତଥା ମିତାନ୍ ଗୋଷ୍ଠୀରେ ମଧ୍ୟ ଚରୁର ଏକ ସ୍ୱତନ୍ତ୍ର ସ୍ଥାନ ଦେଖିବାକୁ ମିଳେ। ସାଧାରଣତଃ ଜନ୍ମ, ବିବାହ, ଦଶା ବା ମୃତକର୍ମ, ଓ ନୂଆଖାଇ ସମୟରେ ପ୍ରସ୍ତୁତ ଓ ଦେବୀଦେବତାଙ୍କୁ ଅର୍ପିତ ଅନ୍ନକୁ ଏହି ସବୁ ଗୋଷ୍ଠୀରେ ଚରୁ ଭାବରେ ଗ୍ରହଣ କରାଯାଏ। ସନ୍ତାନ ଜନ୍ମ ହେବା ପରେ ପ୍ରସୂତୀ ତଥା ସମ୍ପୃକ୍ତ ପରିବାର ଅଶୌଚ ହୋଇଥାନ୍ତି ବୋଲି ଧରାଯାଏ। ଏଗାର ଦିନ ପରେ ସେ ଶୁଦ୍ଧ ସ୍ନାନ କରି ନୂଆ ଆଟିକାରେ ଚରୁ ରାନ୍ଧି ପିତୃପୁରୁଷ ଓ ଦେବତାଙ୍କୁ ପୂଜା

କରେ। ତା'ପରେ ତାକୁ ପ୍ରସବ କରାଇଥିବା ଧାଈ ଏବଂ ଛୁଆକୁ ପ୍ରଥମେ ଧରିଥିବା ସ୍ତ୍ରୀଲୋକଙ୍କୁ ସେ ଚରୁ ଖୁଆଏ। ସେହିପରି, ବିବାହ ପରେ ଆଦିବାସୀ କନ୍ୟାଟି ନୂତନ ଭାବେ ଛଣ ଛପର ହୋଇଥିବା ଏକ ରନ୍ଧା ଘରେ ଚରୁ ରାନ୍ଧେ। ପିତୃ ଓ ଦେବୀଦେବତାଙ୍କୁ ଅର୍ପଣ କରିବା ପରେ ନିଜ ସ୍ୱାମୀକୁ ସେହି ଚରୁ ଦିଏ ଓ ସ୍ୱାମୀ ମଧ୍ୟ ନବବିବାହିତା ସ୍ତ୍ରୀଙ୍କୁ ଚରୁ ଖୁଆଇବା ଦେଖାଯାଏ।

ବିବାହ ପରି ମୃତକର୍ମରେ ବି ପିତା ଚରୁ ପ୍ରସ୍ତୁତ ହୋଇଥାଏ। ମୃତ୍ୟୁ ହେଲେ ତିନି ଦିନ କିମ୍ବା ଦଶ ଦିନରେ ମୃତ ପରିବାର ଜ୍ଞାତିକୁଟୁମ୍ବମାନେ ଚରୁ ରାନ୍ଧନ୍ତି। ପ୍ରଥମେ ମୃତ ବ୍ୟକ୍ତିର ଡୁମା ପାଇଁ ଏବଂ ପୂର୍ବ ଡୁମାମାନଙ୍କ ପାଇଁ ସରଗି ଚକନିରେ ନେଇ ବେଜରନାରେ ଦନି ଦିଅନ୍ତି। ଚରୁ ସହିତ ମୃତକର ବିଡ଼ି, ଗୁଡ଼ାଖୁ, ନାସ, ଧୂଆଁପତ୍ର ଅଭ୍ୟାସ ଥିଲେ ସେସବୁ ଜିନିଷ ଦିଆଯାଏ। ଏହି ଚରୁକୁ ଏକାଠି କୁଟୁମ୍ବ ଲୋକେ ଖାଆନ୍ତି। ଏହି ଚରୁରେ କଲରା ବା ପିତା ଫଳ, ଓ ମାଛ (ଆମିଷ) ବି ପଡ଼ିଥାଏ।

ନୂଆଖାଇରେ ମଧ୍ୟ ଚରୁ ପ୍ରସ୍ତୁତ କରାଯାଏ। ନୂଆଖାଇ ଦିନ ପ୍ରତି ଘରେ ସ୍ତ୍ରୀଲୋକମାନେ ନୂଆ ଆଟିକାରେ ଚରୁ ରାନ୍ଧି ପିତୃ ଓ ଦେବୀଦେବତାଙ୍କୁ ସମର୍ପଣ ପରେ ସରଗି ପତ୍ର ଚିପିଲିରେ ଚରୁ, ମଦ ଏବଂ କୁକୁଡ଼ା ମାଂସ ଖାଇ ନୂଆଖାଇ ପାଳନ କରିଥାନ୍ତି। ଏହା ବ୍ୟତୀତ, ଆଦିବାସୀ ଓ ମିତାନ ଗୋଷ୍ଠୀରେ କାର୍ତ୍ତିକ ମାସରେ ପ୍ରଥମ ଧାନ କାଟା ଦିନ ପରିବାରର ସମସ୍ତେ ଏକାଠି ହୋଇ ମାଟିମାଆ (ପୃଥିବୀ)କୁ ପୂଜା କରି ଅନୁମତି ମାଗନ୍ତି। ପାରା ଓ କୁକୁଡ଼ା ବଳି ଦେଇ ଉକ୍ତ ବଳି ଭୋଗକୁ ସେଇ ସ୍ଥାନରେ ହିଁ ରୋଷେଇ କରନ୍ତି ଏହା 'ଚରୁ ଯାତ୍ରା' ଭାବରେ ପରିଚିତ। କେତେକ ସ୍ଥାନରେ ଧାନ କଟା ତଥା ଖଳା ଯାତ୍ରା ସରିବା ପରେ ମଧ୍ୟ ଚରୁ ଦିଆଯାଏ। ଗାଦବା ଗୋଷ୍ଠୀରେ ସ୍ୱତନ୍ତ୍ର ଭାବରେ ଚରୁଭାଇ ଥାଆନ୍ତି ଏହି ଚରୁଭାଇ ନିର୍ବାଚନ ପାରମ୍ପରିକ ତଥା ପିଢିଧରି ପିଢ଼ି ଏହା ସ୍ଥିରୀକୃତ। ଚରୁଭାଇ ନଆସିଲେ ଏହି ଗୋଷ୍ଠୀରେ କୌଣସି ରୀତିନୀତି ପାଳିତ ହେବା ସମ୍ଭବ ନୁହେଁ, କାରଣ ସେମାନେ ହିଁ ସମ୍ପୃକ୍ତ ପରିବାର ପାଇଁ ଚରୁ ରାନ୍ଧିବା କାମ କରିପାରିଥାନ୍ତି।

ଦ୍ରଷ୍ଟବ୍ୟ: ଅସା ପରବ, କଟାର ଯାତ୍ରା

ଗ୍ରନ୍ଥ ସୂଚନା: ପାଢ଼ୀ, ଓ ଉପାଧ୍ୟାୟ ୨୦୧୦, ୧୬୮।

ଚିକଲଣ୍ଡି

କାଦୁଅ ଖେଳ; ଗୋତ୍ରୁବ; ଆଦିବାସୀ, ମିତାନ୍ ଗୋଷ୍ଠୀ; ସାମାଜିକ ପରମ୍ପରା– ବିବାହକାଳୀନ ରୀତିନୀତି

ବାହାଘର ପରେ ପାଳନ କରାଯାଉଥିବା କାଦୁଅ ଖେଳ ଚିକଲଣ୍ଡି ଭାବରେ

ପରିଚିତ। ବିବାହ ସରିବାରେ ଏକ ଘୋରଣା ଚକି ଉପରେ ବର ଓ କନ୍ୟାଙ୍କୁ ଠିଆ କରାଇ ବେଦୀ ଉପରେ ରଖାଯାଇଥିବା ନିତାହାଣ୍ଡି ପାନି ଢଳାଯାଏ। ତା'ପରେ ବେଦୀରେ ପୂର୍ବରୁ ପୋତା ଯାଇଥିବା ଆମ୍ବ, ପିଜୁଳି, ଡୁମେର, ଝଡ଼ି, ମହୁଲ ଆଦି ଡାଳ ଧରି ମାହାଲକାରିଆ ବା ଧଙ୍ଗଡ଼ାମାଂଝି ପୋଖରୀ ବା କୌଣସି ଜଳାଶୟକୁ ଯାଇଥାନ୍ତି। ପଛେପଛେ ବର ଓ କନ୍ୟାଙ୍କୁ ସଙ୍ଗ୍ ଧାଙ୍ଗଡ଼ା, ସଙ୍ଗ୍ ଧାଙ୍ଗଡ଼ୀମାନେ ପିଠିରେ ଲାଉ କରି ବୋହି ସେହି ପାଣିଘାଟକୁ ଆଣିଥାନ୍ତି। ଶିଶା ପୂଜାପାତି ସାରିବା ପରେ ଡାଳଗୁଡ଼ିକ ଉପରେ ବର କୋଳରେ କନ୍ୟା ଓ ସଙ୍ଗ ଧାଙ୍ଗଡ଼ାଙ୍କ କୋଳରେ ସଙ୍ଗ ଧାଙ୍ଗଡ଼ୀମାନେ ବସିଥାନ୍ତି। ଅନ୍ୟ ଲୋକମାନେ ବର ଓ କନ୍ୟା ବସିଥିବା ଡାଳକୁ ଟାଣିଟାଣି ପାଣି ଭିତରକୁ ନିଅନ୍ତି। ସେଇ ପାଣି ଘାଟରେ ସମସ୍ତେ କାଦୁଅ ବୋଳାବୋଳି ହୋଇ ଖେଳନ୍ତି ଓ ଗାଧୋଇ ଘରକୁ ଫେରନ୍ତି। ଗଣା, ଭତ୍ରା, ଗଉଡ଼ ଭଳି କେତେକ ଗୋଷ୍ଠୀରେ ଏହି ଦିନ ଏହି ପର୍ଯ୍ୟାୟରେ ପୋଖରା ବା ପାଣି ଘାଟରେ, ତଥା ମୋଡ଼ୋଶାଳ ବା ବିବାହ ସ୍ଥଳରେ ମଧ୍ୟ କାଦୁଅ ବୋଳାବୋଳି ହୋଇଥାନ୍ତି। ଅନେକତ୍ର ପରସ୍ପର ହଳଦୀ ବୋଳାବୋଳି ହୋଇଥାନ୍ତି ଯାହା 'ହଳଦୀ ଖେଳ' ଭାବରେ ପରିଚିତ। ଚିକଲଣ୍ଡି ଅଞ୍ଚଳ ତଥା ଗୋଷ୍ଠୀ ଭେଦରେ ଚିକଲହାଣ୍ଡି, କାଦୋହଙ୍ଗି, କାଦୋ ଖେଲ ଆଦି ଭାବରେ ବି ପରିଚିତ।

ଦ୍ରଷ୍ଟବ୍ୟ: ଘାଟ, ବିହା ବରପନ, ମୋଡ଼ୋ ଝରଲେନ୍

ଗ୍ରନ୍ଥ ସୂଚନା: ପାଢ଼ୀ, ଓ ଉପାଧ୍ୟାୟ ୨୦୧୦, ୧୮୪; ସୁନାନୀ ୨୦୦୯, ୧୫୪; ଭୋଳ ୨୦୦୩, ୨୭; ଆଚାର୍ଯ୍ୟ ୨୦୧୩, ୧୮୩-୧୮୪।

ଛତର

ଛତ୍ର ଯାତ୍ରା; ପଶ୍ଚିମାଞ୍ଚଳ ଓଡ଼ିଆ, ଦେଶିଆ; ଆଦିବାସୀ, ମିତାନ୍ ଗୋଷ୍ଠୀ; ପର୍ବପର୍ବାଣି

ପୂଜାପର୍ବରେ ଦେବୀଦେବତାଙ୍କ ପ୍ରତୀକ ଭାବରେ କନାରେ ତିଆରି ଗୋଲାକାର ଛତ୍ର ଶୋଭା ଯାତ୍ରା ବା ବୋଏଲ ବୁଲିବା ସମୟରେ ବାହାରିଥାଏ। ମଣ୍ଡେଇ, କଳସୀ, ଘଁଟ ଯାତ୍ରା ତଥା ସମ୍ପୃକ୍ତ ଦେବୀଦେବତାଙ୍କ ବିଶେଷ ଯାତ୍ରା ସମୟରେ ଛତର ବାହାରିଥାଏ। ଛତରରେ ଛିଟ କନା, ନାଲି କନା କିମ୍ବା କଳା କନା ହିଁ ବ୍ୟବହାର ହୋଇଥାଏ। ତେବେ, ଭୁଞ୍ଜିଆମାନଙ୍କ ଆରାଧ୍ୟ ଦେବୀ ସୁନାଦେଇଙ୍କ ଛତରରେ କେବଳ ଧଳାକନା ବ୍ୟବହୃତ ହେବା ଦେଖିବାକୁ ମିଳେ କାରଣ ଏହି ଗୋଷ୍ଠୀରେ ଧଳା ରଙ୍ଗକୁ ଶୁଭ ମନେକରାଯାଏ, ଏହି ସମାନ କାରଣରୁ ଏହି ଗୋଷ୍ଠୀରେ ବିବାହିତା ମହିଳାମାନେ ବି ଧଳା ଶାଢ଼ି ପିନ୍ଧିବା ଦେଖିବାକୁ ମିଳେ। ଛତର ସହିତ

ଶିକଲା, ଖଣ୍ଡା, ତ୍ରିଶୂଳ, ଛୁରୀ ଆଦି ଉପକରଣ ମଧ୍ୟ ଶୋଭାଯାତ୍ରାରେ ବାହାର କରାଯାଏ।

କଳାହାଣ୍ଡି ଜିଲ୍ଲାର ଗଡ଼ଦେବୀ ଭାବେ ଭବାନୀପାଟଣାରେ ପୂଜିତା ମାଣିକେଶ୍ୱରୀ ଦେବୀଙ୍କ ଦଶରା ସମୟରେ ଆୟୋଜିତ ହେଉଥିବା ଶୋଭାଯାତ୍ରା ସ୍ୱତନ୍ତ୍ର ଭାବେ 'ଛତର ଯାତ୍ରା' ଭାବରେ ବହୁ ପରିଚିତ। ଦେବୀଦେବତାଙ୍କ ଛତର ବୋଏଲ ବୁଲିବାବେଳେ ସମ୍ପୃକ୍ତ ଗୋଷ୍ଠୀର ସଦସ୍ୟ ନିଜ ତଥା ନିଜ ପରିବାରର ଶୁଭକାମନା କରି କୁକୁଡ଼ା, ପାରା, ଛେଳି, ମେଣ୍ଢା ଆଦି ବଳି ଦେବାର ବିଧି ଅଛି।

ଦ୍ରଷ୍ଟବ୍ୟ: ଦେ'ଦେବତା, ଯାତରା ପରବ, ବୋଏଲ

ଗ୍ରନ୍ଥ ସୂଚନା: ପାଢ଼ୀ, ଓ ଉପାଧ୍ୟାୟ ୨୦୧୦, ୧୯୩; ପଣ୍ଡା ୧୯୯୮, ୧୧୬-୨୩; ମେହେର ୨୦୧୦, ୫୯।

ଛିଟୁକ୍

ସାମୟିକ ଅଶୁଦ୍ଧି; ପଶ୍ଚିମାଞ୍ଚଳ ଓଡ଼ିଆ, ଦେଶିଆ; ଆଦିବାସୀ, ମିତାନ୍ ଗୋଷ୍ଠୀ; ସାମାଜିକ ପରମ୍ପରା

ପରିବାରରେ କେହି ଜନ୍ମହେଲେ, ବା କାହାର ମୃତ୍ୟୁ ହେଲେ ସମ୍ପୃକ୍ତ ଘର ତଥା ତାଙ୍କ ବଂଶକୁ 'ଛିଟୁକ୍ ଘର' ବୋଲି କୁହାଯାଏ। ଜନ୍ମ କ୍ଷେତ୍ରରେ ଏକୋଇଶା ପରେ କେତେକ କ୍ଷେତ୍ରରେ ନାଁଧରା ବା ଆଁକିଫୁଙ୍କା ପରେ, ଓ ମୃତ୍ୟୁ ହେଲେ ସାନ କାମ ପରେ ଛିଟୁକ୍ ସରିଥାଏ ସମ୍ପୃକ୍ତ ପରିବାର ନିଜ ଗୋଷ୍ଠୀରେ ସ୍ୱାଭାବିକ ଜୀବନଯାପନ କରିଥାଏ ନଚେତ୍ ଛିଟୁକ୍ ଘରେ କେହି ଖାଇବା ଏପରିକି ପାଣି ମଧ୍ୟ ପିଇ ନଥାନ୍ତି। ସେହିପରି, ମାସକିଆ ବା ରଜସ୍ୱଳା ହେଲେ ମଧ୍ୟ ଛିଟୁକ୍ ହେଇଛି ବୋଲି କୁହାଯାଏ ଓ ସମ୍ପୃକ୍ତ ମହିଳା ବା ଝିଅ ଋତୁସ୍ନାନ ପୂର୍ବରୁ ଘରର ଅନେକ ନିୟମିତ କାମ ଯେମିତି ରୋଷେଇ କରିବା ତଥା ପିଦର ବା ପୂଜା ସ୍ଥାନକୁ ଯିବା ଆଦି କାମ କରି ନଥାନ୍ତି। ତେବେ, କେତେକ ଅଣଆଦିବାସୀ ଗୋଷ୍ଠୀରେ ରଜସ୍ୱଳା ସମୟରେ ସ୍ନାନ କରି ଆସି ପୂଜାପାଠ ବ୍ୟତୀତ ରୋଷେଇ କାର୍ଯ୍ୟ ସହିତ ସମସ୍ତ କାମ କରିବା ଦେଖାଯାଏ।

ମାସିକିଆ ବା ରଜସ୍ୱଳା ସମୟରେ କୌଣସି ସ୍ତ୍ରୀଲୋକଙ୍କ ମୃତ୍ୟୁ ହେଲେ ତାହା ମିରଚୁକ୍ ଡୁମା ହୁଅନ୍ତି ବୋଲି ଗଣା, ଡମ ଆଦି ଗୋଷ୍ଠୀରେ ବିଶ୍ୱାସ କରାଯାଏ। ଏହି ଡୁମା ଅନିଷ୍ଟକାରୀ ନହେଲେ ବି ତାହାକୁ ପିଦରରେ ସ୍ଥାନ ଦିଆଯାଏନାହିଁ। ଏହି ଡୁମାକୁ ଗୁହାଳରେ ରଖାଯାଏ। ତେବେ, ଏହି ଡୁମାକୁ ଯଥାରୀତି ପୂଜା କରିବାରେ ହେଳା କରାଯାଏ ନାହିଁ।

ଦ୍ରଷ୍ଟବ୍ୟ: ଘର ସମବା, ମାସକିଆ, ଜନମ, କରମ, ସାନ କାମ

ଗ୍ରନ୍ଥ ସୂଚନା: ପାଢ଼ୀ, ଓ ଉପାଧ୍ୟାୟ ୨୦୧୦, ୨୫-୨୬; ବାଗ ୨୦୦୯, ୨୮, ୩୪, ୩୬; ସୁନାନୀ ୨୦୦୯, ୧୩୭।

ଛୁଆବିକା

ପ୍ରତୀକ ଭାବେ ଛୁଆ ବିକ୍ରି କରିବା; ପଶ୍ଚିମାଞ୍ଚଳ ଓଡ଼ିଆ; ମିତାନ୍ ଗୋଷ୍ଠୀ, ଆଦିବାସୀ; ସାମାଜିକ ପରମ୍ପରା

କୌଣସି ଦମ୍ପତିଙ୍କର ବାରମ୍ବାର ଶିଶୁ ଜନ୍ମ ହୋଇ ମୃତ୍ୟୁବରଣ କରୁଥିଲେ ପାରମ୍ପରିକ ବିଶ୍ୱାସକୁ ଆଧାର କରି ଭାବନ୍ତି ଯେ' ସେମାନଙ୍କର ଲାଳନପାଳନରେ କିଛି ତ୍ରୁଟି ରହିଯାଉଛି ଫଳରେ ଛୁଆ ଜନ୍ମ ହେଉ ନହେଉଣୁ ମୃତ୍ୟୁ ମୁଖରେ ପଡୁଛନ୍ତି। ସେହିପରି ଅନେକ ଦିନର ବ୍ୟବଧାନ ପରେ ଛୁଆଟିଏ ଜନ୍ମ ହେଲେ ତାକୁ ଅନାଗତ ବିପତ୍ତିରୁ ରକ୍ଷା କରିବା ପାଇଁ ସାମାଜିକ ବ୍ୟବସ୍ଥା ଅନୁସାରେ ନୀଚ ଜାତି ତଥା ଭିନ୍ନ ଏକ ଜାତିରେ ବିକି ଦିଅନ୍ତି ବା ଦାନ କରି ଦିଅନ୍ତି। ଉଦାହରଣ ସ୍ୱରୂପ, ଗଣା ବା ଡମ୍‌ମାନେ ସେମାନଙ୍କ ଶିଶୁକୁ ଚମାର ବା ଘାସି ପରିବାରକୁ ବିକି ଦିଅନ୍ତି। ଶବର, ଭତ୍ରା, ଗଣ ଆଦି ଗୋଷ୍ଠୀର ଶିଶୁ ହୋଇଥିଲେ ତାହାକୁ ଡମ୍ କିମ୍ବା ଘାସି, ଚମାର ଘରେ ବିକିଥାନ୍ତି। ଏହି ବିକ୍ରି କେବେଳ ପ୍ରତୀକାତ୍ମକ ମାତ୍ର। ଶିଶୁର ସମସ୍ତ ଲାଳନପାଳନ ତା'ର ମାତାପିତା ଘରେ ହିଁ ହୋଇଥାଏ। ବେଳେବେଳେ ଶିଶୁଟିକୁ ଅନୁରୂପ ଭାବରେ ନାଁ ଧରି ଡକାଯାଏ ଉଦାହରଣ ସ୍ୱରୂପ, ଡମ ଘରେ ବିକା ଯାଇଥିଲେ ଡମବୁଢ଼ା, ଗଣାବୁଢ଼ା; ଘାସି ଘରେ ବିକା ଯାଇଥିଲେ ଘାସି ଇତ୍ୟାଦି କୁହାଯାଏ।

ଦ୍ରଷ୍ଟବ୍ୟ: ଜନମ, ସମାଜ, ମିତାନ୍ ଗୋଷ୍ଠୀ, ଆଦିବାସୀ, ମିତ ମାପ୍ରସାଦ

ଗ୍ରନ୍ଥ ସୂଚନା: ସୁନାନୀ ୨୦୦୯, ୧୩୩-୪।

ଛେରଛେରା

ପଉଷ ପରବକାଳୀନ ଏକ ଅନୁଷ୍ଠାନ; ପଶ୍ଚିମାଞ୍ଚଳ ଓଡ଼ିଆ, ଦେଶିଆ; ଆଦିବାସୀ, ମିତାନ୍ ଗୋଷ୍ଠୀ; ପର୍ବପର୍ବାଣି

ପଉଷ ପରବ ବା ପୁଷପୁନିର ପରଦିନ ଗାଁର ପିଲାମାନେ ବିଭିନ୍ନ ଭାବରେ ବେଶ ହୋଇ ଗୋଦିଆ (ଚିତ୍ରିତ) ବାଡ଼ି ଧରି ଘରଘର ବୁଲି ଧାନଚାଉଳ, ପଇସା ମାଗିବା ଦେଖିବାକୁ ମିଳେ। ଏହି ପରମ୍ପରାକୁ 'ଛେରଛେରା' କୁହାଯାଏ, କାରଣ ଏହି ସମୟରେ ପିଲାମାନେ ଛେରଛେରା... ଛେରଛେରା... କହିଥାନ୍ତି।

"ଛେରଛେରା... ଛେରଛେରା... / ଛେରଛେରା ଦାନ ଦିଆତା / କୁଟାଘରା ରୁଆତା / ଇ ଘର ବୁଢୀ କେନେ ଗଲା / ଲିଆପିଠା ଖାଇ ଛେରେଇ ହେଲା..." ଆଦି ବିଭିନ୍ନ ଏକପଦୀ ଗୀତ ବି ଗାନ କରିଥାନ୍ତି। କେତେକ ଅଞ୍ଚଳରେ ମାଘ କୃଷ୍ଣପକ୍ଷ ପ୍ରତିପଦ ତିଥିରୁ ତୃତୀୟା ଯାଏ ଛଅ ଦିନ ଏହିପରି ଗୀତ ଗାଇଗାଇ ଛେରଛେରା ମାଗିବା ଦେଖାଯାଏ ତଥା ଏହା ଛେରଛେରା ନାଟ୍(ନାଚ) ଭାବରେ ମଧ୍ୟ ପରିଚିତ।

ପୁଷପୁନି ଦିନ ବିଭିନ୍ନ ଅଞ୍ଚଳରେ କୃଷିକର୍ମ ସମ୍ପର୍କିତ ରୀତିନୀତି ମଧ୍ୟ ପାଳନ କରାଯାଏ। ଉଦାହରଣ ସ୍ୱରୂପ, ପୁଷପୁନି ରାତିରେ ଅବିଭକ୍ତ କୋରାପୁଟ୍, କଳାହାଣ୍ଡି ଜିଲ୍ଲାର ବିଭିନ୍ନ ଅଞ୍ଚଳରେ ଗାଈଗୋରୁଙ୍କର ବିଶେଷ ପୂଜା କରାଯାଏ। ମଧ୍ୟରାତ୍ରିରେ ଗୋପନରେ ପରିବାରର ଗୃହକର୍ତ୍ତୀ ନୂଆ କପଡ଼ା ପିନ୍ଧି ଖେଚୁଡ଼ି ରୋଷେଇ କରି ପରଦିନ ସକାଳେ ଗାଈବଳଦଙ୍କୁ ଗାଧୋଇ ଦେବା ପରେ ଏହି ଖେଚୁଡ଼ି ଖାଇବାକୁ ଦେଇଥାନ୍ତି। ଏହି ଦିନ ଗାଈଗୋରୁଙ୍କୁ ଗାଧୋଇ ଦେଇ ଶିଂଘରେ ଗେରୁ ବା ନାଲି ରଙ୍ଗ ମରାଯାଏ।

ଦ୍ରଷ୍ଟବ୍ୟ: ଚଇତ ପରବ, ଚଉଲଧୁଆନି, ବାନ୍ଦନା

ଗ୍ରନ୍ଥ ସୂଚନା: ସୁନାନୀ ୨୦୦୯, ୩୮୬, ୩୮୮; ପାଢ଼ୀ, ଓ ଉପାଧ୍ୟାୟ ୨୦୧୦, ୧୯୪-୫; ମହାନ୍ତି ୨୦୧୮, ୧୦୨; ପାତ୍ର ୨୦୧୫, ୬୧-୬୨; ମେହେର ୨୦୧୦, ୯୧-୯୫।

ଜଙ୍ଘା ଦେଓ

ଗଣ୍ଡ, ଶବର ଆଦି ଗୋଷ୍ଠୀର ପ୍ରମୁଖ ଦେବତା; ଗଣ୍ଡି; ଆଦିବାସୀ; ଦେବୀ ଦେବତା

ଗଣ୍ଡ ଆଦିବାସୀମାନଙ୍କର ଶ୍ରେଷ୍ଠ ଦେବତା ବଡ଼ ଦେଓ ତଥା ଜଙ୍ଘା ଦେଓ। ଜଙ୍ଘା ଦେଓ ଜଗନ୍ତ, ଦଶନ୍ତ ଭାବରେ ମଧ୍ୟ ପରିଚିତ। ଜଙ୍ଗା ଦେଓଙ୍କୁ ସୃଷ୍ଟିକର୍ତ୍ତା ଏବଂ କୃଷିକାର୍ଯ୍ୟର ଉଦ୍ଭାବକ ଭାବରେ ଗ୍ରହଣ କରାଯାଏ। ଚୈତ୍ର ମାସରେ ଏହି ଦେବତାଙ୍କ ପୂଜା କରାଯାଏ। ଏହା ପଛରେ ଥିବା ମିଥ୍‌ରେ ଶାବର ଦେବତା ଶ୍ରୀଜଗନ୍ନାଥ ଓ ଜଙ୍ଘା ଦେଓ ମଧ୍ୟରେ ଏକ ଆଶ୍ଚର୍ଯ୍ୟଜନକ ସମ୍ପର୍କ ଦେଖିବାକୁ ମିଳେ। ଗଣ୍ଡମାନଙ୍କଦ୍ୱାରା ପୂଜିତ ଦେବତା ଆର୍ଯ୍ୟମାନଙ୍କଦ୍ୱାରା ଅପହୃତ ହୋଇ ନୀଳକନ୍ଦରକୁ ଯିବା ପରେ ଗଣ୍ଡମାନେ ଦେବତାଙ୍କ ଆସ୍ଥାନ ପାଖରେ ଅଧିଆ ପଡ଼ିବାରୁ ସେ ଆଦେଶ ଦେଲେ ଯେ ମୁଁ ଅର୍ଦ୍ଧେକ ମାତ୍ର ପୁରୀରେ ପୂଜା ପାଉଛି, ବାକି ଅଧେ ତୁମର, ତୁମେ ପୂଜା କର। ଅତଏବ, ଜଙ୍ଗା ଦେଓଙ୍କ ମୂର୍ତ୍ତି ଜଂଘ ପର୍ଯ୍ୟନ୍ତ ହିଁ ନିର୍ମିତ।

ଜଗନ୍ନାଥଙ୍କ ଅନୁରୂପ ଦଶନ୍ତ ଠାକୁରଙ୍କର ମଧ୍ୟ ଦଶ ବର୍ଷରେ ଥରେ ନବକଳେବର

ହୋଇଥାଏ। ଝାଡ଼ ଦେବତାଙ୍କୁ ପୂଜା କରି ଦାରୁ ସଂଗ୍ରହ କରାଯାଏ। ତେବେ, ଜଗନ୍ନାଥ ଭଳି କେବଳ ନିମ୍ବ ନୁହେଁ ଶାଳ ଓ ଅଶନ ଗଛର ଦାରୁ ମଧ୍ୟ ଏଥିପାଇଁ ବ୍ୟବହୃତ ହୋଇଥାଏ। ଦାରୁ ଖୋଜିବାକୁ ଗଲାବେଳେ ରନ୍ଧାଖାଦ୍ୟ ଖିଆଯାଇନଥାଏ। ଦେହୁରୀ ଦାରୁ ଚିହ୍ନଟ କଲା ପରେ ପ୍ରଥମେ ଧାରୁଆ ପଥରରେ ହଣାଯାଏ ତା'ପରେ ହଳଦୀ ପାଣିରେ ଧୁଆ ଯାଇଥିବା ଟାଙ୍ଗିଆରେ ହଣାଯାଏ। ଭାଦ୍ରବ ମାସ ଅମାବାସ୍ୟା ରାତିରେ ଏହି ନବକଳେବର କରାଯାଏ। ଦାରୁମୂର୍ତ୍ତିଙ୍କୁ ଗାଈ କ୍ଷୀରରେ ସ୍ନାନ କରାଇ ଧଳା ମାଟି, ହଳଦୀ ଗୁଣ୍ଡ, ଓ ପାଳର ପୋଡ଼ା କଳାକୁ ସେଥିରେ ବୋଳାଯାଏ। ତା'ପରେ ମା ବାସେଲୀଙ୍କୁ ପୂଜା କରି ବଳି ଭୋଗ ଦେଇ ପୁରାତନ ଦାରୁ ମୂର୍ତ୍ତିଙ୍କ ସହିତ ନୂଆ ଦାରୁ ମୂର୍ତ୍ତିଙ୍କୁ ସ୍ପର୍ଶ କରାଯାଏ। ଏହି କର୍ମ ସମ୍ପାଦନ କରୁଥିବା ସିଆନ୍, ଦିହାରୀମାନେ ପୂଜା ସମୟରେ ମୁହଁରେ କଦଳୀ ପଟ ବାନ୍ଧିଥାନ୍ତି କୌଣସି କଥାବାର୍ତ୍ତା କରିନଥାନ୍ତି।

ବଡ଼ାମ ଜଗନ୍ତଙ୍କ ବଡ଼ ଭାଇ ଭାବରେ ପୂଜିତ। ବଡ଼ାମଙ୍କ ଆସ୍ଥାନ (ଗଛ ତଳ) ବଡ଼ାମ ଶାଳ ଭାବରେ ପରିଚିତ। ଅଠର ଦେଉଳ ପୂଜା ସରିବା ପରେ ବଡ଼ାମ ଠାକୁରଙ୍କ ଯାତ୍ରା ହୁଏ। ଏହି ଯାତ୍ରାକୁ ମଣ୍ଡା ଠେଙ୍ଗା, ଡାଳ ଭାଙ୍ଗୁଣି ପର୍ବ କୁହାଯାଏ। ପରଦିନ ମଣ୍ଡା ପିଠା ଓ ପଣାଭୋଗ ପ୍ରସ୍ତୁତ କରାଯାଏ। ଏଠାରେ ଉଲ୍ଲେଖନୀୟ ଯେ ବଡ଼ାମ ସହିତ ବଡ଼ାମ ବୁଢୀ ବା ବଡ଼ାମ ମଣିଙ୍କ ବି ପୂଜା ହୁଏ। ତେବେ, ବଡ଼ାମ ପୂଜାର ପରମ୍ପରା କେବଳ ଗଣ୍ଡ ଗୋଷ୍ଠୀରେ ନୁହେଁ ବାଥୁଡ଼ି, ଜୁଆଙ୍ଗ, ଭୂମିଜ, ପାହାଡ଼ି ଭୂୟାଁ ଆଦି ଗୋଷ୍ଠୀରେ ମଧ୍ୟ ଦେଖିବାକୁ ମିଳେ।

ଗଣ୍ଡ ସମ୍ପ୍ରଦାୟରେ ବଡ଼ାମଶାଳରେ ଲଙ୍ଗଳ, ଶାବଳ ଆଦି କୃଷି ଉପକରଣ ରଖାଯାଉଥିବା ବେଳେ ବାଥୁଡ଼ି ସମ୍ପ୍ରଦାୟରେ ମାଟି ତିଆରି ହାତୀଘୋଡ଼ା ରଖାଯିବା ଦେଖିବାକୁ ମିଳେ। ଗ୍ରାମ ଦେବତା ତଥା ଗୋଷ୍ଠୀର ଆରାଧ୍ୟ ଦେବତା ଭାବରେ ବଡ଼ାମ ବୁଢା ଓ ବୁଢୀକୁ ଗ୍ରାମର ପ୍ରତ୍ୟେକ ଭଲମନ୍ଦରେ ମୁଣ୍ଡିଆ ମାରି ଆଶୀର୍ବାଦ କାମନା କରିଥାନ୍ତି।

ଦ୍ରଷ୍ଟବ୍ୟ: ଅଠର ଦେଉଳ, କିତୁଙ୍ଗ୍, ମାରାଂବୁରୁ, ମାଂଝିହାଲାମ୍ ବଙ୍ଗା

ଗ୍ରନ୍ଥ ସୂଚନା: ପାଢ଼ୀ, ଓ ଉପାଧ୍ୟାୟ ୨୦୧୦, ୧୯୮; ନାୟକ ୨୦୧୬, ୮୯-୯୫; ନାୟକ ୨୦୧୬, ୩୧-୩୬।

ଜନମ

ଜନ୍ମ; ପଶ୍ଚିମ ଓଡ଼ିଶାର କଥିତ ଓଡ଼ିଆ, ଦେଶିଆ; ଆଦିବାସୀ, ମିତାନ୍ ଗୋଷ୍ଠୀ; ଜନ୍ମ ରୀତିନୀତି

ଜନମ, କରମ, ବିହା ବରପନ, ଓ ମରନ ଏହି ଚାରୋଟି ପ୍ରକ୍ରିୟା ଭିତରେ

ସାଧାରଣ ମଣିଷର ଜୀବନ ଗତି କରିଥାଏ। ଏହି ଚାରୋଟି ଅବସ୍ଥାକୁ ନେଇ ସମସ୍ତ ଗୋଷ୍ଠୀରେ ବିଭିନ୍ନ ରୀତିନୀତି ପାଳନ କରାଯିବା ଦେଖିବାକୁ ମିଳେ। ପ୍ରାୟ ଆଦିବାସୀ ଓ ମିତାନ୍ ଗୋଷ୍ଠୀରେ ଛୁଆ ଜନ୍ମ ହେଲେ ଛାନି ବା ଛାତକୁ ନହେଲେ ଥାଳିଗିନା ବଜାଇ ଶବ୍ଦ କରାଯାଏ। ଏପରି କଲେ ଶିଶୁଟି କାଲ ହେବାର ଆଶଙ୍କା ନଥାଏ ତଥା ଚଳଚଞ୍ଚଳ ରହେ ବୋଲି ବିଶ୍ୱାସ କରାଯାଏ।

ଶିଶୁ ଜନ୍ମ ହେଲେ ଘର ବାହାରେ ବା ଦାଣ୍ଡ ଦୁଆରେ ଗଦନାଶାଲ ପ୍ରସ୍ତୁତ କରାଯାଏ। ଆଁକିଫୁକା ତଥା ନାଁ ଧରା ନସରିବା ଯାଏ ପ୍ରସୂତୀ ନାରୀ ଓ ସମ୍ପୃକ୍ତ ପରିବାରକୁ ଅଛୁଆଁ ଭାବରେ ଗ୍ରହଣ କରାଯାଏ। ଏମାନଙ୍କୁ କେହି ସ୍ପର୍ଶ କରନ୍ତି ନାହିଁ ତଥା ସ୍ପର୍ଶ କଲେ ଗାଧୋଇବାକୁ ହୋଇଥାଏ। ବିଶେଷ କରି ଅନ୍ୟ ଘରର ବୋହୂମାନେ ଏସବୁରୁ ଦୂରରେ ରହିଥାନ୍ତି। ଶିଶୁ ଜନ୍ମ ହେବା ପରେ ମାଆକୁ କୋଳଥ କଷା ଦିଆଯାଏ। ବେଳେବେଳେ କ୍ଷୀର ନହେଲେ ଜିଆ ପୋଡ଼ି ଖାଦ୍ୟରେ ମିଶାଇ ଖାଇବାକୁ ଦିଆଯାଏ। କେତେକ ଅଞ୍ଚଳରେ ବାଘ କ୍ଷୀର ମଧ୍ୟ ଏଥିପାଇଁ ବ୍ୟବହାର କରାଯାଏ। ଜନ୍ମଠାରୁ ବେଶ କିଛି ଦିନ ପର୍ଯ୍ୟନ୍ତ ସିଆନ୍ ସ୍ତ୍ରୀଲୋକ 'ସୂତରେନ୍' ଶିଶୁକୁ ଯତ୍ନ ନେବାରେ ସାହାଯ୍ୟ କରିଥାନ୍ତି। ପିଲାକୁ ଗାଧୋଇବା, ତେଲ ଲଗାଇବା ସେକିବା ଆଦି କାମ କରିଥାନ୍ତି। ଆଁକିଫୁକା ପରେ ଗଦନାଶାଲକୁ ପୋତି ଦିଆଯାଏ। ନଅ ଦିନରେ ନାଁ ଧରା ବା ନାମକରଣର ଆୟୋଜନ କରାଯାଇଥାଏ।

ଦ୍ରଷ୍ଟବ୍ୟ: ଆଁକିଫୁକା, ଗଦନାଶାଲ, ନାଁ ଧରା, ପତରପେଣା ଫିଂକା, ସୁତରେନ୍

ଗ୍ରନ୍ଥ ସୂଚନା: ବାଗ ୨୦୦୯, ୨୭-୨୮; ପାଢ଼ୀ, ଓ ଉପାଧ୍ୟାୟ ୨୦୧୦, ୨୮୪-୫; ସୁନାନୀ ୨୦୦୯, ୧୩୨; ହୋତା, ଓ ଅନ୍ୟମାନେ ୨୦୧୦, ୫୫।

ଜଲଙ୍ଗିଆ

ବିବାହ କାର୍ଯ୍ୟ ପରିଚାଳନା ଦାୟିତ୍ୱ ନେଇଥିବା ନିର୍ଦ୍ଦିଷ୍ଟ ସ୍ୱ-ଗୋଷ୍ଠୀ ସଦସ୍ୟ; ପଶ୍ଚିମାଞ୍ଚଳ ଓଡ଼ିଆ, ଦେଶିଆ; ଆଦିବାସୀ, ମିତାନ୍ ଗୋଷ୍ଠୀ; ଗୋଷ୍ଠୀ ସଦସ୍ୟଙ୍କ ସାମୟିକ ଆନୁଷ୍ଠାନିକ ସାମାଜିକ ଦାୟିତ୍ୱ

ପ୍ରାୟ ସମସ୍ତ ଆଦିବାସୀ ଓ ମିତାନ୍ ଗୋଷ୍ଠୀରେ ବିବାହ କାର୍ଯ୍ୟରେ ଜଲଙ୍ଗିଆ ପ୍ରମୁଖ ଭୂମିକା ନିର୍ବାହ କରିଥାନ୍ତି। ମୋଡ଼ୋ ଗନସନ ଦିନ ବର ଘର ପକ୍ଷରୁ ଦୁଇ ତିନୋଟି ଗାମୁଛା, ଚାଉଳ ଟଙ୍କା ଧରି କନ୍ୟା ଘରକୁ ଯାଇଥାନ୍ତି। ସେ କନ୍ୟାକୁ 'କାକନ (ଆମ୍ବ ପତ୍ରକୁ ହଳଦୀ ସୂତାରେ ବନ୍ଧା ଆମ୍ବ ପତ୍ର)' ବାନ୍ଧନ୍ତି। ସମ୍ପୃକ୍ତ ଗୋଷ୍ଠୀରେ ପ୍ରାୟ ଜଣେ ଦୁଇ ଜଣ ନିର୍ଦ୍ଦିଷ୍ଟ ବ୍ୟକ୍ତି ଥାଆନ୍ତି ଯିଏ ଜଲଙ୍ଗିଆ ଭାବରେ ଏହି କାର୍ଯ୍ୟ

ତୁଲାଇଥାନ୍ତି ଅବଶ୍ୟ ସେମାନଙ୍କ ଅନୁପସ୍ଥିତିରେ ସମ୍ପୃକ୍ତ ସମାଜ ଅନ୍ୟ କୌଣସି ବୟୋଜ୍ୟେଷ୍ଠ ବ୍ୟକ୍ତିଙ୍କୁ ଏହି ଦାୟିତ୍ୱ ଦିଆଯାଇଥାଏ। ଜଲଙ୍ଗିଆ ବିବାହ ଉତ୍ସବକୁ ଆସିବା ପାଇଁ ମଧ୍ୟ ଘରଘର ବୁଲି ଡାକିଥାନ୍ତି, ଅର୍ଥାତ୍ କୌଣସି ଏକ ନିର୍ଦ୍ଦିଷ୍ଟ ରୀତିନୀତି ଅନୁଷ୍ଠାନ ସମୟରେ ସେ ଘରଘର ବୁଲି ସେହି ଅନୁଷ୍ଠାନରେ ଉପସ୍ଥିତ ରହିବା ପାଇଁ କହିଥାନ୍ତି କାରଣ, ବିବାହର ସମସ୍ତ ରୀତିନୀତି ଏକ ସମୟରେ ବା ଗୋଟିଏ ଦିନରେ ହୋଇନଥାଏ। ଏପରିକି କନ୍ୟା ଘରେ ମଧ୍ୟ କିଛି ବିବାହ ସମ୍ପର୍କିତ ଘରୋଇ କାର୍ଯ୍ୟରେ ସାହାଯ୍ୟ କରିବା ଦେଖାଯାଏ। ଆଜିକାଲି ପରିବର୍ତ୍ତିତ ସମୟ ଓ ପରିସ୍ଥିତିରେ, ଅଞ୍ଚଳ ଭେଦରେ ଜଲଙ୍ଗିଆ କେବଳ ସାଂସ୍କୃତିକ କର୍ତ୍ତବ୍ୟ ନିର୍ବାହ କରିବା ବ୍ୟତୀତ ଅନ୍ୟ କୌଣସି କାର୍ଯ୍ୟ କରିବା ଆଉ ଦେଖାଯାଉନାହିଁ। ଜଲଙ୍ଗିଆ ଅନୁରୂପ ସାମାଜିକ ପ୍ରତିନିଧି ବିଭିନ୍ନ ଆଦିବାସୀ ଗୋଷ୍ଠୀରେ ଜଲଙ୍ଗିଆ ରାଏବାରିଜ, ଦାଣ୍ଡିଆ, ଡାଣ୍ଡିଆଦାର, ମାହାକାରିଆ ଭାବରେ ପରିଚିତ।

ଦ୍ରଷ୍ଟବ୍ୟ: ମାହାଲ, ଜଲଙ୍ଗିଆ, ବିହା ବରପନ

ଗ୍ରନ୍ଥ ସୂଚନା: ବାଗ ୨୦୦୯, ୫୨; ପାଢ଼ୀ, ଓ ଉପାଧ୍ୟାୟ, ୮୮।

ଜାନୀ

ପୂଜାରୀ; ପଶ୍ଚିମାଞ୍ଚଳ ଓଡ଼ିଆ, ଦେଶିଆ; ଆଦିବାସୀ, ମିତାନ୍ ଗୋଷ୍ଠୀ; ସାଂସ୍କୃତିକ ପ୍ରତିନିଧି

ଗ୍ରାମର ପୂଜା, ପର୍ବପର୍ବାଣିର ସମସ୍ତ ଦାୟିତ୍ୱ ତୁଲାଇଥାନ୍ତି ପୂଜାରୀ ବା ଜାନୀ। ବିହନ ଛିନା, ମାଟି ଦେବତା ପୂଜା, ଭୀମାବିହା ଆଦି ପାଳନ ସମୟରେ ଏମାନଙ୍କ ମୁଖ୍ୟ ଭୂମିକା ଦେଖିବାକୁ ମିଳେ। ଏମାନେ ନିଜର ସାଂସ୍କୃତିକ କାର୍ଯ୍ୟ ସମ୍ପାଦନ କରିବା ପାଇଁ ଗ୍ରାମବାସୀଙ୍କ ତରଫରୁ ପାରିଶ୍ରମିକ ଭାବେ କିଛି ଜମି ଦିଆଯାଇଥାଏ। କନ୍ଧ, ପରଜା (ପେଙ୍ଗୁ) ଗୋଷ୍ଠୀରେ ପୂଜାରୀଙ୍କୁ ଜାନୀ ତଥା ତାଙ୍କର ସାହାଯ୍ୟକାରୀଙ୍କୁ 'ଇଞ୍ଜା ଜାନୀ' କୁହାଯାଏ। ଜାନୀ ବିଭିନ୍ନ ଆଦିବାସୀ ଗୋଷ୍ଠୀରେ ପଲାସୀ, ନାଗମ୍, ଦେହୁରୀ, ପୂଜାରୀ, ନାୟେକେ, ବଡ଼ନାୟକ, ୱାଡ୍ଡେ, ବୁଇତା ନାମରେ ମଧ୍ୟ ପରିଚିତ।

ଦ୍ରଷ୍ଟବ୍ୟ: ଗୁରୁମାଇ, ନାଇକ, ଶିରା ଗୁନିଆ

ଗ୍ରନ୍ଥ ସୂଚନା: ପାଢ଼ୀ, ଓ ଉପାଧ୍ୟାୟ ୨୦୧୦, ୨୦୫; ବେଶ୍ରା ୨୦୧୦, ୨୦; ସାହୁ ୨୦୧୪, ୧୬; ପଟେଲ ୨୦୧୫, ୧୧।

ଜାହେର

ମୁଣ୍ଡାରୀ ଗୋଷ୍ଠୀର ପବିତ୍ର ପୀଠ; ସାନ୍ତାଳୀ; ଆଦିବାସୀ; ପୂଜା ଆସ୍ଥାନ

ଜାହେର ସାନ୍ତାଳ ଆଦିବାସୀଙ୍କ ପୂଜା ପୀଠ। ଏହି ପୀଠରେ ମାରାଂବୁରୁ (ମହାପ୍ରଭୁ), ଜାହେର ଏରା (ଜାହିରା ଦେବୀ), ମଣେକ (ପଞ୍ଚଦେବତା), ଗସାଏଁ ଏରା (ଠାକୁରାଣୀ) ଆଦି ଦେବୀ ଦେବତାଙ୍କୁ ପୂଜା କରାଯାଏ। ଏହି ଦେବୀଦେବତାଙ୍କୁ ସ୍ଥାପନା କରିବା ପାଇଁ ଏକ ସରଳ ରେଖାରେ ରହିଥିବା ତିନୋଟି ଶାଳ ଗଛକୁ ଚୟନ କରାଯାଏ। ଜାହେରକୁ ପବିତ୍ର ଭାବରେ ଗ୍ରହଣ କରାଯାଉଥିବାରୁ କେହି ଜାହେରରୁ ବୃକ୍ଷ କାଟନ୍ତି ନାହିଁ। ସେଠାରେ ପାଖିଆ ଏକ ଚାଳିଆ ନିର୍ମାଣ କରାଯାଏ। ଏହି ଚାଳିଆଟି ଅବିବାହିତ ପୁଅ ପିଲାଙ୍କଦ୍ୱାରା ନିର୍ମିତ ହେଉଥିବାବେଳେ ଏଥିରେ ଲିପାପୋଛା କାମ ମଧ୍ୟ ଅବିବାହିତ ଝିଅମାନେ ହିଁ କରିଥାନ୍ତି। ପ୍ରତି ବର୍ଷ ବାହା ପରବରେ ଏହାର ମରାମତି ହୁଏ। ଗସାଏଁ ଏରାଙ୍କୁ ମହୁଲ ଗଛ ମୂଳରେ ସ୍ୱତନ୍ତ୍ର ଚାଳିଆରେ ସ୍ଥାପନା କରି ପୂଜା କରାଯାଏ। କୁହାଯାଏ ଯେ, ଗସାଏଁ ଏରା କମାର ଜାତିର ଓ ସେ ଜାହେର ଆୟଙ୍କ ସାନ ପୁଅକୁ ବିବାହ କରିଥିଲେ। ସେଥିପାଇଁ ଜାହେର ଆୟ ତାଙ୍କୁ ଅଲଗା ଘରେ ରହିବା ପାଇଁ ନିର୍ଦ୍ଦେଶ ଦେଇଥିଲେ। ଏଥିପାଇଁ ଜାହେରରେ ପୂଜିତ ନହୋଇ ଜାହେରଶାଳର ଅନ୍ୟ ସ୍ଥାନରେ ତାଙ୍କୁ ଥାପନା କରାଯାଏ। ସେହିପରି, ମାରାଂବୁରୁ କେବଳ ଜାହରରେ ପୂଜା ପାଇଥାନ୍ତି ତାହା ନୁହେଁ, ଘରେ ବି ତାଙ୍କୁ ପୂଜା କରାଯାଏ। ସେ ମହାପ୍ରଭୁ, ଅଗ୍ରପୂଜ୍ୟ। ମାରାଂବୁରୁଙ୍କୁ ଧଳା ରଙ୍ଗର କୁକୁଡ଼ା ବଳି ଦିଆଯାଏ। ଗସାଏଁ ଏରାଙ୍କୁ କଳା କୁକୁଡ଼ା ବଳି ଦିଆଯାଏ। ଭଲ ବର୍ଷା ହେବା ପାଇଁ ଓ ଫସଲରେ ରୋଗପୋକ ନଲାଗିବା ପାଇଁ ମଣେକ ତୁରୁୟକଙ୍କୁ ପୂଜା କରାଯାଏ। ଏଥିପାଇଁ ମଣେକ ତୁରୁୟକଙ୍କୁ ପଞ୍ଚ ଦେବତା ଭାବରେ ଗ୍ରହଣ କରାଯାଏ। ସେହିପରି, ଜାହେର ଏରା ବା ଜାହେର ଦେବୀଙ୍କୁ ମୁଣ୍ଡାମାନେ ଜାହେର ଦେବୀ, ଓ ଓରାଓଁମାନେ 'ଚାଲାପାଚୋ' କହିଥାନ୍ତି। ମାରାଂବୁରୁଙ୍କୁ କେବଳ ସାନ୍ତାଳ ନୁହନ୍ତି ବରଂ ମୁଣ୍ଡା, ହୋ, ବୀରହୋର, ଓ ଭୂମିଜମାନେ ମଧ୍ୟ ପୂଜା କରିଥାନ୍ତି। ଏଠାରେ ଉଲ୍ଲେଖନୀୟ ଯେ, ଏକ ଘରିକିଆ ବା ପାନିବାରି ଦିଆଯାଇଥିବା (ବିଟଲାହା) ଲୋକଙ୍କୁ ତଥା ସେମାନଙ୍କ ପରିବାରର ସଦସ୍ୟଙ୍କୁ ସମାଜରେ ପୁଣି ଥରେ ମିଶାଇବାବେଳେ ମଧ୍ୟ ମାରାଂବୁରୁ, ମଣେକ ତୁରୁୟକ, ସହିତ ଜାହିରା ଏରାଙ୍କୁ ପୂଜା କରି ବଳି ଦିଆଯାଏ।

ଦ୍ରଷ୍ଟବ୍ୟ: ଜଙ୍ଘାଦେଓ, କିତୁଙ୍ଗ୍, ପାଏନ୍ ମିଶାନି

ଗ୍ରନ୍ଥ ସୂଚନା: ବେଶ୍ରା ୨୦୧୦, ୧୭, ୧୦୧।

ଜିଲିଞ୍ଚ ଡାହାର୍

ଦୂର ଯାତ୍ରା (ଦାମୋଦର ଯାତ୍ରା), ସାନ୍ତାଳ ଗୋଷ୍ଠୀର ଅସ୍ଥି ବିସର୍ଜନ ପରମ୍ପରା; ସାନ୍ତାଳୀ; ଆଦିବାସୀ; ମୃତ୍ୟୁ ପର ରୀତିନୀତି

ଦାମୋଦର ଯାତ୍ରା ସାନ୍ତାଳ ଗୋଷ୍ଠୀର ସାମୂହିକ ଅସ୍ଥି ବିସର୍ଜନର ପରମ୍ପରା। ସାନ୍ତାଳ ଗୋଷ୍ଠୀରେ ଶୁଦ୍ଧିକ୍ରିୟା ସରିବା ପରେ ଡୁମା ଅଣାଯାଏ ବା 'ଉମୁଲ ଆଦେର' କରାଯାଏ ଅସ୍ଥିକୁ ଗାଁ ମୁଣ୍ଡକୁ ନେଇ ଆସି ଗୋଟିଏ ଗଛ ମୂଳରେ (ସାଧାରଣତଃ କେନ୍ଦୁ ଗଛ ମୂଳରେ) ପୋତି ଦିଆଯାଏ। ସାନ୍ତାଳମାନେ ବିଶ୍ୱାସ କରନ୍ତି ଯେ ଆତ୍ମା ମୃତ୍ୟୁର ତିନି ପିଢି ପରେ ପୁଣି ଥରେ ଫେରେ। ଅତଏବ, ମୃତ୍ୟୁ ପରଠୁ ପୁଣି ଥରେ ଜନ୍ମ ନେବା ଯାଏଁ ଆତ୍ମା ଏକାକୀ ଏଇଠି ସେଇଠି ନରହୁ ବୋଲି ସାମୂହିକ ଭାବେ ଅଞ୍ଚଳ ଭିତ୍ତିରେ ଏହା ଆୟୋଜନ କରାଯାଏ। ବର୍ଷକ ଭିତରେ ମୃତ୍ୟୁବରଣ କରିଥିବା ସମସ୍ତ ମୃତକଙ୍କ ଅସ୍ଥି ଏକତ୍ର ବିସର୍ଜନ କରାଯାଇଥାଏ। ଅସ୍ଥି ବିସର୍ଜନ ନହେବା ଯାଏଁ ମୃତକର ଆତ୍ମା ପୂର୍ବପୁରୁଷମାନଙ୍କ ଆତ୍ମା (ହାପଲାମ୍ ବଙ୍ଗା)ସହ ଏକତ୍ରିତ ହୋଇପାରେ ନାହିଁ ବୋଲି ସାନ୍ତାଳମାନେ ବିଶ୍ୱାସ କରନ୍ତି।

ଜିଲିଞ୍ଚ ଡାହାର ସାଧାରଣତଃ ଧାନ ଅମଳ ସରିଗଲା ପରେ ଡିସେମ୍ବର କିମ୍ବା ଜାନୁଆରୀ ମାସରେ ବ୍ୟକ୍ତିଗତ ତଥା ସାମୂହିକ ଭାବରେ ମଧ୍ୟ ପାଳନ କରାଯାଏ। ଅସ୍ଥି ବିସର୍ଜନ କରିବାକୁ ଆଣିଥିବା ବ୍ୟକ୍ତି (ସାଧାରଣତଃ ଯିଏ ମୁଖାଗ୍ନି ଦେଇଥାନ୍ତି) ମାଠିଆ (ପୂର୍ବରୁ ଗଛ ମୂଳରେ ସାଇତା ଯାଇଥିବା) ଭିତରୁ ଅସ୍ଥି ବାହାର କରି ହାତ ପାପୁଲିରେ ନୂଆ କପଡ଼ାରେ ତୋଳି ଧରନ୍ତି। ସ୍ତ୍ରୀ ଲୋକମାନେ ହଳଦୀ ପାଣି ଓ କ୍ଷୀର ଢାଳନ୍ତି। ଅଞ୍ଚଳ ଭେଦରେ ପାଣି ଓ ରସି ବି ଢଳାଯାଏ। ଏହା ପରେ ସେହି ଅସ୍ଥି ରଖାଯାଇଥିବା ମାଠିଆକୁ କେନ୍ଦୁ ବାଡ଼ିର ବାଡ଼େଇ ଭାଙ୍ଗି ଦିଆଯାଏ। ମାଠିଆ ଭାଙ୍ଗିବା ପୂର୍ବରୁ ଅସ୍ଥି ଧରିଥିବା ବ୍ୟକ୍ତି ମାଠିଆ ଚାରିପଟେ ତିନିଥର ପ୍ରଦକ୍ଷିଣ କରି 'ହିର୍ଲା ମାରାଂବୁରୁ' ଧ୍ୱନି କରି ଏକମୁହାଁ ହୋଇ ଦାମୋଦର ଯାତ୍ରା ପାଇଁ ଆଗକୁ ବଢିଥାନ୍ତି। ଘାଟରେ ପହଞ୍ଚିବା ପରେ ପ୍ରଥମେ ଦାନ୍ତ କାଠିରେ ଦାନ୍ତ ଘଷନ୍ତି ତା'ପରେ ପାଣିରେ କିଛି ଖୁଚୁରା ପଇସା ଫିଙ୍ଗି ଅସ୍ଥି ବିସର୍ଜନ ପାଇଁ ସ୍ନାନ କରନ୍ତି। ଅଳ୍ପ ପାଣି ଥିବା ଘାଟରେ ବାଲିର ପୀଠଟିଏ କରି ଚାରି ପାଖରେ ଚାରିଟି ଶାଳ କିମ୍ବା ମହୁଲ ଡାଳ ପୋତି ସାତ ଘେରା ସୂତା ଗୁଡ଼ାଇଥାନ୍ତି। ଗୋଟିଏ ପଟ ଖୋଲା ରଖି ମୃତକ ଉଦ୍ଦେଶ୍ୟରେ ଧୂପ, ସିନ୍ଦୂର ସାତୋଟି ଚୁଡ଼ା ପିଠା ଦେଇ ମାରାଂବୁରୁଙ୍କ ପାଖରେ ପୂଜା କରାଯାଏ। ପୂଜା ସରିବା ପରେ ଅସ୍ଥି ବିସର୍ଜନ କରି ଭୋଜିଭାତ ଖାଇ ଘରକୁ ଫେରିଥାନ୍ତି। ମାଂଝି ଗାଁରେ ସେମାନଙ୍କୁ ସ୍ୱାଗତ କରିଥାନ୍ତି, ଘରେ ଯାତ୍ରୀମାନଙ୍କୁ ଗୋଡ଼ ଧୋଇଦେଇ ତେଲ ଲଗାଯାଏ।

ଦ୍ରଷ୍ଟବ୍ୟ: ଗତର, ହାଙ୍କାର ଉଡ୍ଡୁଂ

ଗ୍ରନ୍ଥ ସୂଚନା: ନାଏକ ୨୦୧୮, ୨୬-୨୮।

ଜୁଲଯିବା

ନିର୍ଦ୍ଦିଷ୍ଟ ପଶୁପକ୍ଷୀଙ୍କ ମିଳନ; ପଶ୍ଚିମାଞ୍ଚଳ ଓଡ଼ିଆ, ଦେଶିଆ; ଆଦିବାସୀ, ମିତାନ୍ ଗୋଷ୍ଠୀ; ପାରମ୍ପରିକ ଅବଧାରଣା

ଜୁଲଯିବା କହିଲେ ସାଧାରଣତଃ କେତେକ ନର୍ଦ୍ଦିଷ୍ଟ ପଶୁପକ୍ଷୀଙ୍କ ମିଳନକୁ ବୁଝାଏ। ଉଦାହରଣ ସ୍ୱରୂପ ସାପ, କାଉ, ଓ ଝିଟିପିଟି। ଏହି ପ୍ରାଣୀଗୁଡ଼ିକର ମିଳନକୁ ଆଧାର କରି ବିଭିନ୍ନ ଗୋଷ୍ଠୀରେ ଭିନ୍ନଭିନ୍ନ ଅବଧାରଣା ଦେଖିବାକୁ ମିଳେ। ଯେପରି, କାଉ ମିଳନ ଦେଖିଲେ ନିଜର କେହି ପ୍ରିୟଜନର ମୃତ୍ୟୁ ସମ୍ବାଦ ଆସିବାର ଆଶଂକା କରାଯାଏ। ସେହିପରି, ସାପ ମିଳନ ଦେଖିଲେ କିଛି ଶୁଭ ଘଟଣା ଘଟିବାର ଆଶା କରାଯାଏ। ଅନୁରୂପ ଭାବରେ, ଝିଟିପିଟି ମିଳନ ଦେଖିଲେ କିଛି ବିରାଟ ଅଘଟଣ ଘଟିବାର ସମ୍ଭାବନା ଥାଏ ବୋଲି ବିଶ୍ୱାସ କରାଯାଏ। କାଉ ମିଳନ ଦେଖିଲେ ମୃତ୍ୟୁ ସମ୍ବାଦ ବା ମୃତ୍ୟୁ ଆଶଙ୍କା କରିବା ସହିତ ହଳଦୀ ଲଗାଇ (ମୃତ୍ୟୁ ଖବରର ପ୍ରତୀକ) ମିଛ ମୃତ୍ୟୁର ଖବର ଦିଆଯାଇଥାଏ। ତେବେ, ଚିଠି ଭିତରେ ତାହାର ସୂଚନା ଦିଆଯାଇଥାଏ। ଅନୁରୂପ ଭାବରେ, କାଉ ପାଣି ଗାଧୋଇବା ଦେଖିଲେ ମଧ୍ୟ ଅକାଳ ମୃତ୍ୟୁ ହେବାର ଆଶଙ୍କା କରାଯାଏ। ଅତଏବ, ମିଛ ମୃତ୍ୟୁ ଖବର ପ୍ରଚାର କରାଯାଏ। ଏଭଳି କଲେ ଆଉ ଅକାଳ ମୃତ୍ୟୁ ବା ବିପଦ ଆସିବାର ସମ୍ଭାବନା ରହେ ନାହିଁ ବୋଲି ବିଶ୍ୱାସ କରାଯାଏ। ଏହା 'କୁଆ ମରନ' ଭାବରେ ମଧ୍ୟ ପରିଚିତ।

ଦ୍ରଷ୍ଟବ୍ୟ: ମରନ, ମାରା ମାନା

ଗ୍ରନ୍ଥ ସୂଚନା: ସୁନାନୀ ୨୦୦୯, ୩୫୭।

ଜୋହାର

ଜୁହାର (ସାନ୍ତାଳ ଗୋଷ୍ଠୀର ପରସ୍ପରକୁ ସମ୍ମାନ ଆଦର ପ୍ରଦର୍ଶନର ବିଶେଷ ପରମ୍ପରା); ସାନ୍ତାଳୀ; ଆଦିବାସୀ; ସାମାଜିକ ପରମ୍ପରା

ସାନ୍ତାଳ ଗୋଷ୍ଠୀରେ ଜୋହାର ଏକ ଉଲ୍ଲେଖନୀୟ ପରମ୍ପରା। ଅନ୍ୟ ଆଦିବାସୀ ତଥା ମିତାନ୍ ଜାତିରେ ମଧ୍ୟ ଜୁହାରଭେଟ ବା ଜୋହାର ପରମ୍ପରା ଅଛି ତେବେ, ସାନ୍ତାଳ ଗୋଷ୍ଠୀରେ ଜୁହାର ପରମ୍ପରାରେ ସ୍ୱତନ୍ତ୍ରତା ଦେଖିବାକୁ ମିଳେ। ଅନ୍ୟ ଗୋଷ୍ଠୀ ଭଳି ସାନ୍ତାଳ ଗୋଷ୍ଠୀରେ ମଧ୍ୟ ଘରକୁ ଅତିଥି ଆସିଲେ ପ୍ରଥମେ

ପାଣିଢ଼ାଳ (ମିତ୍ ଲୋଟା ଦାଃ) ଦିଆଯାଏ। ତେବେ, ବୟସ୍କ ଲୋକଙ୍କୁ ଗୋଡ଼୍ ଜୋହାର କରିବା ବେଳେ ଅନୁଜଙ୍କୁ ଆଞ୍ଜୁଳା କରି ଜୋହାର ଆତାଅଁ (ଜୋହାର ସ୍ୱୀକାର) କରାଯାଏ।

ଗୋଡ଼୍ ଜୋହାର ପାଞ୍ଚ ପ୍ରକାରର ଯଥା, ମାରାଂହୋଡ଼୍ ଗୋଡ଼୍ ଜୋହାର (ବୟସ୍କଙ୍କୁ ଜୋହାର କରିବା), ତାବେର ଗୋଡ଼୍ ଜୋହାର (ଭଗବାନ, ଗୁରୁମାନ୍ୟ ଲୋକଙ୍କୁ କରାଯାଉଥିବା ଜୋହାର), ବାଲାୟା (ଦୁଇ ସମୁଦି ସମୁଦୁଣି ମଧ୍ୟରେ) ଗୋଡ଼୍ ଜୋହାର, ଆଝନାରଦାୟ ଗୋଡ଼୍ ଜୋହାର ଦେଢ଼ଶାଶୁଙ୍କୁ କରାଯାଉଥିବା ଜୋହାର), ସାଙ୍ଗାତିୟା ଗୋଡ଼୍ ଜୋହାର (ଉଭୟ ବର କନ୍ୟାଙ୍କର ଭାଇଭଉଣୀ ପରସ୍ପରକୁ କରୁଥିବା ଜୋହାର)। ବାଲାୟା ଜୋହାରରେ ଦୁଇ ସମୁଦି ଓ ଦୁଇ ସମୁଦୁଣିଙ୍କ ପରସ୍ପରକୁ ସ୍ୱତନ୍ତ୍ର ଭାବେ ଜୋହାର କରିଥାନ୍ତି ସେହିପରି, ବର କନ୍ୟାଙ୍କ ଭାଇଭଉଣୀଙ୍କ ପରସ୍ପରକୁ ଜୋହାର ହେବାରେ ସ୍ୱତନ୍ତ୍ରତା ଦେଖାଯାଏ। ତେବେ, ଏଠାରେ ଉଲ୍ଲେଖନୀୟ ଯେ, ସାନ୍ତାଳ ସମ୍ପ୍ରଦାୟରେ ଗୋଡ଼୍ ଜୋହାରର ଅର୍ଥ ପାଦ ସ୍ପର୍ଶକୁ ବୁଝାଏ ନାହିଁ, ଏବଂ ତାବେର ଗୋଡ଼୍ ଜୋହାରରେ ସାଷ୍ଟାଙ୍ଗ ଜୋହାର କରାଯାଏ।

ଦୁଇ ସମୁଦି ସାମ୍ନାସାମ୍ନି ହେବା ପରେ ପରସ୍ପର ହାତକୁ ଟାଣି ଧରିବା ସହ ଛାତିକୁ ଛାତିକୁ ପାଞ୍ଚ କିମ୍ବା ସାତ ଥର ମିଶାଇବା ପରେ ହାତ ଯୋଡ଼ି ପରସ୍ପରକୁ "ସଲାମ୍ ବନ୍ଧୁଭାଇ ଯୁଗେଯୁଗେ ରୁତ୍ ପାଣ୍ଡୁହେସେ'ଲ ପାଣ୍ଡୁ ଧାରିଜ..." କହନ୍ତି। ସେହିପରି, ଦୁଇ ସମୁଦୁଣି ସାମ୍ନାସାମ୍ନି ହେବାପରେ ପରସ୍ପରର ମୁଣ୍ଡ ନୁଆଁଇ ପାଖ ଲାଗନ୍ତି ଓ ପରସ୍ପର ପାପୁଲିକୁ ନିଜ ପଟକୁ ଟାଣିବା ସହିତ ପାଞ୍ଚ ସାତ ଥର ଆଗପଛ 'ଗାଉଇଜ୍' କରନ୍ତି ପରେ ଦୁଇଜଣ ହାତ ଯୋଡ଼ି "ସାଲାମ ବନ୍ଧୁ !" କହନ୍ତି। ଅନୁରୂପ ଭାବରେ, ବର ଦେଢଶାଶୁଙ୍କୁ ଜୋହାର କଲାବେଳେ ବର ହାତ ନଇଁକି ହାତ ଯୋଡ଼ି ଜୋହାର କରନ୍ତି ଓ ଦେଢଶାଶୁ ବାମ ପାପୁଲିରେ ଡାହାଣ କହୁଣୀ ରଖି ଡାହାଣ ପାପୁଲି(ଆଞ୍ଜୁଳା)କୁ ଓଲଟାଇ ଆଶୀର୍ବାଦ କରିଥାନ୍ତି। ସେହିପରି, ବରକନ୍ୟାଙ୍କ ଭାଇ ଭଉଣୀମାନେ ମଧ୍ୟ ପରସ୍ପରକୁ ସ୍ୱତନ୍ତ୍ର ଭାବରେ ଜୋହାର କରିଥାନ୍ତି।

ଦ୍ରଷ୍ଟବ୍ୟ: ମାଏନ ଧରମ, କାଟାହାବୁଙ୍ଗ୍

ଟକି ପରବ

ଟକି ପରବ; ଦେଶିଆ; ଆଦିବାସୀ; ପ୍ରଜାତିକ ପର୍ବପର୍ବାଣି

ଟକି ପରବ କେବଳ କନ୍ଧ, ପେଙ୍ଗୁ ପରଜା ଆଦି ଗୋଷ୍ଠୀରେ ସାତ ଦିନ

ପର୍ଯ୍ୟନ୍ତ ପାଳିତ ହୋଇଥାଏ । ପୌଷ ମାସରେ ଫସଲ ଅମଳ ପରେ ଟକି ପରବ ପାଳନ କରାଯାଏ । ପୌଷ ମାସ ଶୁକ୍ଳପକ୍ଷ ପୂର୍ଣ୍ଣିମାର ପାଞ୍ଚ ଦିନ ପୂର୍ବରୁ ଏହା ଆୟୋଜନ ହୋଇଥାଏ । ଏହା ପରେ ଧାଙ୍ଗରି ଦୋଲା ଓ ଗୁରୁ ପୂଜା ହୋଇ ସାତ ଦିନରେ ସମାପ୍ତ ହୋଇଥାଏ । ବ୍ରିଟିଶ୍ ଶାସନକାଳରେ ଏହି ପରବରେ ନରବଳି ଦିଆଯାଉଥିବା ଜଣାଯାଏ (Campbell 1864, 75-76) । ସମ୍ପ୍ରତି ଏକ ପୋଢ଼, ଘୁଷୁରି କିମ୍ବା ମେଣ୍ଢାକୁ ବଳି ଦିଆଯିବା ଦେଖାଯାଏ । ଧାରନୀ ଦେବୀଙ୍କ ଆସ୍ଥାନରେ ଦୁଇଟି ଦୁଇ ହାତ ଲମ୍ବ ବିଶିଷ୍ଟ ସରଗି ଖୁଣ୍ଟ ଏକହାତ ଛାଡ଼ି ପୋତା ହୋଇଥାଏ ଏହାର ଚାରି ପାଖରେ ବାଉଁଶ ଘେରା ଦିଆଯାଇଥାଏ । ଏହା ଦେଖିବାକୁ ଇଂରାଜୀ ଅକ୍ଷର H ପରି । ଏହି ଖୁଣ୍ଟ ଦୁଇଟି ଯୋଡ଼ିଯାଇ A ପରି ହେଲେ ସେହି ଗ୍ରାମରେ ଟକି ପରବ ହେବ ବୋଲି ଦଶରା ବେଳେ ଘୋଷଣା କରାଯାଏ । ଏହା ପରେ ଜାନୀ ତାଙ୍କର ପାଟ ପଁଚୁରାର ସମସ୍ତ ଜାନୀ ଓ ଦିଶାରିଙ୍କୁ ଡାକି ସଭା କରି ସେହି ଗ୍ରାମରେ ଟକି ପରବ ଆୟୋଜନ କରିବାର ଯୋଜନା କରାଯାଏ ।

ରାଜାଙ୍କଠାରୁ ଟକି ପରବ ପାଇଁ ଟକି ଆସେ । ରାଜା ଯେଉଁ ମେଣ୍ଢା ଦିଅନ୍ତି ତାହା ଟକି (ଜାନୀର ଝିଅ) ବୋଲି ସେ ଅଞ୍ଚଳରେ କହନ୍ତି । ଜାନୀ ଘରେ ଟକିକୁ ରଖାଯାଏ ତାକୁ 'ରସମୁଆଣା' ନାମରେ ଡକାଯାଏ । ଟକି ପରବର ପ୍ରଥମ ଦିନ ଗ୍ରାମର ସମସ୍ତ ସ୍ତ୍ରୀ ପୁରୁଷ କାଠପତ୍ର ସଂଗ୍ରହ କରିବା ପାଇଁ ଯାଆନ୍ତି । ଦ୍ୱିତୀୟ ଦିନ ଗୁରୁ ପୂଜା ହୁଏ । କନ୍ଧ ପରଜା ପାଇଁ ଡଙ୍ଗର ବା ପାହାଡ଼ ସବୁବେଳେ ଦେବତା ଅନୁରୂପ । ଅତଏବ, ଗୁରୁବୁଢ଼ା ବା ବୁଢ଼ାରଜା ଡଙ୍ଗରରେ ଥାଆନ୍ତି ବୋଲି ବିଶ୍ୱାସ କରାଯାଏ । ଗୁରୁବୁଢ଼ାଙ୍କ ପୂଜା ପରେ ଧାରନୀ ଦେବୀ ଆସ୍ଥାନରେ ଟାଙ୍ଗୀ ଉତରା ହୁଏ । ତୃତୀୟ ଦିନ ଦେବୀଙ୍କୁ ଦିଶାରି ହଳଦୀ ଚାଉଳ କରି ଗ୍ରାମର ପ୍ରତିଘରକୁ ବୁଲନ୍ତି । ଚତୁର୍ଥ ଦିନ ବଳି ଦିଆଯାଏ । ତା'ର ଅନ୍ତବୁଜୁଳାକୁ କାଢି ନୂଆ କଣିରେ ରଖାଯାଏ ଏହା 'ମୁତ ପାଏନ୍' ଭାବରେ ପରିଚିତ । ଏହି ମୁତ ପାଏନ୍ ସହିତ ପାଣି, ଚାଉଳ, ଓ ଚକ୍ଷୁ ଆଦି ମଧ୍ୟ ରଖାଯାଇଥାଏ । ପଞ୍ଚମ ଦିନ ଅର୍ଥାତ୍ ପୌଷ ପୂର୍ଣ୍ଣିମା ଟକି ପରବର ମୁଖ୍ୟ ଦିନ । ଏହି ଦିନ ଟକି ପଡ଼େ, ଅର୍ଥାତ୍ ମୁତ ପାନିକୁ ସଦରଠାରୁ ଧାରନୀ ଖାଲ ଯାଏଁ ନେଇ ଦେବୀଙ୍କୁ ସମର୍ପଣ କରାଯାଏ । ଏହି ଶୋଭାଯାତ୍ରା ବାଜାଗାଜା ସହିତ ହୋଇଥାଏ ଓ ସମସ୍ତେ ଅଂଶଗ୍ରହଣ କରିଥାନ୍ତି । ଶୋଭାଯାତ୍ରାର ଆଗରେ ବଡ଼ ନିଶାନକୁ ଦୁଇ ଜଣ ଭାରୁଆ କାନ୍ଧରେ ବୋହି ଚାଲିଥାନ୍ତି ପଛ ଭାରୁଆ ନିଶାନ ବାଦନ କରିଥାଏ । ଆଗରେ ଗ୍ରାମ୍ୟଦେବୀଙ୍କ ପ୍ରତୀକ ଭାବେ ମୟୂର ପୁଚ୍ଛ ଓ ଲାଲ କନା ଗୁଡ଼ାଯାଇଥିବା ଏକ ଲାଠି ବୋହି ଜଣେ ଭାରୁଆ ଚାଲିଥାଏ । ବଡ଼ ନିଶାନକୁ ମଧ୍ୟ ଦେବୀଙ୍କ ପ୍ରତୀକ ଭାବରେ ଗ୍ରହଣ କରାଯାଏ ।

ଟକି ପରବରେ ଅଂଶଗ୍ରହଣ କରିବାକୁ ପାଲି ଗ୍ରାମଗୁଡ଼ିକରୁ ମଧ୍ୟ ସମ୍ପୃକ୍ତ ଗୋଷ୍ଠୀର ସଦସ୍ୟମାନେ ଏହି ପରି ଶୋଭାଯାତ୍ରାରେ ଆସିଥାନ୍ତି। ଅନ୍ୟ ଗ୍ରାମର ଶୋଭାଯାତ୍ରା ଗ୍ରାମ ନିକଟବର୍ତ୍ତୀ ହେଲାବେଳେ 'ମୁନ୍ଦରାଧରିଆ (ଟକିକୁ ଘରଘର ବନ୍ଦାପନା ପାଇଁ ବୁଲାଇବାକୁ ନିୟୋଜିତ ହୋଇଥିବା ବ୍ୟକ୍ତି। ମୁନ୍ଦରାଧରିଆ ସାଧାରଣତଃ ଅନ୍ୟ ଗ୍ରାମର ଓ ଜାନୀଙ୍କ ଭିନ୍ନ ବଂଶର ହୋଇଥାନ୍ତି)' ଗାଁ ମୁଣ୍ଡରେ ପୋତା ଯାଇଥିବା କଦଳୀ ଗଛକୁ ହାଣିଥାଏ ଏହାକୁ ନିମନ୍ତ୍ରଣର ସଂକେତ ଭାବରେ ଗ୍ରହଣ କରାଯାଏ। ମୁନ୍ଦରାଧରିଆ କଦଳୀଗଛ ନହାଣିବା ଯାଏଁ ଅନ୍ୟ ଗ୍ରାମର ଆଗନ୍ତୁକ ସେହିଭଳି ଗ୍ରାମ ବାହାରେ ଛିଡ଼ା ହୋଇଥାନ୍ତି। ଏହିପରି ସମସ୍ତ ପାଖପାଲି ଗ୍ରାମର ଲୋକ ଆସିଥାନ୍ତି। ଧାରନୀ ପଡ଼ିଆ ପାଖରେ ଛାମୁଣ୍ଡିଆ କରି ନିଜନିଜ ନିଶାନ ଓ ଛତର ରଖନ୍ତି। ସମସ୍ତେ ଆସିବା ପରେ ସଦରଠାରୁ ଧାରନୀ ଖାଲକୁ ମୁତପାଏନ୍ ଆଣିବା କାମ କରାଯାଏ। ଧାରନୀ ଖାଲ ବା ଜନା ଖାଲରେ ପ୍ରତ୍ୟେକ ଦେବୀଙ୍କ ଲୌହ ଲିଙ୍ଗ, ଖଣ୍ଡା, ତ୍ରିଶୂଳ ଆଦି ରଖାଯାଇ ପୂଜା କରାଯାଏ। ଜଣେ ଅବିବାହିତା ଝିଅ ମୁତପାଏନ୍ କଣି ବୋହିକି ଧାରନୀ ଖାଲକୁ ଆସେ। ଝାକର ବା ଜାନୀ ମୁଣ୍ଡମୋଡ଼ା ହୋଇ ଅନ୍ତବୁଜୁଲା ଛେଚା ହୋଇଥିବା ମେଣ୍ଢାକୁ ଗୋଟିଏ ଟୋକେଇରେ ଧରିଥାଏ ଓ ଅସଲ ମୁତ ପାଏନକୁ ଅନ୍ୟ ଜଣେ ଲୁଚାଇ ରଖି ସୁରକ୍ଷା ମଧ୍ୟରେ ଅଣାଯାଏ। ଏହି ସମୟରେ ଅନ୍ୟ ଗ୍ରାମରୁ ଆସିଥିବା ଲୋକ ଏହି ମୁତ ପାଏନ୍ ଜବରଦସ୍ତି ଛଡ଼େଇ ନେବାକୁ ଚେଷ୍ଟା କରିଥାନ୍ତି। ସୁରକ୍ଷାର ସହିତ ମୁତ ପାଏନକୁ ଜନାଖାଲ ପାଖକୁ ପହଞ୍ଚାଇବାକୁ ହୋଇଥାଏ। ଏହି ମୁତ ପାଏନ୍ ଛଡ଼େଇବାରେ ମରାମରି ହେବା ସହିତ ରକ୍ତପାତ ବି ହୋଇଥାଏ। ସମ୍ପ୍ରତି ପୋଲିସ ସୁରକ୍ଷା ଯୋଗୁଁ ଏହାକୁ ରୋକାଯାଇ ପାରିଛି, ତଥା ଅନେକତଃ ଶାନ୍ତିପୂର୍ଣ୍ଣ ଭାବରେ ହେଉଛି। ମେରିଆ ପାଟ ଭଳି ଘୁଷୁରି ପାଟ୍, ଛେଳି ପାଟ୍, ପୋଢ ପାଟ, ଗାଈ ପାଟ ଆଦି ମଧ୍ୟ ହୋଇଥାଏ ତଥା ଅନୁରୂପ ଭାବରେ ବଳି ଦିଆଯାଏ। ଷଷ୍ଠ ଦିନ 'ଧାଙ୍ଗରିଦୋଲା' ପାଳନ କରାଯାଏ। ଆଗରୁ ସମ୍ପର୍କଥିବା ଯୁବକ ଯୁବତୀ ଏହି ଦିନ ଧାରନୀ ପଡ଼ିଆରେ ବିବାହ କରିଥାନ୍ତି। ଏହି ଦିନ ଧଙ୍ଗରା ଧାଙ୍ଗରି ବାଲିଗଜା, ଓ ସାରି ଭଳି ମୈତ୍ରୀ ବନ୍ଧନରେ ମଧ୍ୟ ଆବଦ୍ଧ ହୋଇଥାନ୍ତି। ସପ୍ତମ ଦିନ ନାଚନୀ ଡଙ୍ଗର ବା ଗୁରୁ ଡଙ୍ଗରରେ ଗୁରୁ ପୂଜା ହୋଇଥାଏ। ସେଦିନ ଧାଙ୍ଗରି ଦୋଲାର ନବବିବାହିତ ଦମ୍ପତି ତଥା ଅନ୍ୟ ଯୁବକ ଯୁବତୀମାନେ ଡଙ୍ଗରକୁ ଯାଇ ଭୋଜିଭାତ କରି ନାଚଗୀତ କରି ସନ୍ଧ୍ୟାରେ ଘରକୁ ଫେରନ୍ତି। ଏହି ଦିନ ଟାଙ୍ଗୀ ଉତରେନ୍ ବି କରାଯାଏ। ଦେବୀଙ୍କ ପାଖରେ ସାତ ଦିନ ଆଗରୁ ଆଣିଥିବା ଟାଙ୍ଗୀକୁ ପୁଣି ଥରେ ସମର୍ପଣ କରାଯାଏ।

ଦ୍ରଷ୍ଟବ୍ୟ: ପୋଢ଼ ପୂଜା

ଗ୍ରନ୍ଥ ସୂଚନା: ମିଶ୍ର ୧୯୯୬, ୯୬-୧୦୨; ପଣ୍ଡା ୧୯୮୮, ୨୭-୩୭; ପାଢ଼ୀ, ଓ ଉପାଧ୍ୟାୟ ୨୦୧୦, ୨୧୩-୧୬।

ଟିକଲମରା

ମଧୁର ଆକ୍ଷେପ; ପଶ୍ଚିମାଞ୍ଚଳ ଓଡ଼ିଆ, ଦେଶିଆ; ଆଦିବାସୀ, ମିତାନ୍ ଗୋଷ୍ଠୀ; ବାଚିକ ପରମ୍ପରା

ଟିକଲମରା କହିଲେ ସାଧାରଣତଃ ବିଭିନ୍ନ ସାମାଜିକ ତଥା ବ୍ୟକ୍ତିଗତ ଆଦାନପ୍ରଦାନବେଳେ ସିଧାସିଧା ନକହି ଛଟା, ଦାଏକା, ଢଗ ଆଦିର ପ୍ରୟୋଗରେ ନିଜର ବକ୍ତବ୍ୟ ପ୍ରକାଶ କରିବାକୁ ବୁଝାଯାଇପାରେ। ଟିକଲମରା ଗାଳି ନୁହେଁ ଏକ ମଧୁର ଆକ୍ଷେପ ମାତ୍ର ତଥା ଏହାର ଆଦାନ ପ୍ରଦାନରେ ବିଭେଦ ସୃଷ୍ଟି ହୋଇନଥାଏ। ଉଦାହରଣ ସ୍ୱରୂପ–

"ଦେ ଦେକେଇ ଦିଆରୀ ଖାଏ"। (ଦିଅଁକୁ ଦେଖାଇ ପୂଜାରୀ ଖାଏ)

"କଏଁରି କଁଟିଆର ମହାବିଷ"। (କଷରା ବିଛାର ବିଷ ବେଶି)

"ତତଲା ପାନିନେ ଘର ନାଇଁ ପୁଡ଼େ"।

"ଚିନାର ନାଇଁ କି ଜନାର ନାଇଁ, ମକେ ବଲୁଛେ ମାମୁର ଝି"।

"ବନ୍ଦର ପାଏନ ଝଲଝଲା, ପାଏନକେ ଦେଖି ଶୋଷ କଲା"।

"ଛାଏଁ ଦେଖିଦେଖି ବୁଲୁଥା
ଅରଦା ଧାଙ୍ଗରି ଦେଖଲେ ମର ମାଏଜି ବଲୁଥା"।

"ତମେ ଧଙ୍ଗରା ହେଲେ କାଏଁ ହେଲା
ମୁଏଁ ନାଇନା ତେଜ,
ଆମେ ବୁଢୀ ହେଲେ କାଏଁ ହେଲା
ଅଁଟେକ ଡ଼େଙ୍ଗର ଶେଜ"।

"ଆ ଗଛକୁ ଯା ଗଛକୁ
ଲେହେଁଟି ଦେଖଲେ ଖ ଗଛକୁ
ଖ ଗଛ ତଲେ ଧମନା
ତମର ହାତେ ପଇସା ନାଇଁ
କିଏ ଦେବା ମତେ ଭରନା"।

"ପଲସା ପତର ଆବୁଲ ଠାବୁଲ, ଚୁଡ଼ିପିନ୍ଧି ଗଲି ହୁଲଗୁଲା

ତୋର ତୋ ପିଲାମାଏଜି ନାଇଁ, ଶୁଏବାର ବଡ଼ ଗୁଲଗୁଲା"।
"କଷି ବାଉଁଶର ଧୁନ
ଘଇତା ଖାଉଛେ ଶିକାର ତୁନ
ମେହେଜି ଚାଟୁଛେ ନୁନ"।
"କଲା ବାଇଗନ କଷି
ଝାଲ ଘମ୍ ଘମ୍ ବୁହି ଯାଉଛେ
କାର ଘରେ ଥିଲ ପଶି"।

ପ୍ରସଙ୍ଗକ୍ରମେ ଏଭଳି କିଛି ଉକ୍ତିର ପ୍ରୟୋଗକୁ ପ୍ରବାଦ ଭାବରେ ମଧ୍ୟ ଗ୍ରହଣ କରାଯାଏ ତେବେ, ଏସବୁ ଟିକଲମରାର ବି ଅଂଶବିଶେଷ। କିଛିକିଛି ବାକ୍ୟାଂଶ ବି ଟିକଲମରା ପାଇଁ ବ୍ୟବହୃତ ହୋଇଥାଏ ବିଭିନ୍ନ ପ୍ରସଙ୍ଗରେ ଯେମିତି– ଉଲଟିଆ ଧଙ୍ଗରା, ଉଲଟିଆ ଧାଙ୍ଗରି, ଖରା ଧାଙ୍ଗରି, ଶୁକଲା ଢେଁଟି, ମାଦାଙ୍ଗ୍, ମୁନୁଷଦୁଖୀ, ଛଲଲା ଅଁଟ୍, ଭଁଟାବୁଲି, "ଭଣା ଫୁଟଲେ ଗଲା, ଟୁକେଲ ନସଲେ ଗଲା" ଇତ୍ୟାଦି।

ଦ୍ରଷ୍ଟବ୍ୟ: ଗୀତ, କଥାନି, ଧନ୍ଦା

ଗ୍ରନ୍ଥ ସୂଚନା: ମିଶ୍ର ୧୯୯୬, ୨୯୦-୫; ସୁନାନୀ ୨୦୦୯, ୫୨୧-୨୫; ଚଲାନ ୨୦୦୧, ୧୧୭-୧୧୮।

ଟୁସୁ

କୁଡୁମୀ ଗୋଷ୍ଠୀର ପର୍ବ; କୁଡୁମୀ; ଆଦିବାସୀ, ମିତାନ୍ ଗୋଷ୍ଠୀ; ପର୍ବପର୍ବାଣି

ଟୁସୁ ପର୍ବ ମୟୂରଭଞ୍ଜ ଜିଲ୍ଲାର ଏକ ଗଣପର୍ବ। କୁଡୁମୀ ସମ୍ପ୍ରଦାୟରେ ପାଳିତ ହେଉଥିବା ଏହି ପର୍ବ ପୌଷ ମାସର ପ୍ରଥମ ଦିନ ଆରମ୍ଭ ହୋଇ ସଙ୍କ୍ରାନ୍ତି ଦିନ ଉଦ୍‌ଯାପିତ ହୋଇଥାଏ। ଏହି ଅବସରରେ ପୂଜା କରାଯାଇ ପରସ୍ପର ମଧ୍ୟରେ ମକର ଚାଉଳ ବଣ୍ଟାଯାଏ। ଏକ ଲୋକ କଥା ଅନୁସାରେ ଉତ୍ତର ପ୍ରଦେଶର ପଞ୍ଚକୋଟ କାଶୀ ରାଜ୍ୟରେ ବିରକଲ ସିଂହ ନାମରେ ଜଣେ କୁଡୁମୀ ରାଜା ରାଜତ୍ୱ କରୁଥିଲେ। ତାଙ୍କର ତୁସ୍ମନୀ ନାମରେ ଗୋଟିଏ ଝିଅ ଥିଲା। ସେତେବେଳେ ଦିଲ୍ଲୀର ସୁଲତାନ ଆଲାଉଦିନ୍ ଖିଲିଜିଙ୍କ ଲୋଲୁପ ଦୃଷ୍ଟି ତୁସ୍ମନୀ ଉପରେ ପଡ଼ିଥିଲା। ବିରକଲ ପ୍ରଜାଙ୍କ ସହ ରାଜ୍ୟ ଛାଡ଼ି ପଳାଇ ଯାଉଥିବାବେଳେ ସୁଲତାନଙ୍କ ସୈନ୍ୟମାନେ ତୁସ୍ମନୀକୁ ଅପହରଣ କଲେ। କିନ୍ତୁ, ତୁସ୍ମନୀ କୌଶଳକ୍ରମେ ଖସିଯାଇ ସତୀତ୍ୱ ରକ୍ଷା ପାଇଁ ଆତ୍ମ ବିସର୍ଜନ କଲେ। ଏଣୁ, କୁଡୁମୀ ଜାତିର କୁମାରୀ ଝିଅମାନେ ତୁସ୍ମନୀଙ୍କୁ ତ୍ୟାଗ ଓ ଆତ୍ମ ବିସର୍ଜନର ଦେବୀ ଭାବରେ ବିବେଚନା କରି ପୂଜା କରିଥାନ୍ତି। ମକର ସଂକ୍ରାନ୍ତିର

ଛଅ ଦିନ ପୂର୍ବରୁ ଟୁସୁ ଦେବୀଙ୍କ ପୂଜା ଆରମ୍ଭ ହୋଇଥାଏ। ସାଧାରଣତଃ ଟୁସୁ ଦେବୀଙ୍କ ଆତ୍ମ ବିସର୍ଜନର ଗାଥା ଗାନ କରିବା ସହିତ ଭୋଗ ଭାବରେ ମକର ଚାଉଳ ଓ ନାନା ପ୍ରକାରର ପିଠାପଣା ପ୍ରଦାନ କରାଯାଏ। ସଂକ୍ରାନ୍ତି ପୂର୍ବ ଦିନ ଝିଅମାନେ ଟୁସୁ ଦେବୀଙ୍କୁ ଘରଘର ବୁଲେଇ ଥାଆନ୍ତି। ସବୁ ଘରେ ଦେବୀଙ୍କୁ ପୂଜା କରିବା ସହିତ ଆଦର ସମ୍ମାନ କରାଯାଏ। ସଙ୍କ୍ରାନ୍ତି ଦିନ ବିସର୍ଜନ ହୋଇଥାଏ। ତା'ପର ଦିନ ଟୁସୁ ବାସି ଭାବରେ ପରିଚିତ। ଏହି ଦିନ କୁମାରୀ ଝିଅମାନେ ଶେଷ ଶ୍ରଦ୍ଧା ପ୍ରଦର୍ଶନପୂର୍ବକ ଅତୀତର ଆତ୍ମ ବିସର୍ଜନ ଗାଥା ବାହୁନିବା ଦେଖାଯାଏ। ହଜାର ହଜାର ବର୍ଷ ଧରି ପାଳିତ ହୋଇ ଆସୁଥିବା ଏହି ପର୍ବ କୁଡୁମୀମାନଙ୍କର ଏକ ସାଂସ୍କୃତିକ ପରିଚୟ।

ଦ୍ରଷ୍ଟବ୍ୟ: ଯାତରା ପରବ

ଗ୍ରନ୍ଥ ସୂଚନା: ପାତ୍ର ୨୦୧୮, ୭୯-୮୦।

ଡମ୍ବରୁ

ବିରଥିଆମାନଙ୍କ ବାଦ୍ୟ; ଓଡ଼ିଆ; ମିତାନ୍ ଗୋଷ୍ଠୀ, ଆଦିବାସୀ; ବାଦ୍ୟଯନ୍ତ୍ର– ରୀତିନୀତି

ଗଣା ଜାତିରେ ପାରମ୍ପରିକ ଭାବରେ ଶିବ ପୂଜା କରିବାର ପରମ୍ପରା ନାହିଁ ତେବେ ଡମ୍ବରୁକୁ ସେମାନେ ତାଙ୍କ ବାଦ୍ୟ ଭାବରେ ଗ୍ରହଣ କରିବା ସହ ଏହା ସେମାନେ ଶିବଙ୍କଠାରୁ ହିଁ ପାଇଛନ୍ତି ବୋଲି ଏକ ମିଥ୍ ବି ପରିବେଷଣ କରନ୍ତି। ଡମ୍ବରୁ ଗଣା ଗୋଷ୍ଠୀର ପ୍ରଜାତିକ ଭାଟ ବିରଥିଆମାନେ ଗଣାମାନଙ୍କର ବଂଶାବଳୀ ଗାଥା ପରିବେଷଣ କରିବା ବେଳେ ବଜାଇଥାନ୍ତି। ଏହି ବଂଶାବଳୀ ପରିବେଷଣକୁ 'ଗୋଭାଉତରା (ପ୍ରଜାତିକ ଇତିହାସ ଗାନର ପରମ୍ପରା)' କୁହାଯାଏ। ଅତଏବ, ଗୋଭଉତରାକୁ ଛାଡ଼ି ଅନ୍ୟ କୌଣସି ସମୟରେ ତଥା ଅନ୍ୟ କୌଣସି ଗୋଷ୍ଠୀର ସଦସ୍ୟଙ୍କ ପାଖରେ ଏମାନେ ଡମ୍ବରୁ ବାଦନ କରନ୍ତି ନାହିଁ। ବିଞ୍ଝାଲ ଗୋଷ୍ଠୀର ଭାଟ ମଧ୍ୟ ବିରଥିଆ ଭାବରେ ପରିଚିତ ତେବେ ସେ ଡମ୍ବରୁ ବାଦନ ନକରି ଝାଞ୍ଜ ବଜାଇଥାନ୍ତି।

ଡ଼ମ୍ବରୁ ସାଧାରଣତଃ ଚମ୍ପା ଗଛର କାଠ ଓ ଗାଈର ଅନ୍ତ ଚମଡ଼ାରେ ପ୍ରସ୍ତୁତ ହୋଇଥାଏ। ଡମ୍ବରୁ ବାଦନ ପୂର୍ବରୁ ଏହାକୁ ଧୂପ ଓ ଅରୁଆ ଚାଉଳରେ ପୂଜା କରାଯାଏ। ଦାନ ଗ୍ରହଣ ସରିବା ପରେ ବା ଡମ୍ବରୁକୁ ବାନ୍ଧି ରଖାଯାଏ। ଗୋଟିଏ ଦିନରେ ମାତ୍ର ଗୋଟିଏ ଘରେ ଦାନଗ୍ରହଣ କରିଥାନ୍ତି ଅର୍ଥାତ୍ ଗୋଟିଏ ଘରେ ହିଁ ବାଜିଥାଏ।

ଡ଼ମ୍ବରୁ ଭଳି ବ୍ରହ୍ମବୀଣା, କିକରି, ଢୁଣଢୁଣିଆ ଆଦି ବାଦ୍ୟଯନ୍ତ୍ର ପରଘନିଆ, ଘୋଗିଆ, ମରାଲ ଆଦି ଗଣ, ଗଡଡ଼, ଓ କନ୍ଧ ଗୋଷ୍ଠୀର ପ୍ରଜାତିକ ଭାଟମାନଙ୍କଦ୍ୱାରା

ବାଦନ କରାଯାଏ। ତେବେ, ଏହି ପାରମ୍ପରିକ ବାଦ୍ୟ ସମ୍ପୃକ୍ତ ଗୋଷ୍ଠୀର ସଦସ୍ୟଙ୍କ ଘରେ ନିର୍ଦ୍ଦିଷ୍ଟ ଉଦ୍ଦେଶ୍ୟରେ ହିଁ ବାଦନ କରାଯାଏ ଅନ୍ୟତ୍ର ଏହାର ବାଦନ ତଥା ସମ୍ପୃକ୍ତ ଆଖ୍ୟାନର ପରିବେଷଣ ସମ୍ଭବନୁହେଁ।

କେତେକ ଆଦିବାସୀ ଗୋଷ୍ଠୀରେ ସ୍ୱତନ୍ତ୍ର ଭାଟ ନଥିଲେ ମଧ୍ୟ ପ୍ରଜାତିକ ଆଖ୍ୟାନ ଦେଖିବାକୁ ମିଳେ। ଏହି ଆଖ୍ୟାନ ଦିଶାରି, ଗୁରୁଗୋସାଇଁ, ଦିହାରୀ, ଚରୁଭାଇ, ଜାନୀ, ଭଳି ପାରମ୍ପରିକ ପୂଜାରୀ, ଦିଆରୀ ଆଦି ସାମାଜିକ କାର୍ଯ୍ୟକର୍ତ୍ତା ହିଁ ପରିବେଷଣ କରିଥାନ୍ତି। ସାନ୍ତାଳ ଗୋଷ୍ଠୀରେ 'ପଟକର' ଭାବରେ ପରିଚିତ ଏହି ଆଖ୍ୟାନକାରୀ ଏକ ପଟଚିତ୍ର 'ପଟ' ଆଣି ପ୍ରଜାତିକ ଗାଥା ଗାନ କରିଥାନ୍ତି, ଅନୁରୂପ ପରମ୍ପରା ଅନ୍ୟ ଗୋଷ୍ଠୀରେ ଦୁର୍ଲଭ।

ଦ୍ରଷ୍ଟବ୍ୟ: ବିରଥିଆ

ଗ୍ରନ୍ଥ ସୂଚନା: ସୁନାନୀ ୨୦୦୯, ୨୨-୩୭; ବାଗ ୨୦୦୯, ୬୨; ମିଶ୍ର ୧୯୯୬, ୧୨୨; Mishra 2004, 83।

ଡାଲଖାଇ

ଲୋକ ଦେବୀ, ନୃତ୍ୟ ଗୀତ; ପଶ୍ଚିମାଞ୍ଚଳ ଓଡ଼ିଆ, ଦେଶିଆ; ଆଦିବାସୀ, ମିତାନ୍ ଗୋଷ୍ଠୀ; ଦେ'ଦେବତା, ରୀତିନୀତି– ନୃତ୍ୟ ଗୀତ

ଭାଇ ଜିଉଁତିଆ ଓଷା ଦିନ ତଥା ଦଶହରା ଦିନ ଏହି ନୃତ୍ୟ ଗୀତ ଆୟୋଜନ କରାଯାଇଥାଏ। ଭାଇ ଜିଉଁତିଆ ଓଷା ଡାଲଖାଇ ଓଷା ଭାବରେ ମଧ୍ୟ ପରିଚିତ। ଦେଶିଆ କନ୍ଧ ଗୋଷ୍ଠୀରେ ଡାଲଖାଇ ନୃତ୍ୟଗୀତର ବିଶେଷ ପରିବେଷଣ ଦେଖିବାକୁ ମିଳେ। ତେବେ, ଏହି ନୃତ୍ୟ ଗୀତ ଓଷା ପାଳନ ବାହାରେ ବି ଆମୋଦପ୍ରମୋଦ ପାଇଁ ମଧ୍ୟ ପରିବେଷଣ କରାଯାଏ। ଉଭୟ ଧାଙ୍ଗରାଧାଙ୍ଗରି ଏହି ପରିବେଷଣରେ ଭାଗ ନେଇଥାନ୍ତି। ନୂଆଖାଇ, ପୁଷପୁନି, ଦଶରା ଆଦି ପର୍ବପର୍ବାଣିରେ ତଥା ବିବାହ ସମୟରେ ବଜାଶାଳ ନାଚଗୀତ ଭାବରେ ଡାଲଖାଇ ପରିବେଷିତ ହେବା ବି ଦେଖାଯାଏ।

ଗୋଷ୍ଠୀ ତଥା ଅଞ୍ଚଳ ଭେଦରେ ଡାଲଖାଇ ଭଳି ଅନ୍ୟ ଆମୋଦପ୍ରମୋଦ ନୃତ୍ୟଗୀତ ପରିବେଷଣ ହେବା ଦେଖାଯାଏ ତଥା ପରଜାଙ୍କ ରିଞ୍ଜୋଡ଼ି, ଢେମ୍ସା; ସାନ୍ତାଳଙ୍କ ଲାଗ୍ଣେ, ବାହା, ତଥା ବୋରିଆ ଆଦି ନାଚଗୀତକୁ ଏହାର ଉଦାହରଣ ଭାବରେ ଗ୍ରହଣ କରାଯାଇପାରେ।

କୋରାପୁଟ ଜିଲ୍ଲାର ବୈପାରୀଗୁଡ଼ା ରାମଗିରି ପଟେ ଡକରାଡ଼କରି ଘାଟି ପଡ଼େ। ଏହି ଘାଟି ମଝିରେ ଡାଲଖାଇ ଠାକୁରାଣୀଙ୍କ ଅବସ୍ଥାନ। ପଥଚାରୀମାନେ ଯେପରି

ନିରାପଦରେ ସେହି ଦୁର୍ଗମ ଘାଟି ତଥା ଜଙ୍ଗଲ ରାସ୍ତାରେ ଯାତ୍ରା କରିପାରିବେ ସେଥିପାଇଁ ଡାଲଖାଇ ଦେବୀଙ୍କୁ ଯେକୌଣସି ଡାଳ ଖଣ୍ଡେ ଭାଙ୍ଗି ଅର୍ପଣ କରିଥାନ୍ତି। ତେବେ, ପଶ୍ଚିମ ଓଡ଼ିଶାରେ ଡାଲଖାଇ ଦେବୀ ବହୁପୂଜିତା। ଏପରିକି ଉପକୂଳ ଓଡ଼ିଶାରେ ବି ଡାଲଖାଇ ଦେବୀଙ୍କ ଉପସ୍ଥିତି ଦେଖିବାକୁ ମିଳେ।

ଡ଼ାଲଖାଇ ଦେବୀ ଅନୁରୂପ ବଣ୍ଡା ଗୋଷ୍ଠୀରେ ବନୁପା ବା ରୁନୁକବୋରଙ୍କୁ ପୂଜା କରାଯାଏ। ଯେକୌଣସି ବ୍ୟକ୍ତି ବଣ୍ଡା ପାଚେରି (ପଥର କାନ୍ଥ) ଦେଇ ଯିବାବେଳେ ଖଣ୍ଡିଏ ଡାଳ ବନୁପାଙ୍କୁ ପ୍ରଦାନ କରି ଆଶୀର୍ବାଦ ଭିକ୍ଷା କରିଥାନ୍ତି।

ଦ୍ରଷ୍ଟବ୍ୟ: କରମା, ବାହା ପାରାବ୍

ଗ୍ରନ୍ଥ ସୂଚନା: ମିଶ୍ର ୧୯୯୬, ୧୪୪-୬; ପାଢ଼ୀ, ଓ ଉପାଧ୍ୟାୟ ୨୦୧୦, ୨୩୩, ୩୪୫; ପ୍ରଧାନ ୨୦୦୭, ୧୬-୭; Satapathy 2016, 70; Swadhin 2015, 1246।

ଡୁମା

ମୃତକଙ୍କ ମୃତ୍ୟୁ ପର ସାମାଜିକ ସ୍ଥିତି (post-death position); ପଶ୍ଚିମାଞ୍ଚଳ ଓଡ଼ିଆ, ଦେଶିଆ; ଆଦିବାସୀ, ମିତାନ୍ ଗୋଷ୍ଠୀ; ମୃତ୍ୟୁ ପର ଅବଧାରଣା

ଆଦିବାସୀ ତଥା ମିତାନ୍ ଗୋଷ୍ଠୀରେ ମୃତ୍ୟୁ ହେଲେ ମୃତକ ଡୁମା ହୋଇ ଘରେ ରହି ଶୋକଦୁଃଖରେ କୃପା କରିଥାନ୍ତି ବୋଲି ବିଶ୍ୱାସ କରାଯାଏ। ତିନିଦିନିଆ ତଥା ଡିବି ବା ସାନ କାମ ପରେ ନଚେତ୍ କେତେକ କ୍ଷେତ୍ରରେ ଦଶ ଦିନ ବା ଦଶା ପରେ ମଧ୍ୟ ଡୁମା ଆଣିବା କାମ କରାଯାଏ। ତେବେ, ସମସ୍ତେ ମୃତ୍ୟୁ ପରେ ଡୁମା ହୋଇନଥାନ୍ତି। ବସନ୍ତ, ବିସୂଚିକା, ସାପ କାମୁଡ଼ା, ବାଘ ଟାଣି ନେଇ ଯାଇଥିଲେ, ଅବିବାହିତ ପୁଅଝିଅ, ଗର୍ଭବତୀ ତଥା ଆସନ୍ନ ପ୍ରସବା ନାରୀଙ୍କ ମୃତ୍ୟୁ ହେଲେ ସେମାନଙ୍କ କ୍ରିୟାକର୍ମ ସ୍ୱତନ୍ତ୍ର ଭାବରେ ହେବା ସହିତ ସେମାନଙ୍କର ଡୁମା ଅଣାଯାଏ ନାହିଁ।

ବିଭିନ୍ନ ଜାତି ଓ ପ୍ରଜାତିରେ ଠେଙ୍ଗୁଆ ଡୁମା ବା ରକୁଆଲ, ଚିରାଙ୍ଗୁଲ, ଗାଡ଼ ଡୁମା, ବାଘ୍ ଡୁମା, ଘର ଡୁମା ଆଦି ବିଭିନ୍ନ ପ୍ରକାର ଡୁମାର ଅବଧାରଣା ଦେଖାଯାଏ। ଗାଡ଼ ବା ଝରଣାରେ ମଦ ତଥା ନିଶାଦ୍ରବ୍ୟ ଖାଇ ମୃତ୍ୟୁ ହେଲେ ତାହାକୁ ଗାଡ଼ ଡୁମା କୁହାଯାଏ। ସେହିପରି, ବାଘ ତଥା ଅନ୍ୟ ହିଂସ୍ରଜନ୍ତୁ ଆକ୍ରମଣରେ ମରିଥିଲେ ବାଘଡୁମା, ଅବିବାହିତ ଯୁବକର ଡୁମାକୁ ଠେଙ୍ଗୁଆ ଡୁମା, ଗର୍ଭବତୀର ଡୁମାକୁ ଚିରାଙ୍ଗୁଲ ଆଦି କୁହାଯାଏ। ଘର ଡୁମାକୁ ଘରେ ପୂଜା କରାଯିବା ସହିତ ଏହାର ଆଶୀର୍ବାଦ କାମନା କରାଯାଇଥାଏ। ଘର ଡୁମାକୁ ପିଦରରେ ସ୍ଥାନ ମିଳେ। ଆଦିବାସୀ ହେଉ କି ମିତାନ୍

ଜାତି ପ୍ରାୟ ସମସ୍ତ ଗୋଷ୍ଠୀରେ ପୂର୍ବପୁରୁଷଙ୍କୁ ପିଦରରେ ତଥା ଅନୁରୂପ ସ୍ଥାନରେ ପୂଜା କରିବା ଦେଖିବାକୁ ମିଳେ।

ଦ୍ରଷ୍ଟବ୍ୟ: ଡୁମାଆନା, ପିଦର, ପୁରୁଷା ପାଟ, ଜିଲିଞ୍ଜି ଡାହାର

ଗ୍ରନ୍ଥ ସୂଚନା: ବାଗ ୨୦୦୯, ୨୮; ସୁନାନୀ ୨୦୦୯, ୨୭୪-୭୬।

ଡୁମାଆନା

ଡୁମା ଆଣିବା ବା ଡୁମାକୁ ଆବାହନ କରିବା; ପଶ୍ଚିମାଞ୍ଚଳ ଓଡ଼ିଆ; ଆଦିବାସୀ, ମିତାନ୍ ଗୋଷ୍ଠୀ; ସାମାଜିକ ପରମ୍ପରା– ମୃତ୍ୟୁ ପର ରୀତିନୀତି

ପ୍ରାୟ ସମସ୍ତ ଆଦିବାସୀ ଓ ମିତାନ୍ ଗୋଷ୍ଠୀରେ ମୃତ୍ୟୁ ହେଲେ ବି ଆତ୍ମା ବା 'ଜୀ' ଅମରଥାଏ ବୋଲି ବିଶ୍ୱାସ କରାଯାଏ। ଜୀବିତାବସ୍ଥାରେ ଜୀ ମଣିଷ ଭାବରେ ଥାଏ ଓ ମୃତ୍ୟୁ ପରେ ଦେବତା ବା ଡୁମା ହୋଇଯାଏ। ଏଣୁ ଏହି ଜୀ ବା ଡୁମାକୁ ଆବାହନ କରି ଆଣି ପିଦରରେ ସ୍ଥାପନା କରାଯାଏ। ବିଭିନ୍ନ ଗୋଷ୍ଠୀରେ ପ୍ରଚଳିତ ପରମ୍ପରା ଅନୁସାରେ ତିନି ଦିନ ନହେଲେ ଦଶ ଦିନରେ ଡୁମା ଅଣାଯାଇଥାଏ। ପ୍ରତ୍ୟେକ ଗୋଷ୍ଠୀରେ ଏଇଥି ପାଇଁ ସ୍ୱତନ୍ତ୍ର ରୀତିନୀତି ପାଳନ କରାଯାଇଥାଏ। ଏଠାରେ ଉଦାହରଣ ସ୍ୱରୂପ, ଡମ୍ ଗୋଷ୍ଠୀ (ଏକ ଅନୁସୂଚିତ ଜାତି)ର ଡୁମା ଆଣିବାର ପ୍ରକ୍ରିୟା ସମ୍ପର୍କରେ ଉଲ୍ଲେଖ କରାଯାଇପାରେ। ଡୁମା ଆଣିବାର ପୂର୍ବ ପ୍ରସ୍ତୁତି ଭାବରେ ଚାଉଳ, ହଳଦୀ, କଳା କିଲସ (ଶସ୍ୟ)କୁ ଅଲଗା ଗୁଣ୍ଡ କରି ରଖାଯାଏ। ଦୁଇଟି ନୂଆ ବଇଠାରେ ଘିଅ ଦୀପ ଜଳାଯାଏ। ଡୁମା ଆଣିବା ଦିନ ପିଦର ବା ଜୀକୁ ଲିପାପୋଛା କରି ପରିଷ୍କାର କରାଯାଇ ଗୋବର ପାଣି ଏବଂ 'କଲାଲୁଣା' କରାଯାଏ, ଏବଂ ପିଦରର ପିଣ୍ଡାରେ କିଛି ଚାଉଳ ଗୁଣ୍ଡକୁ ଅକ୍ଷତ ଭାବରେ ସଜାଡ଼ି ରଖି ଦିଆଯାଏ ଓ ତା ଉପରେ ଗୋଟିଏ ଥାଳି ବା ଓସାରିଆ ଗିନା ରଖି ଦିଆଯାଏ। ପିଦର କୋଠରୀକୁ ସମ୍ପୂର୍ଣ୍ଣ ଆଲୋକିତ ନକରି କେବଳ ପିଦର ସାମ୍ନାରେ ଦୀପଟିଏ ଜଳାଯାଏ। ଏହି ସମୟରେ ପିଦର ଘରକୁ କାହାକୁ ପ୍ରବେଶ କରିବାକୁ ଅନୁମତି ଦିଆଯାଏ ନାହିଁ। ଗୋଟିଏ ନୂଆ ହାଣ୍ଡିରେ ଚାଉଳ, ହଳଦୀ, କଳା ଗୁଣ୍ଡ ବା କିଲସ୍‌କୁ ଅଲଗା ଅଲଗା ରଖି ଏହା ସହିତ ଦୁଇଟି ଦୀପ ଅରୁଆ ଚାଉଳ ମଦ ନୂଆ ସୂତା ଆଦି ଭାରରେ ରଖାଯାଏ। ଏହି ଭାରକୁ ଘରର ବଡ଼ ପୁଅ ନିଜର ବନ୍ଧୁକୁଟୁମ୍ବଙ୍କୁ ଧରି ବାଜା ବଜେଇ ଡଲାବାଟକୁ ନେଇଥାଏ।

ଡେଲାବାଟର ଗୋଟିଏ ସ୍ଥାନରେ ଲିପାପୋଛା କରି ପୂର୍ବ ଦିଗକୁ ମୁହଁ କରି ଦୁଇ ମୁଠା ଚାଉଳ (ପୁଞ୍ଜି) ପକାଯାଏ। ତିନି କିଲସରେ ତିନିଟି ବୃତ୍ତ ଅଙ୍କନ କରାଯାଏ। ଏହି ବୃତ୍ତ ପୂର୍ବ ଓ ପଶ୍ଚିମରେ ଦୁଇଟି ବଇଠା– ଗୋଟିଏ ପୂର୍ବରୁ ଜଳାଯାଇଥିବା ଦୀପ

ଆଉ ଗୋଟିଏ ନୂତନ ଭାବରେ ବଡ଼ ପୁଅ ଜଳେଇଥାଏ। ଏହାପରେ ଆଙ୍ଗୁଠି ସାହାଯ୍ୟରେ ବୃତ୍ତ ଚାରି ଦିଗରେ ଚାରିଟି ରାସ୍ତା କରାଯାଏ, ବିଶ୍ୱାସ କରାଯାଏ ଯେ ଏହି ଚାରି ବାଟ ଦେଇ ଡୁମା ଆସେ। ପରେ ଚାଉଳ ଗୁଣ୍ଡରେ ମଣ୍ଡା ପିଠା ଆକାରର ଏକ ଗୁମା ତିଆରି କରାଯାଏ। ଏହା ପରେ ଅରୁଆ ଚାଉଳ ଓ ମଦ ଅର୍ପଣ କରି ଡୁମାକୁ ଆବାହନ କରାଯାଏ। ଏହି ସମୟରେ ଯେଉଁ କୀଟ ପତଙ୍ଗ ବା ପିମ୍ପୁଡ଼ି ଏହି ବୃତ୍ତ ଭିତରକୁ ପ୍ରବେଶ କରେ ତା'ର ଶରୀର ଭିତରେ ଡୁମା ପ୍ରବେଶ କରିଛି ବୋଲି ମନେକରାଯାଏ ଓ ସେଇ ପିଠଉ ଗୁମାରେ ଚାପି ଉକ୍ତ କୀଟକୁ ଧରାଯାଏ। ଏହିପରି ସାତଟି କୀଟପତଙ୍ଗଙ୍କୁ ଧରିଲା ପରେ ପୂର୍ବରୁ ଅଣାଯାଇଥିବା ବଇଠା ସହିତ ସେହି ଗୁମାକୁ ହାଣ୍ଡି ଭିତରେ ରଖି ଶିକାଭାର କରି ପିଦର ଯାଏଁ ଅଣାଯାଏ।

ଡୁମା ସାଧାରଣତଃ ତିନି ପ୍ରକାରେ ଚିହ୍ନଟ କରାଯାଇଥାଏ ହାତୀ ପାହାଁ, ବିଲେଇ ପାହାଁ, ଓ ଧାନ୍ ଖେଡ଼୍। ଯଦି ପିଠଉର ଉପରି ଭାଗରେ ହାତୀ ଗୋଡ଼ର ଚିହ୍ନ ଭଳି ଚିହ୍ନ ଦେଖାଯାଏ ତେବେ, ମନେକରାଯାଏ ଯେ ଡୁମା ସନ୍ତୁଷ୍ଟ ଅଛି। ମୃତ ବ୍ୟକ୍ତିର ପରିବାରକୁ କୌଣସି ଅସୁବିଧା ହେବନାହିଁ। ବିଲେଇ ପାହାଁ ବା ବିଲେଇର ପାଦ ଚିହ୍ନ ଦେଖାଗଲେ ଅସନ୍ତୁଷ୍ଟ ମନେକରାଯାଏ ଓ ସନ୍ତୁଷ୍ଟି ପାଇଁ ଖାଦ୍ୟ ତଥା ମୃତକର ଅନ୍ୟାନ୍ୟ ପ୍ରିୟ ଦ୍ରବ୍ୟ ଅର୍ପଣ କରାଯାଏ। ଧାନ ଖେଡ଼ (କେଣ୍ଡା) ଅନୁରୂପ ଚିହ୍ନରେ ମଧ୍ୟ ଡୁମା ସନ୍ତୁଷ୍ଟ ଥିବା ବିଶ୍ୱାସ କରାଯାଏ। ସେହିପରି, ଡୁମା ଆଣିବା ପୂର୍ବରୁ ପିଦର ଘରେ ଗୋଟିଏ ମାଣ ଧାନ ମାପି ରଖାଯାଏ। ଡୁମା ଆଣିବା ପରେ ତାକୁ ପୁଣି ଥରେ ମାପିଲେ ଯଦି କମ ନହୁଏ ତେବେ, କୌଣସି ଅସୁବିଧା ହେବାର ଆଶଙ୍କା ନାହିଁ ବୋଲି ବିଶ୍ୱାସ କରାଯାଏ।

ପିଦରରେ ଆବାହନ କରି ପୂଜା କରାଯାଇଥିବା ଏହି ଡୁମା ବା ପିଦର ପରିବାରର ସୁଖଦୁଃଖରେ ରହିଥାନ୍ତି। ବିପଦଆପଦରେ ସାହା ହୋଇଥାନ୍ତି ବୋଲ ବିଶ୍ୱାସ କରାଯାଏ। ସେହିପରି, ଏହି ଡୁମା ପରିବାରର କୌଣସି ସଦସ୍ୟଙ୍କୁ କେବେ କେମିତି ଚହଁରେଇଥାନ୍ତି (ଏହାକୁ 'ଟଣେ କରିଛେ' ତଥା 'ଡୁମା ରୁଷିଛେ' ବୋଲି ବି କୁହାଯାଇଥାଏ) ଅର୍ଥାତ୍ ନିଜର ଉପସ୍ଥିତି ତଥା ପୂଜା ଆରାଧନା ବିଷୟରେ ମନେ ପକେଇବାକୁ ଛୋଟମୋଟ ଅସୁବିଧା (ଯେପରି, ଅଜଣା ଜର ହେବା କିମ୍ବା କୌଣସି କାରଣ ନଥାଇ ଦେହ ଖରାପ ହେବା) ସୃଷ୍ଟି କରିଥାନ୍ତି ଯାହା ତାଙ୍କର ପୂଜା ଆରାଧନା କଲେ ତଥା ମାନସିକ ଭୋଗବସ୍ତୁ ଦେଲେ ଭଲ ହୋଇଯାଏ, ଏଥିପାଇଁ ଗୁଣିଆ ଡାକିବାକୁ ଦରକାର ପଡ଼ିନଥାଏ। ଡମ୍ ଗୋଷ୍ଠୀ ଭଳି ଅନ୍ୟ ମିତାନ୍ ଜାତି ଓ ବିଭିନ୍ନ ଆଦିବାସୀ ଗୋଷ୍ଠୀରେ ମଧ୍ୟ ଅଳ୍ପବହୁତ ପରିବର୍ତ୍ତିତ ରୀତିନୀତିର ସହ ଏହି ପ୍ରକ୍ରିୟା ପାଳନ କରାଯାଇଥାଏ।

ଦ୍ରଷ୍ଟବ୍ୟ: ପିଦର, ପୁରୁଷା ପାଟ୍, ଡୁମା, ଜିଲିଞ୍ଜି ଡାହାର

ଗ୍ରନ୍ଥ ସୂଚନା: ବାଗ ୨୦୦୯, ୨୮; ସୁନାନୀ ୨୦୦୯, ୨୭୪-୭୬।

ଢେମ୍‌ସା

ଦକ୍ଷିଣ ଓଡ଼ିଶାର ଆଦିବାସୀ ଗୋଷ୍ଠୀଙ୍କ ନୃତ୍ୟ; ଦେଶିଆ; ଆଦିବାସୀ; ପ୍ରଜାତିକ ପାରମ୍ପରିକ ନୃତ୍ୟ

ଢେମ୍‌ସା ନାଚ କେବଳ ଅବିଭକ୍ତ କୋରାପୁଟ ଜିଲ୍ଲାରେ ସାଧାରଣତଃ ପରଜା, ଭୂମିଆ, ପେଣ୍ଟିଆ, କନ୍ଧ, ଭତରା, କୋୟା, ବଣ୍ଡା, ଡିଡ଼ାୟୀ, ଓ ସଉରା ଆଦି ଗୋଷ୍ଠୀରେ ପ୍ରଚଳିତ ତଥା ଅଳ୍ପ ବହୁତ ପରିବର୍ତ୍ତିତ ଶୈଳୀରେ ପରିବେଷିତ ହେବା ଦେଖିବାକୁ ମିଳେ। ଏହି ନାଚରେ ଧୂମ୍‌ସା ଓ ମହୁରୀ ବାଦ୍ୟ ପ୍ରମୁଖ ସ୍ଥାନ ଗ୍ରହଣ କରିଥାଏ। ଢେମସାରେ ଉଭୟ ସ୍ତ୍ରୀ ପୁରୁଷ ଧାଙ୍ଗଡ଼ା ଧାଙ୍ଗଡ଼ୀ ସାମିଲ ହୋଇଥାନ୍ତି। ଏହା ଏକ ଦଳବଦ୍ଧ ନୃତ୍ୟ। ବେଳେବେଳେ ଏହି ନୃତ୍ୟ ଆୟୋଜନରେ ଶହେ ଦେଢଶହ ଲୋକ ମଧ୍ୟ ସାମିଲ ହେବା ଦେଖାଯାଏ। ପ୍ରାୟ ଯାନିଯାତ୍ରାରେ ପର୍ବପର୍ବାଣିରେ ଏହି ନୃତ୍ୟ ଆୟୋଜିତ ହୋଇଥାଏ। ନୃତ୍ୟ ପରିବେଷଣକାରୀମାନେ ଅଣ୍ଟାରେ ହାତକୁ ହାତ ଛନ୍ଦି ଲମ୍ବାଧାଡ଼ିରେ ବୃତ୍ତାକାର ତଥା ଅର୍ଦ୍ଧ ବୃତ୍ତାକାର ହୋଇ ନାଚିଥାନ୍ତି।

ଢେମସା ନାଚ ପ୍ରଚଳିତ ନୃତ୍ୟଶୈଳୀ ଅନୁସାରେ ଖୁନ୍ଦା ଢେମ୍‌ସା, ଦଉଡ଼ାଣି ଢେମ୍‌ସା, ମାଣ୍ଡି ଲଚକାନି, ଅଣ୍ଟାଝୁଲାନି, ଗୁଡ଼ିବେଟାନି, ଲୁହୁରାମରା, ହିଣ୍ଡାସି, ରଞ୍ଜୋଡ଼ି, ଶିରା ବଣ୍ଡା, ଅକସେଗୁଣ୍ଡାର, ଓ ଢେଲାପିଟାଣି ଢେମ୍‌ସା ଭାବରେ ବର୍ଗୀକରଣ କରାଯାଇପାରେ। ଖୁନ୍ଦା ଢେମସାରେ ଅଣ୍ଟାକୁ ନୁଆଇଁ ବସିବା ଭଳି ଭଙ୍ଗୀ ପ୍ରଦର୍ଶନ ପୂର୍ବକ ନୃତ୍ୟ କରାଯାଏ, ଦଉଡ଼ାଣିରେ ଦଉଡ଼ିକି ଅର୍ଥାତ୍ ଧାଇଁଧାଇଁ କ୍ଷିପ୍ର ପଦପାତରେ ନୃତ୍ୟ କରାଯାଏ। ମାଣ୍ଡି ଲଚକାନିରେ ଆଗକୁ ପାଦ ପକେଇ ପୁଣି ପଛକୁ ନିତମ୍ବ ଝୁଲାଇଝୁଲାଇ ଫେରିବାକୁ ହୋଇଥାଏ। ସେହିପରି, ତିନିପାଦ ଆଗକୁ ଯାଇ ଗୋଟାଏ ପାଦରେ ଅଣ୍ଟା ଝୁଲାଇ ପଛକୁ ଫେରିବାକୁ ହୋଇଥାଏ। ଗୁଡ଼ି ବେଟାନିରେ ସମସ୍ତ ନୃତ୍ୟକାରୀ ନଇଁନଇଁ ଆଗକୁ ଚାରି ପାଦ ଯାଇ ପଛକୁ ଫେରିଆସି ତଳୁ ଗୋଡ଼ି ଗୋଟାଇବା ଭଙ୍ଗୀରେ ନୃତ୍ୟ କରିବାକୁ ହୋଇଥାଏ। ଲୁହୁରାମରା ଶୈଳୀରେ ବାମପାଦ ଡାହାଣ କହୁଣି ଡାହାଣ ପାଦ ବାମ କହୁଣି ମାରି ନୃତ୍ୟ କରାଯାଏ। ହିଣ୍ଡାସି ଢେମସା ହେଉଛି ଚାଲିବା ଭଳି ନାଚିବା ଏହା ଢେମସା ପରିବେଷଣ କରିବାର ପ୍ରାଥମିକ ପର୍ଯ୍ୟାୟରେ କରାଯାଏ। ସେହିପରି, ପରଜାମାନଙ୍କ ଢେମସା ନାଚିବାକୁ ରିଞ୍ଜୋଡ଼ି କୁହାଯାଏ। ଶିରା ଢେମସାରେ ଶିରା ବା କାଳିସୀ ଲାଗିବା ଭଳି ନୃତ୍ୟ କରିବାକୁ

ହୋଇଥାଏ। ବଣ୍ଡାମାନଙ୍କ ପରିବେଷଣ ଶୈଳୀ ବଣ୍ଡା ଢେମ୍‌ସା ଢେମ୍‌ସା ଭାବରେ ପରିଚିତ। ଅନୁରୂପ ଭାବରେ, ଗାଦବାମାନଙ୍କ ନୃତ୍ୟ ଶୈଳୀ ଅକସେଗୁଣ୍ଡାର ଢେମ୍‌ସା ଭାବରେ ପରିଚିତ।

ଢେମ୍‌ସା ଭଳି ଦଳଗତ ନୃତ୍ୟ ଉତ୍ତରାଞ୍ଚଳ ଓଡ଼ିଶାରେ ମଧ୍ୟ ଦେଖିବାକୁ ମିଳେ ଉଦାହରଣ ସ୍ୱରୂପ, ସାନ୍ତାଳମାନଙ୍କ ଲାଗଣେ, ଦାସାଏଁ ଆଦି ନୃତ୍ୟ ଉଲ୍ଲେଖନୀୟ। ଲାଗଣେ ନାଚରେ ଉଭୟ ନାରୀପୁରୁଷ ଅଂଶଗ୍ରହଣ କରୁଥିବାବେଳେ ଦାସାଏଁ, ଡାଣ୍ଟା, ଫିରକଲ ନାଚରେ କେବଳ ପୁରୁଷ ଲୋକ ଅଂଶଗ୍ରହଣ କରିବା ଦେଖାଯାଏ। ସେହିପରି, ସାନ୍ତଳୀମାନଙ୍କ ସାରପା ନୃତ୍ୟରେ କେବଳ ମହିଳାମାନେ ନୃତ୍ୟ କରିଥାନ୍ତି ଓ ବାହା ନୃତ୍ୟରେ ପୁଅ ଓ ଝିଅ ପିଲା ଅଲଗା ନୃତ୍ୟ କରିଥାନ୍ତି।

ଦ୍ରଷ୍ଟବ୍ୟ: ନାଚ, ଗୀତ, ଦାଣ୍ଡାହୁଲିଆ

ଗ୍ରନ୍ଥ ସୂଚନା: ପାଢ଼ୀ, ଓ ଉପାଧ୍ୟାୟ ୨୦୧୦, ୨୫୧-୨୫୩; ବେଶ୍ରା ୨୦୧୦, ୧୫୨; ପାଢ଼ୀ ୨୦୧୬, ୪୨; ପାତ୍ର ୨୦୧୫, ୭୨।

ଢେଲାପିଟାଣି

ମାଟି ପ୍ରସ୍ତୁତି ପର୍ବ; ଦେଶିଆ; ଆଦିବାସୀ, ମିତାନ୍ ଗୋଷ୍ଠୀ; ପର୍ବପର୍ବାଣି

ଦେଶିଆ ତଥା କୋରାପୁଟ ଅଞ୍ଚଳର ପ୍ରାୟ ଆଦିବାସୀ ଓ ମିତାନ୍ ଗୋଷ୍ଠୀରେ ଢେଲାପିଟାଣି ପର୍ବ ବର୍ଷାମାସ ପୂର୍ବରୁ ପାଳନ କରାଯାଇଥାଏ। ଉକ୍ତ ପରବ ଦିନ ଗାଁର ଧାଙ୍ଗଡ଼ା ଧାଙ୍ଗଡ଼ୀ ନୂଆ ବସ୍ତ୍ର ପିନ୍ଧି ଚାଷ କରାଯାଇଥିବା ଜମିକୁ ଯାଇ ପୂଜାର୍ଚ୍ଚନା କରନ୍ତି। ପୂଜା ପରେ ଉସକା ଯାଇଥିବା ମାଟିକୁ କୋଡ଼ି ସାହାଯ୍ୟରେ ଗୁଣ୍ଡ କରନ୍ତି। ଲଟାବୁଟା ବାଛିଥାନ୍ତି। ମାଟିର ଉର୍ବରତା କାମନା କରିଥାନ୍ତି। ଅଞ୍ଚଳ ଭେଦରେ କୁକୁଡ଼ା ବଳି ଦେବା ସହ ଭୋଗ ବା ପ୍ରସାଦକୁ ଖେତରେ ହିଁ ରୋଷେଇ କରି ଖିଆଯାଏ। ଢେଲାପିଟାଣି ଢେମସା ଭାବରେ ଢେମସାର ଏକ ବିଶେଷ ନୃତ୍ୟ ଶୈଳୀ ମଧ୍ୟ ଦେଖିବାକୁ ମିଳେ।

ଦ୍ରଷ୍ଟବ୍ୟ: କଟାର ଯାତ୍ରା, ଯାତରା ପରବ, ବିଜପୁଟନି

ଗ୍ରନ୍ଥ ସୂଚନା: ପାଢ଼ୀ, ଓ ଉପାଧ୍ୟାୟ ୨୦୦୯, ୨୫୩।

ତିଆରି ବେଭାର

ପର୍ବପର୍ବାଣି ସମୟରେ ଦିଆଯାଉଥିବା ଖାଦ୍ୟଦ୍ରବ୍ୟ, ଉପହାର, ଅର୍ଥ, ବର୍ତନୀ ବା ଭାର; ପଶ୍ଚିମାଞ୍ଚଳ ଓଡ଼ିଆ; ଆଦିବାସୀ, ଓ ମିତାନ୍ ଗୋଷ୍ଠୀ; ସାମାଜିକ ପରମ୍ପରା

ଗ୍ରାମାଞ୍ଚଳରେ ତଥା ପାରମ୍ପରିକ ସମାଜରେ ପରସ୍ପର ସମ୍ପର୍କିତ ତଥା ଆର୍ଥିକ, ସାମାଜିକ, ସାଂସ୍କୃତିକ ଭାବରେ ଅନୁବନ୍ଧିତ ବ୍ୟକ୍ତି, ପରିବାର ବିଭିନ୍ନ ପର୍ବପର୍ବାଣି ସାମାଜିକ ଅନୁଷ୍ଠାନରେ ପରସ୍ପରକୁ ତଥା ଆର୍ଥିକ ଅନୁବନ୍ଧନ କ୍ଷେତ୍ରରେ ସମ୍ପନ୍ନ ପରିବାର ବ୍ୟକ୍ତି ଅପରକୁ ଭୋଜନ ସାମଗ୍ରୀ, ପୋଷାକ, ଅର୍ଥ ତଥା ଅନ୍ୟାନ୍ୟ ଉପହାର ପ୍ରଦାନ କରିଥାନ୍ତି। ଘରେ, ତଥା କୃଷିକାର୍ଯ୍ୟରେ, ଗୋପାଳନ ଓ ଚାରଣରେ ନିଯୁକ୍ତ ବ୍ୟକ୍ତି; ମିତ, ମା'ପ୍ରସାଦ, ବନ୍ଧୁ ସମୁଦି ଆଦି ଆନୁଷ୍ଠାନିକ ସମ୍ପର୍କରେ ପରସ୍ପରକୁ ଗୃହକର୍ତ୍ତା, ତଥା ପରିବାର ତରଫରୁ ନୂଆଖାଇ, ଦଶରା, ଖଲାଛଡ଼ା ସମୟରେ; ପ୍ରଜାତିକ ଆଖ୍ୟାନକାରୀ ସେମାନଙ୍କ ପରିବେଷଣ କଲାବେଳେ ଏହି ବେଭାର ଦିଆଯାଇଥାଏ। ଏହି ବେଭାର ବ୍ୟକ୍ତି ସାମାଜିକ ସମ୍ପର୍କ ଓ ଅନୁଷ୍ଠାନ ଦୃଷ୍ଟିରୁ ଭାତିଆ, ଖଞ୍ଜା, ମିତଭାର, ପଡ଼ି, ଭେଟି, ଦର୍ଶନୀ, ବର୍ତ୍ତନୀ, ମହୁଜୁଆ, ଗାଏନିଦା, ଦାନ ଆଦି ଭାବରେ ପରିଚିତ। ପାରମ୍ପରିକ ସମାଜରେ ନିଜନିଜ ଆର୍ଥିକ ସାମର୍ଥ୍ୟ ଅନୁସାରେ ପର୍ବପର୍ବାଣି ପାଳନ କରୁଥିଲେ ହେଁ ପାରସ୍ପରିକ ସଦ୍ଭାବ, କୃତଜ୍ଞତା, ସହଯୋଗ ଓ ଉପହାର ବିନିମୟର ଦୃଷ୍ଟାନ୍ତ ସ୍ୱରୂପ ଏହି ଉପହାର ପ୍ରଦାନର ପରମ୍ପରା ପ୍ରଚଳିତ।

ଦ୍ରଷ୍ଟବ୍ୟ: ସମାଜ, ମାଏନ ଧରମ, ମିତାନ ଗୋଷ୍ଠୀ

ଗ୍ରନ୍ଥ ସୂଚନା: ବେହେରା, ଓ ଅନ୍ୟମାନେ ୧୯୯୮, ଧ-ନ।

ତୁକୁଇ ଲୁତୁର

କାନ ଫୋଡ଼ା; ଭୂମିଜ; ଆଦିବାସୀ, ମିତାନ୍ ଗୋଷ୍ଠୀ; ସାମାଜିକ ପରମ୍ପରା

ପ୍ରାୟ ଗୋଷ୍ଠୀରେ ସାଧାରଣତଃ ଝିଅ ପିଲାମାନଙ୍କ କାନ ନାକ ଫୋଡ଼ାଯିବା ଦେଖାଯାଏ। ତେବେ, ଆଦିବାସୀ ତଥା ମିତାନ୍ ଗୋଷ୍ଠୀରେ ଉଭୟ ପୁଅପିଲା ଓ ଝିଅପିଲାଙ୍କ କାନ ନାକ ଫୋଡ଼ିବା ଏବେ ବି ପ୍ରଚଳିତ। ଭୂମିଜ ଗୋଷ୍ଠୀରେ ଏହା ତୁକୁଇ ଲୁତୁର ଭାବରେ ପରିଚିତ। ଶିଶୁ ଜନ୍ମ ହେବାର ପରବର୍ତ୍ତୀ ମକର ବାସି ଦିନ ଭୂମିଜ ଗୋଷ୍ଠୀରେ କାନ ନାକ ଫୋଡ଼ା ହୋଇଥାଏ। ସୁନା, ରୂପା ତଥା ଅନ୍ୟ କୌଣସି ମୁନିଆ କଣ୍ଟା ସାହାଯ୍ୟରେ କୌଣସି ବୟସ୍କ ବ୍ୟକ୍ତି ବା ସିଆନଙ୍କଦ୍ୱାରା ଏହି କାମ ହୋଇଥାଏ। ତୁକୁଇ ଲୁତୁର ନହେବା ଯାଏ ଶିଶୁଟି ସମ୍ପୃକ୍ତ ଜାତି ବା ସମାଜରେ ମିଶି ନଥାଏ ବୋଲି ଏମାନେ ବିଶ୍ୱାସ କରନ୍ତି। ଅନୁରୂପ ବିଶ୍ୱାସ ଗଣା ଗୋଷ୍ଠୀର କେତେକ ବଂଶରେ ମଧ୍ୟ ଦେଖିବାକୁ ମିଳେ ସୁନ୍ଦରଗଡ଼ ଓ ଅନୁଗୁଳ ଜିଲ୍ଲାର ନେଉରିଆ ବଂଶର ଗଣା ସମ୍ପ୍ରଦାୟରେ ମଧ୍ୟ ପୁଅ ଝିଅ ନିର୍ବିଶେଷରେ କାନ ଫୋଡ଼ା ଯାଇଥାଏ। ତେବେ, ଏହି କାମ ପୁଅ ଝିଅର ମାମୁ ତଥା ସମ୍ପର୍କୀୟ ମାମୁ ହିଁ କରିଥାନ୍ତି। ପିଦରରେ ଜୁହାର

ହୋଇ ପୁଅ ଝିଅ ଦୁଆର ମୁହଁକୁ ଆସନ୍ତି ସେଠାରେ ନାଗଫେଣି କଣ୍ଟାକୁ ସୋରିଷ ତେଲରେ ବୁଡ଼ାଇ କାନଫୋଡ଼ା କରାଯାଏ। କାନଫୋଡ଼ା ହୋଇନଥିବା ପୁଅ ଝିଅଙ୍କର ବିବାହ ହୋଇନଥାଏ ତଥା ସେମାନେ କୌଣସି ପୂଜା ଅନୁଷ୍ଠାନରେ ଉପସ୍ଥିତ ହୋଇପାରନ୍ତି ନାହିଁ।

କେତେକ ନିର୍ଦ୍ଦିଷ୍ଟ ତିଥି ବା ଦିନକୁ ଅପେକ୍ଷା ନକରି ଯେକୌଣସି ଦିନରେ ମଧ୍ୟ କାନଫୋଡ଼ା କରାଯିବା ଦେଖାଯାଏ। କାନ, ନାକ ଫୋଡ଼ାଗଲା ପରେ ସେଥିରେ ନିମ କାଠି, କଲରା କାଠି ଆଦି ଲଗାଯାଏ। ଘାଆ ନହେବା ପାଇଁ ହଳଦୀ, ନଡ଼ିଆ ତେଲ ମଧ୍ୟ ଲଗାଇବା ଦେଖିବାକୁ ମିଳେ। ଅଞ୍ଚଳ ଭେଦରେ ଏହି କାମ ଘୋଗିଆ, ସୁନାରୀ, ଲୋହରା ଆଦି ନିର୍ଦ୍ଦିଷ୍ଟ ଗୋଷ୍ଠୀର ଲୋକ କରୁଥିବାବେଳେ ସ୍ୱ-ଗୋଷ୍ଠୀର ବୟସ୍କ ସିଆନ୍ ଲୋକମାନେ ମଧ୍ୟ ଏହି କାମ କରିଥାନ୍ତି। ବିଭିନ୍ନ ଗୋଷ୍ଠୀରେ ଏହି ନାକ କାନ ଫୋଡ଼ା କି-କା-ପାଟ୍ ପିକାସୁ, କିର-କା-ପୋଥିଇନ୍, ହତି-ଲୁତୁର, ବେଦନା ଆଦି ଭାବରେ ମଧ୍ୟ ପରିଚିତ।

ଦ୍ରଷ୍ଟବ୍ୟ: ମାରା ମାନା, ଓସନା

ଗ୍ରନ୍ଥ ସୂଚନା: ସୁନାନୀ ୨୦୦୯, ୧୧୩, ୨୧୦-୧୧; ଭୋଲ ୨୦୦୩ ୧୮-୧୯; ଓଡ଼ିଶା ଭାଷା ଓ ସଂସ୍କୃତି ଏକାଡ଼େମୀ ୨୦୦୧, ୫୪(କ), ୧୪(ଖ)।

ତେଲ ହଳଦୀ

ତେଲ ହଳଦୀ; ପଶ୍ଚିମାଞ୍ଚଳ ଓଡ଼ିଆ, ଦେଶିଆ; ଆଦିବାସୀ, ମିତାନ୍ ଗୋଷ୍ଠୀ; ସାମାଜିକ ପରମ୍ପରା– ରୀତିନୀତି

ହଳଦୀ ଓ ତେଲ ଆଦିବାସୀ ଓ ମିତାନ୍ ଗୋଷ୍ଠୀରେ ଗୁରୁତ୍ୱପୂର୍ଣ୍ଣ ଭୂମିକା ଗ୍ରହଣକରେ, ଅର୍ଥାତ୍ ଜନ୍ମ-ବିବାହ-ମୃତ୍ୟୁ ଆଦି ସମସ୍ତକର୍ମ ବିନା ହଳଦୀ ତେଲରେ ସମ୍ପାଦନ ହୋଇପାରେ ନାହିଁ। ଜନ୍ମ ହେଲେ ଶିଶୁକୁ ନିୟମିତ ଭାବେ ତେଲ ହଳଦୀ ଲଗାଇ ଗାଧୋଇ ଦିଆଯାଏ। ସେହିଭଳି, ବିବାହର ସାତଦିନ ଆଗରୁ ଅନ୍ତିମ ଦିନ ଯାଏ ବିଭିନ୍ନ ରୀତିନୀତି ପାଳନ କରିବା ସମୟରେ ହଳଦୀ ବ୍ୟବହାର ହୋଇଥାଏ। ପାରମ୍ପରିକ ଭାବରେ ବିବାହକୁ ନିମନ୍ତ୍ରଣ କରିବା ପାଇଁ ଆମ୍ବ ପତ୍ରରେ ହଳଦୀ ଚାଉଳ ପୁଡ଼ିଆ କରି ବନ୍ଧୁକୁଟୁମ୍ବଙ୍କୁ ଦିଆଯାଏ। ସେହିପରି, ମୋଡ଼ୋ ଗାଡ଼ିବା, ବଏ ବାନ୍ଧିବା, ପାନି ରୁକେଇବା (ବିବାହ ବିଧି ଆରମ୍ଭ ଦିନରୁ ବରକନ୍ୟାଙ୍କୁ ନିଜନିଜ ଘରେ ସ୍ନାନ କରାଇବା) ସମୟରେ ବି ହଳଦୀ ଲଗାଇବା ଦେଖାଯାଏ। ଅନୁରୂପ ଭାବରେ, ମୃତ୍ୟୁ ହେଲେ ଶବ ଦେହରେ ହଳଦୀ ଲଗାଇବା ପରମ୍ପରା ବି ଅନେକ ଗୋଷ୍ଠୀରେ

ଦେଖାଯାଏ। ଏପରିକି ସ୍ତ୍ରୀ ଲୋକମାନେ ମାସିକ ଋତୁସ୍ନାନ ସମୟରେ ହଳଦୀ ଲଗାଇବା ବିଧି ଏବେ ବି ପ୍ରଚଳିତ।

ତେଲ ହଳଦୀ ବିଭିନ୍ନ ଆଦିବାସୀ ଗୋଷ୍ଠୀରେ ସାସାଂଗ ସ'ଲ, ସୁନୁମ ସାସାଙ୍ଗ ଆଦି ଭାବରେ ପରିଚିତ।

ଦ୍ରଷ୍ଟବ୍ୟ: ଗୁଣାଦିଆ

ଗ୍ରନ୍ଥ ସୂଚନା: ପାଢ଼ୀ, ଓ ଉପାଧ୍ୟାୟ ୨୦୧୦, ୩୫, ୪୮୪।

ଦଦ୍‌ରାଫାଡ଼ା

ବିବାହ ପୂର୍ବ ଅନୁଷ୍ଠାନରେ କନ୍ୟାର ମାମୁଙ୍କ ବିଶେଷ ଉପହାର ଗ୍ରହଣର ପରମ୍ପରା; ପଶ୍ଚିମାଞ୍ଚଳ ଓଡ଼ିଆ, ଦେଶିଆ; ଆଦିବାସୀ, ମିତାନ୍ ଗୋଷ୍ଠୀ; ବିବାହକାଳୀନ ରୀତିନୀତି

କନ୍ୟା ମାଗିବା ଦିନ ଉଭୟ ବର ଏବଂ କନ୍ୟା ପକ୍ଷର ସାମାଜିକ ସଦସ୍ୟଙ୍କ ଉପସ୍ଥିତିରେ ବର ଘର ପକ୍ଷରୁ ମାମୁ ପାଇଁ ଉପହାର (ହାଣ୍ଡିରେ ଲିଆ ପିଠା ରଖି ମୁହଁରେ ପତ୍ର ଘୋଡ଼ା ହୋଇ ଓ ତା ଉପରେ ଧୋତି ଗାମୁଛା ରଖାଯାଇଥାଏ) ଅଣାଯାଏ। ଏହି ଉପହାରକୁ ଉନ୍ମୋଚନ କରିବା ପାଇଁ କନ୍ୟାର ମାମୁଙ୍କ ଅଧିକାର ଥାଏ। କନ୍ୟାର ମାମୁଙ୍କ ଅନୁପସ୍ଥିତିରେ ଅନ୍ୟ କେହି ସମ୍ପର୍କୀୟ ମାମୁ ମଧ୍ୟ ଏହି କାମ କରିଥାନ୍ତି। କନ୍ୟା ମାମୁଙ୍କ ଦାବୀ ମୁତାବକ କିଛି ଟଙ୍କା ବି ଦିଆଯାଇଥାଏ। ସେ ଏହି ଉପହାରକୁ ଉନ୍ମୋଚନ କରିବା ସହିତ ତିନି ମୁଠା ଲିଆ ପିଠା ସେଇ ହାଣ୍ଡିରୁ ବାହାର କରି ଉପସ୍ଥିତ ଗୋଷ୍ଠୀ ସଦସ୍ୟଙ୍କ ସାମ୍ନାରେ ରଖନ୍ତି। ଏବଂ ସେହି ହାଣ୍ଡିର ଲିଆ ପିଠା ଧୋତି ଗାମୁଛା ଟଙ୍କା ଆଦି ସେ ଗ୍ରହଣ କରନ୍ତି। ଏହି ଉପହାରକୁ 'ମଅଲା ଚିନା (ମାମୁଙ୍କ ଉପହାର)', ତଥା କପଡ଼ାକୁ 'ମଅଲା କରିଆ' ମଧ୍ୟ କୁହାଯାଏ। ଏହି ସମୟରେ ବରଘର ପକ୍ଷରୁ କନ୍ୟାର ମାଆକୁ ମଧ୍ୟ ଶାଢ଼ିଟିଏ ଦିଆଯାଇଥାଏ ଏହା 'ମାଏସାରୀ କପଡ଼ା', ଭାବରେ ପରିଚିତ। ବରଘର ପକ୍ଷରୁ କନ୍ୟାର ବାପା ମାଆକୁ ଉପହାର ସ୍ୱରୂପ ଦିଆଯାଉଥିବା ଏହି କପଡ଼ାକୁ ଶାଶଖାଡ଼ା, ଶୁଶରାଖାଡ଼ା; ଶୁଶରାପାଟା, ସାତ୍ରିପାଟା ଆଦି ମଧ୍ୟ କୁହାଯାଏ ତଥା ବିଭିନ୍ନ ଗୋଷ୍ଠୀରେ ବିଭିନ୍ନ ନାମରେ ପରିଚିତ।

ଦ୍ରଷ୍ଟବ୍ୟ: ବିହା ବରପନ

ଗ୍ରନ୍ଥ ସୂଚନା: ମିଶ୍ର ୨୦୦୨, ୨୮; ବାଗ ୨୦୦୯, ୪୬; ପାଢୀ, ଓ ଉପାଧ୍ୟାୟ ୨୦୧୦, ୪୫୪, ୪୫୭; ସୁନାନୀ ୨୦୦୯, ୧୪୬-୭।

ଦଶରା

ପାରମ୍ପରିକ ଦଶହରା (ଗ୍ରାମ ଦେବୀଦେବତାଙ୍କ ପୂଜା); ପଶ୍ଚିମାଞ୍ଚଳ ଓଡ଼ିଆ, ଦେଶିଆ; ଆଦିବାସୀ, ମିତାନ୍ ଗୋଷ୍ଠୀ; ପର୍ବପର୍ବାଣି

ଆଶ୍ୱିନ ମାସ ଶୁକ୍ଳପକ୍ଷ ସପ୍ତମୀଠାରୁ ଦଶମୀ ପର୍ଯ୍ୟନ୍ତ ଦଶରା ପୂଜା ଆୟୋଜିତ ହୋଇଥାଏ। ଏହି ମାସ 'ଦେହେଲିଆ ମାସ' ଭାବରେ ମଧ୍ୟ ପରିଚିତ। କେହିକେହି 'ରକତମୁଡ଼ା' ବୋଲି ମଧ୍ୟ କହିଥାନ୍ତି କାରଣ, ଏହି ମାସରେ ଦେବୀଦେବତା ସକ୍ରିୟ ରହନ୍ତି ଅତଏବ, ସେମାନଙ୍କୁ ପୂଜା କରିବା ସହିତ ବଳି ଦିଆଯାଏ। ଏହି ସମୟରେ ଗ୍ରାମ ଦେବୀଦେବତା ଓ ଗୃହ ଦେବୀଦେବତାଙ୍କ ପୂଜା ମଧ୍ୟ କରାଯାଏ। ସମ୍ପ୍ରତି ପାଳିତ ହେଉଥିବା ଦଶହରା ବା ଦୂର୍ଗାପୂଜା ଆନୁଷ୍ଠାନିକ ଆହରିତ ଆୟୋଜନ। ତେବେ, ଦଶରା ପାରମ୍ପରିକ ଭାବରେ ବହୁ ଦିନରୁ ପାଳିତ ହୋଇଆସୁଛି। ପୂଜା ଆଗରୁ ଗୁଡ଼ି ବା ଦେବୀଦେବତାଙ୍କ ପୀଠକୁ ସଫା କରାଯାଇ ଲିପାପୋଛା ହୁଏ। ପୂଜା ଆରମ୍ଭ ଦିନ ବତୀ ଜାଳିବା କାମ ହୁଏ, ବତୀ ଜାଳିବା ଦିନ ଝାଁକର ବା ପୂଜାରୀ ଉପବାସ ରହିଥାନ୍ତି। ପରବର୍ତ୍ତୀ ଦିନଗୁଡ଼ିକରେ କେବଳ ଓଳିଏ ଅର୍ଥାତ୍ ସଞ୍ଜବେଳେ ପୂଜା କରିବା ପରେ ହିଁ ଖାଇଥାନ୍ତି। ଦଶରା ଦିନ ଅର୍ଥାତ୍ ଦଶମୀ ଦିନ ଏହିପୂଜା ସମାପ୍ତ ହୁଏ ଓ ଦେବଦେବୀଙ୍କ ଅନୁସାରେ କଳା, ଖଏଁରି, ଚିତ୍ରିଆ ପେଣ୍ଡି, ଗଞ୍ଜା କୁକୁଡ଼ା ବଳି ଭୋଗ ଦିଆଯାଏ। କାହାକାହାକୁ କଳା ବୋଦା, ଘୁଷୁରି ଦିଆଯାଏ। ସେହିପରି, କେତେକ ଦେବତା କେବଳ ଶୁକଲ ଭୋଗ ଅର୍ଥାତ୍ ନଡ଼ିଆ କଦଳୀ ଆଦି ଫଳମୂଳ ଗ୍ରହଣ କରିଥାନ୍ତି। କେହିକେହି ପାଣି କଖାରୁ, ଲାଉ, ଜହ୍ନି ଆଦି ଗ୍ରହଣ କରିଥାନ୍ତି। କେତେକ ଦେବଦେବୀଙ୍କ ପ୍ରସାଦକୁ କେବଳ ପୁରୁଷ ଲୋକମାନେ ପ୍ରସାଦ ଭାବରେ ଖାଇପାରୁଥିବା ବେଳେ କେତେକ ଭୋଗ ଖାଇବାକୁ ଘରର ସ୍ତ୍ରୀଲୋକଙ୍କୁ ବାରଣ କରାଯାଏ।

ଦ୍ରଷ୍ଟବ୍ୟ: ଦେ'ଦେବତା, ଦେହେଲିଆ ମାସ

ଗ୍ରନ୍ଥ ସୂଚନା: ସୁନାନୀ ୨୦୧୦, ୩୭୪; ପାଢ଼ୀ, ଓ ଉପାଧ୍ୟାୟ, ୨୦୧୦, ୨୬୦।

ଦଶା

ଦଶା; ପଶ୍ଚିମାଞ୍ଚଳ ଓଡ଼ିଆ, ଦେଶିଆ; ଆଦିବାସୀ, ମିତାନ୍ ଗୋଷ୍ଠୀ; ମୃତ୍ୟୁ ପର ରୀତିନୀତି

ଆଦିବାସୀ ଓ ମିତାନ୍ ଗୋଷ୍ଠୀରେ ଦଶାହ ନିତାନ୍ତ ଆବଶ୍ୟକ ନୁହେଁ। ତେବେ, କୌଣସି ବିଶେଷ ପ୍ରତିକୂଳ ପରିସ୍ଥିତି ନଥିଲେ ଦଶାକାମକୁ ଉପେକ୍ଷା କରାଯାଏନାହିଁ।

ଦଶା ଦିନ ପରିବାର ତଥା ବଂଶର ଆଉ ବନ୍ଧୁକୁଟୁମ୍ବ ସମସ୍ତେ ଏକାଠି ହୋଇଥାନ୍ତି। ଏହି ଦିନ ବାଳ ଦେବା (ମୁଣ୍ଡନ ହେବା) କାମ ମଧ୍ୟ କରାଯାଏ। ଏକ ନିର୍ଦ୍ଦିଷ୍ଟ ସ୍ଥାନରେ ଏହି କାମ କରାଯାଏ। ପରବର୍ତ୍ତୀ ସମୟରେ ଏଇ ସ୍ଥାନରେ ଚାଉଳ ମୁଠାଏ ସହ କଳସ ସ୍ଥାପନ କରାଯାଏ। ଏଇଠି କ୍ରିୟାକର୍ମ ସମ୍ପାଦନ କରୁଥିବା ବ୍ୟକ୍ତି ବସନ୍ତି। ସେଠାରେ ଗୋଟିଏ ଥାଳିରେ ନଡ଼ିଆ, କିଛି ଚାଉଳ, ହରଡ଼ା, ଓ ପଇସା ରଖାଯାଏ। ସ୍ତ୍ରୀଲୋକମାନେ ଗାଧୋଇ ଆସି ଜଣଜଣ କରି ନଡ଼ିଆ ଉପରେ ଚାଉଳ ଢାଳିଥାନ୍ତି ତା'ପରେ ଅନ୍ୟ ପୁରୁଷ ଓ ବନ୍ଧୁକୁଟୁମ୍ବ ଆସିଥାନ୍ତି। ଶେଷରେ ଏହି ସବୁ ଜିନିଷକୁ ପାଣିରେ ବିସର୍ଜନ କରି ଘରକୁ ଫେରିଥାନ୍ତି। ସମସ୍ତଙ୍କ ପାଇଁ ଭୋଜିର ଆୟୋଜନ ହୋଇଥାଏ। ଡମ୍ ଆଦି ଗୋଷ୍ଠୀରେ ଦଶାହ ପରବର୍ତ୍ତୀ ସମୟରେ ଯଦି କୌଣସି ଦିନ ମୃତକ ଘରକୁ କୌଣସି ବିରଥିଆ ଆସନ୍ତି ତେବେ ତାହାଙ୍କୁ ମୃତକଙ୍କ ପରିବାରର ଲୋକ ଖାଦ୍ୟ ପଦାର୍ଥ ସହିତ କଂସା ବାସନ, ପଇସାପତ୍ର, ଗାଈଗୋରୁ, ସୁନା ଆଦି ଦାନ କରିଥାନ୍ତି।

ବିଭିନ୍ନ ଆଦିବାସୀ ତଥା ଅନ୍ୟ ଜାତିରେ ମଧ୍ୟ ଅଳ୍ପ ବହୁତ ପରିବର୍ତ୍ତିତ ଶୈଳୀରେ ଦଶା ତଥା ବଡ଼କାମ ପାଳନ କରାଯାଏ। ବଣ୍ଡା ସମାଜରେ ମୃତ ସଂସ୍କାର 'ଗାଇସେ' ଭାବରେ ପରିଚିତ। ମୃତ୍ୟୁର କିଛି ଦିନ ପରେ 'ଗାଇସେ' କରାଯାଏ। ଗାଇସେ କର୍ମ ହେବାଯାଏ ପ୍ରତିଦିନ ମୃତ ବ୍ୟକ୍ତିର ସାଏରେମ୍ (ପ୍ରେତାତ୍ମା)କୁ ଭାତ ପାଣି ଓ ସଲପ ଦିଆଯାଏ। ଗାଇସେ ଦିନ ରୀତିନୀତି ପାଳନ ସହିତ ଛେଳି, ଘୁଷୁରି କିମ୍ବା ଗାଈ ମାଂସ ଭୋଜି ଦିଆଯାଏ, ମଦ, ସଲପ ଆଦି ପିଇବାକୁ ଦିଆଯାଏ। ଅନୁରୂପ ଭାବରେ, ଗାଦବା ସମ୍ପ୍ରଦାୟରେ ରୀତିନୀତି ଅନୁସାରେ ମୃତକଙ୍କ ମାମୁଁଙ୍କୁ ମୃତକ ବ୍ୟବହାର କରୁଥିବା ଛତା, ଚାଦର, ଥାଳିଗିନା ଢାଳ ଆଦି ବାସନ ପତ୍ର ଦିଆଯାଇଥାଏ। ଏହା 'ଆଡ଼ମୁଆଲି' ଭାବରେ ପରିଚିତ। ସେହିପରି, ଦୁରୁଆ ଗୋଷ୍ଠୀରେ ଏକାଦଶ ଦିନ ହାଟନି ବା ହାଟ ବସେ। ମୃତ ବ୍ୟକ୍ତିର ଆତ୍ମୀୟ ସ୍ୱଜନ ଖପରାକୁ ପଇସା ଭାବେ ହାଟରେ କିଣାବିକା କରିବାର ଅଭିନୟ କରନ୍ତି। ମୃତ ବ୍ୟକ୍ତି ମଥୁରା ହାଟରେ କିଣାବିକା ସାରି ଚାଲିଗଲା ବୋଲି କୁହାକୁହି ହୁଅନ୍ତି। ଅନୁରୂପ ପରମ୍ପରା ଗାଦବା ଗୋଷ୍ଠୀରେ ମଧ୍ୟ ଦେଖିବାକୁ ମିଳେ। ଦଶାହ ଦିନ ଗୋଟିଏ 'ସୁମ (brazillian ginseng)' ବୁଦାକୁ ମାଟି ସହ ଉପାଡ଼ି ଆଣି ଗାଁର ସଦର ବା ବେରଣରେ ରଖାଯାଏ। ଦିଆରି ତାକୁ ପୂଜା କରେ। ସେଠାରେ ବିଭିନ୍ନ ଜିନିଷର ଅନୁରୂପ ବିକାକିଣା ହୋଇଥାଏ। ବିଭିନ୍ନ ଆଦିବାସୀ ଗୋଷ୍ଠୀରେ ଦଶା ବା ବୁଡ଼ ଗାଇସେ (ବଣ୍ଡା), ବୁଡ଼, ବୁଡ଼ଘର (ଭତ୍ରା, ଗଣ), ଭାଣ୍ଡାନ (ସାନ୍ତାଳୀ), ହୟନ (ଭୂମିଜ) ଆଦି ଭାବରେ ମଧ୍ୟ ପରିଚିତ।

ଦ୍ରଷ୍ଟବ୍ୟ: ହାଙ୍କାର ଉଡୁଂ, ଗଡର, ଡୁମା, ଡୁମାଆନା, ହାଟ

ଗ୍ରନ୍ଥ ସୂଚନା: ବାଗ ୨୦୦୯, ୨୮; ପାଢ଼ୀ, ଓ ଉପାଧ୍ୟାୟ ୨୦୧୦, ୨୪, ୧୩୯, ୪୮୯; ପାଢ଼ୀ ୨୦୧୬, ୨୯।

ଦାଣ୍ଡାହୁଲିଆ

ଆଦିବାସୀ ନୃତ୍ୟ; ଦକ୍ଷିଣ ଓଡ଼ିଶାର କଥିତ ଭାଷା; ଆଦିବାସୀ, ମିତାନ୍ ଗୋଷ୍ଠୀ; ପାରମ୍ପରିକ ପ୍ରଜାତିକ ନୃତ୍ୟ

ଅବିଭକ୍ତ କୋରାପୁଟ ଜିଲ୍ଲାର ଉଭୟ ଆଦିବାସୀ ଓ ମିତାନ୍ ଗୋଷ୍ଠୀର ସଦସ୍ୟଙ୍କଦ୍ୱାରା ଏହି ନୃତ୍ୟ ପରିବେଷଣ କରାଯାଇଥାଏ। ସାଧାରଣତଃ ଏହି ନୃତ୍ୟରେ ଭୂମିଆ, ଭତରା, ପେଣ୍ଟିଆ, ଓମାନାତ୍ୟ, ହଲବା ପ୍ରଭୃତି ଆଦିବାସୀ ଓ କୁମ୍ଭାର, ପାଇକ, ମାଳି, ଶୁଣ୍ଡି, ଗଉଡ଼ ଆଦି ମିତାନ୍ ଗୋଷ୍ଠୀର ଯୁବକମାନେ ପୌଷ ମାସରେ ଏହି ନୃତ୍ୟ କରି ବିଭିନ୍ନ ଗ୍ରାମ ପରିକ୍ରମା କରିଥାନ୍ତି। ଏହି ନୃତ୍ୟ ଧାଣ୍ଡାହୁଲିଆ ବା ଧାଣ୍ଡାରି ନୃତ୍ୟ ଭାବରେ ମଧ୍ୟ ପରିଚିତ। ବିଭିନ୍ନ ରଙ୍ଗବେରଙ୍ଗ ପୋଷାକ ପିନ୍ଧି ଦୁଇଟି ବାଉଁଶ ବାଡ଼ି ଧରି ସାହାଯ୍ୟରେ ନୃତ୍ୟ ପରିବେଷଣ କରିଥାନ୍ତି। ଗୋଟିଏ ବାଉଁଶ ବାଡ଼ିର ଅଗକୁ ଚାରି ଫାଳ କରାଯାଇଥାଏ ଫଳରେ ସେହି ବାଡ଼ି ସହିତ ଅନ୍ୟ ବାଡ଼ିକୁ ବଜାଇଲେ ସେଥିରୁ ଏକ ବିଶେଷ ଧ୍ୱନି ସୃଷ୍ଟି ହୋଇଥାଏ। ପୌଷ ମାସର ପ୍ରତିପଦଠାରୁ ଅମାବାସ୍ୟା ଯାଏଁ ନିଜର ଗ୍ରାମ ଦେବଦେବୀଙ୍କୁ ପୂଜା ଆରାଧନା କରି ଏହି ନୃତ୍ୟ ଆରମ୍ଭ କରାଯାଇଥାଏ। ଦେଢ଼ ମାସ ଧରି ବିଭିନ୍ନ ଗ୍ରାମ ବୁଲି ଏମାନେ ଧାନ, ଚାଉଳ, ଓ ପଇସା ସଂଗ୍ରହ କରି ନିଜ ଗ୍ରାମକୁ ଫେରିଥାନ୍ତି ଓ ଭୋଜିଭାତ କରି ଖାଇଥାନ୍ତି।

କଳାହାଣ୍ଡି, ବଲାଙ୍ଗୀର, ଅଞ୍ଚଳରେ ଧଣ୍ଡାରି ଅନୁରୂପ ଏକ ନୃତ୍ୟ ଦେଖିବାକୁ ମିଳେ, ଏହା ଗଉର୍ (ଗଉଡ଼) ବାଡ଼ି ବା ବନାବାଡ଼ି ତଥା ବାଡ଼ି ଖେଳ ଭାବରେ ମଧ୍ୟ ପରିଚିତ। ତେବେ, ଏହି ନୃତ୍ୟରେ କେବଳ ଗଉଡ଼ ଜାତିର ଲୋକମାନେ ହିଁ ଅଂଶଗ୍ରହଣ କରିଥାନ୍ତି। ଏହି ନୃତ୍ୟ ସେମାନଙ୍କ ଇଷ୍ଟଦେବୀ କିରିକାଛେନ୍ ଓ ରନକାଛେନ୍‌ଙ୍କ ପୂଜା ଉଦ୍ଦେଶ୍ୟରେ ଉଦ୍ଦିଷ୍ଟ ଏକ ବିଶେଷ ନୃତ୍ୟ। ଧାନକଟା ସରିଯିବା ପରେପରେ କାର୍ତ୍ତିକ ଶୁକ୍ଳପକ୍ଷ ଦଶମୀ ଦିନ ମଗଧା ଗଉଡ଼ମାନେ ଦେବୀଙ୍କଠାରୁ ବାଡ଼ି, ଘୁଙ୍ଗୁର, ତାଳ, କୁଣ୍ଡି, ବର୍ଚ୍ଛା ନେଇ ନୃତ୍ୟ ଅଭିଯାନ କରି ମାଘ ଶୁକ୍ଳ ଦଶମୀ ଦିନରେ ଦେବୀଙ୍କଠାରେ ସମସ୍ତ ଅଳଙ୍କରଣ ସମର୍ପଣ ପୂର୍ବକ ଏହାର ସମାପନ କରିଥାନ୍ତି। ଗୋଟିଏ ଗାଁର ଗଉର ବାଡ଼ି ନାଚ ଦଳ ନିଜ ଗ୍ରାମରୁ ବାହାରି ତାଙ୍କ ପାଳି ଗ୍ରାମଗୁଡ଼ିକରେ ଏହି ନୃତ୍ୟ ଅଭିଯାନ କରିଥାନ୍ତି। ଏହିପରି ଗଉଡ଼ମାନେ ବସତି କରିଥିବା ପ୍ରତ୍ୟେକ ଗ୍ରାମରେ ଏହି ନୃତ୍ୟ ଅନୁଷ୍ଠିତ ହୋଇଥାଏ। ପାଳି ଗ୍ରାମଗୁଡ଼ିକରେ

ନୃତ୍ୟ ଦଳ ପହଞ୍ଚିଲା ପରେ ସମ୍ପୃକ୍ତ ଗ୍ରାମର ଗଉଡ଼ମାନଙ୍କର ମୁଖିଆ ନୃତ୍ୟ ଦଳକୁ ପାଣିଢାଳ ଧରି ଆମନ୍ତ୍ରଣ କରିଥାଏ ଏବଂ ଏମାନଙ୍କୁ ଅତିଥି ଭାବରେ ଚର୍ଚ୍ଚା କରାଯାଏ। ସନ୍ଧ୍ୟାରେ ଏହି ନୃତ୍ୟ ଦଳ, ଓ ସମ୍ପୃକ୍ତ ଗ୍ରାମର ଗଉଡ଼ ଯୁବକମାନଙ୍କ ମଧ୍ୟରେ ବାଡ଼ିମରା ବା ବାଡ଼ି ଖେଳ ହୁଏ। ଦୁଇଜଣ, ଚାରି ଜଣ, ଆଠ ଜଣ ଏକାଠି ହୋଇ ବାଡ଼ିମରା ଖେଳ ଖେଳିଥାନ୍ତି। ଗୋଟିଏ ଦଳ ଅନ୍ୟ ଦଳକୁ ଆକ୍ରମଣକାରୀ ଭାବରେ ପ୍ରତିରୋଧ କରିବା ସହିତ ଠେଙ୍ଗା ସାହାଯ୍ୟରେ ଭୂଇଁ ଉପରେ ଗଡ଼ିଘାଲି ହୋଇ, ବାହୁରେ, ଜଂଘରେ ହାତପିଟି ନିଶମୋଡ଼ି ସତର୍କତାର ସହିତ ପ୍ରତିରୋଧ କରିଥାନ୍ତି। ଏହା ଦେଖିବାକୁ ଚିତ୍ତାକର୍ଷକ ହୋଇଥାଏ। ଏହା ଏକ ଜାତିଭିତ୍ତିକ ପରିବେଷଣ ହୋଇଥିବାରୁ ଏଥିରେ କେବଳ ଗଉଡ଼ମାନେ ତଥା ସ୍ୱ-ଗୋଷ୍ଠୀ ସଦସ୍ୟ ହିଁ ଅଂଶଗ୍ରହଣ କରିଥାଆନ୍ତି।

ଦ୍ରଷ୍ଟବ୍ୟ: ନାଚ, ଢେମସା

ଗ୍ରନ୍ଥ ସୂଚନା: ବାଗ ୨୦୧୭, ୭୧-୨; ପାଢ଼ୀ ୨୦୧୬, ୧୭୧-୩; ପାଢ଼ୀ, ଓ ଉପାଧ୍ୟାୟ ୨୦୧୦, ୧୭୭।

ଦାସାୟଁ

ବର୍ଷା ପର ନୃତ୍ୟ; ସାନ୍ତାଳୀ; ଆଦିବାସୀ; ପାରମ୍ପରିକ ପ୍ରଜାତିକ ନୃତ୍ୟ

ଦାସାୟଁ ସାନ୍ତାଳ ଗୋଷ୍ଠୀଦ୍ୱାରା ପରିବେଷଣ କରାଯାଉଥିବା ବର୍ଷା ପର ନୃତ୍ୟ। ଏହି ନୃତ୍ୟରେ ନାଗରା, ମାଦଳ, ଚଡ଼ଚଡ଼ି ଆଦି ବାଦ୍ୟଯନ୍ତ୍ର ବ୍ୟବହୃତ ହୋଇନଥାଏ। ତେବେ, ପଗଡ଼ିରେ ମୟୂର ଚୂଳ, ହାତରେ ଭୁଆଙ୍ଗ୍, ଘଣ୍ଟା, କରତାଳ, ଥାଳ ଆଦି ବଜାଇ ଦୁଇ ଧାଡ଼ି ହୋଇ ପୁଅପିଲାମାନେ ଝିଅ ବେଶରେ ନାଚ ପରିବେଷଣ କରିଥାନ୍ତି।

ଦାସାୟଁ ନୃତ୍ୟକୁ ନେଇ ଏକ କାହାଣୀ ପ୍ରଚଳିତ ସାନ୍ତାଳ ଗୋଷ୍ଠୀରେ। ଅତୀତରେ ସାନ୍ତାଳ ଲୋକ ଚାଇ ଚମ୍ପାରେ ଅତି ସମୃଦ୍ଧଶାଳୀ ଜୀବନ ଅତିବାହିତ କରୁଥିଲେ ସେତେବେଳେ ସେମାନଙ୍କୁ ଆର୍ଯ୍ୟମାନେ ଆକ୍ରମଣ କଲେ। ଆର୍ଯ୍ୟମାନଙ୍କ ସହିତ ସାନ୍ତାଳ ରମଣୀ ଆୟନମ୍ ଓ କାଜଲ ମୁଖ୍ୟ ଭୂମିକା ଗ୍ରହଣ କରିଥିଲେ। ଆର୍ଯ୍ୟମାନେ ଆୟନମ୍ ଓ କାଜଲକୁ ଅପହରଣ କରିନେଲେ। ପରେପରେ ପ୍ରବଳ ବର୍ଷା ଫଳରେ ସେମାନଙ୍କୁ ହଠାତ୍ ଠାବ କରିବା ସମ୍ଭବ ହେଲା ନାହିଁ। ସେ ଯାହାହେଉ ଦିବି ଓ ଦୁର୍ଗା ନାମକ ଦୁଇଜଣ ଯୁବକ ଧନୁଶର ଧରି ବର୍ଷା ବଢ଼ିକୁ ଖାତିରି ନକରି ଆୟନମ୍, ଓ କାଜଲକୁ ଖୋଜି ବାହାରିଲେ। ସେମାନେ ଭୁଆଙ୍ଗ୍ ବାଦ୍ୟଯନ୍ତ୍ର ଭିତରେ ଅସ୍ତ୍ରଶସ୍ତ୍ରକୁ ଲୁଚାଇ ନାରୀବେଶରେ ଆର୍ଯ୍ୟମାନଙ୍କ ସ୍ଥାନକୁ ପ୍ରବେଶ କରିଥିଲେ। ଯଦିଓ ଆୟନମ୍ ଓ କାଜଲକୁ ଠାବ କରିପାରିନଥିଲେ ତଥାପି ତାଙ୍କର ବୀରତ୍ୱର ସମ୍ମାନ ପାଇଁ

ଏହି ଦାସାଯ଼ଁ ନୃତ୍ୟ ପାଳନ କରାଯାଏ। ପାଖପାଲି ଗ୍ରାମମାନଙ୍କରେ ଦୁଇ ଦାସାଏଁ ନୃତ୍ୟଦଳ ଭେଟ ହେଲେ ପରସ୍ପର ଭିତରେ ସିନ୍ଦୂର ତେଲ ଆଦାନପ୍ରଦାନ କରିଥାନ୍ତି।

ଦ୍ରଷ୍ଟବ୍ୟ: କରମା, ଦାଣ୍ଡାହୁଲିଆ, ଡାଲଖାଇ

ଗ୍ରନ୍ଥ ସୂଚନା: ବେଶ୍ରା ୨୦୧୦, ୧୭୦-୧୭୪।

ଦେ'ଦେବତା

ଦେବୀଦେବତା; ପଶ୍ଚିମାଞ୍ଚଳ ଓଡ଼ିଆ, ଦେଶିଆ; ଆଦିବାସୀ, ମିତାନ୍ ଗୋଷ୍ଠୀ; ଧାର୍ମିକ ଅବଧାରଣା

ଦେ'ଦେବତା ବା ଦେବୀଦେବତା ପାରମ୍ପରିକ ଗୋଷ୍ଠୀରେ ଅନେକ ଗୁରୁତ୍ୱପୂର୍ଣ୍ଣ ଭୂମିକା ଗ୍ରହଣ କରିଥାନ୍ତି। ପ୍ରତ୍ୟେକ ଗ୍ରାମରେ ଅନ୍ତତଃ ଠାକୁରାଣୀ, ଧାରନୀ ମାତା, ଠୁଟିମାଏଲି, ଡ଼ୋକରି ବୁଢୀ, ବୁଢାରଜା ତଥା ଅନୁରୂପ ଦେବଦେବୀ ଥାଆନ୍ତି। ଏହି ଦେବୀଦେବତାମାନେ ଗଛ, ଗୁହାଳ, ରୋଷେଇ ଘର, ଭଣ୍ଡାର ଘର, କ୍ଷେତ, ପୋଖରୀ, ନଦୀ ବା ଝରଣାକୂଳ, ଗୁଡ଼ି ବା ମନ୍ଦିର ଆଦିରେ ଆସ୍ଥାନ ଜମାଇଥାନ୍ତି। ସେହିପରି, ଖଣ୍ଡୁଆଲ ନାମକ ଦେବତା ଏକ ଚାରଣ ଦେବତା। ଏହି ଦେବତା କୌଣସି ନିର୍ଦ୍ଦିଷ୍ଟ ଆସ୍ଥାନ ନାହିଁ ବରଂ ଗଛଡ଼ାଳ, ଘରଦୁଆର, ରାସ୍ତା କଡ଼, ଝରଣାକୂଳ ଆଦି ସ୍ଥାନରେ କେବଳ ଘୁରି ବୁଲୁଥାନ୍ତି। ପଥର, କାଠ, ଦଉଡ଼ି, ଶିକୁଳି ଖଣ୍ଡା, ବର୍ଛା, ଟାଙ୍ଗୀ, କଟୁରୀ ଆଦିରେ ଏହି ଦେବୀମାନେ ନିଜକୁ ପ୍ରତୀକିତ କରିଥାନ୍ତି। ପାରମ୍ପରିକ ଦେବୀଦେବତାଙ୍କୁ ରାଜ ଦେବଦେବୀ, ଆଞ୍ଚଳିକ, ପ୍ରଜାତିକ, ଗ୍ରାମ୍ୟ ଦେବଦେବୀ, ଗୃହ ଦେବଦେବୀ, ଅଭୂତ ଦେବଦେବୀ, ଡୁମା ଆଦି ଭାବରେ ଶୃଙ୍ଖଳିତ କରାଯାଇପାରେ। ମାଣିକେଶ୍ୱରୀ, ଲଙ୍କେଶ୍ୱରୀ, ସମଲେଶ୍ୱରୀ, ବ୍ୟାଘ୍ର ଦେବୀ, ପାଟଖଣ୍ଡା ଆଦି ଦେବୀଙ୍କୁ ରାଜଦେବୀ ତଥା ଇଷ୍ଟ ଦେବୀ; ପେଣ୍ଡରା ଗଡ଼ିଏନ, ବୁଢାରଜା, ଦଣ୍ଡପଟିଏନ୍ ଆଦି ଆଞ୍ଚଳିକ ଦେବୀ; ଜଂଘା ଦେଓ, ସୁନାଦେଇ, ଦାରନୀ ପେନୁ ଆଦିଙ୍କୁ ପ୍ରଜାତିକ ଦେବୀଦେବତା; ଗୃହରେ ପୂଜାପାଉଥିବା ପୂର୍ବ ପୁରୁଷଙ୍କୁ, ତଥା ବିଭିନ୍ନ ବଂଶ ଗୋଷ୍ଠୀର ଆରାଧ୍ୟ ଦେବୀଦେବତାଙ୍କୁ ଗୃହ ଦେବୀ; ଚିଲାଗୁନ, ଦୁଲା, ସାତ ଭଏନୀ ଜଳ କାମିନୀ, ମିରଚୁକ୍, କଁକାଲେନ୍, ମଟିଆ ଆଦି ପ୍ରେତଙ୍କୁ ଅଭୂତ ଦେବଦେବୀ; ତଥା ପରିବାର ମୃତବ୍ୟକ୍ତିର ଆତ୍ମାକୁ ଡୁମା ଭାବରେ ଗ୍ରହଣ କରାଯାଏ।

ଦଶହରା ଭଳି ଚଇତ ମାସକୁ ମଧ୍ୟ ଦେବଦେବୀଙ୍କ ସମୟ ଭାବରେ ଗଣନା କରାଯାଇ ଦେହେଲିଆ ମାସ ବୋଲି କୁହାଯାଏ। ଏହି ସମୟରେ ଦେବୀମାନେ ନିଜ ଆସ୍ଥାନ ଛାଡ଼ି ଅନ୍ୟ ଗ୍ରାମ ବା ବନ୍ଧୁ ଗ୍ରାମକୁ ଯାତ୍ରା କରିଥାନ୍ତି। ଘଣ୍ଟ ଯାତ୍ରା, ମଡ଼େଇ ବା

ବିଭିନ୍ନ ଦେବଦେବୀଙ୍କ ଏକତ୍ର ମିଳନ ବା ମେଳା ଆଦି ଅନୁଷ୍ଠିତ ହୋଇଥାଏ। ଦଶରା ମାସରେ ସୁନାଦେଇ, ମାଣିକେଶ୍ୱରୀଙ୍କ ଛତର ଯାତ୍ରା, ଡ଼ୋକରୀ ବୁଢ଼ୀଙ୍କର ଲାଠିଯାତ୍ରା ଆଦି ଅନୁଷ୍ଠିତ ହୋଇଥାଏ। ଗ୍ରାମର ସାମାଜିକ ବ୍ୟବସ୍ଥା ଭଳି ଦେବଦେବୀମାନଙ୍କ ଭିତରେ ମଧ୍ୟ ଅଞ୍ଚଳ ଅନୁସାରେ ପାଲି ବା ପଁଚୁରା ଦେଖିବାକୁ ମିଳେ। ସେହିପରି, ଦେବଦେବୀମାନଙ୍କ ମଧ୍ୟରେ ପୁଅ ଝିଅ, ବାପା ମା, ମାମୁଁ ମାଇ, ଦେଢ଼ଶୂର ଭାଇବୋହୂ ସମ୍ପର୍କ ଦେଖିବାକୁ ମିଳେ। ଉଦାହରଣ ସ୍ୱରୂପ, ଦୁଲ୍ଲାଦେଓ ଓ ମିରଚୁକ୍ ହେଉଛନ୍ତି ସ୍ୱାମୀ ସ୍ତ୍ରୀ। ବୁଢ଼ାରଜା ହେଉଛନ୍ତି ଦ୍ୱାରସନୀ ଦେବୀଙ୍କର ବଡ଼ ଭାଇ। ଦୁଲ୍ଲା ଦେବତା, ଭୀମା ଦେବତା ବାର ଭାଇ ବୋଲି ବିଶ୍ୱାସ କରାଯାଏ। ସେହିପରି, ଗଣାମାନଙ୍କର ଜ୍ୱାଇଁପୁଅ ହେଉଛନ୍ତି ପାଟଖଣ୍ଡା ଦେବତା। ଅନୁରୂପ ଭାବରେ, କେତେକ ସ୍ଥଳରେ ଦେବୀ ଦେବତାମାନଙ୍କୁ ଝିଅ ବିବାହ ବେଳେ ଯୌତୁକ ଆକାରରେ ଅଣାଯାଇଥିବା ବିଶ୍ୱାସ କରାଯାଏ ଯେପରି, ବାଗ ବଂଶରୁ ଦୁଲ୍ଲା ଓ ମିରଚୁକ୍ ଦେବତା ଜଗତ ବା ଖୁରା ବଂଶରେ ଯୌତୁକ ଭାବରେ ଆସିଛନ୍ତି। ଭୀମା ଦେବତାଙ୍କୁ ମଧ୍ୟ ପାଲାକା ବର୍ଗର କନ୍ଧ ଘରେ ଜ୍ୱାଇଁହୋଇ ରହିଥିଲେ ବୋଲି ବିଶ୍ୱାସ କରାଯାଏ। ଭୀମା ଦେବତାଙ୍କ ଉତ୍ପତ୍ତି ଗଣ୍ଡ ଉପଜାତିରେ ହୋଇଥିଲେ ବି ସେ କନ୍ଧ ରମଣୀଙ୍କ ସହିତ ପ୍ରେମ କରି ଶେଷରେ ଘରଜ୍ୱାଇଁ ଥିବାର ମିଥ୍ ଶୁଣିବାକୁ ମିଳେ। ଧନ ସମ୍ପଦର ବୃଦ୍ଧିକାରିଣୀ ପେଣ୍ଡରା ଗଡ଼ିଏନ୍ ଦେବୀଙ୍କ ସ୍ୱାମୀଙ୍କୁ ମଧ୍ୟ ଘରଜିଆ ଡୁମା ଭାବରେ ପୂଜା କରାଯାଏ। ଦେବୀଦେବତାମାନଙ୍କ ଭିତରେ ବି ବି ଜାତି, ବର୍ଗ ଅନୁସାରେ ବିବାହ ଆଦି ଅନୁଷ୍ଠିତ ହୋଇଥାଏ। ଯେମିତି, ତେଲି ସମାଜରେ ନିଜ ଘରେ ଦେବତାବିହା ଉତ୍ସବ ମଧ୍ୟ ପାଳନ କରନ୍ତି। ସାଧାରଣ ବିବାହ ପରି ଦେବଦେବୀଙ୍କ ମଧ୍ୟରେ ବିବାହ କରାଇ ନୃତ୍ୟଗୀତ କରନ୍ତି।

ବିଭିନ୍ନ ଆଦିବାସୀମାନେ ପାହାଡ଼ ପର୍ବତକୁ ଦେବତା ଭାବରେ ପୂଜା କରିବା ଦୁର୍ଲଭ ନୁହେଁ। ଉଦାହରଣ ସ୍ୱରୂପ, କନ୍ଧ ଗୋଷ୍ଠୀ ନିୟମଗିରିକୁ ନିୟମରାଜା ଦେବତା ଭାବରେ, ଭୂମିଆ ସମ୍ପ୍ରଦାୟ ଭାଇଭଉଣୀ ପର୍ବତ (ବୈପାରିଗୁଡ଼ା ବ୍ଲକର୍ ଖେମାପଡ଼ା ମୌଜାରେ ଅବସ୍ଥିତ)କୁ ମଧ୍ୟ ଦେବତା ଭାବରେ ପୂଜା କରିବା ଦେଖାଯାଏ। ସେହିପରି, ଜଳାଶୟରେ ସାତ ଭଉଣୀ କାମିନୀ ଦେବୀ ପୂଜା ପାଆନ୍ତି। ଦେ'ଦେବତା ବିଭିନ୍ନ ଗୋଷ୍ଠୀରେ ଦେଓ, ସୁନୁମ, ବଙ୍ଗା, ପେନୁ ଆଦି ଭାବରେ ମଧ୍ୟ ପରିଚିତ।

ଦ୍ରଷ୍ଟବ୍ୟ: କାମିନୀ, ମାରାଂବୁରୁ, ଜାହେର, ଜଙ୍ଘା ଦେଓ, କିତୁଙ୍ଗ୍

ଗ୍ରନ୍ଥ ସୂଚନା: ମିଶ୍ର ୧୯୯୬, ୬୬-୭; ମୁଣ୍ଡ ୨୦୦୬, କ-ଜ; ସୁନାନୀ ୨୦୦୯, ୪୨୯-୩୬; ପଟ୍ଟନାୟକ ୨୦୧୭, ୧୫୦; ମେହେର ୨୦୧୦, ୬୪-୮୬;।

ଦେଓବାଡ଼ନି

ଦେବତାଙ୍କ ଝାଡ୍ରୁ; ଦେଶିଆ, ପଶ୍ଚିମାଞ୍ଚଳ ଓଡ଼ିଆ; ଆଦିବାସୀ, ମିତାନ୍ ଗୋଷ୍ଠୀ; ପାରମ୍ପରିକ ଉପକରଣ– ରୀତିନୀତି

ଦେଓବାଡ଼ନି (ବାତରେଙ୍ଗା) ଏକ ପ୍ରକାର ତୃଣ। ଏହାର ଅଗ୍ରଭାଗରେ ଚଅଁର ଭଳି ଈଷତ୍ ହଳଦୀ ସବୁଜ ରଙ୍ଗର ଫୁଲ ବାହାରିଥାଏ ଯାହାକୁ ଝାଡ୍ରୁ ତିଆରି ପାଇଁ ବ୍ୟବହାର କରାଯାଏ। ଏହି ଫୁଲ ଝାଡ୍ରୁରେ ଦେବତାଙ୍କ ଆସ୍ଥାନ ଓଳା ଯାଉଥିବାରୁ ଏହାକୁ ଦେବତାଙ୍କ ଝାଡ୍ରୁ ତଥା ଦେବାଡ୍ରୁନ କୁହାଯାଏ। ତେବେ, ଦେବାଡ୍ରୁନ ଗଛରେ ଫୁଲ ଧରିବାକୁ ଆଧାର କରି ଆଦିବାସୀ ତଥା ମିତାନ୍ ଗୋଷ୍ଠୀ ସଦସ୍ୟମାନେ ସେ ବର୍ଷର ପାଣିପାଗ କିପରି ହେବ ପୂର୍ବନୁମାନ କରିଥାନ୍ତି। ଏହି ଗଛରେ ମୂଳରୁ ଅଗ ଯାଏଁ ଫୁଲ ଫୁଟିଲେ ଭଲ ବର୍ଷା ହେବାର ଆଶା କରନ୍ତି ସେହିପରି, ମଝିଯାଏ ଫୁଟିଲେ ବର୍ଷା ଶେଷ ଆଡ଼କୁ ଠିକ୍ ନହେବାର ଆଶଙ୍କା କରାଯାଏ। ଅନୁରୂପ ଭାବରେ, ଯଦି ଫୁଲଗୁଡ଼ିକ ମୂଳରୁ ଅଗଯାଏଁ ଛାଡ଼ିଛାଡ଼ି ଫୁଟିଥାଏ ତେବେ, ଅନିୟମିତ ବର୍ଷା ହେବ ବୋଲି ବିଶ୍ୱାସ କରାଯାଏ।

ଦେଓବାଡ୍ରୁନ ଡାଳକୁ ଚିତାଲାଗି ଅମାବାସ୍ୟା ଦିନ ବିଲରେ କେନ୍ଦୁ କାଠରେ ରଖାଯାଏ। ଏହା ଦ୍ୱାରା ରୋଗପୋକ ଆକ୍ରମଣରୁ ଫସଲକୁ ରକ୍ଷାମିଳେ ବୋଲି ବିଶ୍ୱାସ କରାଯାଏ। ସେହିପରି, କେତେକ ଗୋଷ୍ଠୀ ତଥା ଅଞ୍ଚଳରେ ବିବାହ ବେଦୀରେ ମଧ୍ୟ ଦେଓବାଡ଼ନି ଡାଳ ପୋତାଯାଏ। ପେଟ ଥଣ୍ଡା ପାଇଁ ଅଜୀର୍ଣ୍ଣ ତଥା ସ୍ତ୍ରୀରୋଗର ଆରୋଗ୍ୟ ନିମନ୍ତେ ପାରମ୍ପରିକ ଚିକିତ୍ସାରେ ଏହାକୁ ବ୍ୟବହାର କରିବା ଦେଖାଯାଏ। ବଣ୍ଡା ପାଚେରୀରେ ବଣ୍ଡାମାନେ ଦେଓବାଡ଼ନି ଡାଳ ଦେଇ ପୂଜା କରିବା ଦେଖିବାକୁ ମିଳେ।

ଦେଓବାଡ଼ନି ଭଳି କୋରାପୁଟ ଅଞ୍ଚଳରେ 'କାରଲିମାଲ୍' ନାମରେ ଏକ ଲଟା ଦେଖିବାକୁ ମିଳେ। ଏହାକୁ ଦେବତାଙ୍କର ଲଟା ବୋଲି ଆଦିବାସୀମାନେ ବିଚାର କରିଥାନ୍ତି। ପ୍ରାୟ ସମସ୍ତ ଆଦିବାସୀ ଗୋଷ୍ଠୀରେ ବନ୍ଦାପନା ତଥା ଚିତାଲାଗି ଅମାବାସ୍ୟାରେ କାରଲି ମାଲ ସହ ବାତି ପତ୍ର, ହଳଦୀ ପତ୍ର, ଭାଲିଆ ଆଦି ପତ୍ରକୁ ବାଉଁଶ ପାତିଆରେ ବୁଣା ଛତଡ଼ିରେ ଗୁନ୍ଥି ଥାଆନ୍ତି। ଏହା କାନ୍ଦଲି ମାଲ ଭାବରେ ପରିଚିତ।

ଦ୍ରଷ୍ଟବ୍ୟ: ଦେ'ଦେବତା

ଗ୍ରନ୍ଥ ସୂଚନା: ପାଢ଼ୀ, ଓ ଉପାଧ୍ୟାୟ ୨୦୦୯, ୨୬୮, ୩୯୪, ୪୫୧; ମିଶ୍ର ୧୯୯୬, ୮୮।

ଦେହେଲିଆ ମାସ

ଦେବୀ ମାସ; ପଶ୍ଚିମ ଓଡ଼ିଶାର କଥିତ ଓଡ଼ିଆ, ଦେଶିଆ; ଆଦିବାସୀ, ମିତାନ୍ ଗୋଷ୍ଠୀ; ପ୍ରଜାତିକ ଅବଧାରଣା

ଅଣଆଦିବାସୀ ପରମ୍ପରାରେ ଯେପରି କାର୍ତ୍ତିକ ମାସକୁ ପୁଣ୍ୟ ମାସ ଭାବରେ ପରିଗଣିତ କରାଯାଇଥାଏ ସେହିପରି ଦଶହରା ମାସ ଆଦିବାସୀ ସମାଜରେ 'ଦେହେଲିଆ ମାସ ବା ଦେବୀମାସ' ଭାବରେ ପରିଗଣିତ ହୋଇଥାଏ। ଦଶରା ମାସର ସପ୍ତମୀଠାରୁ ଦଶମୀ ପର୍ଯ୍ୟନ୍ତ କେତେକ ସ୍ଥାନରେ ନବମୀ ଏବଂ ଦଶମୀ ଦୁଇଦିନ ପ୍ରାୟ ପାରମ୍ପରିକ ଦେବାଦେବୀ ଆସ୍ଥାନମାନଙ୍କରେ ପୂଜା ଆରାଧନା ହୁଏ। ଦଶମୀ ଦିନ ଦେବୀ ନିଜ ଆସ୍ଥାନ ଛାଡ଼ି ଗ୍ରାମର ପ୍ରତି ଘର ବୁଲନ୍ତି ଯାହା 'ବୋଏଲ ବୁଲିବା' ଭାବରେ ପରିଚିତ। ଦେବୀଙ୍କ ଛତ୍ର, ଅସ୍ତ୍ର, ଖଣ୍ଡା, ଟାଙ୍ଗୀ, ଶୂଳଶିକୁଳି, ଆଦି ସହିତ କାଳିସୀ ବା ଶିରା ପାରମ୍ପରିକ ଡମ ବାଦ୍ୟକାରଙ୍କ ନିଶାନ୍, ତାସା, ଢୋଲ, ମହୁରୀ, ଝାଞ୍ଜ ଆଦି ବାଦ୍ୟବାଦନ ସହିତ ଘର ଘର ବୁଲନ୍ତି। ଦେବୀ ଏବଂ କାଳିସୀକୁ ଘରର ଦୁଆର ମୁହଁରେ ଗୋବର ଲିପା ପିଢା, ପାଣି, ଧୂପ, କ୍ଷୀର, ଅରୁଆ ଚାଉଳ, ଫୁଲ, ସିନ୍ଦୂର ଆଦି ଦେଇ ପ୍ରତ୍ୟେକ ଘରେ ପୂଜା କରନ୍ତି। ଅନୁରୂପ ଭାବରେ, ଚଇତ୍ରା ଯାତ୍ରା ସମୟରେ ମଧ୍ୟ ଗ୍ରାମର ଠାକୁର ଠାକୁରାଣୀ ଏହିପରି ବୋଏଲ ବୁଲି ପ୍ରତି ଘରୁ ପୂଜାପାଠ ଗ୍ରହଣ କରିଥାନ୍ତି। ଯେଉଁମାନେ ମାନସିକ କରିଥାନ୍ତି ଏହି ଦିନ ବଳି ଭୋଗ ସହିତ ମାନସିକ ବସ୍ତୁ ଦେବୀଙ୍କୁ ଅର୍ପଣ କରିଥାନ୍ତି।

ଦ୍ରଷ୍ଟବ୍ୟ: ଦେ'ଦେବତା, ଚଇତ ପରବ

ଗ୍ରନ୍ଥ ସୂଚନା: ପାଢ଼ୀ, ଓ ଉପାଧ୍ୟାୟ ୨୦୧୦, ୨୬୨; ମିଶ୍ର ୧୯୯୬, ୯୧, ୯୪; ବାଗ ୨୦୦୯, ୬୬; ପ୍ରଧାନ ୨୦୦୭, ୭୨-୩।

ଧନ୍ଦା

ଧନ୍ଦା; ପଶ୍ଚିମାଞ୍ଚଳ ଓଡ଼ିଆ, ଦେଶିଆ; ଆଦିବାସୀ, ମିତାନ୍ ଗୋଷ୍ଠୀ; ବାଚିକ ପରମ୍ପରା

ଧନ୍ଦା ବା ନାଁଦିଆଗୁଡ଼ିକ ହେଉଛି ରୂପକ ଆଧାରିତ ପାରମ୍ପରିକ ପରିପ୍ରକାଶ ଯେଉଁଠି ଦୁଇଟି ବସ୍ତୁ, ଅବସ୍ଥା, ବା ଘଟଣା ପ୍ରକ୍ରିୟା ଭିତରେ ଥିବା ଅବଧାରିତ ସାମଞ୍ଜସ୍ୟ, ତଥା ସାମ୍ୟ ବୈଷମ୍ୟର ଧାରଣା ଓ ତୁଳନା ଦେଖିବାକୁ ମିଳେ। ପ୍ରବାଦ ପ୍ରବଚନ ଭଳି ଏହାର ପରିବେଷଣ ପାରମ୍ପରିକ ଭାବରେ ହିଁ ସମ୍ପୃକ୍ତ ଗୋଷ୍ଠୀ ମଧ୍ୟରେ ହୋଇଥାଏ। ଏଗୁଡ଼ିକ ସମ୍ପୃକ୍ତ ଗୋଷ୍ଠୀର ସଦସ୍ୟଙ୍କ ପାଇଁ ହିଁ ଅର୍ଥପୂର୍ଣ୍ଣ ହୋଇଥାଏ। ନାଁଦିଆଗୁଡ଼ିକ

ସଂକ୍ଷିପ୍ତ ଓ ପ୍ରତୀକାତ୍ମକ। ଏହା ଉଭୟ ପଦ୍ୟାତ୍ମକ ଏବଂ ଗଦ୍ୟାତ୍ମକ ତଥା ନୈର୍ବାଚିକ ମଧ୍ୟ ହୋଇଥାଏ। ସାଧାରଣତଃ ଶିଶୁ କିଶୋରମାନଙ୍କଦ୍ୱାରା ଏହା ସମୟ ଅପନୋଦନ ପାଇଁ ପରିବେଷିତ ହୋଇଥାଏ।

ନାଁଦିଆ ସମ୍ପୃକ୍ତ ଗୋଷ୍ଠୀର ଜୀବଜନ୍ତୁ, ଗଛଲତା, ବିଭିନ୍ନ ଉପକରଣ, ପ୍ରାକୃତିକ ଅପ୍ରାକୃତିକ ବସ୍ତୁ ଆଦିକୁ ଆଧାର କରି କଥିତ ହୋଇଥାଏ। ଏହାର ପରିବେଷଣରେ ସମ୍ପୃକ୍ତ ଗୋଷ୍ଠୀର ସଦସ୍ୟ ହିଁ ଭାଗ ନେଇଥାନ୍ତି। ଅନେକ ଧନ୍ଦା ବା ନାଁଦିଆଗୁଡ଼ିକର ଉତ୍ତର ସମ୍ପର୍କରେ ଅଂଶଗ୍ରହଣକାରୀ ଗୋଷ୍ଠୀର ପ୍ରାୟ ସଦସ୍ୟ ଜ୍ଞାତ ଥାଆନ୍ତି। ତେବେ ପରିବେଶ, ପରିସ୍ଥିତି ଏବଂ ପ୍ରତୀକୀତ ବସ୍ତୁକୁ ଉପଲକ୍ଷ୍ୟ କରି ଏହାର ବକ୍ତବ୍ୟରେ ନୂତନ ଆଖ୍ୟାନ ଦିଆଯାଇଥାଏ ଯାହାକୁ ପରବର୍ତ୍ତୀ ସମୟରେ ପରିବେଷଣକାରୀ ଅନ୍ୟମାନଙ୍କୁ ସେହି ବକ୍ତବ୍ୟର ସାର୍ଥକତା ବୁଝାଇବାକୁ ପଡ଼ିଥାଏ ନଚେତ୍ ତାହା ଗ୍ରହଣୀୟ ହୋଇନଥାଏ। ଏହା ଶିଶୁ କିଶୋରମାନଙ୍କ ଭିତରେ ସୃଜନଶୀଳତା ତଥା ମାନସିକ କସରତ ଓ ସ୍ମରଣ ଶକ୍ତି ବିକାଶରେ ସହାୟକ ହୋଇଥାଏ।

ଦ୍ରଷ୍ଟବ୍ୟ: କଥାନି, ଗୀତ, ଟିକଲମରା

ଗ୍ରନ୍ଥ ସୂଚନା: ପାଢ଼ୀ, ଓ ଉପାଧ୍ୟାୟ ୨୦୧୦, ୩୫୪-୫; ପାଢ଼ୀ ୨୦୧୬, ୮୭-୮୯; ଆଚାର୍ଯ୍ୟ ୨୦୧୩, ୨୪୧-୨୪୨।

ଧାଙ୍ଗଡ଼ା ବସା

ଯୁବା ଗୃହ; ପଶ୍ଚିମାଞ୍ଚଳ ଓଡ଼ିଆ, ଦେଶିଆ, ପରଜା; ଆଦିବାସୀ; ପ୍ରଜାତିକ ସମାଜ ପରମ୍ପରା – ଆମୋଦପ୍ରମୋଦ ଗୃହ

ପ୍ରତ୍ୟେକ ଆଦିବାସୀ ଗୋଷ୍ଠୀରେ ଧାଙ୍ଗଡ଼ା ଧାଙ୍ଗଡ଼ୀ ବସା ଥାଏ। ଏହି ବସା ଘରେ ଆଖପାଖ ଗାଁରୁ ମଧ୍ୟ ଯୁବକ ଯୁବତୀ ଆସି ଯୋଗ ଦେଇଥାନ୍ତି। ଏଗୁଡ଼ିକ ସାଧାରଣତଃ ଆମୋଦ ପ୍ରମୋଦ ଗୃହ। ଏଠାରେ ଗୀତ, ନୃତ୍ୟ, କ୍ରୀଡ଼ା ଶିଖିବା ସହ ବିଭିନ୍ନ ବାଦ୍ୟଯନ୍ତ୍ର ବାଦନ ମଧ୍ୟ ଶିକ୍ଷା କରିଥାନ୍ତି। ଦୁରୁଆ ଆଦିବାସୀ ଗୋଷ୍ଠୀରେ ପ୍ରତି ବର୍ଷ ଚୈତ୍ର ମାସରେ ଏହି ଧାଙ୍ଗଡ଼ା ବସା (ଇଲେନକୁଲ), ଧାଙ୍ଗଡ଼ୀ ବସା (ଇଲେସିଲ)ରେ ମାଣ୍ଡକୁଲେନ୍ (ସାମୂହିକ ଭାବେ ପୁଅ ଝିଅ ଦେଖା ଓ ବିବାହ ପାଇଁ ନିର୍ବାଚନ କରିବାର ପର୍ବ) ଅନୁଷ୍ଠିତ ହୁଏ। ସେହିପରି, ଆବଶ୍ୟକ ହେଲେ ଏହି ମାଣ୍ଡକୁଲେନ୍‌ରେ ପୁତ୍ରହୀନ ଦମ୍ପତି ପୋଷ୍ୟପୁତ୍ର ମଧ୍ୟ ଗ୍ରହଣ କରିଥାନ୍ତି।

ଯୁବାଗୃହ ଗଣ୍ଡ ଗୋଷ୍ଠୀରେ ଘୋଟୁଲ, ଗୋଟୁଲ ବା ଘୋଡୁଲ, ବିସୋଡ଼ାହା; ସାନ୍ତାଳ, ମୁଣ୍ଡାରୀ, ମୁଣ୍ଡା, ହୋ ଆଦି ଗୋଷ୍ଠୀରେ ଗିତିଓରା(ଲା) ଭାବରେ ପରିଚିତ

ହେବାବେଳେ ଅନ୍ୟ ଗୋଷ୍ଠୀରେ ସିଲାନିଡ଼ାଙ୍ଗେ (ବଣ୍ଡା), ଦାଂଣ୍ଡାବାସା, ଦିଣ୍ଡାଘର, ଡିଆଁଶିକାବାସା (କନ୍ଧ); ପୋଲାଡ଼ପା, ଝିଁକେଡ଼ପା (ଓରାଓଁ); ଅଡ୍ଡୁବବାସା, ଅନବବାସା (ଗାଦବା), ଓ ଧୁଙ୍ଗଲା, କୁଡ଼ିଅଲା (ମାଙ୍କିଡ଼ିଆ) ଭାବରେ ପରିଚିତ।

ଜୁଆଙ୍ଗ ସମାଜରେ ଏହି ଯୁବାଘରକୁ ମଜାଙ୍ଗ ବା ମଣ୍ଡଘର କୁହାଯାଏ। ଏହି ଘର କେବଳ ଅବିବାହିତ ଯୁବକଯୁବତୀମାନେ ହିଁ ତିଆରି କରିଥାନ୍ତି। ମଣ୍ଡଘର କେବଳ ଆମୋଦପ୍ରମୋଦ ଗୃହମାତ୍ର ନୁହେଁ ଏଠି ଅନ୍ୟ ସାମାଜିକ ନ୍ୟାୟନିଶାପ, ଭଲମନ୍ଦ, ପୂଜାଗିଜା, ଯାତରା ପରବର ତିଥିବାର ନିର୍ଦ୍ଧାରଣ, ଆୟୋଜନ ପାଇଁ ମଧ୍ଯ ଆଲୋଚନା ହୋଇଥାଏ ତଥା ଏହା ଅତିଥି ଗୃହ ଭାବରେ ମଧ୍ୟ କାର୍ଯ୍ୟ କରିଥାଏ।

ଦ୍ରଷ୍ଟବ୍ୟ: ମାଣ୍ଡକୁଲେନ୍, ନାଚ, ଗୀତ

ଗ୍ରନ୍ଥ ସୂଚନା: ପାଢ଼ୀ, ଓ ଉପାଧ୍ଯାୟ ୨୦୧୦, ୩୯, ୪୧୯; ସାହୁ ୨୦୧୪, ୬-୭; ପାଢ଼ୀ ୨୦୧୬, ୨୬; ପାତ୍ର ୨୦୧୮, ୧୨, ୪୩; ପାତ୍ର ୨୦୧୫, ୭୪-୭୫।

ଧାରନୀ ଗୁଡ଼ି

ଗ୍ରାମଦେବୀଙ୍କ ଆସ୍ଥାନ; ପଶ୍ଚିମାଞ୍ଚଳ ଓଡ଼ିଆ, ଦେଶିଆ; ଆଦିବାସୀ ମିତାନ୍ ଗୋଷ୍ଠୀ; ଗ୍ରାମ ଦେବୀଙ୍କ ପାରମ୍ପରିକ ଆସ୍ଥାନ

ଗୁଡ଼ି କହିଲେ ଚାଳଛପର ଘର ବା ଝଙ୍କାଳିଆ ଗଛତଳ ଯେଉଁଠି ଗ୍ରାମର ଦେବଦେବୀ ରହି ପୂଜା ପାଆନ୍ତି। ଗ୍ରାମର ସ୍ଥାନୀୟ ଦେବଦେବୀ ବ୍ୟତୀତ ଅନ୍ୟ ଦେବୀଦେବତାଙ୍କ ପାଇଁ ମଧ୍ୟ ଗୁଡ଼ି ତିଆରି କରାଯାଇଥାଏ ଉଦାହରଣ ସ୍ୱରୂପ, ପେଣ୍ଡ୍ରା ଗଡ଼ିଏନି ଦକ୍ଷିଣ-ପଶ୍ଚିମ ଓଡ଼ିଶାର ମୂଳଦେବୀ ନୁହନ୍ତି, ଆହୁତା; ତେବେ ମଧ୍ୟ ତାଙ୍କୁ ଏହି ଅଞ୍ଚଳରେ ପୂଜା କରିବା ଦେଖାଯାଏ। ପ୍ରତି ଗାଁରେ ଠାକୁରାଣୀ ଗୁଡ଼ି ଥାଏ। ସେ ଗ୍ରାମଦେବୀ, ଠାକୁରାଣୀ, ଗ୍ରାମଶିରି ଭାବରେ ପୂଜିତା। ଠାକୁରାଣୀ ଦେବୀଙ୍କ ବ୍ୟତୀତ ବୁଢାରଜା, ଲଙ୍କେଶ୍ୱରୀ, ମାଏଲି ଆଦି ଦେବୀ ଦେବତା ବି ଥାଆନ୍ତି। ଅନ୍ୟ ଦେବୀଦେବତାଙ୍କ ଗୁଡ଼ିସବୁ ସବୁ ଗାଁରେ ନଥାଇପାରେ ତଥାପି ତାଙ୍କ ପୂଜା ହୁଏ। ଆବଶ୍ୟକ ମନେକଲେ ସମ୍ପୃକ୍ତ ଦେବୀ ଦେବତାଙ୍କ ଗୁଡ଼ିଥିବା ଗ୍ରାମକୁ ଯାଇ ପୂଜା କରାଯାଏ। ଏହି ଗୁଡ଼ିରୁ ଚଇତ୍ରା ସମୟରେ ଘଣ୍ଟ ବାହାରି ଯାତ୍ରା ହୁଏ। ଅଞ୍ଚଳ ଭେଦରେ ଧାରନୀ ଗୁଡ଼ି ଓ ବିହନଛିନା ଗୁଡ଼ି ଅଲଗା ହୋଇଥାଏ। ଏହି ଧାରନୀ ଗୁଡ଼ି ବିଭିନ୍ନ ଅଞ୍ଚଳ ତଥା ଗୋଷ୍ଠୀ ଭେଦରେ ମାଏଟ ଘର, ମାଏଟ ଗୁଡ଼ି, ହୁଣ୍ଡି ଦେବୀ ଆଦି ନାମରେ ପରିଚିତ। ଚଇତ୍ରା ଦିନ ଏହି ଗୁଡ଼ିରୁ ଦେବୀଦେବତା ବୋଏଲ

ବୁଲି ବାହାରିଥାନ୍ତି। ସନ୍ଧ୍ୟାରେ ଗୁଡ଼ିରେ କୁକୁଡ଼ା, ଛେଳି, ମେଣ୍ଢା ଆଦି ଭୋଗ ଲାଗେ। ଗାଆଁରେ ରୋଗଶୋକ, ବସନ୍ତ ବିସୂଚିକା ହେଲେ ମାନସିକ କରାଯାଏ। କନ୍ଧ ଆଦିବାସୀ ଗୋଷ୍ଠୀରେ ଗ୍ରାମ ଦେବତା ମୁଣ୍ଡା ପେନୁ, ଧରଣୀ ପେନୁ (ମାଟି ଦେବତା), ଡକରି ପେନୁ (ଗ୍ରାମ ଦେବୀ); ସଉରା ଗୋଷ୍ଠୀରେ ଠାକୁରାଣୀ ଓ ମାଟି ଦେବତା ୟୁୟଂବୟ ସୁମ୍, ଓ ଲାଜୋ ସୁମ୍ ଆଦି ଭାବରେ ପରିଚିତ। ଆଦିବାସୀ ଗୋଷ୍ଠୀରେ ପ୍ରକୃତି ସବୁବେଳେ ଦେବତା ଭାବରେ ପୂଜିତ। ଉଦାହରଣ ସ୍ୱରୂପ– ସରୁ ପେନୁ (ପର୍ବତ ଦେବତା), ସୁଗା ପେନୁ (ଝରଣା ଦେବତା), ଗସସାପେନୁ (ବନ ଦେବତା), ପିଦଜୁ ପେନୁ (ବର୍ଷା ଦେବତା), ଡାଞ୍ଜୁ ପେନୁ (ଚନ୍ଦ୍ର ଦେବତା), ବେଲା ପେନୁ (ସୂର୍ଯ୍ୟ ଦେବତା); ସିଙ୍ଗିଆର୍କେ (ସୂର୍ଯ୍ୟ ଦେବତା ତଥା ବଣ୍ଡାଙ୍କ ଆଦି ଦେବତା), ସିଙ୍ଗରାଜ୍ (ଭୂମିଆମାନଙ୍କ ଜଳ ଦେବତା ତଥା ବଣ୍ଡାମାନଙ୍କ ଜଙ୍ଗଲ ଦେବତା)।

ଦ୍ରଷ୍ଟବ୍ୟ: ନିଶାନିମୁଣ୍ଡା, ଜାହେର, ଦେ'ଦେବତା, ମାରାଂବୁରୁ, କମାନୀ

ଗ୍ରନ୍ଥ ସୂଚନା: ପରିଡ଼ା ୨୦୧୭, ୪୦-୪୧; ପାଢ଼ୀ, ଓ ଉପାଧ୍ୟାୟ ୨୦୧୦, ୧୫୧, ୪୭୫।

ଧୁଇଲ ବେଟବା

ବ୍ୟକ୍ତିର ପାଦ ପଡ଼ିଥିବା ସ୍ଥାନରୁ ଧୂଳିନେଇ ସମ୍ପୃକ୍ତ ବ୍ୟକ୍ତିକୁ ଗୁଣି କରିବା; ପଶ୍ଚିମାଞ୍ଚଳ ଓଡ଼ିଆ, ଦେଶିଆ; ଆଦିବାସୀ, ମିତାନ୍ ଗୋଷ୍ଠୀ; ସାମାଜିକ ପରମ୍ପରା– ଋଣାତ୍ମକ ରୀତିନୀତି

ଜର, ଝାଡ଼ା, କାଶ ଭଳି ସାଧାରଣ ଶାରୀରିକ ଅସୁବିଧାକୁ ଛାଡ଼ି କିଛି ବିଶେଷ ଅସୁବିଧା ହେଲେ ତଥା ରୋଗ ଜଣାପଡୁନଥିଲେ, ତୁଟୁକା ବା ସାମାନ୍ୟ ଡାକ୍ତରୀ ଚିକିତ୍ସା କରିବା ପରେ ବି ଭଲ ନହେଲେ ବା ଅନେକ ଦିନ ଧରି ଅନ୍ୟ କୌଣସି ଶାରୀରିକ ଅସୁବିଧା ହେତୁ ଜର, ଝାଡ଼ା, କାଶଆଦି ଲାଗି ରହିଲେ ଗୁଣି ହୋଇଛି ବୋଲି ପାରମ୍ପରିକ ଅବଧାରଣା କେତେକ ଗୋଷ୍ଠୀରେ ଦେଖାଯାଏ। ବିଶ୍ୱାସ କରାଯାଏ ଯେ, କେହି ଗୁଣିଆ ଧୁଇଲବେଟି ବା ସମ୍ପୃକ୍ତ ବ୍ୟକ୍ତି ଚାଲିଯିବା ପରେ ତା ପାଦ ପଡ଼ିଥିବା ସ୍ଥାନରୁ ଧୂଳି ସଂଗ୍ରହ କରି, ସମ୍ପୃକ୍ତ ବ୍ୟକ୍ତିର ଲୁଗା ଚିରି ନେଇ, ବା ତା ମୁଣ୍ଡରୁ ବାଳ କାଟି ନେଇ ଗୁଣି କରିଛନ୍ତି ଓ ଆଉ ସେଥିପାଇଁ ରୋଗ ଭଲ ହେଉନାହିଁ। ଏପରି ହେବାକୁ ପାଙ୍ଗନ ବା ପାଙ୍ଗି ଦେଇଛନ୍ତି, ନସେଇ ଦେଇଛନ୍ତି ବୋଲି ଉପଶମ ପାଇଁ ଗୁଣିଆ, ଶିରା, ଗୁରୁମାଇ ଆଦି ଡକାଯାଇ ବିଧିବିଧାନ କରାଯାଏ। ଏହା ଏକ

ଋଣାତ୍ମକ ପରମ୍ପରା ତେବେ, ଏହି ଋଣାତ୍ମକତାର କାରଣ ସମ୍ପୃକ୍ତ ଗୋଷ୍ଠୀ ପାଖରେ ଥିବା ଅନୁପଲବ୍ଧ ଶିକ୍ଷା ତଥା ସ୍ୱାସ୍ଥ୍ୟ ଓ ସଚେତନତାର ଅଭାବ ମାତ୍ର।

ଦ୍ରଷ୍ଟବ୍ୟ: ମାରା ମାନା, ଗରହଟଲା

ଗ୍ରନ୍ଥ ସୂଚନା: ଶବର ୨୦୧୮, ୧୪୩-୧୫୦; ପ୍ରଧାନ ୨୦୧୮, ୭୧-୭୪।

ଧୁକା ପବନ

ପବନ, ବାୟୁ ପ୍ରବାହ; ପଶ୍ଚିମାଞ୍ଚଳ ଓଡ଼ିଆ, ଦେଶିଆ; ଆଦିବାସୀ, ମିତାନ୍ ଗୋଷ୍ଠୀ; ପାରମ୍ପରିକ ପ୍ରକୃତି- ଅବଧାରଣା

ସାଧାରଣତଃ ବାୟୁ ପ୍ରବାହିତ ହେଲେ ପବନ ବହୁଛି ବା ପବନ ହେଉଛି ବୋଲି କୁହାଯାଏ। ପଶ୍ଚିମ ତଥା ଦକ୍ଷିଣ ଓଡ଼ିଶାରେ ପବନ ହେବାକୁ ଧୁକା ବୋଲି କହିଥାନ୍ତି। ତେବେ, ଏହି ଅଞ୍ଚଳରେ ଧୁକା ବା ପବନକୁ ନେଇ ଅନ୍ୟ ଅବଧାରଣା ବି ଅଛି ଯେପରି ମୃଦୁପବନ, ସାଧାରଣତଃ ବସନ୍ତ ଋତୁରେ ପ୍ରବାହିତ ହେଉଥିବା ପବନକୁ 'ହୁରହୁରିଆ ଧୁକା' କୁହାଯାଏ। ସେହିପରି, ଶୀତ ଦିନର କୋହଲା ଓ କାକର ପବନ 'ହୁଲହୁଲି ଧୁକା' ଓ ଖରାଦିନେ ବହୁଥିବା ଗରମ ପବନକୁ 'ହଲା', ବର୍ଷା କାଳରେ ଜୋରରେ ବର୍ଷା ସହିତ ପବନ ବହିବାକୁ 'ଗରଲ' ବା 'ଗରଲ ଧୁକା' କୁହାଯାଏ। ଅନୁରୂପ ଭାବରେ, ଲଗାତାର ଭାବରେ ବର୍ଷା ଓ ପବନ ଲାଗି ରହିଲେ 'ଜଡ଼ ଧୁକା' ବା 'ଝଡ଼ ଧୁକା', ଓ ଖଳାରେ ଧାନ ଉଡ଼େଇବା ସମୟରେ ଏପଟସେପଟ ପବନ ହେଲେ ତାକୁ 'ଆଡ଼କି ଧୁକା' ବୋଲି କୁହାଯାଏ। ଆଡ଼କି ଧୁକା ହେଲେ ଧାନ ଉଡ଼େଇବା ସହଜ ହୋଇନଥାଏ। ଖରା ଦିନେ ଦେଖାଯାଉଥିବା ଘୂର୍ଣ୍ଣିକୁ 'ଗରଲ ଭୂତ' ଭାବରେ ପରିଚିତ। ବିଭିନ୍ନ ଆଦିବାସୀ ଗୋଷ୍ଠୀରେ ବି ଏହିପରି ପାରମ୍ପରିକ ଅବଧାରଣା ଦେଖିବାକୁ ମିଳେ ଯେପରି ସାନ୍ତାଳୀ ଗୋଷ୍ଠୀରେ ଖରା ଦିନର ଗରମ ପବନକୁ 'ଜୁଉୁଇ ହୟ' ଶୀତ ଦିନର କାକର ପବନକୁ 'ରାବାଂ ହୟ', ବସନ୍ତ ଋତୁର ପବନକୁ 'ହୟୁଡ଼ ହୟ', 'ହିଁସତ ହୟ', ବର୍ଷା ପବନକୁ 'ଦା' ହୟ', ଓ ଝଡ଼ ପବନକୁ 'ହାଦା'ୟ ହୟ' ବୋଲି କହିଥାନ୍ତି।

ଦ୍ରଷ୍ଟବ୍ୟ: ମାଏଟ୍ ପାଏନ୍

ଧୁନକେଲ

ଏକ ପ୍ରକାର ପାରମ୍ପରିକ ବାଦ୍ୟ; ପଶ୍ଚିମାଞ୍ଚଳ ଓଡ଼ିଆ, ଦେଶିଆ; ଆଦିବାସୀ, ମିତାନ୍ ଗୋଷ୍ଠୀ; ବାଦ୍ୟଯନ୍ତ୍ର – ରୀତିନୀତି

ଆଦିବାସୀ ଗୋଷ୍ଠୀରେ ବ୍ୟବହାର କରାଯାଉଥିବା ଏକ ବିଶେଷ ବାଦ୍ୟଯନ୍ତ୍ର। ଏହି ବାଦ୍ୟ ଅନ୍ୟାନ୍ୟ ବାଦ୍ୟଯନ୍ତ୍ର ଭଳି ଆମୋଦପ୍ରମୋଦ ଗୀତ ଗାନ ବେଳେ ବାଦନ କରାଯାଏ ନାହିଁ, କେବଳ ଧର୍ମାଚାର ସମୟରେ ହିଁ ନିର୍ଦ୍ଦିଷ୍ଟ ବାଦକଙ୍କଦ୍ୱାରା ବାଦନ କରାଯାଇଥାଏ। ଏକ ଛୋଟ ମାଠିଆ ମୁହଁରେ ଗୋଟିଏ କୁଲାକୁ ଓଲଟା ରଖି ତା'ଉପରେ ଏକ ଶାଳିମ୍ବ ବାଉଁଶ କାଣ୍ଡ ରଖାଯାଇଥାଏ। କାଣ୍ଡର ଅଗ୍ରଭାଗରେ ଛୋଟଛୋଟ ଘାରି ବା ଘାଡ଼ି କରାଯାଇଥାଏ। ଏହାର ଗୁଣଟି ଗୋରୁ ତନ୍ତୁରେ ତିଆରି ହୋଇଥାଏ। କାଣ୍ଡର ଘାରି ଅଂଶକୁ ଝୁମୁକାଲଗା ଛୋଟ ବାଡ଼ିରେ ଘର୍ଷଣ କଲେ ଘରର୍ ଘରର୍ ଶବ୍ଦ ହୁଏ। ଏହି ସମୟରେ ଧନୁର ଗୁଣକୁ ଟାଣି ଛାଡ଼ିଲେ ଏହାର ଶବ୍ଦ ବାଡ଼ି ଘର୍ଷଣର ଶବ୍ଦ ମିଶି ଏକ ସୁନ୍ଦର ଧ୍ୱନି ସୃଷ୍ଟି କରେ। ଏହା ଓଷାକୋଠିରେ ଗାହାଣ ଗାଇବା ସମୟରେ ବଜାଇଥାନ୍ତି। ବାଲି ଯାତ୍ରାରେ ବେଜୁଣିମାନେ ମଧ୍ୟ ବଜାଇଥାନ୍ତି। ସେହିପରି ବେଜୁଣି ବା ଶିରାମାନେ ଗୁଣିଆକାମ ବା ଟଲାଭଙ୍ଗା ସମୟରେ ମଧ୍ୟ ଏହା ବଜାଇବା ଦେଖାଯାଏ।

ଦ୍ରଷ୍ଟବ୍ୟ: ଗଣାବାଜା, ବାଜାପାର, ଦେ'ଦେବତା

ଗ୍ରନ୍ଥ ସୂଚନା: ପାଢ଼ୀ, ଓ ଉପାଧ୍ୟାୟ ୨୦୧୦, ୧୫୮; Guzy 2013, 41-48।

ନାଁ ଧରା

ନାମକରଣ; ପଶ୍ଚିମାଞ୍ଚଳ ଓଡ଼ିଆ, ଦେଶିଆ; ଆଦିବାସୀ, ମିତାନ୍ ଗୋଷ୍ଠୀ; ଜନ୍ମ ପର ରୀତିନୀତି

ନାଁଧରା ପୂର୍ବରୁ ଆଁକିଫୁଙ୍କା ହୋଇଥାଏ। ଆଁକିଫୁଙ୍କା ସରିବା ପରେ ନାଁଧରା ଆରମ୍ଭ ହୋଇଥାଏ। ଏହି ସମୟରେ ମହିଳାମାନେ ଆଣିଥିବା ଚାଉଳକୁ ଶିଶୁ ପାଖରେ ଟେକି ଧରି "ଅମୁକ ଏଡ଼କି ଡ଼େଙ୍ଗ୍ ହେଉ !" କହି ଚାଉଳକୁ ତଳେ ଅଜାଡ଼ି ଦିଅନ୍ତି। ଜଣଜଣ କରି ସମସ୍ତ ପୁରୁଷ ମହିଳା ଏପରି କରନ୍ତି। ଏହାକୁ 'ଚଉଳ ରୁକା' କୁହାଯାଏ। ଅଳ୍ପ ଉଚ୍ଚରୁ ଚାଉଳ ତଳକୁ ନିକ୍ଷେପ କରାଯିବାକୁ ଉପେକ୍ଷା କରାଯାଏ ତଥା ଭଲ ଉଚ୍ଚତା ଥିବା ମହିଳାଙ୍କୁ ପ୍ରଥମେ ଏପରି କରିବାକୁ କୁହାଯାଏ କାରଣ, ଅଳ୍ପ ଉଚ୍ଚତାରୁ ଚାଉଳ ରୁକାଇଲେ ଶିଶୁଟିର ଉଚ୍ଚତା କମ୍ ହେବାର ଆଶଙ୍କା ଥାଏ ବୋଲି ବିଶ୍ୱାସ କରାଯାଏ। ଏହି କାର୍ଯ୍ୟକ୍ରମ ବେଶି ସମୟ କରାଯାଏନାହିଁ। ମାଆବାପା ଶିଶୁକୁ ଧରି ଦୀର୍ଘ ସମୟ ବସିଲେ ଶିଶୁଟି ମେଟନା ବା ଚାଲିବାରେ ବିଳମ୍ବ ହୋଇଥାଏ ବୋଲି ବିଶ୍ୱାସ ଅଛି। ଏହିଦିନ ପାରମ୍ପରିକ ଭାବେ ଗଣଗୋରୋ ପାଇଁ ଗଦନାଶାଳରେ ଦିଆରୀ ସାହାଯ୍ୟରେ ଟଲାଭଙ୍ଗା ବା ପ୍ରତିକାର

କରାଯାଇଥାଏ। ବିଭିନ୍ନ ଗୋଷ୍ଠୀରେ ଶିଶୁର ନାମକରଣ ବିଭିନ୍ନ ଭାବରେ ପାଳନ କରାଯାଏ। ଏଠାରେ ଉଦାହରଣ ସ୍ୱରୂପ ଭୂମିଜ ଗୋଷ୍ଠୀର ନାମକରଣ ପ୍ରକ୍ରିୟା ଉଲ୍ଲେଖନୀୟ। ଭୂମିଜ ଗୋଷ୍ଠୀରେ ଅନ୍ୟ ଗୋଷ୍ଠୀଗୁଡ଼ିକ ଭଳି ବୟସ୍କା ମହିଳାମାନଙ୍କଦ୍ୱାରା ହିଁ ସମ୍ପାଦିତ ହୋଇଥାଏ। ଗୋଟିଏ କଂସା ବାସନରେ ପାଣି ରଖି ସେଥିରେ ନାମ ଉଚ୍ଚାରଣପୂର୍ବକ ଅରୁଆ ଚାଉଳ ଓ ସୋରିଷ ଛାଡ଼ି ଦିଆଯାଏ, ଯଦି ଅରୁଆ ଚାଉଳ ଓ ସୋରିଷ ଘୁରିଘୁରି ଏକତ୍ର ଯୋଡ଼ି ହୋଇଯାଏ ତେବେ ସେହି ନାମ ରଖାଯାଏ ନହେଲେ ଏହି ପ୍ରକ୍ରିୟାର ପୁନରାବୃତ୍ତି କରାଯାଏ।

ଦ୍ରଷ୍ଟବ୍ୟ: ଜନମ, ଗଦନାଶାଲ, ପତରପେଣା ଫିଙ୍କା

ଗ୍ରନ୍ଥ ସୂଚନା: ବାଗ ୨୦୦୯, ୨୯; ଭୋଳ ୨୦୦୩, ୧୮; ପ୍ରଧାନ ୨୦୧୮, ୬୨।

ନାଇକ

ଗାଁ ନାୟକ ବା ମୁଖ୍ୟ; ପଶ୍ଚିମାଞ୍ଚଳ ଓଡ଼ିଆ, ଦେଶିଆ; ଆଦିବାସୀ, ମିତାନ୍ ଗୋଷ୍ଠୀ; ସାମାଜିକ ପ୍ରତିନିଧି – ପାରମ୍ପରିକ ଗ୍ରାମ ମୁଖ୍ୟ

ଗାଁ ମୁଖିଆଙ୍କୁ ନାଇକ, ନାଏକ କୁହାଯାଏ। ଯେକୌଣସି ଆଦିବାସୀ ଗୋଷ୍ଠୀର ଲୋକ ଗାଁର ନାଇକ ହୋଇପାରେ। ପୂର୍ବରୁ ବଂଶପରମ୍ପରାକ୍ରମେ ନାଇକର ପୁଅ ହିଁ ନାଇକ ଭାବରେ ନିଯୁକ୍ତ ହେଉଥିଲେ। ସାଧାରଣତଃ ଗାଁର ସିସ୍ତୁ ବା କର ଆଦାୟ ପାଇଁ ରାଜା ବା ମୁସ୍ତାଦାରଙ୍କୁ ସାହାଯ୍ୟ କରୁଥିବା ବ୍ୟକ୍ତିଙ୍କୁ ଗାଁ ନାଇକ ପଦରେ ଅଧିଷ୍ଠିତ କରାଯାଉଥିଲା। ଗାଁକୁ ସାନବଡ଼ କେହି ଆସିଲେ ପ୍ରତ୍ୟେକ ଘରୁ ଚାନ୍ଦାଭେଦା କରି ସେମାନଙ୍କ ପାଇଁ ଖାଇବା ବ୍ୟବସ୍ଥା କରୁଥିଲେ। ବର୍ତ୍ତମାନ ପଞ୍ଚାୟତ ଶାସନ ବ୍ୟବସ୍ଥାରେ ସମ୍ପ୍ରତି ଏମାନଙ୍କ ଭୂମିକା ହ୍ରାସ ପାଇଛି। ତେବେ, ଗାଁର ପୂଜା, ପରବ, ବିବାହ ଉତ୍ସବ, ସାମାଜିକ ବିଚାରଆଚାର ଆଦିରେ ନାୟକର ଭୂମିକା ଅଗ୍ରଗଣ୍ୟ।

ନାଇକ ଦୁରୁଆ, ଭୂମିଆ ଆଦି ଗୋଷ୍ଠୀରେ ନାଇକା, କୋୟା ସମ୍ପ୍ରଦାୟରେ ପେଦା, ସଉରା ଗୋଷ୍ଠୀରେ ଗମାଙ୍ଗ; ପରଜା ଗୋଷ୍ଠୀରେ ଚାଲାଣ, ତଥା ସାନ୍ତାଳ, ଓରାଓଁ, ଭୂମିଜ, ମୁଣ୍ଡା ଆଦି ଗୋଷ୍ଠୀରେ ମାଂଝି ଭାବରେ ପରିଚିତ।

ଦ୍ରଷ୍ଟବ୍ୟ: ଶିରା ଗୁନିଆ, ସିଆନ୍, ଜାନୀ

ଗ୍ରନ୍ଥ ସୂଚନା: ପାଢ଼ୀ, ଓ ଉପାଧ୍ୟାୟ ୨୦୧୦, ୨୮୨-୩; ବେଶ୍ରା ୨୦୧୦, ୧୭, ୮୮; ପ୍ରଧାନ ୨୦୦୭, ୫୬; ପାତ୍ର ୨୦୧୮, ୭୫।

ନାଚ

ନାଚ; ପଶ୍ଚିମାଞ୍ଚଳ ଓଡ଼ିଆ, ଦେଶିଆ; ଆଦିବାସୀ, ମିତାନ୍ ଗୋଷ୍ଠୀ; ଆମୋଦପ୍ରମୋଦ – ନାଚ

ଆଦିବାସୀ ହୁଅନ୍ତୁ କି ମିତାନ୍ ଜାତି ସମସ୍ତ ଗୋଷ୍ଠୀରେ ପାରମ୍ପରିକ ଜୀବନଧାରାରେ ନୃତ୍ୟ ଗୀତର ଭୂମିକା ଉଲ୍ଲେଖନୀୟ। ପର୍ବପର୍ବାଣିରେ ବିବାହ ନାମକରଣ ଆଦି ସାମାଜିକ ରୀତିନୀତିରେ, କୃଷିକର୍ମ ତଥା ଫସଲ ଅମଳରେ ମଧ୍ୟ ନାଚଗୀତ ଆୟୋଜିତ ହେବାର ଦେଖାଯାଏ। ଉଦାହରଣ ସ୍ୱରୂପ, ସାନ୍ତାଳ ଗୋଷ୍ଠୀରେ ଲାଗଣେ, ଦଙ୍ (ବିବାହ ସମୟରେ), ଡାଣ୍ଟା (ସୋହରାୟ କେବଳ ପୁଅପିଲାମାନେ), ଦାସାୟଁ (ଦାୟାୟଁ ପର୍ବ), ଡାହାର (ବାହା ପର୍ବର ପୂର୍ବ ଦିନରେ), ରିଞ୍ଜା (ବାହା ପର୍ବର ପୂର୍ବ ଦିନରେ), ଗାଲିଏନେଜ୍ (ମକର ସଂକ୍ରାନ୍ତି ବା ସାକାରାତ ପର୍ବ) ଆଦି ବିଭିନ୍ନ ନୃତ୍ୟ ପରିବେଷିତ ହେବା ଦେଖାଯାଏ। ଆଦିବାସୀ ଭିନ୍ନ ମିତାନ୍ ଜାତିରେ ମଧ୍ୟ ବୋରିଆ, ଡାଲଖାଇ, ବଜାଶାଲ ଆଦି ନୃତ୍ୟ ପରିବେଷିତ ହୋଇଥାଏ। କେତେକ ନୃତ୍ୟରେ ଅବିବାହିତ ଝିଅମାନେ ଅଂଶଗ୍ରହଣ କରିବା ବେଳେ, କେତେକ ନୃତ୍ୟରେ ଆବାଳବୃଦ୍ଧ ସମସ୍ତେ ଅଂଶଗ୍ରହଣ କରିଥାନ୍ତି। ଡାଣ୍ଟା, ରିଞ୍ଜା, ଦାସାୟଁ ଆଦି ନୃତ୍ୟ କେବଳ ପୁରୁଷମାନଙ୍କଦ୍ୱାରା ପରିବେଷିତ ହେଉଥିବାବେଳେ ସାରପା, ଡାହାର, ଢେମସା, ବୋରିଆ, ଡାଲଖାଇ ଆଦି ନୃତ୍ୟ କେବଳ ଝିଅ ବା ସ୍ତ୍ରୀଲୋକମାନଙ୍କ ଦ୍ୱାରା ପରିବେଷଣ କରାଯାଇଥାଏ। ସେହିପରି ଗଉର ବାଡ଼ି, ଗେଡ଼ି ଆଦି ନୃତ୍ୟ କେତେକ ନୃତ୍ୟ କେବଳ ଦେବୀଦେବତାଙ୍କ ପୂଜା ସମୟରେ ତଥା ସେହି ଉପଲକ୍ଷେ ହିଁ ପରିବେଷଣ କରାଯାଏ। ପ୍ରତ୍ୟେକ ଗୋଷ୍ଠୀ ବିବାହ ସମୟରେ ବରବଧୂଙ୍କୁ ନଚାଇବା ସହିତ ଅନ୍ୟମାନେ ମଧ୍ୟ ଖୁସିରେ ନୃତ୍ୟ କରିବା ଦେଖିବାକୁ ମିଳେ। ଉଦାହରଣ ସ୍ୱରୂପ ବାପଲା ବା 'ଦଙ୍ଏନେଃଜ୍', ବଜାଶାଲିଆ ଆଦି ନୃତ୍ୟ ଏଠାରେ ଉଲ୍ଲେଖନୀୟ। ତେବେ, ଡାଲଖାଇ, ସାରପା ଆଦି ନୃତ୍ୟ ପୂଜା ତଥା ରୀତିନୀତି ସହିତ ସମ୍ପୃକ୍ତ ଥିବାବେଳେ ଏହା ଆମୋଦପ୍ରମୋଦ ଭାବରେ ମଧ୍ୟ ପରିବେଷିତ ହୋଇଥାଏ। କେତେକ ନୃତ୍ୟରେ ନୃତ୍ୟ ପରିବେଷଣକାରୀମାନଙ୍କୁ ସ୍ୱତନ୍ତ୍ର ପାରମ୍ପରିକ ବେଶପୋଷାକରେ ଦେଖିବାକୁ ମିଳେ ଗଉର ବାଡ଼ି, ଦାସାୟଁ, ସାଡ଼ପା, ଦାଣ୍ଡାହୁଲିଆ ଆଦି ନୃତ୍ୟ ଏହାର ଉଦାହରଣ। ଏହି ନୃତ୍ୟଗୁଡ଼ିକର ପରିବେଷଣରେ ମଧ୍ୟ ବେଳେବେଳେ ଗୀତ ଗାନ କରାଯିବା ସହିତ ପାରମ୍ପରିକ ବାଦ୍ୟ ବାଜିଥାଏ। ଅନେକ ଆଦିବାସୀ ତଥା ମିତାନ୍ ଗୋଷ୍ଠୀରେ ସ୍ୱତନ୍ତ୍ର ବାଦ୍ୟଯନ୍ତ୍ର ବ୍ୟବହାର କରିବା ଦେଖାଯାଏ।

ସମସ୍ତ ପରିବେଷଣରେ ସିଆନମାନଙ୍କର ଭୂମିକା ଉଲ୍ଲେଖନୀୟ ଅତଏବ,

ନାଚଗୀତ ପରିବେଷଣରେ ମଧ୍ୟ ସିଆନମାନଙ୍କୁ ଗୁରତ୍ୱ ଦିଆଯାଇଥାଏ। ଏମାନଙ୍କଠାରୁ ବାଦ୍ୟବାଦନ, ନୃତ୍ୟ ପରିବେଷଣ ଶୈଳୀ ଅନ୍ୟମାନେ ଅନୁକରଣ କରିବା ସହିତ ଶିକ୍ଷା କରିଥାନ୍ତି। ସେହିପରି ଢୋଲିଆ ବା ଢୋଲ ବାଦକଙ୍କୁ ଅନେକ କ୍ଷେତ୍ରରେ ନୃତ୍ୟ ସଞ୍ଚାଳନକାରୀ ବା ନଚନିଆ ଭାବରେ ଗ୍ରହଣ କରାଯାଏ। କାରଣ, ତାଙ୍କର ବାଦନ ହିଁ ନୃତ୍ୟ ପରିବେଷଣକାରୀଙ୍କୁ ଆଗକୁ ବଢେଇ ନେଇଥାଏ।

ନାଚ ଗୀତକୁ ନେଇ ସମସ୍ତ ଆଦିବାସୀ ଗୋଷ୍ଠୀ ଏକ ଅପୂର୍ବ ଆବେଗ ଦେଖିବାକୁ ମିଳେ। ଏହି ଆବେଗପ୍ରବଣତାର ଉଦାହରଣ ଆମେ କିଛି ସାନ୍ତାଳୀ ଲୋକ ଗୀତରୁ ପାଇପାରିବା–

ଏନେଜ୍ ପାରକାଉ ଜାଙ୍ଗା
ସେରେଞ୍ଜ ପାରକାଉ ଜାଙ୍ଗା
ଆଲମ୍ ମାନୟିଞ୍ଜା ରାରାଃ ସାନାଞ୍ଜା।

(ଅର୍ଥାତ୍ ନୃତ୍ୟ ଅଭ୍ୟସ୍ତ ପାଦକୁ ନାଚିବାକୁ ଓ ଗୀତ ଗାଇବା ଅଭ୍ୟାସ ଥିବା ମୁହଁକୁ ବାରଣ କର ନାହିଁ। ବାରଣ କଲେ ମୋତେ କାନ୍ଦ ମାଡ଼େ)।

ସେରେଞ୍ଜ ଦମ୍ ଜ-ମାସେ ଞୁୟା
ସେରେଞ୍ଜ ଦମ୍ ଲା-ସେ ରାପାଗା
ସେରେଞ୍ଜ ଦ ମନେରେଗେ ସିବିଲା
ସେରେଞ୍ଜ ଦ ସେରେଞ୍ଜ ହାପାଟିଞ୍ଜ।

(ଅର୍ଥାତ୍ ସଙ୍ଗୀତର ସ୍ୱାଦ ଖାଦ୍ୟପାନୀୟ ଭାବରେ ଗ୍ରହଣ କରିହୁଏ ନାହିଁ ତଥାପି ସଙ୍ଗୀତ ମନ ଓ ହୃଦୟକୁ ଶାନ୍ତି ପ୍ରଦାନ କରିଥାଏ। ସେହିପରି ସଙ୍ଗୀତକୁ ପୋଡ଼ି ଦେଇ ବା ପତୁଆ କରି ତା'ର ସ୍ୱାଦ ଚାଖି ହୁଏନାହିଁ ଏହା କେବଳ ଅନୁଭବ କରାଯାଇପାରେ)।

ଦ୍ରଷ୍ଟବ୍ୟ: ଦାଣ୍ଡାହୁଲିଆ, ଢେମସା, ଡାଲଖାଇ, ବାଜା, ବାଜାପାର

ଗ୍ରନ୍ଥ ସୂଚନା: ବେଶ୍ରା ୨୦୧୦, ୧୪୯-୮୫; ପାଢ଼ୀ, ଓ ଉପାଧ୍ୟାୟ ୨୦୧୦, ୫୩, ୨୭୭, ୨୯୪; ପାତ୍ର ୨୦୧୮, ୭୪-୫; ପ୍ରଧାନ ୨୦୦୭, ୧୧୫-୧୭; ପ୍ରଧାନ ୨୦୧୨, ୩୩-୨୨୮; ଆଚାର୍ଯ୍ୟ ୨୦୧୩, ୧୪୫-୧୪୮; Choudhury 2009, 87-93; Naik 2009, 115-128; Mishra 2009, 67-71; Bage 2009, 24-37; Manseth 2009, 57-66।

ନାମନାବେଟା

ଗୁଣ ସ୍ମରଣ କରି କାନ୍ଦିବା; ପଶ୍ଚିମାଞ୍ଚଳ ଓଡ଼ିଆ, ଦେଶିଆ; ଆଦିବାସୀ, ମିତାନ୍ ଗୋଷ୍ଠୀ; ସାମାଜିକ ପରମ୍ପରା

ପାରମ୍ପରିକ ଗୋଷ୍ଠୀରେ ମୃତ୍ୟୁହେଲେ ସାଧାରଣତଃ ସ୍ତ୍ରୀଲୋକମାନେ ଉଚ୍ଚ ସ୍ୱରରେ କାନ୍ଦିବା ଦେଖାଯାଏ। ନିକଟତମ ସମ୍ପର୍କୀୟ ସ୍ତ୍ରୀଲୋକମାନେ ମୃତକର ଗୁଣ ସ୍ମରଣ କରି ତଥା ତାହାର ଅବର୍ତ୍ତମାନରେ ସେମାନେ କିପରି ଅସହାୟ ମନେକରିବେ ସେସବୁ ବ୍ୟାଖ୍ୟା କରି କାନ୍ଦିଥାନ୍ତି। ବିବାହ ସମୟରେ ଝିଅ ବିଦା ହୋଇ ଗଲାବେଳେ ବି ସାଧାରଣତଃ ମାଆ, ମାଉସୀ, ଆଈ, ଭଉଣୀମାନେ ନାମନାବେଟି କାନ୍ଦିବା ଶୁଣାଯାଏ। ମୃତ୍ୟୁର ଅନେକ ଦିନ ପରେ ବି ସାଧାରଣତଃ ମୃତକର ସ୍ତ୍ରୀ, ମାଆ, ଭଉଣୀ ଆଦି ସମ୍ପର୍କୀୟାମାନେ ନାମନାବେଟି ଉଚ୍ଚସ୍ୱରରେ କାନ୍ଦିଥାନ୍ତି।

ସମ୍ପ୍ରତି ଆଧୁନିକତାର ପ୍ରଭାବରେ ବହୁ ଗୋଷ୍ଠୀରେ ଏପରି କାନ୍ଦଣା ଆଉ ଶୁଣିବାକୁ ମିଳୁନାହିଁ। ତେବେ, ପାରମ୍ପରିକ ପରିବେଶରେ ନକାନ୍ଦିଲେ ସେଇ ସ୍ତ୍ରୀଲୋକମାନଙ୍କୁ ଅପମାନିତ ହେବାକୁ ପଡ଼େ, ଅନ୍ୟ ସ୍ତ୍ରୀଲୋକଙ୍କ ସମାଲୋଚନା ଶୁଣିବାକୁ ହୁଏ। ଶୋକ ପ୍ରଦର୍ଶନ କରିବାର ଏହି ପାରମ୍ପରିକ ପରିପ୍ରକାଶକୁ କେତେକ ଆଲୋଚକ କାନ୍ଦଣା ଗୀତ ଭାବରେ ସଂଗ୍ରହ ତଥା ଆଲୋଚନା କରିବା ଦେଖାଯାଏ ଯାହାକୁ ଆମର ଅବଧାରଣାଗତ ପୁଷ୍ଟିହୀନତା ତଥା ନିମ୍ନବୌଦ୍ଧିକତାର ନିଦର୍ଶନ କୁହାଯାଇପାରେ। କାରଣ, କୌଣସି ସ୍ତ୍ରୀ ଲୋକ ତାଙ୍କର ପୁତ୍ର, ସ୍ୱାମୀ କିମ୍ବା ନିକଟ ସମ୍ପର୍କୀୟଙ୍କ ଅବର୍ତ୍ତମାନରେ ପ୍ରକାଶ କରୁଥିବା ଶୋକକୁ ଗୀତ ବା ଗାନ ଭାବରେ ଉଲ୍ଲେଖ କରାଯାଇନପାରେ। ଆମେ ନୁହେଁ, ସମସ୍ତ ଗୋଷ୍ଠୀରେ ଗୀତକୁ ଆମୋଦପ୍ରମୋଦର ପରିପ୍ରକାଶକ ଭାବରେ ଗ୍ରହଣ କରାଯାଇଥାଏ। ତେବେ, ଗାଦବାଙ୍କ ଗତର ପରବ, ଓ ଭୂମିଜମାନଙ୍କ ହାଙ୍କାର ଉଡୁଂ ସମୟରେ ଗାନ କରାଯାଉଥିବା ଆଖ୍ୟାନକୁ ମୃତ୍ୟୁ ସମ୍ପର୍କିତ ଆଖ୍ୟାନ ଭାବରେ ଗ୍ରହଣ କରାଯାଇପାରେ ଯାହାର ସ୍ୱରୂପ କାନ୍ଦଣାଠୁ ଭିନ୍ନ ମନେହୁଏ।

ଦ୍ରଷ୍ଟବ୍ୟ: ଗତର ପରବ, ହାଙ୍କାର ଉଡୁଂ

ଗ୍ରନ୍ଥ ସୂଚନା: ସୁନାନୀ ୨୦୦୯, ୧୬୪; ବାଗ ୨୦୧୮, ୮୪

ନିମଦାଃମାଡ଼ି

ନିମ-ଭାତ; ସାନ୍ତାଳୀ; ଆଦିବାସୀ; ସାନ୍ତାଳ ଖାଦ୍ୟ ପରମ୍ପରା– ରୀତିନୀତି

ସାନ୍ତାଳ ଗୋଷ୍ଠୀରେ ନିମ ଭାତର ବିଶେଷ ପ୍ରୟୋଗ ଦେଖିବାକୁ ମିଳେ।

ଅରୁଆ ଚାଉଳର ଭାତରେ ନିମ ପତ୍ର ମିଶାଯାଇ ଏକ ପ୍ରକାର ଖିରି 'ନିମଦାଃମାଡ଼ି' ପ୍ରସ୍ତୁତ କରାଯାଏ। ଶିଶୁ ଜନ୍ମ ହେବା ପରେ 'ନିମଦାଃମାଡ଼ି' ପ୍ରସ୍ତୁତ କରି ଗୃହ ମଧ୍ୟରେ ମାରାଂବୁରୁ ତଥା ଅଲାଃବେଙ୍ଗା ବା ହାପଲାମ୍ ବଂଗା ପାଖରେ ପୂଜା କରାଯାଏ ତା'ପରେ ସମସ୍ତେ ଖାଇଥାନ୍ତି। ପାଖପଡ଼ୋଶୀଙ୍କୁ ମଧ୍ୟ ଖାଇବାକୁ ଦିଆଯାଏ। ସେହିପରି, ଧାନ ବୁଣିବା ସମୟରେ ମଧ୍ୟ ନିମ ଭାତ ପ୍ରସ୍ତୁତ ହୁଏ। ଧାନ ବୁଣି ଫେରିବା ପରେ ଘରକୁ ଆସି ତାହା ଖାଇଥାନ୍ତି, ତଥା ପାଖପଡ଼ୋଶୀଙ୍କୁ ବି ଦିଅନ୍ତି। ଏହିପରି କରିବାଦ୍ୱାରା ରୋଗ ନହେବା ସହିତ ବିଲ ବାଡ଼ିରେ କୀଟପୋକ ଲାଗେନାହିଁ ବୋଲି ବିଶ୍ୱାସ କରାଯାଏ। ବେଳେବେଳେ ଖରା ଦିନରେ ମଧ୍ୟ ଇଚ୍ଛା ଅନୁସାରେ ଅନେକ ପରିବାରରେ ନିମଦାଃମାଡ଼ି ପ୍ରସ୍ତୁତ କରି ଖାଇବା ଦେଖାଯାଏ। ବସନ୍ତ ବିସୂଚିକା, ମିଳିମିଳା ଭଳି ବାୟୁବାହିତ ରୋଗଆଦି ଆକ୍ରମଣ କରିବାର ଆଶଙ୍କା ନଥାଏ ବୋଲି ବିଶ୍ୱାସ କରାଯାଏ।

ଦ୍ରଷ୍ଟବ୍ୟ: ପିଠା

ଗ୍ରନ୍ଥ ସୂଚନା: ବେଶ୍ରା ୨୦୦୯, ୨୮।

ନିଶାନିମୁଣ୍ଡା

ପରଜା ଆଦି ଆଦିବାସୀମାନଙ୍କ ଗ୍ରାମ ଦେବୀଦେବତାଙ୍କ ଆସ୍ଥାନ; ପରଜା; ଆଦିବାସୀ, ମିତାନ୍ ଗୋଷ୍ଠୀ; ସାଂସ୍କୃତିକ ଆସ୍ଥାନ

ପ୍ରତି ଗାଁରେ ରକ୍ଷାକର୍ତ୍ତା ଭାବେ ଗ୍ରାମ ଦେବୀଦେବତା ଥାଆନ୍ତି। କୋରାପୁଟ ଜିଲ୍ଲାର ବିଭିନ୍ନ ଅଞ୍ଚଳରେ ଏହି ଗ୍ରାମଦେବତାଙ୍କ ଆସ୍ଥାନକୁ ନିଶାନିମୁଣ୍ଡା କୁହାଯାଏ। ଆଦିବାସୀମାନେ ଘର ତିଆରି କରିବା ସମୟରେ ଏହି ନିଶାନିମୁଣ୍ଡାରୁ ମାଟି ଆଣି ଶୁଭ ଦେଇଥାନ୍ତି। ନିଶାଣି ମୁଣ୍ଡାରେ ଗ୍ରାମଦେବତା ବା ହୁଣ୍ଡି ଦେବତା ଥାଆନ୍ତି। ହୁଣ୍ଡି ଦେବତା କହିଲେ ଗୋଟିଏ ମାଟି ହାଣ୍ଡି, ଲୁହାକାତି, ଏବଂ ଏକ ସ୍ଥାୟୀ ଲୁହା ଖମ୍ବ ଯାହା ଗ୍ରାମ ସ୍ଥାପନା– ମୁଡ଼ା ଗାଡ଼ିବା ସମୟରେ ପୋତା ଯାଇଥାଏ। ଏହି ଲୁହା ଖୁଣ୍ଟଟି ଗ୍ରାମର ପ୍ରତିଷ୍ଠା ହେବା ଦିନରୁ ବା ଗାଁ ବସିବା ଦିନରୁ ସ୍ଥାପିତ ହୋଇଥାଏ। ପରବର୍ତ୍ତୀ ସମୟରେ ଲୁହା ଖମ୍ବଟିକୁ ନବଦଳେଇ ମାଟି ହାଣ୍ଡି ଓ କାତିକୁ ହିଁ ବର୍ଷରେ ତିନିଥର ବନ୍ଦାପନା, ନୂଆଖାଇ, ଓ ଚଇତ ପରବ ସମୟରେ ବଦଳାଯାଏ।

ଦ୍ରଷ୍ଟବ୍ୟ: ଧାରନୀଗୁଡ଼ି, ଜାହେର, ଦେଦେବତା, ମାରାଂବୁରୁ, କମାନୀ

ଗ୍ରନ୍ଥ ସୂଚନା: ପ୍ରଧାନ ୨୦୦୭, ୫୨-୫୩ ; ପାଢ଼ୀ, ଓ ଉପାଧ୍ୟାୟ ୨୦୧୦, ୨୮୯; ମେହେର ୨୦୧୦, ୩-୭୪।

ନୂଆଖାଇ

ନୂଆ ଅନ୍ନଗ୍ରହଣର ପରମ୍ପରା; ପଶ୍ଚିମାଞ୍ଚଳ ଓଡ଼ିଆ, ଦେଶିଆ; ଆଦିବାସୀ, ମିତାନ୍ ଗୋଷ୍ଠୀ; ପର୍ବପର୍ବାଣି

ନୂଆଖାଇ କେବଳ ଆଦିବାସୀ ବା ମିତାନ୍ ଗୋଷ୍ଠୀରେ ନୁହେଁ ସମଗ୍ର ପଶ୍ଚିମ ତଥା ଦକ୍ଷିଣ ଓଡ଼ିଶାର କେତେକ ଅଞ୍ଚଳରେ ମଧ୍ୟ ପାଳିତ ହୋଇଥାଏ। ସାଧାରଣତଃ ଭାଦ୍ରବ ମାସ ଶୁକ୍ଳ ଦ୍ୱିତୀୟାଠାରୁ ତ୍ରୟୋଦଶୀ ମଧ୍ୟରେ ଯେକୌଣସି ଶୁଭ ଦିନରେ ନୂଆ ଖିଆଯାଏ। ଗ୍ରାମର ମୁଖ୍ୟ, ଦିଆରୀ, ଜାନୀ, ଝାଙ୍କର ବା ପୂଜାରୀ ତଥା ଗ୍ରାମର କିଛି ସିଆନ୍ ବ୍ୟକ୍ତି ମିଶି ଏହି ଦିନଟିକୁ ସ୍ଥିର କରିଥାନ୍ତି। ନୂଆଖାଇ ଦିନ ନୂଆଖାଇ ପାଇଁ ନୂଆ ଧାନ ଅଣାଯାଏ। ଝାଁକର ଠାକୁରାଣୀ ଦେବୀଗୁଡ଼ିରେ ଦେବୀଙ୍କୁ ନୂଆଚୁଡ଼ା, କ୍ଷୀର, ଗୁଡ଼ ନଡ଼ିଆଆଦି ଦେଇ 'ନୂଆ' ପ୍ରସ୍ତୁତ କରି ଭୋଗ ଦେବା ପରେ ଅନ୍ୟମାନେ ନୂଆ ଗ୍ରହଣ କରିଥାନ୍ତି। ନବାନ୍ନ ଦିନ ଯଥାସମ୍ଭବ ନୂତନ ବସ୍ତ୍ର ପରିଧାନ କରିବାର ଅବସର ମିଳିଥାଏ। ଗୋଟିଏ ଗୋଟିଏ ବଂଶର ସବୁ ପରିବାର ନିଜନିଜ ଘରେ ବ୍ୟକ୍ତିଗତ ଭାବେ ନବାନ୍ନ ତଥା ପିଠାପଣା କରିଥିଲେ ହେଁ ନୂଆ ଖାଇବା ପାଇଁ ବଂଶର ମୁଖ୍ୟଙ୍କ ଘରେ ଏକତ୍ର ହୋଇଥାନ୍ତି। ଘରର ଦେବଦେବୀ ତଥା ପିତୃପୁରୁଷଙ୍କୁ ପିଦରରେ ନୂଆ ଅର୍ପଣ କରିବାପରେ ସମସ୍ତେ ଏକତ୍ର ବସି କୁରେଇ ପତ୍ରରେ ଭୋଜନ କରିଥାନ୍ତି। କେତେକ ବଂଶ ବା ପରିବାରରେ ନିର୍ଦ୍ଦିଷ୍ଟ ରୀତିନୀତି ସହ ବିଶେଷ ପୂଜା ବି ହୋଇଥାଏ ଯେପରି, ଗଣା ସମ୍ପ୍ରଦାୟର ମୁଗ୍ରି ବଂଶରେ ପିଦରରେ ପୂଜା ଚାଲୁଥିବା ବେଳେ ଚୁଲିରେ ଭାତ ଫୁଟୁଥିବା ଆବଶ୍ୟକ। ତେବେ, ପ୍ରାୟ ସମସ୍ତ ଗୋଷ୍ଠୀରେ ପିଦରରେ ଅର୍ପିତ ଏହି ନୂଆକୁ ପରିବାରର ସଦସ୍ୟ ବ୍ୟତୀତ ଅନ୍ୟ କେହି ଏପରିକି ପରିବାରର ବିବାହିତା ଝିଅମାନଙ୍କୁ ମଧ୍ୟ ଖାଇବାକୁ ଦିଆଯାଇନଥାଏ। ନୂଆଖାଇ ପରେ ପରସ୍ପରକୁ ବା ବୟୋଜ୍ୟେଷ୍ଠଙ୍କୁ ସମସ୍ତେ ନମସ୍କାର କରି ଆଶୀର୍ବାଦ ଗ୍ରହଣ କରିଥାନ୍ତି। କେବଳ ଏତିକି ନୁହେଁ, ଗାଁର ତଥା ସାହି ବନ୍ଧୁ କୁଟୁମ୍ବ ସମସ୍ତଙ୍କ ଘରଘର ବୁଲି ବୟୋଜ୍ୟେଷ୍ଠମାନଙ୍କୁ ନମସ୍କାର କରାଯାଏ। ଏହା ପରବର୍ତ୍ତୀ ବାସିତିଆସି ବା ଦୁଇ ତିନି ଦିନ ଯାଏଁ ଚାଲେ, ଯାହା 'ନୂଆଖାଇ ଜୁହାର' ଭାବରେ ପରିଚିତ। ନୂଆଖାଇ ଦିନ ପିଠା, ମିଠା, କ୍ଷୀରି ଆଦି ପ୍ରସ୍ତୁତ ହେଲେ ମଧ୍ୟ କୌଣସି ଆଇଁଷ ରୋଷେଇ ହୋଇନଥାଏ। ତେବେ, ବାସି ତିଆସି ଦିନ କିନ୍ତୁ ପ୍ରାୟ ସମସ୍ତଙ୍କ ଘରେ ମାଂସ ରୋଷେଇ ହେବା ସହିତ ମଦ୍ୟପାନ ଏକ ସାଧାରଣ ପରମ୍ପରା। ରାତିରେ ନାଚଗୀତ ଆଦିର ଆୟୋଜନ ମଧ୍ୟ ହୋଇଥାଏ। ଏହି ଦିନ ମହାଜନ, ସାହୁକାରମାନେ ସେମାନଙ୍କ ଅନୁଗତମାନଙ୍କୁ ଭାତିଆ ବା ନୂଆଖିଆ ଖର୍ଚ୍ଚା ଭାବରେ ନୂଆ ଲୁଗା, ଚାଉଳ, ପନିପରିବା, ଡାଲି ଆଦି ଖାଦ୍ୟ ପଦାର୍ଥ ସହ ମଦପିଆ ଖର୍ଚ୍ଚ ମଧ୍ୟ ଦେଇଥାନ୍ତି।

ବିଭିନ୍ନ ଆଦିବାସୀ ସମାଜରେ ଅନୁରୂପ ଭାବରେ ନୂଆଖାଇ ପାଳିତ ହେବା ସହିତ ବିଭିନ୍ନ ଖାଦ୍ୟଶସ୍ୟ, ଫଳ, ପନିପରିବା ଆଦି ବର୍ଷର ପ୍ରଥମଥର ଖାଇବା ଅବସରରେ ମଧ୍ୟ ନୂଆଖାଇ ଅନୁରୂପ ପୂଜା ପାଳନ କରିଥାନ୍ତି। ଉଦାହରଣ ସ୍ୱରୂପ, ଏଠାରେ କାନ୍ଦୁଲ ନୂଆ ବା କାନ୍ଦୁଲ ପରବ ବିଷୟରେ ଉଲ୍ଲେଖ କରାଯାଇପାରେ। କାନ୍ଦୁଲ ଅମଳ ହେବାପରେ ମଧ୍ୟ କେହି ଏହାକୁ ଭାଜିକି ଖାଇନଥାନ୍ତି ତେବେ କଞ୍ଚା କାନ୍ଦୁଲ ମଞ୍ଜି(ସେଙ୍ଗା)କୁ ତରକାରୀ କରି ଖାଇବା ଦେଖାଯାଏ। ଅମଳ ହୋଇଥିବା କାନ୍ଦୁଲକୁ ଭାଜି ଖାଇବା ପୂର୍ବରୁ ମାଘ କିମ୍ବା ଚଇତ୍ର ପରବ ସମୟରେ ଗାଁର ଦିଶାରି, ଜାନୀ ବା ଶିରା ଇତ୍ୟାଦିଙ୍କୁ ପଚାରି ଦିନ ନିର୍ଦ୍ଧାରଣ କରାଯାଏ। ଏହି ଦିନ ନୂଆ ହାଣ୍ଡିରେ କାନ୍ଦୁଲକୁ ଭାଜି ଚୂନା କରାଯାଏ ଏବଂ ସେହି ଚୁନାରେ ଡାଲି ବା କ୍ଷୀରି କରି ଗାଁ ତଥା ଘରର ଡୁମାଦେବତାଙ୍କୁ ଅର୍ପଣ କରିବା ପରେ ସମସ୍ତେ ଆନୁଷ୍ଠାନିକ ଭାବେ ଖାଇଥାନ୍ତି। ଆଦିବାସୀମାନେ ବିଶ୍ୱାସ କରନ୍ତି ଯେ, ମନଇଚ୍ଛା କାନ୍ଦୁଲ ଭାଜି ଖାଇଲେ ବାଘଡୁମା ଆକ୍ରମଣ କରିବାର ସମ୍ଭାବନା ଥାଏ। ଏହିପରି, ଆନୁଷ୍ଠାନିକ ରୀତିନୀତିର ସହିତ ତଥା ମାଟି ଦେବତା, ଗ୍ରାମ ଦେବଦେବୀତାଙ୍କୁ ଅର୍ପଣ କରିବା ପରେ ହିଁ ଆଦିବାସୀ ଗୋଷ୍ଠୀ ସେମାନଙ୍କର ଉତ୍ପାଦ ଶସ୍ୟକୁ ଖାଦ୍ୟ ଭାବରେ ଗ୍ରହଣ କରିଥାନ୍ତି। ଅନୁରୂପ, ତଥା ଅଞ୍ଚଳ ଭେଦରେ ଅଳ୍ପବହୁତ ପରିବର୍ତ୍ତିତ ରୀତିନୀତିର ସହିତ ଆମ ନୂଆ, ସେମି ନୂଆ, ମକା ନୂଆ, କେନ୍ଦୁ ନୂଆ, କାନ୍ଦୁର ନୂଆ ବା କାନ୍ଦୁଲ ପରବ, ମାଣ୍ଡିଆ ନୂଆ ଆଦି ପାଳନ କରାଯାଇଥାଏ।

ଦ୍ରଷ୍ଟବ୍ୟ: ଅସା ପରବ

ଗ୍ରନ୍ଥ ସୂଚନା: ମିଶ୍ର ୧୯୯୬, ୯୦-୯୧; ବାଗ ୨୦୦୯, ୨୮; ସୁନାନୀ ୨୦୦୯, ୯୦-୯୧; ପାଢ଼ୀ, ଓ ଉପାଧ୍ୟାୟ ୨୦୧୦, ୯୦-୯୧, ୨୮-୨୯, ୮୮-୯୦।

ପଁଚ

ଗ୍ରାମ ସଂଗଠନ (ପାରମ୍ପରିକ ପଞ୍ଚାୟତ); ପଶ୍ଚିମାଞ୍ଚଳ ଓଡ଼ିଆ, ଦେଶିଆ; ଆଦିବାସୀ, ମିତାନ୍ ଗୋଷ୍ଠୀ; ପାରମ୍ପରିକ ପ୍ରତିନିଧି ଗୋଷ୍ଠୀ

ବ୍ୟକ୍ତି ତଥା ସମାଜର ସୁରକ୍ଷା ଓ ସଂହତି ସ୍ଥାପନ କ୍ଷେତ୍ରରେ ସାମାଜିକ ସଂଗଠନ ଓ ନିୟନ୍ତ୍ରଣ ଗୁରୁତ୍ୱପୂର୍ଣ୍ଣ। ଏଥିପାଇଁ ସମାଜ ମୁଖ୍ୟ ରହିଥାନ୍ତି। ସେ ସାମୂହିକ କର୍ମ ଯଥା ଧର୍ମାଚାର, ଧର୍ମାନୁଷ୍ଠାନ ପରିଚାଳନା ଆର୍ଥିକ ଉତ୍ପାଦନ ଓ ବଣ୍ଟନ, ସାମାଜିକ ନିୟନ୍ତ୍ରଣ ପାଇଁ ନ୍ୟାୟନିଶାପ, ମଧ୍ୟସ୍ଥତା ଓ ସାମୂହିକ ତଥା ବ୍ୟକ୍ତିଗତ ସମସ୍ୟା ଆଦିର ସମାଧାନ

କରନ୍ତି। ସାମାଜିକ ତଥା ସାମୂହିକ କର୍ମ ସମ୍ପାଦନ ବେଳେ ସେ ବିଶିଷ୍ଟ ବ୍ୟକ୍ତି ଅନ୍ୟ ସମୟରେ ସେ ସମାଜରେ ଜଣେ ସାଧାରଣ ବ୍ୟକ୍ତି ଭାବରେ ହିଁ ପରିଗଣିତ ହୋଇଥାନ୍ତି। ଏହି ସାମାଜିକ ପ୍ରତିନିଧିମାନେ ବଂଶାନୁକ୍ରମିକ ହୋଇପାରନ୍ତି ବା ହୋଇ ନପାରନ୍ତି। ପଶ୍ଚିମ ଓଡ଼ିଶାର ସାମାଜିକ ନିୟନ୍ତ୍ରଣର ସ୍ୱରୂପକୁ ପର୍ଯ୍ୟବେକ୍ଷଣ କଲେ ଜଣାଯାଏ ଯେ ଗ୍ରାମ ଶାସନରେ ଗ୍ରାମୀଣ ମୁଖ୍ୟ ବଂଶାନୁକ୍ରମିକ ରହନ୍ତି। ଏହି ଅଞ୍ଚଳର ଗ୍ରାମମୁଖ୍ୟ ରୂପେ ଆଦିବାସୀ ସମ୍ପ୍ରଦାୟର ଗଣ୍ଡ, କନ୍ଧ, ଭୁଞ୍ଜିଆ ଶବର, ଶହରା, ବିଞ୍ଝାଲ, ଦଲ, ଧରୁଆ, ଭତରା, ପରଜା ଆଦିଙ୍କୁ ଦେଖିବାକୁ ମିଳେ। ଏହା ବ୍ୟତୀତ ମାଳୀ, ତେଲି, ଗଉଡ଼, ପାଇକ, ବ୍ରାହ୍ମଣ, କରଣ, କୁଲତା ଆଦି ଗ୍ରାମୀଣ ମୁଖ୍ୟ ଗଉନ୍ତିଆ ଆଦି ରହିଲେ ସୁଦ୍ଧା ସମାନ୍ତରାଳ ଭାବେ ଆଦିବାସୀମାନେ ହିଁ ଗ୍ରାମୀଣ ମୁଖ୍ୟ ଭୂମିକା ତୁଲାଇଥାନ୍ତି। ଗ୍ରାମର ଶାସନ ମୁଖ୍ୟ ବ୍ରାହ୍ମଣ କିମ୍ବା କୁଲତା ଗଉନ୍ତିଆ ଥିଲେ ମଧ୍ୟ ସମୂହ କାର୍ଯ୍ୟ ପାଇଁ ଗ୍ରାମ ସଂଗଠନ ପଁଚରେ ଗଣ୍ଡ ଝାଙ୍କର ବା କନ୍ଧ ଜାନୀ (priest) ତଥା ସେମାନଙ୍କ ସହିତ ଗଣ୍ଡ ଦିଆରୀ ବା କନ୍ଧ ଦିଶାରି (shaman) ରହିଥାନ୍ତି। ଏମାନଙ୍କ ସହିତ ନରିହା (ଗଉଡ଼), ଖବରିଆ (ଡ଼ମ), ଗୁନିଆ ବା ବଇଦ, ଗଣା ବା ଗାଁ ଚଉକିଦାର ଆଦି ଗ୍ରାମରୁ ଅର୍ଥ ପାଇ ସମୂହ କାମ ପାଇଁ ନିଯୁକ୍ତ ହୋଇଥାନ୍ତି। ଏହି ଗ୍ରାମ ଶାସନ ପଁଚରେ କିଛି ସିଆନ ଲୋକଙ୍କୁ ବି ଅଗ୍ରାଧିକାର ଦିଆଯାଏ। ଗ୍ରାମର ସର୍ବସାଧାରଣଙ୍କ ଶୁଭାଶୁଭ କାର୍ଯ୍ୟବେଳେ ଗଣାବାଜା ବାଜି ଥାଏ। ଗ୍ରାମର ସର୍ବସାଧାରଣ ସ୍ଥାନରେ ଥିବା ଦେବୀଗୁଡ଼ିରେ ଜାତି, ଗୋଷ୍ଠୀ ଭେଗୋଷ୍ଠୀ ଗୋଷ୍ଠୀ ଗୋଷ୍ଠୀ ଗୋଷ୍ଠୀ ଗୋଷ୍ଠୀ ଗୋଷ୍ଠୀ ଗୋଷ୍ଠୀ ଗୋଷ୍ଠୀ ଗୋଷ୍ଠୀ ଗୋଷ୍ଠୀ ଗୋଷ୍ଠୀ ଦରେ ଗ୍ରାମର ସମସ୍ତ ସଦସ୍ୟଙ୍କ ସମାନ ଅଧିକାର ଥାଏ।

ଗ୍ରାମର ଶାସନ ବା ପଁଚରେ ଗ୍ରାମର ସମସ୍ତ ବ୍ୟକ୍ତି ସହମତିରେ ଆର୍ଥିକ ଅନୁସାରେ ଚାନ୍ଦାଭେଦା ଦିଅନ୍ତି। ଯାହା ଚାନ୍ଦା ସଂଗ୍ରହ ହୁଏ ସେହି ଅର୍ଥରୁ ଗ୍ରାମର ଦେବତା ଗୁଡ଼ି, ଓ ଯାତରା ପରବ ପାଇଁ ଖର୍ଚ୍ଚ ହୁଏ।

ଦ୍ରଷ୍ଟବ୍ୟ: ଜଲଙ୍ଗିଆ, ନାଇକ, ମାଂଝୀ ଆଖଳା, ସିଆନ୍, ମିତାନ୍ ଗୋଷ୍ଠୀ

ଗ୍ରନ୍ଥ ସୂଚନା: ମିଶ୍ର ୨୦୦୬, ୫୫-୬; ବାଗ ୨୦୦୯, ୨୨।

ପତରପେଣା ଫିକା

ପତ୍ରବିଡ଼ା ପକାଇବା; ପଶ୍ଚିମାଞ୍ଚଳ ଓଡ଼ିଆ, ଦେଶିଆ; ଆଦିବାସୀ, ମିତାନ୍ ଗୋଷ୍ଠୀ; ଜନ୍ମ ପର ରୀତିନୀତି

ନାଁଧରା ସମୟରେ ଶିଶୁ କନ୍ୟା କ୍ଷେତ୍ରରେ ଶିଶୁ କନ୍ୟାର ମାମୁଁ (ଯାହାର ପୁଅ

ଥିବ) ପତରପେଣା ଫିଙ୍ଗନ୍ତି। ଶିଶୁ କନ୍ୟା ସହିତ ତା'ର ବାପା ମାଆ ପାଇଁ ପୋଷାକପତ୍ର ସହିତ ବିଡ଼ାଏ ଶାଳ (କେତେକ ଅଞ୍ଚଳରେ କେନ୍ଦୁ, ମହୁଲ ପତ୍ର) ପତ୍ର ଆଣି ରଖନ୍ତି, ଏବଂ ସ୍ଥିର ହୋଇଥାଏ ଯେ ସେ ଏହି ଝିଅଟି ବଡ଼ ହେଲେ ତାଙ୍କ ପୁଅ ସହ ବିବାହ କରିବେ। ଶିଶୁର ମାଆ ବାପା ତାହା ଗ୍ରହଣ କଲେ ସେଥିରେ ସେମାନେ ମଧ୍ୟ ସମ୍ମତ ବୋଲି ଧରିନିଆଯାଏ। ପରବର୍ତ୍ତୀ ସମୟରେ ଝିଅଟି ପ୍ରାପ୍ତବୟସ୍କା ହେବା ପରେ ସେ ତାଙ୍କ ପୁଅ ସହ ବିବାହ କରିଥାନ୍ତି। ତେବେ, ଏହି ପ୍ରଥା ଏକ ନିୟମିତ ପରମ୍ପରା ନୁହେଁ ଇଚ୍ଛାଧୀନ। ମାମୁଁଙ୍କର ପୁଅ ଅଛି ମାନେ ସେ ପତରପେଣା ଫିଙ୍ଗିବେ ନିଶ୍ଚୟ ସେମିତି ନୁହେଁ। ତେବେ, ପତରପେଣା ଫିଙ୍ଗିଥିଲେ ବିବାହ କରିବା ଏକ ପ୍ରକାର ନିଶ୍ଚିତ ହୋଇଥାଏ। ଏହା ଏକ ଆନୁଷ୍ଠାନିକ ରୀତିନୀତି ହୋଇଥିବାରୁ ଏହି ପ୍ରକ୍ରିୟାରେ ଦିଆଯାଇଥିବା ପ୍ରତିଶ୍ରୁତିକୁ କେହି ଉପେକ୍ଷା କରିନଥାନ୍ତି। ସମ୍ପ୍ରତି ପରିବର୍ତ୍ତିତ ପରିସ୍ଥିତି ଓ ପରିବେଶରେ ତଥା ଅଞ୍ଚଳ ଓ ଗୋଷ୍ଠୀ ଭେଦରେ ଏହି ପରମ୍ପରାର ପାଳନ ଓ ପରିବେଷଣ ଆଉ ପୂର୍ବ ଭଳି ସୁଲଭ ନୁହେଁ।

ତୁଇ କାଏଁ ପତରପେଣା ଫିକିଛୁ ?

କୌଣସି କ୍ଷେତ୍ରରେ କେହି ଜବରଦସ୍ତି ଅଧିକାର ସାବସ୍ତ୍ୟ କଲେ, "ତୁଇ କାଏଁ ପତର ପେଣା ଫିକିଛୁ ?" ବୋଲି କୁହାଯାଏ।

ଦ୍ରଷ୍ଟବ୍ୟ: ନାଁଧରା, ଗଦନାଶାଲ, ଜନମ

ଗ୍ରନ୍ଥ ସୂଚନା: ବାଗ ୨୦୦୯, ୩୦।

ପରସାମୁଡ଼ି

କନ୍ୟାର ନିଜ ଇଚ୍ଛାରେ ବର ଚୟନ (ବରର ଅସହମତି ସ୍ୱତ୍ତ୍ୱେ) ଓ ବିବାହ; ପଶ୍ଚିମାଞ୍ଚଳ ଓଡ଼ିଆ, ଦେଶିଆ; ଆଦିବାସୀ, ମିତାନ୍ ଗୋଷ୍ଠୀ; ବିବାହ ପରମ୍ପରା

କୌଣସି ଯୁବକକୁ ଜଣେ ଯୁବତୀ ଏକ ତରଫା ପ୍ରେମ କରୁଥିଲେ, ବା ଯୁବକ ଯୁବତୀ ପ୍ରେମ କରୁଥିବା ସ୍ୱତ୍ତ୍ୱେ ଯୁବକର ପିତାମାତା ଯୁବତୀ ଜଣକୁ ବୋହୂ କରି ଆଣିବାକୁ ଇଚ୍ଛାପ୍ରକାଶ ନକଲେ, ବା ବିବାହ ପାଇଁ କଥା ଦେଇ କୌଣସି ଯୁବକ ଟାଳଟୁଳ ନୀତି ଅବଲମ୍ବନ କଲେ ଯୁବତୀ ଜଣକ ସମ୍ପୃକ୍ତ ଯୁବକଙ୍କ ଘରକୁ ଯାଇ ଜୋରଜବରଦସ୍ତି ରହିଥାଏ ଯାହା ପରସାମୁଡ଼ି ଭାବରେ ପରିଚିତ। ଯୁବକଙ୍କ ପରିବାର ତଥା ଯୁବକ ଯେତେ ମାଡ଼ଗାଳି କଲେ ସୁଦ୍ଧା ସେ ଯୁବକ ଘର ଛାଡ଼େନାହିଁ (ତେବେ, ଏହି ମାଡ଼ଗାଳି ସାମୟିକ। ଥରେ ସମସ୍ୟାର ସମାଧାନ ହେଲା ପରେ ସ୍ୱାଭାବିକ ଜୀବନଯାପନ କରିଥାନ୍ତି)। ପରେପରେ ସମାଜର ହସ୍ତକ୍ଷେପ ଫଳରେ ଯୁବକର ପରିବାର ତଥା ଯୁବକଟି ଯୁବତୀଜଣକୁ ସ୍ତ୍ରୀ ଭାବେ ଗ୍ରହଣ କରି ନେଇଥାନ୍ତି। ପରବର୍ତ୍ତୀ ସମୟରେ ଆନୁଷ୍ଠାନିକ ଭାବରେ ବିବାହର

ଆୟୋଜନ କରାଯାଇଥାଏ ଓ ସମାଜକୁ ଭୋଜି ଭାତରେ ଆପ୍ୟାୟିତ କରାଯାଏ। ପ୍ରାୟ ଗୋଷ୍ଠୀରେ ଏହି ପରମ୍ପରା ଦେଖିବାକୁ ମିଳେ ଯଦିଓ ଗୋଷ୍ଠୀ ତଥା ଭାଷାକୁ ଆଧାର କରି ଏହା ଭିନ୍ନ ଭିନ୍ନ ନାମରେ ପରିଚିତ।

ଦ୍ରଷ୍ଟବ୍ୟ: ବିହା ବରପନ, ଘରଜିଆ, ଉଦଲିଆ

ଗ୍ରନ୍ଥ ସୂଚନା: ବାଗ ୨୦୦୯, ୩୯; ପାଢ଼ୀ, ଏବଂ ଉପାଧ୍ୟାୟ ୨୦୧୦, ୩୯; ମିଶ୍ର ୧୯୯୬, ୩୯; ସୁନାନୀ ୨୦୦୯, ୩୯।

ପହନା

ଅତିଥି; ଦେଶିଆ, ପଶ୍ଚିମାଞ୍ଚଳ ଓଡ଼ିଆ; ଆଦିବାସୀ, ମିତାନ୍ ଗୋଷ୍ଠୀ; ସାମାଜିକ ପରମ୍ପରା – ଅତିଥି ଚର୍ଚ୍ଚା

ସାମାଜିକ ଜୀବନରେ ଘରକୁ କୁନୁଆ, କୁଣୁଆ ବା ଅତିଥି ଆସିବା ଏକ ସାଧାରଣ କଥା ଓ ସେମାନଙ୍କୁ ଗଡୁପାନି ବା ପାଣିଢାଳ ଦେବା, ଜୁହାରଭେଟ ହେବା ସହ ଖାଇବା ପିଇବାକୁ ଅନୁରୋଧ କରିବା ମଧ୍ୟ ସର୍ବତ୍ର ଦେଖିବାକୁ ମିଳେ। ତେବେ, କେତେକ ଆଦିବାସୀ ଓ ମିତାନ୍ ଗୋଷ୍ଠୀରେ କୁଣିଆ ଆସିଲେ ବିଶେଷ ବିଧିବିଧାନ ଅନୁସରଣ କରିବା ସହିତ ପରିବାରରେ ଏକ ଉତ୍ସବମୁଖର ପରିବେଶ ଦେଖିବାକୁ ମିଳେ। ପ୍ରାୟ ଆଦିବାସୀ ଓ ମିତାନ୍ ଗୋଷ୍ଠୀରେ ଘରକୁ କୁଣିଆ ଆସିଲେ କୁକୁଡ଼ା ମାରିବା, ମଦ୍ୟପାନରେ ଆପ୍ୟାୟିତ କରିବା ଦେଖାଯାଏ। ସେହିପରି, ଏହି ସବୁ ଗୋଷ୍ଠୀରେ କୁଣିଆ ନଖାଇବା ଯାଏଁ କେହି ଭୋଜନ କରିନଥାନ୍ତି। ସାନ୍ତାଳ ଗୋଷ୍ଠୀରେ କୁଣିଆ ବୟସରେ ସାନ ହେଲେ ବି ତାଙ୍କୁ ଜୋହାର କରାଯାଏ। ଏହା ବ୍ୟତୀତ, ମୁଣ୍ଡା, ମୁଣ୍ଡାରୀ, ସାନ୍ତାଳ, ଭୂମିଜ ଆଦି ଗୋଷ୍ଠୀରେ ଘରକୁଣିଆ ଆସିଲେ ଅତିଥିର ଗୋଡ଼ ଧୋଇଦେବା ଦେଖାଯାଏ ଯାହା ଅନ୍ୟ ଗୋଷ୍ଠୀଠାରୁ ସେମାନଙ୍କୁ ସ୍ୱତନ୍ତ୍ର କରିଥାଏ। ଶୀତ ଦିନ ହୋଇଥିଲେ ଉଷୁମ ପାଣି ମଧ୍ୟ ଏଥିପାଇଁ ବ୍ୟବହାର କରିବା ଦେଖିବାକୁ ମିଳେ। ଅନ୍ୟତ୍ର ପ୍ରାୟ ଗୋଷ୍ଠୀରେ ପାଣି ଢାଳ, ଗାମୁଛା ଦେବା ସହିତ ବସିବା ପାଇଁ ଖଟ, ଖଟିଆ, ପିଢ଼ା ଆଦି ପ୍ରଦାନ କରିବା ଏକ ସାଧାରଣ ପରମ୍ପରା। ଏହା ସହିତ ଘରର ସମସ୍ତେ ଅତିଥିଙ୍କୁ ଯଥାମାନ୍ୟ, ଜୁହାରଭେଟ ହେବା ବି ସମସ୍ତ ଗୋଷ୍ଠୀରେ ଦେଖାଯାଏ। ପହନା ବିଭିନ୍ନ ଆଦିବାସୀ ଗୋଷ୍ଠୀରେ କୁନୁଆ, କିଲମ (ଗାଦବା), ପେଲା (ସାନ୍ତାଳ), ଗତା (କନ୍ଧ) ଆଦି କହିବା ଶୁଣିବାକୁ ମିଳେ।

ଘର ଗସିଆଁକେ ପହନା ହିଁସା।

(ଘରର ସଦସ୍ୟଙ୍କୁ କୁଣିଆ ଈର୍ଷା କରିବା।)

ଦ୍ରଷ୍ଟବ୍ୟ: ଜୋହାର, କାଟାହାବୁଙ୍ଗ

ଗ୍ରନ୍ଥ ସୂଚନା: ବାଗ ୨୦୦୯, ୨୪; ସୁନାନୀ ୨୦୦୯, ୨୨୩-୨୨୪।

ପାଏନ୍ ମିଶାନି

କୌଣସି ସଦସ୍ୟଙ୍କୁ ପୁଣି ଥରେ ଗୋଷ୍ଠୀରେ ଆପଣାଇବା; ପଶ୍ଚିମାଞ୍ଚଳ ଓଡ଼ିଆ, ଦେଶିଆ; ଆଦିବାସୀ, ମତାନ୍ ଗୋଷ୍ଠୀ; ସାମାଜିକ ପରମ୍ପରା

ପାଏନ ମିଶାନି ବା ପାଣି ମିଶାଇବା କହିଲେ ପୁଣି ଥରେ ଗୋଷ୍ଠୀରେ ସାମିଲ ହେବାକୁ ବୁଝାଏ। ପାଏନ୍ ପାରମ୍ପରିକ ଗୋଷ୍ଠୀ ପାଇଁ ଏକ ଗୁରୁତ୍ୱପୂର୍ଣ୍ଣ ଆୟାମ। କୁହାଯାଏ 'ପାଏନଖିଆ ଲୋକ'– ଅର୍ଥାତ୍ ଯାହାଙ୍କ ହାତରୁ ପାଣି ଖିଆଯାଇ ପାରେ। ଭାରତୀୟ ସମାଜ ଅନେକତଃ ଜାତିକୈନ୍ଦ୍ରିକ। ଏଠାରେ କେତେକ ଗୋଷ୍ଠୀ ଅନ୍ୟ କେତେକ ଗୋଷ୍ଠୀକୁ ଅସ୍ପୃଶ୍ୟ ତଥା ନିମ୍ନଶ୍ରେଣୀର ମନେକରି ସେମାନଙ୍କଠାରୁ ଖାଇବା କିମ୍ବା ପାଣି ଗ୍ରହଣ କରିନଥାନ୍ତି। ଏହା କେବଳ ଉଚ୍ଚ ଜାତିରେ ଦେଖାଯାଏ ନାହିଁ, ବରଂ ଯେଉଁମାନେ ଉଚ୍ଚ ଜାତିର ଲୋକଙ୍କଦ୍ୱାରା ଅସ୍ପୃଶ୍ୟ ହୋଇ ରହିଛନ୍ତି ସେମାନଙ୍କ ଭିତରେ ମଧ୍ୟ ଅନେକ ସମୟରେ ଅନୁରୂପ ପରମ୍ପରା ଦେଖିବାକୁ ମିଳେ। କେବଳ ଖାଦ୍ୟପାନୀୟ ନୁହଁ ବସାଉଠା, ଝିଅ ଦିଆନିଆ ଭଳି ସମ୍ପର୍କ ଆନୁଷ୍ଠାନିକ ଭାବେ ହୋଇନଥାଏ। ଆଜିକାଲି ଯଦିଓ ଆନୁଷ୍ଠାନିକ ଶିକ୍ଷାର ପ୍ରଭାବ ଫଳରେ ବିବାହ ତଥା ଖିଆପିଆ ହେବା ଦେଖାଯାଏ ତେବେ ବି ଏହା ସବୁବେଳେ ଆନୁଷ୍ଠାନିକ ନୁହେଁ। ଅତଏବ, ନିଜକୁ ଉଚ୍ଚଜାତି ମନେକରୁଥିବା ଗୋଷ୍ଠୀର ସଦସ୍ୟ ଅପର ଗୋଷ୍ଠୀରେ ବିବାହ କରେ, ବା ଖାଇଦିଏ ତେବେ ତାଙ୍କୁ ଅଘୋଷିତ ତଥା ଘୋଷିତ ଭାବରେ ସାମାଜିକ ବାସନ୍ଦ କରାଯାଏ। ସେହିପରି, କିଛି ଦୁଷ୍କର୍ମ କଲେ ମଧ୍ୟ ଏପରି କରିବା ଦେଖାଯାଏ। ଏହାକୁ 'ପାନି ବାରିବା' କୁହାଯାଏ। ଏବଂ, ପରବର୍ତ୍ତୀ ସମୟରେ ସମ୍ପୃକ୍ତ ସ୍ଥାନୀୟ ଗୋଷ୍ଠୀର ପାରମ୍ପରିକ ସମାଜ ସାମୂହିକ ଭାବେ ଇଚ୍ଛା ପ୍ରକାଶକଲେ ତାଙ୍କୁ ତାଙ୍କ ପରିବାରର ସମସ୍ତ ସଦସ୍ୟଙ୍କୁ ରୀତିନୀତିର ସହିତ ନିଜ ଗୋଷ୍ଠୀରେ ସାମିଲ କରିଥାନ୍ତି। ଏହା 'ପାନି ମିଶାନି' ଭାବରେ ପରିଚିତ। ତେବେ, ଏ ପରମ୍ପରା ସାଧାରଣତଃ ଆଦିବାସୀ ଓ ମିତାନ୍ ଗୋଷ୍ଠୀରେ ହିଁ ଦେଖିବାକୁ ମିଳେ, ତଥାକଥିତ ଉଚ୍ଚ ଗୋଷ୍ଠୀରେ ଏହା ଦୁର୍ଲଭ କୁହାଯାଇପାରେ। ପାଏନ୍ ମିଶାନି ବିଭିନ୍ନ ଆଦିବାସୀ ଗୋଷ୍ଠୀରେ ଘାଟ ପାନି, ଜୋମଜାତି, ତଥା ଭାତ ଧରିବା ଭାବରେ ମଧ୍ୟ ପରିଚିତ।

ଦ୍ରଷ୍ଟବ୍ୟ: ସମାଜ, ଭାତ, ବଁଶ ଅଁଶ, ସାତେଲାତାର

ଗ୍ରନ୍ଥ ସୂଚନା: ବାଗ ୨୦୦୯, ୨୮; ପାଢ଼ୀ, ଓ ଉପାଧ୍ୟାୟ ୨୦୧୦, ୩୦୯-୧୦; ବେଶ୍ରା ୨୦୦୩, ୧୪୫।

ପାଟଖଣ୍ଡା

ବଣ୍ଡା ଗୋଷ୍ଠୀର ଦେବତା; ବଣ୍ଡା, ପଶ୍ଚିମାଞ୍ଚଳ ଓଡ଼ିଆ; ଆଦିବାସୀ, ମିତାନ୍ ଗୋଷ୍ଠୀ; ଦେବୀଦେବତା– ମୂଳ ଦେବତା

ବଣ୍ଡାମାନଙ୍କ ମହାପ୍ରଭୁ ହେଉଛନ୍ତି ପାଟଖଣ୍ଡା। ପାଟଖଣ୍ଡା ବଣ୍ଡା ପର୍ବତ ଉପରେ ଥିବା ବରଗଛ କୋରଡ଼ରେ ଅବସ୍ଥାନ କରନ୍ତି। ବର୍ଷକୁ ଥରେ ଏହି ପାଟଖଣ୍ଡାଙ୍କୁ ତଳକୁ ଓହ୍ଲାଇ ପୂଜା କରାଯାଏ। ଏହି ପୂଜା ମାଘ ମାସରେ ଅନୁଷ୍ଠିତ ହୋଇଥାଏ। ମାଘ ପୂର୍ଣ୍ଣିମା ଦିନ ମୁଦୁଲିପଡ଼ାର ବଡ଼ନାୟକ ବା ଶିଶା ପାଟଖଣ୍ଡା ମହାପ୍ରଭୁଙ୍କୁ ଗଛ କୋରଡ଼ରୁ ଓହ୍ଲାଇ ଆଣି ସୀତାକୁଣ୍ଡରେ ସ୍ନାନ କରାନ୍ତି। ତା'ପରେ ପୋଢବଳି ଓ ପୂଜା ହୁଏ। ପରେପରେ ବିହନ ଅନୁକୂଳ ହୁଏ। ଭୋଜିଭାତ ନାଚଗୀତ ସହିତ ସପ୍ତାହବ୍ୟାପୀ ପାଟଖଣ୍ଡା ଯାତ୍ରା ଅନୁଷ୍ଠିତ ହୁଏ। ବଣ୍ଡାମାନଙ୍କର ଇଷ୍ଟ ଦେବୀ ବୁଣ୍ଡି ଦେବୀ ଏହି ପାଟଖଣ୍ଡାଟି ବଣ୍ଡାମାନଙ୍କୁ ଦେଇଥିବାର ବିଶ୍ୱାସ କରାଯାଏ। ଅନ୍ୟ ଏକ ମିଥ୍ ଅନୁସାରେ ଜୟପୁରର ଜଣେ ରାଜକୁମାର ଏଠାରେ ଆତ୍ମଗୋପନ କରିଥିବା ସମୟରେ ଏହି ଖଣ୍ଡାଟି ବଣ୍ଡାମାନଙ୍କୁ ଉପହାର ଦେଇଥିଲେ। ତେବେ, ସେ ଯାହାହେଉ ବଣ୍ଡା ଗୋଷ୍ଠୀରେ ପାଟଖଣ୍ଡା ମହାପ୍ରଭୁ ଭାବରେ ପୂଜା ପାଇ ଆସୁଛନ୍ତି। ବଣ୍ଡା ଗୋଷ୍ଠୀ ବ୍ୟତୀତ ଅନ୍ୟ ଗୋଷ୍ଠୀରେ ମଧ୍ୟ ପାଟଖଣ୍ଡା ଦେବତାଙ୍କ ପୂଜା ଦେଖିବାକୁ ମିଳେ। ଉଦାହରଣ ସ୍ୱରୂପ, ଗଣା ବା ଡମ ଗୋଷ୍ଠୀର ମହାନନ୍ଦିଆ, ବିଭାର, ନାଗ, ବାଗ ଆଦି ବଂଶ ଏଠାରେ ଉଲ୍ଲେଖନୀୟ। ସେହିପରି କଳାହାଣ୍ଡି, ବଲାଙ୍ଗୀର, ସୋନପୁର ଆଦି ଜିଲ୍ଲାର ବିଭିନ୍ନ ସ୍ଥାନରେ ପାଟଖଣ୍ଡା ପୂଜା ପାଇବା ତଥା ପାଟଖଣ୍ଡା ଯାତ୍ରା ପାଳିତ ହେବା ଦେଖିବାକୁ ମିଳେ।

ଦ୍ରଷ୍ଟବ୍ୟ: ଦେ'ଦେବତା, ମାରାଂବୁରୁ, କିତୁଙ୍ଗ, ଜଙ୍ଘାଦେଓ

ଗ୍ରନ୍ଥ ସୂଚନା: ପାଢ଼ୀ, ଓ ଉପାଧ୍ୟାୟ ୨୦୧୦, ୩୦୫-୬; ସୁନାନୀ ୨୦୦୯, ୫୫, ୯୦, ୯୪; ବେହେରା ୨୦୧୩, ୧୦୫-୬; ରଥ ୨୦୧୫, ୧୮୬-୯; ବହିଦାର ୨୦୧୫, ୯୫-୧୦୦; ପଶାୟତ ୧୯୯୯, ୪୨-୫୮।

ପାନିରୁକା

ବିବାହକର୍ମରେ ପବିତ୍ର ପାଣି ଢାଳିବା; ପଶ୍ଚିମାଞ୍ଚଳ ଓଡ଼ିଆ, ଦେଶିଆ; ଆଦିବାସୀ, ମିତାନ୍ ଗୋଷ୍ଠୀ; ବିବାହକାଳୀନ ପରମ୍ପରା

ବିବାହର ତିନି କିମ୍ବା ପାଞ୍ଚଦିନ ପୂର୍ବରୁ ପାନିରୁକା ହୋଇଥାଏ ଓ ଏହା ବିବାହ ଦିନ ପର୍ଯ୍ୟନ୍ତ ଚାଲିଥାଏ। ପ୍ରଥମ ଦିନ ଘରର ବା ବଂଶର ଜଣେ ବୋହୂ ନୂଆ ହାଣ୍ଡିରେ ଜଳାଶୟରୁ ପାଣି ଆଣନ୍ତି। ଘରେ ଗୋଟିଏ ଯୁଆଳି ରଖି ତା ପାଖରେ ଏହି ହାଣ୍ଡିକୁ

ରଖାଯାଏ। ସେଠାରେ ସାଧାରଣ ପୂଜା କରାଯାଇ ବରପିଲାର ମୁଣ୍ଡରେ ମାଆବାପା ଢାଳ ସାହାଯ୍ୟରେ ପାଣି ଢାଳନ୍ତି। ତା'ପରେ ସେ ସେହି ପାଣିରେ ବରପିଲାକୁ ହଳଦୀ ଲଗାଇ ଗାଧୋଇ ଦିଆଯାଏ। ଏହା ପାନିରୁକା ବା ପାଣି ଢାଳିବା ଭାବରେ ପରିଚିତ। ପ୍ରଥମ ଦିନ ପରେ ଅନ୍ୟ ଦିନଗୁଡ଼ିକରେ ବଂଶର ଅନ୍ୟ ଘରର ଲୋକେ ବରପିଲାକୁ ଡାକି ପାଣି ଢାଳନ୍ତି ବା ବରପିଲାର ଘରକୁ ଆସି ମଧ୍ୟ ପାଣି ଢାଳିଥାନ୍ତି। ଯିଏ ପାଣି ଢାଳିଥାନ୍ତି ସେମାନେ ସେଦିନ ବରପିଲାକୁ ଖାଇବାକୁ ମଧ୍ୟ ଦେଇଥାନ୍ତି। ଅନୁରୂପ ପରମ୍ପରା ବିବାହ କରିବାକୁ ଯାଉଥିବା ଝିଅମାନଙ୍କ ପାଇଁ ମଧ୍ୟ କରାଯାଇଥାଏ।

ଚଇତ ପରବ ଶେଷରେ ମଧ୍ୟ ଅନେକ ଆଦିବାସୀ ଗୋଷ୍ଠୀରେ ପାଣି ରୁକାନି ନାଁରେ ଧାଙ୍ଗଡ଼ା ଧାଙ୍ଗଡ଼ୀମାନେ ଘରଘର ବୁଲି ପରସ୍ପର ଉପରେ ପାଣି ଢାଳିବା ସହିତ କାଦୁଅ ବୋଳାବୋଳି ହୋଇଥାନ୍ତି।

ଦ୍ରଷ୍ଟବ୍ୟ: ଅମେରା ପାନି, ଚଇତ ପରବ, ବିହା ବରପନ

ଗ୍ରନ୍ଥ ସୂଚନା: ବାଗ ୨୦୦୯, ୪୭-୮; ସୁନାନୀ ୨୦୦୯, ୧୫୪; ପାଢ଼ୀ, ଓ ଉପାଧ୍ୟାୟ ୨୦୧୦, ୫୪, ୩୧୦।

ପାରସି ଅରା

ଭାଷା ଲିପି; ସାନ୍ତାଳୀ-କୁଇ; ଆଦିବାସୀ; ଲିପି ଲିଖନର ପରମ୍ପରା

ପାରସି କହିଲେ ସାନ୍ତାଳୀରେ ଭାଷାକୁ ବୁଝାଏ। ସେହିପରି, କୁଇ ଭାଷାରେ ଅରା କହିଲେ ଅକ୍ଷର। ଓଡ଼ିଶାରେ ୬୨ଟି ଗୋଷ୍ଠୀର ଆଦିବାସୀ ବସବାସ କରୁଛନ୍ତି। ସେମାନଙ୍କ ଭିତରୁ ଅନେକଙ୍କ ସ୍ୱତନ୍ତ୍ର ଭାଷା ଅଛି ଉଦାହରଣ ସ୍ୱରୂପ– ଭୁଞ୍ଜିଆ, ମୁଣ୍ଡା, ମୁଣ୍ଡାରୀ, ପରଜା, ବଣ୍ଡା, ଗାଦବା, କୋୟା, କନ୍ଧ, ସାନ୍ତାଳ, ହୋ, ଭୂମିଜ ଇତ୍ୟାଦି। ଏମାନଙ୍କ ମଧ୍ୟରୁ ଅନେକ ଆଦିବାସୀ ଗୋଷ୍ଠୀ ସେମାନଙ୍କ ଭାଷା ପାଇଁ ସ୍ୱତନ୍ତ୍ର ଲିପି ମଧ୍ୟ ପ୍ରସ୍ତୁତ କରିଛନ୍ତି ଯେପରି ସାନ୍ତାଳୀ ଭାଷା ପାଇଁ ଅଲଚିକି ଲିପି (ରଘୁନାଥ ମୁର୍ମୁ), ମୁଣ୍ଡାରୀ ପାଇଁ ମୁଣ୍ଡାରୀ ବାନି (ରୋହିଦାସ ସିଂ ନାଗ), ସଉରାଙ୍କର ସାରାଙ୍ ସୋମପେଙ୍ (ମଙ୍ଗେଇ ଗମାଙ୍ଗ), ଭୂମିଜ ଲିପି ଅନଅନଲ (ଅନୀଲ ମୁଣ୍ଡା), ହୋ ଲିପି ୱାରାଂଚିତି (ଦେୱାନ ତୁରି, ଓ ଲୋକୋ ବୋଦ୍ରା), କୁଇ ଲିପି କୁଇଅରା (ଦାସୁରାମ ମାଲେକା, ଏବଂ ଦୟାନିଧି ମଲ୍ଲିକ, ଦୀନବନ୍ଧୁ କହଁର, ଓ ବିଶ୍ୱନାଥ ପ୍ରଧାନ) ଆଦି। ଏହି ଲିପିଗୁଡ଼ିକ ଅନ୍ୟ ସମୃଦ୍ଧ ଭାଷାର ଲିପି ଭଳି ଅତି ପୁରାତନ ନୁହେଁ, ତେବେ ଏଗୁଡ଼ିକ କେବଳ ଯାଦୃଚ୍ଛିକ ସାଙ୍କେତିକ ରୂପ ବି ନୁହେଁ; ବରଂ ସେମାନଙ୍କ ସଂସ୍କୃତି ଓ ଜୀବନଧାରାକୁ ପ୍ରତୀକାତ୍ମକ ଭାବରେ ପ୍ରକାଶ କରିଥାଏ, ଉଦାହରଣ ଭାବରେ ସାନ୍ତାଳୀ ଭାଷାର ଅଲଚିକି ଅକ୍ଷରଗୁଡ଼ିକ ଧାରନୀ-

ମାଟିର ରୂପ, ବହମାନ ପବନ, ପର୍ବତ ଶିଖର, ଗଛ, ଛତୁ ଆଦି ପ୍ରାକୃତିକ ସ୍ୱରୂପ; କୋଦଳ, ଲଙ୍ଗଳ, ଧାନ-ଶସ୍ୟ ଆଦି କାଟୁଥିବା ଦାଆ ଆଦି ଦୈନନ୍ଦିନ ଜୀବନର ଉପକରଣ; ବିଭିନ୍ନ ଶାରୀରିକ ଅଙ୍ଗଭଙ୍ଗୀକୁ ବି ପ୍ରତୀକିତ କରେ। ଗଣ୍ଡ ଆଦିବାସୀମାନେ ମଧ୍ୟ ସେମାନଙ୍କ ଭାଷାକୁ ଲେଖିବା ପାଇଁ ଲିପିର ବିକାଶ କରିଛନ୍ତି। ମୁନସି ମଙ୍ଗଳ ସିଂ ୧୯୧୮ ମସିହାରେ ମାସାରାମ ବ୍ରାହ୍ମୀ ଲିପିକୁ ଆଧାର କରି ଗୋଣ୍ଡି ଲିପି ବିକାଶ କରିଥିବା ଜଣାଯାଏ। ତେବେ, ୨୦୦୬ ମସିହାରେ ହାଇଦ୍ରାବାଦ ବିଶ୍ୱବିଦ୍ୟାଳୟର ଗବେଷକମାନଙ୍କଦ୍ୱାରା ୧୭୫୦ ମସିହାର ପୁରାତନ ଗୋଣ୍ଡି ଲିପି ମଧ୍ୟ ତେଲେଙ୍ଗାନା ରାଜ୍ୟର ଆଦିଲାବାଦ ଜିଲ୍ଲାର ଗୁଞ୍ଜାଲ ଗ୍ରାମରୁ ଆବିଷ୍କାର କରିଛନ୍ତି ଯାହା ଗୁଞ୍ଜାଲା ଗୋଣ୍ଡି ଲିପି (Gunjala Gondi Script) ଭାବରେ ପରିଚିତ।

ଦ୍ରଷ୍ଟବ୍ୟ: ମାଓ୍ୱାରବନମ୍

ଗ୍ରନ୍ଥ ସୂଚନା: ବେଶ୍ରା ୨୦୦୩, ୨୧୯; Mahanta 2015, 117-124; Zide 1996, 612-618; Kumar 2019, 52; Dasbabu 1997, 76-80; Rath 2010, 77।

ପିଠାପନା

ପିଠାପଣା; ପଶ୍ଚିମାଞ୍ଚଳ ଓଡ଼ିଆ, ଦେଶିଆ; ଆଦିବାସୀ, ମିତାନ୍ ଗୋଷ୍ଠୀ; ଖାଦ୍ୟ ପରମ୍ପରା

ଯାତ୍ରା ପରବରେ, ଭଲମନ୍ଦରେ ପିଠାପଣା ଆବଶ୍ୟକ ହୋଇଥାଏ। ସେହିପରି, ଆବଶ୍ୟକ ମନେକଲେ ସାଧାରଣଭାବେ ମଧ୍ୟ ପ୍ରତ୍ୟେକ ଗୋଷ୍ଠୀରେ ପିଠାପଣା ପ୍ରସ୍ତୁତ ହେବା ଦେଖାଯାଏ। ଆଦିବାସୀ ତଥା ସହାବସ୍ଥିତ ମିତାନ୍ ଗୋଷ୍ଠୀଗୁଡ଼ିକରେ କେବଳ ଚାଉଳ କିମ୍ବା ଅଟାରୁ ପିଠା ପ୍ରସ୍ତୁତ ହୁଏ ନାହିଁ ବରଂ ଆମ୍ବ ଟାକୁଆ, ମହୁଲ, ମାଣ୍ଡିଆ, ସୁଆଁ, ପଣସ, କଦଳୀ, କନ୍ଦ ଆଦିକୁ ମଧ୍ୟ ବ୍ୟବହାର କରି ପିଠା ତିଆରି କରିବା ଦେଖାଯାଏ। ମଣ୍ଡା, ମହୁଲ ପିଠା (ମାଦିଗ୍ ଆସ୍‌ମା), ଚାଉଳ, ବିରି, ମାଣ୍ଡିଆ, ମକା ଆଦିରୁ ପ୍ରସ୍ତୁତ କେତେକ ପିଠା ସିଝାଇ କରାଯାଉଥିବା ବେଳେ; କୁକୁଡ଼ା, ଛେଳି, ଗେଣ୍ଡା ଆଦିର ମାଂସ ଆଉ ଚାଉଳ ଚୁନାରୁ ପ୍ରସ୍ତୁତ ପିଠା, ପାଚିଲା ପଣସ, କଦଳୀ, ତାଳ ବ୍ୟବହାର କରି ପ୍ରସ୍ତୁତ ହେଉଥିବା ପିଠା ଆଦି ଆରିଷା, କାକରା ଆଦି ପିଠା ତେଲରେ ଛାଣି ପ୍ରସ୍ତୁତ ହୋଇଥାଏ। ସେହିପରି ମାଣ୍ଡିଆ, ଚାଉଳ ଆଦି ଚୁନା ସହିତ ଛତୁ, ପଣସ, ମାଂସ, ମହୁଲ, କନ୍ଦମୂଳ ଆଦି ମିଶାଇ ମଧ୍ୟ କେତେକ ପିଠା ପତ୍ର ତଥା ପଲମରେ ପୋଡ଼ି ପ୍ରସ୍ତୁତ କରାଯାଏ। ଚାଉଳ ବ୍ୟତୀତ ଆଳୁ, ପାଳୁଅ, ମହୁଲ, ମାଣ୍ଡିଆ

ଆଦିରୁ ଖିରି ମଧ୍ୟ ପ୍ରସ୍ତୁତ ହୋଇଥାଏ। ଏହି ପିଠା ତଥା ଖିରିରେ ଆବଶ୍ୟକତା ଓ ସୁବିଧା ଅନୁସାରେ ଗୁଡ଼, ଚିନି ତଥା ଲୁଣ ପକାଯାଏ।

ଖରା ଦିନରେ ପାଲୁଅ ଘୋଳ, ମାଣ୍ଡିଆ ପଣା, ବେଲ ପଣା, ମଇ ବା ଘୋଳ ଦହି ଆଦି ମଧ୍ୟ ପ୍ରସ୍ତୁତ କରି ପିଆଯାଏ।

ଦ୍ରଷ୍ଟବ୍ୟ: ଶାଗ ଡାଲ, ମାଚ ମଉସ, ସଲପ, ମହୁଲ

ଗ୍ରନ୍ଥ ସୂଚନା: ହୋତା, ପରିଡ଼ା, ଓ ପଟେଲ ୨୦୧୦, ୭-୮, ୪୩, ୪୭୧-୭୪, ୧୬୭।

ପିତା

ଶବ ସତ୍କାର ପରେ ବନ୍ଧୁ ଲୋକଙ୍କଦ୍ୱାରା ମୃତକଙ୍କ ପରିବାର ବର୍ଗଙ୍କୁ ଦିଆଯାଉଥିବା ଆନୁଷଙ୍ଗିକ; ପଶ୍ଚିମାଞ୍ଚଳ ଓଡ଼ିଆ, ଦେଶିଆ; ଆଦିବାସୀ, ମିତାନ୍ ଗୋଷ୍ଠୀ; ପାରମ୍ପରିକ ଆନୁଷଙ୍ଗିକ– ମୃତ୍ୟୁ ପର ରୀତିନୀତି

ପରିବାରରେ କାହାର ମୃତ୍ୟୁ ହେଲେ ଶବଦାହ କରି ଘରକୁ ପ୍ରତ୍ୟାବର୍ତ୍ତନ କରିବା ପରେ ନିଜ ସମାଜର ବନ୍ଧୁ ଲୋକଙ୍କଦ୍ୱାରା ପ୍ରଦତ୍ତ ‘ପିତା (ନିମ୍ବପତ୍ର ମିଶା ପାଣି)’ ଗ୍ରହଣ କରାଯାଏ। ପ୍ରାୟ ଗୋଷ୍ଠୀରେ ଶବଦାହ କରି ଆସିବା ପରେ ଏହି ପିତା ଗ୍ରହଣ ନକରିବା ପୂର୍ବରୁ ଜଳ ମଧ୍ୟ ପାନ କରାଯାଏ ନାହିଁ। ତେବେ, ସମସ୍ତ ଗୋଷ୍ଠୀରେ ନିମ୍ବ ପତ୍ର ମିଶା ପାଣିକୁ ହିଁ ପିତା ଭାବରେ ଗ୍ରହଣ କରାଯାଇନଥାଏ। ଅଞ୍ଚଳ ଓ ଗୋଷ୍ଠୀ ଭେଦରେ ପିତାର ପରମ୍ପରା ଭିନ୍ନଭିନ୍ନ ଯେପରି– ଗଣ୍ଡ ସମାଜରେ ଶବ ସତ୍କାର କରି ଫେରିବା ପରେ ବନ୍ଧୁଘର ଲୋକ ଶ୍ମଶାନକୁ ନେଇଥିବା ଟାଙ୍ଗିଆର ବେଣ୍ଟ ଖୋଲି ତାକୁ ପାଣିରେ ବୁଡ଼ାଇ ସେହି ପାଣିକୁ ଛିଞ୍ଚି ହୋଇ ଶୁଦ୍ଧ ହୋଇଥାନ୍ତି ଓ ମୃତକର ପରିବାର ସଦସ୍ୟଙ୍କୁ କଞ୍ଚା କ୍ଷୀର ଦୁବ ଘାସରେ ଛିଞ୍ଚି ଶୁଦ୍ଧ କରନ୍ତି। ପରେ ଗୋଟିଏ ଖପରା ନିଆଁରେ ଧାନ ଓ ନିମ୍ବ ପତ୍ର ଜାଳି ଧୂଆଁ ଗ୍ରହଣ କରିବାକୁ ହୋଇଥାଏ। କନ୍ଧମାନେ ଶବ ସତ୍କାର ପରେ ଆମ୍ବ ପତ୍ର ଓ ଛାଲି ପଡ଼ିଥିବା ପାଣି ଗାଧୋଇ ଥାଆନ୍ତି। ଧରୁଆମାନେ ପିତା ମାଛ, କଲରା ପତ୍ର, ଓ ଚାଉଳରେ ପିତା ପ୍ରସ୍ତୁତ କରିଥାନ୍ତି। ଲୋଧା ଗୋଷ୍ଠୀର ସଦସ୍ୟ ଶବ ସତ୍କାର ପରେ ଘରକୁ ଫେରିବାବେଳେ ରାସ୍ତାରେ ଥିବା ଏକ ଅଶ୍ୱତଥ ଗଛକୁ ତିନିଥର କୁଣ୍ଢେଇଥାନ୍ତି, ଘରକୁ ଫେରି ଶବ ପଡ଼ିଥିବା ସ୍ଥାନରେ ଦାଆ ଓ ବେଣ୍ଟହୀନ କୁରାଢି ରଖିଦିଅନ୍ତି, ବନ୍ଧୁ ବା ପଡ଼ିଶାଘରୁ ଭଜା ଯାଇଥିବା ଖଇ ଆସେ ସେଥିରୁ କିଛି ଶବ ପଡ଼ିଥିବା ସ୍ଥାନରେ ପକାଇ ଦେବା ସହିତ ଅନ୍ୟମାନେ ମଧ୍ୟ କିଛିକିଛି ନେଇଥାନ୍ତି। ପରଜା

ଗୋଷ୍ଠୀରେ ତିନି ଦିନରେ ପିତା ଗ୍ରହଣ କରିବା ଦେଖିବାକୁ ମିଳେ। ତିନିଦିନ ହେଲେ ଶବଦାହ ସ୍ଥାନ ଦୁଗେରକୁ ଯାଇ ପାଉଁଶ ଆଣି ବେଜରନା (ମୃତକଙ୍କ ସ୍ମାରକୀସ୍ଥଳ ଯାହା ଗ୍ରାମର ଶେଷ ମୁଣ୍ଡରେ ଥାଏ)ରେ ଏକ ଗାତ ଖୋଳି ସେଇ ଗାତରେ ପାଉଁଶ ରଖି ତା ଉପରେ ଏକ ଗୋଜିଆ ପଥର ପୋତି ଦିଅନ୍ତି। ଏହା ପରେ, ଶ୍ମଶାନ ନିକଟସ୍ଥ ନଦୀ ବା ଝରଣାକୂଳକୁ ଯାଇ ସ୍ନାନ କରନ୍ତି ସେଠାରେ ଲୁଗାପଟା ସଫା କରନ୍ତି, ଓ କିଛି ମାଛ ଧରନ୍ତି। ଘରକୁ ଫେରି ସାତ ମୁଠା ଚାଉଳ ସହିତ ମାଛକୁ ରାନ୍ଧନ୍ତି। ସେଥିରେ ନିମ ପତ୍ର କିମ୍ବା କଲରା ପତ୍ର ମିଶେଇ ମୃତକର ପରିବାରର ସଦସ୍ୟମାନଙ୍କୁ ଦିଅନ୍ତି। ସେହିପରି, ଭୁଞ୍ଜିଆ ଗୋଷ୍ଠୀରେ ଶ'ଘାଟକୁ ଯାଇଥିବା ସମସ୍ତ ସଦସ୍ୟ ବିରୁନ ଚେର ଓ ଶାବଳ ବୁଡ଼ାଇଥିବା ପାଣି ମୁଣ୍ଡରେ ଛିଞ୍ଚି ହୋଇଥାନ୍ତି, ଘରେ ପହଞ୍ଚିବା ପରେ ପୁଣି ଥରେ ବନ୍ଧୁ ଲୋକ ମୃତକଙ୍କ ପରିବାରର ସଦସ୍ୟମାନଙ୍କୁ ସୁନାରୀ ଡାଳରେ କ୍ଷୀର ଛିଞ୍ଚି ଶୁଦ୍ଧ କରନ୍ତି। ଏଠାରେ ଉଲ୍ଲେଖନୀୟ ଯେ, ମହିମା ଧର୍ମାବଲମ୍ବୀ ଆଦିବାସୀ ଓ ମିତାନ୍ ଗୋଷ୍ଠୀର ସଦସ୍ୟ ପିତା ବଦଳରେ 'ଗୋମୟ ପବିତ୍ର' ଗ୍ରହଣ କରିବା, ଧୂପଝୁଣା ନେବା ଦେଖାଯାଏ।

ଦ୍ରଷ୍ଟବ୍ୟ: ନିମଦାଃମାଡ଼ି, ଚରୁ

ଗ୍ରନ୍ଥ ସୂଚନା: ମିଶ୍ର ୧୯୯୮, ୩୭; ମିଶ୍ର ୨୦୦୨, ୩୬; ମହାପାତ୍ର ୨୦୦୨, ୩୬; ପ୍ରଧାନ ୨୦୦୭, ୧୦୮-୯।

ପିଦର

ଗୃହ ପରିସରରେ ପିତୃପୁରୁଷଙ୍କ ଅବସ୍ଥାନ ସ୍ଥାନ; ପଶ୍ଚିମାଞ୍ଚଳ ଓଡ଼ିଆ, ଦେଶିଆ; ଆଦିବାସୀ, ମିତାନ୍ ଗୋଷ୍ଠୀ; ମୃତ୍ୟୁ ପର ରୀତିନୀତି

ଆଦିବାସୀ ଓ ମିତାନ୍ ଗୋଷ୍ଠୀରେ ପ୍ରାୟ ସମସ୍ତଙ୍କ ଘରେ ପିଦର ଥାଏ। ଯେଉଁ ଘରେ ପୂର୍ବପୁରୁଷଙ୍କ ଡୁମାକୁ ପୂଜା କରାଯାଏ ତାହାକୁ ପିଦର କୁହାଯାଏ। ପିଦରର ସେଭଳି କିଛି ନିର୍ଦ୍ଦିଷ୍ଟ ଆକାର ନଥାଏ। ତଥାପି ଘର ଭିତରେ ଏକ ସ୍ଥାନରେ ବା ସୁବିଧା ଅନୁସାରେ ଏକ ସ୍ୱତନ୍ତ୍ର ଘରେ (ଯେଉଁଠି ଅନ୍ୟମାନଙ୍କର ଯିବା ଆସିବା କମ୍ ଥାଏ) କାନ୍ଥକୁ ଲାଗି ମାଟିରେ ପିଢା ଭଳି କିମ୍ବା ? ଆକୃତି ତିଆରି କରାଯାଇଥାଏ। ଏହି ସ୍ଥାନକୁ ନଡ଼ାରୁ ପ୍ରସ୍ତୁତ କଳାରେ ଲିପାଯାଏ ଓ ଉପରେ ପିଠଉରେ ଝୋଟି ଅଙ୍କନ କରାଯାଏ। କେତେକ ସ୍ଥାନରେ ଏହି ପିଠଉ ବିନ୍ଦୁ ମଧ୍ୟରେ ସିନ୍ଦୂର ବିନ୍ଦୁ ମଧ୍ୟ ମଝିମଝିରେ ଦିଆଯାଏ। ବିଶ୍ୱାସ ଯେ ଏଇ ପିଠଉରେ ଡୁମା ଅବସ୍ଥାନ କରିଥାନ୍ତି। ପିଦର ତଥା ଗୃହ ଦେବଦେବୀଙ୍କ ଆସ୍ଥାନ ଗୋଷ୍ଠୀ ତଥା ଅଞ୍ଚଳ ଭେଦରେ ଅଲଗା ହୋଇଥାଏ। ପିଦରରେ

ସାଧାରଣତଃ ପୁରୁଷ ଲୋକ ହିଁ ପୂଜା କରୁଥିବା ବେଳେ ଗଣା ଗୋଷ୍ଠୀର କୁଅଁର ବଂଶ ଭଳି କେତେକ ଗୋଷ୍ଠୀରେ ପରିବାରର ମହିଳା ସଦସ୍ୟ ହିଁ ପୂଜା କରିଥାନ୍ତି।

ଦ୍ରଷ୍ଟବ୍ୟ: ଡୁମା, ଡୁମାଆନା, ପୁରୁଷା ପାଟ

ଗ୍ରନ୍ଥ ସୂଚନା: ସୁନାନୀ ୨୦୦୯, ୪୩, ୪୨୭-୮।

ପୁରୁଷା ପାଟ

ପୂର୍ବପୁରୁଷ; ପଶ୍ଚିମାଞ୍ଚଳ ଓଡ଼ିଆ; ଆଦିବାସୀ, ମିତାନ୍ ଗୋଷ୍ଠୀ; ମୃତ୍ୟୁ ପର ଅବଧାରଣା

ଆତ୍ମାର ମରଣୋତ୍ତର ସ୍ଥିତିର କଳ୍ପନା ଓ ବିଶ୍ୱାସରୁ ଏହି ପୁରୁଷା ଦେବତା (ପିତୃପୁରୁଷ) ପୂଜାର ଅବଧାରଣା। ଆଦିବାସୀ ଓ ମିତାନ୍ ଗୋଷ୍ଠୀର ସଦସ୍ୟ ମୃତ୍ୟୁ ପରେ ବି ତା'ର ଆତ୍ମା ମରେ ନାହିଁ ବୋଲି ବିଶ୍ୱାସ କରନ୍ତି। ପୂର୍ବପୁରୁଷଙ୍କ ଆତ୍ମାର ଡୁମା ରୂପକୁ ପରମ୍ପରାକ୍ରମେ ପୂଜା କରାଯାଇଥାଏ। ପ୍ରତ୍ୟେକ ବଂଶ ବା ବର୍ଗ ନିଜ ଗୋଷ୍ଠୀ ଓ ସ୍ଥାନୀୟ ପରିଚିତି ପାଇଁ ପିତୃପୁରୁଷ ତଥା 'ପୁରୁଷା ଦେବତା'ର ପୂଜା ଆରାଧନା କରନ୍ତି। ପୁରୁଷା ଦେବତା ସମ୍ପୃକ୍ତ ବଂଶ ବା ବର୍ଗର କର୍ତ୍ତା ରୂପେ ସମ୍ଭାବ୍ୟ ଆପଦବିପଦରୁ ବେଳେବେଳେ ସ୍ୱପ୍ନ କିମ୍ବା ଶକୁନ ଦେଇ ରକ୍ଷା କରିଥାନ୍ତି। ପାରମ୍ପରିକ ରୀତିନୀତି, ଜନ୍ମ ବିବାହ, ମୃତ୍ୟୁ, ପର୍ବପର୍ବାଣି, କୃଷିକାର୍ଯ୍ୟ ଆଦି ଶୁଭାଶୁଭ କାର୍ଯ୍ୟରେ ପୂର୍ବପୁରୁଷଙ୍କ ଡୁମାକୁ ଆବାହନ କରାଯାଇଥାଏ। ଓଡ଼ିଶାର ପ୍ରାୟ ଆଦିବାସୀ ତଥା ଅନ୍ୟ ମିତାନ୍ ଜାତିଗୁଡ଼ିକରେ ଏହି ପୁରୁଷା ଦେବତା ବା ପିତୃ ଦେବତାଙ୍କ ଅବଧାରଣା ଓ ଆରାଧନା ଦେଖିବାକୁ ମିଳେ। ପାଟ ପୁରୁଷାଙ୍କୁ ଆରାଧନା ନକରି ସମ୍ପୃକ୍ତ ଗୋଷ୍ଠୀରେ ବା ପରିବାରରେ କୌଣସି ରୀତିନୀତି ବା ପର୍ବପର୍ବାଣି ପାଳିତ ହୋଇପାରେ ନାହିଁ ।

ଦ୍ରଷ୍ଟବ୍ୟ: ପିଦର, ଡୁମା, ଡୁମାଆନା

ଗ୍ରନ୍ଥ ସୂଚନା: ବାଗ ୨୦୦୯, ୬୦; ସୁନାନୀ ୨୦୦୯, ୪୩-୯।

ପୁଷଚୋର

ପର୍ବକାଳୀନ ଆନୁଷ୍ଠାନିକ ଚୋରି; ପରଜା; ଆଦିବାସୀ; ସାମାଜିକ ପରମ୍ପରା

ପୁଷଚୋର ପରମ୍ପରା ପରଜା ଗୋଷ୍ଠୀରେ ଦେଖିବାକୁ ମିଳେ। ପୁଷ ପରବର ତୃତୀୟ ଦିନରେ ସନ୍ଧ୍ୟାବେଳେ ସମସ୍ତ ଧାଙ୍ଗଡ଼ାଧାଙ୍ଗଡ଼ୀ ଏକତ୍ରିତ ହୋଇ ନାଚଗୀତ କରିବା ସହିତ ରାତିରେ ଲୋକମାନଙ୍କ ବାଡ଼ିରୁ ଆଳୁ, ବୋଇତାଳୁ, କୋବି, ବାଇଗଣ, ଶିମ୍ବ, ହରଡ଼, କାନ୍ଦୁଲ ସେଙ୍ଗା, ଝୁଡ଼ଙ୍ଗ ଆଦି ଚୋରାଇ ଆଣିଥାନ୍ତି ଓ ବେରଣମୁଣ୍ଡାରେ

ଜଳୁଥିବା ନିଆଁରେ ପୋଡ଼ି ଖାଇଥାନ୍ତି, ଏହା 'ପୁଷଚୋର' ଭାବରେ ପରିଚିତ। ଅନୁରୂପ ଭାବରେ, କନ୍ଧ ଗୋଷ୍ଠୀରେ ପରିବେଷିତ ହୋଇଥାଏ 'ଚୋରିଲୀଳା'। ମାଘ ପୂର୍ଣ୍ଣିମାରୁ ଫାଲଗୁନ୍ ପୂର୍ଣ୍ଣିମା ପାଳିତ ହୋଇଥାଏ 'କେନ୍ଦୁ ନୂଆ'। ଏହି ପର୍ବ ପାଳନ ଅବସରରେ ରାତିରେ ଢାପ୍ ନାଚଗୀତର ଆୟୋଜନ ହୁଏ। ନୃତ୍ୟ ପରିବେଷଣ ହେଉଥିବା ସମୟରେ ବାଜାବଜାଇ କିଶୋର ତଥା ଯୁବକମାନେ ଦଳଦଳ ହୋଇ ଗାଁ ଭିତରେ ବୁଲନ୍ତି। ଲୋକଙ୍କ ବାଡ଼ିବଗିଚାରୁ ପନିପରିବା, ଫଳମୂଳ, କୁକୁଡ଼ା, ବତକ ଆଦି ଚୋରାଇ ଆଣିଥାନ୍ତି। ଏମାନେ ବାଜାବଜାଇ ସଚେତନ ଭାବରେ ଚୋରି କରିବାକୁ ଆସୁଥିଲେ ମଧ୍ୟ କେହି ଅଟକାଇ ନଥାନ୍ତି କିମ୍ବା ଗାଳି କରିନଥାନ୍ତି। ସମସ୍ତ ଖାଦ୍ୟ ସାମଗ୍ରୀକୁ ତା'ପରଦିନ ସକାଳେ ଗ୍ରାମ ବାହାରେ ଥିବା କୌଣସି ମହୁଲ ଗଛ ତଳେ ବସି ଭୋଜି କରିଥାନ୍ତି।

ଦ୍ରଷ୍ଟବ୍ୟ: ନୂଆଖାଇ, ମହୁଲ, ଯାତରା ପରବ

ଗ୍ରନ୍ଥ ସୂଚନା: ପାଢ଼ୀ, ଓ ଉପାଧ୍ୟାୟ ୨୦୧୦, ୩୨୩; ବେହେରା, ବିଶୀ, ଓ ମୁଣ୍ଡ ୧୯୯୮, ୦୭।

ପେଜ ଭାତ

ପେଜ ଓ ଭାତ; ଦେଶିଆ, ପଶ୍ଚିମ ଓଡ଼ିଶାର ଭାଷା; ଆଦିବାସୀ, ମିତାନ୍ ଗୋଷ୍ଠୀ; ଖାଦ୍ୟ ପରମ୍ପରା

ପେଜ କହିଲେ ଆମେ ସାଧାରଣତଃ ଧାନ ପେଜ ବା ପଖାଳକୁ ବୁଝାଏ। ତେବେ, ଆଦିବାସୀ ଗୋଷ୍ଠୀରେ ଧାନ ପେଜ ବ୍ୟତୀତ ଟାଙ୍କୁ (ଆମ୍ବ ଟାକୁଆ) ପେଜ, ସଲପ (ସଲପ ମଞ୍ଜିର ଗୁଣ୍ଡ) ପେଜ, ମାଣ୍ଡିଆ ପେଜ, କାଙ୍ଗୁ ପେଜ, ସୁଆଁ ପେଜ, ଜହ୍ନା ପେଜ, ମୁଗ ପେଜ, ହରଡ଼ ପେଜ ଆଦି ମଧ୍ୟ ବହୁଳ ଭାବେ ପ୍ରଚଳିତ। ଚାଉଳ ସହିତ ମୁଗ, ହରଡ଼, କୋଳଥ, ଝୁଡ଼ଙ୍ଗ ମିଶାଇ ପେଜ ପ୍ରସ୍ତୁତ କରିବା ପରମ୍ପରା ସାଧାରଣତଃ କୋୟା, ବଣ୍ଡା ଆଦି ଗୋଷ୍ଠୀରେ ଦେଖିବାକୁ ମିଳେ। ସଲପ ପେଜର ପ୍ରସ୍ତୁତି ପାଇଁ ସଲପ ଗଛର ଶସକୁ ଶୁଖାଇ, ଗୁଣ୍ଡ କରି ସେହି ଗୁଣ୍ଡରେ ମାଣ୍ଡିଆ ପେଜ ଭଳି ପେଜ ପ୍ରସ୍ତୁତ କରାଯାଏ। ଭାତ ଅପେକ୍ଷା ପେଜର ଆଦର ଆଦିବାସୀ ସମାଜରେ ବେଶି। କେବଳ ପେଜ ନୁହେଁ, ଆବଶ୍ୟକ ମନେକଲେ ଭାତ ମଧ୍ୟ ପ୍ରସ୍ତୁତ ହୋଇଥାଏ। ଚାଉଳ ବ୍ୟତୀତ ଗୁରୁଜୀ, କୋଦୋ ଭାତ ମଧ୍ୟ ପ୍ରସ୍ତୁତ ହୋଇଥାଏ। ପ୍ରାୟ ଆଦିବାସୀ ଉଷୁନା ଭାତ ଖାଉଥିବାବେଳେ ଭୁଞ୍ଜିଆ, ଗାଦବା ଆଦିବାସୀ କେବଳ ଅରୁଆ ଚାଉଳର ଭାତ ଖାଇଥାନ୍ତି।

ସେହିପରି, ରାତିରେ ବଳିଯାଇଥିବା ଭାତକୁ ମଧ୍ୟ ଫିଙ୍ଗି ନଦେଇ ସକାଳେ ମଧ୍ୟ ଖିଆଯାଇଥାଏ। ସାଧାରଣତଃ ଶୀତ ଦିନ ବ୍ୟତୀତ ଅନ୍ୟ ଦିନ ଗୁଡ଼ିକରେ ରାତିରେ ହିଁ ପାଣି ମିଶାଯାଏ ଯାହାକୁ ସକାଳେ ବାସି ଭାବରେ ଖିଆଯାଏ। ଶୀତ ଦିନରେ ରାତିରେ ବଳିଥିବା ଭାତରେ ପାଣି ନମିଶାଇ ସକାଳେ 'କରଲା ଭାତ' ଭାବରେ ଖିଆଯାଏ।

ଦ୍ରଷ୍ଟବ୍ୟ: ସଲପ, ମାଣ୍ଡିଆ, ଶାଗ ଡାଲ, ମାଚ ମଉସ

ଗ୍ରନ୍ଥ ସୂଚନା: ହୋତା, ପରିଡ଼ା, ଏବଂ ପଟେଲ ୨୦୧୦, ୨୪, ୯୬, ୧୧୭।

ପୋଢ଼ ପୂଜା

ପୋଢ଼ ବଳି; ପଶ୍ଚିମାଞ୍ଚଳ ଓଡ଼ିଆ; ଆଦିବାସୀ; ପର୍ବପର୍ବାଣି – ପ୍ରଜାତିକ ଅନୁଷ୍ଠାନ

ପୋଢ଼ ପୂଜା କୁଟିଆ, ଦେଶିଆ, ଡଙ୍ଗରିଆ ଗୋଷ୍ଠୀରେ ପାଳିତ ହୋଇଥାଏ। ଟକି ପରବ କନ୍ଧ ପରଜା ସମ୍ପ୍ରଦାୟରେ କେବଳ ପାଳିତ ହୋଇଥାଏ। ଉଭୟ ଟକି ପରବ, ଓ ପୋଢ଼ ପୂଜା ମେରିଆର ସାମ୍ପ୍ରତିକ ରୂପାନ୍ତରିତ ପରିବେଷଣ ମାତ୍ର।

ଟକି ପରବ ଅନୁରୂପ ପୌଷ ଶୁକ୍ଳପକ୍ଷ ଦଶମୀଠାରୁ ପୂର୍ଣ୍ଣିମୀ ଭିତରେ ଏହା ଆୟୋଜିତ ହୋଇଥାଏ। ଏହା ଗୋଟିଏ ଗ୍ରାମରେ ବାର ବର୍ଷରେ ଥରେ ପାଳିତ ହୁଏ। ପୋଢ଼ ପୂଜା ବା ବଳି ପଡୁଥିବା ଗ୍ରାମରେ ସେହି ନିର୍ଦ୍ଦିଷ୍ଟ ବର୍ଷ ଶେମି ଯାତ୍ରା ଦିନ 'ଦୁଆଁଦେଖା' ହୁଏ। ଶେମି ଯାତ୍ରା ଦିନ ଗ୍ରାମର ମଙ୍ଗଳ କାମନା କରି ଜାନୀ ଗ୍ରାମ ଦେବୀଙ୍କ ଖୁଣ୍ଟରେ ବାବେ ରସି(ଦଉଡ଼ି)କୁ ବାନ୍ଧିଥାଏ। ପୋଢ଼ ପୂଜା ସମୟରେ ପୋଢ଼କୁ ସେହି ଦଉଡ଼ିରେ ବାନ୍ଧି ବଳି ଦିଆଯାଏ। ପୋଢ଼ ପୂଜା ପାଇଁ ସେହି ବର୍ଷ କିମ୍ବା ବର୍ଷେ ଆଗରୁ ଗୋଟିଏ ପୋଢ଼ ଜାନୀ କିଣିଥାନ୍ତି। ଏହି ପୋଢ଼କୁ ଖୁଣ୍ଟ ଜାନୀର ପୁଅ ଭାବରେ ଗ୍ରହଣ କରାଯାଏ। ପୋଢ଼ ପୂଜାର ମାସେ ପୂର୍ବରୁ ସକାଳେ ଓ ସନ୍ଧ୍ୟାରେ କନ୍ଧ ଗ୍ରାମରେ ଖୁଣ୍ଟ ପୋତାଯାଏ ଓ ପୋଢ଼ ବନ୍ଧାଯାଏ।

ପୋଢ଼ ପୂଜା ପାଇଁ ତିନି ପ୍ରକାର ଜାନୀ ନିୟୋଜିତ ହୋଇଥାନ୍ତି– ଖୁଟ (ଖୁଣ୍ଟ) ଜାନୀ, ଯୋଗ ଜାନୀ, ଓ ଗୋଭା ଜାନୀ। ଯେଉଁ ଗ୍ରାମରେ ପୋଢ଼ ପୂଜା ହୁଏ ସେ ଗ୍ରାମର ଜାନୀ ଖୁଣ୍ଟ ଜାନୀ ହୋଇଥାନ୍ତି ଓ ପଡ଼ୋଶୀ ଗ୍ରାମରୁ ଯୋଗ ଜାନୀକୁ ନିମନ୍ତ୍ରଣ କରିଥାନ୍ତି। ଯୋଗ ଜାନୀ ପାଲି ଗ୍ରାମଗୁଡ଼ିକରେ ପୋଢ଼ ବୁଲାଇବା ସହିତ ଖୁଣ୍ଟ ପୋତିବା ଆଦି ସମସ୍ତ କାମ କରିଥାନ୍ତି। ଧାରନୀ ପୂଜା କରୁଥିବା ଜାନୀ ଗୋଭା ଜାନୀ (ଗୋଭା ପରିବେଷଣ କରୁଥିବା ଜାନୀ) ଭାବରେ ପରିଚିତ। ଏହି ଜାନୀ ଧାରନୀ ପୂଜା କରିବା

ସହିତ କନ୍ଧ ଜନ୍ମ ମିଥ୍ ପରିବେଷଣ କରିଥାନ୍ତି । ଆବଶ୍ୟକ ସ୍ଥଳେ ଗୋଭା ଜାନୀଙ୍କୁ ଅନ୍ୟ ଗ୍ରାମରୁ ନିମନ୍ତ୍ରଣ କରି ମଧ୍ୟ ଆଣିବାକୁ ହୁଏ । ପୋଢ଼ ପୂଜା ପୂର୍ବଦିନ ଖୁଟ ଜାନୀକୁ ପୋଢ଼ ମାଗେ ।

ଗ୍ରାମ ମଝିରେ ଏକ ପ୍ରଶସ୍ତ ସ୍ଥାନରେ ଧାରନୀ ଦେବୀଙ୍କ ଆସ୍ଥାନ ଥାଏ । ଖୁଣ୍ଟ ଆକୃତିର ଏକ ବଡ଼ ପଥର ସହିତ ଛୋଟ ପଥର ପଶ୍ଚିମକୁ ମୁହଁ କରି ପୋତା ଯାଇଥାଏ ଯାହା ଧରମ ଓ ଧାରନୀ ଭାବରେ ପରଚିତ । ଧାରନୀ ଦେବୀଙ୍କୁ ଜାଢ଼େନ୍ ବୁଢ଼ୀ ମଧ୍ୟ କୁହାଯାଏ । ଏହା ଚାରି ପାଖରେ ବାଉଁଶ ବାଡ଼ ଦିଆଯାଇଥାଏ । ଧାରନୀ ଦେବୀଙ୍କ ପାଖରେ ତିନିଟି ଚାଉଳ ପୁଞ୍ଜି ପକେଇ ତିନିଟି କୁକୁଡ଼ା ଅଣ୍ଡା ରଖାଯାଏ । ଏହା ସହିତ ଟାଙ୍ଗୀ, ଖଣ୍ଡା, ଧନୁତୀର ଆଦି ମଧ୍ୟ ରଖାଯାଇ ଦୀପ ଜଳାଯାଏ । ଧାରନୀ ଦେବୀଙ୍କ ନିକଟରେ ପୂଜାର ପାଞ୍ଚ ଦିନ ଆଗରୁ ଗୋଟିଏ କେନ୍ଦୁ ଖୁଟା ପୋତା ଯାଇଥାଏ । ଏହା 'ଯୋଗ ଖୁଟା' ଭାବରେ ପରିଚିତ । ଏହି ଖୁଟା ଉପରେ ଦୁଇଟି ଲାଉ ଝୁଲୁଥାଏ ।

ପୋଢ ପୂଜା ଅବସରରେ ସମସ୍ତ ପାଲି ଗ୍ରାମକୁ ନିମନ୍ତ୍ରଣ ଦିଆଯାଇଥାଏ । ସମସ୍ତେ ପୋଢ଼ ପୂଜା ଦିନ ନିଜନିଜ ଗ୍ରାମ ଦେବୀଙ୍କ ଛତ୍ର, ଖଣ୍ଡା, ଓ ଟାଙ୍ଗୀ ଧରି ପୋଢ଼ ପୂଜାରେ ଭାଗ ନେବାକୁ ଆସିଥାନ୍ତି । ଯୋଗ ଜାନୀ ବିଭିନ୍ନ ଗ୍ରାମର ଧାରନୀ ଦେବୀଙ୍କୁ ଆମନ୍ତ୍ରଣ କରି ଆଣନ୍ତି । ସନ୍ଧ୍ୟାବେଳକୁ ଯୋଗ ଜାନୀ ଧାରନୀ ଖୁଟାକୁ ମଦ ଅର୍ପଣ କରି ପୂଜା କରେ । ଗୋଭା ଜାନୀ ଓ ତାଙ୍କର ସାଥୀ ଗୋଭା ଉତରା କରିଥାନ୍ତି । ଏହି ଗୋଭା ଉତରା ରାତିସାରା ଚାଲେ । ସକାଳେ ପୋଢ଼ ବଳି ପଡ଼େ । ଖୁଟ ଜାନୀ ଗୋଟିଏ ଚୋଟରେ ପୋଢ଼କୁ ମାରି ବେକକୁ ଅଲଗା କରିଥାଏ । ନହେଲେ ବର୍ଷକ ଭିତରେ ଖୁଟା ଜାନୀର ମୃତ୍ୟୁ ହେବାର ଆଶଂକା କରାଯାଏ । ଖୁଟ ଜାନୀ ପୋଢ଼କୁ ମାରିଲା ପରେ ଅନ୍ୟ କନ୍ଧମାନେ ଯେପରି ପୋଢ଼ର ମାଂସ ଅନ୍ୟ କେହି ନେଇପାରିବେ ନାହିଁ ସେଥିପାଇଁ ଟାଙ୍ଗିଆ, କଟୁରୀ, ଛୁରି, ଖଣ୍ଡା ଆଦି ଧରି ଜଗିଥାନ୍ତି । ବଳି ପରେ ପୋଢ଼ର ମୁଣ୍ଡକୁ ଦେବୀଙ୍କ ନିକଟରେ ଅର୍ପଣ କରାଯାଏ । ଏହା ପରେ ପୋଢ଼ ମାଂସକୁ କାଟି ଅନ୍ୟ ଗ୍ରାମର କନ୍ଧମାନଙ୍କୁ ପ୍ରସାଦ ରୂପେ ଦେଇଥାନ୍ତି । ଏହି ପୂଜା ହେବାର ସାତ ଦିନ ଯାଏଁ ଗାଁରେ ହଳ କରାଯାଏ ନାହିଁ । ଚାଷୀମାନେ ଜମିରେ ଭଲ ଫସଲ ହେବା ଆଶାରେ ଏହି ମାଂସରୁ କିଛି ପୋତି ଥାଆନ୍ତି । ପୂଜା ପୂର୍ବରୁ ଧାରନୀ ଦେବୀଙ୍କ ପାଖରେ ପାଞ୍ଚ ମାଣ ଧାନର ପୁଡ଼ା ରଖିଥାନ୍ତି ତାକୁ ପୂଜା ସରିବା ପରେ କାଢ଼ି ମାପି ଥାଆନ୍ତି । କମ୍ ହେଲେ ସେହି ବର୍ଷ ଫସଲ କ୍ଷତି ହେବାର ଆଶଂକା ଓ ବେଶି ହେଲେ ଭଲ ଫସଲ ହେବା ଆଶା କରାଯାଏ । ସେହିପରି,

ସେହି ପୁଡ଼ାରେ ଉଇ କିମ୍ବା ମାଟି ଲାଗିଥିଲେ ସର୍ବ ଶୁଭ ମନେକରାଯାଏ। ପୂଜାର ସାତ ଦିନ ପରେ ଦେବୀଙ୍କୁ ଶାନ୍ତ କରିବା ଲାଗି ବା ଭୂମି ଶୀତଳା ପାଇଁ ମେଣ୍ଢା ବଳି ଦିଆଯାଇଥାଏ।

ଦ୍ରଷ୍ଟବ୍ୟ: ଟକି ପରବ

ଗ୍ରନ୍ଥ ସୂଚନା: ମିଶ୍ର ୧୯୯୬, ୧୦୨-୬; ମୁଣ୍ଡ ୧୯୯୮, ୩୮-୪୩; Biswas 2017, 122-125; Gangte 2017, 1124-1125।

ପୋରା ଉଆଁସ

ପହିଲି ଅମାବାସ୍ୟା; ପଶ୍ଚିମାଞ୍ଚଳ ଓଡ଼ିଆ, ଦେଶିଆ; ଆଦିବାସୀ, ମିତାନ୍ ଗୋଷ୍ଠୀ; ପର୍ବପର୍ବାଣି

ଭାଦ୍ରବ କୃଷ୍ଣପକ୍ଷ ଅମାବାସ୍ୟା ସପ୍ତପୁରୀ ଅମାବାସ୍ୟା ଭାବରେ ପରିଚିତ। କେତେକ ଅଞ୍ଚଳରେ ଏହା 'ପୋରା ଉଆଁସ' ବା 'ପହିଲ ଉଆଁସ' ଭାବରେ ମଧ୍ୟ ପରିଚିତ। ଏହି ସମୟରେ ଏକ ପ୍ରକାର ଲାଲ ରଙ୍ଗର ଫୁଲ ଫୁଟେ ଯାହାକୁ 'ପୋରା ଫୁଲ' କୁହାଯାଏ। ପୋରା ଉଆଁସ ଦିନ ଅଭିଭାବକମାନେ ନିଜନିଜ ପୁଅଝିଅମାନଙ୍କ ପାଇଁ କାଠ ନିର୍ମିତ ଖେଳଣା ଶଗଡ଼ରେ କାଠ କିମ୍ବା ମାଟି ତିଆରି ବଳଦ, ହାତୀ, ଘୋଡ଼ା ରଖି ତା ଉପରେ ପୋରା ଫୁଲକୁ ସଜାଇଥାନ୍ତି। ଏହି ପୋରା ଶଗଡ଼ 'ପୋରା ବୁଇଲ' ଭାବରେ ପରିଚିତ। ବାଳକବାଳିକାମାନେ ନୂଆ ପୋଷାକ ପରିଧାନ କରିବା ସହିତ ଲିଆ, ଲଡ୍ଡୁ, ଖଜା ଧରି ଗାଁ ଦାଣ୍ଡରେ ଖେଳନ୍ତି।

ପୋରା ଉଆଁସ ଦିନ ଗେଡ଼ି ଖେଳର ସମାପ୍ତି ମଧ୍ୟ ହୁଏ। ଗେଡ଼ି ଏକ ସ୍ୱତନ୍ତ୍ର ଉପକରଣ। ଏହାର ପରିବେଷଣକୁ ଖେଳ ଭାବରେ ମଧ୍ୟ ସମ୍ପୃକ୍ତ ଗୋଷ୍ଠୀରେ ଗ୍ରହଣ କରାଯାଇଥାଏ। ରଥଯାତ୍ରା ବା ଆଷାଢ ଶୁକ୍ଳପକ୍ଷ ଦ୍ୱିତୀୟା ଦିନଠାରୁ ସପ୍ତପୁରୀ ଅମାବାସ୍ୟା ବା ଭାଦବ୍ର କୃଷ୍ଣ ପକ୍ଷ ଅମାବାସ୍ୟା ଯାଏଁ ଏହି ପରିବେଷଣ ଆୟୋଜିତ ହୋଇଥାଏ। ସାଧାରଣତଃ ପାଞ୍ଚ ସାତରୁ ବାର ତେର ବର୍ଷ ବୟସ୍କ ପୁଅପିଲା ଏଥିରେ ଅଂଶ ଗ୍ରହଣ କରିଥାନ୍ତି। ଏହି ଅଂଶଗ୍ରହଣକାରୀଙ୍କ ସଂଖ୍ୟାରେ କୌଣସି ନିର୍ଦ୍ଦିଷ୍ଟତା ନଥାଏ। ଏହି ପରିବେଷଣରେ ଜଣେ ଖେଳାଳୀ ଗେଡ଼ି ଉପରେ ଚଢି ଗେଡ଼ି ଚଢିଥିବା ଆଉ ଜଣେ ଖେଳାଳୀକୁ ତଳେ ପକେଇବାକୁ ଚେଷ୍ଟା କରିଥାନ୍ତି। ଦୁଇ ଦଳ ମଧ୍ୟରେ ଏହି ପରିବେଷଣ ବେଳେବେଳେ ପ୍ରତିଯୋଗିତା ଭାବରେ ମଧ୍ୟ ପରିବେଷିତ ହୋଇଥାଏ। ଏହି ପ୍ରତିଯୋଗିତାରେ ଯେଉଁ ଦଳ ଅନ୍ୟ ଦଳର ସମସ୍ତ ଖେଳାଳୀକୁ ତଳେ ପକେଇ ଦେଇପାରେ ସେହି ଦଳ ବିଜୟ ଲାଭ କରେ। ସପ୍ତପୁରୀ

ଅମାବାସ୍ୟା ଦିନ ଗ୍ରାମ ବାହାରେ ଥିବା କୌଣସି ଏକ ଉଈହୁଙ୍କାରେ ସମସ୍ତ ଖେଳାଳୀ ନିଜନିଜ ଗେଡ଼ାକୁ ଭାଙ୍ଗିରୁଜି ପୋତି ଦେଇଥାନ୍ତି ଯାହାକୁ 'ଡୁକେର୍ ଖେଦା' କୁହାଯାଏ। ଡୁକେର୍‌କୁ ରୋଗଶୋକର ଦେବୀ ଭାବରେ ଗ୍ରହଣକରାଯାଏ ଓ ଏହି ଦେବୀ ଗାଁରୁ ବାହାରକୁ ଚାଲିଗଲେ ତାଙ୍କ ସାଙ୍ଗରେ ଗାଁର ସମସ୍ତ ରୋଗବଇରାଗ ଚାଲିଯାଏ ବୋଲି ବିଶ୍ୱାସ କରାଯାଏ। ଖେଳାଳୀମାନେ ଗେଡ଼ି ପୋତିଲାବେଳେ, "ଯା'ରେ ଡୁକେର୍ ଯା / ଲିଆ ଚନା ଖାଇ ଯା / ବାଟେ ବାଟେ ଯା' / ରୋଗୀ ଯୋଗୀ ଧରି ଯା / ଫୁଲେ ପାନି ଯା' / ଯା'ରେ ଡୁକେର ଯା'।" ଆଦି ଗୀତ ଗାନ କରିଥାନ୍ତି। କେତେକ ଆଦିବାସୀ ଗୋଷ୍ଠୀରେ ତଥା ଅଞ୍ଚଳ ଭେଦରେ ଡୁକେର ଖେଦା, ଘୋଡ଼େଲ, ଗରଣ୍ଡି, ଡାଣସରା ଭାବରେ ମଧ୍ୟ ପରିଚିତ ତଥା ନବାନ୍ନର ପୂର୍ବ ଦିନ ଯାଏଁ ଏହା ପାଳିତ ହୋଇଥାଏ।

ଦ୍ରଷ୍ଟବ୍ୟ: ଗବଡ଼ାଶନି, ଘଁଟ ଯାତ୍ରା, ଆଁଟ ଭଟା, ଆମୁସ ପରବ

ଗ୍ରନ୍ଥ ସୂଚନା: ବାଗ ୨୦୦୯, ୩୬; ମିଶ୍ର ୧୯୯୬, ୮୮-୮୯; ସୁନାନୀ ୨୦୦୯ ୩୮୯-୯୧; ପାଢ଼ୀ, ଓ ଉପାଧ୍ୟାୟ ୨୦୧୦, ୧୩୮, ୧୬୦; ବାଗ ୨୦୦୯, ୬୫; ଆଚାର୍ଯ୍ୟ ୨୦୧୩, ୧୨୭।

ଫୁଲାଲିଆ

ଖଇ; ପଶ୍ଚିମାଞ୍ଚଳ ଓଡ଼ିଆ, ଦେଶିଆ; ଆଦିବାସୀ, ମିତାନ୍ ଗୋଷ୍ଠୀ; ପୂଜା ଆନୁଷଙ୍ଗିକ- ରୀତିନୀତି

ଫୁଲାଲିଆ କହିଲେ ଧାନକୁ ଭାଜି ପ୍ରସ୍ତୁତ ହୋଇଥିବା ଲିଆ ବା ଖଇକୁ ବୁଝାଏ। ଓଡ଼ିଶାର କେତେକ ଗୋଷ୍ଠୀରେ ସଧବା ନାରୀ ମଲେ ଖଇ କଉଡ଼ି ବିଞ୍ଚାଯାଏ, ଘର ପ୍ରତିଷ୍ଠା ସମୟରେ ଘର ଚାରି ପାଖରେ ଖଇ କଉଡ଼ି ଦିଆଯିବା ଦେଖାଯାଏ। ଆଦିବାସୀ ପରମ୍ପରାରେ ମଧ୍ୟ କେତେକ ଦେବଦେବୀଙ୍କ ପୂଜା ଆରାଧନା ସମୟରେ ଖଇର ବ୍ୟବହାର ହେବା ସହ ଶବଯାତ୍ରା ସମୟରେ ଖଇ ବିଞ୍ଚିବାର ପରମ୍ପରା ଅଛି। ସେହିପରି, ବିହନ ବାହାର କରିବା ତଥା ପ୍ରଥମ କରି ବିହନ ବୁଣିବା ଦେବଦେବୀ ପୂଜା, ଟଲାଭଙ୍ଗା ଆଦି ସମୟରେ ମଧ୍ୟ ଖଇ ଆବଶ୍ୟକ ହୋଇଥାଏ।

ଦ୍ରଷ୍ଟବ୍ୟ: ମରନ, ଦେ'ଦେବତା, କାମିନୀ

ଗ୍ରନ୍ଥ ସୂଚନା: ଭୋଇ ୨୦୧୮, ୧ ୪୦; ବାଗ ୨୦୦୯, ୫୭; ବିଶୀ ୧୯୯୮, କ-ପ।

ବଁଶ ଅଁଶ୍

ବଂଶ, ଗୋତ୍ର; ପଶ୍ଚିମ-ଦକ୍ଷିଣ ଓଡ଼ିଶାର କଥିତ ଭାଷା, ଦେଶିଆ; ଆଦିବାସୀ, ମିତାନ୍ ଗୋଷ୍ଠୀ; ପ୍ରଜାତିକ ଗୋଷ୍ଠୀ ଅବଧାରଣା

ଆଦିବାସୀ ତଥା ମିତାନ୍ ଗୋଷ୍ଠୀରେ ପରିବାରକୁ ଘର କୁହାଯାଏ। ଘର ବା ଗୋଟିଏ ପରିବାର ପୁଅନାତି, ଅଣନାତି ଆଦି ଓ ସେମାନଙ୍କ ପରିବାରକୁ ନେଇ କୁହାଯାଏ 'ଜାମା'। ସେହିପରି, ମୂଳ ପରିବାରର ଅନ୍ୟ ଭାଇ ତଥା ବାପା, ଜେଜେବାପାଙ୍କ ପୁଅନାତି ଆଦି ସମସ୍ତଙ୍କର ପରିବାରକୁ ମିଶାଇ 'ଖେଲି', 'ଭେଲି', ତଥା 'ଡୁଲା' କୁହାଯାଏ। ସମ୍ପୃକ୍ତ ପରିବାରର ବିଭିନ୍ନ ସଦସ୍ୟ ନିକଟ ସହାବସ୍ଥିତ ଭୌଗୋଳିକ ଅଞ୍ଚଳରେ ବସବାସ କରୁଥିଲେ ସେସବୁ ଅଞ୍ଚଳକୁ ମିଶାଇ କୁହାଯାଏ 'ଟିକରି'। ଆଦିବାସୀ ମିତାନ୍ ଗୋଷ୍ଠୀରେ ସମାନ ବଂଶରେ ବିବାହ ଚଳେ ନାହିଁ। ସେହିପରି, କେତେକ ବଂଶର ସଦସ୍ୟ ପରସ୍ପରକୁ ଦୁଦଭାଇ କହି ବିବାହ କରନ୍ତି ନାହିଁ। ଉଦାହରଣ ସ୍ୱରୂପ, ଗଣା ସମ୍ପ୍ରଦାୟରେ ବାଗ୍, ନାଗ୍, ସୁନା, ମାନନ୍ଦିଆ, ଖୁରା, କରକରା, ଡଙ୍ଗରି, ମଙ୍ଗରି, ଟାକରି, ହିଏଁଲ, ଜାଲ, କୁଲଦୀପ, ଭାରା ସଗରିଆ, ଛାତି, ସିକା, ବିବାର, କୁମାର, ସେମର୍ଲିଆ, କନପାନ, ବେନୁଆ ଆଦି ବିଭିନ୍ନ ବଂଶ ଦେଖିବାକୁ ମିଳନ୍ତି।

ବିଭିନ୍ନ ବଂଶରେ ନିଜ ପ୍ରଜାତି ଓ ଅଞ୍ଚଳକୁ ଆଧାର କରି ନିର୍ଦ୍ଦିଷ୍ଟ ରୀତିନୀତି ତଥା ବିଶ୍ୱାସ ଦେଖିବାକୁ ମିଳେ। ଉଦାହରଣ ସ୍ୱରୂପ, ଶିକାଓଲା ଜଗତ ରାତିରେ ବଳିଥିବା ଖାଦ୍ୟକୁ ଶିକାରେ ଓହଳାଇ ଦେବା ପରେ ଆଉ ତାକୁ ସକାଳ ନହେବା ଯାଏଁ ତଳକୁ ଆଣନ୍ତି ନାହିଁ। ସେହିପରି, ଭୋଇ ବଂଶର ଲୋକେ ବ୍ରାହ୍ମଣ ସ୍ପର୍ଶ କରିଥିବା ଖାଦ୍ୟ କି ପାଣି ଛୁଅନ୍ତି ନାହିଁ, ସଗରିଆ ବଂଶର ସ୍ତ୍ରୀ ଲୋକ ନୂଆଖାଇ ଦିନ ଖିରି ରାନ୍ଧିଲା ବେଳେ ଘରୁ ବାହାରକୁ ବାହାରନ୍ତି ନାହିଁ, ଅନ୍ୟ କେତେକ ବଂଶରେ ବିବାହ ସମୟରେ ମୁହୁଁଜୁଆ ବେଳେ ଚକୁଳିରେ ମୁହଁସେକା ପରମ୍ପରା ଥିବାବେଳେ କନପାନ ବଂଶରେ ପାନ ପତ୍ରରେ ଏହା କରାଯାଏ।

ଆଦିବାସୀ ଓ ମିତାନ୍ ଗୋଷ୍ଠୀରେ ବିଭିନ୍ନ ବଂଶ ଅବଧାରଣାରେ ସାମଞ୍ଜସ୍ୟ ଦେଖିବାକୁ ମିଳେ। ଉଦାହରଣ ସ୍ୱରୂପ, ଲୋଧା ଗୋଷ୍ଠୀରେ ଭକ୍ତା, ମଲିକ, କଟାଳ, ନାଏକ, ଦିଗର, ପରମାଣିକ, ଦଣ୍ଡପାଟ, ବାଗ(ଘ); ପେଣ୍ଡିଆ, ହାଲବା ଗୋଷ୍ଠୀରେ ନାଗ, ବାଘ, କଇଁଛ. ବାନର, ଭୈରବ, ଭତରା ଗୋଷ୍ଠୀରେ ପୟାକ (ବାଘ), ନାଗ. କଇଁଛ, ଗଇ (ଗୋଧି), ବଣ୍ଡା, ଭୂମିଆ, ଗାଦବା, ଦୁରୁଆ, ବିଞ୍ଝାଲ ଆଦି ସମସ୍ତ ଗୋଷ୍ଠୀରେ ବାଗ ବା ବାଘ ଓ ନାଗ ବଂଶ ଦେଖିବାକୁ ମିଳେ।

ଦ୍ରଷ୍ଟବ୍ୟ: ସମାଜ, ସିଆନ୍, ମାଂଝି ଆଖଲା, ଭାତ

ଗ୍ରନ୍ଥ ସୂଚନା: ମିଶ୍ର ୧୯୯୦, ୨୩; ବାଗ ୨୦୦୯, ୧୯-୨୦; ସୁନାନୀ ୨୦୦୯, ୪୦-୪୨; ପାଢ଼ୀ ୨୦୧୬, ୩୨।

ବଏବାନ୍ଧବା

ବିବାହ ବେଦୀରେ ମହୁଲ ଡାଳ ସହିତ କଳସ ସ୍ଥାପନା କରିବା; ପଶ୍ଚିମାଞ୍ଚଳ ଓଡ଼ିଆ, ଦେଶିଆ; ଆଦିବାସୀ, ମିତାନ୍ ଗୋଷ୍ଠୀ; ବିବାହକାଳୀନ ରୀତିନୀତି

ବିବାହ ନିମିତ୍ତ ମୋଡ଼ୋଗଡ଼ା କାମ ସରିବା ପରେ ବେଦୀ ତିଆରି କରାଯାଇଥାଏ। ମୋଡ଼ୋ ମଝିରେ ମହୁଲ ଡାଳ ପୋତାଗଲା ପରେ ଏହି ଡାଳକୁ ଲଗାଇ ତଳ ଉପର କରି ପାଞ୍ଚଟି ହାଣ୍ଡି ବନ୍ଧାଯାଏ ଯାହା 'ବଏଟାଣି' ଭାବରେ ପରିଚିତ। ଏହାର ଚାରି କୋଣରେ ପ୍ରାୟ ଏକ ଫୁଟ ପରିସୀମା ଭିତରେ ଚାରୋଟି ଖୁଣ୍ଟ ପୋତି ପ୍ରତି ଖୁଣ୍ଟରେ ଗୋଟିଏ ଲେଖାଏଁ ରୁଖା ରଖି ବତୀ ସ୍ଥାପନ କରାଯାଏ। ବଏ ବାନ୍ଧିବା କାମ 'ଲଗନିଆ', 'ଲଗନକାରିଆ' ବା ସମାଜର ଅନ୍ୟତମ ସିଆନ୍ ବ୍ୟକ୍ତି କରିଥାନ୍ତି। ଲଗନିଆ ଗୋଟିଏ ରୁଖାରେ ସୁତାର ଗୋଟିଏ ମୁଣ୍ଡକୁ ବାନ୍ଧି ସାରିବା ପରେ ବରପିଲାର ବାପା ମାଆ ବା ବଡ଼ ଭାଇ ପ୍ରଭୃତିଙ୍କୁ ପ୍ରତ୍ୟେକ ରୁଖା ବତୀରେ ସୂତା ଗୁଡ଼େଇବାକୁ କହିଥାଏ। ସ୍ଥାନୀୟ ଗୋଷ୍ଠୀ ପରମ୍ପରା ତଥା ସିଆନଙ୍କ ଅନୁସାରେ ସାତ ଥର କିମ୍ବା ନଅ ଥର ସୁତା ଗୁଡ଼ାଯାଏ। ପ୍ରତ୍ୟେକ ତାଗ ଗୁଡ଼ାଇଲା ବେଳେ ଦୁଇଟି ରୁଖା ମଝିରେ ଲମ୍ବିଥିବା ସୂତାରେ ହଳଦୀ ଲଗାଯାଇଥାଏ। ସୂତା ଗୁଡ଼ା ସରିବା ପରେ ରୁଖା ଉପରେ ବତୀ ରଖି ରାଶି ତେଲରେ ଶିରି ଲଗାଯାଏ। ରୁଖାବତୀ ଆଦି ଗ୍ରାମର କୁମ୍ଭାର ଗୋଷ୍ଠୀ ଯୋଗାଇ ଥାଆନ୍ତି। ବଣ୍ଡା, ଗାଦବା, କନ୍ଧ ଭଳି କେତେକ ଆଦିବାସୀ ଗୋଷ୍ଠୀରେ ବିବାହରେ ଅନେକ ରୀତିନୀତି ପାଳନ କରାଯାଇନଥାଏ ସେହି କ୍ଷେତ୍ରରେ ଏଭଳି ପରମ୍ପରା ଆଦି ଦେଖିବାକୁ ମିଳେ ନାହିଁ।

ଦ୍ରଷ୍ଟବ୍ୟ: ବିହା ବରପନ

ଗ୍ରନ୍ଥ ସୂଚନା: ବାଗ ୨୦୦୯, ୩୨; ସୁନାନୀ ୨୦୦୯,୧୪୮।

ବଜା ପାର

ବଜାର ପରିବେଷଣ ଶୈଳୀ; ପଶ୍ଚିମାଞ୍ଚଳ ଓଡ଼ିଆ, ଦେଶିଆ; ଆଦିବାସୀ, ମିତାନ୍ ଗୋଷ୍ଠୀ; ବାଦ୍ୟବାଦନ ଶୈଳୀ

ବାଜା ବା ଗଣାବାଜା ସାଧାରଣତଃ ସମସ୍ତ ପ୍ରକାର ସାମାଜିକ ସାଂସ୍କୃତିକ

କାର୍ଯ୍ୟ ଯଥା ବିବାହ, ଦେବୀଦେବତା ପୂଜା, ନାଚଗୀତ, ମୃତ୍ୟୁ ପରବର୍ତ୍ତୀ, ପ୍ରାକ୍-ବିବାହ ରୀତିନୀତି ଆଦି ସମସ୍ତ କ୍ଷେତ୍ରରେ ଆବଶ୍ୟକ ହୋଇଥାଏ। ପରିବେଶ ଓ ଆବଶ୍ୟକତା ଅନୁସାରେ ବାଜାର ପରିବେଷଣକୁ ନେଇ ବାଦନ ଶୈଳୀକୁ ବିହା ପାର, ଦେବତା ପାର, ନାଚନୀ ପାର, ମରହା ପାର ଆଦି କୁହାଯାଏ। ବିବାହରେ ମଧ୍ୟ ନାନା ଶୈଳୀରେ ବାଜା ବାଜିଥାଏ ଯେମିତି– ନାଚନୀ ପାର, ଗନସେନ ପାର, ଦୁରଲା ନଚା ପାର, ବାଟ ଚହଲେନ ପାର, ମୁହୁଁଜୁଆ ପାର, ପରଘେନ ପାର, ଡାଲ ବହଲେନ ପାର, ଚଉଲ ଟିକେନ ପାର, ବିନକି ମରା ପାର, ଲଗନ ପାର ଇତ୍ୟାଦି। ସେହିଭଳି ମରା ପାରକୁ 'ମରହା ନିଶାନ' କୁହାଯାଇଥାଏ। ଏହି ସମୟରେ କେବଳ ଗୋଟିଏ ପାର ବା ଗୋଟି ଶୈଳୀରେ ହିଁ ବାଜିଥାଏ। ଗୋଟିଏ ପାର ବିଭିନ୍ନ ସ୍ତର ମଧ୍ୟରେ ବାଦନ କରାଯାଇଥାଏ ଯେପରି– ଚଘେନ, ଧାର, ଉତରେନ, ମୁଢ଼େନ, ଛିଢ଼େନ, ଉଡ଼ାନ୍, ବଢେନ୍, ଲସ, କୁଟି, ମାଠି, ବସେନ୍, ଠୁମକେଲ। ବାଦ୍ୟ ଆରମ୍ଭରେ ଗୋଟିଏ ପାର ବାଦ୍ୟକୁ ଉଠେଇବା ପଦ୍ଧତି ଅର୍ଥାତ୍ ଏକ ନିର୍ଦ୍ଦିଷ୍ଟ ପାର ବାଜିବା ପୂର୍ବରୁ ବିଭିନ୍ନ ବାଦ୍ୟଯନ୍ତ୍ର ଗୋଟି ଗୋଟି କରି ବାଜି ଉଠନ୍ତି ଏବଂ ଗୋଟିଏ ରାସ୍ତା ବା ଦିଶାକୁ ଆସିଲେ ଯେଉଁ ଧ୍ୱନି ସୃଷ୍ଟି ହୁଏ ତାକୁ 'ଚଘେନ' କୁହାଯାଏ। ଆରମ୍ଭ ପରେପରେ ମହୁରୀ, ନିଶାନ, ତାସା ଓ ଢୋଲର ଧ୍ୱନି ଏକ ନିର୍ଦ୍ଦିଷ୍ଟ ପାରକୁ ଛୁଇଁବାକୁ 'ଧାର' କୁହାଯାଏ ବା ବଜା ଧାର ଧରିଲା କୁହାଯାଏ। ସେହିପରି, କାଟେନ କହିଲେ, ଗୋଟିଏ ପଦ ଗୀତ ଗାଇବା ପରେ ହିଁ ବାଦ୍ୟ ବାଜିଥାଏ। ଏଇ ଗୀତର ଧାରାକୁ ଲକ୍ଷ୍ୟ କରି ମହୁରୀ ସେଇ ଅନୁସାରେ ଆଗେଇଥାଏ। ଗୋଟିଏ ପଦର ଶେଷ ପଙ୍‌କ୍ତିରେ ମହୁରୀ ପହଞ୍ଚିଲେ ଢୋଲ, ବାଦ୍ୟର ଧାରାକୁ କାଟି ମହୁରୀ ପୁଣି ଥରେ ଗୀତର ପ୍ରଥମ ପଙ୍‌କ୍ତିକୁ ଫେରିଥାଏ। ବାଦ୍ୟର ଏହି ହଠାତ୍ ପରିବର୍ତ୍ତନକୁ କାଟେନ୍ ଓ ପୁଣିଥରେ ପୂର୍ବାବସ୍ଥାକୁ ଫେରିବାକୁ 'ମୁଢ଼େନ୍' କୁହାଯାଏ। ପାରର ଅନ୍ତିମ ଅବସ୍ଥା ଅବତରଣକୁ 'ଉତରେନ୍' ଓ ପରିସମାପ୍ତିକୁ 'ଛିଢ଼େନ' କୁହାଯାଏ। ବେଳେବେଳେ ନାଚନୀ ପାର ହେଉ କିମ୍ବା ଦେବତା ପାର କ୍ଷୀପ୍ର ଗତିରେ ବାଜେ, ଏହା 'ଉଡ଼ାନ' ଭାବରେ ପରିଚିତ। ସେହିପରି, ପାରରେ କାଟେନର ସଂଖ୍ୟା ବଢେଇବାକୁ 'ପାର ବଢେନ' କୁହାଯାଏ। ଧିମା ଗତିରେ ବାଦ୍ୟ ବାଦନକୁ କୁହାଯାଏ 'ଲସ'। ଅନୁରୂପ ଭାବରେ, କାଁଭାଁ ବାଦ୍ୟ ବଜାଇବାକୁ 'କୁଟି' ଓ ବାଦ୍ୟ ବାଦନ ସ୍ଥିର ରହିବା 'ମାଠି' ଭାବରେ ପରିଚିତ। ନୃତ୍ୟ ପରିବେଷଣ କ୍ଷେତ୍ରରେ ଅନେକ ସମୟରେ ନୃତ୍ୟର ଭଙ୍ଗୀ ପରିବର୍ତ୍ତିତ ହୋଇଥାଏ ଏହି ସ୍ଥିତିରେ ଢୋଲିଆ ମଧ୍ୟ ଢୋଲର ଚେମଟା ବା କାଠିକୁ ଯଥା ସ୍ଥାନରେ ବା ଚମଡ଼ାରେ ନବଜାଇ ଢୋଲର ସବା ଉପରେ ଅର୍ଥାତ୍ କାଠରେ ମୃଦୁ ଆଘାତ କରୁଥାଏ। ଏହି ଶୈଳୀକୁ

କୁହାଯାଏ 'ବସେନ'। ଏହି ଭଳି ନାଚନି ପାର ହେଉଛି ଠୁମକେଇ ଯାହା ସାଧାରଣତଃ ଦେବତା ନାଚ କ୍ଷେତ୍ରରେ ବାଜିଥାଏ। ଏଠାରେ ଉଲ୍ଲେଖନୀୟ ଯେ, ଦେବୀଦେବତାଙ୍କ କ୍ଷେତ୍ରରେ ମଧ୍ୟ ଆବାହନୀ ପାର ବା ପତରି ଓଛେନ ପାର, ଭରନୀ ପାର, ବୋଏଲ ପାର ତଥା ବିଭିନ୍ନ ଦେବଦେବୀଙ୍କ ପାଇଁ ସ୍ୱତନ୍ତ୍ର ପାରରେ ବାଦନ କରାଯାଏ।

ଦ୍ରଷ୍ଟବ୍ୟ: ବାଜା, ବିହା ବରପନ, ଦେ'ଦେବତା

ଗ୍ରନ୍ଥ ସୂଚନା: ସୁନାନୀ ୨୦୦୯, ୨୯୨-୨୯୮; ପଣ୍ଡା ୨୦୧୫, ୧୭୨।

ବନାଗୁଦାନି

ଚିତା କୁଟାଇବା; ଦେଶିଆ, ପଶ୍ଚିମାଞ୍ଚଳ ଓଡ଼ିଆ; ଆଦିବାସୀ, ମିତାନ୍ ଗୋଷ୍ଠୀ; ସାମାଜିକ ପରମ୍ପରା

ପ୍ରାୟ ଆଦିବାସୀ ଓ ମିତାନ୍ ଗୋଷ୍ଠୀରେ ଝିଅମାନେ ଯୁବତୀ ହେଲା ପରେ ଗୋଡ଼, ହାତ, ମୁହଁ, ଜଙ୍ଘ, ପିଠି, ଛାତି, କଚଟି ଆଦି ସ୍ଥାନରେ ଚିତା କୁଟାଇଥାଆନ୍ତି। ବନା ବା ଚିତ୍ର ଆଙ୍କିବା ପାଇଁ ବିଶେଷତଃ ନାରୀମାନେ ନିୟୋଜିତ ହୋଇଥାନ୍ତି ଏମାନେ ଗଦନୀ ଭାବରେ ପରିଚିତ। ଗଦନୀମାନେ ହାଣ୍ଡି କଳା, ଆମ୍ବ କୋଇଲି, ଅରଖ ପତ୍ର ରସ, ବଟା ହଳଦୀ ଓ ଜଡ଼ା ତେଲ ପ୍ରଭୃତି ମିଶାଇ ଏକ ଦ୍ରବଣ ପ୍ରସ୍ତୁତ କରିଥାନ୍ତି। ଚାରି ପାଞ୍ଚଟି ଛୁଞ୍ଚିକୁ ଏକତ୍ର ବାନ୍ଧି ଏହାକୁ ଏହି ଦ୍ରବଣରେ ବୁଡ଼ାଇ ଗରମ କରି ଦେହରେ ଛୁଞ୍ଚି ଫୋଡ଼ିଲା ପରି ଫୋଡ଼ି ଚାଲନ୍ତି। ଶରୀରର ଯେଉଁ ସ୍ଥାନରେ ବନା ଗୋଦାଯାଏ ତାକୁ 'ମୁଣ୍ଡମାରିନ୍' କୁହାଯାଏ, ସେହିପରି, ଛୁଞ୍ଚି ଫୋଡ଼ିବା ବା ବନା ଗୋଦିବା 'କାଣ୍ଡନି' ଭାବରେ ପରିଚିତ ଏବଂ ବନାଗୋଦା ଯାଇଥିବା ସ୍ଥାନରେ ଘାଆ ନହେବା ପାଇଁ ବଟା ହଳଦୀ ଏବଂ ଜଡ଼ା ତେଲର ମିଶ୍ରଣକୁ ବୋଳିବାକୁ 'ଦୁସରାନି' କୁହାଯାଏ। ବନା ଗୋଦିବା ବେଳେ କଷ୍ଟ ଲାଘବ ପାଇଁ ବିଭିନ୍ନ ଗୀତ ପରିବେଷଣ ମଧ୍ୟ ଦେଖିବାକୁ ମିଳେ। ସାନ୍ତାଳ, ମୁଣ୍ଡାରୀ, ହୋ ଆଦି ଗୋଷ୍ଠୀରେ କେବଳ ଝିଅମାନେ ନୁହନ୍ତି ପୁରୁଷମାନେ ମଧ୍ୟ ବାହୁରେ ଶିଖଃ ଚିହ୍ନ ଧାରଣ କରନ୍ତି। ଶିଖଃ କହିଲେ ତିନୋଟି ବୃତ୍ତ ତଥା ଅଞ୍ଚଳ ଭେଦରେ ତିନୋଟି ସରଳ ରେଖାକୁ ବୁଝାଏ। ଏହି ତିନିଟି ଚିହ୍ନ ଅରନ, ମରନ, ଜିଅନ ଅର୍ଥାତ୍ ଜନ୍ମ, ମୃତ୍ୟୁ, ଓ ଜୀବନର ପ୍ରତୀକ ଭାବରେ ଗ୍ରହଣ କରାଯାଏ। ତେବେ, ଅନ୍ୟ କେତେକ ଆଦିବାସୀ ଓ ମିତାନ୍ ଗୋଷ୍ଠୀରେ ପୁରୁଷ ଲୋକ ଖଦା, ବନା ଆଦି ଧାରଣ କରିବା ମଧ୍ୟ ଦେଖାଯାଏ।

ବନା 'ଉଲୁଖି' ଭାବରେ ମଧ୍ୟ ପରିଚିତ। ଏକଦା ଆଦିବାସୀ ତଥା ମିତାନ୍

ଗୋଷ୍ଠୀରେ ଏହାର ବହୁପ୍ରଚଳନ ଥିଲା, ଯାହା ସମ୍ପ୍ରତି କମି ଆସିଲାଣି। ତେବେ, ଏହାର ଆଧୁନିକ ରୂପ ଟାଟୁ ସହରାଞ୍ଚଳରେ ଯୁବକ ଯୁବତୀମାନଙ୍କ ପାଖରେ ଦିନକୁ ଦିନ ଲୋକପ୍ରିୟ ହେଉଥିବା ଦେଖିବାକୁ ମିଳୁଛି।

ଦ୍ରଷ୍ଟବ୍ୟ: ଜନମ, ମରନ, ତେଲ ହଲଦୀ

ଗ୍ରନ୍ଥ ସୂଚନା: ପାଢ଼ୀ, ଓ ଉପାଧ୍ୟାୟ ୨୦୧୦, ୫୧-୫୨, ୩୬୩; ମିଶ୍ର ୧୯୯୬, ୬୨; ବାଗ ୨୦୦୯, ୧୬; ବେଶ୍ରା ୨୦୦୩, ୪୮, ୧୫୫।

ବନ୍ଧୁ କୁଟୁମ୍ବ

ବନ୍ଧୁ କୁଟୁମ୍ବ; ପଶ୍ଚିମାଞ୍ଚଳ ଓଡ଼ିଆ, ଦେଶିଆ; ଆଦିବାସୀ, ମିତାନ୍ ଗୋଷ୍ଠୀ; ସାମାଜିକ ସମ୍ପର୍କ– ରୀତିନୀତି

ବନ୍ଧୁ ବଂଶ ବା ଯେଉଁ ବଂଶ ସହିତ ବିବାହ ତଥା ଝିଅ ଦିଆନିଆ ହୋଇଥାଏ ତାହା ସାଧାରଣତଃ ବନ୍ଧୁ ଓ ସ୍ୱ-ବଂଶୀୟ ସଦସ୍ୟ କୁଟୁମ ଲୋକ ଭାବରେ ପରିଚିତ। ଆଦିବାସୀ ଓ ମିତାନ୍ ଗୋଷ୍ଠୀରେ ବନ୍ଧୁ କୁଟୁମ୍ବଙ୍କ ଭୂମିକା ଅନେକ ଗୁରତ୍ୱପୂର୍ଣ୍ଣ। ଏମାନଙ୍କ ଉପସ୍ଥିତି ବିନା ଜନ୍ମ-ମୃତ୍ୟୁ-ବିବାହ ସମ୍ପର୍କିତ କୌଣସି କାର୍ଯ୍ୟ ହୋଇପାରେନାହିଁ। ପ୍ରାୟ ଗୋଷ୍ଠୀରେ ବନ୍ଧୁକୁଟୁମ୍ବ ନଆସିଲେ ଶବ ଉଠିନଥାଏ କାରଣ, କୁଟୁମ୍ବ ଲୋକ ଆସି ଶବ ଛୁଇଁଲେ ହିଁ ଶବ ଉଠିବାର ବିଧି ଅଛି ଯାହା "କୁଟୁମ୍ ଛୁଆଁ" ଭାବରେ ପରିଚିତ। ଏହି ବନ୍ଧୁ କୁଟୁମ୍ବ ମରାଖଟ ମଧ୍ୟ ସଜାଡ଼ି ଥାଆନ୍ତି। ଏହା ବ୍ୟତୀତ, ଏମାନେ ପରବର୍ତ୍ତୀ ରୀତିନୀତି ପାଳନ– ଶୁଦ୍ଧିକ୍ରିୟା, ଦଶାହ ଆଦି କରିବାରେ ମଧ୍ୟ ମୁଖ୍ୟ ଭୂମିକା ଗ୍ରହଣ କରନ୍ତି। ସେହିପରି, ଜନ୍ମ ଓ ବିବାହ ସମ୍ପର୍କିତ ରୀତିନୀତି ଆଦିର ପାଳନ ସମୟରେ ମଧ୍ୟ ଏହି ବନ୍ଧୁ କୁଟୁମ୍ବଙ୍କ ଉପସ୍ଥିତି ଆବଶ୍ୟକ ହୋଇଥାଏ।

ଦ୍ରଷ୍ଟବ୍ୟ: ଚରୁ, ସମାଜ, ସିଆନ୍

ଗ୍ରନ୍ଥ ସୂଚନା: ମିଶ୍ର ୨୦୦୨, ୩୪; ସୁନାନୀ ୨୦୦୯, ୧୬୫।

ବାଗାଲ୍ଲୁ

ଗୋ ସମ୍ପଦର ସୁରକ୍ଷା ପାଇଁ ପାଳନ କରାଯାଉଥିବା ପର୍ବ; ଭୂମିଜ; ଆଦିବାସୀ; ପର୍ବପର୍ବାଣି

ଭୂମିଜ ଗୋଷ୍ଠୀରେ ଗୁହାଳଠାରୁ ଦାଣ୍ଡ ତାଟି ଯାଏଁ ଝୋଟି ଦିଆଯାଏ। ଏଥିରେ ଗୋଟିଏ ମଣିଷର ଚିତ୍ର ବି ଅଙ୍କନ କରାଯାଏ ଯାହାକୁ ସେମାନେ ଗୋସମ୍ପଦର ରକ୍ଷାକାରୀ ଦେବତାଙ୍କ ପ୍ରତୀକ ମନେକରନ୍ତି। ଗାଈଗୋରୁ ଚରାଇବାକୁ ନେଲାବେଳେ

ସାଥୀରେ ଏହି ଦେବତା ଯାଇଥାନ୍ତି ବୋଲି ବିଶ୍ୱାସ କରନ୍ତି। ବାଗାଲ୍ଲ ପୂଜା ଗୁହାଳ ବାହାରେ ହୋଇଥାଏ। ଅରୁଆ ଚାଉଳ, ସିନ୍ଦୂର, ଗେଣ୍ଡୁ ଫୁଲ ଆଦି ଏହି ପୂଜାରେ ବ୍ୟବହୃତ ହୋଇଥାଏ, ଓ ବାଗାଲ୍ଲଙ୍କୁ କୁକୁଡ଼ା ବଳି ଦିଆଯାଏ। ବଳି ଭୋଗକୁ ବିବାହ ଅନ୍ୟ ଘରକୁ ବୋହୂ ହୋଇ ଯାଇସାରିଥିବା ଝିଅମାନେ ଖାଇନଥାନ୍ତି। କେବଳ ପରିବାର ତଥା ବଂଶର ହିଁ ପୁଅବୋହୂ ଖାଇଥାନ୍ତି। ଭୋଗ ଖାଇବା ପାଇଁ ବଢା ଯାଇଥିବା ଖଲି ପତ୍ର ଥରେ ପଡ଼ିଲେ ଆଉ ଘୁଞ୍ଚାଯାଏ ନାହିଁ। ଏପରି କଲେ ଗୋରୁ ଗାଈଙ୍କୁ ବାଘ ଭାଲୁ ଆକ୍ରମଣ କରିଥାଏ ବୋଲି ସେମାନେ ବିଶ୍ୱାସ କରନ୍ତି। ବାଗାଲ୍ଲ ଅନୁରୂପ ଗୋରୁଗାଈ ତଥା ସେମାନଙ୍କ ସୁରକ୍ଷାକୁ ନେଇ ଆୟୋଜିତ ହେଉଥିବା ପୂଜା ସାନ୍ତାଳ, ମୁଣ୍ଡାରୀ, ହୋ ଆଦି ଗୋଷ୍ଠୀରେ ସୋହରାୟ ତଥା ବାନ୍ଧନା ଭାବରେ ମଧ୍ୟ ପରିଚିତ।

ଦ୍ରଷ୍ଟବ୍ୟ: ମିରଚୁକ୍, ଦେ'ଦେବତା, ବାବାଏଙ୍ଗା, ମାଗବଙ୍ଗା

ଗ୍ରନ୍ଥ ସୂଚନା: ଭୋଲ ୨୦୦୩, ୫୨, ୫୬।

ବାଘ ଯାତରା

ବାଘ ଦେବତାଙ୍କ ପୂଜା; ଦେଶିଆ; ଆଦିବାସୀ; ପର୍ବପର୍ବାଣି– ବନ୍ୟପ୍ରାଣୀଙ୍କ ପୂଜା

ବାଘ ଯାତରା କୋରାପୁଟ ଜିଲ୍ଲାର ତେନ୍ତୁଳିଗୁଡ଼ା, ପଡ଼ିଆଗୁଡ଼ା, ଡ଼େଙ୍ଗାଗୁଡ଼ା ଆଦି ଅଞ୍ଚଳରେ ପରଜା, ଗାଦବା ଆଦି ଆଦିବାସୀ ଗୋଷ୍ଠୀଦ୍ୱାରା ପାଳିତ ହୋଇଥାଏ। ଚଇତ୍ର ମାସରେ ବେଣ୍ଟ ପରବ ସରିବା ପରେ ଏହି ଯାତ୍ରା ଆରମ୍ଭ ହୋଇଥାଏ। ଏହି ଯାତରା ତିନି ବର୍ଷରେ ଥରେ ଆୟୋଜିତ ହୋଇଥାଏ। ବାଘ ଯାତରା ଆରମ୍ଭ ହେବା ପୂର୍ବରୁ ସଭା ବସିବା ପାଇଁ ମାଣ୍ଡୁଦାଣ୍ଡକୁ ହଳଦୀ ପାଣିଦ୍ୱାରା ସଫା କରାଯାଏ। ସେଠାରେ ଗ୍ରାମ ଦେବୀଦେବତାଙ୍କୁ ଆବାହନ କରି ସଭା କରିଥାନ୍ତି ଏବଂ ବାଘ ଦେବତାର ପୂଜା ପାଇଁ ଦିନ ବାର ଠିକ କରିଥାନ୍ତି। ନିର୍ଦ୍ଦିଷ୍ଟ ଦିନରେ ସମସ୍ତେ କୌଣସି ଏକ ପାହାଡ଼ ଗୁମ୍ଫାକୁ ଯାଇ ପଥର ଦେହରେ ବାଘ ଚିତ୍ର, ପୋଢ ଚିତ୍ର ଆଦି ଅଙ୍କନ କରିଥାନ୍ତି। ପ୍ରଥମେ ହୁଣ୍ଡି ଦେବୀଙ୍କ ପୂଜା କରାଯାଏ ଏବଂ ପରେ ବାଘ ଦେବତାଙ୍କୁ ଆବାହନ କରାଯାଏ। ଦିଶାରି ଆବାହନ ପୂର୍ବକ ଗୁମ୍ଫା ଭିତରକୁ ବାରମ୍ବାର ମରାଟ (ମନ୍ତ୍ରିତ ଚାଉଳ) ଫିଙ୍ଗିଥାନ୍ତି। କିଛି ସମୟ ଭିତରେ ଗୁରୁମାଇଙ୍କ ଦେହରେ ବାଘ ଡୁମା ସବାର ହୋଇଥାନ୍ତି। ପୂଜାରୀ ସେତେବେଳେ ବାଘ ଡୁମା ଉଦ୍ଦେଶ୍ୟରେ ଭୋଗବଳି ଦିଅନ୍ତି। ସମ୍ପୃକ୍ତ ତଥା ସହାବସ୍ଥିତ ଅନ୍ୟ ଗୋଷ୍ଠୀର ସଦସ୍ୟମାନେ ମଧ୍ୟ କୁକୁଡ଼ା, ଛେଳି, ମେଣ୍ଢା ଆଦି ବଳି ଦେଇଥାନ୍ତି। ମୁଖ୍ୟ ପୂଜା ସରିବା ପରେ ପୂଜାରୀ ଏକ ମୁହାଁ ହୋଇ ଘରକୁ କୌଣସି ବଳି ଭୋଗ ନଖାଇ ଫେରିଯାଏ, ଦିଶାରି ଅନ୍ୟ ସଦସ୍ୟ ଆଣିଥିବା ବଳିଭୋଗ

ଦେବତାଙ୍କୁ ଅର୍ପଣ କରିବା ସହିତ ଶେଷଯାଏ ରହେ। ଏହି ପୂଜାର ଆୟୋଜନରେ ବାଘ କିମ୍ବା ଆଉ କୌଣସି ହିଂସ୍ରଜନ୍ତୁ ଆକ୍ରମଣ କରନ୍ତି ନାହିଁ ବୋଲି ବିଶ୍ୱାସ କରନ୍ତି। ଯଦିଓ ସମ୍ପ୍ରତି ବାଘ ନିକଟତମ ଜଙ୍ଗଲରୁ ବିଲୁପ୍ତ ପ୍ରାୟ ତଥାପି ପାରମ୍ପରିକ ଭାବେ କେତେକ ଆଦିବାସୀ ଅଞ୍ଚଳରେ ପାଳନ କରାଯିବା ଦେଖିବାକୁ ମିଳେ।

ଦ୍ରଷ୍ଟବ୍ୟ: ଦେ'ଦେବତା, ଯାତରା ପରବ

ଗ୍ରନ୍ଥ ସୂଚନା: ହୋତା ୨୦୧୮, ୬୦-୬୩; ପାଢ଼ୀ, ଓ ଉପାଧ୍ୟାୟ ୨୦୧୦, ୩୫୫-୩୫୬; ମେହେର ୨୦୧୦, ୮୦-୮୧।

ବାଡ଼ନି

ଝାଡ୍ତୁ; ପଶ୍ଚିମାଞ୍ଚଳ ଓଡ଼ିଆ, ଦେଶିଆ; ଆଦିବାସୀ, ମିତାନ୍ ଗୋଷ୍ଠୀ; ଗୃହ ଉପକରଣ– ରୀତିନୀତି

ବାଡ଼ନି, ବାଡ୍ତୁନ ବା ଝାଡ୍ତୁ ଦୈନନ୍ଦିନ ଜୀବନରେ ବ୍ୟବହୃତ ହେଉଥିବା ଏକ ପାରମ୍ପରିକ ଉପକରଣ। ସାଧାରଣତଃ ଓଡ଼ିଶାର ଅଞ୍ଚଳ ଭେଦରେ ଛଅ ପ୍ରକାରର ଝାଡ୍ତୁ ଦେଖିବାକୁ ମିଳେ, ୧. ଫୁଲ ବାଡ଼ନି, ୨. ବାଉଁଶ ବାଡ଼ନି, ୩. ବାଟି ବାଡ଼ନି, ୪. ନଡ଼ିଆ ବାଡ଼ନି, ୫. କୁଶ୍ ବାଡ଼ନି, ୬. କରଶାଳି ବା ଗଉଡ଼ ବାଡ଼ନି। ଫୁଲ ବାଡ଼ନି ଏକ ସରୁ ବାଉଁଶ ଜାତୀୟ ବାତରେଙ୍ଗା ଗଛର ଫୁଲରୁ ତିଆରି ହୋଇଥାଏ। ଏହା ଘର ଝାଡ୍ତୁ କରିବା ସହିତ ପୂଜାସ୍ଥାନ ସଫା କରିବାରେ ବ୍ୟବହୃତ ହୋଇଥାଏ ଏଣୁ ଏହାକୁ 'ଦେଓବାଡ଼ନି' ବି କୁହାଯାଇଥାଏ। କଡ଼ବା ବାଡ଼ନି ସରୁ ବାଉଁଶ କାଠି 'ସିକ୍'ରେ ନିର୍ମିତ ଏଣୁ ଏହାକୁ ସିକ୍ ବାଡ୍ତୁନ ବି କୁହାଯାଏ। ଏହା ବାଡ୍ତୁନ ବିଶେଷ କରି ମାଟି ଘରେ ଗୋବର ଲିପେଇବା ବା ମଡ଼େଇବାରେ ବ୍ୟବହୃତ ହୋଇଥାଏ। ବାଟି ବାଡ଼ନି ମଧ୍ୟ ଏକ ପ୍ରକାର ଖଡ଼ିକା ଯାହା ଟାଇଲ ଗଛରୁ ପ୍ରସ୍ତୁତ ହୋଇଥାଏ। ଅନୁରୂପ, ଏକ ଖଡ଼ିକା ହେଉଛି କୁଶ୍ ବାଡ଼ନି ବା ସବାଇ ଘାସରୁ ପ୍ରସ୍ତୁତ ଝାଡ୍ତୁ।

ବାଡ଼ନିକୁ ଧାନ ଖଳାରେ ଧାନ ମାପିବା ସମୟରେ କୁଲା, ଡାଲା, ଅକରାକରା ଲଟା ସହିତ 'ରାଏଶ'ର ପୂର୍ବ ଦିଗରେ ରଖାଯାଏ। ସେହିପରି, ପୂଜାପର୍ବରେ ପୀଠ ବା ଆସ୍ଥାନକୁ ସଫା କରିବା ପାଇଁ ନୂତନ ଝାଡ୍ତୁ ଆବଶ୍ୟକ ହୋଇଥାଏ। ଝାଡ୍ତୁକୁ ଘର କୋଣରେ ରଖିବାର ବିଧି ମଧ୍ୟ କେବଳ ଆଦିବାସୀ ଅଞ୍ଚଳରେ ନୁହେଁ ସମଗ୍ର ଓଡ଼ିଶାରେ ଦେଖିବାକୁ ମିଳେ।

ଦ୍ରଷ୍ଟବ୍ୟ: ଦେଓ ବାଡ଼ନି, ଦେ'ଦେବତା,

ଗ୍ରନ୍ଥ ସୂଚନା: ପାଢ଼ୀ, ଓ ଉପାଧ୍ୟାୟ ୨୦୧୦, ୩୫୯-୬୦।

ବାନ୍ଦନା

ବନ୍ଦାପନା ଉତ୍ସବ; ଉତ୍ତର ଓଡ଼ିଶାର କଥିତ ଭାଷା, ଦେଶିଆ; ଆଦିବାସୀ; ପର୍ବପର୍ବାଣି

ବାନ୍ଦନା ଶ୍ରାବଣ ମାସର ଅମାବାସ୍ୟା ତଥା ସପ୍ତପୁରୀ ଅମାବାସ୍ୟା ଦିନ ପାଳିତ ହୋଇଥାଏ। ଘରର ମୁରବୀମାନେ କେନ୍ଦୁ ଲାଠିଟିଏ ଆଣି ସେଥିରେ ବାଉଁଶର ଛତା ତିଆରି କରିଥାନ୍ତି। ଏହି ଛତାରେ ଦେଓବାଡ଼ନି ପତ୍ର, ଭାଲିଆ ପତ୍ର, ବାଡେରି ପତ୍ର ଆଦି ଖଞ୍ଜାଯାଏ। ଏହି ଲାଠିକୁ ନେଇ ଧାନ କ୍ଷେତରେ ଅକତ, ହଳଦୀ, ଧୂପ, ନଡ଼ିଆ ଆଦି ଦେଇ ପୂଜା କରି ପୋତି ଦିଆଯାଏ। ଅଧିକ ଅମଳ ତଥା ମରୁଡ଼ି, ରୋଗପୋକ ଆଦି ନହେବା ପାଇଁ ଏହି ପୂଜାର ଆୟୋଜିତ ହୋଇଥାଏ। ଏହି ଦିନ ଗୃହଦେବତାଙ୍କୁ ମଧ୍ୟ ପୂଜା କରାଯାଏ। ନୂଆ ଧାନର ଭାତରେ ତରଗା କନ୍ଦାକୁ ମିଶାଇ ଗୃହରେ ଥିବା ପିତୃପୁରୁଷଙ୍କୁ ଅର୍ପଣ କରି ସମସ୍ତେ ଏକତ୍ର ବସି ସିଆଳି ପତ୍ରରେ ଭୋଜନ କରିଥାନ୍ତି। ଏହି ଦିନରୁ ପ୍ରାୟ ଆଦିବାସୀ ଗୋଷ୍ଠୀଙ୍କ ପାଇଁ ନୂଆବର୍ଷ ଆରମ୍ଭ ହୋଇଥାଏ।

ବାନ୍ଦନା ପରବ ଦିନ ପ୍ଲୀହା ଥିବା ପିଲାଙ୍କର ପେଟରେ ଚେଙ୍କ ଦିଆଯାଏ ଏପରି କଲେ ପିଲା ଆଉ ପ୍ଲୀହାର ଶିକାର ହେବ ନାହିଁ ବୋଲି ବିଶ୍ୱାସ କରାଯାଏ ଯାହାକୁ ଏକ ଋଣାତ୍ମକ ପରମ୍ପରା ଭାବରେ ଗ୍ରହଣ କରଯାଇପାରେ। ଅଧୁନା ଦେଖା ଯାଉଛି ଅନେକ ଆଦିବାସୀ ମିତାନ୍ ଗୋଷ୍ଠୀରେ ଶିଶୁଙ୍କୁ ଏପରି ଚେଙ୍କ ଦିଆଯିବା ଫଳରେ ମୃତ୍ୟୁ ମୁଖରେ ପଡୁଛନ୍ତି। ଆଗରୁ ଯେ ଏପରି ହେଉନଥିଲା ସେମିତି ନୁହେଁ, କିନ୍ତୁ ଏହା ଲୋକଲୋଚନକୁ ଆସୁନଥିଲା। ଏହାକୁ ପରମ୍ପରା ବା ସଂସ୍କୃତି ଭାବରେ ଉତ୍ସାହିତ ନକରି ଏଥିପ୍ରତି ସମ୍ପୃକ୍ତ ଗୋଷ୍ଠୀ ସଦସ୍ୟ କିପରି ସଚେତନ ହେବେ ତଥା ସେମାନେ କେମିତି ଉପଯୁକ୍ତ ସ୍ୱାସ୍ଥ୍ୟ ଓ ଶିକ୍ଷା ସୁବିଧା ପାଇବେ ସେଥିପ୍ରତି ପ୍ରୟାସ ହେବା ଆବଶ୍ୟକ।

ଦ୍ରଷ୍ଟବ୍ୟ: ଆମୁସ ପରବ, ଅସା ପରବ

ଗ୍ରନ୍ଥ ସୂଚନା: ପାଢ଼ୀ, ଓ ଉପାଧ୍ୟାୟ ୨୦୧୦, ୩୪୫-୪୬; ପ୍ରଧାନ ୨୦୦୭, ୬୫-୬୭; ପ୍ରଦୋଷ ୨୦୧୮, ୫୩; ମେହେର ୨୦୧୦, ୧୦୧-୧୦୩।

ବାବାଏଙ୍ଗା

ଭୂମିଜ ଗୋଷ୍ଠୀର ଧନ ଦେବୀ; ଭୂମିଜ; ଆଦିବାସୀ; ପ୍ରଜାତିକ ଦେବଦେବୀ

ବାବାଏଙ୍ଗା ଭୂମିଜ ଗୋଷ୍ଠୀରେ ପୂଜିତା ଧନଧାନ୍ୟର ଦେବୀ। କାର୍ତ୍ତିକ ମାସରେ ଧାନ ଅମଳ ପରେ କିମ୍ବା ଧାନ ଅମଳ ସମୟରେ ଏହି ଦେବୀଙ୍କର ପୂଜା ବ୍ୟକ୍ତିଗତ

ଭାବରେ ହୋଇଥାଏ। ପୂଜା ଦିନ ପୂର୍ବ ସନ୍ଧ୍ୟାରୁ ସକାଳ ଯାଏ ଈଶ୍ୱର ବା ସିଂବଙ୍ଗାଙ୍କ ମହିମା ଗାନ, ଅନ୍ନର ଉପକାରିତା, ଶସ୍ୟର ଜନ୍ମ ବୃତ୍ତାନ୍ତ, ବିଭିନ୍ନ ଜୀବଜନ୍ତୁଙ୍କ ସର୍ଜନା, ବିଲୟ, ପୃଥିବୀର ସର୍ଜନା, କୃଷିକର୍ମର ତତ୍ତ୍ୱ, ମହତ୍ତ୍ୱ ଆଦି ସମ୍ପର୍କିତ ଆଖ୍ୟାନ ଗାନ କରାଯାଏ।

ବାବାଏଙ୍ଗା ପୂଜା ବ୍ୟକ୍ତିଗତ ଭାବରେ ହିଁ ହୋଇଥାଏ। ପୂଜା ଆୟୋଜନ କରୁଥିବା ଗୃହକର୍ତ୍ତା ପୂଜା ପଦ୍ଧତି ଜାଣିନଥିଲେ ଜଣେ ଅଭିଜ୍ଞ ବ୍ୟକ୍ତିଙ୍କୁ ନିମନ୍ତ୍ରଣ କରିଥାନ୍ତି। ପୂଜା ପାଇଁ ନାଲି ମାଟିରେ ମଣ୍ଡଳ ତିଆରି ହୁଏ ତା ଉପରେ ଚାଉଳ ଗୁଣ୍ଡ, ହଳଦୀ, ସିନ୍ଦୂର ଆଦିରେ ମୁରୁଜ ପକାଯାଏ। ପୂଜା ସାମଗ୍ରୀ ଭାବରେ ଭାଲିଆ ଡାଲ, କେନ୍ଦୁ, ସରୁ କୁଣ୍ଡାର ପିଠା ଆଦି ଆବଶ୍ୟକ ହୋଇଥାଏ। ମୁରୁଜ ଉପରେ ଅପାମାରଙ୍ଗ କାଠି ଓ ଅରୁଆ ଚାଉଳ ରଖାଯାଏ। ଅନେକତ୍ର ଅରୁଆ ଚାଉଳକୁ ଅପାମାରଙ୍ଗ କାଠିରେ ପୂଜା ସମୟରେ ଘଣ୍ଟା ଯାଏ। ବାବାଏଙ୍ଗା ଦେବୀଙ୍କୁ ନାଲି କୁକୁଡ଼ା, ଓ କୁକୁଡ଼ା ଅଣ୍ଡା ବଳି ଦିଆଯାଏ। ପୂଜା ସରିବା ପରେ ଅପାମାରଙ୍ଗ କାଠି ଓ ଭାଲିଆ ଡାଳକୁ ବିଲରେ ନେଇ ପୋତି ଦିଆଯାଏ। ବାବାଏଙ୍ଗା ଅନୁରୂପ ଦେବୀ ସାନ୍ତାଳ ଗୋଷ୍ଠୀରେ 'ସାଲୟରାନୀ' ଭାବରେ ପରିଚିତ।

ଦ୍ରଷ୍ଟବ୍ୟ: ବିଜପୁଟନି, ବୁରଲାଙ୍ଗ୍ ପୂଜା

ଗ୍ରନ୍ଥ ସୂଚନା: ଭୋଲ ୨୦୦୩, ୪୨-୪୩; ବେଶ୍ରା ୨୦୧୦, ୧୬୮।

ବାଲି ଯାତ୍ରା

ବାଲି ଯାତ୍ରା; ପଶ୍ଚିମ-ଦକ୍ଷିଣ ଓଡ଼ିଶାର କଥିତ ଭାଷା, ଦେଶିଆ; ଆଦିବାସୀ, ମିତାନ୍ ଗୋଷ୍ଠୀ; ପର୍ବପର୍ବାଣି

ବିଭିନ୍ନ ଆଦିବାସୀ ତଥା ମିତାନ୍ ଗୋଷ୍ଠୀରେ ବାଲି ଯାତ୍ରା ବର୍ଷର ବିଭିନ୍ନ ସମୟରେ ପାଳିତ ହୋଇଥାଏ। ଅନ୍ୟ ଗୋଷ୍ଠୀରେ ପାଳିତ ହେଉଥିବା ବାଲି ଯାତ୍ରାଠାରୁ ପରଜାମାନଙ୍କ ବାଲି ଯାତ୍ରା ସ୍ୱତନ୍ତ୍ର। ଏଥିପାଇଁ କୋରାପୁଟ ଅଞ୍ଚଳରେ ଏହାକୁ ପରଜା ବାଲି ଯାତ୍ରା ଓ ପାଟ ବାଲି ଯାତ୍ରା ବୋଲି କୁହାଯାଏ।

ବାଲି ଯାତ୍ରା ପାଳନର ବହୁ ପୂର୍ବରୁ ଗାଁର ମୁଦୁଲି, ନାଇକ, ଓ ଜାନୀଙ୍କ ନେତୃତ୍ୱରେ ବେରଣମୁଣ୍ଡାରେ ସଭା ବସେ। ବାଲି ଯାତ୍ରାର ଏକ ସପ୍ତାହ ପୂର୍ବରୁ ଚାଲାଣ କୁକୁଡ଼ା, ମଦ ଓ ମାଣ୍ଡିଆ ନେଇ ଗାଁର ଜାନୀଙ୍କୁ ପ୍ରଦାନକରି ଯାତ୍ରାର ଶୁଭାରମ୍ଭ କରିବାକୁ ପ୍ରସ୍ତାବ ଦିଅନ୍ତି। ଜାନୀ ଗ୍ରାମବାସୀଙ୍କ ଅନୁରୋଧ ରକ୍ଷା କରି ଏଥିପାଇଁ ଶୁଭ ସମୟ ବାହାର କରନ୍ତି। ବାଲି ଯାତ୍ରାରେ ଗୁରୁମାଇଙ୍କ ପ୍ରମୁଖ ଭୂମିକା ରହୁଥିବାରୁ ଗୁରୁମାଇଙ୍କୁ ମଧ୍ୟ ନିମନ୍ତ୍ରଣ କରାଯାଏ।

ବାଲି ଯାତ୍ରା ନଅ ଦିନ ଧରି ଚାଲେ। ପ୍ରଥମ ଦିନ ନିଶାଣିମୁଣ୍ଡାରେ ଅର୍ଥାତ୍ ଜାନୀଙ୍କ ଘର ସମ୍ମୁଖରେ ଥିବା ବାଲି ଖମ୍ବ ଓ ବାଲି କୁଡ଼ିଆକୁ ପୂଜା କରିବା ପାଇଁ ସମ୍ପୂର୍ଣ୍ଣ ପ୍ରସ୍ତୁତ କରାଯାଏ। ବାଲି ଖମ୍ବ ଓ ବାଲି କୁଡ଼ିଆକୁ ସଫାସୁତର କରାଯାଏ। ଏହାପରେ, ଜାନୀଙ୍କ ଓ ଗୁରୁମାଇଙ୍କ ପ୍ରତ୍ୟକ୍ଷ ତତ୍ତ୍ୱାବଧାନରେ ବାଲି ଆଣିବାକୁ ନଦୀକୁ ଯାଆନ୍ତି । ନଦୀ କୂଳରେ ଗୁରୁମାଇ ବାଲିରେ ଧାରନୀ ଠାକୁରାଣୀଙ୍କ ମୂର୍ତ୍ତି ତିଆରି କରି କୁକୁଡ଼ା ମଦ ଅର୍ପଣପୂର୍ବକ ବାଲି ଉଠାଯାଏ। ଅପ୍ରାପ୍ତ ବୟସ୍କା ଝିଅମାନେ ଆଣିଥିବା ଚାଙ୍ଗୁଡ଼ିରେ ଗୁରୁମାଇ ବାଲି ଦେଇଥାନ୍ତି ସେମାନେ ତାହାକୁ ମୁଣ୍ଡରେ ବୋହି ଜାନୀ ଘର ବାଲି କୁଡ଼ିଆକୁ ଫେରିଥାନ୍ତି। ଏହି ବାଲି ଆଣିବା ସମୟରେ ଏହି ଝିଅମାନଙ୍କ ଉପରେ ଭୀମା ଦେବତା, ବାମନ ଦେଇ ଠାକୁରାଣୀ, ଧାରନୀ ମାତା ଓ ଅନ୍ୟାନ୍ୟ ଦେବଦେବୀଙ୍କ ଆବିର୍ଭାବ ହୋଇଥାଏ ବୋଲି ବିଶ୍ୱାସ କରାଯାଏ। ଏହି ବାଲି ଆଣିଥିବା ଝିଅମାନଙ୍କୁ ବାଲି ଧାଙ୍ଗଡ଼ୀ ବୋଲି କୁହାଯାଏ ଏମାନେ ବାଲି ଯାତ୍ରା ସରିବା ଯାଏ ନୀତି ନିୟମରେ ରହିଥାନ୍ତି। ଏମାନେ କୌଣସି ବାହାର ଲୋକଙ୍କୁ ସ୍ପର୍ଶ କରନ୍ତି ନାହିଁ, କେବଳ ଓଳିଏ ଖାଇଥାନ୍ତି। ତେବେ, ଗ୍ରାମର ଅନ୍ୟ ଯୁବତୀମାନେ ବି ବାଲି ଧାଙ୍ଗଡ଼ୀ ହେବା ପାଇଁ ମାନସିକ କରି ଅନୁରୂପ ନୀତିନିୟମରେ ରହନ୍ତି।

ବାଲି କୁଡ଼ିଆରେ ବାଲି ସ୍ଥାପନା ପରେ ଗୁରୁମାଇ ସମସ୍ତଙ୍କ ଘରୁ ଧାନ, ମକା, ମାଣ୍ଡିଆ, ଝୁଡ଼ଙ୍ଗ, ଜହ୍ନା, ବିରି, ମୁଗ, ଶିମ୍ବ, କାନ୍ଦୁଲ ଆଦି ମଞ୍ଜି ସଂଗ୍ରହକରି ଭାଜିଥାନ୍ତି ଓ ପ୍ରତି ପରିବାରରୁ ଆସିଥିବା ବାଲି ଚାଙ୍ଗୁଡ଼ିରେ ବୁଣିଥାନ୍ତି। ପରଜାମାନେ ବିଶ୍ୱାସ କରନ୍ତି ଯେ ଗୁରୁମାଇ ଯଦି ଠିକ୍ ଥିବେ ତେବେ ଭଜା ମଞ୍ଜିରୁ ମଧ୍ୟ ଗଜା ହେବା ସମ୍ଭବ। ପ୍ରଥମ ଦିନରୁ ଶେଷ ଦିନ ଯାଏ ପ୍ରତି ଘରୁ ଗୋଟିଏ ଠୋଲା ଚାଉଳ ଓ ଟଙ୍କାଟିଏ ଗୁରୁମାଇଙ୍କୁ ପ୍ରଦାନ କରାଯାଏ। ଗୁରୁମାଇ ମନ୍ତ୍ର ପଢିବା ସହିତ ହଳଦୀ ପାଣି ସିଞ୍ଚିଥାନ୍ତି। ଏହି ଅବସରରେ ବାଲି ଗୀତର ଆସର ଜମେ। ବୁଣା ଯାଇଥିବା ମଞ୍ଜିରୁ ଭଲ ଗଜା ବାହାରିଲେ ସେ ବର୍ଷ ଭଲ ଫସଲ ହେବ ବୋଲି ମନେକରାଯାଏ। ଗୁରୁମାଇ ବାଲି ଯାତ୍ରାର ଅଷ୍ଟମ ଦିନ ବେଲ କଣ୍ଟାର ଦୋଳିରେ ବସି ନିଜ କରତୁତର ପ୍ରମାଣ ଦେଇଥାନ୍ତି। ଏହାପରେ ଶିମିଳି କାଠରେ ତିଆରି ଲଙ୍ଗଳ ଜୁଆଳି ଧରି ବାଲି କୁଡ଼ିଆରେ ପ୍ରତୀକାତ୍ମକ ଚାଷ କରନ୍ତି। ନବମ ଦିନରେ ବାଲି ଯାତ୍ରାର ଶେଷ ଦିନ। ଧାଙ୍ଗଡ଼ୀମାନେ ବାଲି ଚାଙ୍ଗୁଡ଼ି ମୁଣ୍ଡରେ ବୋହି ଭୀମାଙ୍କ ନିକଟକୁ ଯାଆନ୍ତି। ସେଠାରେ ବାଲି ଠାକୁରାଣୀଙ୍କୁ ବିସର୍ଜନ କରାଯାଏ। ଏହି ଦିନ ପୋଢ ବଳି ଦିଆଯାଏ ଏହା 'ଲେଡ଼ାମରା' ଭାବରେ ପରିଚିତ। ବାଲି ଯାତ୍ରାର ଆରମ୍ଭରୁ ଶେଷ ଦିନ ଯାଏ ମେଳା ବସେ, କିଣାବିକା ହୁଏ। ଆଦିବାସୀ ଓ ସମସ୍ତ ମିତାନ୍ ଜାତି ଏହି ଅନୁଷ୍ଠାନ ସାମୂହିକ ଭାବରେ ପାଳିତ ହୋଇଥାଏ।

ଦ୍ରଷ୍ଟବ୍ୟ: ଭୀମା, ଟକି ପରବ

ଗ୍ରନ୍ଥ ସୂଚନା: ମୁଣ୍ଡ ୧୯୯୮, ୩୮-୪୩; ମହନ୍ତ ୨୦୦୧, ୫୦-୫୩; ପ୍ରଧାନ ୨୦୦୭, ୮୦-୮୭; ସୁନାନୀ ୨୦୦୯, ୨୮୩-୩୨୦; ପାଢ଼ୀ, ଓ ଉପାଧ୍ୟାୟ ୨୦୧୦, ୩୭୧।

ବାସି ତିଆସି

ଉତ୍ସବ ପରଦିନ; ପଶ୍ଚିମାଞ୍ଚଳ ଓଡ଼ିଆ, ଦେଶିଆ; ଆଦିବାସୀ, ମିତାନ୍ ଗୋଷ୍ଠୀ; ସାମାଜିକ ପରମ୍ପରା

ସମଗ୍ର ଓଡ଼ିଶାର ପ୍ରାୟ ସମସ୍ତ ଗୋଷ୍ଠୀରେ ବର୍ଷର ବିଭିନ୍ନ ସମୟରେ ପର୍ବ, ଉତ୍ସବ ପାଳିତ ହୋଇଥାଏ। ଉତ୍ସବ ଦିନ ସାଧାରଣତଃ ରୀତିନୀତି ତଥା ପୂଜପାଠରେ ସମୟ କଟିଥାଏ ଅତଏବ, ପରବର୍ତ୍ତୀ ବାସି ଦିନରେ ଭୋଜିଭାତ ଓ ମନୋରଞ୍ଜନ କରାଯାଏ। ଏଠାରେ ଉଲ୍ଲେଖନୀୟ ଯେ, ବାସି-ତିଆସି କହିଲେ ସାଧାରଣତଃ ନୂଆଖାଇର ପରବର୍ତ୍ତୀ ଦୁଇ ତିନି ଦିନକୁ ବୁଝାଇଥାଏ। ନୂଆଖାଇ ଦିନ ନୂଆଧାନର ଅନ୍ନଭୋଗ ଘର ତଥା ଗ୍ରାମର ଦେବୀଦେବତାଙ୍କୁ ଅର୍ପଣ କରିବା ପରେ ସାମୂହିକ ଭାବେ ପରିବାର ତଥା କେତେକ କ୍ଷେତ୍ରରେ ଗ୍ରାମର ସମସ୍ତ ସଦସ୍ୟ ଏକତ୍ର ଗ୍ରହଣ କରିଥାନ୍ତି। ପର ଦୁଇ ଦିନ ଭୋଜିଭାତ କରିବା ସହିତ ମଦ୍ୟପାନ କରିବା ଦେଖାଯାଏ ଯାହା ବାସି ତିଆସି ଭାବରେ ପରିଚିତ। ତେବେ, କେବଳ ନୂଆଖାଇ ନୁହେଁ ଅନ୍ୟ ପର୍ବଗୁଡ଼ିକ ପାଳନ କଲାପରେ ବି ବାସି ତିଆସି ମନାଯାଏ। ଉଦାହରଣ ସ୍ୱରୂପ, ଟକି ପରବ, ଅସା ପରବ, ମଣ୍ଡେଇ ଆଦି ପର୍ବ ପାଳନ କଲା ପରେ ବାସି ମାନିବା ଦେଖାଯାଏ।

ଦ୍ରଷ୍ଟବ୍ୟ: ନୂଆଖାଇ, ଯାତରା ପରବ, ଘଁଟ ଯାତ୍ରା

ଗ୍ରନ୍ଥ ସୂଚନା: ସୁନାନୀ ୨୦୦୯, ୩୭୦-୩୭୨।

ବାହା ପାରାବ୍

ଫୁଲର ପର୍ବ; ସାନ୍ତାଳୀ; ଆଦିବାସୀ; ପ୍ରଜାତିକ ପର୍ବପର୍ବାଣି

ସାନ୍ତାଳମାନେ ଫାଲଗୁନ୍ ମାସରେ ପାଳନ କରିଥାନ୍ତି ବାହା ପାରବ୍। ଫାଲଗୁନ୍ ମାସରେ ସାରଜମ୍ (ଶାଳ), ମାତକମ୍ (ମହୁଲ), ମୁରୁଦ (ପଳାଶ), ଇଚାଃ (woodfordia fruticosa) ଆଦି ଫୁଲ ଫୁଟିଥାଏ। ଏହି ସମୟରେ ପାଳନ କରାଯାଇଥାଏ ବାହା ପାରବ। ବାହା ପାରବ ନହେବା ଯାଏ କେହି ଏହି ଫୁଲକୁ ଖାଆନ୍ତି ନାହିଁ।

ବାହା ପାରବର ପ୍ରଥମ ଦିନ ଉମ୍‌ନାଲ୍‌କା (ସ୍ନାନ ଦିବସ) ଭାବରେ ପରିଚିତ। ଏହି ଦିନ ପବିତ୍ର ଜାହିରା ପୀଠରେ ଦେବଦେବୀଙ୍କୁ ସ୍ନାନ କରାଯାଇଥାଏ। ଜାହେର୍ ବା ଜେହିରା ପୀଠ ଗ୍ରାମର ସମସ୍ତେ ମିଶି ତିଆରି କରିଥାନ୍ତି। ଏଥିପାଇଁ ସାଧାରଣତଃ ଶାଳ କାଠରେ ଏକ ଏକପାଖିଆ ଓ ଛଣରେ ଛାଉଁଣି କରାଯାଏ। ଛାଉଣି ଉପରେ ମୟୂର ଚୂଳ ଟାଙ୍ଗି ଦିଆଯାଏ। ଚାଳିଆ ତିଆରି ହେଲାବେଳେ ଏହାକୁ ଗଣ୍ଠି ନପକାଇ କେବଳ ମୋଡ଼ି ଦେଇ ଖୋସି ଦିଆଯାଏ। ସାଧାରଣତଃ ଦୁଇଟି ଚାଳିଆ ନିର୍ମିତ ହୋଇଥାଏ। ଗୋଟିଏ ଜାହିରା ଦେବୀଙ୍କ ନିମନ୍ତେ। ଏହି ଚାଳିଆରେ ତିନି ଠାକୁର ଯଥା, ଜାହେର ଏରା (ଜାହିରା ଠାକୁରାଣୀ), ମଣେକ (ପଞ୍ଚଦେବ), ଲିଟାଃ ଗସାୟଁ (ବଡ଼ ଠାକୁର ତଥା ମାରାଂବୁରୁଙ୍କ ଅନ୍ୟ ନାମ) ରହନ୍ତି। ଉଲ୍ଲେଖନୀୟ ଯେ ବଡ଼ ଠାକୁର ଜାହିରାରେ ଲିଟା ଗସାୟଁ ଭାବରେ ଓ ଘର ଭିତରେ ମାରାଂବୁରୁ ଭାବରେ ପୂଜିତ। ଦ୍ୱିତୀୟ ଚାଳିଆଟି ମହୁଲ ଗଛ ମୂଳରେ ତିଆରି ହୋଇଥାଏ ଏହି ଚାଳିଆରେ ଗସାଏଁ ଏରା (ଠାକୁରାଣୀ) ଅବସ୍ଥାନ କରିଥାନ୍ତି। ଏହି ଦେବୀଦେବତାଙ୍କ ସ୍ନାନ ସରିବା ପରେ ପୂଜା କରାଯାଏ। ଦ୍ୱିତୀୟ ଦିନ ଫୁଲ ସଂଗ୍ରହ ହୁଏ। ଶାଳ ଓ ମହୁଲ ଫୁଲ ଓ ଅଣ୍ଡା ଦେଇନଥିବା କୁକୁଡ଼ା (କାଲୋଟ୍)କୁ 'ଖଣ୍ଡ'ରେ ବଳି ଦିଆଯାଏ। ଜାହିରା ଠାକୁରାଣୀଙ୍କ ପାଇଁ କହରା ରଙ୍ଗର କାଟୁଳି ବଳି ପଡୁଥିବାବେଳେ ପଞ୍ଚଦେବଙ୍କ ପାଇଁ ନାଲି ରଙ୍ଗର କୁକୁଡ଼ା କିମ୍ବା ଛେଳି ଦିଆଯାଏ। ଏହି ବଳି ପ୍ରତି ବର୍ଷ ଦିଆଯାଏ। ବଳି ମାଂସରୁ ସଳେ (ଖେଚୁଡ଼ି) ଓ ଲେଟ (ଘାଣ୍ଟ ତରକାରୀ) ପ୍ରସ୍ତୁତ ହୋଇଥାଏ। ଏହାକୁ କେବଳ ପୁରୁଷ ଲୋକମାନେ ହିଁ ଖାଇଥାନ୍ତି।

ପୂଜା ତଥା ବଳିଭୋଗ ସରିବା ପରେ ସେଠାରେ ଉଭୟ ନାରୀପୁରୁଷ ମିଶି ନୃତ୍ୟ କରିଥାନ୍ତି, ଏହାକୁ ଜାତୁର ନୃତ୍ୟ କୁହାଯାଏ। ନୃତ୍ୟଗୀତ ଚାଲିଥିବାବେଳେ ପୁରୋହିତ ଚାଳିଆରେ ଖଣ୍ଡ ନିକଟରେ ବସି ସମସ୍ତଙ୍କୁ ଶାଳ ଫୁଲ ଦେଇଥାନ୍ତି। ସମସ୍ତେ ପୁରୋହିତଙ୍କଠାରୁ ଶାଳ ଫୁଲ ନେଇ ଠାକୁରଙ୍କୁ ମୁଣ୍ଡିଆ ମାରିଥାନ୍ତି।

ତୃତୀୟ ଦିନରେ ଗୃହଦେବତା ତଥା ପିତୃପୁରୁଷଙ୍କୁ ପୂଜା କରାଯାଇଥାଏ। ଏହିଦିନ ସାନ୍ତାଳମାନେ ପରସ୍ପରକୁ ପାଣି ଛଟାଛଟି ହୋଇଥାନ୍ତି। ଚତୁର୍ଥ ଦିନ ଆଃରାଳା ବା 'ଧନୁ ଫିଟା' ଭାବରେ ପରିଚିତ। ଏହି ଦିନ ସାନ୍ତାଳମାନେ ଶିକାର କରିବାକୁ ଯାଇଥାନ୍ତି। ଫୁଲକୁ ନେଇ ବା ଅନୁରୂପ ପରମ୍ପରା ଅନ୍ୟ ଆଦିବାସୀ ଗୋଷ୍ଠୀରେ ପର୍ବ ପାଳନ କରିବା ଦେଖାଯାଏ ନାହିଁ ଏହା କେବଳ ସାନ୍ତାଳମାନଙ୍କର ସ୍ୱତନ୍ତ୍ର ପର୍ବ।

ଦ୍ରଷ୍ଟବ୍ୟ: ଯାତରା ପରବ, ଚଇତ ପରବ

ଗ୍ରନ୍ଥ ସୂଚନା: ବେଶ୍ରା ୨୦୧୦, ୭୭-୮୨।

ବିଜପୁଟନି

ବିହନ ଯାତ୍ରା; ଦେଶିଆ; ଆଦିବାସୀ, ମିତାନ୍ ଗୋଷ୍ଠୀ; କୃଷିଭିତ୍ତିକ ପର୍ବ

ପ୍ରାୟ ସମସ୍ତ ଆଦିବାସୀ ଓ ମିତାନ୍ ଗୋଷ୍ଠୀରେ ବିହନ ପର୍ବ ପାଳନ କରାଯିବା ଦେଖିବାକୁ ମିଳେ। ବିଜପୁଟୁନି ସେହିଭଳି ଗଣ୍ଡ ଆଦିବାସୀ ଗୋଷ୍ଠୀରେ ପାଳନ କରାଯାଉଥିବା ବିହନ ଯାତ୍ରା। ଏହି ଯାତ୍ରା 'ବିତୁଦୁଲ' ଭାବରେ ମଧ୍ୟ ପରିଚିତ। ଏହି ଯାତ୍ରା ବୈଶାଖ ମାସରେ ପାଳିତ ହୋଇଥାଏ। ଗାଁର ପ୍ରତି ଘରୁ ବିହନ ସଂଗ୍ରହ କରାଯାଏ। ପୂଜାରୀ ପ୍ରତି ଘରୁ ସଂଗୃହୀତ ବିହନକୁ ମାଟି ସହିତ ମିଶାଇ ବର୍ଷାର ଦେବତା ଭୀମା ଦେବତାକୁ, ଶସ୍ୟର ଦେବୀ 'ଗାଦିମାଇ'କୁ ପୂଜା କରିବା ସହିତ ଚାଷୀମାନଙ୍କୁ ଫେରେଇ ଦେଇଥାଏ। ଚାଷୀମାନେ ଏହି ବିହନକୁ ଘରକୁ ଆଣି ଶୁଭଦିନ ଦେଖି ଘରେ ଥିବା ବିହନ ସାଙ୍ଗରେ ମିଶାଇ ବୁଣିଥାନ୍ତି। ଏହି ଯାତ୍ରା ଅଞ୍ଚଳ ଭେଦରେ ବିହନଛିନା ଯାତ୍ରା ଭାବରେ ମଧ୍ୟ ପରିଚିତ ତଥା କେତେକ ଅଞ୍ଚଳରେ ଚଇତ୍ର ମାସରେ ପାଳନ କରାଯିବା ଦେଖାଯାଏ। ବିହନ ଛିନା 'ଭାତପରସି' ଗୁଡ଼ିରେ ହୁଏ। ଭାତପରସି ଗୁଡ଼ିରେ ଗ୍ରାମ ନିକଟବର୍ତ୍ତୀ ସ୍ଥାନରେ ଥିବା ଧଅଁରା ଗଛ ତଳେ ଏହି ଭାତପରସି ଦେବୀ ଥାଆନ୍ତି, ଏଣୁ ଏହି ଦେବୀ ଧଅଁରା ଗଛେନ୍ ଭାବରେ ମଧ୍ୟ ପରିଚିତା। ବାଜା ବାଜଣା ସହ ଭୀମା ଦେବତାକୁ ଆବାହନ କରାଯାଏ। ଗାଁର ଝାଁକର ବା ପୂଜାରୀ ପିପଳ ଡାଳଟିଏକୁ ପ୍ରତୀକାତ୍ମକ ନଙ୍ଗଳ ଓ ଚାଷ ପାଇଁ ବ୍ୟବହୃତ ଦଉଡ଼ି, ମଇ ଯୋଡ଼ାଏ ପତ୍ରକୁ ବଳଦ କରିଥାଏ। ସେଠାରେ ପ୍ରତୀକାତ୍ମକ ଚାଷ ହୁଏ। ଚାଷ କରିବା ପୂର୍ବରୁ ଜମିକୁ ପବିତ୍ର କରିବା ପାଇଁ 'ଡାହି ଡସା' ହୁଏ ଅର୍ଥାତ୍ ଝାଟିକୁଟି ଯୋଗାଡ଼ କରି ନିର୍ଦ୍ଦିଷ୍ଟ ଜାଗାରେ ନିଆଁ ଜଳାଯାଏ। ତା'ପରେ 'ପିଥୋଡ଼ି ଯାତ୍ରା' ଦିନ ବସ୍ତରେନ୍ ତଥା ଠାକୁରାଣୀ ଗୁଡ଼ିରେ ରଖାଯାଇଥିବା ଧାନ ପୁଡ଼ାରୁ ଧାନ ଆଣି ଏହି ସମୟରେ ବୁଣାଯାଏ। ଧାନ ବୁଣିବା ପୂର୍ବରୁ ଭୀମା ଦେବତାଙ୍କୁ ଖଇରି ପଇଁ (କସରା ରଙ୍ଗର କୁକୁଡ଼ା) ବସ୍ତରେନ୍ ବା ଠାକୁରାଣୀଙ୍କୁ ଓ ଭୀମା ଦେବତାଙ୍କୁ କଳା ଗଞ୍ଜା ବା କେତେକ ଅଞ୍ଚଳରେ ଘୁଷୁରି ବଳି ଦିଆଯାଏ, ପରେ ଏହି ଧାନରୁ ମୁଠାଏ ମୁଠାଏ ଉପସ୍ଥିତ ଚାଷୀ ମାନଙ୍କୁ ଦିଆଯାଇଥାଏ।

ବିହନ ବା ମଞ୍ଜିବୁଣିବା ଯାତ୍ରା ବିଜକୁଟୁଣୀ ପାଳନ କରାଯାଇଥାଏ କାର୍ତ୍ତିକ ମାସରେ। ସେହିପରି, ଗାଦବାମାନେ ଫାଲଗୁନ ମାସରେ ପାଳନ କରିଥାନ୍ତି ବିହନ ପରବ। ବିଜାପାଣ୍ଡୁ, ବା ବିହନଛିନା କୋୟା ସମ୍ପ୍ରଦାୟରେ 'ବିଜାପାଣ୍ଡୁମ୍', ସଉରାରେ 'ଜାବଲମପୁର ପୂଜା' ଆଦି ଭାବରେ ପରିଚିତ ହେବାବେଳେ ଏହା ଚଇତ ପରବ ଭାବରେ ମଧ୍ୟ ଅନେକ ଗୋଷ୍ଠୀରେ ପାଳିତ ହୋଇଥାଏ।

ଦ୍ରଷ୍ଟବ୍ୟ: ବାବାଏଙ୍ଗା, ବୁରଲାଙ୍ଗ ପୂଜା

ଗ୍ରନ୍ଥ ସୂଚନା: ପାଢ଼ୀ, ଓ ଉପାଧ୍ୟାୟ ୨୦୧୦, ୩୭୩, ୩୭୯-୮୦; ସୁନାନୀ ୨୦୦୯, ୧୯୬; ମିଶ୍ର ୧୯୯୬, ୮୫-୬; ଶବର ୨୦୧୮, ୧୪୩-୧୫୦।

ବିନତିମରା

ବିନତିମରା; ପଶ୍ଚିମାଞ୍ଚଳ ଓଡ଼ିଆ, ଦେଶିଆ; ଆଦିବାସୀ, ମିତାନ୍ ଗୋଷ୍ଠୀ; ବିବାହକାଳୀନ ରୀତିନୀତି

ବିନତିମରା ବିବାହକାଳୀନ ବିଶେଷ ବିଧି। କନ୍ୟାକୁ ବେଦୀଶାଳକୁ ଅଣାଯିବା ପରେ ତାପାଇଁ ଉଦ୍ଦିଷ୍ଟ ଶାଢ଼ି ଓ ମୁକୁଟ ପିନ୍ଧାଇ ଦିଆଯାଏ। ଏହି ଶାଢ଼ିକୁ ଲଗନ ଶାଢ଼ି କହନ୍ତି। ଗୋଟିଏ ଚାଦରକୁ ଦୁଇଜଣ ଲୋକ ଧରନ୍ତି। ଚାଦର ଆଢୁଆଳରେ ବରପିଲା ରହେ। ଗୋଟିଏ ହାତରେ ବାଉଁଶ ନିର୍ମିତ ଧୁକନା (ବିଞ୍ଚଣା) ଧରିଥାଏ। ତା'ପାଖରେ ଜଣେ ଲୋକ ଚାଙ୍ଗୁଡ଼ିରେ କିଛି ଶସ୍ୟ (ଧାନ, ଅଞ୍ଚଳ ଭେଦରେ ଅରୁଆ ଚାଉଳ-ହଳଦୀ) ଧରିଥାନ୍ତି। ବିପରୀତ ଦିଗରେ ଅନ୍ୟ ଏକ ଚାଦର ଆଢୁଆଳରେ କନ୍ୟାକୁ ରଖାଯାଇ ବେଦୀ ପରିକ୍ରମା କରାଯାଏ। ଏହି ପରିକ୍ରମା ସମୟରେ ମଝିମଝିରେ ବରପିଲା ଓ କନ୍ୟା ପରସ୍ପରକୁ ଶସ୍ୟ ଫୋପାଡ଼ିଥାନ୍ତି। ଏହାକୁ 'ବିନତିମରା' ବା 'ମୁଇଟ୍ ମରା' କୁହାଯାଏ। ଏଭଳି ସାତ ଥର ପରିକ୍ରମା କରି ବିନତି ମାରିବା ପରେ ଏହି ରୀତିନୀତି ସମାପ୍ତ ହୁଏ। ବିଭିନ୍ନ ଆଦିବାସୀ ଗୋଷ୍ଠୀରେ ବିନତିମରା ଭିନ୍ନଭିନ୍ନ ଭାବରେ ଆୟୋଜିତ ହୋଇଥାଏ। ଉଦାହରଣ ସ୍ୱରୂପ, ସାନ୍ତାଳ ଗୋଷ୍ଠୀରେ ବର କନ୍ୟା ମଝିରେ ଗୋଟିଏ ଧୋତି ଟାଣି ଧରାଯାଏ ଓ ଉଭୟ ପାର୍ଶ୍ୱରୁ ବରକନ୍ୟା ପରସ୍ପରକୁ ଆମ୍ବ ଡାଳରେ ପାଣି ଛିଞ୍ଚନ୍ତି। ସେହିପରି, ପୂଜାରୀ ତଥା ଶିରାଗୁନିଆମାନେ ଗରହଟଲା ସମୟରେ, ଦେବୀଦେବତାଙ୍କ ପୂଜା ସମୟରେ ମୁଠା ଚାଉଳ ମାରିଥାନ୍ତି ବା ଫିଙ୍ଗିଥାନ୍ତି ଏହା ବି ବିନତିମରା ଭାବରେ ପରିଚିତ।

ଦ୍ରଷ୍ଟବ୍ୟ: ବିହା ବରପନ, ଦେ'ଦେବତା

ଗ୍ରନ୍ଥ ସୂଚନା: ବାଗ ୨୦୦୯, ୫୩।

ବିରଥିଆ

ଡମ୍ ଗୋଷ୍ଠୀର ପ୍ରଜାତିକ ଭାଟ (traditional geneologist); ଦେଶିଆ, ପଶ୍ଚିମାଞ୍ଚଳ ଓଡ଼ିଆ; ଆଦିବାସୀ, ମିତାନ୍ ଗୋଷ୍ଠୀ; ସାଂସ୍କୃତିକ ପ୍ରତିନିଧି

ଡମ୍ ଗୋଷ୍ଠୀରେ ପ୍ରଜାତିକ ଭାଟ ବିରଥିଆ ଭାବରେ ପରିଚିତ। ଶୁଦ୍ଧକ୍ରିୟା ପରେ ଏମାନେ ଯେକୌଣସି ଦିନ ଆସି ଦୁଆର ମୁହଁରେ ଡମ୍ବରୁ ବାଦନ କରିଥାନ୍ତି। ବିରଥିଆଙ୍କୁ ଡମମାନେ ବଡ଼ ଭାଇର ମାନ୍ୟତା ଦେଇଥାନ୍ତି। କେବଳ ମୃତ୍ୟୁରେ ନୁହେଁ, ଜନ୍ମ ଓ ବିବାହ ପରେ ମଧ୍ୟ ଦାନ ଗ୍ରହଣ କରିବାକୁ ଆସିଥାନ୍ତି। ଏହା 'ଶୁକ୍ ଦାନ' ଭାବରେ ପରିଚିତ। ଏମାନେ ଡମ୍ବରୁ ବଜାଇ ଡମ୍ ବଂଶାବଳୀ ଗାଥା ଭାବରେ ପରିବେଷଣ କରିଥାନ୍ତି। ଡମ୍ ସମ୍ପ୍ରଦାୟ ବ୍ୟତୀତ ଅନ୍ୟ କୌଣସି ଗୋଷ୍ଠୀର ସଦସ୍ୟଙ୍କ ପାଖରେ ଏହି ବାଦ୍ୟବାଦନ କରିନଥାନ୍ତି। ସେହିପରି, ଅନ୍ୟ ଗୋଷ୍ଠୀରେ ଖାଦ୍ୟ ମଧ୍ୟ ଗ୍ରହଣ କରିନଥାନ୍ତି। ଉଲ୍ଲେଖନୀୟ ଯେ ସମ୍ପ୍ରତି ପରବର୍ତ୍ତିତ ସାମାଜିକ ପରିସ୍ଥିତିରେ ବିରଥିଆମାନେ ଏହି ଦାନ ଗ୍ରହଣ କରିବାକୁ ଉପେକ୍ଷା କରୁଛନ୍ତି ଅତଏବ, ଏ ପରମ୍ପରା ଆଉ ଆଗଭଳି ସୁଲଭ ନୁହେଁ।

ଡମ୍ ଗୋଷ୍ଠୀ ପରି ଗଣ୍ଡ ଓ ଭତରା ଗୋଷ୍ଠୀରେ ପରଘନିଆ, ଗଉଡ଼ ଗୋଷ୍ଠୀରେ ଘୋଗିଆ, କନ୍ଧ ସମ୍ପ୍ରଦାୟରେ ମରାଳ ଏହି ପ୍ରଜାତିକ ଭାଟର ଭୂମିକା ତୁଲାଇଥାନ୍ତି। ତେବେ, ଏହି ସ୍ୱତନ୍ତ୍ର ପ୍ରଜାତିକ ବଂଶାବଳୀ ପରିବେଷଣ ବ୍ୟତୀତ ଭୁଞ୍ଜିଆ, କୁଟିଆ କନ୍ଧ, ପହରିଆ, ପରଜା ଆଦି ସମସ୍ତ ପ୍ରଜାତିକ ଗୋଷ୍ଠୀରେ ଜାନୀ, ପୂଜାରୀ, ଦିଶାରିମାନେ ସେମାନଙ୍କ ସୃଷ୍ଟି ମିଥ୍ ବା ଜନମ ପୁରାଣ ପରିବେଷଣ କରିଥାନ୍ତି ଯାହା ଗୋଭା ଉତରା ଭାବରେ ପରିଚିତ। ନିଜ ଗୋଷ୍ଠୀ ପରିଚିତି ବଜାୟ ରଖିବା ପାଇଁ ଏହି ନିଜ ଗୋଷ୍ଠୀର ଆଦିପୁରୁଷଙ୍କ ସହିତ ଅଲୌକିକ ଗୌରବ, ସଂଘର୍ଷ ସେହିପରି, ଏଠାରେ ଉଲ୍ଲେଖନୀୟ ଯେ ଦେବଗୁନିଆ ଭାବରେ ପରିଚିତ ଏକ ଗୋଷ୍ଠୀ କଳାହାଣ୍ଡି, ବଲାଙ୍ଗୀର ତଥା ସମ୍ବଲପୁର ଅଞ୍ଚଳରେ ମୁଖ୍ୟତଃ ଲକ୍ଷ୍ମୀଙ୍କ ମହିମା ପ୍ରଖ୍ୟାପନ କରି ଘରଘର ବୁଲିବା ସହ ଧାନରେ ତିଆରି ଲକ୍ଷ୍ମୀ ତଥା ମାଣ ବିକ୍ରି କରିଥାନ୍ତି। ସେହିପରି, ବାସୁଦେବିଆ ବ୍ରାହ୍ମଣମାନେ 'କିକରି' ବାଦନ କରି ରାମାୟଣ, ଓ ମହାଭାରତ ଗାନ କରି ଭିକ୍ଷା କରି ବୁଲିବା ମଧ୍ୟ ଦେଖାଯାଏ।

ଦ୍ରଷ୍ଟବ୍ୟ: ଡମ୍ବରୁ

ଗ୍ରନ୍ଥ ସୂଚନା: ମିଶ୍ର ୧୯୯୬, ୧୨୨-୩; Mishra 2004, 81-89।

ବିହା ବରପନ

ବିବାହ; ପଶ୍ଚିମାଞ୍ଚଳ ଓଡ଼ିଆ, ଦେଶିଆ; ଆଦିବାସୀ, ମିତାନ୍ ଗୋଷ୍ଠୀ; ସାମାଜିକ ପରମ୍ପରା

ଆଦିବାସୀ ଓ ମିତାନ୍ ଗୋଷ୍ଠୀ ପରମ୍ପରାରେ ବହୁ ପ୍ରକାରର ପାରମ୍ପରିକ ବିବାହ

ଦେଖିବାକୁ ମିଳେ ଯେପରି– ମାଗଁନି ବିହା ବା ତୋଲା ବିହା ବା ହୋଜୋଗୋଜୋ ବିହା, ସୁଝାବୁଝା ବିହା, ଘିଚା ବିହା, ଉଦଲିଆ ବିହା ବା ପରସାମୁଡ଼ି, ଉଢ଼େନ ବିହା ବା ଧରିପଲା ବିହା, ରାଣିଛାଁଡ଼ରି, ଫୁଲବିହା, ଘରଜିଆ, ଭୁଆସେନ ଅଣା, ସାନଲି ଅଣା ଇତ୍ୟାଦି। ମାଗଁନି ବିହା ବା ତୋଲା ବିହା କହିଲେ ଉଭୟ ପୁଅ ଏବଂ ଝିଅଙ୍କ ବାପାମାଆଙ୍କଦ୍ୱାରା ସ୍ଥିରୀକୃତ ହେଉଥିବା ବିବାହ, ସେହିପରି ଘିଚା ବିବାହ କହିଲେ କୌଣସି ଝିଅକୁ ପୁଅଟିଏ ଇଚ୍ଛା କଲେ ଏବଂ ଝିଅ ଇଚ୍ଛା କରୁନଥିଲେ ତଥା ଝିଅର ବାପାମାଆଙ୍କ ଇଚ୍ଛା ନଥିଲେ ପୁଅ ବେଳେବେଳେ ଝିଅକୁ ଘିଚିଥାଏ ବା ଉଠେଇ ଆଣିଥାଏ।

ଝିଅର ଇଚ୍ଛା ଥାଇ ପୁଅର ଇଚ୍ଛା ନଥିଲେ ଜୋରଜବରଦସ୍ତ ଝିଅ ପୁଅର ଘରେ ଆସି ବୋହୂ ହୋଇ ରହିବାକୁ ଚାହିଁଲେ ତାହାକୁ 'ଉଦଲିଆ' ବା 'ପରସାମୁଡ଼ି' ବିବାହ କୁହାଯାଏ। ଅନୁରୂପ ଭାବରେ, ପୁଅଝିଅ ଉଭୟଙ୍କ ଇଚ୍ଛା ଥିବାବେଳେ ଉଭଙ୍କ ବାପାମାଆଙ୍କ ସ୍ୱୀକୃତି ନଥିଲେ ସେମାନେ ଦିଜଣ ପଳେଇ ଯାଇ ବିବାହ କରିବାକୁ 'ଧରିପଲା ବିବାହ' ବା 'ଉଢ଼େନ୍' କୁହାଯାଏ। ବେଳେବେଳେ ଦେଖାଯାଏ ପୁଅଝିଅକୁ କିଶୋର କିଶୋରୀ ସମୟରେ ବିବାହ କରି ଦିଆଯାଏ। ସେମାନେ ପରସ୍ପରର ବାପାମାଆଙ୍କ ଘରେ ହିଁ ଥାଆନ୍ତି ଏବଂ ବୟଃପ୍ରାପ୍ତି ପରେ ବୈବାହିକ ଜୀବନ ଅତିବାହିତ କରିଥାନ୍ତି ଯାହା 'ଫୁଲ ବିହା' ଭାବରେ ପରିଚିତ।

କେତେକ କ୍ଷେତ୍ରରେ ପ୍ରଥମ ସ୍ତ୍ରୀକୁ ସନ୍ତାନ ସନ୍ତତି ହେଉନଥିଲେ ସ୍ୱାମୀ ଦ୍ୱିତୀୟ ବିବାହ କରିଥାଏ ଯାହା 'ସାନଲି ଆଣିବା' ଭାବରେ ପରିଚିତ। ସେହିପରି, ରାଣି ବା ବିଧବା ଏବଂ ଛାଁଡ଼ରି ବା ଛାଡ଼ପତ୍ର ପାଇଥିବା ସ୍ତ୍ରୀ, ରଣ୍ଡୁଲା ବା ବିଧୁର, ଏବଂ ସ୍ତ୍ରୀ ପରିତ୍ୟକ୍ତ ସ୍ୱାମୀର ଦ୍ୱିତୀୟ ବିବାହକୁ ରାଣି ରଣ୍ଡୁଲା ଓ ଛାଁଡ଼ରି ଛାଁଡ଼ରା ବିବାହ କୁହାଯାଏ। ସେହିପରି, ବଡ଼ ଭାଇର ଅସମୟରେ ମୃତ୍ୟୁ ହେଲେ ଓ ସାନ ଭାଇ ଅବିବାହିତ ଥିଲେ ତାଙ୍କୁ ସେହି ଭାଉଜଙ୍କ ସହିତ ବିବାହ କରିବାର ପରମ୍ପରା ବି ଦେଖିବାକୁ ମିଳେ। ତେବେ, ବଣ୍ଡା ଗୋଷ୍ଠୀରେ ସାନ ଭାଇର ସ୍ତ୍ରୀ ତଥା ଭାଇ ବୋହୂକୁ ବଡ଼ ଭାଇ ବିବାହ କରିବା ବି ଦେଖାଯାଏ ଯାହା ଆକିମିଦୁଆଁ ଭାବରେ ପରିଚିତ। ଯଦିଓ ତୋଲା ବିହା, ଘରଜିଆ, ଉଦଲିଆ, ପରସାମୁଡ଼ି, ଭୁଆସେନ୍ ଆଦିରେ ବିବାହର ପ୍ରାୟ ସମସ୍ତ ରୀତିନୀତି ଅନୁଷ୍ଠିତ ହୋଇଥାଏ ତେବେ, ରାଣି ରଣ୍ଡୁଲା, ଛାଁଡ଼ରି ଛାଁଡ଼ରା ବିବାହ, ସାନଲି ଅଣା (ଦ୍ୱିତୀୟ ବିବାହ) ଆଦିରେ ଆଂଶିକ ରୀତିନୀତି ତଥା ଭୋଜିଭାତ ଭିତରେ ସୀମିତ ରହେ। ଏହି ସମସ୍ତ ବିବାହ ଆଦିବାସୀ ତଥା ମିତାନ୍ ଗୋଷ୍ଠୀରେ ଅଞ୍ଚଳ ତଥା ଗୋଷ୍ଠୀ ଭତ୍ତିରେ ଅଳ୍ପ ବହୁତ ପରିବର୍ତ୍ତିତ ରୀତିନୀତିର ସହିତ ଅନୁଷ୍ଠିତ ହୋଇଥାଏ।

ବିଭିନ୍ନ ଆଦିବାସୀ ଗୋଷ୍ଠୀରେ ମାଙ୍ଗନି ବିହା ବା ତୋଲା ବିହା ପେଣ୍ଡୁଲ (କୋୟା) ଭାବରେ, ଘିଚା ବିହା ପୋଇସ୍ଲାଗି ଅତାଦେ (କୋୟା), ସିନ୍ଦୁରୀ ଘେସା (ଭୂମିଜ), ରାସକାଡ଼ପ୍ (ଡ଼ଙ୍ଗରିଆ କନ୍ଧ), ଗୁବଏ ରୁନଗୁନ୍ (ବଣ୍ଡା) ଭାବରେ, ଉଦଲିଆ ବିହା ବା ପରସାମୁଡ଼ି, ଫୁଲବିହା ବା ପ୍ରେମବିବାହ ଆରମିର୍ ମାତ୍ (କୋୟା), ଉଡ଼ାକ୍ (ବଣ୍ଡା), ନାପାନ୍ ଆଣଦି (ଭୂମିଜ), ଆମ ପତ୍ର ବିବାହ (ଡ଼ଙ୍ଗରିଆ କନ୍ଧ), ଉଡ଼େନ ବା ଧରିପଲା ବିହା ସେଲାଗ୍ (ବଣ୍ଡା), ରାଣି ଛାଁରରୀ ବା ଭାଉଜ ବିବାହ ଆମ୍ବିଙ୍ଗଦୁଆଁ (ବଣ୍ଡା), ଉମ୍ଭୁସଆଣଦି (ଭୂମିଜ), ସାନଲିଅଣା ଆବାଦ ମୁଡ଼େମ୍ (କୋୟା), ଓ ସାଙ୍ଗାଥ ଆଣଦି (ଭୂମିଜ) ଆଦି ଭାବରେ ପରିଚିତ।

ଦ୍ରଷ୍ଟବ୍ୟ: ଅମେରା ପାଏନ, ଗନସେନ, ଉଦଲିଆ, ପାଏନରୁକା

ଗ୍ରନ୍ଥ ସୂଚନା: ବାଗ ୨୦୦୯, ୩୮-୪୨; ସୁନାନୀ ୨୦୦୯, ୧୫୮-୬୨; ପାଢ଼ୀ, ଓ ଉପାଧ୍ୟାୟ ୨୦୧୦, ୩୨୭, ୩୪୩; ଆଦିବାସୀ ଭାଷା ଓ ସଂସ୍କୃତି ଏକାଡ଼େମୀ ୨୦୦୧, ୫୬-୬୪(କ), ୧୫-୨୪(ଖ); Sabar 2017, 145-155।

ବୁରଲାଙ୍ଗ ପୂଜା

କନ୍ଧମାନଙ୍କର ପାରମ୍ପରିକ ପୂଜା; କୁଇ; ଆଦିବାସୀ; କୃଷିଭିତ୍ତିକ ପର୍ବପର୍ବାଣି

ବୁରଲାଙ୍ଗ୍ ପୂଜା କନ୍ଧମାନଙ୍କର ଏକ କୃଷିଭିତ୍ତିକ ପର୍ବ। ଶସ୍ୟ ସଂରକ୍ଷଣ ପାଇଁ ବାଉଁଶ ନିର୍ମିତ ଡୁଲି (ଟୋକେଇ) ବୁରଲାଙ୍ଗ୍ କୁହାଯାଏ। ବୁରଲାଙ୍ଗ୍ ପୂଜା ସାଧାରଣତଃ ବିଲ, ବଗଡ଼ (ପୋଡୁ ଚାଷ) ଅମଳ କରିବା ପରେ ଆୟୋଜିତ ହୋଇଥାଏ। ଏହା ଏକ ସାମୂହିକ ପର୍ବ। ଏହି ପୂଜା ଅବସରରେ ବାଉଁଶ ନିର୍ମିତ ଛୋଟ ଟୁକରି ମଧ୍ୟରେ 'ସରାପେନୁ-ମାକଚି ପେନୁ'ଙ୍କୁ ଅମଳ ହୋଇଥିବା ଶସ୍ୟର ସୁରକ୍ଷା ପାଇଁ ପୂଜା କରାଯାଏ କାରଣ, ଏହି ଦେବତା ଅମଳ କରି ଆଣିଥିବା ଶସ୍ୟକୁ ଉଭେଇ ନେଇଯାଆନ୍ତି ବୋଲି ବିଶ୍ୱାସ କରାଯାଏ। ଏହା ବ୍ୟୟବହୁଳ ହେଉଥିବାରୁ ସାଧାରଣତଃ ଦଶ, ବାର ବର୍ଷରେ ଥରେ ଆୟୋଜିତ ହୁଏ। ପୂଜାର ଦିନ ଧାର୍ଯ୍ୟ ହେବା ପରେ ୧୬ ଦିନ ପୂର୍ବରୁ ଗାଁର ଜାନୀ ଓ ମାଂଝି ଉପାସ ରହନ୍ତି। ତାଙ୍କ ସହିତ ସହଯୋଗ କରିବା ପାଇଁ ଦୁଇ ଜଣ ଯୁବକ ଓ ଦୁଇଜଣ ଯୁବତୀ ମଧ୍ୟ ଉପାସ କରିଥାନ୍ତି। ଉପାସ ପାଳନ କରୁଥିବା ଜାନୀ, ମାଂଝି ଓ ଯୁବକ ଯୁବତୀ ସକାଳେ କେବଳ ଥରେ ମାତ୍ର ଭାତ ଓ ଡାଲି ଭୋଜନ କରିଥାନ୍ତି, ପରିବା ଖାଇନଥାନ୍ତି। ପୂଜାବେଳକୁ ନିଜନିଜ ବନ୍ଧୁବାନ୍ଧବଙ୍କୁ ନିମନ୍ତ୍ରଣ କରିଥାନ୍ତି। ପୂଜାପାଇଁ ଏକ ମଞ୍ଚ ତିଆରି କରାଯାଏ। ମଞ୍ଚର ତିନି ପାର୍ଶ୍ୱରେ ଅର୍ଥାତ୍ ପୂର୍ବ, ଉତ୍ତର, ଓ ଦକ୍ଷିଣ ଦିଗରେ ବୁରଲାଙ୍ଗ୍ ସବୁ ସଜାଇ ରଖାଯାଇଥାଏ ଓ ପଶ୍ଚିମ

ପାର୍ଶ୍ୱ ଖୋଲାଥାଏ। ଏହି ଖୋଲା ଦିଗରେ ଜାନୀ ଓ ମାଂଝି ବସି ପୂଜା କରିଥାନ୍ତି। ପରମ୍ପରା ଅନୁସାରେ ମାଂଝି ଛେଳି, ଘୁଷୁରି, କୁକୁଡ଼ା ଆଦି ବଳି ଦେବା ସହ ପୂର୍ବପୁରୁଷ, ଗୃହ ଦେବଦେବୀ, ପାହାଡ଼, ଡଙ୍ଗର, ପଦର, ସୂର୍ଯ୍ୟ, ଚନ୍ଦ୍ର, ଆକାଶ, ମାଟି, ପାଣି ଆଦିର ଦେବତାଙ୍କୁ ଆହ୍ୱାନ କରନ୍ତି। ଆବାହନ ସମୟରେ ବିନତି କରିବା ସହ କୁକୁଡ଼ାର ମୁଣ୍ଡରେ ଅଳ୍ପଅଳ୍ପ କରି ଚାଉଳ ପକାଯାଏ। କୁକୁଡ଼ା ସେସବୁକୁ ଠୁଙ୍କି ଖାଇଲେ ଦେବତା ଭୋଗ ଗ୍ରହଣ କରିବାକୁ ସମ୍ମତି ପ୍ରକାଶ କଲେ ବୋଲି ବିଶ୍ୱାସ କରାଯାଏ। ପୂଜାରେ ଦୀର୍ଘ ଆଖ୍ୟାନ (ପ୍ରଜାତିକ ଜନ୍ମ ପୁରାଣ) ମଧ୍ୟ ପରିବେଷଣ କରାଯାଏ। ବଳି ଦିଆଯାଉଥିବା ବେଳେ ଯୁବକ ଯୁବତୀମାନେ ବାଦ୍ୟ ବାଦନ ସହିତ ନୃତ୍ୟ ପରିବେଷଣ କରିଥାନ୍ତି।

ପୂଜା ସରିବା ପରେ ଭୋଗ ପ୍ରସ୍ତୁତ ହୋଇଥାଏ। ଭୋଗ ଭାବରେ ପ୍ରସ୍ତୁତ ହେଉଥିବା ଖେଚୁଡ଼ିରେ କୁଇରି, ଆରକା, ଗୁରଜି, ସୁଆଁ, ମକା ଆଦି ଶସ୍ୟ ସହିତ ଝୁଡ଼ଙ୍ଗ, କଟିଙ୍ଗ, ବୁରଗୁଡ଼ି, ଓ ଶିମ୍ବ ଆଦି ମଧ୍ୟ ମିଶାଯାଏ। ଜାନୀ ପୂଜା ସ୍ଥାନରେ ବଳି ପଡ଼ିଥିବା ଛେଳି, କୁକୁଡ଼ାର ମୁଣ୍ଡ ଆଦିକୁ ସ୍ୱତନ୍ତ୍ର ଭାବରେ ରୋଷେଇ କରିଥାନ୍ତି। ପ୍ରଥମେ ଜାନୀ ଖାଇବା ପରେ ମାଂଝି ଅନ୍ୟ ଗ୍ରାମବାସୀଙ୍କ ସହିତ ଭୋଜନ କରିଥାନ୍ତି। ଖିଆପିଆ ସରିବା ପରେ ପୁଣି ନାଚଗୀତ ହୁଏ। ଏହି ଗୀତରେ ବୁରଲାଙ୍ଗକୁ କୃତଜ୍ଞତା ଜଣାଇବା ସହିତ ଆଶୀର୍ବାଦ କାମନା କରିଥାନ୍ତି। କନ୍ଧ ଆଦିବାସୀ ବ୍ୟତୀତ ଅନ୍ୟ ଗୋଷ୍ଠୀରେ ମଧ୍ୟ ଏଭଳି ଦେବତା– ମଟିଆ ଦେଖିବାକୁ ମିଳନ୍ତି ଯିଏ କ୍ଷୁବ୍ଧ ହେଲେ ଅମଳ ହୋଇଥିବା ଶସ୍ୟ ଉଭାନ୍ ହୋଇଯାଏ ବୋଲି ବିଶ୍ୱାସ ଅଛି। ତେବେ, 'ମଟିଆ' ଦେବତାର ଏଭଳି ବିଶେଷ ପୂଜା ଆୟୋଜନ କରାଯିବା ଦେଖାଯାଏ ନାହିଁ। ସାନ୍ତାଳମାନଙ୍କ 'କିଷାଣ ବଙ୍ଗା'ଙ୍କୁ ମଧ୍ୟ ଅନୁରୂପ ଦେବତା ଭାବରେ ଗ୍ରହଣ କରାଯାଇପାରେ।

ଦ୍ରଷ୍ଟବ୍ୟ: ଦେ'ଦେବତା, ବିଜପୁଟନି, ଯାତରା ପରବ

ଗ୍ରନ୍ଥ ସୂଚନା: ମାନସେଠ୍ ୨୦୧୬, ୭-୧୩; ବେଶ୍ରା ୨୦୧୦, ୧୦୮।

ବେଙ୍ଗେଇ ନାଟ

ବେଙ୍ଗବେଙ୍ଗୁଲୀ ବିବାହ (ବର୍ଷା ଆବାହନ ପାଇଁ ପାଳନ କରାଯାଉଥିବା ପରମ୍ପରା); ପଶ୍ଚିମାଞ୍ଚଳ ଓଡ଼ିଆ, ଦେଶିଆ; ଆଦିବାସୀ, ମିତାନ୍ ଗୋଷ୍ଠୀ; ସାଂସ୍କୃତିକ ରୀତିନୀତି

ଜ୍ୟେଷ୍ଠ ମାସ ଶେଷ ସପ୍ତାହ କିମ୍ବା ଆଷାଢ଼ ମାସ ପ୍ରଥମ ସପ୍ତାହରେ ବର୍ଷା ନହେଲେ ବେଙ୍ଗ ବିବାହ ଆୟୋଜନ କରାଯିବାର ପରମ୍ପରା ଦେଖାଯାଏ। ଏକ

ଝରଣା ବା ପୋଖରୀ କିମ୍ବା ଉପଲବ୍ଧ ଯେକୌଣସି ଜଳାଶୟରୁ ଦିଶାରି ଗାଁ ଲୋକଙ୍କ ସହ ଯାଇ ପୂଜା କରିବା ପରେ ଏକ ବେଙ୍ଗ ସଂଗ୍ରହ କରାଯାଏ। ଅବିବାହିତ ପିଲାମାନେ ଉକ୍ତ ବେଙ୍ଗକୁ ହଳଦୀ ପାଣିଥିବା ଏକ ମାଟି ହାଣ୍ଡିରେ ପୂରାଇ ଶିକାରେ ଓହଳାଇ ଆମ୍ବ ଡାଳ ଖଣ୍ଡେ ଧରି "ନାଚ ନାଚରେ ବେଙ୍ଗଟି ରାନୀ / ରାତେକ୍ ଭିତରେ ମାରରେ ପାନି" କହି ଘରଘର ବୁଲିଥାନ୍ତି। ସେମାନେ ଯେଉଁ ଘରକୁ ଯାଆନ୍ତି ସେ ଘରର ଲୋକେ ତାଙ୍କ ଉପରକୁ ହଳଦୀ ପାଣି ଢାଳିଥାନ୍ତି। ଶେଷରେ ଗାଁସାରା ବୁଲିବା ପରେ ଯେଉଁ ଜଳାଶୟରୁ ବେଙ୍ଗ ଧରିଥାନ୍ତି ତାକୁ ନେଇ ସେଠାରେ ଛାଡ଼ି ଦେଇଥାନ୍ତି। ଏହିପରି କଲେ ବର୍ଷା ହୋଇଥାଏ ଏଭଳି ବିଶ୍ୱାସ କରାଯାଏ। କେତେକ ଅଞ୍ଚଳରେ ଦୁଇଟି ବେଙ୍ଗ ଧରି ତାହାକୁ ହଳଦୀ ପାଣିରେ ରଖିବା ସହ ସମ୍ପୃକ୍ତ ଗୋଷ୍ଠୀରେ ପ୍ରଚଳିତ ବିବାହ ଅନୁରୂପ ବିବାହ କରିବା ମଧ୍ୟ ଦେଖିବାକୁ ମିଳେ। ବିବାହ ପରେ ବେଙ୍ଗ ଦୁଇଟିକୁ ପୁଣି ଥରେ ଜଳାଶୟରେ ଛାଡ଼ି ଦିଆଯାଏ। ଏହି ପରମ୍ପରା କେବଳ ଓଡ଼ିଶା ନୁହେଁ ଭାରତର ଆସାମ, ତ୍ରିପୁରା, ପଶ୍ଚିମବଙ୍ଗ, କର୍ଣ୍ଣାଟକ, ଉତ୍ତର ପ୍ରଦେଶ, ମଧ୍ୟପ୍ରଦେଶ ଭଳି ଅନ୍ୟାନ୍ୟ ରାଜ୍ୟରେ ଏପରିକି ଭାରତ ବାହାରେ ନେପାଳ ଓ ବାଂଲାଦେଶରେ ମଧ୍ୟ ପାଳନ କରାଯାଉଥିବା ଦେଖାଯାଏ।

ଦ୍ରଷ୍ଟବ୍ୟ: ଭୀମା

ଗ୍ରନ୍ଥ ସୂଚନା: ଆଚାର୍ଯ୍ୟ ୧୯୯୮, ୬୮-୭୪; ପାଢ଼ୀ, ଓ ଉପାଧ୍ୟାୟ ୨୦୧୦, ୧୬୧, ୩୮୫; ପାତ୍ର ୨୦୧୫, ୬୩।

ବେଜରନା

ବେଜରନା; ଦେଶିଆ; ଆଦିବାସୀ, ମିତାନ୍ ଗୋଷ୍ଠୀ; ସାଂସ୍କୃତିକ ଆସ୍ଥାନ

ବେଜରନା କହିଲେ ମଶାଣିକୁ ଯିବା ରାସ୍ତାରେ ଥିବା ଏକ ଖୋଲା ସ୍ଥାନକୁ ବୁଝାଏ ଯେଉଁଠି ମୃତ ବ୍ୟକ୍ତିର ବ୍ୟବହୃତ କିଛି ଜିନିଷ ଛଡ଼ାଯାଏ। ଜଣେ ପୁରୁଷ ଲୋକ ମଲା ପରେ ତାଙ୍କର ମୁଣ୍ଡ ତଳେ ଦେଉଥିବା ପିଢା, ଚପଲ, ହାତରେ ଧରୁଥିବା ବାଡ଼ି ଆଦି ନିତ୍ୟ ବ୍ୟବହାର୍ଯ୍ୟ ଜିନିଷ ଆଦିକୁ ସେଠାରେ ଛାଡ଼ି ଦିଆଯାଏ। ମୃତକର ସ୍ତ୍ରୀ ଜୀବିତ ଥିଲେ ସେଠାରେ କାଚ ଉତୁରାଯାଏ, ଗଳାରୁ ମାଳି ହାତରୁ ଖଡୁ ବାହୁଟି ଆଦି ବାହାର କରିଦିଆଯାଏ। ମୃତକ ମହିଳା ହୋଇଥିଲେ ସେଠାରେ ତାଙ୍କ ଦ୍ୱାରା ବ୍ୟବହୃତ ଚଟୁ, ଅନକା, ଡୁମୁଣି, ହାଣ୍ଡି, କୁଲା, ମୂଷଳ ଆଦି ଫିଙ୍ଗି ଦିଆଯାଏ। ଦଶାହ ଦିନ ଡୁମା ଆଣିବାବେଳେ ଏହି ବେଜରନାଠାରୁ ଡାକି ଡାକି ଘରକୁ ଅଣାଯାଏ। ମଶାଣି ଦେଇ ଯଦିଓ ଲୋକ ଯିବାଆସିବା କରିବାକୁ ଡରନ୍ତି ତେବେ, ବେଜରନା ଦେଇ ଯିବାଆସିବା କରିବାକୁ ଡରନ୍ତି ନାହିଁ।

ବେଜରନା ଅଞ୍ଚଳ ତଥା ଗୋଷ୍ଠୀ ଭେଦରେ ଡାଲା ବାଟ, ଦବାଟିଆ ଭାବରେ ମଧ୍ୟ ପରିଚିତ।

ଦ୍ରଷ୍ଟବ୍ୟ: ବେରଣମୁଣ୍ଡା, ମାଂଝି ଆଖଳା, ନିଶାନିମୁଣ୍ଡା

ଗ୍ରନ୍ଥ ସୂଚନା: ପାଢ଼ୀ, ଓ ଉପାଧ୍ୟାୟ ୨୦୧୦, ୩୮୬; ପ୍ରଧାନ ୨୦୦୭, ୫୨; ପାତ୍ର ୨୦୧୮, ୧୦୨।

ବେଣ୍ଟ ଯାତ୍ରା

ଶିକାର ଯାତ୍ରା; ଦେଶିଆ; ଆଦିବାସୀ; ସାମାଜିକ ପ୍ରଜାତିକ ପରମ୍ପରା–ରୀତିନୀତି

ଚଇତ ପରବ ସମୟରେ ବେଣ୍ଟ ଯାତ୍ରା ଅନୁଷ୍ଠିତ ହୋଇଥାଏ। ଚଇତ ପରବର ତୃତୀୟ ଦିନରେ ଏହା ଆୟୋଜିତ ହୋଇଥାଏ। ଏହି ଦିନ ଧନୁତୀର, ବର୍ଚ୍ଛା, ଶୂଳ, ଟାଙ୍ଗି, ଟଙ୍ଗିଆ ଆଦି ଅସ୍ତ୍ରଶସ୍ତ୍ର ଆଦିକୁ ଧୁଆପୋଛା କରି ପୂଜା କରାଯାଏ। ପୂଜା ପରେ ବେଣ୍ଟକାରିଆମାନେ ନାଚଗୀତ କରି ଚାରିରୁ ସାତ ଦିନ ପାଇଁ ଜଙ୍ଗଲକୁ ଶିକାର ଉଦ୍ଦେଶ୍ୟରେ ବାହାରିଥାନ୍ତି। ଶିକାର ଯାତ୍ରାର ପରମ୍ପରା ପ୍ରାୟ ସମସ୍ତ ସାନ୍ତାଳୀ, ମୁଣ୍ଡା, ହୋ, ବିରହୋର, ବଣ୍ଡା, କନ୍ଧ, ପରଜା, ସଉରା, ଗାଦବା, କୋୟା ଭଳି ଆଦିବାସୀ ଗୋଷ୍ଠୀରେ ଅଞ୍ଚଳ ଭେଦରେ ବିଭିନ୍ନ ଭାବରେ ଆୟୋଜିତ ହୋଇଥାଏ। ଅନ୍ୟ ଆଦିବାସୀ ତଥା ମିତାନ୍ ଗୋଷ୍ଠୀରେ ବିବାହ ତଥା ପାରମ୍ପରିକ କ୍ରୀଡ଼ା ଭଳି ରୀତିନୀତି ଓ ଆୟୋଜନରେ ଏହାର ପ୍ରତୀକ ପରିବେଷଣ ଦେଖିବାକୁ ମିଳେ।

ଦ୍ରଷ୍ଟବ୍ୟ: ପୁଷଚୋର, ଯାତରା ପରବ

ଗ୍ରନ୍ଥ ସୂଚନା: ପାଢ଼ୀ, ଏବଂ ଉପାଧ୍ୟାୟ ୨୦୧୦, ୩୩୯, ୩୮୮; ବେଶ୍ରା ୨୦୧୦, ୨୬-୭; ପ୍ରଧାନ ୨୦୦୭, ୭୪-୭୫।

ବେରଣମୁଣ୍ଡା

ସାମୂହିକ ସଭା ସ୍ଥାନ; ଦେଶିଆ; ଆଦିବାସୀ; ସାଂସ୍କୃତିକ ଆସ୍ଥାନ

ସମସ୍ତ ଆଦିବାସୀ ତଥା ମିତାନ୍ ଗୋଷ୍ଠୀରେ ଗାଆଁରେ ଭଲମନ୍ଦରେ ପାଞ୍ଚ ଜଣ ଲୋକ ବା ସିଆନମାନେ ବସି ସଭା କରିବା ପରମ୍ପରା ସର୍ବତ୍ର ଦେଖାଯାଏ। ଆଦିବାସୀ ଗୋଷ୍ଠୀରେ ଗ୍ରାମରେ ଏକ ସମସ୍ତେ ବସିବା ଭଳି ସ୍ଥାନ ଥାଏ ବା ଏକ ପଥର ଚଟାଣ ଥାଏ ଯେଉଁଠି ସଭା କରାଯାଏ। ଏହି ସ୍ଥାନକୁ ଗାଦବା, ଭୂମିଆ, ପରଜା ଆଦିବାସୀମାନେ ବେରଣ କହୁଥିବା ବେଳେ ଶବର, ବଣ୍ଡା, ଡିଡ଼ାୟୀ, କୋୟା ଆଦି ଗୋଷ୍ଠୀରେ 'ସିନ୍ଧିବୋର', 'ମାଣ୍ଡୁଡ଼ାଣ୍' ଭାବରେ ପରିଚିତ। ଏହି ଠାରେ ଏକତ୍ର ବସି ବିଭିନ୍ନ

ସାମାଜିକ ସାଂସ୍କୃତିକ ଅନୁଷ୍ଠାନଗୁଡ଼ିକର ପାଳନ ଓ ପରିବେଷଣ, ନାଚଗୀତର ଆୟୋଜନ ପାଇଁ ଦିନ, ବେଳ ନିର୍ଦ୍ଧାରଣ ହେବା ସହିତ କିପରି ସରୁଖୁରୁରେ କରାଯାଇପାରିବ ସେ ବିଷୟରେ ଆଲୋଚନା କରାଯାଏ। ହୁଣ୍ଡି ଦେବୀଙ୍କୁ 'ବେରଣମୁଣ୍ଡା'ର ଦେବୀ ଭାବରେ ଗ୍ରହଣ କରାଯାଏ। ବଣ୍ଡା, ପରଜା, କୋୟା ଆଦି ଗୋଷ୍ଠୀରେ ବରଣମୁଣ୍ଡା ବା ସିନ୍ଧିବୋରରେ ପିତୃପୁରୁଷଙ୍କ ସ୍ମାରକୀ ସ୍ୱରୂପ ପୁରୁଷମାନଙ୍କ ପାଇଁ ଲମ୍ୱା ଗୋଜିଆ ପଥର ଓ ସ୍ତ୍ରୀମାନଙ୍କ ପାଇଁ ଚଟକା ପଥର ରଖାଯାଏ।

ଦ୍ରଷ୍ଟବ୍ୟ: ମାଂଝି ଆଖଲା, ବେଜରନା, ନିଶାନିମୁଣ୍ଡା

ଗ୍ରନ୍ଥ ସୂଚନା: ପାଢ଼ୀ, ଓ ଉପାଧ୍ୟାୟ ୨୦୧୦, ୩୯୦; ପ୍ରଧାନ ୨୦୦୭, ୫୨।

ବେଲ କାଲ

ବେଲ କାଲ; ପଶ୍ଚିମାଞ୍ଚଳ ଓଡ଼ିଆ, ଦେଶିଆ; ଆଦିବାସୀ, ମିତାନ୍ ଗୋଷ୍ଠୀ; ସମୟର ଅବଧାରଣା

ସମୟକୁ ନେଇ ଆଦିବାସୀ ଓ ମିତାନ୍ ଗୋଷ୍ଠୀରେ ବିଭିନ୍ନ ଅବଧାରଣା ଦେଖାଯାଏ। ଯେପରି, ଖଟଲା-ତାରା-ଉଦା ବେଳ ଶୁକ୍ଲତାରା ବା ଧ୍ରୁବତାରା ଉଇଁବାବେଳ, ନଙ୍ଗଲ-ତରା-ଉଦା ବେଳ ଅର୍ଥାତ୍ ସପ୍ତର୍ଷି ମଣ୍ଡଳ ଉଇଁବା ବେଳ, କୁକୁଡ଼ା ଡକା ବା କୁକୁଡ଼ା ଡାକିବା ବେଳ, ପହପହ ଅର୍ଥାତ୍ ସମ୍ପୂର୍ଣ୍ଣ ସକାଳ ହୋଇନଥିବ କିନ୍ତୁ ଅନ୍ୟ ଲୋକଙ୍କ ମୁହଁ ସ୍ପଷ୍ଟ ଦେଖାଯାଉଥିବ। ସେହିପରି, ବେଲଉଦା କହିଲେ ସୂର୍ଯ୍ୟୋଦୟ ସମୟ, ଛେଲ, ଗାଏଢିଲା ବେଳ ଅର୍ଥାତ୍ ଛେଳି, ଗାଈ ଆଦି ଚରେଇ ନେବା ସମୟ, ଦୁଇ ପହର ବା ଦିପହର, ଅଧାବେଳ ଅର୍ଥାତ୍ ଦିନ ଏଗାରଟା ପାଖାପାଖି। ଏହାକୁ ଅଧାବେଳ ଏଇଥିପାଇଁ କୁହାଯାଏ ଯେ ଅଧାକାମ କରି ଏହି ସମୟରେ ବିଶ୍ରାମ ନେବା ସହିତ ପଖାଳ ଖାଇ ପୁଣି ବାକି କାମ କରାଯାଏ। ଏହି ସମୟ ଥିରପିଆ ବେଲ, ଲାଠେକ୍ (ଡ଼ାଙ୍ଗେକ୍) ବେଲ, ଭାବରେ ମଧ୍ୟ ପରିଚିତ। ବେଲଢଳା ଅର୍ଥାତ୍ ଅପରାହ୍ନ ତିନି ଚାରିଟା ସମୟ, ସ୍ତ୍ରୀଲୋକମାନେ ଘରକାମ ଅର୍ଥାତ୍ ରନ୍ଧାରନ୍ଧି, ବିଭିନ୍ନ କୃଷିକର୍ମ ଆଦି କରାଯାଉଥିବା ସମୟକୁ ପାଇଟି ବେଲ କୁହାଯାଏ। ଗାଈଗୋରୁ ଚାରଣ ଭୂଇଁରୁ ଗୁହାଳକୁ ଫେରିବା ସମୟ ଛେଲଢୁକା, ଗାଏଢୁକା ବେଲ, ବେଲବୁଡ଼ା, ବେଲବସା ଭାବରେ ପରିଚିତ। ମଛିଅନ୍ଧରିଆ, ମୁହୁଁ ଅନ୍ଧାର, ଭୁତଭୁତିଆ ଆଦି ସମୟ ହେଉଛି ସନ୍ଧ୍ୟା ପର ସମୟ ଯେଉଁଠି ମୁହଁ ଅଳ୍ପ ଚିହ୍ନି ହୁଏ। ମଛିଅନ୍ଧରିଆ ବେଳ ମଧ୍ୟ ଧୂପଦିଆ ବେଲ, ଡିବରିଜଲା ବେଲ ଭାବରେ ପରିଚିତ। ସେହିପରି

ଭାତଖିଆ ବେଲ ରାତ୍ର ଭୋଜନର ସମୟକୁ ବୁଝାଏ, ଓ ଅନ୍ଧାର ଘନେଇ ଆସିବା ସମୟ ଅର୍ଥାତ୍ ରାତ୍ର ଦଶ ଏଗାରଟା ବେଳକୁ ଭଏଁସା ଅନ୍ଧାର କୁହାଯାଏ। ମଧ୍ୟରାତ୍ର ଅଧା (ମଏଝ୍) ରାଏତ୍, ନିନ୍ଦେକ୍ ରାଏତ୍ ଭାବରେ ପରିଚିତ।

ଦ୍ରଷ୍ଟବ୍ୟ: ମାଏଟ୍ ପାଏନ, ମାମୁ ମଥଲା, ଧୁକା ପବନ

ଗ୍ରନ୍ଥ ସୂଚନା: Guru, and Das 2014, 22-29।

ବୋଏଲ

ଉତ୍ସବ ସମୟରେ ଗ୍ରାମ ତଥା ପାଲି ଗ୍ରାମଗୁଡ଼ିକରେ ଦେବୀଦେବତାଙ୍କ ପରିଭ୍ରମଣ; ପଶ୍ଚିମାଞ୍ଚଳ ଓଡ଼ିଆ, ଦେଶିଆ; ଆଦିବାସୀ, ମିତାନ୍ ଗୋଷ୍ଠୀ; ପର୍ବପର୍ବାଣି– ରୀତିନୀତି

ଦେବୀଦେବତାମାନେ ଆପେଆପେ ପ୍ରକଟ ହୋଇଥାନ୍ତି ତଥା କେତେକ କ୍ଷେତ୍ରରେ ତାଙ୍କୁ ଆବାହନ କରାଯାଏ। ଏହି ଆବାହନ କରିବା ପ୍ରକ୍ରିୟାକୁ 'ଦେବତା ବସାବା' କୁହାଯାଏ। ଦେବୀଦେବତା ପୂଜାରୀ, ଝାଁକର, ଦିହାରୀ, ଦେହେଲିଆ ଆଦିଙ୍କ ଦେହରେ ପ୍ରକଟ ହୋଇଥାନ୍ତି ଯାହାକୁ କାଲିସୀ ଲାଗିବା ବା 'ଦେବତା ଆସିବା' କୁହାଯାଏ। ବିଶେଷ କରି ପରିବାର କୌଣସି ସଦସ୍ୟଙ୍କ ଉପରେ ନିର୍ଦ୍ଦିଷ୍ଟ ଦେବଦେବୀ ଆପେଆପେ ସବାର ହୋଇଥାନ୍ତି। ଏପରି କ୍ଷେତ୍ରରେ ସେହି ପୁରୁଷ ବା ମହିଳାଙ୍କୁ କିଛିଦିନ ମୁଣ୍ଡ ଭାରି ହେବା, ମୂର୍ଚ୍ଛା ଯିବା ଆଦି ଶାରୀରିକ ଲକ୍ଷଣ ଦେଖାଦେବା ସହ ନିଶାଗ୍ରସ୍ତ ମନେ ହୁଅନ୍ତି। ଦେବୀଦେବତା ସମ୍ପୂର୍ଣ୍ଣ ପ୍ରକଟ ହେବାଯାଏ ଏଭଳି ହୋଇଥାଏ ଯେଉଁ ଦିନ ପ୍ରକଟ ହୁଅନ୍ତି ଅର୍ଥାତ୍ ସମ୍ପୃକ୍ତ ପୁରୁଷ ବା ମହିଳା ଦେହରେ ପ୍ରବେଶ କରି ନିଜର ଉପସ୍ଥିତି ଜାହିର କରିବା ପରେ, ପୂଜାବିଧି ଦେଲେ ସେ ସୁସ୍ଥ ହୋଇଥାନ୍ତି ପରେପରେ ଆବଶ୍ୟକ ହେଲେ ନିଜେ ସେହି ଦେବଦେବୀ ସମ୍ପୃକ୍ତ ବ୍ୟକ୍ତିଙ୍କ ଦେହରେ ପ୍ରକଟ ହୋଇଥାନ୍ତି ବା ତାଙ୍କୁ ଆବାହନ କରାଯାଏ। ଯାହା ଦେହରେ ନିୟମିତ କାଲିସୀ ଲାଗିବାର ସମ୍ଭାବନା ଥାଏ ସେ ସମ୍ପୃକ୍ତ ଦେବୀଦେବତାଙ୍କ ପୂଜା ପାଇଁ ଅନୁସୃତ ରୀତିନୀତି ମାନିବାକୁ ହୋଇଥାଏ। ଉଦାହରଣ ସ୍ୱରୂପ, ଅନ୍ୟଘରୁ ଆସିଥିବା ଖାଦ୍ୟ ନଖାଇବା, ନିର୍ଦ୍ଦିଷ୍ଟ ପନିପରିବା ନଖାଇବା, କେତେକ ସ୍ଥାନକୁ ନଯିବା ଭଳି ନାନା ବାରଣ ମାନିବାକୁ ହୋଇଥାଏ।

ଦେବଦେବୀମାନେ ଅନେକ ସମୟରେ ତାଙ୍କର ଇଲାକା ବା ତାଙ୍କୁ ପୂଜା କରୁଥିବା ଲୋକମାନଙ୍କ ଘରକୁ ବୁଲିବାକୁ ଯିବାର ଇଚ୍ଛା ପ୍ରକାଶ କରନ୍ତି। ଏହା 'ବୋଏଲ ବୁଲିବା' ଭାବରେ ପରିଚିତ। ବୋଏଲ ବୁଲିବା ସମୟରେ ଦେବୀଦେବତାଙ୍କୁ ଦୁଇଜଣ ଦିଆରି ବା ଝାଁକର ଧରିଥାନ୍ତି। ଦେବୀଙ୍କ ଛତର ଆଗରେ ଚାଲିଥାଏ। କୌଣସି

ପରିସ୍ଥିତିରେ ଦେବୀଙ୍କ ଛତରକୁ ତଳେ ରଖାଯାଏ ନାହିଁ। ସେଭଳି ଆବଶ୍ୟକତା ଆସିଲେ ପିଢା କିମ୍ବା କୌଣସି ଆସନରେ ରଖାଯାଏ। କାଳିସୀ ଲାଗିଥିବା ବ୍ୟକ୍ତିଙ୍କ ଦେହରେ ଦେବୀଦେବତା ଆବିର୍ଭାବ ବା ପ୍ରକଟ ହୋଇଥିବାବେଳେ ଛତରରେ ସାକ୍ଷାତ୍ ଦେବୀଦେବତା ଥାଆନ୍ତି ବୋଲି ବିଶ୍ୱାସ କରାଯାଏ। ବୋଏଲ ବୁଲିବାବେଳେ କାଳିସୀ ଲାଗିଥିବା 'ବରୁଆ'ଙ୍କୁ ଦୁଇଜଣ 'ବହାଁଟିଆ' ଧରିଥାନ୍ତି। ବରୁଆ ପରି ସେମାନେ ମଧ୍ୟ ପୂଜା ଦିନ ନୀତିନିୟମରେ ରହିଥାନ୍ତି। ବୋଏଲ ପ୍ରତି ଘରକୁ ଯାଇଥାନ୍ତି। ଅନେକେ ଛେଳି କୁକୁଡ଼ା ବଳି ଦେବା ସହିତ କେତେକ କ୍ଷେତ୍ରରେ ନଡ଼ିଆ ଭାଙ୍ଗିଥାନ୍ତି। କାଳିସୀ ଲାଗିଥିବା ବ୍ୟକ୍ତି, ଓ ଛତର ଧରିଥିବା ବ୍ୟକ୍ତିଙ୍କ ପାଦ ପ୍ରକ୍ଷାଳନ କରି ଧୂପଝୁଣା ଦେଇଥାନ୍ତି। ଦେବୀଦେବତାଙ୍କ ଆଶୀର୍ବାଦ ଶୈଳୀ ମଧ୍ୟ ଭିନ୍ନ। ଶରଣାଗତ ଭକ୍ତ ବା ଲୋକଙ୍କୁ ଉଠାଇ ଦୁଇ କାନରେ ଦୁଇ ଥର ଫୁଙ୍କି ଦେଇ ମନୋବାଞ୍ଛା ପୂରଣ ହେବାର ବରାଭୟ ଦେଇଥାନ୍ତି। ମୁଣ୍ଡ, ମୁହଁ ତଥା ଶରୀରକୁ ଆଉଁଷି ଥାଆନ୍ତି।

ଦ୍ରଷ୍ଟବ୍ୟ: ଦେ'ଦେବତା

ଗ୍ରନ୍ଥ ସୂଚନା: ମିଶ୍ର ୧୯୯୬, ୯୨; ସୁନାନୀ ୨୦୦୯, ୯୫, ୩୭୪-୬।

ବୋରିଆ

ନୃତ୍ୟ ଗୀତ; ପଶ୍ଚିମାଞ୍ଚଳ ଓଡ଼ିଆ, ଦେଶିଆ; ଆଦିବାସୀ, ମିତାନ୍ ଗୋଷ୍ଠୀ; ନୃତ୍ୟଗୀତ ପରମ୍ପରା

ବୋରିଆ ଏକ ପାରମ୍ପରିକ ନୃତ୍ୟ। ସାଧାରଣତଃ କିଶୋରୀ ଓ ତରୁଣୀମାନଙ୍କଦ୍ୱାରା ସନ୍ଧ୍ୟା ସମୟରେ, ଜହ୍ନ ରାତିରେ ଏହି ନୃତ୍ୟ ପରିବେଷିତ ହୋଇଥାଏ। ବୋରିଆର ସମଧର୍ମୀ ନୃତ୍ୟଭାବେ ହୁମୋ, ବଉଲି ଆଦିକୁ ମଧ୍ୟ ଗ୍ରହଣ କରାଯାଇପାରେ। ନୃତ୍ୟକାରୀମାନେ ପଦଟିଏ ଗୀତ ଗାଇ ସାମାନ୍ୟ ଅଣ୍ଟାକୁ ହଲାଇ ପଛକୁ ପାହୁଣ୍ଡେ ଫେରିଗଲା ପରେ ସେହିପରି ଗତିରେ ପଛକୁ ଫେରିଥାନ୍ତି ।

ଆଦିବାସୀ ଓ ମିତାନ୍ ଗୋଷ୍ଠୀଗୁଡ଼ିକରେ ସାରା ଦିନର କର୍ମବ୍ୟସ୍ତତାରୁ ମୁକୁଳି ଏଭଳି ନାଚଗୀତ ଆୟୋଜନ କରୁଥିବାରୁ ପ୍ରାୟ ସମସ୍ତ ନାଚଗୀତରେ ସାମୂହିକ ଅଂଶଗ୍ରହଣ ଦେଖିବାକୁ ମିଳେ। ଓଡ଼ିଶାର କଳାହାଣ୍ଡି, ବଲାଙ୍ଗୀର, ସମ୍ବଲପୁର ଭଳି କେତେକ ଅଞ୍ଚଳରେ ଏହିପରି ଗୀତ ଗାନ କରିବା ସହିତ କିଶୋର କିଶୋରୀମାନେ ତାଳଦେଇ ନୃତ୍ୟ ପରିବେଷଣ କରିଥାନ୍ତି ଯାହାକୁ ସମ୍ପୃକ୍ତ ପରିବେଷଣକାରୀ ଖେଳ ଭାବରେ ଅଭିହିତ କରିଥାନ୍ତି ଯେପରି– ଉଦୁଲୁଦୁମା, କଟିକଟି ରଜା, ଜୀରାଲବଙ୍ଗ, କଳା କୁକିଲ, ଟି-ଟି-ମା-ଟିଟ୍‌କା-ନାରୀ ଇତ୍ୟାଦି।

ଦ୍ରଷ୍ଟବ୍ୟ: ଦେ'ଦେବତା, ଢେମସା

ଗ୍ରନ୍ଥ ସୂଚନା: ମିଶ୍ର ୧୯୯୬, ୧୬୧-୧୬୪; ସୁନାନୀ ୨୦୦୯, ୪୭୬-୪୮୧; Satpathy 2016, 71।

ଭାତ

ସାମୟିକ ଗୋଷ୍ଠୀ; ପଶ୍ଚିମାଞ୍ଚଳ ଓଡ଼ିଆ; ଆଦିବାସୀ, ମିତାନ୍ ଗୋଷ୍ଠୀ; ସାମୟିକ ଗୋଷ୍ଠୀ– ସାମାଜିକ ଅବଧାରଣା

ଗୋଟିଏ ଗାଆଁ ବା ସାହିରେ ଆଦିବାସୀ ତଥା ମିତାନ୍ ଗୋଷ୍ଠୀର ବିଭିନ୍ନ ବଂଶର ସଦସ୍ୟ ବସବାସ କରିଥାନ୍ତି। ଗ୍ରାମ ତଥା ସ୍ଥାନୀୟ ଅଞ୍ଚଳରେ ପାଳନ କରାଯାଉଥିବା ସାମାଜିକ ରୀତିନୀତି ବ୍ୟତୀତ ପରିବାରରେ, ବଂଶର ସମସ୍ତ ସଦସ୍ୟଙ୍କ ମଧ୍ୟରେ ମଧ୍ୟ କେତେକ ରୀତିନୀତି ପାଳନ କରାଯାଏ। ଜନ୍ମ-ମୃତ୍ୟୁ-ବିବାହ ଆଦି କାର୍ଯ୍ୟରେ ପାରିବାରିକ ସଦସ୍ୟ ବ୍ୟତୀତ ଅନ୍ୟ ବଂଶର ସଦସ୍ୟ ବା ବନ୍ଧୁ ଲୋକଙ୍କ ଭୂମିକା ଗୁରୁତ୍ୱପୂର୍ଣ୍ଣ। ଅତଏବ, ଦୁଇ ତିନୋଟି ବଂଶ ମିଶି ଏକ 'ଭାତ' ତିଆରି କରିଥାନ୍ତି। ଏହି ଗୋଷ୍ଠୀ ଅବଧାରଣାକୁ 'communitas' ଭାବରେ ଗ୍ରହଣ କରାଯାଏ। ଜନ୍ମମୃତ୍ୟୁ ବିବାହ ଆଦି ସାମାଜିକ କାର୍ଯ୍ୟରେ ହିଁ ଏହି 'ଭାତ' କାର୍ଯ୍ୟ କରିଥାଏ। ତେବେ, ଅନ୍ୟ ବଂଶର ସଦସ୍ୟ ଏସବୁ ରୀତିନୀତିରେ ଯୋଗଦେବାରେ ବାଧା ନଥାଏ। ସାମାଜିକ କ୍ରିୟାକର୍ମ ଶୃଙ୍ଖଳିତ ପରିଚାଳନା ପାଇଁ ଏହି ସାମାଜିକ ସଂରଚନା ଗୁରୁତ୍ୱପୂର୍ଣ୍ଣ ଭୂମିକା ଗ୍ରହଣ କରିଥାଏ।

ଦ୍ରଷ୍ଟବ୍ୟ: ସମାଜ, ବଁଶ-ଅଁଶ

ଗ୍ରନ୍ଥ ସୂଚନା: ବାଗ ୨୦୧୮, ୮୪।

ଭାନସି

ଚୁଲି ପାଖ ସ୍ଥାନ; ପଶ୍ଚିମାଞ୍ଚଳ ଓଡ଼ିଆ; ଆଦିବାସୀ, ମିତାନ୍ ଗୋଷ୍ଠୀ; ସାଂସ୍କୃତିକ ଆସ୍ଥାନ– ଗୃହ ପରିସର

ଚୁଲି ପାଖରେ ଥିବା ପିଢ଼ା ଭଳି ସ୍ଥାନକୁ ଭାନସି କୁହାଯାଏ। ଚୁଲିଗୁଡ଼ିକ ସାଧାରଣତଃ ପ୍ରତ୍ୟେକ ଘରେ କାନ୍ଥକୁ ଲାଗି ତିଆରି ହୋଇଥାଏ। ଭାତହାଣ୍ଡି ତଥା ପାଣି ମାଠିଆ ଇତ୍ୟାଦି ରଖିବା ପାଇଁ ଚୁଲିକୁ ଘେରି ଏକ ଉଚ୍ଚ ସ୍ଥାନ ତିଆରି କରାଯାଇଥାଏ ଯାହା 'ଭାନସି' ଭାବରେ ପରିଚିତ। ପ୍ରତ୍ୟେକ ଗୋଷ୍ଠୀରେ ରୋଷେଇ ଘର ବା ରୋଷେଇ ଘରକୁ ପବିତ୍ର ସ୍ଥାନ ଭାବରେ ଗଣନା କରାଯାଇଥାଏ। ନଗାଧୋଇ

ଅନେକତଃ ଏହି ସ୍ଥାନକୁ କେହି ଯାଆନ୍ତି ନାହିଁ। ସେହିପରି, ଅନ୍ୟ ଜାତି, ଓ ପ୍ରଜାତିର ସଦସ୍ୟଙ୍କୁ ଏହି ସ୍ଥାନକୁ ପ୍ରବେଶ କରିବାକୁ ମଧ୍ୟ ଦିଆଯାଏ ନାହିଁ। ଏହି ସ୍ଥାନକୁ ପବିତ୍ର ଗଣନା କରାଯିବା ପଛରେ ଆଉ ଏକ କାରଣ ହେଉଛି ଏଠି ଗୃହର ଦେବଦେବୀ ଅବସ୍ଥାନ କରିଥାନ୍ତି ବୋଲି ବିଶ୍ୱାସ କରାଯାଏ। ଅତଏବ, ରୋଷେଇ ସରିବା ପରେ ଖାଇବାକୁ ବାଢ଼ିବା ଆଗରୁ ଏହି ସ୍ଥାନରେ ଅଳ୍ପ ଖାଦ୍ୟ ଘରର ଦେବଦେବୀ ତଥା ପୂର୍ବପରୁଷଙ୍କ ଉଦ୍ଦେଶ୍ୟରେ ଅର୍ପଣ କରାଯାଇଥାଏ।

ଭୁଞ୍ଜିଆ ଆଦିବାସୀ ଗୋଷ୍ଠୀ ଭାନସି ବା ଚୁଲି ତଥା ରୋଷେଇଶାଳକୁ ନେଇ ଅତି ସ୍ପର୍ଶକାତର। ଏମାନେ ରୋଷେଇ ଘର ମୂଳ ଆବାସଠାରୁ ଅଳ୍ପ ଦୂରରେ ସ୍ୱତନ୍ତ୍ର ଭାବରେ ନିର୍ମାଣ କରିଥାନ୍ତି। ଏହି ସ୍ଥାନକୁ ଅନ୍ୟ ଗୋଷ୍ଠୀର କୌଣସି ବି ସଦସ୍ୟଙ୍କୁ କୌଣସି ପରିସ୍ଥିତିରେ ଆସିବାକୁ ଦିଅନ୍ତି ନାହିଁ। ଏପରିକି ଅନ୍ୟ ଗୋଷ୍ଠୀର ସଦସ୍ୟଙ୍କ ଛାଇ ପଡ଼ିଲେ ମଧ୍ୟ ଏହି ଘରକୁ ଜଳାଇ ଦେବା ସହିତ ନୂତନ ଘର ତିଆରି କରିଥାନ୍ତି। ଏହା ମଧ୍ୟ ଉଲ୍ଲେଖନୀୟ ଯେ ଭୁଞ୍ଜିଆମାନେ ବାହାର ଚାଉଳ ବ୍ୟବହାର କରିନଥାନ୍ତି। ଏପରିକି, ବିବାହ କରି ସାରିଥିବା ଝିଅ ଆସିଲେ ତାକୁ ମଧ୍ୟ ରୋଷେଇ ଶାଳକୁ ପ୍ରବେଶ କରିବାକୁ ଦିଅନ୍ତି ନାହିଁ, ସେହିପରି ଯେଉଁ ସଦସ୍ୟମାନେ ବାହାର ଅର୍ଥାତ୍ ଅନ୍ୟ ଗୋଷ୍ଠୀଙ୍କଦ୍ୱାରା ପ୍ରସ୍ତୁତ ଖାଦ୍ୟ ଖାଇ ଆସିଥାନ୍ତି ତାଙ୍କୁ ମଧ୍ୟ ଏହି ସ୍ଥାନକୁ ପ୍ରବେଶ ଅଧିକାର ଦିଆଯାଏ ନାହିଁ। ଏପରିକି ଚାକିରି ବା ବାହାରେ ରହି ପାଠ ପଢୁଥିବା ଅବିବାହିତ ଝିଅ ପୁଅଙ୍କୁ ମଧ୍ୟ ରୋଷେଇ ଘରକୁ ଛୁଇଁବାକୁ ବା ପଶିବାକୁ ଆଜି ଦିନରେ ବି ଅନୁମତି ମିଳେନାହିଁ।

ଭୁଞ୍ଜିଆ ଆଦିବାସୀ ନୁହଁନ୍ତି ଅନ୍ୟ ଅନେକ ଆଦିବାସୀ ଓ ମିତାନ୍ ଗୋଷ୍ଠୀଙ୍କ ପାଇଁ ମଧ୍ୟ ଚୁଲି ଏକ ପବିତ୍ର ସ୍ଥାନ। ଏପରିକି ଏହି ସ୍ଥାନରେ ଡମ ବା ଗଣା ଗୋଷ୍ଠୀର ହରପାଲ ବଂଶରେ ପିଦରକୁ ସ୍ଥାପନା କରିଥାନ୍ତି। ନୂଆଖାଇ ଭଳି ଉତ୍ସବ ଅନୁଷ୍ଠାନରେ ଚୁଲିରେ ଖିରି ରାନ୍ଧିଲାବେଳେ ଏହି କାରଣରୁ ସତର୍କତା ତଥା ନିର୍ଦ୍ଦିଷ୍ଟ ନୀତିନିୟମ ପାଳନ କରାଯାଏ। ଚୁଲିର ବାଁ ଆଡ଼େ ଜଳୁଥିବା କାଠକୁ ଡାହାଣକୁ କିମ୍ବା ଡାହାଣ କାଠକୁ ବାମକୁ କରାଯାଏ ନାହିଁ। ଏଭଳି କଲେ ପିଦର ଦେବତା କ୍ଷୁବ୍ଧ ହୁଅନ୍ତି ବୋଲି ବିଶ୍ୱାସ କରାଯାଏ। ସେଭଳି କିଛି ହେଲେ 'କନଧରଲା' କହି ଦେବତାଙ୍କ ନାଁରେ ପାଣିଧାର କରିଦିଆଯାଏ। ନୂଆଖାଇ ଦିନ ଭାନସିରେ ସ୍ୱତନ୍ତ୍ର ପୂଜା ହୁଏ। ଚାଉଳ ଗୁଣ୍ଡ ପକେଇ ଆଡ଼େ ସାତ ଧାଡ଼ି, ଠାଡ଼େ ସାତ ଧାଡ଼ି କରି ୪୯ଟି ବଖରା ତିଆରି କରି ପ୍ରତି ବଖରାରେ ଚାଉଳ ପୁଞ୍ଜି ପକାଯାଏ। ଦେବତାଙ୍କୁ ସାତ ଜୁଲ ଦନାରେ ସାତ ଜୁଲ କୁକୁଡ଼ା, ସାତ ଜୁଲ ପିଠା ଭୋଗ ଦିଆଯାଏ।

ଚୁଇଲ ଭାନସି ବିଭିନ୍ନ ଆଦିବାସୀ ଗୋଷ୍ଠୀରେ ଚୁଇଲ ଭାଣ୍ଡୁଲ, ପିଣ୍ଡଲି, ପିଣ୍ଡି ଆଦି ଭାବରେ ପରିଚତ।

ଦ୍ରଷ୍ଟବ୍ୟ: ପିଦର, ଦେ'ଦେବତା, ବଁଶ ଅଁଶ

ଗ୍ରନ୍ଥ ସୂଚନା: ସୁନାନୀ ୨୦୦୯, ୧୦୮; ମିଶ୍ର ୨୦୦୯, ୯; Sabar 2017, 147।

ଭାଲୁମତାନି

ଏକ ପାରମ୍ପରିକ କ୍ରୀଡ଼ା; ପଶ୍ଚିମାଞ୍ଚଳ ଓଡ଼ିଆ, ଦେଶିଆ; ଆଦିବାସୀ, ମିତାନ୍ ଗୋଷ୍ଠୀ; କ୍ରୀଡ଼ା ପରମ୍ପରା

ଭାଲୁମତାନି ଆଦିବାସୀ ଓ ମିତାନ୍ ଗୋଷ୍ଠୀର ଯୁବକ ଯୁବତୀମାନଙ୍କଦ୍ୱାରା ପରିବେଷିତ ହେଉଥିବା ଏକ ପାରମ୍ପରିକ କ୍ରୀଡ଼ା। ସାଧାରଣତଃ ଫସଲ ଅମଳ ସମୟରେ ବା ଫସଲ ଅମଳ ପରେ ପରେ ଏହି କ୍ରୀଡ଼ା ଆୟୋଜିତ ହୋଇଥାଏ। କ୍ରୀଡ଼ା ଆୟୋଜନରେ ଭାଗ ନେଉଥିବା ଖେଳାଳୀମାନଙ୍କ ମଧ୍ୟରେ ଜଣେ ତରୁଣ ବ୍ୟତୀତ ଅନ୍ୟ ସମସ୍ତେ ଅବିବାହିତ ଯୁବତୀ ଥାନ୍ତି। ଏହି କ୍ରୀଡ଼ାର ପରିବେଷଣ କେବଳ ସନ୍ଧ୍ୟା ସମୟରେ ହୋଇଥାଏ। ତରୁଣ ଜଣକ ଭାଲୁର ଭୂମିକା ନେଇଥାଏ। ତା' ଆଖିକୁ ଗାମୁଛା ବା କନା ସାହାଯ୍ୟରେ ବାନ୍ଧି ଦିଆଯାଏ। ଖେଳରେ ଭାଗ ନେଉଥିବା ଅନ୍ୟ ଯୁବତୀମାନଙ୍କ ଭିତରୁ ଜଣେ ଭାଲୁ ରାନୀ ହୁଏ। ଏହି ଭାଲୁ ରାନୀ ଏକ ଉଚ୍ଚ ସ୍ଥାନରେ ବସି ତା କୋଳରେ ଭାଲୁର ମୁହଁକୁ ଜାକି ଧରିଥାଏ। ଅନ୍ୟ ସମସ୍ତ ଖେଳାଳୀ "ଜହ୍ନି ଫୁଲରେ ଭାଲୁ ମାତି ଯା.../ କଖାରୁ ଫୁଲରେ ଭାଲୁ ମାତି ଯା.../ ସଜନା ଫୁଲରେ ଭାଲୁ ମାତି ଯା.../ ବଉଲ ଫୁଲରେ ଭାଲୁ ମାତି ଯା.../ ମହୁଲ ଫୁଲରେ ଭାଲୁ ମାତି ଯା... ଏହିପରି ବିଭିନ୍ନ ଫୁଲର ନାମ ନିଆଯାଇଥାଏ। ଗୀତ ଗାଇଗାଇ, ତାଳି ମାରିମାରି ଭାଲୁ ଓ ଭାଲୁ ରାନୀର ଚାରିକଡ଼ରେ ଘେରାମାରି ଭାଲୁକୁ ଉତ୍ତେଜିତ କରାଇଥାନ୍ତି ଯାହା ଭାଲୁ ମତେଇବା ଭାବରେ ପରିଚିତ। ଏମିତି ପ୍ରାୟ ଏକ ଘଣ୍ଟାରୁ ଦେଢ଼ ଘଣ୍ଟା ବୁଲିବା ପରେ ଯେଉଁ ଖେଳାଳୀ ଜଣକ ଭାଲୁ ହୋଇଥାଏ ସେ ଉତ୍ତେଜିତ ହୋଇପଡ଼େ। ଅନ୍ୟ ସମସ୍ତ ଖେଳାଳୀ ଓ ଭାଲୁରାନୀ ଭାଲୁ ମାତି ଗଲାଣି ଭାବି ତା ଆଖିରୁ ଗାମୁଛା ଖୋଲି ଦେଇଥାନ୍ତି। ତା'ପରେ ଭାଲୁରାନୀ ଭାଲୁକୁ ଅନ୍ୟ ଖେଳାଳୀମାନଙ୍କ ନାଁଧରି ତାଙ୍କୁ ଧରିବା ପାଇଁ କହିଥାଏ। ଭାଲୁ ତାକୁ ଧରି ରାମ୍ପୁଡ଼ାଆମ୍ପୁଡ଼ା କରି ଶେଷରେ ଭାଲୁ ରାନୀକୁ ଛାଡ଼ି ଦେବାକୁ ଅନୁରୋଧ କରେ। ସମୟ ସମୟରେ ଏହି ତରୁଣ ଜଣକ ପ୍ରକୃତରେ ଭାଲୁ ପରି ମାତିଯାଏ ବୋଲି ଖେଳାଳୀମାନଙ୍କ ଭିତରେ ଏକ ବିଶ୍ୱାସ

ଅଛି । ବେଳେବେଳେ ଭାଲୁ ରାନୀକୁ ମଧ୍ୟ ଭାଲୁ ଧରିନେଇ ରାମ୍ପୁଡ଼ାଆମ୍ପୁଡ଼ା କରିଥାଏ ଓ ଭାଲୁ ରାନୀ ଛାଡ଼ି ଦେବାକୁ ଅନୁରୋଧ କରେ । ସମୟ ସମୟରେ ଏହି ତରୁଣ ଜଣକ ପ୍ରକୃତରେ ଭାଲୁ ପରି ମାତିଯାଏ ବୋଲି ଖେଳାଳୀମାନଙ୍କ ଭିତରେ ଏକ ଆଧିଭୌତିକ ବିଶ୍ୱାସ ରହିଛି । ଶେଷରେ ଭାଲୁ ଅବଶ ହୋଇଗଲେ (ବେଳେବେଳେ ଚେତା ବି ହରାଇଥାଏ) ଖେଳାଳୀମାନେ ପୁଣି ଥରେ ଗୀତ ଗାଇ ଭାଲୁ ଉତୁରେଇଥାନ୍ତି । ଅର୍ଥାତ୍ ଭାଲୁ ହୋଇଥିବା ଖେଳାଳୀକୁ ଜୀବନ ଦେଇଥାନ୍ତି । ଭାଲୁ ଉତୁରେଇବା ସମୟରେ ମଧ୍ୟ ଅବିକଳ ଏହି ଗୀତ ଗାନ କରାଯାଇଥାଏ । କୌଣସି ଫୁଲ ଛାଡ଼ିଗଲେ ଭାଲୁ ଉତୁରିନଥାଏ ବୋଲି ଖେଳାଳୀମାନେ ବିଶ୍ୱାସ କରିଥାନ୍ତି । ଏହିପରି ଏହି କ୍ରୀଡ଼ା ଦୁଇରୁ ଅଢେଇ ଘଣ୍ଟା ଯାଏଁ ପରିବେଷିତ ହୋଇଥାଏ । ସାଧାରଣତଃ ଧାଙ୍ଗଡ଼ାଧାଙ୍ଗଡ଼ୀ ବସା, ନିଛାଟିଆ ଗୃହପ୍ରାଙ୍ଗଣ ତଥା ବୃକ୍ଷ ମୂଳରେ ଏହି କ୍ରୀଡ଼ା ସନ୍ଧ୍ୟା ସମୟରେ ପରିବେଷଣ କରାଯାଏ ।

ଭାଲୁମତାନି ଖେଳ ଓଡ଼ିଶାର ଅନ୍ୟ କେତେକ ଅଞ୍ଚଳରେ ଭାଲୁ ଖେଳ, ଭୂତଧରା, ଟାକାରୁ ଖେଳ ଭାବରେ ପରିଚିତ । ଭାଲୁମତାନିର ପ୍ରକାରାନ୍ତର ରୂପ କୋରାପୁଟ ଅଞ୍ଚଳରେ ଭତରା, ପରଜା, ଅମାନତ୍ୟ, ପେଣ୍ଠିଆ, ଭୂମିଆ ଆଦି ଆଦିବାସୀ ଗୋଷ୍ଠୀରେ ବାଲାଏ ମାତାନି ଭାବରେ ପରିଚିତ । ଏହି ଗୋଷ୍ଠୀର ସଦସ୍ୟମାନେ ବିଶ୍ୱାସ କରନ୍ତି ଯେ ବାଲାଏ ଲାଗିଥିବା ଝିଅ ଦେହରେ ରାମାଇ, ଶାମାଇ ନାମକ ଦୁଇ ଦେବୀ ସବାର ହୋଇଥାନ୍ତି ।

ଦ୍ରଷ୍ଟବ୍ୟ: କରମା, ଡାଲଖାଇ

ଗ୍ରନ୍ଥ ସୂଚନା: ବାଗ ୨୦୧୭, ୧୨୩-୪; ପାଢ଼ୀ, ଓ ଉପାଧ୍ୟାୟ ୨୦୧୦, ୩୬୮-୩୬୯ ।

ଭୀମା

ବର୍ଷାର ଦେବତା; ପଶ୍ଚିମାଞ୍ଚଳ ଓଡ଼ିଆ, ଦେଶିଆ; ଆଦିବାସୀ, ମିତାନ୍ ଗୋଷ୍ଠୀ; ଦେବଦେବୀ

ଭୀମା ବର୍ଷାର ଦେବତା । ପଶ୍ଚିମ ଓ ଦକ୍ଷିଣ ଓଡ଼ିଶାର ବିଭିନ୍ନ ଗୋଷ୍ଠୀରେ ବର୍ଷା ନହେଲେ ଭୀମା ଦେବତାଙ୍କୁ ଆବାହନ କରି ପୂଜା କରିବା ଦେଖାଯାଏ । ଭୀମା ଗୌଁଡ୍, କନ୍ଧ, ପରଜା, ଗାଦବା, ଭୁଞ୍ଜିଆ, ବୈଗା, ପହରିଆ, କୋୟା, ଶଅଁରା ପ୍ରଭୃତି ଆଦିବାସୀ ଓ ଡମ୍, ଗଣା, ଗଉଡ଼, ତେଲି, ମାଲି, କୁମ୍ଭାର, କମାର ଆଦି ମିତାନ୍ ଗୋଷ୍ଠୀଦ୍ୱାରା ପୂଜିତ ହେବା ଦେଖାଯାଏ । ତେବେ, ଏହା ଗ୍ରାମ ତଥା ଅଞ୍ଚଳ

ଭିତ୍ତିରେ ଆୟୋଜିତ ହେଉଥିବାରୁ ଏହି ଆୟୋଜନରେ ନିକଟ ସହାବସ୍ଥିତ ଅନ୍ୟ ଗୋଷ୍ଠୀର ସଦସ୍ୟ ମଧ୍ୟ ଭାଗ ନେଇଥାନ୍ତି। ଭୀମାଙ୍କ ଆସ୍ଥାନ ଥାଏ ଧାରନୀ ଦେବୀଙ୍କ ପାର୍ଶ୍ୱରେ ଡିମିରି ଗଛ ତଳେ, ଏକ ପଥର ପ୍ରତୀକ ମଧ୍ୟରେ।

ଗାଦବା ଗୋଷ୍ଠୀରେ ପ୍ରଚଳିତ ମିଥ୍ ଅନୁସାରେ– ଥରେ ପୃଥିବୀରେ ବର୍ଷା ହେଲା ନାହିଁ। ତେଣୁ ଦେବତାମାନେ ଈଶ୍ୱରଙ୍କୁ ଜଣାଇଲେ। ମହାପ୍ରଭୁଙ୍କ ଆଜ୍ଞାରେ ସମସ୍ତ ଦେବତା ଇନ୍ଦ୍ରଙ୍କ ସହିତ ଯୁଦ୍ଧ କରି ତାଙ୍କୁ ବନ୍ଦୀ କଲେ। କିନ୍ତୁ ଇନ୍ଦ୍ର ଯେଉଁ ପୁଷ୍କରିଣୀରେ ଜଳ ରଖିଥିଲେ ତା'ର ହିଡ଼ କେହି ଭାଙ୍ଗିପାରିଲେ ନାହିଁ। ସେଇଠୁ ସମସ୍ତ ଦେବତା ଭୀମା ମହାପ୍ରଭୁଙ୍କୁ ସେହି ବନ୍ଧକୁ ଭାଙ୍ଗିବାକୁ ଅନୁରୋଧ କଲେ। ଭୀମା ମହାପ୍ରଭୁ ସେହି ବନ୍ଧ ଭାଙ୍ଗିବାରୁ ବର୍ଷା ହେଲା। ଗାଦବା ପରି ବଣ୍ଡା ଗୋଷ୍ଠୀରେ ମଧ୍ୟ ଅନୁରୂପ ମିଥ୍ ଶୁଣିବାକୁ ମିଳେ।

ଭୀମା ଦେବତା ବାର ଭାଇ– ମଣ୍ଡଳ ଭୀମା, ବଦରା ଭୀମା, ନଙ୍ଗଲିଆ ଭୀମା, ହଳିଆ ଭୀମା, ଗଜଭୀମା, ରାଜ ଭୀମା, କରଞ୍ଜିଆ ଭୀମା, ଶଗଡ଼ିଆ ଭୀମା, ପଣ୍ଡରା ଭୀମା, ଦେଓ ଭୀମା, ନଚନିଆ ଭୀମା, ଓ ବଜନିଆ ଭୀମା। ଅଞ୍ଚଳ ଭେଦରେ ଏହି ବାର ଭାଇ ଭୀମା ଅନ୍ୟ ଭାବରେ ମଧ୍ୟ ଚିହ୍ନିତ ଯେପରି– ଗଜ୍ ଭୀମା, ଚଅଁରିଆ ଭୀମା, ସଗରିଆ ଭୀମା, ହରିବୋଲ ଭୀମା, କୁରୁଣ୍ଡିଆ ଭୀମା, ଜଅଁରା ଭୀମା, ଜାବୁରା ଭୀମା, ନଙ୍ଗଲିଆ ଭୀମା, ଅର୍ଜି ଭୀମା, ଭଏଁରା ଭୀମା, ଜଲ ଭୀମା, ଓ ଥଲ ଭୀମା।

ପଶ୍ଚିମ ଓଡ଼ିଶାରେ 'ବାର' ଏକ ସାଂସ୍କୃତିକ ମୋଟିଫ୍ ଯେପରି ବାର ପାହାଡ଼, ବାର ଭାଇ ଗଣ୍ଡ ଦେବତା, ବାର ଭାଇ ବିଂଝାଲ, ବାର ଭାଇ କୁମ୍ଭାର, ଗଉଡ଼ ଜାତିରେ ବାରଖେନା (ଶାଖା) ଗାଥା। ଭୀମାଙ୍କ ଆବାହନ ଓ ପୂଜା ବାଲିଯାତ୍ରା ଭାବରେ ମଧ୍ୟ ପରିଚିତ। ବାଲି ଯାତ୍ରା ସାମୟିକ ଭାବରେ (କିଛି ଦିନ ପାଇଁ) ଯେପରି ଆୟୋଜିତ ହୋଇଥାଏ ସେହିପରି ବର୍ଷଯାକ ଧରି ମଧ୍ୟ ଆୟୋଜିତ ହୋଇଥାଏ। ବିଶେଷ କରି କନ୍ଧ ଗୋଷ୍ଠୀରେ ବାର ବର୍ଷରେ ଥରେ ଏହା ବର୍ଷସାରା ଆୟୋଜିତ ହୋଇଥାଏ। ମାଘ ମାସରେ ପ୍ରଥମେ ଧାରନୀ ମାତାଙ୍କୁ ଆବାହନ କରାଯାଏ। ଫାଲଗୁନ ମାସରେ ବସନି ପୁଡ଼ା(ଧାନ ପୁଡ଼ା) ବସାଯାଏ। ବସନି ପୁଡ଼ା ଉପରେ ବସି ଗୁରୁମାଇ ଧୁନକେଲ ବଜାଇ ଗ୍ରାମ ଦେବଦେବୀଙ୍କୁ ସ୍ମରଣ କରେ। ଚଇତ୍ର ମାସରେ ଘୁଷୁରି ବଳିଦେଇ ମୁଡ଼ା ମରାଯାଏ। ଭୀମା ଦେବତାଙ୍କ ବିବାହ ସ୍ଥିର ହୁଏ। ବାର ଭାଇ ଭୀମାଙ୍କ ମଧ୍ୟରୁ କେବଳ କୁରୁଣ୍ଡିଆ ଭୀମାଙ୍କର ହିଁ ବିବାହ ହୋଇଥାଏ ଓ କନ୍ୟା ଭାବରେ ଗୁରୁମାଇଙ୍କୁ ହିଁ ଗ୍ରହଣ କରାଯାଏ। କନ୍ଧ ଗୋଷ୍ଠୀରେ ପ୍ରଚଳିତ ବିବାହ ଅନୁରୂପ ଭୀମା ବିବାହ ଅନୁଷ୍ଠିତ ହୋଇଥାଏ। ବୈଶାଖ ମାସରେ ଡଙ୍ଗର ପୋଡ଼ି ହୁଏ। ଜ୍ୟେଷ୍ଠ ମାସରେ ଇନ୍ଦ୍ର ତଥା

ସ୍ୱର୍ଗର ଅନ୍ୟ ଦେବୀଦେବତାଙ୍କୁ ଆମନ୍ତ୍ରଣ କରାଯାଏ। ଆଷାଢ଼ ମାସରେ ବିହନ ବୁଣାଯାଏ। ଭାଦ୍ରବ ମାସରେ ବାଲି କଢାଯାଏ। ଆଶ୍ୱିନ ମାସରେ ପୋଢ଼ ଧରା ହୁଏ। କାର୍ତ୍ତିକ ମାସରେ ଭୀମାଙ୍କର ଜନ୍ମ, ନାମକରଣ, ଏକୋଇଶା ଆଦି ପାଳନ କରାଯାଏ। ମାର୍ଗଶୀର ମାସରେ ବାଟି ଖେଳ ହୁଏ। ପୌଷ ମାସରେ ଭୀମାଙ୍କ ପାଇଁ କନ୍ୟା ଖୋଜାଯାଏ ଓ ମାଘ ମାସରେ ବିବାହ ହୁଏ। ପୂର୍ବରୁ ଅଣାଯାଇଥିବା ପୋଢ଼କୁ ବଳି ଦିଆଯାଏ।

ଭୀମା ବିବାହ ବ୍ୟତୀତ ବିଭିନ୍ନ ଗୋଷ୍ଠୀରେ ଅକ୍ଷୟ ତୃତୀୟା ଦିନ, ପୋଢ ପୂଜା ସମୟରେ ଗୋଭାଉତରା ବେଳେ, ଗଣ୍ଡମାନଙ୍କ ପିଟୋରି ଯାତ୍ରାବେଳେ, ପହରିଆମାନଙ୍କ ଦେବତା ବିବାହବେଳେ ମଧ୍ୟ ଭୀମାଙ୍କୁ ଆବାହନ କରାଯାଏ।

ଦ୍ରଷ୍ଟବ୍ୟ: ଦେ'ଦେବତା, ମାରାଂବୁରୁ, ବାବାଏଙ୍ଗା, କିତୁଙ୍ଗ୍

ଗ୍ରନ୍ଥ ସୂଚନା: ମିଶ୍ର ୧୯୯୦, ୧୧୨-୬; ମୁଣ୍ଡ ୧୯୯୮, ୩୮-୪୩; ବାଗ ୨୦୦୯, ୭୦; ପାତ୍ର ୨୦୧୫, ୬୩।

ମଣ୍ଡେଇ

ଆଦିବାସୀ ଗୋଷ୍ଠୀର ଦେବଦେବୀଙ୍କ ମେଳଣ; ଦେଶିଆ; ଆଦିବାସୀ, ମିତାନ୍ ଗୋଷ୍ଠୀ; ପର୍ବପର୍ବାଣି

ମଣ୍ଡେଇ ମାଘ ଫାଲଗୁନ ମାସରେ ପାଳନ କରାଯାଉଥିବା ତିନି ଦିନ ବ୍ୟାପୀ ଏକ ପ୍ରସିଦ୍ଧ ଯାତ୍ରା। ପ୍ରତି ବର୍ଷ ନବରଙ୍ଗପୁର ଜିଲ୍ଲାର କୋଡ଼ିଙ୍ଗା ବ୍ଲକ ଅନ୍ତର୍ଗତ କଷାଗୁମଡ଼ା ଗ୍ରାମରେ ପ୍ରଥମେ ମଣ୍ଡେଇ ହୁଏ। ତା'ପରେ ବୋରିଗୁମ୍ମା, ଡାବୁଗାଁ, ରାଜେଢ଼ା, କୁସୁମୀ, ବକଡ଼ାବେଢ଼ା, ଧଡ଼ରା, ରାଇଘର, କୁନ୍ଦେଇ, ହାଟ ଭରଣ୍ଡି, ପୋଡ଼ାଗଡ଼ ପ୍ରଭୃତି ସ୍ଥାନରେ ଏହା ଆୟୋଜିତ ହୋଇଥାଏ।

ମଣ୍ଡେଇ ଯାତ୍ରା ପୂର୍ବରୁ ଗାଁର ନାଇକ, ଗଉଁତିଆ, ଗାଣ୍ଡା(ଗଣା), ଚଲାନ୍ ଓ ନିକଟସ୍ଥ ଗ୍ରାମର ମୁଖିଆ ବସି ଯାତରା ଦିନବାର ସ୍ଥିର କରନ୍ତି। ଗଣାଦ୍ୱାରା ଆନୁଷ୍ଠାନିକ ଭାବେ ଘୋଷଣା ହେବା ପରେ ବିଧି ଅନୁସାରେ ଆଖପାଖର ସମସ୍ତ ଗ୍ରାମ ଦେବଦେବୀଙ୍କୁ ସେହି ଗ୍ରାମର ପୂଜାରୀମାନଙ୍କ ମାଧ୍ୟମରେ ନୂଆ ଚାଙ୍ଗୁଡ଼ିରେ ଫୁଲ ପଠାଇ ନିମନ୍ତ୍ରଣ କରାଯାଏ। ପାରମ୍ପରିକ ବିଧିବିଧାନ ଅନୁସାରେ ସମସ୍ତ ନିମନ୍ତ୍ରିତ ଦେବଦେବୀଙ୍କ ପ୍ରତୀକ ଲାଠି ଦିଶାରି, ଶିରା, ତଥା ପୂଜାରୀମାନଙ୍କଦ୍ୱାରା ବାଜାବାଜଣା ସହିତ ମହାସମାରୋହରେ ସ୍ଥିର କରାଯାଇଥିବା ଯାତରା ସ୍ଥାନରେ ଥିବା ପୂଜାରୀ ଘରକୁ ଆସିଥାନ୍ତି। ପୂଜାରୀ ଘରେ କିଛି ସମୟ ରହିବା ପରେ ଗାଁର ଭୈରବ ଗୁଡ଼ିକୁ

ଯାଆନ୍ତି। ସେଠାରେ ପୂଜା ଅର୍ଚ୍ଚନା ସରିବା ପରେ ସେମାନେ ଶୋଭାଯାତ୍ରାରେ ବାହାରି ମଣ୍ଡେଇ ପଡ଼ିଆରେ ଏକତ୍ରିତ ହୁଅନ୍ତି। ରାତିରେ ଦୋକାନ ବଜାର ବସେ, ନାଚଗୀତ ହୁଏ। ଦେବଦେବୀଙ୍କ ପବିତ୍ର ପାଦ ଧୂଳି ଗାଁ ଦାଣ୍ଡରେ ପଡ଼ିଲେ ସେମାନଙ୍କ ଆଶୀର୍ବାଦରୁ ବର୍ଷ ଯାକ ସମସ୍ତେ କୁଶଳରେ ରହିବେ ବୋଲି ବିଶ୍ୱାସ କରାଯାଏ।

ଦ୍ରଷ୍ଟବ୍ୟ: ଦେ'ଦେବତା, ଯାତରା ପରବ

ଗ୍ରନ୍ଥ ସୂଚନା: ପାଢୀ, ଓ ଉପାଧ୍ୟାୟ ୨୦୧୦, ୪୦୬।

ମଦଥିପେନ୍

ଦେବୀଦେବତା, ଓ ବନ୍ଧୁ କୁଟୁମ୍ବଙ୍କୁ ମଦ ପରିବେଷଣ କରିବା; ପଶ୍ଚିମାଞ୍ଚଳ ଓଡ଼ିଆ, ଦେଶିଆ; ଆଦିବାସୀ, ମିତାନ୍ ଗୋଷ୍ଠୀ; ସାମାଜିକ ରୀତିନୀତି– ପର୍ବପର୍ବାଣିର ପରମ୍ପରା

ଉଭୟ ବର ଏବଂ କନ୍ୟାଘରର ଲୋକ ଉଭୟ ବିବାହ ପାଇଁ ସମ୍ମତ ହେଲେ ବରଘର ଲୋକ କନ୍ୟାଘରକୁ କୌଣସି ଏକ ଶୁଭଦିନରେ ଆସିଥାନ୍ତି। ଏହି ଦିନ ଉଭୟ ବର ଏବଂ କନ୍ୟା ଘରର ସିଆନମାନଙ୍କ ଉପସ୍ଥିତିରେ ମଦଥିପେନ୍ ହୁଏ। ଗାଆଁର ମାଟି ମାଆ, ଘରର ଦେବୀ ଦେବତା ତଥା ପୂର୍ବପୁରୁଷଙ୍କୁ ସ୍ମରଣପୂର୍ବକ ବିବାହରେ କୌଣସି ବାଧାବିଘ୍ନ ନହେବା ସହିତ ସମ୍ଭାବ୍ୟ ଦମ୍ପତିଙ୍କ ମଙ୍ଗଳ କାମନା କରି କିଛି ମଦ ମାଟିରେ ଥିପାଇ ଦିଆଯାଏ (ଢାଳି ଦିଆଯାଏ)। ତା'ପରେ ଉଭୟ କନ୍ୟା ଓ ବର ପକ୍ଷର ଲୋକଙ୍କୁ ମଦ ପିଇଥାନ୍ତି। ଏହା ସ୍ଥିରୀକୃତ ବିବାହ ପ୍ରସ୍ତାବର ଏକ ପ୍ରକାର ସାମାଜିକ ସ୍ୱୀକୃତି। ଯେହେତୁ ଉଭୟ ବର ଓ କନ୍ୟା ପକ୍ଷର ସଦସ୍ୟ ଏଠାରେ ଉପସ୍ଥିତ ଥାଆନ୍ତି ଏଣୁ ଏ ବିବାହ ପ୍ରସ୍ତାବ ପରବର୍ତ୍ତୀ ସମୟରେ କେହି ଉପେକ୍ଷା କରିପାରନ୍ତି ନାହିଁ।

କେବଳ ବିବାହ ନୁହେଁ, ପ୍ରାୟ ସମସ୍ତ ଆଦିବାସୀ ଗୋଷ୍ଠୀରେ ବିଭିନ୍ନ ଦେବଦେବୀଙ୍କୁ ସନ୍ତୁଷ୍ଟ କରିବାକୁ ଯାଇ ବି ମଦଥିପେନ ହୁଏ। ମୃତ୍ୟୁ ପରବର୍ତ୍ତୀ ତିନିଦିନିଆ କାମପରେ ମଧ୍ୟ ମଦ୍ୟପାନ ହୋଇଥାଏ। ଘରକୁ ଅତିଥି ଆସିଲେ ମାଂସ ମଦରେ ଆପ୍ୟାୟିତ କରିବା ପରମ୍ପରା ମଧ୍ୟ ପ୍ରାଚୀନ। ସେହିପରି, ମଦ ପାନ କରିବା ପୂର୍ବରୁ ପ୍ରତ୍ୟେକ ଆଦିବାସୀ ଓ ମିତାନ୍ ଗୋଷ୍ଠୀର ସଦସ୍ୟ ଆଙ୍ଗୁଠିରେ ନେଇ ମାଟିରେ ଟିକିଏ ମଦ ପୂର୍ବପୁରୁଷ ତଥା ଇଷ୍ଟ ଦେବୀଦେବତାଙ୍କ ଉଦ୍ଦେଶ୍ୟରେ ପକାଇଥାନ୍ତି। ସେହିପରି, ଭୂମିଜମାନେ ଦେବୀ ଦେବତାଙ୍କୁ 'ରସି' ଭୋଗ ଦେଇଥାନ୍ତି। ରସି ପ୍ରସ୍ତୁତି ପାଇଁ ବିଶେଷ ନୀତିନିୟମ ବି ପାଳନ କରାଯାଏ। ରସି ପ୍ରସ୍ତୁତକାରୀ ଉପବାସ ରହିବା ସହ

ନୂତନ ବସ୍ତ୍ର ପିନ୍ଧି ନୂଆ ହାଣ୍ଡିରେ ଏହାକୁ ପ୍ରସ୍ତୁତ କରିଥାନ୍ତି। ଏଠାରେ ଉଲ୍ଲେଖନୀୟ ଯେ, ସମସ୍ତ ମିତାନ୍ ଓ ଆଦିବାସୀ ଗୋଷ୍ଠୀରେ ଚାଉଳ, ମହୁଲ, ମାଣ୍ଡିଆ ଆଦି ଶସ୍ୟ ଓ ନିମ୍ବ, ମହୁଲ ଫୁଲ, ବଉଳରୁ ପାରମ୍ପରିକ ଶୈଳୀରେ ମଦ ପ୍ରସ୍ତୁତ ହୋଇଥାଏ। ସେହିପରି, ସଲପ, ଖଜୁରୀ ଆଦି ରସକୁ ମଧ୍ୟ ପାନୀୟ ଭାବେ ଗ୍ରହଣ କରାଯାଏ। ସଲପ ରସକୁ ଖରା ଦିନେ ସିଧାସଳଖ ପାନ କରାଯାଉଥିବା ବେଳେ ଶୀତ ଦିନେ ସାମାନ୍ୟ ଉଷୁମ କରି ପିଆଯାଏ। ସଲପ ରସକୁ ନିଶାଯୁକ୍ତ କରିବା ପାଇଁ କେରୁଆଁ, ସନାରୀ, ବାଡେରି ଆଦି ଗଛର ଚେର ପକାଇଥାନ୍ତି।

ସଲପ, ଖଜୁରୀ ଆଦି ରସକୁ ପାନୀୟ ଭାବରେ ପାନ କରିବାର ପରମ୍ପରା ଆଦିବାସୀ ତଥା ସେମାନଙ୍କ ସହ ସହାବସ୍ଥିତ ଅନ୍ୟ ଗୋଷ୍ଠୀଙ୍କ ଭିତରେ ତଥା ଓଡ଼ିଶାର ଅବିଭକ୍ତ କୋରାପୁଟ, ନବରଙ୍ଗପୁର ଜିଲ୍ଲାରେ ବେଶି ଦେଖିବାକୁ ମିଳେ। ଅନ୍ୟ ଗୋଷ୍ଠୀରେ ଚାଉଳ, ମହୁଲ ଆଦିରୁ ପ୍ରସ୍ତୁତ ମଦ୍ୟର ପ୍ରଚଳନ ବେଶି ଦେଖିବାକୁ ମିଳେ। ତେବେ, ଓଡ଼ିଶାର ବିଭିନ୍ନ ଆଦିବାସୀ ଗୋଷ୍ଠୀ କେବଳ ମହୁଲ କିମ୍ବା ଚାଉଳରୁ ନୁହେଁ କାଜୁ, ଜାମୁକୋଳି, ପିଜୁଳି ଆଦିରୁ ମଧ୍ୟ ମଦ ପ୍ରସ୍ତୁତ କରି ପାନୀୟ ଭାବରେ ଗ୍ରହଣ କରିବା ଦେଖାଯାଏ।

ଦ୍ରଷ୍ଟବ୍ୟ: ଦେ'ଦେବତା, ଯାତରା ପରବ, ବିହା ବରପନ

ଗ୍ରନ୍ଥ ସୂଚନା: ପାଢ଼ୀ, ଓ ଉପାଧ୍ୟାୟ ୨୦୧୦, ୪୬୫-୪୬୮; ବାଗ ୨୦୦୯, ୪୪।

ମରନ

ମୃତ୍ୟୁ; ପଶ୍ଚିମାଞ୍ଚଳ ଓଡ଼ିଆ, ଦେଶିଆ; ଆଦିବାସୀ, ମିତାନ୍ ଗୋଷ୍ଠୀ; ମୃତ୍ୟୁକାଳୀନ ଅବଧାରଣା ଓ ରୀତିନୀତି

କୌଣସି ବ୍ୟକ୍ତିର ମୃତ୍ୟୁ ହେଲେ ଘର ତଥା ପରିବାରର ମହିଳା ସଦସ୍ୟମାନେ ଉଚ୍ଚସ୍ୱରରେ ମୃତକର ଗୁଣ ସ୍ମରଣ କରି କାନ୍ଦିବା ଦେଖାଯାଏ। ପାଖପଡ଼ିଶା ତଥା ଘରର ମୁରବି ଲୋକମାନେ ସେମାନଙ୍କୁ ସାନ୍ତ୍ୱନା ଦେବାକୁ ଏକାଠି ହୋଇଥାନ୍ତି। ସନ୍ଧ୍ୟା ବା ରାତିରେ ମୃତ୍ୟୁ ହେଲେ ଶ୍ମଶାନ ଘାଟକୁ ଶବ ନେବା ସମ୍ଭବ ହୋଇନଥାଏ କାରଣ ନିକଟ ସମ୍ପର୍କୀୟମାନେ ଆସିବାକୁ ଅପେକ୍ଷା କରାଯାଏ। ଶବକୁ ସମ୍ପୂର୍ଣ୍ଣ ଘୋଡ଼େଇ ରଖାଯାଏ, ମାଛି ବସିବାକୁ ଦିଆଯାଏ ନାହିଁ। ପାଳି କରି ନିମ୍ବ ଡାଳରେ ବିଞ୍ଚଣା ଦିଆଯାଏ। ସେହିପରି, ଶବକୁ ଏକାଧିକ ଲୋକ ସକାଳ ହେବା ଯାଏଁ ଜଗି ରହିଥାନ୍ତି ଶବ ରହିଥିବା ସ୍ଥାନକୁ ଜନଶୂନ୍ୟ କରନ୍ତି ନାହିଁ। ସମ୍ଭବ ହେଲେ ମୃତ୍ୟୁ

ପରେପରେ ମରାବାଜା ମଧ୍ୟ ବଜାଯାଏ। କୁହାଯାଏ, "ଚମର ଘଁଟି ବାର କୋଶ !" ଅର୍ଥାତ୍ ଚମଡ଼ାର ଧ୍ୱନି ବାରକୋଶ ଯାଏଁ ଶୁଭେ। ମୃତ୍ୟୁ ଖବର ପାଇ ସମ୍ପର୍କୀୟ ବନ୍ଧୁ କୁଟୁମ୍ବ ନୂଆ ଲୁଗା ଖଣ୍ଡେଖଣ୍ଡେ ଧରି ଆସିଥାନ୍ତି ଓ ଶବ ଦେହରେ ଘୋଡ଼େଇ ଦେଇଥାନ୍ତି। ତେବେ, ଶବ ଦେହରେ ପ୍ରଥମେ ପରିବାରର ସଦସ୍ୟଙ୍କଦ୍ୱାରା କପଡ଼ା ଘୋଡ଼ା ଯାଏ, ତା'ପରେ ଅନ୍ୟମାନେ ଘୋଡ଼ାଇଥାନ୍ତି। ଶବ ପଡ଼ିଥିବା ଘରକୁ ମିରକିଟିଆ ଘର ବୋଲି କୁହାଯାଏ। ବନ୍ଧୁ କୁଟୁମ୍ବ ଆସିଲେ ପ୍ରଥମେ ଶବକୁ ଖଟରୁ ତଳକୁ ଓହ୍ଲାଇ ଶ୍ମଶାନକୁ ନେବାପାଇଁ ମରାଖଟ ସଜଡ଼ା ଯାଏ। ଖଟକୁ ଓଲଟାଇ ଉତ୍ତର-ଦକ୍ଷିଣ କରି ରଖାଯାଏ। ଖଟରେ ଉତ୍ତର ଦିଗରେ ଶବର ମୁଣ୍ଡ ଓ ଦକ୍ଷିଣକୁ ଗୋଡ଼ କରି ଶୁଆଇ ଦିଆଯାଏ। ପ୍ରାୟ ସମସ୍ତ ଆଦିବାସୀ ଓ ମିତାନ୍ ଗୋଷ୍ଠୀରେ ଏହି ପରମ୍ପରା ଦେଖିବାକୁ ମିଳେ। ଅତଏବ, କେତେକ ଗୋଷ୍ଠୀରେ ଚାରି ଦିଗର ଅବଧାରଣାରେ ବେଲ ଉଦତି, ବେଲ ବୁଡ଼ତି, ମୁଡ଼ ଘୁତତି, ଗୋଡ଼ ଘୁତତି ଭଳି ବର୍ଣ୍ଣନା ଶୁଣିବାକୁ ମିଳେ। ଶବଯାତ୍ରା ବେଳେ ଶବକୁ ତଳେ ରଖାଯାଏ ନାହିଁ। ଆବଶ୍ୟକ ହେଲେ ଉପରେଉପରେ ହିଁ କାନ୍ଧ ଅଦଳ ବଦଳ କରାଯାଏ। ଶ୍ମଶାନ ପୂର୍ବରୁ ଗାଁ ମୁଣ୍ଡରେ ଦୋଛକି ରାସ୍ତାରେ ଅର୍ଥାତ୍ ଡ଼େଲାବାଟରେ ଶବକୁ ରଖାଯାଏ। ଏହି ସ୍ଥାନରେ ମୃତକ ପୁରୁଷ ହୋଇଥିଲେ ସ୍ତ୍ରୀ ଚୁଡ଼ି ଭାଙ୍ଗିଥାନ୍ତି, ମହିଳା ହୋଇଥିଲେ ତାଙ୍କ ସ୍ୱାମୀ ଶେଷ ଜୋହାର ହୋଇଥାନ୍ତି, ଶବ ଦେହରେ ହଳଦୀ ଲଗାଯାଏ। ଏଠାରେ ମଧ୍ୟ ଶବକୁ ଉତ୍ତର-ଦକ୍ଷିଣ ଦିଗ କରି ରଖାଯାଏ। ସ୍ତ୍ରୀଲୋକମାନେ ଶ୍ମଶାନକୁ ଯାଆନ୍ତି ନାହିଁ ଡ଼େଲାବାଟରୁ ଫେରି ବୁଡ଼ ଦେବା ପାଇଁ ଜଳାଶୟକୁ ଯାଇଥାନ୍ତି। ଜଳାଶୟରେ ଖଲିଆ ମାଟି ମୁଣ୍ଡରେ ଲଗାଇ ଗାଧୋଇବାକୁ ହୁଏ। ପରିବାର ସଦସ୍ୟ ବୁଡ଼ଦେଇ କପଡ଼ା ନଚିପୁଡ଼ି ଘରକୁ ଆସିଥାନ୍ତି ଓ ଶବ ପଡ଼ିଥିବା ସ୍ଥାନରେ ପାଣି ଚିପୁଡ଼ି ଦେଇଥାନ୍ତି। ତିନି ଦିନ ପରେ ସାନକାମ ହୁଏ, ତିନି ଦିନ ଯାଏ ମୃତକ ଘରେ ତଥା ବଂଶରେ ରୋଷେଇ ହୋଇନଥାଏ, ନିଜ ଭାତର ବନ୍ଧୁ ଘର ଲୋକମାନେ ଖାଇବାକୁ ଦେଇଥାନ୍ତି ଯାହା 'ମିଟିମଡ଼' ଭାବରେ ପରିଚିତ। ଗାଁରେ କେହି ମରିଗଲେ ଜାତି ଗୋଷ୍ଠୀ ନିର୍ବିଶେଷରେ ସାନ କାମ ନସରିବା ଯାଏ ସାମୂହିକ ରୀତିନୀତି, ଯାତ୍ରା ଉତ୍ସବ ଆଦି ପାଳିତ ହୁଏ ନାହିଁ।

ଦ୍ରଷ୍ଟବ୍ୟ: ଦଶା, ସାନ କାମ, ମାଏଟଦିଆ ଜୋଏଦିଆ, ମିଟିମଡ଼, ଭାତ

ଗ୍ରନ୍ଥ ସୂଚନା: ବେଶ୍ରା ୨୦୧୦, ୧୪୧-୧୪୮; ବାଗ ୨୦୦୯, ୫୭-୬୨; ଭୋଳ ୨୦୦୩, ୩୧-୪୦; ପାଢ଼ୀ ୨୦୦୩, ୧୯-୨୦; ଆଦିବାସୀ ଭାଷା ଓ ସଂସ୍କୃତି ଏକାଡ଼େମୀ ୨୦୦୧(କ), ୨୦-୨୨; ଆଦିବାସୀ ଭାଷା ଓ ସଂସ୍କୃତି ଏକାଡ଼େମୀ ୨୦୦୧(ଖ), ୬୫-୬୮; ମେହେର ୨୦୧୦, ୫୫-୬୬।

ମହୁଲ

ମହୁଲ; ପଶ୍ଚିମାଞ୍ଚଳ ଓଡ଼ିଆ, ଦେଶିଆ; ଆଦିବାସୀ, ମିତାନ୍ ଗୋଷ୍ଠୀ; ଜଙ୍ଗଲଜାତ ଖାଦ୍ୟ– ଫୁଲ, ଫଳ

ଆଦିବାସୀ ତଥା ସହାବସ୍ଥିତ ମିତାନ୍ ଗୋଷ୍ଠୀର ସଦସ୍ୟମାନଙ୍କ ପାଇଁ ମହୁଲ ଏକ ପ୍ରମୁଖ ଜଙ୍ଗଲଜାତ ଦ୍ରବ୍ୟ। ମହୁଲକୁ ସିଝାଇ, ଗୁଣ୍ଡ କରି, ତଥା ଭାଜି ବିଭିନ୍ନ ଭାବରେ ଖାଦ୍ୟ ପ୍ରସ୍ତୁତ କରିଥାନ୍ତି ସମ୍ପୃକ୍ତ ଗୋଷ୍ଠୀ। କଞ୍ଚା ମହୁଲକୁ ଶୁଖାଇ ଗୁଣ୍ଡ କରି ସେଥିରେ ଗୁଡ଼ ମିଶାଇ ବି ଖିଆଯାଏ। ଏଥିରେ ବେଳେବେଳେ ଶାଳ, ତେନ୍ତୁଳି, ବାଇଡ଼ଙ୍କ (stinging nettle), ଖୁରୁସା, ମକା ମଞ୍ଜି ଆଦି ମିଶାଇଥାନ୍ତି। ସେହିପରି, ଶୁଖିଲା ମହୁଲକୁ ପ୍ରଥମେ ପାଣିରେ ପରିଷ୍କାର କରି ଧୋଇ ଶୁଖାଇବା ପରେ ତାକୁ ମୁଢି ଭାଜିବା ପରି ଭାଜି, ମୁହୁଲ ଧୁଆ ପାଣିକୁ ଫୁଟାଇ ସେଥିରେ ସେଥିରେ ମହୁଲ ଭଜା ଓ ଗୁଡ଼ ମିଶାଇ ଚପନା ଭାବରେ ଭୁଞ୍ଜିଆମାନେ ଖାଇବା ଦେଖାଯାଏ। ଅନୁରୂପ ଭାବରେ, ମହୁଲରୁ ମୁଆ ପ୍ରସ୍ତୁତ ହୋଇଥାଏ। ଭୂମିଜମାନେ ମଧ୍ୟ ମହୁଲକୁ ମକା ଖଇ, ବାଜରା (pearl millet) ଖଇ, ଭେଣ୍ଡି ମଞ୍ଜି, ଶାଳ ମଞ୍ଜି ଓ ଉଷୁନା ଚାଉଳ ଭଜା ମିଶାଇ ମୁଆଁ ପ୍ରସ୍ତୁତ କରିଥାନ୍ତି। କେବଳ ଭୁଞ୍ଜିଆ ବା ଭୂମିଜ ଗୋଷ୍ଠୀର ଲୋକ ନୁହଁନ୍ତି ପ୍ରାୟ ସମସ୍ତ ଆଦିବାସୀ ଗୋଷ୍ଠୀ ତଥା ଅନେକ ମିତାନ୍ ଗୋଷ୍ଠୀରେ ମହୁଲ ପ୍ରିୟ ଖାଦ୍ୟ। ସେହିପରି, ମହୁଲରୁ ମଦ ମଧ୍ୟ ପ୍ରସ୍ତୁତ ହୋଇଥାଏ ଯାହା 'ମହୁଲି' ଭାବରେ ପରିଚିତ। କଞ୍ଚା ମହୁଲ ଫଳର ଛାଲିକୁ ତରକାରୀ କରି ଖାଇବା ମଧ୍ୟ ଦେଖିବାକୁ ମିଳେ। ମହୁଲ ମଞ୍ଜି(ଟୋଲ)ରୁ ଟୋଲା ତେଲ ପ୍ରସ୍ତୁତ ହୋଇଥାଏ। ମହୁଲଗୁଣି ନାମରେ ଏକ ଦେବତା ଦେଖିବାକୁ ମିଳନ୍ତି ପଶ୍ଚିମ ଓ ଦକ୍ଷିଣ ଓଡ଼ିଶାରେ। ମହୁଲଗୁଣି ପୂଜା କହିଲେ ମହୁଲ ଗଛର ପୂଜାକୁ ହିଁ ବୁଝାଏ। ମହୁଲ ଗଛରେ କୁଚି (ବଉଳ ଅନୁରୂପ ମହୁଲ ଫୁଲର ପ୍ରାରମ୍ଭିକ ଅବସ୍ଥା) ଧରିଲେ ସମ୍ପୃକ୍ତ ଗୋଷ୍ଠୀର ସଦସ୍ୟମାନେ ପୂଜା ସରିବା ଯାଏଁ ମଦ ପିଇବା ବନ୍ଦକରି ଦିଅନ୍ତି। ଏହି ପୂଜା ପୂର୍ବରୁ ସାଲକା (ଲୁହାର ଶିକୁଳି, କୋଡ଼ା, ବଳିତା, ଜାଗର) ଯୋଗାଡ଼ କରି ରଖାଯାଏ। ସମ୍ପୃକ୍ତ ଗୋଷ୍ଠୀର ସଦସ୍ୟମାନେ ପୂଜା ଦିନ ଏସବୁ ସାମଗ୍ରୀ ସହ ଗୁଡ଼ି ତଥା ଅଞ୍ଚଳ ଭେଦରେ ମହୁଲ ଗଛ ନିକଟକୁ ଯାଇ ପୂଜା କରିଥାନ୍ତି। କୋରାପୁଟ ଓ ପଶ୍ଚିମ ଓଡ଼ିଶାର ବିଭିନ୍ନ ଅଞ୍ଚଳରେ ମହୁଲ ପଡ଼ା, ମହୁଲ ଭଟା, ମହୁଲ ପଦର, ମହୁଲ କୋଟ, ମହୁଲପାଟଣା ଆଦି ନାମରେ ଗାଁ ମଧ୍ୟ ଦେଖିବାକୁ ମିଳେ। ଏଠାରେ ଉଲ୍ଲେଖନୀୟ ଯେ, ମହୁଲ ଗଛିଏନ୍ ଭଳି ଧଁରା ଗଛେନ୍, ଟିକନ୍ ଗଛେନ୍, ବାଞ୍ଜି ବୁଟେନ୍ ଆଦି ଦେବୀ ତଥା ସମ୍ପୃକ୍ତ ବୃକ୍ଷକୁ ପୂଜା ଆରାଧନା କରିବା ଦେଖାଯାଏ।

ଦ୍ରଷ୍ଟବ୍ୟ: କରମା, ମାରାଂବୁରୁ, ଜାହେର, ସିନ୍ଧିବୁଟା

ଗ୍ରନ୍ଥ ସୂଚନା: ସୁନାନୀ ୨୦୦୯, ୮୩, ୧୯୭; ହୋତା, ପରିଡ଼ା, ଏବଂ ପଟେଲ ୨୦୧୦, ୪୮, ୧୦୧, ୧୪୮; ମିଶ୍ର ୧୯୯୦, ୧୬୯; ପାତ୍ର ୨୦୧୫, ୭୬-୭୭।

ମାଂଝି ଆଖଲା

ଦାଣ୍ଡ ଦରବାର; ସାନ୍ତାଳୀ; ଆଦିବାସୀ, ମିତାନ୍ ଗୋଷ୍ଠୀ; ସାମାଜିକ ପରମ୍ପରା

ସାନ୍ତାଳ ସମାଜରେ ଗ୍ରାମ ମୁଖ୍ୟ ମାଂଝି ବା ମାଂଝିହାଲାମ୍ ତଥା ମାଂଝିବାବା ଭାବରେ ପରିଚିତ। ମାଂଝିଙ୍କୁ ସହାୟତା କରିବା ପାଇଁ ପାରାନିକ୍, ଜଗମାଂଝି ଓ ଗଡ଼େତ୍ ପ୍ରମୁଖ ନିଯୁକ୍ତ ହୋଇଥାନ୍ତି। ମାଂଝିଙ୍କ ପରେ ପାରନିକ୍ ଗ୍ରାମ ସଂଗଠନର ଦ୍ୱିତୀୟ ମୁଖ୍ୟ ବ୍ୟକ୍ତି। ପାରନିକ ମାଂଝିଙ୍କ ଅନୁପସ୍ଥିତିରେ ଗ୍ରାମର ଶାସନ ଦାୟିତ୍ୱ ତୁଲାଇ ଥାଆନ୍ତି। ଜଗମାଂଝି ଡାକୁଆ ବା ଟହଲିଆ କାମ କରିଥାନ୍ତି। ଅନ୍ୟ କେତେକ ଆଦିବାସୀ ଓ ମିତାନ୍ ଗୋଷ୍ଠୀରେ ପାରାନିକ ଧାଙ୍ଗଡ଼ାମାଂଝି, ଚାଲାଣ, ନାଏକ, ଗଡ଼େତ୍ ଆଦି ଭାବରେ ପରିଚିତ। ଗଡ଼େତ୍ ଜଗମାଂଝିଙ୍କୁ ସହାୟତା କରିଥାନ୍ତି। ସାନ୍ତାଳ ସମାଜରେ ବିପଦଆପଦ, ରୋଗଶୋକ, ବାଦବିବାଦ, ପୂଜାପର୍ବ, ଉତ୍ସବ ଅନୁଷ୍ଠାନବେଳେ କୁହ୍ଲିଦୁଲୁବ୍ ହୋଇଥାଏ। ମାଂଝିଙ୍କ ନିର୍ଦ୍ଦେଶକ୍ରମେ ଗଡ଼େତ୍ ଗ୍ରାମର ସମସ୍ତଙ୍କ ଘରକୁ ଯାଇ ଦରବାର ବସିବ ବୋଲି ଜଣାଇ ଦିଅନ୍ତି। ଏହି ସଭାରେ ସମସ୍ତେ ବସି ଦିନ, ବେଳ, ବିଧିବିଧାନ ନିର୍ଦ୍ଧାରିଣ କରନ୍ତି। ଏହି ପରମ୍ପରା ସମସ୍ତ ଆଦିବାସୀ ଗୋଷ୍ଠୀରେ ଦେଖିବାକୁ ମିଳେ।

କେବଳ ଆଦିବାସୀ ନୁହଁନ୍ତି ମିତାନ୍ ଗୋଷ୍ଠୀରେ ମଧ୍ୟ ଅନୁରୂପ ପରମ୍ପରା ଦେଖିବାକୁ ମିଳେ। ବିବାହ ଦଶାହ ଭଳି ନିର୍ଦ୍ଦିଷ୍ଟ ଗୋତ୍ର, ବର୍ଗ ଭିତ୍ତିକ ପରମ୍ପରାରେ ମଧ୍ୟ ସେହି ବଂଶ ବା ଗୋତ୍ରର ଧଙ୍ଗଡ଼ାମାଂଝି, ସିଆନ୍ ଓ ଅନ୍ୟ ସଦସ୍ୟଙ୍କୁ ନେଇ ଏହି ଦାଣ୍ଡ ସଭା ଅନୁଷ୍ଠିତ ହୋଇଥାଏ। ଆଜିକାଲି ବିବାଦ ବା କଳି ଝଗଡ଼ା ଅନେକତଃ ପୋଲିସ ତଥା ଆଇନର ସହାୟତାରେ ସମାଧାନ ହେଉଛି। ତେବେ, ଜନ୍ମ, ମୃତ୍ୟୁ, ବିବାହ ତଥା ବିଭିନ୍ନ ପର୍ବପର୍ବାଣିର ପାଳନ ଏବଂ ଆୟୋଜନ କେବଳ ଏହି ସଭାରେ ହିଁ ଠିକ୍ ହୋଇଥାଏ। ମାଂଝି ଆଖଲା ବା ମାଂଝି ଛାଟକା ବିଭିନ୍ନ ଆଦିବାସୀ ଓ ମିତାନ୍ ଗୋଷ୍ଠୀରେ ସିନ୍ଧିବୋର (ବଣ୍ଡା), ପଁଚ, ସମାଜ, ସଦରଦାଣ୍ଡ, ଲେପା, ଦରବାର ଆଦି ଭାବରେ ମଧ୍ୟ ପରିଚିତ।

ଦ୍ରଷ୍ଟବ୍ୟ: ପଁଚ, ସମାଜ

ଗ୍ରନ୍ଥ ସୂଚନା: ବାଗ ୨୦୦୯, ୨୧-୨୨; ପ୍ରଧାନ ୨୦୧୬, ୬୫-୬୬; ସୁନାନୀ ୨୦୦୯, ୩୯; ମିଶ୍ର ୧୯୯୬, ୫୬; ବେଶ୍ରା ୨୦୦୩, ୬୯।

ମାଂଝିହାଲାମ ବଙ୍ଗା

ମୁଖିଆ ଦେବତା; ସାନ୍ତାଳୀ; ଆଦିବାସୀ; ସାମାଜିକ ପ୍ରତିନିଧିଙ୍କ ମୃତ୍ୟୁ ପର ସ୍ଥାନ– ଦେବୀଦେବତା

ସମସ୍ତ ଆଦିବାସୀ ତଥା ମିତାନ୍ ଗୋଷ୍ଠୀରେ କୌଣସି ବ୍ୟକ୍ତିର ମୃତ୍ୟୁ ହେଲେ ସେମାନେ ବଙ୍ଗା ହୋଇଯାଆନ୍ତି। ସେହି କାରଣରୁ ପ୍ରାୟ ସମସ୍ତ ଗୋଷ୍ଠୀରେ ପୂର୍ବପୁରୁଷ ବା ପିଦର ପୂଜାର ପରମ୍ପରା ଅଛି। ତେବେ, ସାନ୍ତାଳ ଗୋଷ୍ଠୀର ମାଂଝିହାଲାମ ବଙ୍ଗା, ପାର୍ଗନା ବଙ୍ଗା ଭଳି ଅବଧାରଣା ଅନ୍ୟ କୌଣସି ଗୋଷ୍ଠୀରେ ଦେଖାଯାଏ ନାହିଁ। ମାଂଝି ଜୀବିତାବସ୍ଥାରେ ଗ୍ରାମର ମଙ୍ଗଳ ପାଇଁ ନିଜକୁ ଉତ୍ସର୍ଗ କରିଥିବାରୁ ସେ ମଧ୍ୟ ଅନ୍ୟତମ ଗ୍ରାମ ଦେବତା ଭାବରେ ପୂଜା ପାଇଥାନ୍ତି। ଗ୍ରାମର ସମକାଳୀନ ମୁଖିଆ ହିଁ ତାଙ୍କ ଘର ପାଖରେ ମାଂଝିଥାନ ତିଆରି କରିଥାନ୍ତି। ଏହାଙ୍କୁ ଯୋଡ଼ାପାରା ବଳି ଦିଆଯାଏ। ଗ୍ରାମ ଦେବୀଦେବତାଙ୍କ ସହିତ ଏହି ଦେବତାଙ୍କୁ ମଧ୍ୟ ସମାଜର ହିତୈଷୀ ଭାବରେ ଗ୍ରହଣ କରାଯାଏ। ଗ୍ରାମର ଝିଅଟିଏ ବୋହୂ ହୋଇ ଶାଶୁଘରକୁ ଯିବା ପୂର୍ବରୁ, ଯୁବକଟିଏ ମଧ୍ୟ ବିବାହ ପାଇଁ ବାହାରିବା ପୂର୍ବରୁ ମାଂଝି ଥାନଠାରେ ମୁଣ୍ଡିଆମାରି ଆଶୀର୍ବାଦ ଭିକ୍ଷା କରିଥାଏ। ପାର୍ଗନା ବଙ୍ଗା ସବୁ ଗ୍ରାମରେ ନଥାନ୍ତି। ଯେଉଁ ଗ୍ରାମରେ ପ୍ରଗଣାଧିକାରୀ ରହୁଥାନ୍ତି ସେହି ଗ୍ରାମରେ ହିଁ ପର୍ଗନା ବଙ୍ଗା ଦେଖିବାକୁ ମିଳନ୍ତି। ଏଠାରେ ଉଲ୍ଲେଖନୀୟ ଯେ, ମାଂଝି, ନାୟେକେ ଆଦି ସବୁବେଳେ ଶୁଦ୍ଧ ପବିତ୍ର ତଥା ଧାର୍ମିକ ରୀତିନୀତି ପାଳନ କରନ୍ତି ସେହିପରି ଏହି ମାଂଝିହାଲାମ ବଙ୍ଗା ଓ ପାର୍ଗନା ବଙ୍ଗାଙ୍କୁ ମଧ୍ୟ ଶୁଦ୍ଧ କରାଯାଏ। ଗ୍ରାମରେ କେହି ଜନ୍ମ ହେଲେ କି କାହାର ମୃତ୍ୟୁ ହେଲେ ଛଟୟାର, ତେଲନାହାନ ନସରିଲେ ଏମାନଙ୍କୁ କୌଣସି ପୂଜାବଳି ଦିଆଯାଏ ନାହିଁ।

ସାନ୍ତାଳ ଗୋଷ୍ଠୀର ମାଂଝିହାଲାମ, ପାର୍ଗନା ବଙ୍ଗା ଅନୁରୂପ କଳାହାଣ୍ଡି, ଅବିଭକ୍ତ କୋରାପୁଟ, ବଲାଙ୍ଗୀର ଆଦି ଜିଲ୍ଲାର ବିଭିନ୍ନ ଅଞ୍ଚଳରେ ମଧ୍ୟ ବରସେଲ୍ ମାଂଝି ବୁଢା, ବୁଢାରଜା, ମାଂଝିବୁଢା ଆଦି ଦେବତା ଦେଖିବାକୁ ମିଳନ୍ତି। ତେବେ, ଏମାନେ ଗୋଷ୍ଠୀ, ଜାତି ନିର୍ବିଶେଷରେ ସମଗ୍ର ଅଞ୍ଚଳରେ ପୂଜା ପାଇଥାନ୍ତି।

ଦ୍ରଷ୍ଟବ୍ୟ: ଦେ'ଦେବତା, ମାରାଂବୁରୁ, ଭୀମା

ଗ୍ରନ୍ଥ ସୂଚନା: ବେଶ୍ରା ୨୦୧୦, ୧୮, ୧୦୧-୨।

ମାଏଟଦିଆ ଜୋଏଦିଆ

ମାଟି ଦେବା ନିଆଁ ଦେବା; ପଶ୍ଚିମାଞ୍ଚଳ ଓଡ଼ିଆ, ଦେଶିଆ; ଆଦିବାସୀ, ମିତାନ୍ ଗୋଷ୍ଠୀ; ଶବ ସଂସ୍କାର ପରମ୍ପରା

ପରିବାରରେ କାହାର ମୃତ୍ୟୁ ହେଲେ ଆଦିବାସୀ ଓ ମିତାନ୍ ଗୋଷ୍ଠୀରେ ଅନ୍ୟ ଗୋଷ୍ଠୀ ଭଳି ପୋତିବା ଓ ଦାହ କରିବା ଉଭୟ ପ୍ରକ୍ରିୟାରେ ଶବ ସଂସ୍କାର କରାଯାଏ। ପୋତିବା କ୍ଷେତ୍ରରେ ଉତ୍ତର-ଦକ୍ଷିଣ ପ୍ରାୟ ଦେଢ଼ ଫୁଟ ଓସାର ଓ ଶବର ଉଚ୍ଚତା ଅନୁସାରେ ଲମ୍ବ ଗାତ ଖୋଳାଯାଏ। ଏହା 'ମରାଖାଲ' ଭାବରେ ପରିଚିତ। ଖାଲ ଚାରିପଟେ ବାମରୁ ଡାହାଣକୁ ସାତ କିମ୍ବା ନଅ ଥର ଶବକୁ ପରିକ୍ରମା କରାଇ ତାଙ୍କର ବ୍ୟବହୃତ ଲୁଗାପଟା ସହିତ ଉତ୍ତର ଦିଗକୁ ମୁଣ୍ଡ ରଖି ପୋତାଯାଇଥାଏ। ପୋତା ଯିବା ପରେ ସେଠାରେ ଉପସ୍ଥିତ ଥିବା ପରିବାର ତଥା ସହାବସ୍ଥିତ ଅନ୍ୟାନ୍ୟ ବନ୍ଧୁ କୁଟୁମ୍ବ ସମସ୍ତେ ଶବ ଉପରେ ମାଟି ଟେଲା ଟିକିଏ ଟିକିଏ ପକେଇଥାନ୍ତି ଏହାକୁ 'ମାଟି ଦେବା' କୁହାଯାଏ। ମାଟିଦିଆ ସରିବା ପରେ ଶବ ଉପରେ କିଛି ପଥର ରଖି ଦିଆଯାଏ। ଏବଂ ମାଟି ଖୋଳିବାରେ ବ୍ୟବହୃତ ରଫା, ଫାଉଡ଼ା, ଗଇନ୍ତି ଆଦିର ବେଣ୍ଟ ଓଲଟା ଲଗାଇ ପାଞ୍ଚ ନହେଲେ ସାତ ଥର ମରାଖାଲରେ ଲହଁକାଯାଏ। ସେହିପରି, ଦାହ କରିବା କ୍ଷେତ୍ରରେ ମଧ୍ୟ ଶବକୁ ଜୁଇକାଠ ଉପରେ ରଖି ମୃତ ବ୍ୟକ୍ତିର ପୁତ୍ର ଶବ ଚାରି ପଟେ ତିନି ଥର ପରିକ୍ରମା କରି ଶବର ମୁଣ୍ଡପଟେ ନିଆଁ ଲଗାଇଥାନ୍ତି। ମୃତ ବ୍ୟକ୍ତି ପୁରୁଷ ହୋଇଥିଲେ ବାପା, ଭାଇ, ନାତି କିମ୍ବା ବଂଶୀୟ ବ୍ୟକ୍ତି ନିଆଁ ଦେଇଥାନ୍ତି, ଏବଂ ମହିଳାଙ୍କ କ୍ଷେତ୍ରରେ ପୁଅ, ସ୍ୱାମୀ କିମ୍ବା ସ୍ୱାମୀଙ୍କ ବଂଶଜ କେହି ଏହି କାର୍ଯ୍ୟ କରିଥାନ୍ତି। ତା'ପରେ ସେଠାରେ ଉପସ୍ଥିତ ଥିବା ପରିବାର ସଦସ୍ୟ ବନ୍ଧୁ କୁଟୁମ୍ବ ସମସ୍ତେ ଜୁଇରେ ଛୋଟଛୋଟ କାଠ ଟିକିଏ ପକାଇଥାନ୍ତି ଯାହା 'ଜୋଏଦିଆ' ବା 'କାଠଦିଆ' ଭାବରେ ପରିଚିତ।

ଦ୍ରଷ୍ଟବ୍ୟ: ମରନ, ପିତା, ଦଶା, ସାନ କାମ

ଗ୍ରନ୍ଥ ସୂଚନା: ବାଗ ୨୦୦୯, ୫୮; ବେଶ୍ରା ୨୦୧୦, ୧୪୩-୪୪; ଆଦିବାସୀ ଭାଷା ଓ ସଂସ୍କୃତି ଏକାଡ଼େମୀ ୨୦୧୧, ୨୦-୨୨(କ), ୬୫-୬୯(ଖ)।

ମାଏଟ୍ ପାଏନ୍

ମାଟି ପାଣି; ପଶ୍ଚିମାଞ୍ଚଳ ଓଡ଼ିଆ, ଦେଶିଆ; ଆଦିବାସୀ, ମିତାନ୍ ଗୋଷ୍ଠୀ; ମାଟି ଓ ପାଣିକୁ ନେଇ ପାରମ୍ପରିକ ଅବଧାରଣା

ମାଟି ଓ ପାଣି କେବଳ ଆଦିବାସୀ କିମ୍ବା ମିତାନ୍ ଗୋଷ୍ଠୀର ନୁହେଁ ଆମ

ସମସ୍ତଙ୍କ ଜୀବନଧାରଣର ଆଧାର। ତେବେ, ଏଠାରେ ଆଦିବାସୀ ଓ ମିତାନ୍ ଗୋଷ୍ଠୀର ମାଟି ଓ ପାଣିକୁ ନେଇ ପାରମ୍ପରିକ ଅବଧାରଣା ସ୍ୱତନ୍ତ୍ର ଯାହା ଉଲ୍ଲେଖନୀୟ। ଆଦିବାସୀ ଓ ମିତାନ୍ ଗୋଷ୍ଠୀ ମାଟିକୁ ଆବହମାନକାଳରୁ ସେମାନଙ୍କର ମାଆ ଭାବରେ, ଦେବତା ଭାବରେ ଗ୍ରହଣ କରିଆସିଛନ୍ତି କହନ୍ତି, 'ମାଏଟ ମାଆ', 'ପାଏନ ଆର୍ ପରାନ୍'– ଅର୍ଥାତ୍ ପାଣି ହେଉଛି ପ୍ରାଣ। ଆଦିବାସୀ ତଥା ମିତାନ୍ ଗୋଷ୍ଠୀ କୌଣସି ନୂଆ ସ୍ଥାନରେ ବସବାସ କରିବା ଆଗରୁ ମାଟିମାଆଙ୍କୁ ଅଁଗ୍ ବା ଆଶ୍ରୟ ମାଗନ୍ତି ତା'ପରେ ଯାଇ ମୁଡ଼ାଗାଡ଼ି ଘର ତିଆରି କରନ୍ତି। ଯେଉଁ ଗୋଷ୍ଠୀ ପ୍ରଥମେ ମୁଡ଼ାଗାଡ଼ିଥାଏ ସେହି ଗାଁ ବା ସେଇ ସ୍ଥାନର ମାଟି ସେହି ପ୍ରଜାତିକ ପରିଚୟରେ ଅନେକ ସମୟରେ ଚିହ୍ନିତ ହୋଇଥାଏ ଯେପରି– ଗଣ ମାଟି, ଭତରା ମାଟି, କନ୍ଧ ମାଟି, ପରଜା ମାଟି ଇତ୍ୟାଦି। କୃଷିକର୍ମ କରିବା ପୂର୍ବରୁ ପ୍ରାୟ ସମସ୍ତ ଆଦିବାସୀ ଓ ମିତାନ୍ ଗୋଷ୍ଠୀରେ ମାଟିକୁ ପୂଜା କରିବା, ବିହନଛିନା ଯାତ୍ରା ପାଳନ କରିବା ଆମେ ଦେଖିବାକୁ ମିଳେ। ଅନେକ ଆଦିବାସୀ ଓ ମିତାନ୍ ଗୋଷ୍ଠୀରେ ଗାଁରୁ ବାହାରକୁ ଗଲାଆସିଲା ବେଳେ ମାଟି ମାଆକୁ ଜୁହାର ହେବା ଦେଖାଯାଏ। ସେହିପରି, ଏଠାରେ ମାଟିର ପ୍ରକାର ଭେଦକୁ ଖଲିଆ ମାଟି, ବାଲିଆ ମାଟି, ପତରିଆ ବା ପଥୁରିଆ ମାଟି, ଫରସା ମାଟି, ଉଇ ମାଟି, ମୁରମ୍(ନୁରୁମ୍) ଆଦି ଭାବରେ ଚିହ୍ନଟ କରାଯିବା ବି ଦେଖିବାକୁ ମିଳେ। ରଙ୍ଗକୁ ଆଧାର କରି ରତା ମାଟି ବା ଲାଲ ମାଟି, ଚୁଇ ମାଟି ତଥା ଈଷତ୍ ହଳଦିଆ ମାଟିର ଅବଧାରଣା ମଧ୍ୟ ଆମେ ଦେଖିଥାଉ। ବିବାହ ସମୟରେ ଚିକଲଣ୍ଡି ଭଳି ଖେଳର ଆୟୋଜନରୁ ଆମେ ଆଦିବାସୀ ଓ ମିତାନ୍ ଗୋଷ୍ଠୀ ମାଟିକୁ କେତେ ଭଲ ପାଆନ୍ତି ତାହା ଜାଣିପାରିବା।

ମାଟି ଭଳି ପାଣିକୁ ନେଇ ବି ଆଦିବାସୀ ଓ ମିତାନ୍ ଗୋଷ୍ଠୀରେ ଆବେଗିକ ଅବଧାରଣା ଦେଖିବାକୁ ମିଳେ ତଥା ପାଣିକୁ ବି ଦେବୀ ଭାବରେ ଗ୍ରହଣ ଓ ସମ୍ମାନ କରିବା ଦେଖାଯାଏ। କାମିନୀ ଭଳି ଦେବୀଙ୍କୁ ଜଳଦେବୀ ଭାବରେ ପୂଜା କରାଯାଏ। ମାଟି ଭଳି ପାଣିକୁ ବି ଖର ପାନି, (ମଧୁର) ପାନି, ଝର ବା ଝରନିଆ ପାନି, ଅଛନା ପାନି (ସଂଗୃହୀତ ବର୍ଷା ଜଳ), ନିଙ୍ଗଲ ପାନି, ଝଲଝଲା ପାନି, ଚୁଆ ପାନି, ଚହଲା ପାନି ଆଦି ବିଭିନ୍ନ ଅବଧାରଣା ଦେଖିବାକୁ ମିଳେ। ଏଠାରେ ଉଲ୍ଲେଖନୀୟ ଯେ, ମାଟି ଓ ପାଣିକୁ ପବିତ୍ରତାର ପ୍ରତୀକ ଭାବରେ ବି ଗ୍ରହଣ କରାଯାଏ। ବିଭିନ୍ନ ପୂଜାପର୍ବ ତଥା ରୀତିନୀତିରେ ସ୍ନାନ କରିବା ଯେପରି ଆବଶ୍ୟକ ସେହିପରି, ଶବ ସତ୍କାର ପରେ ଖଲିଆ ମାଟିରେ ମୁଣ୍ଡ ଧୋଇବା ଓ ବନ୍ଧୁ ଲୋକଙ୍କଦ୍ୱାରା ପାଣି ଛିଟକାଇ ହେବା ବି ସେଭଳି ଏକ ଆବଶ୍ୟକତା।

ଦ୍ରଷ୍ଟବ୍ୟ: ମାଟିଦିଆ ଜୋଏଦିଆ, ଚିକଲଣ୍ଡି

ଗ୍ରନ୍ଥ ସୂଚନା: ବାଗ ୨୦୦୯, ୮୫; ସୁନାନୀ ୨୦୦୯, ୧୯୬; ମୁଣ୍ଡ ୨୦୦୩, କ।

ମାଏନ ଧରମ

ମାନସମ୍ମାନ; ପଶ୍ଚିମାଞ୍ଚଳ ଓଡ଼ିଆ, ଦେଶିଆ; ଆଦିବାସୀ, ମିତାନ୍ ଗୋଷ୍ଠୀ; ସାମାଜିକ ପରମ୍ପରା

ମାଏନ ଧରମ ବା ମାନସମ୍ମାନର ପରମ୍ପରା ସମସ୍ତ ଗୋଷ୍ଠୀରେ ସମ୍ପୃକ୍ତ ଗୋଷ୍ଠୀ ଅନୁରୂପ ଦେଖିବାକୁ ମିଳେ। ଆଦିବାସୀ ଓ ମିତାନ୍ ଗୋଷ୍ଠୀରେ ସିଆନ୍ ବା ବୟସ୍କ ଲୋକଙ୍କୁ ମୁଣ୍ଡିଆ ମାରିଲେ ମୁଣ୍ଡବାଳ ଆଉଁଷି ଆଶୀର୍ବାଦ କରି "ଜି ଖା", "ବୁଢ଼ା ଡକରା / ବୁଢ଼ି ଡକରି ହି ରହ", "ବନେବନା ହି ରହ", "ଶତ୍ରୁ ଆସା ପାଏଁ ପୋରୋ !", "ଅଲପ କମାଲେ ଭୁତେକ ହୋ", "ଜଏଯୁକ୍ତି ହୋ", "ନାଇଁ କାତାହେ ବା ଲୋକ କାତା ହୋ, ନାଇଁ ଦେବା ଲୋକ ଦିଓତ", "ଚାଲବା ବାଟେ କାଁଟା ନାଇଁ ଖୁବୋ", "କଲେ ପୁତର, ଧନେ ଛତର ହି' ର", "ଚାଲାଗଲେ ଫୁଲ ଫୁଟୋ", "ହାଁସାଖେଲା ହୁଆ ର" ଇତ୍ୟାଦି ଆଶୀର୍ବାଦ କରିବା ଶୁଣାଯାଏ।

ମିତାନ୍ ଓ ଆଦିବାସୀ ଗୋଷ୍ଠୀରେ ଦେଢଶୁରକୁ ଭାଇବୋହୂ, ପୁତୁରା ଝିଆରୀ ଆଦିଙ୍କୁ କାକୀ ବହୁତ ସମ୍ମାନ କରିଥାନ୍ତି। ଦୁହେଁ ପରସ୍ପରର ନାମ ଧରନ୍ତି ନାହିଁ କି ଛୁଅନ୍ତି ନାହିଁ। ଭାଇବୋହୂ ଖଟରେ ବସିଥିଲେ କି ଶୋଇଥିଲେ ଦେଢଶୁରଙ୍କୁ ସମ୍ମାନସ୍ୱରୂପ ଉଠିପଡ଼ନ୍ତି। ଦେଢଶୁରଙ୍କ ପୁଅଝିଅ ବା ପୁତୁରା ଝିଆରୀଙ୍କୁ ଅନୁରୂପ ସମ୍ମାନ ଦିଆଯାଏ। ଏମାନଙ୍କୁ ମଧ୍ୟ ନାମ ନଧରି ଶୁଶରାପୋ, ଶୁଶରାଝି ବୋଲି ସମ୍ବୋଧନ କରାଯାଏ। କାକି ବା ଖୁଡ଼ୀ ଓ ପୁତୁରା ପୁଅଝିଅ ପରସ୍ପରକୁ ଜେ' ବୋଲି ସମ୍ବୋଧନ କରିଥାନ୍ତି। ସେହିପରି, ଦିଅର ନଣନ୍ଦଙ୍କ ନାମ ବି ଧରାଯାଏ ନାହିଁ। ମାମୁ ସହିତ ମଧ୍ୟ ସମାନ ଆସନରେ ଭଣଜାମାନେ ବସନ୍ତି ନାହିଁ।

ସମାନ ବୟସର ପୁଅପିଲାମାନେ ଭାଇ ମାନ୍ୟ (ପରିବାର ତଥା ବଂଶ ବାହାରେ) ଥିଲେ 'ଭାଏ ଲୋକ୍', କକାପୁତରା ମାନ୍ୟ ଥିଲେ 'ବାପ୍ ଲୋକ୍', ମାମୁ ଭଣଜା ମାନ୍ୟଥିଲେ 'ମଅଲା ଲୋକ୍' ଆଦି ଡକାଡ଼କି ହୋଇଥାନ୍ତି। ସେହିପରି, ଆନୁଷ୍ଠାନିକ ମୈତ୍ରୀବନ୍ଧନ ଭାବରେ ଫୁଲ, ଗାଜାମୁଂଗ୍, ବାଏଲଗଜା, ସମାକଟ, ବାଲିଫୁଲ, ବଉଳ, ସଙ୍ଗାତ, ସାରି ଆଦି ବସନ୍ତି ତଥା ସେହି ନାମରେ ପରସ୍ପରଙ୍କୁ ଡକାଡ଼କି ହୋଇଥାନ୍ତି। ଏହି ଆନୁଷ୍ଠାନିକ ସମ୍ପର୍କ ନିଜ ଗୋଷ୍ଠୀ ଭିନ୍ନ ଅନ୍ୟ ଗୋଷ୍ଠୀର ସଦସ୍ୟ, ତଥା ଉଭୟ ପୁଅ ଝିଅଙ୍କ ମଧ୍ୟରେ ବି ହୋଇଥାଏ। ତେବେ, ହୁରିଆ ବା

ଖେଡାମାନ୍ୟ ଭଳି ଏମାନେ ପରସ୍ପରକୁ ଥଟ୍ଟାମଜା କରିନଥାନ୍ତି ଅନେକତଃ ଏ ସମ୍ପର୍କକୁ ପବିତ୍ର ଭାବରେ ଗ୍ରହଣକରାଯାଏ ।

ସାମାଜିକ ସଭା ତଥା ପାଞ୍ଚଜଣଙ୍କ ସମ୍ମୁଖରେ ଦଶ ଆଁଗଟି(ଆଙ୍ଗୁଳି)ର ବିନତି ବୋଲି କୁହାଯାଏ। ପ୍ରାୟ ସମସ୍ତ ଆଦିବାସୀ ଓ ମିତାନ୍ ଗୋଷ୍ଠୀରେ ଜୁହାର ବା ନମସ୍କାରର ପରମ୍ପରା ତଥା ସାଷ୍ଟାଙ୍ଗ ପ୍ରଣିପାତ ଆଦି ପରବର୍ତ୍ତୀ ଆହରିତ ପରମ୍ପରା। ତେବେ, ସାନ୍ତାଳ ତଥା ଅନ୍ୟ ଆଦିବାସୀ, ତଥା ମିତାନ୍ ଗୋଷ୍ଠୀରେ 'ଜୋହାର' ବା ଜୁହାରର ଆୟାମ ଓ ପରିବେକ୍ଷଣ ସାଧାରଣତଃ ଭିନ୍ନ।

ଦ୍ରଷ୍ଟବ୍ୟ: କାଟାହାବୁଙ୍ଗ୍, ସିଆନ୍, ମାରା ମାନା, ମିତ ମାପ୍ରସାଦ

ଗ୍ରନ୍ଥ ସୂଚନା: ବାଗ ୨୦୦୯, ୨୪; ସୁନାନୀ ୨୦୦୯, ୨୨୩-୨୨୪।

ମାଗେନ୍

ଆନୁଷ୍ଠାନିକ ବିବାହ ପ୍ରସ୍ତାବ; ପଶ୍ଚିମାଞ୍ଚଳ ଓଡ଼ିଆ, ଦେଶିଆ; ଆଦିବାସୀ, ମିତାନ୍ ଗୋଷ୍ଠୀ; ବିବାହକାଳୀନ ପରମ୍ପରା

ପୁଅଝିଅଙ୍କର ପୂର୍ବରୁ ସମ୍ପର୍କ ନଥାଇ ବା ସମ୍ପର୍କଥିଲେ ମଧ୍ୟ ଉଭୟଙ୍କ ବାପାମାଆଙ୍କ ସମ୍ମତିରେ ଆୟୋଜିତ ହେଉଥିବା ବିବାହରେ ପ୍ରଥମେ ଆନୁଷ୍ଠାନିକ ଭାବେ ଝିଅଦେଖା ପରେ ମାଗନି ବା ମାଗେନ ହୋଇଥାଏ। ମାଗେନ ପୂର୍ବରୁ ମଦ ତରପେନ ବା ମଦଥିପେନ୍ ହେବାର ପରମ୍ପରା ମଧ୍ୟ ଅଛି। ପୁଅ ଝିଅର ପସନ୍ଦ ତଥା ଉଭୟ ବାପାମାଆଙ୍କ ପସନ୍ଦ ହେଲା ପରେ କନ୍ୟାପିତା ବରପିତାଙ୍କୁ ମଦ ତରପେନ୍ ପାଇଁ ଆମନ୍ତ୍ରଣ ଜଣେଇଥାନ୍ତି। ବରପିତା ତାଙ୍କ ପରିବାର ତଥା ବୟସ୍କ ବନ୍ଧୁ କୁଟୁମ୍ବଙ୍କୁ ଧରି ମଦ ତରପେନ କରିବାକୁ କନ୍ୟାପିତାଙ୍କ ଘରକୁ ଯାଇଥାନ୍ତି। କନ୍ୟାପିତା ତାଙ୍କ ବନ୍ଧୁ କୁଟୁମ୍ବ ଓ ବରପିତା ଗୋଷ୍ଠୀ ସନ୍ଧ୍ୟାରେ ଏକତ୍ର ବସିଥାନ୍ତି ଓ ପୁଅଝିଅର ବିବାହ ସୁରୁଖୁରୁରେ ହୋଇଯାଉ ବୋଲି ଘରର ତଥା ଗ୍ରାମର ଦେବଦେବୀଙ୍କୁ ସ୍ମରଣ ଓ ପ୍ରାର୍ଥନା କରିବା ପୂର୍ବକ ମଦ ଟିକିଏ ମାଟିରେ ଢାଳିଥାନ୍ତି ଓ ପରେ ଉପସ୍ଥିତ ସମସ୍ତେ ତାହା ପାନକରିଥାନ୍ତି। କନ୍ୟା ପିତା ଉଭୟପକ୍ଷ ଲୋକଙ୍କୁ ଛେଳି, ମେଣ୍ଢାମାରି ଆପ୍ୟାୟିତ କରିଥାନ୍ତି।

ମାଗେନ ସାଧାରଣତଃ ଦୁଇ ପ୍ରକାରର ଯଥା, ସାନ ମାଗେନ୍ ଓ ବଡ଼ ମାଗେନ୍। ମଦ ତରପେନ୍ ଦିନ ମଧ୍ୟ ସାନ ମାଗେନ୍ ହୋଇଥାଏ। ଏହା ଚୁରି(ଚୁଡ଼ି) ମାଳି ପିନ୍ଧେନ ବୋଲି ମଧ୍ୟ କୁହାଯାଏ। ବରପିତା ବା ବରଘର ପକ୍ଷରୁ ମଦ ତରପେନ୍ ଦିନ ସାନ ମାଗେନ୍ କରିବାର ଥିଲେ ଝିଅ ପାଇଁ ଶାଢୀ, ଚୁଡ଼ି, ମାଳି ତଥା ସୁବିଧା ଅନୁସାରେ ସୁନା ଗହଣା ଆଣି ଆସିଥାନ୍ତି। ଝିଅ ବା କନ୍ୟା ସେସବୁ ପିନ୍ଧି ଉପସ୍ଥିତ ଥିବା ଉଭୟ

ପକ୍ଷର ବୟସ୍କ ଲୋକମାନଙ୍କୁ ମୁଣ୍ଡିଆ ମାରିଥାଏ। ଏହି ମଦ ଥିପେନ ତଥା ସାନ ମାଗେନ ଦିନଠାରୁ ଆଉ ସେହି ଝିଅକୁ କେହି ଦେଖିବାକୁ ଆସନ୍ତି ନାହିଁ, ବିବାହ ହେବ ବୋଲି ଏକ ପ୍ରକାର ନିର୍ଦ୍ଦିଷ୍ଟ ହୋଇଯାଏ, କୌଣସି ବିଶେଷ କାରଣ ନଥିଲେ ତାହା ଆଉ ଭାଙ୍ଗିନଥାଏ। ଅନୁରୂପ ପରମ୍ପରାକୁ ବଡ଼ ଆୟୋଜନର ସହ ଅନୁଷ୍ଠିତ ହେଲେ ବଡ଼ ମାଗେନ୍ କୁହାଯାଏ। ବରପିତା ବାଜାଗଜା ସହ ଛେଳିମେଣ୍ଢା ଲିଆପିଠା ଆଦି ନେଇ କନ୍ୟାପିତା ଘରକୁ ଆସିଥାନ୍ତି। ସାଙ୍ଗରେ ସାନ ମାଗେନ୍ ପରି ଝିଅ ପାଇଁ ଚୁଡ଼ିମାଳି, ଶାଢ଼ି, ଗହଣା ଓ ଝିଅମାନଙ୍କର ବ୍ୟବହାର ଯୋଗ୍ୟ ଅନ୍ୟାନ୍ୟ ଜିନିଷ ମଧ୍ୟ ଆଣି ଆସିଥାନ୍ତି। ବଡ଼ ଆକାରରେ ଭୋଜି ହୋଇଥାଏ। ପ୍ରାୟ ସମୟରେ ବରଘର ପକ୍ଷରୁ ଝିଅକୁ ଚୁରିମାଳି ପିନ୍ଧାଇବାକୁ ବରଘର ପକ୍ଷରୁ ତାଙ୍କ ପରିବାର ତଥା ବନ୍ଧୁ କୁଟୁମ୍ବ ପରିବାରରୁ ବିବାହିତା ସଧବା ସ୍ତ୍ରୀଲୋକ ଯାଇଥାନ୍ତି ସେମାନେ କନ୍ୟାକୁ ଚୁରିମାଳି ପିନ୍ଧେଇବାରେ ସାହାଯ୍ୟ କରନ୍ତି। ସାନ ମାଗେନ୍ ହେଲେ ଆଉ ବଡ଼ ମାଗେନ୍ ହୁଏନାହିଁ। ସାଧାରଣତଃ ଆୟୋଜନର ପ୍ରକାରକୁ ନେଇ ଏଭଳି ନାମକରଣ କରାଯାଇଥିବା ମନେହୁଏ।

ଦ୍ରଷ୍ଟବ୍ୟ: ବିହା ବରପନ୍, ମୋଡ଼ୋ ଝରଲେନ୍, ମଦିଥିପେନ୍, ବିନତିମରା, ଦାଦରାଫାଡ଼ା

ଗ୍ରନ୍ଥ ସୂଚନା: ସୁନାନୀ ୨୦୦୯, ୧୪୩-୬; ବାଗ ୨୦୦୯, ୪୬।

ମାଗବଙ୍ଗା

ମାଘ ପୂଜା; ମୁଣ୍ଡାରୀ ଗୋଷ୍ଠୀ; ଆଦିବାସୀ; ପର୍ବପର୍ବାଣି

ମାଘ ମାସରେ ମାଗବଙ୍ଗା ପାଳନ କରାଯାଏ। ମକର ପରେ ଭୂମିଜମାନେ ଜଙ୍ଗଲକୁ ଯିବା ପୂର୍ବରୁ ଏହି ପୂଜା କରିଥାନ୍ତି। ଜଙ୍ଗଲରେ ବନ୍ୟଜନ୍ତୁଙ୍କ କବଳରୁ ରକ୍ଷା ପାଇବା ପାଇଁ ଏହି ପୂଜା ଠାକୁରାଣୀ ଦେବୀଙ୍କ ପାଖରେ କରାଯାଏ। ଏହି ପୂଜାରେ ଧରମ ଦେବତାଙ୍କ ପାଇଁ ଧଳା କୁକୁଡ଼ା ଓ ଗ୍ରାମ ଦେବୀଙ୍କ ପାଇଁ ନାଲି ରଙ୍ଗର ଗଞ୍ଜା ବଳି ଦିଆଯାଏ। ଭୂମିଜ, ସାନ୍ତାଳ ତଥା ଅନ୍ୟ ଆଦିବାସୀ ସମ୍ପ୍ରଦାୟରେ ମକରଠାରୁ ନୂଆବର୍ଷ ଆରମ୍ଭ ହୋଇଥାଏ। ଅତଏବ, ବର୍ଷଯାକ ସମସ୍ତେ ଭଲରେ ରୁହନ୍ତୁ ତଥା ଗ୍ରାମରେ କୌଣସି ପ୍ରକାର ରୋଗଶୋକ, ହଇଜା, ମିଳିମିଳା, ବସନ୍ତ ଆଦି ନହେଉ ବୋଲି ଗ୍ରାମ ଦେବୀଦେବତାଙ୍କ ପାଖରେ ପ୍ରାର୍ଥନା କରାଯାଏ। ଏହି ପୂଜା ସାତ ଦିନ ଯାଏଁ ପାଳିତ ହୁଏ। ଏହି ସମୟରେ ଦାଃ-ଦଳମ୍ କରିଥାନ୍ତି ଯାହା ପୂରଣ ହେଲେ ପର ମାଗବଙ୍ଗାରେ ପୂଜା ଦିଆଯାଏ।

ବଣ୍ଡା ଗୋଷ୍ଠୀରେ ମାଗ ପରବରେ ପାଟଖଣ୍ଡା ଦେବତାଙ୍କୁ ପୂଜା କରାଯାଏ। ଅତଏବ, ବଣ୍ଡା ଗୋଷ୍ଠୀରେ ଏହା ପାଟଖଣ୍ଡା ପରବ ଭାବରେ ମଧ୍ଯ ପରିଚିତ।

ଦ୍ରଷ୍ଟବ୍ୟ: ବାବାଏଙ୍ଗା, ଭୀମା, ଆମୁସ୍ ପରବ

ଗ୍ରନ୍ଥ ସୂଚନା: ଭୋଳ ୨୦୦୩, ୫୮; ପାତ୍ର ୨୦୧୫, ୬୩-୬୪; ବେଶ୍ରା ୨୦୦୩, ୮୯-୯୦।

ମାଚ ମଉସ

ଆଇଁଷ; ପଶ୍ଚିମାଞ୍ଚଳ ଓଡ଼ିଆ, ଦେଶିଆ; ଆଦିବାସୀ, ମିତାନ୍ ଗୋଷ୍ଠୀ; ଖାଦ୍ୟ ପରମ୍ପରା– ଆମିଷ

ଆଦିବାସୀ ତଥା ମିତାନ୍ ଜାତିର ଖାଦ୍ୟ ପରମ୍ପରାରେ ଆମିଷ ବା ମାଛ ମାଂସ, ଚିଙ୍ଗୁଡ଼ି ଆଦିର ପ୍ରମୁଖ ସ୍ଥାନ ଦେଖିବାକୁ ମିଳେ। ସମସ୍ତ ପ୍ରକାର ମାଛ ସହିତ କଙ୍କଡ଼ା, ଗେଣ୍ଡା ଆଦି ଜଳଚର ଜୀବର ମାଂସ ସହିତ ଛେଳି, ମେଣ୍ଢା, କୁକୁଡ଼ା, ପାରା, ବତକ, ଗାଈ, ଘୁଷୁରି, ମହିଁଷି ଆଦି ଗୃହପାଳିତ ପଶୁପକ୍ଷୀର ମାଂସ ମଧ୍ଯ ଖିଆଯାଏ। ସେହିପରି, ଠେକୁଆ, ହରିଣ, ସମ୍ବର, ମୟୂର, ଗୋଧି, ବାରାହା, ଝିଙ୍କ ଆଦି ବନ୍ୟପ୍ରାଣୀ, ସାପ(ଢମଣା), ପେଚା, ମୂଷା, ବଜ୍ରକାପ୍ତା, କପୋତ ଆଦି ପକ୍ଷୀ ଓ ସରୀସୃପଙ୍କ ମାଂସକୁ ମଧ୍ଯ ଖାଦ୍ୟ ଭାବରେ ଗ୍ରହଣ କରାଯାଏ। ମାଛ, ମାଂସକୁ ଶୁଖାଇ ରଖି ପରବର୍ତ୍ତୀ ସମୟରେ ମଧ୍ଯ ରୋଷେଇ କରାଯାଏ। ପ୍ରାୟ ଆଦିବାସୀ ଗୋଷ୍ଠୀରେ ସଂରକ୍ଷଣ କରି ରଖିବାପାଇଁ ମାଂସକୁ ଖଣ୍ଡଖଣ୍ଡ କରି କାଟି ଖଡ଼ିକାରେ ଗୁନ୍ଥି ଶୁଖାଇବା ସହିତ ଚୁଲି ପାଖରେ ଓହଳାଇ ରଖାଯାଏ। ମାଂସକୁ ସାଧାରଣ ଭାବେ ରୋଷେଇ କରିବା ସହିତ ଭଜା ତଥା ପତ୍ରପୋଡ଼ା କରି ମଧ୍ଯ ଖିଆଯିବା ଦେଖିବାକୁ ମିଳେ। ସେହିପରି, ଅନେକ କେତେକ ଗୋଷ୍ଠୀରେ ମାଂସ ଭାତ ବା ପଲାଉ ମଧ୍ଯ ପ୍ରସ୍ତୁତ ହେବା ଏକ ସାଧାରଣ ପରମ୍ପରା। ବଣ୍ଡା ଗୋଷ୍ଠୀରେ ମହୁମାଛିକୁ ମଧ୍ଯ ତରକାରୀ(ୟଁଅବ୍) କରି ଖାଇବା ଦେଖିବାକୁ ମିଳେ। ଲୋଧା, ସାନ୍ତାଳ, ମୁଣ୍ଡା, ହୋ ଭଳି କେତେକ ଗୋଷ୍ଠୀରେ ମାଂସକୁ ମିଶାଇ ପିଠା ଓ ଖିରି ପ୍ରସ୍ତୁତ କରାଯାଏ। ମାଛ ମାଂସ ବ୍ୟତୀତ କୁକୁଡ଼ା, ବତକ, କଇଁଛ, ମୟୂର ଆଦି ପକ୍ଷୀଙ୍କ ଅଣ୍ଡା, କାଇ ଅଣ୍ଡା, ମହୁମାଛି ଡିମ୍ବ, ଝଡ଼ିପୋକ, ସିନ୍ଧିକୀଡ଼ା ଆଦିକୁ ମଧ୍ଯ ଆଦିବାସୀ ତଥା ମିତାନ୍ ଗୋଷ୍ଠୀର ସଦସ୍ୟ ଖାଦ୍ୟ ଭାବରେ ଗ୍ରହଣ କରିଥାନ୍ତି।

ଆଦିବାସୀ ତଥା ମିତାନ୍ ଗୋଷ୍ଠୀର ସଦସ୍ୟ କେବଳ ଭୋଜନରେ ନୁହେଁ ନିଜ ଦେବଦେବୀଙ୍କୁ ମଧ୍ଯ ମାଚ ମଉସ, କୁକୁଡ଼ା ଅଣ୍ଡା ଭୋଗ ଭାବରେ ଅର୍ପଣ କରିଥାନ୍ତି।

ଦ୍ରଷ୍ଟବ୍ୟ: କନ୍ଦା କରଡ଼ି, ଶାଗଡ଼ାଲ, ପିଠାପଣା, ସଲପ

ଗ୍ରନ୍ଥ ସୂଚନା: ହୋତା, ପରିଡ଼ା, ଓ ପଟେଲ ୨୦୧୦, ୪୭, ୧୧୯।

ମାଣ୍ଡକୁଲେନ୍

ସାମୂହିକ ବିବାହ; ଦୁରୁଆ ଭାଷା; ଆଦିବାସୀ; ବିବାହର ବିଶେଷ ପରମ୍ପରା

ଚୈତ୍ର ମାସରେ ଦୁରୁଆ ଗୋଷ୍ଠୀରେ ପାଳିତ ହୋଇଥାଏ ମାଣ୍ଡକୁଲେନ୍। ଏହା ପୁଅଝିଅଙ୍କ ମଧ୍ୟରେ ଦେଖାସାକ୍ଷାତ୍ ମିଳନ ଓ ବିବାହର ପର୍ବ। ଦୁରୁଆ ଗୋଷ୍ଠୀରେ ମଧ୍ୟ ଅନ୍ୟ କେତେକ ଗୋଷ୍ଠୀ ଭଳି ସ୍ୱ-ଗୋତ୍ର ବିବାହ ହୁଏନାହିଁ। ସେଭଳି କିଛି ଆବଶ୍ୟକ ହେଲେ ସ୍ୱ-ଗୋତ୍ରୀୟ ପୁଅକୁ ଅନ୍ୟ କୌଣସି ଗୋତ୍ରର ଲୋକ ପୋଷ୍ୟପୁତ୍ର ଭାବରେ ଗ୍ରହଣ କରି ପରେ ବିବାହକାର୍ଯ୍ୟ ଆୟୋଜନ କରିଥାନ୍ତି। ପୁଅଝିଅ ନିଜ ଇଚ୍ଛାରେ ଜୀବନସାଥୀ ବାଛିଥାନ୍ତି। ଦୁରିଆମାନଙ୍କ ଧାଙ୍ଗଡ଼ାବସା (ଇଲେସିଲ), ଧାଙ୍ଗଡ଼ୀବସା (ଇଲେନକୁଲା)ଠାରେ ଏହା ଆୟୋଜିତ ହୋଇଥାଏ।

ଦ୍ରଷ୍ଟବ୍ୟ: ଧାଙ୍ଗଡ଼ାବସା, ବିହା ବରପନ

ଗ୍ରନ୍ଥ ସୂଚନା: ପାଢ଼ୀ, ଓ ଉପାଧ୍ୟାୟ ୨୦୧୦, ୪୧୯।

ମାଣ୍ଡିଆ

ମାଣ୍ଡିଆ; ପଶ୍ଚିମାଞ୍ଚଳ ଓଡ଼ିଆ, ଦେଶିଆ; ଆଦିବାସୀ, ମିତାନ୍ ଗୋଷ୍ଠୀ; ଖାଦ୍ୟ ପରମ୍ପରା

ମାଣ୍ଡିଆ ବିଶେଷ କରି ଆଦିବାସୀ ଗୋଷ୍ଠୀରେ ପ୍ରମୁଖ ଖାଦ୍ୟ (staple diet) ଭାବରେ ପରିଗଣିତ ହୋଇଥାଏ। ମାଣ୍ଡିଆରୁ ପେଜ, ଅଣ୍ଡା, ମେଚା, ଟିକଲି, ପିଠା, ଲାନ୍ଦା (ଏକ ପ୍ରକାର ମଦ) ଆଦି ପ୍ରସ୍ତୁତ ହୋଇଥାଏ।

ଅଣ୍ଡା ପ୍ରସ୍ତୁତି ପାଇଁ ଗୁଣ୍ଡ ବା ପରିମାଣ ଅନୁସାରେ ପାଣି ଫୁଟାଇ ସେଥିରେ ମାଣ୍ଡିଆ ଗୁଣ୍ଡ ପକାଇ ଘଣ୍ଟାଯାଏ ଓ ସୁବିଧା ଅନୁସାରେ ସେଥରେ ଲୁଣ, ଚିନି କିମ୍ବା ଗୁଡ଼ ପକାଯାଏ। ପ୍ରାୟ ଦଶ ପନ୍ଦର ମିନିଟ ସିଝିଲା ପରେ ଏହାର ପ୍ରସ୍ତୁତି ଶେଷ ହୋଇଥାଏ। ନିତିଦିନ ପ୍ରସ୍ତୁତ ହେଉଥିବା ମାଣ୍ଡିଆ ପେଜ ବା ଜାଉଠାରୁ ଭିନ୍ନ ସ୍ୱାଦ ଆଣିବା ପାଇଁ ଏହା ପ୍ରସ୍ତୁତ କରାଯାଏ ତଥା କେହି ଅତିଥି ଆସିଲେ ମଧ୍ୟ ଏହାର ପ୍ରସ୍ତୁତି ଓ ପରିବେଷଣ ପାଇଁ ଗୁରୁତ୍ୱ ଦିଆଯାଏ। ମାଣ୍ଡିଆ ପେଜ ସାଧାରଣତଃ ଚାରି ପ୍ରକାରର ଯଥା– ପେଜ, ବେଦନା ପେଜ, ଆମଟ୍, ଲାଇ। ହାଣ୍ଡିରେ ଆବଶ୍ୟକ ମୁତାବକ ପାଣି ଗରମ କରି ସେଥିରେ ରାତିରୁ ବତୁରା ଯାଇଥିବା ମାଣ୍ଡିଆକୁ ଢାଳି ଘଣ୍ଟା ଯାଏ ଓ ଫୁଟିଲେ ଖିଆଯାଏ। ବିନା

ଚାଉଳରେ ପ୍ରସ୍ତୁତ ହେଉଥିବା ଏହି ପେଜକୁ ଲାଇ କୁହାଯାଇଥାଏ। ବେଳେବେଳେ ଅଣ୍ଟ ଚାଉଳରେ ପେଜ ରାନ୍ଧି ସେହି ପେଜରେ ବତୁରା ମାଣ୍ଡିଆ ମିଶାଇ ଘଣ୍ଟାଯାଏ ଯାହା ବେଦନା ପେଜ ଭାବରେ ପରିଚିତ। ସେହିପରି, ପୂର୍ବ ଦିନର ବାସି ପେଜ ସହିତ ମାଣ୍ଡିଆ ପେଜ ପ୍ରସ୍ତୁତ ମଧ୍ୟ ହୋଇଥାଏ ଏହା ଆମଟ୍ ଭାବରେ ପରିଚିତ।

ମାଣ୍ଡିଆକୁ କେବଳ ପେଜ କରି ଖିଆଯାଏ ନାହିଁ ଏହାକୁ ହାଲୁଆ ଭଳି ମଧ୍ୟ ପ୍ରସ୍ତୁତ କରାଯାଏ ଯାହା ଅଣ୍ଡା ଭାବରେ ପରିଚିତ। ସେହିପରି, ମାଣ୍ଡିଆରୁ ପୋଡ଼ପିଠା ଭଳି ପିଠା– ମାଣ୍ଡୁ, ମଣ୍ଡା ଭଳି– ମେଚା ବା ଅଣ୍ଡରା, ଓ ଚକୁଳି ପିଠା ପ୍ରସ୍ତୁତ ହୋଇଥାଏ। ଅନୁରୂପ ଭାବରେ, ମାଣ୍ଡିଆକୁ ପାଣିରେ ପକାଇ ଗଜା କରାଯାଏ। ତା'ପରେ ଗୋଟିଏ ହାଣ୍ଡିରେ ଥଣ୍ଡା ପାଣିରେ ମାଣ୍ଡିଆ ଗୁଣ୍ଡକୁ ଗୋଳାଇ ତା ଉପରେ ମାଣ୍ଡିଆ ଗଜା ପକାଇ ଘାଣ୍ଟି ଦିଆଯାଏ। ଏହାକୁ ତିନି ଚାରି ଦିନ ରଖିବା ପରେ ଲାନ୍ଦା ପ୍ରସ୍ତୁତ ହୋଇଥାଏ। ମାଣ୍ଡିଆରୁ ଆଦିବାସୀମାନେ ମଦ ମଧ୍ୟ ପ୍ରସ୍ତୁତ କରିଥାନ୍ତି ଯାହା ମାଣ୍ଡିଆ ମଦ ବା ପେଣ୍ଡମ୍ ଭାବରେ ପରିଚିତ।

ମାଣ୍ଡିଆ କେବଳ ଖାଦ୍ୟ ନୁହେଁ ଆଦିବାସୀ ଜନଜୀବନ ସହିତ ଏହା ଓତଃପ୍ରୋତ ଭାବେ ଜଡ଼ିତ, ଉଦାହରଣ ସ୍ୱରୂପ– ମାଣ୍ଡିଆ ନୂଆ, ମାଣ୍ଡିଆ ରାନୀ ଦେବୀଙ୍କ ପୂଜା ଆଦି ଏଠାରେ ଉଲ୍ଲେଖନୀୟ। ଆଦିବାସୀ ସମାଜ ପରି ଅନ୍ୟ ମିତାନ୍ ଗୋଷ୍ଠୀରେ ମଧ୍ୟ ମାଣ୍ଡିଆ ଏକ ପ୍ରମୁଖ ଖାଦ୍ୟ। ତେବେ, ଅନେକ ଅଞ୍ଚଳରେ ବିଭିନ୍ନ ଗୋଷ୍ଠୀରେ ମାଣ୍ଡିଆରୁ କେବଳ ପେଜ, ପିଠା, ଓ ଖିରି ପ୍ରସ୍ତୁତ କରାଯାଏ। ପେଟକୁ ଥଣ୍ଡା ରଖିବା ପାଇଁ ମାଣ୍ଡିଆ ଗୁଣ୍ଡକୁ ଥଣ୍ଡା ପାଣିରେ ଗୋଳି ମଧ୍ୟ ଖରା ଦିନେ ପିଆଯାଏ।

ଦ୍ରଷ୍ଟବ୍ୟ: ମହୁଲ, ସଲପ, କାନ୍ଦା କରଡ଼ି

ଗ୍ରନ୍ଥ ସୂଚନା: ପାଢ଼ୀ, ଓ ଉପାଧ୍ୟାୟ ୨୦୧୦, ୧୪, ୪୨୧-୨୩।

ମାଣ୍ଡାରବନମ୍

ଅକ୍ଷରବ୍ରହ୍ମ; ସଉରା; ଆଦିବାସୀ; ଲିପିକୁ ନେଇ ବିଶେଷ ଅବଧାରଣା

ମାଙ୍ଗେଇ ଗମାଙ୍ଗ ସଉରା ଲିପିର ପ୍ରସ୍ତୁତକର୍ତ୍ତା। ସଉରା ଲିପିର ୨୪ଟି ଅକ୍ଷର ଓ ୨ଟି ଅଙ୍କକୁ ନେଇ ସେ ଏକ ମୂର୍ତ୍ତିର କଳ୍ପନା ବି କରିଥିଲେ। ଏହି ପ୍ରତୀକଟିକୁ ହିଁ ମାଣ୍ଡାରବନମ୍ କୁହାଯାଏ। ଯେଉଁ ପାହାଡ଼ରେ ମାଙ୍ଗାଇ ଗମାଙ୍ଗ ଅକ୍ଷରବ୍ରହ୍ମ ଉପଲବ୍ଧି କରିଥିଲେ ସେଠାରେ ଏହି ମୂର୍ତ୍ତି ସ୍ଥାପିତ ହୋଇଛି। ପ୍ରତିବର୍ଷ ରାୟଗଡ଼ା ଜିଲ୍ଲାର ପଦମପୁର ବ୍ଲକ୍ ଅଧିନସ୍ଥ ମରିଚଗୁଡ଼ା ଗ୍ରାମରେ ପ୍ରତି ବର୍ଷ ଅକ୍ଷୟ ତୃତୀୟା ଦିନ ମାଣ୍ଡାରବନମ୍‌ଙ୍କ ଆବିର୍ଭାବ ଦିବସ ପାଳନ କରାଯାଇଥାଏ। ଏହି ଦିନ ଆନ୍ଧ୍ର ପ୍ରଦେଶରୁ ମଧ୍ୟ ସଉରା

ଗୋଷ୍ଠୀର ଅନେକ ସଦସ୍ୟ ଏଠାରେ ଏକତ୍ରିତ ହୋଇଥାନ୍ତି। ମାଓା ମାନେ ଚେତନା, ତାର ମାନେ ଆଲୋକ, ଆଉ ବନମ୍ କହିଲେ ଶୁଦ୍ଧ ବା ପବିତ୍ର। ଅତଏବ, ମାଓାରବନମ୍ କହିଲେ ଚେତନା ବା ଜ୍ଞାନର ଶୁଦ୍ଧ ବା ପବିତ୍ର ଆଲୋକକୁ ବୁଝାଏ।

ସଉରା ଗୋଷ୍ଠୀରେ ଏହି ଦିନଟି ସଂହତି ଓ ସୌହାର୍ଦ୍ଦ୍ୟର ଦିବସ ଭାବରେ ଯେଭଳି ପରିଗଣିତ ସେଭଳି ଅକ୍ଷରକୁ ବ୍ରହ୍ମ ସହିତ ତୁଳନା କରି ତା'ର ମନ୍ଦିର ପ୍ରତିଷ୍ଠା କରିବା ମଧ୍ୟ ଏକ ଅଭିନବ ଅବଧାରଣା।

ଦ୍ରଷ୍ଟବ୍ୟ: ପାରସି ଅରା, ଦେ'ଦେବତା

ଗ୍ରନ୍ଥ ସୂଚନା: ପାଢ଼ୀ, ଓ ଉପାଧ୍ୟାୟ ୨୦୧୦, ୪୨୫-୬; ମେହେର ୨୦୧୦, ୭୫-୭୬; Dasbabu 1997, 76-80।

ମାମୁ ମଅଲା

ମାମୁ; ପଶ୍ଚିମାଞ୍ଚଳ ଓଡ଼ିଆ, ଦେଶିଆ; ଆଦିବାସୀ, ମିତାନ୍ ଗୋଷ୍ଠୀ; ସାମାଜିକ ସମ୍ପର୍କ

ମାମୁ ମଅଲା ବା ମାମୁଙ୍କ ଭୂମିକା ଆଦିବାସୀ ତଥା ମିତାନ୍ ଜାତିରେ ଗୁରୁତ୍ୱପୂର୍ଣ୍ଣ। ଘରେ ଛୁଆ ଜନ୍ମ ହେଲେ ଆଁକିଫୁକା ଦିନ, ତଥା ମୁଣ୍ଡନ ଦିନ ମାମୁଙ୍କର ଆବଶ୍ୟକତା ଥାଏ। ସେହିପରି, ବିବାହ ସମୟରେ ମାମୁଙ୍କ ଭୂମିକା ଉଲ୍ଲେଖନୀୟ। ଦଦରା ଫାଡ଼ିବା ସମୟରେ ମାମୁଙ୍କ ଉପସ୍ଥିତି ଦରକାର ହୋଇଥାଏ। ଆଦିବାସୀ ଓ ମିତାନ୍ ଗୋଷ୍ଠୀରେ ମାମୁ ମଅଲା ସମ୍ପର୍କକୁ ଅତି ପବିତ୍ରଭାବରେ ଗ୍ରହଣ କରାଯାଏ। ମାମୁଙ୍କୁ ସମ୍ମାନ ସ୍ୱରୂପ ସେ ବସିଥିବା ସ୍ଥାନରେ ଭଣଜା ବସନ୍ତି ନାହିଁ। ସେହିପରି, ମାମୁଙ୍କ ମୃତ୍ୟୁରେ ତାଙ୍କର କୌଣସି ପୁତ୍ର ନଥିଲେ ଭଣଜା ସେ ସ୍ଥାନରେ ତାଙ୍କର ଶୁଦ୍ଧିକ୍ରିୟା କରିବାର ଅଧିକାର ରଖିଥାଏ। ବାପାମାଆଙ୍କ ଅବର୍ତ୍ତମାନରେ ମାମୁ ଭଣଜା ଭାଣଜୀମାନଙ୍କର ପାଳନପୋଷଣ କରିବା ତାଙ୍କର ବିବାହ ଆଦି ଆୟୋଜନ କରିବାର ଅଧିକାର ମଧ୍ୟ ରଖନ୍ତି।

ଦ୍ରଷ୍ଟବ୍ୟ: ଜନମ, ବିବାହ, ମାଏନ୍ ଧରମ

ଗ୍ରନ୍ଥ ସୂଚନା: ବାଗ ୨୦୦୯, ୨୩-୨୫।

ମାରାଂବୁରୁ

ମହାପ୍ରଭୁ; ସାନ୍ତାଳୀ; ଆଦିବାସୀ; ପ୍ରଜାତିକ ମହାଦେଓ– ଦେବୀଦେବତା

ମାରାଂବୁରୁ ହେଉଛନ୍ତି ସାନ୍ତାଳ ଗୋଷ୍ଠୀର ମହାପ୍ରଭୁ। ତେବେ, ହୋ, କୋହ୍ଲ,

ମୁଣ୍ଡା, ମୁଣ୍ଡାରୀ ଆଦି ଗୋଷ୍ଠୀରେ ମଧ୍ୟ ମହାପ୍ରଭୁ ମାରାଂବୁରୁ ଭାବରେ ପରିଚିତ। ପ୍ରତ୍ୟେକ ଆଦିବାସୀ ଗୋଷ୍ଠୀରେ ମହାପ୍ରଭୁଙ୍କ ଅବଧାରଣା ଦେଖିବାକୁ ମିଳେ ଯାହା ଆର୍ଯ୍ୟ ତଥା ଅଣଆଦିବାସୀଙ୍କ ଅବଧାରଣାଠାରୁ ସମ୍ପୂର୍ଣ୍ଣ ଭିନ୍ନ। ସେହିପରି, ବଣ୍ଡା ଗୋଷ୍ଠୀରେ ପାଟ ଖଣ୍ଡା ହେଉଛନ୍ତି ମହାପ୍ରଭୁ। ଅନୁରୂପ ଭାବରେ, ଭୂମିଜମାନେ ସିଂବଙ୍ଗା, କନ୍ଧ ଲୋକମାନେ ବୁରା ପେନୁ (ସୃଷ୍ଟିକର୍ତ୍ତା), କାରା ବୁଢୀ (ଆଦିମାତା), ଗଣ୍ଡମାନେ ବୁଢା ଦେଓ, ଜଙ୍ଗା ଦେଓ, ଭୁଞ୍ଜିଆମାନେ ସୁନାଦେଇ ଆଦିଙ୍କୁ ମହାପ୍ରଭୁ ତଥା ମହାଦେବୀ ଭାବରେ ଗ୍ରହଣ କରନ୍ତି। ତେବେ, ମହାପ୍ରଭୁ ହେଲେ ମଧ୍ୟ ଏମାନଙ୍କ ଆସ୍ଥାନ ଅନେକ ସମୟରେ ଗଛତଳେ ହିଁ ଥାଏ। ଏମାନେ ସମ୍ପୃକ୍ତ ଗୋଷ୍ଠୀର ସଦସ୍ୟମାନଙ୍କଦ୍ୱାରା ହିଁ ପୂଜା ପାଇଥାନ୍ତି। ଏଠାରେ ଉଲ୍ଲେଖନୀୟ ଯେ ଏମାନଙ୍କୁ ସବୁ ଦିନ ଉଠି ଆରାଧନା କରିବା ବି ଆବଶ୍ୟକ ନୁହେଁ। ତେବେ, ବର୍ଷର ବିଭିନ୍ନ ସମୟରେ ପାଳିତ ପର୍ବପର୍ବାଣିରେ ଏମାନଙ୍କୁ ପ୍ରଥମେ ପୂଜା କରାଯାଏ, ଏହା ସହିତ ଏକ ବିଶେଷ ଦିନରେ ଏହି ମହାଦେବୀ (ଆଦିମାତା) ତଥା ମହାଦେଓମାନଙ୍କର ପୂଜା ହୁଏ, ବଳିଭୋଗ ଦିଆଯାଏ। ଏହି ପୂଜା ପର୍ବରେ ସମ୍ପୃକ୍ତ ଗୋଷ୍ଠୀର ସମସ୍ତ ସଦସ୍ୟ ଅଂଶଗ୍ରହଣ କରିବା ସହିତ ମହାସମାରୋହରେ ପାଳନ କରାଯାଏ।

ଦ୍ରଷ୍ଟବ୍ୟ: କିତୁଙ୍ଗ୍, ଜଙ୍ଘାଦେଓ, ମାରାଂବୁରୁ

ଗ୍ରନ୍ଥ ସୂଚନା: ହୋତା ୨୦୦୯, ୨୭୦-୭୮; ବେଶ୍ରା ୨୦୧୦, ୧୦୦; ମିଶ୍ର ୨୦୦୭, ୧୨।

ମାରା ମାନା

ଅଶୁଦ୍ଧି ଓ ନିଷେଧ; ପଶ୍ଚିମାଞ୍ଚଳ ଓଡ଼ିଆ; ଆଦିବାସୀ, ମିତାନ୍ ଗୋଷ୍ଠୀ; ସାମାଜିକ ପରମ୍ପରା

ମାରା ମାନା କହିଲେ ସାଧାରଣତଃ ଅଶୁଦ୍ଧି ଓ ନିଷେଧକୁ ବୁଝାଇଥାଏ। ଶିଶୁଟିଏ ଜନ୍ମ ହେଲେ ସମ୍ପୃକ୍ତ ପରିବାର ମାରା ବା ଅଶୁଦ୍ଧ ହେଲା ବେଳେ ମୃତ୍ୟୁରେ ବଂଶର ସମସ୍ତ ପରିବାର ସେ ନିକଟ ଅବସ୍ଥିତ ହୁଅନ୍ତୁ କି ଦୂର ସ୍ଥାନରେ ବାସ କରୁଥାନ୍ତୁ ଅଶୁଦ୍ଧ ହୋଇଥାନ୍ତି। ତିନିଦିନିଆ ତଥା ଦଶାହ ସମାପ୍ତି ପରେ ହିଁ ଶୁଦ୍ଧ ହୁଅନ୍ତି ତଥା ଏମାନଙ୍କ ଘରୁ ଅନ୍ୟମାନେ ପାଣି ଖାଇଥାନ୍ତି। ସେହିପରି, ଆଦିବାସୀ ଓ ମିତାନ୍ ଜାତିରେ ଅନେକ ପ୍ରକାର ନିଷେଧ ଦେଖିବାକୁ ମିଳେ। ମାଟିରେ ଅଙ୍ଗାରରେ ଗାର ଟାଣିଲେ ବିପଦ ଆସେ, ପନିପରିବାକୁ ତର୍ଜନୀ ଦେଖେଇଲେ ସେସବୁ ଶୁଖିଯାଏ, ବସନ୍ତ ବିସୂଚିକାରେ ଡାଲି ଜାତୀୟ ଶସ୍ୟକୁ ଭାଜିଲେ ବା ଡାଲି ପ୍ରସ୍ତୁତ କଲେ ପ୍ରାଣହାନିର ଆଶଂକା ଥାଏ,

ମାନସିକ କରି ଦେବୀଦେବତାଙ୍କୁ ସେମାନଙ୍କ ଭୋଗରାଗ ନଦେଲେ କୋପ ସହିବାକୁ ହୁଏ। ସେହିପରି, ଝାଡ୍ତୁ ଲୁଚାଇ ନରଖିଲେ ପରିବାରରେ ଝଗଡ଼ା ହେବାର ସମ୍ଭାବନା ଥାଏ। ଅନୁରୂପ ଭାବରେ, ନିର୍ଦ୍ଦିଷ୍ଟ ଦେବଦେବୀ ପୂଜା କରୁଥିବା ଜାନୀ, ଦିଆରୀ ତଥା ଘରର ବଡ଼ ବୋହୂଙ୍କ ପାଇଁ ମଧ୍ୟ ଅନେକ ନିଷେଧ ରହିଥାଏ ଯେପରି ଘରର ତାଣ୍ଡି ବଂଶର ବଡ଼ବୋହୂ ଓସନା ଢ଼େଗା ଖାଦ୍ୟ ଖାଇବା ମନା, କାଳିସୁନ୍ଦରୀ ପୂଜା କରୁଥିବା ପରିବାରରେ ବୋହୂ କଳା ରଙ୍ଗର ଛିଟ ଶାଢ଼ି ପିନ୍ଧିବା ମନା, ଗର୍ଭବତୀ ସ୍ତ୍ରୀ ଲୋକ ଗାଈ ବନ୍ଧାଯାଇଥିବା ଦୁଆଁକୁ ଡ଼େଇଁବା, ଦେ'ଦବତା ଗୁଡ଼ିର ପ୍ରସାଦ ଖାଇବା ମନା, କେତେକ ବଂଶରେ ପାରିବାରିକ ଦେବୀଦେବତାଙ୍କ ଭୋଗ ଘରର ଅବିବାହିତ ଝିଅଙ୍କୁ ଖାଇବାକୁ ମନାଥିବାବେଳେ ଚରୁ ଭଳି କେତେକ ଅନୁଷ୍ଠାନର ଭୋଗକୁ କେବଳ ପୁରୁଷ ଲୋକମାନେ ହିଁ ସେହି ପୂଜାସ୍ଥାନରେ ରୋଷେଇ କରି ଖାଇଥାନ୍ତି ସେସବୁକୁ ଘରକୁ ଆଣିବା ମନା। ସେହିପରି, କାଳକା ଦେବୀଙ୍କୁ କେବଳ ବାମ ହାତରେ ହିଁ ପୂଜା କରାଯାଏ ତାଙ୍କୁ ଡାହାଣ ହାତରେ ପୂଜା କରିବା ମନା। ବିଭିନ୍ନ ଆଦିବାସୀ ସମାଜରେ ଜନ୍ମ-ମୃତ୍ୟୁ-ମାସକିଆ ଅଶୁଦ୍ଧି ସାଙ୍ଗକୁ ଅନେକ ନିଷେଧ ଦେଖିବାକୁ ମିଳେ ଉଦାହରଣସ୍ୱରୂପ, ପ୍ରାୟ ଆଦିବାସୀ ଓ ମିତାନ୍ ଗୋଷ୍ଠୀରେ ରଜସ୍ୱଳା ନାରୀ ପାଇଁ ସ୍ୱତନ୍ତ୍ର ଘର ଥାଏ, ସେହିଘରେ ଘୁଷୁରି ପଶିଲେ ଆସନ୍ନ ବିପଦର ଆଶଂକା କରାଯାଏ। ପ୍ରାୟ ସମସ୍ତ ଆଦିବାସୀ ଓ ମିତାନ୍ ଜାତି ନିଜନିଜ ଗୋତ୍ରର ନାମ ବହନ କରୁଥିବା ପଶୁପକ୍ଷୀଙ୍କ ମାଂସ ଖାଆନ୍ତି ନାହିଁ କି ହତ୍ୟା କରନ୍ତି ନାହିଁ। ଏସବୁ ଏକଏକ ବିଶ୍ୱାସ ଏସବୁ କଲେ ଯେ ସତକୁ ସତ କ୍ଷତି ହେବ ସେକଥା କୁହାଯାଇନପାରେ ତେବେ ଏକ ପରମ୍ପରା ଭାବରେ ସମ୍ପୃକ୍ତ ଗୋଷ୍ଠୀ ସଦସ୍ୟ ଏହାକୁ ପାଳନ କରିଥାନ୍ତି।

ଦ୍ରଷ୍ଟବ୍ୟ: ଦେ'ଦେବତା, ବଁଶ ଅଁଶ, ମାସକିଆ, କମାନୀ

ଗ୍ରନ୍ଥ ସୂଚନା: ମିଶ୍ର ୧୯୯୬, ୧୦୬-୧୦୮; ସୁନାନୀ ୨୦୦୯, ୫୩, ୫୬, ୭୬, ୮୦, ୯୮, ୧୦୮; ବେଶ୍ରା ୨୦୧୦, ୧୮, ୧୦୧-୨; ହୋତା, ପରିଡ଼ା, ଓ ପଟେଲ ୨୦୧୦, ୧୨୨-୨୩।

ମାସକିଆ

ରତୁସ୍ରାବ; ପଶ୍ଚିମାଞ୍ଚଳ ଓଡ଼ିଆ, ଦେଶିଆ; ଆଦିବାସୀ, ମିତାନ୍ ଗୋଷ୍ଠୀ; ସାମାଜିକ ରୀତିନୀତି

ଝିଅମାନେ ପ୍ରାପ୍ତବୟସ୍କା ହେବା ପରେ ନିୟମିତ ଭାବରେ ରତୁସ୍ରାବ ହୋଇଥାଏ ଯାହା ସାଧାରଣତଃ କେତେକ ଅଞ୍ଚଳ ତଥା ଲୋକଗୋଷ୍ଠୀରେ ମାସକିଆ

ଭାବରେ ପରିଚିତ। ଆଦିବାସୀଓ ମିତାନ୍ ଗୋଷ୍ଠୀର ଝିଅ ବା ମହିଳାମାନେ ଋତୁସ୍ରାବ ସମାପ୍ତ ହେବାଯାଏ ସେ ଅଲଗା ରହିଥାନ୍ତି। ତାଙ୍କୁ କୌଣସି ଲୋକ ଛୁଅନ୍ତି ନାହିଁ, ଛୁଇଁଲେ କପଡ଼ା ବଦଳାଇବା ସହ କେତେକ କ୍ଷେତ୍ରରେ ଗାଧୋଇ ଥାଆନ୍ତି ମଧ୍ୟ। ମାସକିଆ ହୋଇଥିବା ନାରୀକୁ ଅପବିତ୍ର ବୋଲି ମନେକରାଯାଉଥିବାରୁ ସେ ରୋଷେଇ ଘର, ପୂଜା ବା ପିଦର ଘର, ଭଣ୍ଡାର ଘରକୁ ପ୍ରବେଶ କରିନଥାନ୍ତି। ଏପରିକି ଗୁହାଳକୁ ପ୍ରବେଶ କରିବା ମଧ୍ୟ ମନା ହୋଇଥାଏ। ଅନେକ ସ୍ଥାନରେ ଖଟରେ ମଧ୍ୟ ଶୋଇନଥାନ୍ତି, ଶରୀରରେ ତେଲ ହଳଦୀ ଆଦି ଲଗାଇନଥାନ୍ତି। ଧାନ ଅମଳ ସମୟରେ ଖେତ ତଥା ଖଳାକୁ ଯାଆନ୍ତି ନାହିଁ। ଦେବୀଦେବତାଙ୍କ ଭୋଗ ଗ୍ରହଣ କରନ୍ତି ନାହିଁ। ଋତୁସ୍ରାବ ବନ୍ଦ ହେବା ପରେ 'କପଡ଼ା କାଚିବା' ଅର୍ଥାତ୍ ସେ ବ୍ୟବହାର କରୁଥିବା କପଡ଼ା ଓ ଖଟ ଆଦିକୁ ଧୋଇବା ସହ ହଳଦୀ ଲଗାଇ ଗାଧୋଇବା ପରେ ହିଁ ସାଧାରଣ ଭାବରେ ଘର କାମ କରିଥାନ୍ତି। ବିଭିନ୍ନ ଆଦିବାସୀ ଓ ମିତାନ୍ ଗୋଷ୍ଠୀରେ ମାସକିଆ ହେବାକୁ 'ଛିଆଁ ହେବା', 'ଭଁଟାକେ ଘୁଚବା', 'ଅଲଗେ ହେବା', 'ଅଲଗେ ଘୁଚବା', 'ମୁଡ଼୍ ମଏଲ ହେବା', 'ଅଏଁଠା ପତର ମାଡ଼ବା', 'କପଡ଼ା କାଚବା' ଆଦି କୁହାଯାଏ। ସେହିପରି, ଋତୁସ୍ନାନ ଦିନକୁ ମଧ୍ୟ 'କପଡ଼ା ବସାବା (ଜାକବା)', 'ମୁଡ଼୍ ଧୋଏବା', 'ଘର୍ ସମବା', 'ହାଁଣି ଛୁଏଁବା' ଭାବରେ ପରିଚିତ।

ଦ୍ରଷ୍ଟବ୍ୟ: ଘର ସମବା, ଘାଟ, ମାରା ମାନା, ଛିଡୁକ

ଗ୍ରନ୍ଥ ସୂଚନା: ବାଗ ୨୦୦୯, ୩୬; ସୁନାନୀ ୨୦୦୯, ୧୩୭।

ମାହାଲା

ବିବାହକାଳୀନ ମଧ୍ୟସ୍ଥ; ଦେଶିଆ, ପଶ୍ଚିମାଞ୍ଚଳ ଓଡ଼ିଆ; ଆଦିବାସୀ, ମିତାନ୍ ଗୋଷ୍ଠୀ; ବିବାହ ପରମ୍ପରାରେ ବ୍ୟକ୍ତିର ଆନୁଷ୍ଠାନିକ ଭୂମିକା

ବିବାହ ଆଦି କାର୍ଯ୍ୟରେ ମଧ୍ୟସ୍ଥି ଭାବରେ କାମ କରୁଥିବା ବ୍ୟକ୍ତି ମାହାଲକାରିଆ ବା ମାହାଲା ଭାବରେ ପରିଚିତ। ମାହାଲାମାନଙ୍କୁ ସେମାନଙ୍କ ଭୂମିକା ଆଧାରରେ ତିନି ଶ୍ରେଣୀରେ ବିଭକ୍ତ କରାଯାଇପାରେ ଯଥା, ସମଦାନ ବା ସଗା ମାହାଲା, ଚିନାରି ମହାଲା, ଓ ଜନାରି ମାହାଲା। ସମଦାନ ମହାଲା କହିଲେ ବିବାହଯୋଗ୍ୟ ପୁଅ ଝିଅ ସମ୍ବନ୍ଧରେ ବନ୍ଧୁବାନ୍ଧବଙ୍କଠାରୁ ତଥ୍ୟ ନେଇ ପୁଅ ପାଇଁ ଝିଅର ହାତ ମାଗିବାକୁ ଯାଆନ୍ତି। ଏହାକୁ ସମ୍ବନ୍ଧ ସ୍ଥାପନ ବା ସମଦାନ ବା ସଗା ମାହାଲା କୁହାଯାଏ। ଚିନାରି ମାହାଲା ସମ୍ବନ୍ଧ କଥା ହେବାର ପରଦିନ ସକାଳେ ଝିଅ ଗାଁର ସମସ୍ତଙ୍କୁ ଖବର ପଠାନ୍ତି। ଖବର ପାଇ ସମସ୍ତେ ରୁଣ୍ଡ ହୁଅନ୍ତି। ତା ପୂର୍ବଦିନ ରାତିରେ ପୁଅ ଘର ଝିଅ ଘରକୁ ଦେଇଥିବା

ଲିଆ, ଚୁଡ଼ାଗୁଡ଼, ପିଠା, ସଲପ, ମଦ ଯାହା ରାତିରେ ସମସ୍ତେ ଖାଇବାପରେ ବଳି ଯାଇଥାଏ ସେଗୁଡ଼ିକୁ ମାହାଲା କରିଆମାନେ ନଡ଼ିଆ ଭାଙ୍ଗି ପୂଜା କଲାପରେ ଖାଇଥାନ୍ତି। ତା'ପରେ ସମସ୍ତଙ୍କ ଉପସ୍ଥିତିରେ ଝିଅ ଘର ଲୋକେ ଏହି ସମ୍ବନ୍ଧକୁ ସ୍ୱୀକାର କରନ୍ତି। ସମ୍ବନ୍ଧ ସ୍ଥାପନ ପରେ ପୁଅଝିଅ ବିବାହ କାର୍ଯ୍ୟ ସମ୍ପାଦନକୁ ଜନାରି ମାହାଲା କରିଥାନ୍ତି। ତେବେ, ଉଲ୍ଲେଖନୀୟ ଯେ ମାଆବାପା ତଥା ସମାଜଦ୍ୱାରା ସ୍ଥିରିକୃତ ବିବାହକୁ ମାହାଲା ବିବାହ ମଧ୍ୟ କୁହାଯାଇଥାଏ। ମାହାଲା ଅଞ୍ଚଳ ତଥା ଗୋଷ୍ଠୀ ଭେଦରେ ମାହଲକାରିଆ, ରାଇବାଡ଼ିଆ, ଧାଙ୍ଗଡ଼ାମାଂଝି ଆଦି ଭାବରେ ମଧ୍ୟ ପରିଚିତ।

ଦ୍ରଷ୍ଟବ୍ୟ: ଜଲଙ୍ଗିଆ, ବିହା ବରପନ, ମୁହୁଁଜୁଆ

ଗ୍ରନ୍ଥ ସୂଚନା: ପାଢ଼ୀ, ଓ ଉପାଧ୍ୟାୟ ୨୦୧୦, ୪୩୨।

ମିଟିମଡ୍

ମୃତ୍ୟୁ ପରଠୁ ସାନ କାମ ଯାଏଁ ଜାତି ଭାଇ(ବନ୍ଧୁ ଲୋକଙ୍କ)ଦ୍ୱାରା ଦିଆଯାଉଥିବା ଭୋଜନ; ପଶ୍ଚିମାଞ୍ଚଳ ଓଡ଼ିଆ, ଦେଶିଆ; ଆଦିବାସୀ, ମିତାନ୍ ଗୋଷ୍ଠୀ; ମୃତ୍ୟୁ-ପର ସାମାଜିକ ପରମ୍ପରା

ପରିବାରରେ କାହାର ମୃତ୍ୟୁ ହେଲେ ଶୋକ ପାଳନ ଅବସରରେ ତିନି ଦିନ ପର୍ଯ୍ୟନ୍ତ କୌଣସି ରୋଷେଇ ସମ୍ପୃକ୍ତ ପରିବାର ତଥା ସେମାନଙ୍କ ବଂଶରେ ହୋଇନଥାଏ। ଅତଏବ, ମୃତ ବ୍ୟକ୍ତିର ପରିବାର ତଥା ସେମାନଙ୍କ ବଂଶର ସମସ୍ତ ସଦସ୍ୟଙ୍କୁ ସହାବସ୍ଥିତ ଅନ୍ୟ ବଂଶ ତଥା ବନ୍ଧୁ କୁଟୁମ୍ବ ଲୋକେ ତିନିଦିନ ପାଇଁ ରୋଷେଇ କରି ଖାଇବାକୁ ଦେଇଥାନ୍ତି। ଏହାକୁ ମିଟିମଡ଼ କୁହାଯାଏ। ତିନି ଦିନ ପରେ ସାନକାମ ସରିବା ପରେ ସେମାନେ ନିଜ ନିଜଘରେ ରୋଷେଇ କରି ଖାଇଥାନ୍ତି। ଏପରିକି ପରିବାର ବା ନିଜ ବଂଶଜ ଅନ୍ୟତ୍ର ସ୍ଥାୟୀ ଭାବେ ରହୁଥିଲେ ଏବଂ ତାଙ୍କର ମୃତ୍ୟୁ ହେଲେ ମଧ୍ୟ ସାନ କାମ ନସରିବା ଯାଏଁ ପରିବାରରେ କୌଣସି ରୋଷେଇ ହୋଇନଥାଏ ବନ୍ଧୁ କୁଟୁମ୍ବଙ୍କ ପ୍ରଦତ୍ତ ମିଟିମଡ଼ ତିନି ଦିନ ଯାଏ ଖିଆଯାଇଥାଏ। ତେବେ, ଏଠାରେ ଉଲ୍ଲେଖନୀୟ ଯେ ଯେଉଁ ଗୋଷ୍ଠୀରେ ଛିଟୁକ୍ ବା ଅଶୁଦ୍ଧିର ଅବଧାରଣା ଗୁରୁତ୍ୱପୂର୍ଣ୍ଣ ନୁହେଁ ସେହି ଗୋଷ୍ଠୀରେ ମିଟିମଡ଼ ଦେବାର ପରମ୍ପରା ପାଳନ କରାଯାଏ ନାହିଁ। ଉଦାହରଣ ସ୍ୱରୂପ, କନ୍ଧ, ଗାଦବା, ବଣ୍ଡା ଆଦି ଗୋଷ୍ଠୀକୁ ଏଠାରେ ନିଆଯାଇପାରେ।

ଦ୍ରଷ୍ଟବ୍ୟ: ମରନ, ସାନ କାମ

ଗ୍ରନ୍ଥ ସୂଚନା: ବାଗ ୨୦୦୯, ୫୯; ସୁନାନୀ ୨୦୦୯, ୧୭୧; Sabar 2017, 145-155।

ମିତ ମା'ପ୍ରସାଦ

ମିତ ମହାପ୍ରସାଦ; ପଶ୍ଚିମାଞ୍ଚଳ ଓଡ଼ିଆ, ଦେଶିଆ; ଆଦିବାସୀ, ମିତାନ୍ ଗୋଷ୍ଠୀ; ଆନୁଷ୍ଠାନିକ ମୈତ୍ରୀ ବନ୍ଧନ

ସମାନ ଗୋଷ୍ଠୀରେ ବେଳେବେଳେ ଭିନ୍ନଭିନ୍ନ ଗୋଷ୍ଠୀରେ ମଧ୍ୟ ଦୁଇ ବ୍ୟକ୍ତି ମଧ୍ୟରେ ମିତ, ମା'ପ୍ରସାଦ, ମକର, ବଉଳ, ସମାକଟ, ଗଜାମୁଂଗ ଭଳି ବିଭିନ୍ନ ଆନୁଷ୍ଠାନିକ ସମ୍ପର୍କ ସ୍ଥାପିତ ହୋଇଥାଏ । ମିତ ବା ମହାପ୍ରସାଦ ବସିବା ବା ସମ୍ପର୍କ ବାନ୍ଧିବା ପାଇଁ ଆନୁଷ୍ଠାନିକ ଭାବରେ କୌଣସି ଗ୍ରାମ ଦେବଦେବୀଙ୍କ ପାଖରେ, ମନ୍ଦିରରେ ତଥା ଦେବଦେବୀଙ୍କୁ ସାକ୍ଷୀ ରଖି ଏହା କରାଯାଏ । ମହାପ୍ରସାଦ ଭଳି ଅନ୍ୟ ମୈତ୍ରୀ ବନ୍ଧନଗୁଡ଼ିକ ହେଉଛି, ବାପଲୋକ, ସମଦି, ଭାଏଲୋକ, ଗୁରୁଭାଇ । ମୈତ୍ରୀ ବନ୍ଧନ କେବଳ ପୁରୁଷମାନଙ୍କ ମଧ୍ୟରେ ସିମୀତ ନୁହେଁ ନାରୀମାନେ ମଧ୍ୟ ଏହିଭଳି ସମ୍ପର୍କ ସ୍ଥାପନ କରିଥାନ୍ତି । ଉଦାହରଣ ସ୍ୱରୂପ ମକର, ବଉଳ, ସମାକଟ, ବାଲିଫୁଲ, ମାଲୋକ, ମଅଲାଲୋକ, ଭାଏଲୋକ, ସାରୁଧନ, ବାଏଲଗଜା ଭଳି ସମ୍ପର୍କ ଏଠାରେ ଉଲ୍ଲେଖନୀୟ ।

ମୈତ୍ରୀ ବନ୍ଧନ ଥରେ ସଂଗଠିତ ହେବା ପରେ ସହଜରେ ଭାଙ୍ଗିବାକୁ କେହି ସାହସ କରନ୍ତି ନାହିଁ । ଏହା ପିଢ଼ି ଧରି ପିଢ଼ି ବଜାୟ ରହିଥାଏ । ମୈତ୍ରୀ ସମ୍ପର୍କ ଥିବା ପରିବାର ସଦସ୍ୟଙ୍କୁ ନିଜ ପରିବାରର ସଦସ୍ୟ ଭଳି ଆଦର ମାନସମ୍ମାନ ଦିଆଯାଏ । ପର୍ବପର୍ବାଣିରେ, ଭଲମନ୍ଦରେ ସେମାନେ ଘରର ସଦସ୍ୟଙ୍କ ଭଳି ସାହାଯ୍ୟ ସହଯୋଗ କରିଥାନ୍ତି । ଅନୁରୂପ ଏକ ପରମ୍ପରା ଦେଖିବାକୁ ମିଳେ ତାହା ହେଉଛି ସଁକାର । ସଁକାର ସାଧାରଣତଃ ଜଣେ ବ୍ୟକ୍ତି ଯିଏକି ଆପାତତଃ ଆର୍ଥିକ ଭାବରେ ସ୍ୱଚ୍ଛଳ ଥାଆନ୍ତି । ପାରସ୍ପରିକ ସମ୍ପର୍କରୁ ଦୁଇ ଜଣଙ୍କ ମଧ୍ୟରେ ସଁକାର କରିବା ବା ଘେନିବା (କିଣିବା) କଥା ସ୍ଥିର ହୋଇଥାଏ । ଉଦାହରଣ ସ୍ୱରୂପ, ଜଣେ ଶବର ଗୋଷ୍ଠୀର ଲୋକ ଗଣା ଗୋଷ୍ଠୀର ଜଣେ ସଦସ୍ୟଙ୍କୁ କିଣିବା ବା ଆନୁଷ୍ଠାନିକ ଭାବେ କିଛି ଉପହାର ଦେବା ସହ ସମ୍ପୃକ୍ତ ସମ୍ପର୍କକୁ ପ୍ରତିଷ୍ଠା କଲା ସେଦିନଠୁ ଗଣା ଗୋଷ୍ଠୀର ସେହି ସଦସ୍ୟ ଜଣକ ଶବର ଗୋଷ୍ଠୀର ସମ୍ପୃକ୍ତ ସଦସ୍ୟଙ୍କୁ ସଁକାର ବୋଲି ଡାକିଥାଏ । ସାଧାରଣତଃ ସଁକାର ଉଚ୍ଚ ମନେ କରାଯାଉଥିବା ଗୋଷ୍ଠୀର ସଦସ୍ୟ ହିଁ ହୋଇଥାନ୍ତି । ସଁକାର କରିଥିବା ବ୍ୟକ୍ତି ତାଙ୍କ ସଁକାରଙ୍କୁ ମାନସମ୍ମାନ କରିବା ସହିତ ଆବଶ୍ୟକ ସମୟରେ ବୋଲହାକ କରିଥାନ୍ତି । କେବଳ ଶବର କିମ୍ବା ଗଣା ଗୋଷ୍ଠୀ ନୁହେଁ ଶବର, ନରିଆ ବା ଗଉଡ଼, ଧୋବା, କୁମ୍ଭାର ଆଦି ଗୋଷ୍ଠୀରେ ମଧ୍ୟ ଏହି ପରମ୍ପରା ଦେଖିବାକୁ ମିଳେ । ଏହି ସମ୍ପର୍କ ବୈଷମ୍ୟ ଆଧାରିତ ମନେହେଉଥିଲେ ବି ବିଭେଦକାରୀ ନୁହେଁ ତଥା ତତ୍କାଳୀନ

ସାମାଜିକ, ସାଂସ୍କୃତିକ ଓ ରାଜନୀତିକ ପରିବେଶରେ ଏହାକୁ ସେଭଳି ମନେ କରାଯାଉନଥିଲା ବା କେତେକ ଗୋଷ୍ଠୀର ସଦସ୍ୟଙ୍କୁ ଏଭଳି ପରମ୍ପରାର ଶିକାର ହେବାକୁ ହେଉଥିଲା। ସେହିପରି, କେହି ଧାନ ଟଙ୍କା ଆଦି ଉଧାର ନେଇ ଆର୍ଥିକ ଦୁର୍ବଳତା କାରଣରୁ ଫେରେଇ ନପାରିଲେ "...ଘିନୁଆ ହ, ଛାଡ଼ି ଦେବି !" କହିବା ବି ଶୁଣାଯାଉଥିଲା। ଏହି ପରମ୍ପରା ସମ୍ପ୍ରତି ବିଲୁପ୍ତ ପ୍ରାୟ।

ଦ୍ରଷ୍ଟବ୍ୟ: ବନ୍ଧୁ କୁଟୁମ୍ବ, ସମାଜ, ମାଏନ ଧରମ୍

ଗ୍ରନ୍ଥ ସୂଚନା: ବାଗ ୨୦୦୯, ୨୪; ସୁନାନୀ ୨୦୦୯, ୨୨୩-୪।

ମିତାନ୍ ଗୋଷ୍ଠୀ

ସହାବସ୍ଥିତ ଗୋଷ୍ଠୀ; କୁଡୁମୀ, ପଶ୍ଚିମ ଓଡ଼ିଶାର କଥିତ ଓଡ଼ିଆ; ଆଦିବାସୀ, ମିତାନ୍ ଗୋଷ୍ଠୀ; ସାମାଜିକ ଅବଧାରଣା

ଉତ୍ତର ଓଡ଼ିଶାରେ ସାନ୍ତାଳ ଓ ମୁଣ୍ଡାମାନେ ନିଜକୁ ହଲ ମିତାନ୍ କହନ୍ତି। ଏମାନେ କୁଡୁମୀ ଜାତିକୁ କୁଣବୀ ହଲ୍ କହିଥାନ୍ତି। ଏହି ସମସ୍ତ ଗୋଷ୍ଠୀ କୃଷିକାର୍ଯ୍ୟ ସହିତ ସମ୍ପୃକ୍ତ। ଏମାନଙ୍କୁ କୃଷି କାର୍ଯ୍ୟରେ କମାର, କୁମ୍ଭାର, ପାଣ, ତନ୍ତୀ, ଥେଣ୍ଟାରୀ, ମୋଚି, କରଗା, ମାହାଲି, ହାଡ଼ି, ଡମ, ଧୋବା, ବାରିକ, କେଉଟ ଆଦି ଏମାନଙ୍କ ସହ ସହାବସ୍ଥିତ ଭାବେ ଚଳି ଆସୁଛନ୍ତି ଏଣୁ ଏହି ଗୋଷ୍ଠୀକୁ ମିତାନ୍ ଗୋଷ୍ଠୀ ଭାବରେ ପରିଗଣିତ କରାଯାଏ। କେବଳ କୃଷିରେ ନୁହେଁ ଜନ୍ମ, ବିବାହ, ମୃତକର୍ମରେ ମଧ୍ୟ ପରସ୍ପରକୁ ଗୁଆଦେବା ବା ନିମନ୍ତ୍ରଣ କରିବାର ପ୍ରଥା ଅଛି ତଥା ଆନୁଷ୍ଠାନିକ ଭାବରେ ବିଭିନ୍ନ କର୍ମ ସମ୍ପାଦନ କରିବା ଦେଖିବାକୁ ମିଳେ।

କେବଳ ଉତ୍ତର ଓଡ଼ିଶା ନୁହେଁ ଅନ୍ୟ ଅଞ୍ଚଳରେ ମଧ୍ୟ ଏହିଭଳି ବିଭିନ୍ନ ଜାତି ଓ ପ୍ରଜାତି ଭିତରେ ପାରସ୍ପରିକ ଆନୁଷ୍ଠାନିକ ସମ୍ପର୍କ ଦେଖିବାକୁ ମିଳେ। ପ୍ରତ୍ୟେକ ଅନୁଷ୍ଠାନରେ ଦେବଦେବୀଙ୍କ ପୂଜା ଆୟୋଜନ, ସାମାଜିକ କାର୍ଯ୍ୟକଳାପରେ ସମସ୍ତ ଜାତି ଗୋଷ୍ଠୀର ଭୂମିକା ଦେଖିବାକୁ ମିଳେ ଯେପରି ଗଉଡ଼ ହାତର ଘିଅ, ଗୋରସ; ମାଳି ହାତର ଫୁଲ; କଣ୍ଡରା ବା ମାହାର ହାତର ବାଉଁଶ, ଟାଙ୍ଗୁଡ଼ି; କୁମ୍ଭାର ହାତର ରୁଖା, ଦୀପ, କଳସ; କେଉଟ ଆଉ ମାଳି ହାତର ଖଇ; ତେଲି ହାତର ତେଲ, ଝରା; ଲୋହରା ହାତର ଶିକଳା, ଶୁକୁନ; ଘାସି ହାତର ଗୋବର; ଗଣ୍ଡା ହାତର କପଟା (ବାଏନ), ବାଜା; ଜାନୀ, ଝାଁକର ହାତର ପୁଞ୍ଜି; ଧୋବା ହାତର ଚୁନା, ଗୁଣ୍ଡା ଆଦି ଆବଶ୍ୟକ ହୋଇଥାଏ। ଏସବୁ ଏକ ଭୌଗୋଳିକ ପରିବେଶରେ ସହାବସ୍ଥିତ ସମସ୍ତ ଜାତିଙ୍କର ସାମୂହିକ ଜୀବନ, ଓ ମୈତ୍ରୀଭାବର ପ୍ରକାଶକ। ଭାରତୀୟ ଜାତି ପରମ୍ପରାରେ

ଆମେ ଯଦିଓ ଅସ୍ପୃଶ୍ୟତା ତଥା ଛୁଆଅଛୁଆଁ ଭାବଭେଦ ଦେଖିଥାଉ ଓ ଏହାର ପ୍ରଭାବ ସମ୍ପ୍ରତି ମଧ୍ୟ ବଳବତ୍ତର ତଥାପି ଏହି ମିତାନ୍ ଅଞ୍ଚଳଗୁଡ଼ିକରେ ଧର୍ମୀୟ ଉତ୍ସବ, ଜନ୍ମ-ବିବାହ-ମୃତ୍ୟୁ ଆଦି ସାମାଜିକ ସଂସ୍କାର, ବିଭିନ୍ନ କୃଷି ଆଧାରିତ ପର୍ବପର୍ବାଣିରେ ସମସ୍ତଙ୍କ ଅଂଶଗ୍ରହଣ ଦେଖିବାକୁ ମିଳେ।

"ଭୁଞ୍ଜିଏକର ଦେବତା, ଡମେକର ସଲତା।
କନ୍ଧର ଯେ ଧରନୀ, ଗଉରର ପାନି
କୁମାରର ଦିଆ, ଲୋହରାର ଖଣା।"
"ଡ଼ମର ବାଏନ, ଗଉରର ପାଏନ
ପୂଜାରୀର ଧୂପଧୁନା ଗଣାର ବାଜନା
ଲୋହରାର ଶିକଲା ଖାଣା, କୁମାରର କଣି, ଭାଣା।"

ଦ୍ରଷ୍ଟବ୍ୟ: ଆଦିବାସୀ

ଗ୍ରନ୍ଥ ସୂଚନା: ମହନ୍ତ ୨୦୦୧, ୫୦; ବିଶୀ ୧୯୯୮, ଧ-ନ; ମିଶ୍ର ୨୦୧୭, ୧୫୦; ସୁନାନୀ ୨୦୦୯, ୧୫୦।

ମିରଚୁକ୍

ଆଦିବାସୀ ଓ ମିତାନ୍ ଗୋଷ୍ଠୀର ଅନ୍ୟତମ ଗୃହଦେବୀ; ପଶ୍ଚିମାଞ୍ଚଳ ଓଡ଼ିଆ, ଦେଶିଆ; ଆଦିବାସୀ, ମିତାନ୍ ଗୋଷ୍ଠୀ; ଦେବଦେବୀ – ଗୃହ (ପାରିବାରିକ)

ମିରଚୁକ୍ ଗୃହଦେବୀ ଭାବରେ କେତେକ ଆଦିବାସୀ ଓ ମିତାନ୍ ଗୋଷ୍ଠୀରେ ପୂଜିତା। ମିରଚୁକ୍ ଡୁମା ବିଷୟରେ ଏହା ବି କୁହାଯାଏ ଯେ ଏହି ଦେବତା ବହୁତ ପ୍ରଖର ତେଣୁ କାଳେ କିଛି ଅସୁବିଧା ହୋଇପାରେ ବୋଲି ତାଙ୍କୁ ଗୁହାଳରେ ସ୍ଥାନିତ କରାଯାଇଥାଏ। କେବଳ ମିରଚୁକ୍ ନୁହେଁ, ପ୍ରାୟ ସମସ୍ତ ମିତାନ୍ ଓ ପ୍ରଜାତିକ ଗୋଷ୍ଠୀରେ ଗୃହ ଦେବଦେବୀ ଥାଆନ୍ତି। ଯେମିତି ଗଣା ଗୋଷ୍ଠୀର କୁମାର ବଂଶ ମହାଲଛମା; ସୁନା ବଂଶ କୋଟେନ୍, ଲରିଏନ୍; ବାଗ ବଂଶ ମିରଚୁକ୍ ବା କାଳିସୁନ୍ଦରୀ ମିରଚୁକ୍; ଛତ୍ରିଆ ବଂଶ ମହୁଲଗୁଣି; ସଗରିଆ ବଂଶ ଠାକୁରାଣୀ, ରୋକାଲବୁଢା, ଦୁଆର ଗଡ଼ିଏନ; ବିଭାର ବଂଶ ପାଟଖଣ୍ଡା, ବୁଢୀମା, ପରଦେଶେନ୍; ବେନିଆ ବଂଶ ଭଏଁରୋ ଆଦି ଦେବଦେବୀଙ୍କୁ ପୂଜା କରିବା ଦେଖାଯାଏ। ତେବେ, ଅଞ୍ଚଳ ଭିତ୍ତିରେ ଅନ୍ୟ ଦେବଦେବୀଙ୍କୁ ଯେ ପୂଜା କରାଯାଇନଥାଏ ତାହା ନୁହେଁ। ସେହିପରି, ଗୋଟିଏ ଦେବୀ ଏକାଧିକ ବଂଶରେ ମଧ୍ୟ ପୂଜା ପାଇଥାନ୍ତି। ଉଦାହରଣ ସ୍ୱରୂପ, ମହାଲଛମା ଦେବୀଙ୍କୁ ସଗରିଆ, ଜଗତ, ଶିକା, ଓ ହରପାଲ ବଂଶରେ ମଧ୍ୟ ପୂଜା କରିବା ଏଠାରେ ଉଲ୍ଲେଖନୀୟ।

ଗୃହ ଦେବଦେବୀଙ୍କ ପୂଜାରେ ସାଧାରଣତଃ ଘରର ବଡ଼ ପୁଅ ଓ ବୋହୂ ମୁଖ୍ୟ ଭୂମିକା ଗ୍ରହଣ କରିଥାନ୍ତି। କେତେକ କ୍ଷେତ୍ରରେ ଗୃହ ଦେବୀଦେବତାଙ୍କ ପୂଜାରେ ମଧ୍ୟ ମହିଳାମାନଙ୍କୁ ପ୍ରବେଶ ଅନୁମତି ନଥାଏ। ଯେପରି, ମିରଚୁକ୍ ଦେବୀଙ୍କ ପୂଜା ରାତି ଅଧରେ ହୋଇଥାଏ। ଅନ୍ୟ ଗୋଷ୍ଠୀର ସଦସ୍ୟଙ୍କୁ ଏହି ପୂଜା ଦେଖିବାକୁ ଦିଆଯାଏ ନାହିଁ। ଏହି ଦେବୀଙ୍କ ବଳି ପ୍ରସାଦକୁ ସ୍ତ୍ରୀଲୋକମାନେ ତଥା ରଜସ୍ୱଳା ହୋଇଥିବା ସ୍ତ୍ରୀଙ୍କ ସ୍ୱାମୀଙ୍କୁ ଖାଇବାକୁ ବାରଣ କରାଯାଏ। ଅନେକ କ୍ଷେତ୍ରରେ ପ୍ରସାଦ ଖାଇ ସାରିବା ପରେ ଅଇଁଠା ଓ ଖଲିପତ୍ର ଆଦିକୁ ଗାତ ଖୋଳି ପୋତି ଦିଆଯାଏ। କେତେକ କ୍ଷେତ୍ରରେ ବୋହୂମାନଙ୍କୁ ନିର୍ଦ୍ଧିଷ୍ଟ ନୀତିନିୟମ ମାନି ଚଳିବାକୁ ହୁଏ। ଉଦାହରଣସ୍ୱରୂପ, ତାଣ୍ଡି ବଂଶର ବୋହୂ ଓସନାଡ଼େଗା ଅର୍ଥାତ୍ ଅନ୍ୟ ଘରୁ ଆସିଥିବା ଖାଦ୍ୟ ଖାଇନଥାନ୍ତି, ଅନ୍ୟ କେହି ଶୋଇଥିବା ଖଟରେ ଶୁଅନ୍ତି ନାହିଁ, ଅନ୍ୟ ଘର ଅଗଣାକୁ ଡିଅଁନ୍ତି ନାହିଁ। ଗାଢ ଛିଟକନା ବା କଳା ରଙ୍ଗର କପଡ଼ା ବ୍ୟବହାର କରିନଥାନ୍ତି। ସେହିପରି, ଅଠର ଘରିଆ ମହାନନ୍ଦମାନେ ପିଦର ଘରକୁ କଳା ଚୁଡ଼ି କି କଳା ରଙ୍ଗର ଶାଢ଼ି ପିନ୍ଧିନ୍ତି ନାହିଁ।

ଦ୍ରଷ୍ଟବ୍ୟ: ଦେ'ଦେବତା, ମାଂଝିହଲାମ ବଙ୍ଗା

ଗ୍ରନ୍ଥ ସୂଚନା: ସୁନାନୀ ୨୦୦୯, ୩୯-୧୨୦।

ମୁଡ଼ା ଗାଡ଼ିବା

ଗ୍ରାମ ସ୍ଥାପନା କରିବା; ପଶ୍ଚିମାଞ୍ଚଳ ଓଡ଼ିଆ, ଦେଶିଆ; ଆଦିବାସୀ, ମିତାନ୍ ଗୋଷ୍ଠୀ; ସାମାଜିକ ପରମ୍ପରା

ମୁଡ଼ା ଗାଡ଼ିବା କହିଲେ ଗାଁ ବସେଇବା ବା ନୂତନ ଭାବରେ ଗ୍ରାମ ସ୍ଥାପନା କରିବାକୁ ବୁଝାଏ। ଆଜିକାଲି ଆଉ କେହି ଗାଁ ବସାଉ ନାହାଁନ୍ତି ବା ନୂତନ ଜନବସତି ଗଢିଉଠୁଥିଲେ ବି ସହାରାଞ୍ଚଳ ତଥା ଅପେକ୍ଷାକୃତ ଗ୍ରାମ ସହରାଞ୍ଚଳରେ ମଧ୍ୟ ଆଉ ଏ ପରମ୍ପରା ଦେଖିବାକୁ ମିଳୁନାହିଁ। ଆଗେ ଜଣେ ଦି'ଜଣ ଲୋକ ଗୋଟେ ବାସଯୋଗ୍ୟ ସ୍ଥାନ ଦେଖି ସେଠାରେ ବସବାସ କରିବାକୁ ଚାହିଁଲେ ସେଇ ସ୍ଥାନକୁ ସଫାସୁତର କରି ସେଠାକାର ମାଟି ଦେବତାକୁ ମାଏନ ସାମାନ୍ ହେଉଥିଲେ, ଓ ଅଙ୍ଗ୍ ବା ଆଶ୍ରୟ ମାଗୁଥିଲେ। ଗୋଟିଏ ବରଗଛ, ପିପ୍ପଳ କି ଡୁମେର ଗଛ ତଳେ ମାଟି ଦେବତା ନାଁରେ ପୂଜାପାଠ କରି ଘୁଷୁରି, କୁକୁଡ଼ା ବଳି ଦେଇ ଗୋଟେ ଗାତ ଖୋଳି ସେଇ ଘୁଷୁରିକୁ ପୋତି ସେଠାରେ ଏକ ପଥର ଗାଡ଼ି ଦେଉଥିଲେ ଆଉ ସେଇ ଦିନଠୁ ସେଇ ପଥରରେ ଗାଁ ଦେବତା ରହିଲେ ବୋଲି ବିଶ୍ୱାସ କରୁଥିଲେ। ଯେଉଁ ଜାତି ବା ଯେଉଁ ଗୋଷ୍ଠୀ ମୁଡ଼ା ଗାଡୁଥିଲା ସେଇ ଗାଁ ସେଇ ଜାତିର ମାଟି ଭାବରେ ପରିଚିତ ହେଉଥିଲା।

ସାନ୍ତାଳମାନେ ମୁଡ଼ା ଗାଡ଼ିବା ପାଇଁ ସହରାୟ, ଆଘାଣ, ଫାଗୁନ୍ ଆଉ ବୈଶାଖ ମାସକୁ ଶୁଭ ଓ ଅନୁକୂଳ ସମୟ ଭାବରେ ଗ୍ରହଣ କରିଥାନ୍ତି। ମୁଡ଼ା ଗାଡ଼େନ୍ ବା ଗାଁବସେନ୍ ପରମ୍ପରାକୁ ଅନୁସରଣ କରି ପଶ୍ଚିମ ଓଡ଼ିଶାର ବିଭିନ୍ନ ଗ୍ରାମାଞ୍ଚଳରେ ସମାନ ନାମରେ ଏକ ପାରମ୍ପରିକ କ୍ରୀଡ଼ା ମଧ୍ୟ ପରିବେଷିତ ହେବା ଦେଖାଯାଏ।

ଦ୍ରଷ୍ଟବ୍ୟ: ଦେ'ଦେବତା, ମାଏଟ୍ ପାଏନ

ଗ୍ରନ୍ଥ ସୂଚନା: ବାଗ ୨୦୧୭, ୭୩; ବେଶ୍ରା ୨୦୧୦, ୫୦।

ମୁହୁଁଜୁଆ

ବିବାହକାଳୀନ ଏକପ୍ରକାର ବନ୍ଦାପନା ; ପଶ୍ଚିମାଞ୍ଚଳ ଓଡ଼ିଆ, ଦେଶିଆ; ଆଦିବାସୀ, ମିତାନ୍ ଗୋଷ୍ଠୀ; ପ୍ରାକ୍-ବିବାହ ଓ ବିବାହକାଳୀନ ପରମ୍ପରା

ମୁହୁଁଜୁଆ ଉଭୟ ବିବାହ ଓ କଣାବରାରେ ସମାନ ଭାବରେ ପରିବେଷଣ କରାଯାଏ। ଗନସେନ୍ ସରିବା ପରେ ମୁହୁଁଜୁଆ କରାଯାଇଥାଏ। ମୁହୁଁଜୁଆ ପାଇଁ ପାଣିକଖାରୁ ବଡ଼ିକୁ ବୋକା କରାଯାଇ ଆଗରେ ରଖାଯାଏ। ସାଧାରଣତଃ ଚକୁଳି ପିଠାରେ ଏହା କରାଯାଇଥାଏ। ଦୁଇ ହାତରେ ଦୁଇଟା ପିଠା ନେଇ ବୟସ୍କା ତଥା ବିବାହିତା ସ୍ତ୍ରୀ ଲୋକମାନେ ଜଣେ ପରେ ଜଣେ କଣାବରା ହେଉଥିବା ଝିଅର ଗାଲରେ ସେକ ଦେଇଥାନ୍ତି। ଅଞ୍ଚଳ ଭେଦରେ ଶାଳ, ମହୁଲ, କେନ୍ଦୁ ପତ୍ରରେ ମଧ୍ୟ ହଳଦୀ ଲଗାଇ ଏପରି କରାଯାଏ। ମୁହଁଜୁଆ ସରିବା ପରେ ବୋକା ଭାବରେ ରଖିଥିବା କଖାରୁକୁ ବଳି ଦିଆଯାଏ। ପରେ ସେହି ବୋଦାକୁ ବରକନ୍ୟାଙ୍କୁ ପାଦରେ ମାଡ଼ି ପାର ହେବାକୁ ହୁଏ। ଏହାପରେ ଯୋଗ ଖୁଟା ପାଖରେ ଝୁଲାଇ ରଖିଥିବା ଅମେରା ପାଣିକୁ ଝିଅ ମୁଣ୍ଡରେ ଢାଳି ଦିଆଯାଏ।

ଦ୍ରଷ୍ଟବ୍ୟ: କଣାବରା, ବିହା ବରପନ

ଗ୍ରନ୍ଥ ସୂଚନା: ସୁନାନୀ ୨୦୦୯, ୧୪୨; ଭୋଲ ୨୦୦୭, ୨୬।

ମୋଡ୍ରୋ ଝରଲେନ୍

ବିବାହୋତ୍ସବର ଅନ୍ତିମ ଦିନର ରୀତିନୀତି; ପଶ୍ଚିମାଞ୍ଚଳ ଓଡ଼ିଆ, ଦେଶିଆ; ଆଦିବାସୀ, ମିତାନ୍ ଗୋଷ୍ଠୀ; ବିବାହ ପର ରୀତିନୀତି

ବିବାହର ଶେଷ ଦିନରେ ବରକନ୍ୟାକୁ ତେଲ ହଳଦୀ ଲଗାଯାଏ। ଦୁହିଙ୍କୁ ଦୁଇଟି ପରଲା (ଏକ ପ୍ରକାର ବାଉଁଶ ଟୋକେଇ)ରେ ବସାଯାଇ ବିବାହ ମଣ୍ଡପରେ ନଚାଯାଏ। ଏହା 'ଦୁରଲା ନାଚ' ଭାବରେ ପରିଚିତ। ତା'ପରେ 'ରଏନ୍ ଟାଣି

ଖେଳ' ହୁଏ। ବେଦୀ ପାଖରେ ଗୋଟିଏ ପାଣି ହାଣ୍ଡିରେ ମୁଦି ପକେଇ ଦିଆଯାଏ, ବରକନ୍ୟା ବିପରୀତ ଦିଗରୁ ଦୌଡ଼ିଦୌଡ଼ି ବେଦୀ ପରିକ୍ରମା କରି ହାଣ୍ଡି ଭିତରୁ ମୁଦି ଉଠାଇ ଆଣିଥାନ୍ତି। ଯିଏ ମୁଦି ଆଣିପାରେ ସେ ଜିତେ ଏବଂ ଅପର ପକ୍ଷ ପାଇଁ ଭବିଷ୍ୟତରେ କ'ଣ କରିବ ପ୍ରତିଶ୍ରୁତି ଦିଏ। ଏହାପରେ ବେଦୀ ପାଖରେ ଥିବା ମହୁଲ ଡାଳ ଧରି ପୋଖରୀକୁ ଯାଆନ୍ତି ସେଠାରେ କଣି ଖେଳ ତଥା ଅଞ୍ଚଳ ଭେଦରେ ଅନ୍ୟ ରୀତିନୀତି ମଧ୍ୟ ପାଳନ କରାଯାଏ।

ଅଞ୍ଚଳ ଭେଦରେ ମୋଡ଼ୋ ଝରଲେନ ବା ମୋଡ଼ୋ ଝରେନ୍ ଦିନ ବର ଓ କନ୍ୟାକୁ ଧରି ବନ୍ଧ ବା ନିକଟସ୍ଥ ଜଳାଶୟକୁ ନିଆଯାଏ। ସେଠାରେ ବର ଓ କନ୍ୟା ଅନ୍ୟ ସଦସ୍ୟମାନଙ୍କ ସହିତ ଗାଧୋଇଥାନ୍ତି। ବରର ଭାଉଜ ବା ମାଆ ଗୋଟିଏ ନୂଆହାଣ୍ଡି ନେଇ ଯାଇଥାନ୍ତି, ସେଇ ହାଣ୍ଡିରେ ପାଣି ଭର୍ତ୍ତି କରି ଘାଟରେ ରଖନ୍ତି। ସେଇଠି ଚାଉଳ ପୁଞ୍ଜି ପକେଇ ଦୀପ ଜଳେଇ ପାଣି ଭର୍ତ୍ତି ହାଣ୍ଡିରେ ଚାଉଳ, ମୁଗ ଟିକିଏ ପକେଇ ତା'ର ମୁହଁକୁ ବାନ୍ଧି ଦିଅନ୍ତି। ଏହାକୁ 'ରଏନ ଟାଣି' ବୋଲି କୁହାଯାଏ। ଏହି ରଏନ ଟାଣିକୁ ବୋହୂ ବୋହିକି ଘରକୁ ଆସିଥାଏ। ଫେରିବା ପରେ ବେଦୀ ପାଖରେ ସେଇ ହାଣ୍ଡିରେ ବର ଓ କନ୍ୟାଙ୍କ ମଧ୍ୟରେ ମୁଦି ଖୋଜିବା ପ୍ରତିଯୋଗିତା ହୋଇଥାଏ। ଏହା ଶେଷ ହେବା ପରେ ଲଗନକାରିଆ ବରକନ୍ୟାର ଲଗନ ଗଣ୍ଠି ଖୋଲି ଦେଇଥାଏ।

ଦ୍ରଷ୍ଟବ୍ୟ: କଣାବରା, ବିହା ବରପନ, ମୁହୁଁଜୁଆ

ଗ୍ରନ୍ଥ ସୂଚନା: ସୁନାନୀ ୨୦୦୯, ୧୫୬-୭; Sabar 2017, 145-155।

ଯାତରା ପରବ

ପାରମ୍ପରିକ ଉତ୍ସବ; ପଶ୍ଚିମ ଓଡ଼ିଶା କଥିତ ଭାଷା, ଦେଶିଆ; ଆଦିବାସୀ, ମିତାନ୍ ଗୋଷ୍ଠୀ; ପର୍ବପର୍ବାଣି

ଧର୍ମୀୟ ଉତ୍ସବ ତଥା ପର୍ବପର୍ବାଣି ଆଦି ଯାତରା ବା ଯତରା ପରବ ଭାବରେ ପରିଚିତ। ସାଧାରଣତଃ ଆଦିବାସୀ ଓ ମିତାନ୍ ଜାତି ଅବସ୍ଥାନ କରୁଥବା ଅଞ୍ଚଳରେ ଏହି ଯାତରାଗୁଡ଼ିକ ଧର୍ମଭିତ୍ତିକ, କୃଷିଭିତ୍ତିକ, ଓ ଅନ୍ୟାନ୍ୟ ଜୀବନ ଜୀବିକାଭିତ୍ତିକ। ବର୍ଷସାରା ବିଭିନ୍ନ ସମୟରେ ଜମିରେ ହଳ ଲଗାଇବା, ବିହନ ବାହାର କରିବା, ଜମିରେ ବିହନ ବୁଣିବା, ତଳି ରୋଇବା ଘାସ ବାଛିବା, ମଇ ବୁଲାଇବା, ଜମିରେ ଫସଲ ଧରିଲେ ମାଟି ପୂଜା କରିବା, ଅମଳ ପୂର୍ବ ତଥା ପରେ ଜମିରେ ଚରୁ ଦେବା, ଧାନ ଅମଳ ସମୟରେ ଖଳା ପୂଜା କରିବା, ଧାନକୁ ଘରକୁ ନେଇ ପୂଜା କରିବା,

ପ୍ରକୃତି ପ୍ରଦତ୍ତ ସମସ୍ତ ଫଳ ଓ ଶସ୍ୟ ଦେବୀଦେବତାଙ୍କୁ ଅର୍ପଣ କରିବା ଅବସରେ ବିଭିନ୍ନ ଯାତ୍ରା ପରବ ପାଳନ କରାଯାଏ। ସେହିପରି, ଜୀବିକା ଅର୍ଜନ ପାଇଁ, ବଣ ଜଙ୍ଗଲର ସୁରକ୍ଷା ପାଇଁ, ଶିକାର ତଥା ବନଜାତ ଦ୍ରବ୍ୟର ପ୍ରାପ୍ତି ପାଇଁ, ନିଜ ଶରୀରରେ କଣ୍ଟାଝଟା ନଲାଗିବା ପାଇଁ, ବର୍ଷା ହେବା ପାଇଁ, ଗ୍ରାମକୁ ରୋଗଶୋକରୁ ରକ୍ଷା କରିବା ପାଇଁ ମଧ୍ୟ ବିଭିନ୍ନ ପରବ ଯାତରା ଆୟୋଜିତ ହୁଏ। ଯାତରା ପରବ ଗ୍ରାମର ସାମୂହିକ ଭାବନା ଓ ଯୋଜନା ତଥା ଗ୍ରାମ୍ୟ ଏକତା ଓ ସଂହତିର ଅପୂର୍ବ ନିଦର୍ଶନ ଅଟେ। ଶିମ୍ବ, ଆମ୍ବ, କେନ୍ଦୁ, ମହୁଲ, ଡିମିରି, ଜହ୍ନି ଆଦି ଫଳ, ଫୁଲ ଦେବତାଙ୍କୁ ସମର୍ପଣ ନକରି ଖାଆନ୍ତି ନାହିଁ। ଉଦାହରଣ ସ୍ୱରୂପ, ଚାଉଳଧୁଆ ପରବ ନସରିଲା ଯାଏଁ ଅଧୁଆ ଚାଉଳ ହିଁ ଖାଆନ୍ତି। ଡାଣସରା ପରବ ନସରିଲା ଯାଏଁ ଝାଡୁ ତିଆରି ପାଇଁ କେହି ଖର(ଛଣ) କାଟନ୍ତି ନାହିଁ। ଆଷାଢଖେନା ନସରିବା ଯାଏଁ ଜମିରୁ ବାଲୁଙ୍ଗା ଓ ଘାସ ଉପାଡ଼ିବା, ତଳିରୁଆ, ମଇଦିଆ ଆଦି କୃଷିଭିତ୍ତିକ କାର୍ଯ୍ୟ ହୋଇପାରେ ନାହିଁ।

ଦ୍ରଷ୍ଟବ୍ୟ: ଦେ'ଦେବତା, ଦେହେଲିଆ ମାସ, ଦେଓବାଡ଼ନି, ଧାରନୀ ଗୁଡ଼ି, ତିଆର ବେଭାର

ଗ୍ରନ୍ଥ ସୂଚନା: ମିଶ୍ର ୧୯୯୬, ୮୨-୪; ସୁନାନୀ ୨୦୦୯, ୩୭୦-୩୩୯; ଭୋଲ ୨୦୦୭, ୪୧-୬୩।

ରାନୀ ପରବ

ମାଣ୍ଡିଆ ଚାରା ରୋପଣର ପର୍ବ; ଦେଶିଆ, ପଶ୍ଚିମାଞ୍ଚଳ ଓଡ଼ିଆ; ଆଦିବାସୀ, ମିତାନ୍ ଗୋଷ୍ଠୀ; ପର୍ବପର୍ବାଣି

ପରଜା ସମ୍ପ୍ରଦାୟର କୃଷିଭିତ୍ତିକ ପର୍ବଗୁଡ଼ିକ ମଧ୍ୟରେ ରାନୀ ପରବ ଅନ୍ୟତମ। କଳାହାଣ୍ଡି ଅଞ୍ଚଳର ପରଜା, ଭତରା, କନ୍ଧ ସମ୍ପ୍ରଦାୟର ଲୋକମାନେ ଅନ୍ୟାନ୍ୟ ସହାବସ୍ଥିତ ମିତାନ୍ ଗୋଷ୍ଠୀର ସଦସ୍ୟଙ୍କ ସହ ରାନୀ ପରବ ପାଳନ କରିଥାନ୍ତି। ଏହା ଆଷାଢଖେନା ପର୍ବ ଅନୁରୂପ। ଶ୍ରାବଣ କୃଷ୍ଣପକ୍ଷର କୌଣସି ଶୁଭଦିନ ଦେଖି ଏହି ପର୍ବ ପାଳନ କରାଯାଇଥାଏ। ଚାଷୀମାନେ ଆଷାଢ ମାସରେ ମାଣ୍ଡିଆ ତଳି ପକାଇଥାନ୍ତି। ସେହି ତଳିଗୁଡ଼ିକ ରୋଇବା ଯୋଗ୍ୟ ହେଲେ ତାକୁ ଆଣି ଗୃହଦେବୀ ଓ ଗ୍ରାମ୍ୟଦେବୀଙ୍କ ପାଖରେ ପୂଜା କରି ତହିଁ ଆରଦିନ ଡ଼ୋକରି ବୁଢୀ ପାଖରେ ନିଜନିଜ ଘରେ ପୂଜା କରନ୍ତି। ଦେବୀଙ୍କ ପାଖରେ ବଳି ଦିଅନ୍ତି ଓ ସେହି ତଳିକୁ ନେଇ ଜମିରେ ରୋଇଥାନ୍ତି।

ଦ୍ରଷ୍ଟବ୍ୟ: ବିଜପୁଟନି, ଢେଲା ପିଟାଣି, ବାନ୍ଦନା, ବୁରଲାଙ୍ଗ ପୂଜା, ବେଙ୍ଗେଇ ନାଟ

ଗ୍ରନ୍ଥ ସୂଚନା: ମିଶ୍ର ୧୯୯୬, ୮୭।

ଲାନ୍ଦା

ଏକ ପ୍ରକାର ମଦ; ଦେଶିଆ; ଆଦିବାସୀ, ମିତାନ୍ ଗୋଷ୍ଠୀ; ଖାଦ୍ୟ ପରମ୍ପରା – ପାନୀୟ

ଧାନ ଓ ମାଣ୍ଡିଆ ଗଜାର ଚୁନାରେ ତିଆରି ମଦକୁ ଲାନ୍ଦା କୁହାଯାଏ। ଅବିଭକ୍ତ କୋରାପୁଟ ଜିଲ୍ଲାର ସମସ୍ତ ଆଦିବାସୀ ଗୋଷ୍ଠୀରେ ଏହି ପାନୀୟ ପର୍ବପର୍ବାଣି ମେଳା ଉତ୍ସବ ଜନ୍ମ-ମୃତ୍ୟୁ-ବିବାହରେ ଡୁମା, ପୁରୁଷା, ଧାରନୀ ମାତା ତଥା ଅନ୍ୟ ଦେବୀଦେବତାଙ୍କୁ ଅର୍ପଣ କରିବା ପରେ ନିଜେ ବ୍ୟବହାର କରିଥାନ୍ତି। ମାଣ୍ଡିଆ ଗଜା, ଧାନ ଗଜା ତଥା ଭାତକୁ ମଧ୍ୟ ତିନି ଚାରି ଦିନ ପାଣିରେ ଭିଜେଇ ରଖି ପଚାଇବା ପରେ ଏହାକୁ ପୁଣି ଥରେ ରାନ୍ଧି, ଆବଶ୍ୟକ ହେଲେ ଚିନି ବା ଗୁଡ଼ ମିଶାଇ ଲାନ୍ଦା ପ୍ରସ୍ତୁତ କରାଯାଏ।

ଧାନ, ମାଣ୍ଡିଆ ବ୍ୟତୀତ ମହୁଲରୁ ମଧ୍ୟ ମଦ ପ୍ରସ୍ତୁତ ହୋଇଥାଏ। ପ୍ରଥମେ ମହୁଲକୁ ଭିଜେଇ ପୋଚ ପ୍ରସ୍ତୁତ କରାଯାଏ। ଏହା କରିବା ପାଇଁ ଖରା ଦିନେ ତିନି ଦିନ ଓ ଶୀତ ଦିନେ ପାଞ୍ଚ ଦିନ ସମୟ ଲାଗିଥାଏ। ଏହି ପୋଚକୁ 'ପାଶ' କୁହାଯାଏ। ପରେ ପାଶକୁ ବଡ଼ ହାଣ୍ଡିରେ ରଖି ତା'ଉପରେ କଣାଥିବା ଗୋଟିଏ ଛୋଟ ହାଣ୍ଡି ଉଗୁଡ଼ା କରି ରଖାଯାଏ। ଛୋଟ ହାଣ୍ଡିର କଣାରୁ ନଳା ଆସି ପାଣି ଉପରେ ଥିବା ହାଣ୍ଡିରେ ଲାଗିଥାଏ। ଏହାକୁ 'କଙ୍ଗରା' କୁହାଯାଏ। ତା'ପରେ କଣାସବୁକୁ ଗୋବର ଦେଇ ଭଲ ଭାବରେ ଲିପି ଦିଆଯାଏ। ତଳେ ଜାଳ ଦେଲେ ପାଶ ହାଣ୍ଡିରୁ ବାଷ୍ପ ନଳାରେ ଯାଇ ତଳ ହାଣ୍ଡିରେ ମଦ ହୋଇ ପଡ଼େ। ସେହିପରି, ମାଣ୍ଡିଆ, ଚାଉଳ, ଜହ୍ନା, ଜନ୍ଦ୍ରା (white millet), ସୁଆଁ (little millet), କାକଡ଼ା ଆଖି (black millet) ଇତ୍ୟାଦି ଶସ୍ୟକୁ ଭାତ ଭଳି ରନ୍ଧାଯାଏ। ସେଥିରେ ଚାଉଳ ଚୁନା ଓ ଚିତ୍ରମୂଳରୁ ପ୍ରସ୍ତୁତ ଔଷଧକୁ ମିଶାଇ ତିନି ଚାରି ଦିନ ପର୍ଯ୍ୟନ୍ତ ପଚିବାକୁ ଦିଆଯାଏ। ପରେ ସେଥିରେ ଆବଶ୍ୟକ ପରିମାଣର ପାଣି ମିଶାଇ ତାକୁ ଭଲଭାବେ ଛଣା ଯାଏ ଯାହାକୁ 'ପେଣ୍ଡମ୍' କୁହାଯାଏ। ଆଦିବାସୀମାନଙ୍କ ମତରେ କାକଡ଼ା ଆଖିରୁ ପ୍ରସ୍ତୁତ ପେଣ୍ଡମ୍ ସବୁଠାରୁ ସୁସ୍ୱାଦୁ ହୋଇଥାଏ। ଦକ୍ଷିଣ ଓଡ଼ିଶାର କେତେକ ଆଦିବାସୀ ଗୋଷ୍ଠୀର ସଦସ୍ୟ ଲାନ୍ଦା ପରବ ବା ଲାନ୍ଦାଖିଆ ପର୍ବ ମଧ୍ୟ ପାଳନ କରିଥାନ୍ତି।

ଦ୍ରଷ୍ଟବ୍ୟ: ସଲପ, ମହୁଲ

ଗ୍ରନ୍ଥ ସୂଚନା: ପାଢ଼ୀ ୨୦୦୩, ୨୩; ପାଢ଼ୀ, ଓ ଉପାଧ୍ୟାୟ ୨୦୧୦, ୩୨୪, ୪୧୨-୪୧୩।

ଲିପାପୋଛା

ଘର ଦୁଆରରେ ମାଟି ଲିପିବା; ଓଡ଼ିଆ; ଆଦିବାସୀ, ମିତାନ୍ ଗୋଷ୍ଠୀ; ସାମାଜିକ ପାରମ୍ପରିକ ଅବଧାରଣା– ସୌନ୍ଦର୍ଯ୍ୟବୋଧ

ଆଦିବାସୀ ତଥା ମିତାନ୍ ଜାତିରେ ଅନ୍ୟ ଗୋଷ୍ଠୀ ତୁଳନାରେ ଅଧିକ କାଠ ବାଉଁଶ ତଥା ମାଟି କାନ୍ଥର ଘର ଦେଖିବାକୁ ମିଳେ। ସେଥିରେ ମାଟି ଲିପିବା ଝୋଟି ଆଙ୍କିବା ତଥା ସଫାସୁତର କାମ ସାଧାରଣତଃ ନାରୀମାନେ ହିଁ କରିଥାନ୍ତି। ଘର ଦୁଆର ଲିପାପୋଛା କରିବାକୁ ଗାଈଗୋବର ତଥା ନଡ଼ା କୁଟାର ପାଉଁଶ ବ୍ୟବହର କରାଯାଏ। କଳା ରଙ୍ଗ ବ୍ୟତୀତ ଈଷତ୍ ହଳଦିଆ, ଧଳା, ଗୋଲାପୀ, ନାଲି ରଙ୍ଗ ମଧ୍ୟ କାନ୍ଥ ରଙ୍ଗେଇବା ଦେଖାଯାଏ। ସାନ୍ତାଳ ଗୋଷ୍ଠୀରେ ଲିପାପୋଛାର ସ୍ୱତନ୍ତ୍ର ପରମ୍ପରା ତଥା ସୌନ୍ଦର୍ଯ୍ୟବୋଧ ଦେଖିବାକୁ ମିଳେ। ଏହି ଗୋଷ୍ଠୀର ସିଆନମାନେ କହିଥାନ୍ତି, "ଏମିତି ଚିକ୍କଣ କରିବ ଯେପରି ବିରାଡ଼ି ଚାଲିଲେ ତା'ର ପାଦ ଖସିଯିବ, ମାଛି ବସିଲେ ଖସିଯିବ"। ଅତଏବ, ସାନ୍ତାଳ ରମଣୀମାନେ ଘରଦୁଆରକୁ ବହୁତ ସୁନ୍ଦରକରି ଲିପିବା ଦେଖାଯାଏ, ଏହା ସହିତ ବିଭିନ୍ନ ପ୍ରାକୃତିକ ରଙ୍ଗରେ ରଙ୍ଗେଇବା ବି ଦେଖିବାକୁ ମିଳେ। ଉଦାହରଣ ସ୍ୱରୂପ, ନାଲି ରଙ୍ଗ ପାଇଁ ମୋରମ୍ ବା ରଡା ମାଟି, ଈଷତ୍ ହଳଦିଆ ପାଇଁ ଚୁଇ ମାଟି ତଥା ବୋଦ୍ ହାଁସା, କମଳା ରଙ୍ଗପାଇଁ ଝିଁଗା ହାଁସା, ଗୋଲାପୀ ରଙ୍ଗ ପାଇଁ ଅର୍ଜୁନ(ଆତନା) ଗଛର ଛାଲିରେ ଏକ ନିର୍ଦ୍ଦିଷ୍ଟ ଅନୁପାତରେ ମୁରମ୍ ହାଁସା ଓ ବୋଦ୍ ହାଁସାକୁ ମିଶାଇ ସ୍ୱତନ୍ତ୍ର ଭାବେ ପ୍ରସ୍ତୁତ ହୋଇଥାଏ। ମାଟି ଲିପିବା ପରେ ବିଭିନ୍ନ ପ୍ରକାରର ଚିତ୍ର ମଧ୍ୟ ପିଠଉ ଓ ରଙ୍ଗମାଟି ଆଦି ସାହାଯ୍ୟରେ ଅଙ୍କନ କରାଯାଏ।

ଦ୍ରଷ୍ଟବ୍ୟ: ଯାତରା ପରବ, ନୂଆଖାଇ, ବିହା ବରପନ

ଗ୍ରନ୍ଥ ସୂଚନା: ବେଶ୍ରା ୨୦୧୦, ୫୩।

ଶାଗ ଡାଲ

ଶାଗ, ତରକାରୀ; ପଶ୍ଚିମାଞ୍ଚଳ ଓଡ଼ିଆ, ଦେଶିଆ; ଆଦିବାସୀ, ମିତାନ୍ ଗୋଷ୍ଠୀ; ଖାଦ୍ୟ ପରମ୍ପରା– ନିରାମିଷ

ଶାଗ ଡାଲ କହିଲେ ସାଧାରଣତଃ ପଶ୍ଚିମ ଓ ଦକ୍ଷିଣ ଓଡ଼ିଶାରେ ଶାଗ ସହିତ ତରକାରୀକୁ ମଧ୍ୟ ବୁଝାଇଥାଏ। ଆଦିବାସୀ ଓ ମିତାନ୍ ଜାତିଗୁଡ଼ିକରେ ବହୁବିଧ ଶାଗ ପରିବା ଖାଦ୍ୟ ଭାବରେ ବ୍ୟବହାର କରାଯାଏ। ବାଇଗଣ, ଅମୃତଭଣ୍ଡା, ବିଲାତି, ଭେଣ୍ଡି, କାକୁଡ଼ି, କଲରା, ଲାଉ, ଶିମ୍ବ, ପୋଟଳ, ଝୁଡ଼ଙ୍ଗ, ପଣସ, କଖାରୁ, କନ୍ଦମୂଳ,

ସାରୁ, ଜହ୍ନି, ବରଗୁଡ଼ି, ବରବଟି ଭଳି ପରିବା ଆଦି ବ୍ୟତୀତ କରଡ଼ି, ବିଭିନ୍ନ ପ୍ରକାରର କନ୍ଦମୂଳ, ସିଆଳି ଚେର; ହରଡ଼, ମୁଗ, ବୁଟ ବ୍ୟତୀତ କାନ୍ଦୁଲ, କଟିଙ୍ଗ୍ ବା ବଡ଼ ଝୁଡ଼ଙ୍ଗ, କୋଳଥ, ପିଆସି ଚଣା(ଦେଶୀ ମଟର), ମଟର ଆଦିକୁ ସିଝାଇ ତରକାରୀ ଭାବେ ଖାଇବା ସହ ଡାଲି କରି ମଧ୍ୟ ଖାଇଥାଆନ୍ତି।

ସଜନା, କୋଶଳା, ଖଡ଼ା, କଳମ, ସୋରିଷ, ପାଳଙ୍ଗ, ଭାଜି, ମୂଳା, ମେଥି, ରସୁଣ, ପିଆଜ, କୋବି ପତ୍ର ଆଦି ଶାଗ ବ୍ୟତୀତ ସାରୁପତ୍ର, ପିଆସି, କମା(କଞ୍ଚନ), ଗମା, ଗୋବି, ଚାକୁଣ୍ଡା, ସୁନୁସୁନିଆ, କଖାରୁ, ବହଳ (clammy cherry), କଲେର ବା ବରଡ଼ା (butterfly tree) ଶାଗ ଆଦି ଶାଗ ମଧ୍ୟ ବ୍ୟବହାର କରାଯାଏ। ସେହିଭଳି, ବାଲି ଛତୁ, ଆମ୍ବ ଛତୁ, ବାଉଁଶ ଛତୁ, ପାଳ ଛତୁ, ବିନ ଛତୁ, ଜାମୁ ଛତୁ, ପଣସ ଛତୁ; ସାନାଇ, ବହଳ, ନିମ୍ବ, ଅଗସ୍ତି, ସଜନା, କଖାରୁ (ବୋଇତାଲୁ), ଓ ଗିରଲି ଆଦିଗଛର ଫୁଲ, କିଆମୂଳ ମଧ୍ୟ ବ୍ୟବହାର କରାଯିବା ଦେଖାଯାଏ। କରଡ଼ି ବର୍ଷାଦିନର ଏକ ପ୍ରମୁଖ ଖାଦ୍ୟ ଯାହାକୁ ଶୁଖାଇ ପରବର୍ତ୍ତୀ ସମୟରେ 'ହଣୁଆ' ଭାବରେ ବ୍ୟବହାର କରାଯିବା ବି ଦେଖିବାକୁ ମିଳେ।

ଦ୍ରଷ୍ଟବ୍ୟ: କାନ୍ଦା କରଡ଼ି, ମାଚ ମଉସ

ଗ୍ରନ୍ଥ ସୂଚନା: ହୋତା, ପରିଡ଼ା, ଓ ପଟେଲ ୨୦୧୦, ୭-୮, ୫୩, ୪୭୧-୭୪।

ଶିଖଃ

ପୋଡ଼ା ଦାଗ(ପ୍ରଜାତିକ ଚିହ୍ନ); ସାନ୍ତାଳୀ; ଆଦିବାସୀ; ପ୍ରଜାତିକ ଚିହ୍ନ

ସାନ୍ତାଳ ତଥା ଅନ୍ୟ ରମଣୀମାନେ ଦେହରେ ଚିତା (ଖଦା) କୁଟାଉଥିବା ବେଳେ ସାନ୍ତାଳ ଯୁବକମାନେ ମଧ୍ୟ ନିଜ ବାହୁରେ ଶିଖଃ ଧାରଣ କରିବା ଦେଖାଯାଏ। ଶିଖଃ କହିଲେ ତିନୋଟି ପୋଡ଼ାଦାଗକୁ ବୁଝାଏ। ସାନ୍ତାଳ କିଶୋରମାନଙ୍କୁ ଯୁବକ ହେବା ପୂର୍ବରୁ ନିଜ ବାହୁରେ ଏହି ଶିଖଃ ଗ୍ରହଣ କରିଥାନ୍ତି। ଏଥିପାଇଁ କନାର ତିନୋଟି କାହାଳି କରି ବାମ ହାତରେ ଛେପଦେଇ ଲଗାଇ ଦିଆଯାଏ। ତା'ପରେ କାହାଳୀରେ ନିଆଁ ଧରାଇ ଦିଆଯାଏ। କନାର କାହାଳୀ ଜଳିଜଳି ସରି ଆସିବା ବେଳକୁ ପତ୍ର ସାହାଯ୍ୟରେ ତାକୁ ଚାପି ଦିଆଯାଏ। ଫଳରେ ସେହି ସ୍ଥାନରେ ତିନୋଟି ପୋଡ଼ା ଦାଗ ହୁଏ। ଏହି ତିନୋଟି ଦାଗ ଅରନ୍(ଜନ୍ମ), ମରନ୍, ଜିଅନ(ଜୀବନ) ଭାବର ପ୍ରତୀକ। କେବଳ ନାରୀ ପୁରୁଷ ଖଦା ବା ଶିଖଃ ଧାରଣ କରନ୍ତି ତାହା ନୁହେଁ, ଗୃହପାଳିତ ଗାଈଗୋରୁଙ୍କ ଡାହାଣ ଫଡ଼ିଆରେ ଗୋତ୍ର ଚିହ୍ନ ଦିଆଯାଏ। ବଂଶ ବା ଗୋଷ୍ଠୀ ଅନୁରୂପ

ଏହି ଶିଖଃ ଅଲଗା ଅଲଗା ହୋଇଥାଏ ଯେପରି, ହଁସାଦା ଙ୍କ କୁରାଢୀ, ଖଗଲା ହାଡ଼, ମାର୍ଡିଙ୍କ ତୀର, ସୋରେନଙ୍କ ଇପଲ (ତାରା), ହେମ୍ବ୍ରମଙ୍କ ପାଁଏଡ଼ା (ପାଞ୍ଚଣ), ଟୁଡୁଙ୍କର ଖାଡ଼ି, କିସକୁଙ୍କ ହେଂଗା (ମଇ), ଠେଙ୍ଗା, ବାସ୍କେଙ୍କ ନାହେଲ (ନଙ୍ଗଲ), ମୁର୍ମୁଙ୍କ ଢେରା (ଦଉଡ଼ି ତିଆରି କରିବା ଯନ୍ତ୍ର), ବେଶ୍ରାଙ୍କ ଚାକା (ଚକା), ବେଦିଆ ଗୋତ୍ରଙ୍କ ହୁଦାଡ଼ (ସିଡ଼ି)ଓ ସାକାମ (ପତ୍ର), ଚୋଣ୍ଡେଙ୍କ ଦାତରାମ (ଦାଆ) ଇତ୍ୟାଦି ତେବେ ଏସବୁ ଚିହ୍ନ ଗୋରୁଗାଈଙ୍କୁ ଚିହ୍ନିତ କରିବା ପାଇଁ ବ୍ୟବହାର କରାଯାଏ।

ଦ୍ରଷ୍ଟବ୍ୟ: ବନାଗୁଦାନି

ଗ୍ରନ୍ଥ ସୂଚନା: ବେଶ୍ରା ୨୦୧୦, ୪୦-୪୯; ଟୁଡୁ ୨୦୧୩, ୫୬।

ଶିରା ଗୁନିଆ

ପୂଜାରୀ ଓ ବଇଦ; ପଶ୍ଚିମାଞ୍ଚଳ ଓଡ଼ିଆ, ଦେଶିଆ; ଆଦିବାସୀ, ମିତାନ୍ ଗୋଷ୍ଠୀ; ସାଂସ୍କୃତିକ ପ୍ରତିନିଧି

ଆଦିବାସୀ ତଥା ସହାବସ୍ଥିତ ମିତାନ୍ ଜାତି ଗୁଡ଼ିକରେ ଯେଉଁମାନେ ବୈଦ୍ୟକର୍ମ, ଗୁଣିଗାରେଡ଼ି, ତଥା ଖରାପ ଡୁମା ବା ଭୂତପ୍ରେତ ଛଡ଼ାନ୍ତି, ଯେଉଁମାନେ କାଳିସୀ ଲାଗନ୍ତି ସେମାନଙ୍କୁ 'ଶିରା' କୁହାଯାଏ। ପ୍ରତ୍ୟେକ ଗାଁରେ ଏକାଧିକ ଶିରା ଦେଖାଯାଆନ୍ତି। କୋୟା ଗୋଷ୍ଠୀରେ ଏମାନଙ୍କୁ ୱାଡ଼େ; ବଣ୍ଡା, ଗାଦବା, ଭୂମିଆ, କନ୍ଧ ଆଦି ଗୋଷ୍ଠୀରେ ଦିଶାରି, ତଥା ମିତାନ୍ ଜାତିଗୁଡ଼ିକରେ ଏମାନେ ଶିରା ଭାବରେ ପରିଚିତ। ଶିରା ଦେହରେ ଡୁମା ବା ଦେବତା ପ୍ରବେଶ କରିବାପରେ ସେ ଉପସ୍ଥିତ ସଦସ୍ୟଙ୍କର ସମସ୍ୟାର ସମାଧାନ କରିଥାନ୍ତି। ବିଭିନ୍ନ ରୋଗଶୋକ ଭଲ କରିବା ପାଇଁ ତଥା ଡୁମା ଭଗେଇବା ପାଇଁ ଶିରାମାନେ ନିଜ ଭାଷାରେ ମନ୍ତ୍ର ଅନୁରୂପ ଆଖ୍ୟାନ ଉଚ୍ଚାରଣ କରିଥାନ୍ତି, ବେଳେବେଳେ ଏହା ବୁଝିବା ସମ୍ଭବ ହୋଇନଥାଏ, କେବଳ ପୂଜାରୀ ହିଁ ସେସବୁର ଅର୍ଥ କରିପାରନ୍ତି। ପୂଜାରୀ ତଥା ଜାନୀଙ୍କଦ୍ୱାରା ଉପରେ ଶିରା ଦେହରେ ଦେବୀ ବା ଦେବତା ନିଜେ ଅବତୀର୍ଣ୍ଣ ହୋଇ କଥା କହନ୍ତି। ଏହି ସମୟରେ ଦୈବିକ ଚେତନାଦ୍ୱାରା ସେ ନିୟନ୍ତ୍ରିତ ହୋଇ ନିଜର ବ୍ୟକ୍ତିସତ୍ତା କିଛି କ୍ଷଣ ପାଇଁ ହରାଇଥାନ୍ତି। ଜାନୀ ନିଜର ତଥା ଗ୍ରାମର ବ୍ୟକ୍ତିଗତ ଓ ସାମୂହିକ ସମସ୍ୟା ଶିରା ଆବାହିତ ଦେବୀଦେବତାଙ୍କୁ ଜଣାଇ ଥାଆନ୍ତି। ସେମାନେ ସେସସବୁର ସମାଧାନ ପାଇଁ ବାଟ ବତାଇଥାନ୍ତି। ରୋଗଶୋକ, ଆପଦବିପଦ, ପାରିବାରିକ, ସାମୂହିକ କର୍ମ, ପର୍ବପର୍ବାଣି ଧର୍ମାଚାରବେଳେ ଶିରା ଦେହରେ କାଳିସୀ ଲାଗେ। ଦେବୀଦେବତା ବା ଶିରାମାନେ ନିଜର କରତୁତ୍ ଦେଖାଇବା ପାଇଁ କଣ୍ଟା ଦୋଳିରେ ବସିବା, ଝୁଲିବା,

ଜିଭରେ ଲୁହା କଣ୍ଟା ଫୋଡ଼ିହେବା, ଖଣ୍ଡାରେ ନିଜଦେହକୁ କାଟି ହେବା, ନିଆଁରେ ଚାଲିବାଆଦି କାମ ମଧ୍ୟ କରିଥାନ୍ତି ତଥାପି ଆଧିଦୈବିକ ଚେତନାଦ୍ୱାରା ଆକ୍ରାନ୍ତଥିବା ଦିଶାରିଙ୍କର କୌଣସି କ୍ଷତି ହୋଇ ନଥାଏ। ସମ୍ପୃକ୍ତ ଗୋଷ୍ଠୀ ସଦସ୍ୟମାନେ ବି ଏଭଳି କରତୁତ୍ ଦେଖି ବିଶ୍ୱାସ କରିଥାନ୍ତି। ଶିରାମାନେ ଅନେକତ୍ର ଗୁଣିଆ କାମ କରିଥାନ୍ତି। ତେବେ, ପ୍ରାୟ ଗୋଷ୍ଠୀରେ ସ୍ୱତନ୍ତ୍ର ଗୁଣିଆ ମଧ୍ୟ ଦେଖିବାକୁ ମିଳନ୍ତି।

ଦ୍ରଷ୍ଟବ୍ୟ: ଦେ'ଦେବତା, ଯାତରା ପରବ, କଁଟା ଦୋଳି

ଗ୍ରନ୍ଥ ସୂଚନା: ମିଶ୍ର ୨୦୧୦, ୭୦-୧; ପାଢ଼ୀ, ଓ ଉପାଧ୍ୟାୟ ୨୦୧୦, ୫୯, ୨୩୪, ୪୫୫-୬।

ଶୋଲା

ପରିବା ତଥା ମାଂସକୁ କାଟି ଶୁଖାଇ ରଖିବାର ପରମ୍ପରା; ପଶ୍ଚିମାଞ୍ଚଳ ଓଡ଼ିଆ, ଦେଶିଆ; ଆଦିବାସୀ, ମିତାନ୍ ଗୋଷ୍ଠୀ; ଖାଦ୍ୟ ସଂରକ୍ଷଣ ପରମ୍ପରା

ବିଭିନ୍ନ ଆଦିବାସୀ ଗୋଷ୍ଠୀରେ ବର୍ଷା ତଥା ଅସୁବିଧା ସମୟରେ ଅପଚୟ ନକରି ଆବଶ୍ୟକ ସମୟରେ ବ୍ୟବହାର କରିବା ପାଇଁ ବିଭିନ୍ନ ପରିବା ତଥା ମାଂସକୁ ଶୁଖାଇ ରଖାଯାଏ, ଏହାକୁ 'ଶୋଲା' କୁହାଯାଏ। କଖାରୁ, ବାଇଗଣ, ବିଲାତି ବାଇଗଣ ଆଦି ପରିବାକୁ ଛୋଟଛୋଟ କରି କାଟି ଖରାରେ ଶୁଖାଇ ବେଳେବେଳେ ଲୁଣ ଦେଇ ତାହାକୁ ସଂରକ୍ଷିତ କରି ରଖାଯାଏ। କଞ୍ଚା ଆମ୍ବକୁ ଶୁଖାଇ ଆମ୍ବୁଲ କରି ରଖାଯାଉଥିବାବେଳେ ପାଚିଲା ଆମ୍ବକୁ ବି କାଟି ଶୁଖାଇ ଚମ୍ପାବତୀ କରି ରଖାଯାଏ। ଆମ୍ବ ରସକୁ ଶୁଖାଇ ଆମ୍ବ ସଢ଼ା କରାଯାଏ। ସେହିପରି, ମାଛ, ଚିଙ୍ଗୁଡ଼ିକୁ ମଧ୍ୟ ଶୁଖାଇ ଅଲୁଆ ଭୁଜି ଭାବରେ ରଖାଯାଏ। ପାଳନିଆଁରେ ଆଂଶିକ ପୋଡ଼ି ରଖାଯାଉଥିବା ମାଛକୁ କୁହାଯାଏ ପୋଡ଼ା ମାଛ। ଗାଈ, ଘୁଷୁରି ଆଦି ମାଂସକୁ ମଧ୍ୟ ନଷ୍ଟ ନକରି ଶୁଖାଇ ପରବର୍ତ୍ତୀ ସମୟରେ ଉପଯୋଗ କରିବା ପାଇଁ ରଖାଯାଏ। ଏପରିକି, ତେନ୍ତୁଳି ଗଛର କଅଁଳ ଡାଳ ଓ ଫୁଲ 'ପାଲୋ'କୁ ଶୁଖାଇ ଗୁଣ୍ଡ କରି ପରବର୍ତ୍ତୀ ସମୟରେ ତରକାରୀ ଆଦିରେ ବ୍ୟବହାର କରିବା ଦେଖିବାକୁ ମିଳେ।

ଶୋଲା ଗାଦବା ଗୋଷ୍ଠୀରେ ଉସୁର ଭାବରେ ପରିଚିତ ତଥା ଶୁଖିଲା ମାଛ ଉସୁର ଆଡ଼ଙ୍ଗ୍, ଶୁଖିଲା ମାଂସ 'ଉସୁର ସେଲି', ଶୁଖିଲା ପନିପରିବା 'ଉସୁର ମା', ଶୁଖିଲା କରଡ଼ି 'ଉସୁର ଇଲେ', ଆମ୍ବୁଲ 'ଉସୁର ସୁରିଲ' ଭାବରେ ପରିଚିତ। ତେବେ, ପ୍ରାୟ ସମସ୍ତ ଆଦିବାସୀ ଓ ମିତାନ୍ ଗୋଷ୍ଠୀରେ ପନିପରିବା, ଶାଗ, ମାଛ ମାଂସ ଓ

ଅନ୍ୟାନ୍ୟ ଖାଦ୍ୟ ପଦାର୍ଥକୁ ଶୁଖାଇ ରଖିବାର ପରମ୍ପରା ଅଛି କାରଣ ଟିରୋଟ ସମୟରେ ଏସବୁ ସେମାନଙ୍କ ଖାଦ୍ୟାଭାବକୁ ମେଣ୍ଟାଇଥାଏ।

ଦ୍ରଷ୍ଟବ୍ୟ: ମାଚ ମଉସ, ଶାଗ ଡାଲ

ଗ୍ରନ୍ଥ ସୂଚନା: ବେଶ୍ରା ୨୦୧୦, ୫୭-୮; ହୋତା, ପରିଡ଼ା, ଓ ପଟେଲ, ୨୦୧୦, ୬୮, ୧୪୦।

ସମାଜ

ସମାଜ; ପଶ୍ଚିମାଞ୍ଚଳ ଓଡ଼ିଆ, ଦେଶିଆ; ଆଦିବାସୀ, ମିତାନ୍ ଗୋଷ୍ଠୀ; ପାରମ୍ପରିକ ସାମାଜିକ ସଂରଚନା

ଆଦିବାସୀ ଓ ମିତାନ୍ ଗୋଷ୍ଠୀରେ ସମାଜର ଭୂମିକା ସ୍ୱତନ୍ତ୍ର। ପ୍ରତ୍ୟେକ ଗ୍ରାମରେ ପୂଜାରୀ, ମୁଖିଆ, ଗ୍ରାମ ବା ଗୋଷ୍ଠୀ ପରିଚାଳକ ଆଦି ଥାଆନ୍ତି। ଅଞ୍ଚଳ ତଥା ଗୋଷ୍ଠୀ ଭେଦରେ ପୂଜାରୀଙ୍କୁ ଜାନୀ, ଓ୍ୱାଡ଼େ, ପାହାନ, ବଡ଼ ନାଇକ ଆଦି କୁହାଯାଏ। ମୁଦୁଲି, ନାୟକ (ପରଜା), ଭାତ ନାୟକ (ଗୋଷ୍ଠୀ ପରିଚାଳକ) ଆଦି ମୁଖିଆ, ଚାଲାଣ (ପରଜା) ଆଦି ସହ-ପରିଚାଳକ ଆଦି ଥାଆନ୍ତି। ଏହା ବ୍ୟତୀତ, ଦିଶାରି (ପାଞ୍ଜିଆ), ଶିରା, ଗୁଣିଆ ଆଦି ମଧ୍ୟ ଥାଆନ୍ତି। ତେବେ, ପୂଜାରୀ, ମୁଖିଆ ଭଳି ଗ୍ରାମ ପରିଚାଳକ ଗାଁର ଭଲମନ୍ଦରେ ମୁଖ୍ୟ ଭୂମିକା ଗ୍ରହଣ କରିବା ସହିତ ନୀତି ନିଷ୍ପତ୍ତି ଗ୍ରହଣ କରିଥାନ୍ତି। ଦିଶାରି, ଗୁରୁମାଇ, ଶିରା, ଗୁଣିଆ ଆଦି ବିଭିନ୍ନ ସାମାଜିକ, ସାଂସ୍କୃତିକ ପ୍ରତିନିଧି ଓ ସେମାନଙ୍କ ସହଯୋଗୀ କାର୍ଯ୍ୟ ପରିଚାଳନା କରିଥାନ୍ତି। ଗ୍ରାମ ସଭା ବସିବା ପାଇଁ ପ୍ରତ୍ୟେକ ଗ୍ରାମରେ ଏକ ନିର୍ଦ୍ଦିଷ୍ଟ ସ୍ଥାନଥାଏ। ଏହି ସ୍ଥାନ ଗୋଷ୍ଠୀ ତଥା ଅଞ୍ଚଳ ଭେଦରେ ବେରଣମୁଣ୍ଡା, ସିନ୍ଧିବୋର, ସଦରଦାଣ୍ଡ, ମାଂଝିଆଖଲା, ପଁଚ ଆଦି ଭାବରେ ମଧ୍ୟ ପରିଚିତ। ପ୍ରତ୍ୟେକ ମିତାନ୍ ଜାତି ଓ ପ୍ରଜାତିକ ଗୋଷ୍ଠୀରେ ସମାଜ ଥାଏ। ଏହି ସମାଜରେ ଧାଙ୍ଗଡ଼ାମାଂଝି, ମାଂଝି, ଜଗମାଂଝି, ପାରାନିକ୍, ଗଡ଼େତ୍, ମାହାଲକାରିଆ, ଟହଲିଆ, ନାଇକେ ଆଦି ବିଭିନ୍ନ ପ୍ରତିନିଧି ଥାଆନ୍ତି, ଏମାନେ ଜନ୍ମ-ମୃତ୍ୟୁ-ବିବାହ ଆଦି କ୍ରିୟାକର୍ମରେ ନିଜନିଜ ଭୂମିକା ତୁଲାଇଥାନ୍ତି। ବେଳେବେଳେ ଗୋଟିଏ ଜାତି, ପ୍ରଜାତିକ ଗୋଷ୍ଠୀରେ 'ଭାତ' ଭଳି ଏକାଧିକ ସମାଜ ଥାଏ।

ଦ୍ରଷ୍ଟବ୍ୟ: ଭାତ, ପଁଚ, ମାଂଝିହାଲାମ୍

ଗ୍ରନ୍ଥ ସୂଚନା: ପ୍ରଧାନ ୨୦୦୭, ୫୨; ମିଶ୍ର ୧୯୯୬, ୫୨-୬୫; ବେଶ୍ରା ୨୦୧୦, ୧୬-୨୧।

ସଲପ

ସଲପ; ଦେଶିଆ; ଆଦିବାସୀ; ପ୍ରାକୃତିକ ପାନୀୟ

କୋରାପୁଟ ଅଞ୍ଚଳରେ ବସବାସ କରୁଥିବା ଆଦିବାସୀ ଗୋଷ୍ଠୀ ପାଇଁ ସଲପ ଗଛର ଭୂମିକା ଗୁରୁତ୍ୱପୂର୍ଣ୍ଣ। ସଲପ ରସ ପିଲାଠାରୁ ବୁଢା ସମସ୍ତେ ପାନ କରିଥାନ୍ତି। ବଣ୍ଡା, ପରଜା, ଗାଦବା ଆଦି ସମ୍ପ୍ରଦାୟରେ ସଲପ ରସ ମାଆ କ୍ଷୀର ସହିତ ସମାନ। ସଲପ ଗଛକୁ ଆଧାର କରି ଏହି ସବୁ ଗୋଷ୍ଠୀରେ ପ୍ରଚଳିତ ଏକ ମିଥ୍ ଏଠାରେ ଉଲ୍ଲେଖନୀୟ। ଆଦିପିତା ଏକ ସଲପ ଗଛ ମୂଳରେ ବସିଥିଲେ। ଏହି ସମୟରେ ତାଙ୍କ ସାମ୍ନାକୁ ଆସିଥିବା ଏକ ହରିଣକୁ ମାରି ସବୁତକ ମାଂସ ନିଜେ ଏକା ଖାଇଦେଲେ ଆଦିମାତାଙ୍କୁ କିଛି ବି ଦେଲେନି। ଆଦିମାତା ସେତେବେଳେ ଗର୍ଭବତୀ ତଥା ଆସନ୍ନ ପ୍ରସବା। ସ୍ୱାମୀ ସବୁତକ ମାଂସ ଖାଇ ଦେଇଥିବା ଜାଣି ସେ କ୍ଷୋଭ ପ୍ରକାଶ କଲେ। ପରେପରେ ଯମଜ ସନ୍ତାନ ପ୍ରସବ କରି ସେଠାରେ ସେମାନଙ୍କୁ ଛାଡ଼ି ଚାଲିଗଲେ। ଶିଶୁଦ୍ୱୟ କ୍ଷୀର ନପାଇ କାନ୍ଦିବାକୁ ଲାଗିଲେ। ଆଦିପିତା ଚିନ୍ତିତ ହେବା ସହିତ ସମୁଦ୍ରକୁ ପ୍ରାର୍ଥନା କଲେ। ସଲପ ଗଛର ମଝି ବାହୁଙ୍ଗାରୁ କ୍ଷୀର ବାହାରିବାକୁ ଲାଗିଲା। ଏହା ପାନକରି ଶିଶୁଦ୍ୱୟଙ୍କ ଜୀବନ ରକ୍ଷା ହେଲା। ସେହି ଦିନଠାରୁ ଆଦିବାସୀମାନେ ସଲପକୁ ମାଆ କ୍ଷୀର ଭଳି ଆଦର ଓ ସମ୍ମାନ କରିଥାନ୍ତି।

ସଲପ ଗଛରୁ କେବଳ ରସ ନୁହେଁ ସଲପ ଗୁଣ୍ଡ ମଧ୍ୟ ବାହାର କରାଯାଇ ଖିଆଯାଏ। ସଲପ ଗୁଣ୍ଡ ପାଇଁ ସଲପ ଗଛ କେର ବାହାରିବା ପରେ ହିଁ ଗଛକୁ କାଟି ଦିଆଯାଏ। ରସ ବାହାରି ସାରିଥିବା ଗଛରୁ ସଲପ ଗୁଣ୍ଡ ବାହାରେ ନାହିଁ। ଗଛକୁ ମୁକାମୁକା(ଖଣ୍ଡଖଣ୍ଡ) କରି କାଟି ମଞ୍ଜ ଅଂଶ ବାହାର କରି କାଟି ଶୁଖାଯାଏ। ପୂରା ଶୁଖିଗଲା ପରେ ମୂଷଳ ବା ଠେଙ୍ଗାରେ ପିଟି ଗୁଣ୍ଡ କରାଯାଏ। ଏହାକୁ ଅଳ୍ପ ପାଣିରେ ଗୋଳାଇ ମାଣ୍ଡିଆ ପିଠା ବା ପୋଡ଼ ପିଠା ଭଳି ପଲମରେ ତଳେ ଉପରେ ନିଆଁଦେଇ ପୋଡ଼ାଯାଏ। ଏହି ଗୁଣ୍ଡକୁ ମାଣ୍ଡିଆ ଜାଉ ପ୍ରସ୍ତୁତ କରିବା ପରି ପେଜ କରି ମଧ୍ୟ ଖିଆଯାଏ।

କେବଳ ସଲପ ଗଛରୁ ନୁହେଁ ଖଜୁରୀ ଗଛରୁ ମଧ୍ୟ ରସ ସଂଗ୍ରହ କରାଯାଏ। ମାଟି ତଳୁ ପ୍ରାୟ ଦୁଇ ହାତ ଛାଡ଼ି ଖଜୁରୀ ଗଛକୁ କାଟି ଦିଆଯାଏ ତା'ପରେ ଉପରେ କୌଣସି ଏକ ସ୍ଥାନରେ ଅଳ୍ପ ଚାଞ୍ଛି ଦେଇ ସେଠାରେ ଗୋଟିଏ ଖୁଣ୍ଟି ମାରି ସେହି ଖୁଣ୍ଟି ତଳେ ଏକ ହାଣ୍ଡି ବାନ୍ଧି ଦିଆଯାଏ। ଦିନକୁ ଗୋଟିଏ ଖଜୁରୀ ଗଛରୁ ୧୦, ୧୫ ଲିଟର ରସ ଝରିଥାଏ। ସେହିପରି, ଗଛର ମୁଣ୍ଡକଟା ଗଛରୁ ଦିନକୁ ୨୦ରୁ ୨୫ ଲିଟର ରସ ଝରେ। ତେବେ, ଗଛଟି ବର୍ଷେ ଭିତରେ ମରିଯାଏ। ପୂର୍ବ

ପରି ସଂଗ୍ରହ କରାଗଲେ ସେଭଳି ହୁଏନାହିଁ। ଖଜୁରୀ ରସରୁ ଖଜୁରୀ ଗୁଡ଼ ମଧ୍ୟ ପ୍ରସ୍ତୁତ ହୋଇଥାଏ।

ଦ୍ରଷ୍ଟବ୍ୟ: ଲାନ୍ଦା, ମହୁଲ, ମଦ ଥିପେନ୍

ଗ୍ରନ୍ଥ ସୂଚନା: ପାଢ଼ୀ ୨୦୧୬, ୬୧; ପାଢ଼ୀ, ଓ ଉପାଧ୍ୟାୟ ୨୦୧୦, ୬୩, ୪୬୯-୪୭୦; ପାତ୍ର ୨୦୧୬, ୭୬-୭୭; ହୋତା, ପରିଡ଼ା, ଓ ପଟେଲ, ୨୦୧୦, ୭୯, ୧୧୪।

ସାନ କାମ

ତୃତୀୟ ଦିନରେ ପାଳିତ ହେଉଥିବା ମୃତକର୍ମ; ପଶ୍ଚିମାଞ୍ଚଳ ଓଡ଼ିଆ, ଦେଶିଆ; ଆଦିବାସୀ, ମିତାନ୍ ଗୋଷ୍ଠୀ; ମୃତ୍ୟୁ-ପର ରୀତିନୀତି

ମୃତ୍ୟୁର ତିନିଦିନରେ ସାନ କାମ ଆୟୋଜିତ ହୋଇଥାଏ ଯାହା ତେଲ ଘର ବା ତିବିବସା ଭାବରେ ପରିଚିତ। ସାନ କାମ ପୂର୍ବଦିନ ସନ୍ଧ୍ୟାରେ ଧଙ୍ଗଡ଼ାମାଂଝି ସମାଜ ବା ଭାତର ସମସ୍ତଙ୍କୁ ମୃତକଙ୍କ ଘରେ ଏକାଠିହେବାକୁ କହନ୍ତି। ମୃତକଙ୍କ ପରିବାରର ମୁଖ୍ୟ ମୃତ୍ୟୁଜନିତ ଦୁଃଖପ୍ରକାଶ କରିବା ସହିତ ସମସ୍ତଙ୍କୁ ସାନ କାମରେ ସାହାଯ୍ୟ କରିବାକୁ ଅନୁରୋଧ କରିଥାନ୍ତି। ସାନକାମ ଦିନ ସମାଜର କିଛି ଲୋକ ମୃତକଙ୍କର ପରିବାରରେ ରହି ଭୋଜି ପାଇଁ ରୋଷେଇ କରିଥାନ୍ତି ଓ ଅନ୍ୟ କେତେକ ମଶାଣିକୁ ବିଭିନ୍ନ କ୍ରିୟାକର୍ମ କରିବାପାଇଁ ଯାଇଥାନ୍ତି।

ଶ୍ମଶାନରେ ପହଞ୍ଚିବା ପରେ ମୃତ ବ୍ୟକ୍ତିଙ୍କ କ୍ରିୟାକର୍ମ କରୁଥିବା ବ୍ୟକ୍ତି ଗୋଧୋଇ ଆସନ୍ତି। ମରାଖାଲରେ ବାଲିରେ ଏକ ପୁତୁଳା କରି ତାହାକୁ ମୃତବ୍ୟକ୍ତି ବୋଲି ମନେ କରି କ୍ରିୟାକର୍ମ କରୁଥିବା ବ୍ୟକ୍ତି ଡୁମା ଉଦ୍ଦେଶ୍ୟରେ ଦାନ୍ତକାଠି, ପାଣି, ଲିଆ, ଚାହା, ମଦ, ଗୁଣି, ବିଡ଼ି ପ୍ରଭୃତି ଦେଇ ମୁଣ୍ଡିଆ ମାରିଥାଆନ୍ତି। ଗୋଟିଏ ନୂଆ ହାଣ୍ଡିରେ ଭାତ ରାନ୍ଧି ମୃତକଙ୍କ ଉଦ୍ଦେଶ୍ୟରେ ପଲସା ପତ୍ରରେ ବଢାଯାଏ। ମୃତକଙ୍କ କ୍ରିୟାକର୍ମ କରୁଥିବା ବ୍ୟକ୍ତିର ମୁଣ୍ଡନ ହୁଏ। ଏହି କାର୍ଯ୍ୟ ସାଧାରଣତଃ ଧଙ୍ଗଡ଼ାମାଂଝିମାନେ କରିଥାନ୍ତି। ନଣ୍ଡା କରିବା ପୂର୍ବରୁ ମୁଣ୍ଡରେ କ୍ଷୀର ଲଗାଯାଏ। ନଣ୍ଡା ହୋଇଥିବା ବ୍ୟକ୍ତି ତାଙ୍କର ମୁଣ୍ଡବାଳକୁ ଗୋଟିଏ ପତ୍ରଠୋଲାରେ ବନ୍ଧ କରି ଜଳାଶୟରେ ଚାପିଦେଇ ଆସେ। ଏହି ଦିନ ବଂଶର ସମସ୍ତ ସଦସ୍ୟ ପୁଣିଥରେ ମୁଣ୍ଡରେ 'ଖଲିଆ ମାଟି (black cotton soil)' ଲଗାଇ ସ୍ନାନ କରିଥାନ୍ତି। ମହିଳାମାନେ ମଧ୍ୟ ଅନୁରୂପ ବୁଡ଼ ଦେଇଥାନ୍ତି। ଘରର ବୋହୂ ମଧ୍ୟ ବୁଡ଼ ଦେବାପରେ ନୂଆ ହାଣ୍ଡିରେ ପାଣିନେଇ ଆସିଥାଏ ଯାହା 'ଡୁମାପାଏନ୍' ଭାବରେ ପରିଚିତ। ଜଳାଶୟରୁ ଫେରିବାବେଳେ ଡାଲାବାଟରେ ସମାଜର ଲୋକେ

ରାନ୍ଧିଥିବା ଖାଦ୍ୟ ଆଣିଥାନ୍ତି ତାହାକୁ କ୍ରିୟାକର୍ମ କରୁଥିବା ବ୍ୟକ୍ତି ମୃତକଙ୍କ ଉଦ୍ଦେଶ୍ୟରେ ଅର୍ପଣ କରିଥାନ୍ତି। ସମସ୍ତେ ଭୋଜି ଖାଇଥାନ୍ତି ଏହି ଦିନ ମୃତକର ବଂଶଧର ତଥା ପରିବାରର ସଦସ୍ୟଙ୍କୁ ଆଇଁଷ ଖାଇବାକୁ ଦିଆଯାଏ। ଏହାକୁ 'ଆଇଁଷ ଛିଏନ୍' କୁହାଯାଏ।

ଦ୍ରଷ୍ଟବ୍ୟ: ଦଶା, ପିତା, ମିଟିମଡ଼

ଗ୍ରନ୍ଥ ସୂଚନା: ବାଗ ୨୦୦୯, ୨୮।

ସାରନା

ପ୍ରକୃତି ପୂଜାର ପରମ୍ପରା; ସାନ୍ତାଳୀ; ମୁଣ୍ଡାରୀ ଗୋଷ୍ଠୀ; ଧାର୍ମିକ ଅବଧାରଣା

ମୁଣ୍ଡାରୀ ଗୋଷ୍ଠୀରେ ସାରନା ଧର୍ମର ଅବଧାରଣା ଦେଖିବାକୁ ମିଳେ। ଏହି ଗୋଷ୍ଠୀର ସଦସ୍ୟ ନିଜ ଧାର୍ମିକ ଅବଧାରଣାରେ ପ୍ରକୃତି ତଥା ମାଟି, ପାଣି, ପବନ, ଆକାଶ, ସୂର୍ଯ୍ୟ, ଶାଳ, ମହୁଲ, କରମ ଆଦି ବୃକ୍ଷଲତା, ଗାଈଗୋରୁ, ତଥା ନିଜ ବଂଶପ୍ରତୀକ ଭାବେ ଗ୍ରହଣ କରିଥିବା ଅନେକ ପଶୁପକ୍ଷୀଙ୍କୁ ପୂଜା କରିବା ଦେଖାଯାଏ। ସେହିପରି, ପୂଜା ସମୟରେ ନିଜ ଭାଷାରେ ବିନ୍ତି କରିବା ସହ ନିଜେ ଗ୍ରହଣ କରୁଥିବା ଫଳମୂଳ, ମାଂସ, ମଦ ଆଦି ଭୋଗ ପ୍ରଦାନ କରିଥାନ୍ତି। ସମସ୍ତ ପୂଜା, ବିନ୍ତିରେ କେବଳ ନିଜ ପରିବାରର ନୁହେଁ ସହାବସ୍ଥିତ ସମସ୍ତଙ୍କ ମଙ୍ଗଳ କାମନା କରାଯାଏ।

କେବଳ ମୁଣ୍ଡାରୀ ଗୋଷ୍ଠୀରେ ନୁହେଁ ଅନ୍ୟ ଆଦିବାସୀ ତଥା ମିତାନ୍ ଗୋଷ୍ଠୀରେ ମଧ୍ୟ ସମାନ ପରମ୍ପରା ଦେଖିବାକୁ ମିଳେ ଯଦିଓ ଅନ୍ୟ ଆଦିବାସୀ ଗୋଷ୍ଠୀରେ ସାରନା ଧର୍ମର ଅବଧାରଣା ନାହିଁ। ମୁଣ୍ଡାରୀ ଗୋଷ୍ଠୀ ଭଳି ଅନ୍ୟ ଆଦିବାସୀ ଓ ମିତାନ୍ ଗୋଷ୍ଠୀରେ ମଧ୍ୟ ଜନ୍ମ-ବିବାହ-ମୃତ୍ୟୁ ରୀତିନୀତି ନିଜସ୍ୱ ଧାରାରେ ପାଳନ ହେବା ସହିତ ପୂଜାପାଠ ପାଇଁ ନିଜ ଗୋଷ୍ଠୀର ପାହାନ, ଓ୍ୱାଡ଼େ, ଶିଶା, ଜାନୀ, ପୂଜାରୀ ଆଦି ହିଁ ନିୟୋଜିତ ହୋଇଥାନ୍ତି। ଶୁଦ୍ଧ ହେବା ପାଇଁ ମଧ୍ୟ ପାରମ୍ପରିକ ଶୈଳୀ ଆପଣେଇଥାନ୍ତି। ଏକାଧିକ ଆଦିବାସୀ ଓ ମିତାନ୍ ଗୋଷ୍ଠୀ ଏକତ୍ର ବସବାସ କରୁଥିଲେ ମଧ୍ୟ ପାରିବାରିକ ତଥା ଗ୍ରାମର ସାମୂହିକ ପର୍ବପର୍ବାଣି ରୀତିନୀତିରେ ସମସ୍ତଙ୍କ ସହଯୋଗ ଓ ସହଭାଗିତାକୁ ଆଦର କରିଥାନ୍ତି। ଏଠାରେ ଉଲ୍ଲେଖନୀୟ ଯେ ଓଡ଼ିଶା, ଆସାମ, ଝାରଖଣ୍ଡ, ପଶ୍ଚିମବଙ୍ଗର ଆଦିବାସୀ ଗୋଷ୍ଠୀର ସଦସ୍ୟ ମିଶି ଏକ ସାରନା ନୀତିନିୟମ ପୁସ୍ତିକା ୨୦୧୩ ମସିହାରେ ପ୍ରସ୍ତୁତ କରିବା ସହ ସାରନା ଧର୍ମର ସଙ୍କେତ ଓ ମାନ୍ୟତା ପାଇଁ ପ୍ରୟାସ କରି ଆସୁଛନ୍ତି।

ଦ୍ରଷ୍ଟବ୍ୟ: ଦେ'ଦେବତା, ବାବାଏଙ୍ଗା, ମାଗବଙ୍ଗା, ମାରାଂବୁରୁ, ବାନ୍ଦନା, ଅଠର ଦେଉଳ

ଗ୍ରନ୍ଥ ସୂଚନା: ବେଶ୍ରା ୨୦୦୩, ୫୨, ୫୬; Srivastava 2007, 328; Els nd, np; Giménez 2017, 59-64; Kerketta 2018, 211 ।

ସିଆନ୍

ସମ୍ମାନୀୟ ବୟସ୍କ ବ୍ୟକ୍ତି; ପଶ୍ଚିମାଞ୍ଚଳ ଓଡ଼ିଆ, ଦେଶିଆ; ଆଦିବାସୀ, ମିତାନ୍ ଗୋଷ୍ଠୀ; ବ୍ୟକ୍ତି ସମ୍ମାନ ଆଦରର ପରମ୍ପରା

ଆଦିବାସୀ ଓ ମିତାନ୍ ଗୋଷ୍ଠୀର ପାରମ୍ପରିକ ଜୀବନଧାରାରେ ସିଆନ୍ ବା ବୟସ୍କ ବ୍ୟକ୍ତିଙ୍କ ଭୂମିକା ଉଲ୍ଲେଖନୀୟ। ବିଭିନ୍ନ ସାମାଜିକ ସାଂସ୍କୃତିକ ରୀତିନୀତି, ଅନୁଷ୍ଠାନ, ନୀତି ନିର୍ଦ୍ଧାରଣରେ ସିଆନ୍ ମୁଖ୍ୟ ଭୂମିକା ଗ୍ରହଣ କରିଥାନ୍ତି। ସିଆନମାନଙ୍କ ଅନୁପସ୍ଥିତିରେ କୌଣସି ଦେବଦେବୀଙ୍କ ପୂଜା ହେବା ସମ୍ଭବ ନୁହେଁ। ସେହିପରି, ବିଭିନ୍ନ ସାମାଜିକ ରୀତିନୀତି ବିଶେଷ କରି ଜନ୍ମ-ମୃତ୍ୟୁ-ବିବାହ, ପ୍ରାକ୍-ବିବାହ ଓ ମୃତ୍ୟୁ ପର ରୀତିନୀତିଗୁଡ଼ିକ ମଧ୍ୟ ସିଆନମାନଙ୍କ ବିନା ଆୟୋଜନ କରିବା ଅସମ୍ଭବ ହୋଇଥାଏ।

ସିଆନମାନଙ୍କୁ 'ପରମ୍ପରା ବାହକ (tradition bearer)' ଭାବରେ ମଧ୍ୟ ଦେଖାଯାଇପାରେ। ଏମାନେ ପରମ୍ପରାର ଠିକ୍ ପରିବେଷଣ କରିବା ସହିତ ପରପିଢିକୁ ସେ ସମ୍ପର୍କରେ ଅବଗତ କରିବାରେ ମୁଖ୍ୟ ଭୂମିକା ଗ୍ରହଣ କରିଥାନ୍ତି ଏଣୁ ଏମାନଙ୍କୁ ପରମ୍ପରାର ଶକ୍ତିଶାଳୀ ବାହକ ଭାବରେ ଗଣନା କରାଯାଏ। ଏଠାରେ ଉଲ୍ଲେଖନୀୟ ଯେ, କେତେକ 'ବୈଷୟିକ ପରମ୍ପରା (technological tradition)'ରେ ଏହି 'ପରମ୍ପରା ବାହକ' ବା 'ସିଆନ୍'ଙ୍କ ଭୂମିକା ଅତ୍ୟନ୍ତ ଗୁରୁତ୍ୱପୂର୍ଣ୍ଣ। ଏମାନଙ୍କ ବିନା ଏହି ନିର୍ଦ୍ଦିଷ୍ଟ ପରମ୍ପରାର ସମ୍ପ୍ରସାରଣ କେବେ ବି ସମ୍ଭବ ହୋଇନଥାଏ। ଉଦାହରଣ ସ୍ୱରୂପ, ବାଦ୍ୟ ବାୟନ ଏକ ବିଶେଷ କଳା। ସମସ୍ତ ବାଦ୍ୟକାର ଯଦିଓ ଏହି ବାୟନ କଳା ପାରମ୍ପରିକ ଭାବରେ ଶିକ୍ଷା କରିଥାନ୍ତି ତଥାପି ସେମାନଙ୍କ ଭିତରେ 'ବିଶେଷ ପରିବେଷଣକାରୀ (master performer)' ଥାଆନ୍ତି। ଏମାନଙ୍କ ପରିବେଷଣ ଅନ୍ୟମାନଙ୍କ ପରିବେଷଣ ଅପେକ୍ଷା ଉଚ୍ଚ ପ୍ରଶଂସିତ ହେବା ସହିତ ଅନ୍ୟମାନଙ୍କୁ ଏମାନେ ସେହି ପାରମ୍ପରିକ ଜ୍ଞାନ ଶିକ୍ଷା ଦେବା ମଧ୍ୟ ଦେଖାଯାଇଥାଏ। ଏହିପରି ନୃତ୍ୟ, ଗୀତ, ପାରମ୍ପରିକ ବୟନ କଳା, ହସ୍ତଶିଳ୍ପ, ଦେବଦେବୀଙ୍କ ରୀତିନୀତି ପ୍ରଭୃତିରେ ପାରମ୍ପରିକ ବିଶେଷଜ୍ଞ 'ବେହେରାନ'ଙ୍କ ଭୂମିକାକୁ ଉପେକ୍ଷା କରାଯାଇନପାରେ।

ଦ୍ରଷ୍ଟବ୍ୟ: ମାଏନ ଧରମ, ଜୋହାର, ପୁରୁଷା ପାଟ, ଭାତ, ସମାଜ

ଗ୍ରନ୍ଥ ସୂଚନା: ବାଗ ୨୦୧୨, ୫୮ ।

ସିନ୍ଧିବୁଟା

ଭୂଇଁ ଖଜୁରୀ; ଦେଶିଆ; ଆଦିବାସୀ; ପାରମ୍ପରିକ ଜୀବନଧାରାରେ ବୃକ୍ଷଲଟା

ଭୂଇଁ ଖଜୁରୀ ବୁଦାକୁ ସିନ୍ଧିବୁଟା କୁହାଯାଏ । ଏହି ବୁଦା ମୂଳରେ ଏକ ଲୋମହୀନ ତୈଳାକ୍ତ ଧଳା ରଙ୍ଗର ପୋକ 'ସିନ୍ଧିକୀଡ଼ା' ଥାଏ । ଏହାର ମୁହଁ ଲାଲ । ଏହାକୁ ପୋଡ଼ି କିମ୍ବା ଭାଜିକି ମଧ୍ଯ ଖିଆଯାଏ । କୋରାପୁଟ ଜିଲ୍ଲାର ଜଙ୍ଗଲରେ ଏହା ଦେଖାଯାଏ । ଗାଦବା ସମ୍ପ୍ରଦାୟରେ ଜନ୍ମକାଳୀନ ରୀତିନୀତିରେ ସିନ୍ଧିବୁଟାର ଭୂମିକା ଗୁରୁତ୍ୱପୂର୍ଣ୍ଣ ଭୂମିକା ଦେଖିବାକୁ ମିଳେ । ଏହି ସମ୍ପ୍ରଦାୟରେ ପ୍ରସୂତୀଙ୍କ ସ୍ୱାମୀ ସିନ୍ଧିକୋଳି ଗଛର ବାହୁଙ୍ଗା ଆଣି ତୋରଣ କରାଯାଏ । ଗୋଟିଏ କୁକୁଡ଼ା ଅଣ୍ଡା ଫଟାଇ ତାହାର ତରଳ ଅଂଶକୁ ଦନାରେ ରଖାଯାଏ ଓ ଅଣ୍ଡା ଖୋଳପାକୁ ସିନ୍ଧି ବାହୁଙ୍ଗାରେ ଓହଳା ଯାଏ । ସିନ୍ଧିକୋଳି ଗଛ ତୋରଣ ବାନ୍ଧିଥିବା ଲୋକଙ୍କୁ କାଠଚମ୍ପା ଫୁଲଦ୍ୱାରା ଅଣ୍ଡା ରସ ଛିଞ୍ଚାଯାଏ । ପ୍ରଥମେ ସୂତରେନ୍ ପରେ ପ୍ରସୂତୀ ଓ ତା'ର ସନ୍ତାନ ସିନ୍ଧିକୋଳି ତୋରଣ ଦେଇ ପାର ହୁଅନ୍ତି । ଏହା 'ସିନ୍ଧି ଚିଙ୍ଗଲାଣି' ଭାବରେ ପରିଚିତ । ଆଗ ପଟେ ଜଡ଼ାତେଲ ରଖାଯାଇଥାଏ । ଏହାକୁ ଉଭୟ ନଖ ଓ ମୁଣ୍ଡରେ ଲଗାଇ ନଦୀ, ଝରଣା କିମ୍ବା ପୋଖରୀକୁ ଶୁଦ୍ଧସ୍ନାନ ପାଇଁ ଯାଆନ୍ତି । ଏହା ପିଲା ଜନ୍ମର ୧୧ ଦିନ କିମ୍ବା ୨୧ ଦିନରେ ହୋଇଥାଏ । ଗାଁର ଅନ୍ୟ ଝିଅ ବୋହୂମାନଙ୍କୁ ବି ଏହି ଉତ୍ସବକୁ ଡକାଯାଇଥାଏ । ସେମାନେ ରାତିରେ ଭୋଜିଖାଇ ଟିକା ଦେଇଥାନ୍ତି । ଏଠାରେ ଉଲ୍ଲେଖନୀୟ ଯେ, ବଣ୍ଡାମାନଙ୍କ ସର୍ବସାଧାରଣ ମିଳନ ବା ସଭା ସ୍ଥାନ ମଧ୍ଯ 'ସିନ୍ଧିବୋର' ଭାବରେ ପରିଚିତ ।

ଦ୍ରଷ୍ଟବ୍ୟ: ନାଁ ଧରା, ଆଁକିଫୁକା, ସୁତରେନ୍

ଗ୍ରନ୍ଥ ସୂଚନା: ପାଢ଼ୀ, ଓ ଉପାଧ୍ଯାୟ ୨୦୧୦, ୪୭୬-୮ ।

ସୁତରେନ୍

ଧାଈ; ପଶ୍ଚିମାଞ୍ଚଳ ଓଡ଼ିଆ, ଦେଶିଆ; ଆଦିବାସୀ, ମିତାନ୍ ଗୋଷ୍ଠୀ; ପ୍ରସୂତୀକର୍ମରେ ନିୟୋଜିତ ସିଆନ୍ ମହିଳା

ସୂତରେନ୍ ବା ଧାଈ କହିଲେ ପ୍ରସୂତୀ କରିବାରେ ଅନୁଭୂତି ଥିବା ବୟସ୍କା ବା

ସିଆନ ମହିଳାଙ୍କୁ ବୁଝାଏ। ପିଲାହାରି ଦୁକା ବା ପ୍ରସବ ବେଦନା ଆରମ୍ଭ ହେବା ମାତ୍ରେ ଏମାନଙ୍କୁ ଖୋଜା ଯାଇଥାଏ। ଏମାନେ ଆସି ପ୍ରସୂତୀଙ୍କୁ ପ୍ରସବ କରିବାରେ ସାହାଯ୍ୟ କରିଥାନ୍ତି। ଏମାନେ ନାଭି ନାଡ଼ କାଟିବା ସହିତ ପ୍ରସୂତୀ ମହିଳା, ନବଜାତ ଶିଶୁର ଯତ୍ନ ନେବା ଆଦି କାମ କରିଥାନ୍ତି। ଏପରିକି ମାସେ ଦୁଇ ମାସ ଯାଏଁ ନବଜାତ ଶିଶୁର ଯତ୍ନ ନେବା ସହ ସେମାନଙ୍କୁ ଗାଧୋଇ ଦେବା, ସେକିବା ବା ତେଲ ମାଲିସ କରିବା ଆଦି କାମ କରିଥାନ୍ତି। ସହାବସ୍ଥିତ ଜାତି ଗୋଷ୍ଠୀ ନିର୍ବିଶେଷରେ ଏମାନଙ୍କୁ ଆବଶ୍ୟକ ମନେକରାଯାଏ। ଏମାନଙ୍କୁ ଆଁକିଫୁକା, ନାଁଧରା, ଏକୋଇଶା ଅନୁରୂପ ଜନ୍ମ ପର ରୀତିନୀତି ଦିନ ଶାଢ଼ି ତଥା ଅନ୍ୟ ଉପହାର ଦିଆଯାଏ।

ଦ୍ରଷ୍ଟବ୍ୟ: ଜନମ, ଆଁକିଫୁକା, ନାଁ ଧରା

ଗ୍ରନ୍ଥ ସୂଚନା: ବାଗ ୨୦୦୯, ୨୭।

ହଲପୋଡ଼ି

ଅଗ୍ନି ଉତ୍ସବ; ପଶ୍ଚିମାଞ୍ଚଳ ଓଡ଼ିଆ, ଦେଶିଆ; ଆଦିବାସୀ, ମିତାନ୍ ଗୋଷ୍ଠୀ; ପର୍ବପର୍ବାଣି

ହଲପୋଡ଼ି ଅବିଭକ୍ତ କୋରପୁଟ ଜିଲ୍ଲାର ଏକ ସାର୍ବଜନୀନ ଉତ୍ସବ। ଦୋଳପୂର୍ଣ୍ଣିମା ରାତିରେ ଗ୍ରାମର କୌଣସି ଏକ ସ୍ଥାନରେ ପୁଆଲ, ଶୁଖିଲା କାଠ, ବାଉଁଶ ଗଦା କରି ସେଥିରେ ଅଗ୍ନି ସଂଯୋଗ କରାଯାଇଥାଏ। କେତେକ ଅଞ୍ଚଳରେ ଦିଶାରି ଏହି ହଲପୋଡ଼ି ନିଆଁକୁ ଗ୍ରାମର ସମସ୍ତଙ୍କୁ ବିତରଣ କରିବା ଦେଖାଯାଏ। ଏହି ନିଆଁରେ ନୂଆ କାନ୍ଦୁଲ, ମହୁଲ ଆଦି ପ୍ରଥମ କରି ଭଜାଯାଏ। ହଲପୋଡ଼ି ଦିନ ଜଙ୍ଗଲରୁ କାଠ ଆଣି ଗାଁ ଦାଣ୍ଡରେ ଗଦା କରି ରଖାଯାଏ। ସେଇ କାଠଗଦାରେ ହଳଦିଆ ରଙ୍ଗର ଏକ ପତାକା ବନ୍ଧାଯାଏ। ରାତ୍ର ଅଧରେ ଗ୍ରାମର ମୁଖିଆ, ନାୟେକେ, ପେଦା, ଦିଶାରି ଆଦି ସିଆନ୍ ଲୋକମାନଙ୍କ ଉପସ୍ଥିତିରେ ହଲପୋଡ଼ି ହୋଇଥାଏ। ନିଆ ଲାଗିବା ପରେ ପତାକାଟି ଯେଉଁ ଦିଗକୁ ଢଳି ପଡ଼େ ସେହି ଦିଗକୁ ମୁହଁ କରି ଦିଶାରି ଗ୍ରାମର ଭଲମନ୍ଦ ତଥା ଚାଷବାସ କିପରି ହେବ ତାହା ଆକଳନ କରିଥାନ୍ତି।

ଗାଦବା ଗୋଷ୍ଠୀରେ ଚୈତ୍ର ମାସ ଦ୍ୱାଦଶ ତିଥିରେ ଗଙ୍ଗା ମାଆ ବା ଗଙ୍ଗାଦି, ଠାକୁରାଣୀଙ୍କୁ ମଦ, ମାଂସ ଦେଇ ପୂଜା କରାଯାଏ। ଏହି ପରବ ହୋଲି ପରବ ଭାବରେ ପରିଚିତ। ଏହି ଦିନଠାରୁ ଚଇତ ପରବ ନାଚଗୀତ ଆରମ୍ଭ ହୁଏ। ତେବେ, ଉଲ୍ଲେଖନୀୟ ଯେ, ପ୍ରାୟ ଆଦିବାସୀ ଓ ମିତାନ୍ ଗୋଷ୍ଠୀରେ ହୋଲି ବା ରଙ୍ଗ ଉତ୍ସବର

ପରମ୍ପରା ନାହିଁ ଯେମିତି ଦଶରାର ଅବଧାରଣା ଥିଲେ ବି ଦୁର୍ଗା ପୂଜାର ପରମ୍ପରା ନାହିଁ।

ଦ୍ରଷ୍ଟବ୍ୟ: ଚଇତ ପରବ, ଯାତରା ପରବ, ନୂଆଖାଇ, ଘଁଟ ଯାତ୍ରା

ଗ୍ରନ୍ଥ ସୂଚନା: ପାଢ଼ୀ, ଓ ଉପାଧ୍ୟାୟ ୨୦୧୦, ୪୮୪-୪୮୭।

ହାଙ୍ଗାର ଉଡ୍ଡୁଂ

ଭୂମିଜ ଗୋଷ୍ଠୀର ସ୍ୱତନ୍ତ୍ର ମୃତକର୍ମ; ଭୂମିଜ ଭାଷା; ଆଦିବାସୀ; ମୃତ୍ୟୁପର ରୀତିନୀତି

ହାଙ୍ଗାର ଉଡ୍ଡୁଂ ଭୂମିଜ ଗୋଷ୍ଠୀର ଏକ ସ୍ୱତନ୍ତ୍ର ମୃତ୍ୟୁପର ରୀତିନୀତି ଯାହା ମକର ପରେପରେ ଆୟୋଜିତ ହୋଇଥାଏ। ସୁବିଧା ଅନୁସାରେ ଏହା ଦୁଇ ତିନି ବର୍ଷ ମଧ୍ୟରେ ଆୟୋଜନ କରାଯାଇପାରେ। ହାଙ୍ଗାର ଉଡ୍ଡୁଂର ଅର୍ଥ ମାଲହାଣ୍ଡି ପୂଜା। ଏହି ପରମ୍ପରା ମୃତକ ପୁରୁଷ କ୍ଷେତ୍ରରେ 'ହାଙ୍ଗାର ଉଡ୍ଡୁଂ' ଓ ମହିଳାଙ୍କ କ୍ଷେତ୍ରରେ 'ନାଗେ ଉଡ୍ଡୁଂ' ଭାବରେ ପରିଚିତ। ସୁବିଧା ଅନୁସାରେ ଦଶହରା, କାଳୀ ପୂଜା, ଓ ପୌଷ ମାସରେ ବି ଏହାର ଆୟୋଜନ କରାଯାଏ।

ପୂଜା ଦିନ ନିଜ ନିଜର ବନ୍ଧୁକୁଟୁମ୍ବଙ୍କୁ ନିମନ୍ତ୍ରଣ କରାଯାଏ। ପୂଜା ସ୍ଥାନରେ ମୃତକଙ୍କ ନାମରେ ମାଟିର ମରୁଜ ପକେଇ ଏକ ଆଟିକା ସ୍ଥାପନ କରାଯାଏ। ଧଳା ନୂଆ ସୂତା ଘଟରେ ବନ୍ଧାଯାଏ। ସାମ୍ନାରେ ଏକ ଦୀପ ଜଳାଯାଏ। ପୂଜାରେ ଅରୁଆ ଚାଉଳ, ଉଷୁନା ଚାଉଳ, ମାଟି ପିତୁଳା, ପାଞ୍ଚ ପ୍ରକାରର ଗୁଣ୍ଡ, ହଳଦିଆ ଓ କଳା ରଙ୍ଗର କପଡ଼ା, ଭାଲିଆ ଓ ଜଡ଼ା ଗଛର ଦୁଇଟି ପିଢ଼ା, ଦର୍ପଣ ପାନିଆ, ମୃତକ ସ୍ତ୍ରୀଲୋକ ହୋଇଥିଲେ ନାଚା(ଚଅଁର), ଅଣ୍ଟାସୂତା, ସିନ୍ଦୂର, ପାଞ୍ଚ ପ୍ରକାରର ଫୁଲ, ଓ ଫଳ, ନଡ଼ିଆ, କଳା କଙ୍କଡ଼ା ଆଦି ଦରକାର ହୋଇଥାଏ। ରାତିସାରା ମୃତକଙ୍କ ଗୁଣ ତଥା କଥା ସ୍ମରଣ କରି ଗାନ ପରିବେଷଣ କରାଯାଏ। ସକାଳେ ଜଣେ ମାମୁ ସମ୍ପର୍କୀୟ ବ୍ୟକ୍ତି ସେହି ପୂଜା ସାମଗ୍ରୀ ଓ ଆଟିକାକୁ ଧରି ମଶାଣିକୁ ଯାଇଥାନ୍ତି। ମଶାଣିରେ ଆଟିକା ପାଖରେ ସୁବିଧା ଅନୁସାରେ ଧଳା, ଖଇରିଆ, ଓ ଚିତ୍ରିଆ କୁକୁଡ଼ା ମେଣ୍ଢା ଆଦି ବଳିଦେବା ସହିତ ମୃତକର ଆତ୍ମାର ଶାନ୍ତି ପାଇଁ ପୂଜା ହୁଏ। ବଳି ଦିଆଯାଇଥିବା ମାଂସକୁ ବଂଶର ତଥା ପରିବାର ଲୋକେ ଖାଇନଥାନ୍ତି କେବଳ ବନ୍ଧୁକୁଟୁମ୍ବମାନଙ୍କୁ ହିଁ ଦିଆଯାଏ। ଭୋଜିରେ ମଦ୍ୟପାନ ମଧ୍ୟ କରାଯିବା ଦେଖିବାକୁ ମିଳେ। ପିତାମାତାଙ୍କ କ୍ଷେତ୍ରରେ ଜଣେ ଜୀବିତ ଥିଲେ ନାଗେ ଉଡ୍ଡୁଂ କି ହାଙ୍ଗାର ଉଡ୍ଡୁଂ କରାଯାଏନାହିଁ।

ଦ୍ରଷ୍ଟବ୍ୟ: ଗତର, ଦାମୋଦର ଯାତ୍ରା

ଗ୍ରନ୍ଥ ସୂଚନା: ଭୋଲ ୨୦୦୩, ୩୧-୪୦।

ହାଟ

ହାଟ; ଓଡ଼ିଆ; ଆଦିବାସୀ, ମିତାନ୍ ଗୋଷ୍ଠୀ; ପାରମ୍ପରିକ କିଣାବିକା ଓ ମିଳନ ସ୍ଥାନ

ପାରମ୍ପରିକ ଗୋଷ୍ଠୀରେ ହାଟ, ସାପ୍ତାହିକ ହାଟ ବା ବଜାର ଗୁରୁତ୍ୱପୂର୍ଣ୍ଣ ଭୂମିକା ରଖେ। ଗୋଟିଏ ଅଞ୍ଚଳରେ ଆଖପାଖରେ ଥିବା ଦୁଇ ତିନୋଟି ବା ଅଧିକ ଗାଆଁକୁ ନେଇ ଏକ ହାଟ ବସେ ବା ଗୋଟିଏ ହାଟରେ ଏକାଧିକ ଗାଆଁର ଲୋକ ନିର୍ଭର କରିଥାନ୍ତି। ହାଟ କେବଳ ସଉଦା କରିବା ପାଇଁ ନୁହେଁ ବରଂ ପରସ୍ପର ମଧ୍ୟରେ ଭାବ ଆଦାନପ୍ରଦାନର ମଧ୍ୟ ଏକ ଆୟୋଜନ। ବେଳେବେଳେ ଦେଖାଯାଏ ଜଣେ ଜଣେ ଟିକିଏ ଲୁଣ ପିଆଜ କିଣିବା ପାଇଁ ତଥା କରଡ଼ି କୁଲାଏ କି ଆମ୍ବୁଲ ପାଛିଆଏ ବିକିବା ପାଇଁ ମଧ୍ୟ ପାଞ୍ଚ ସାତ ମାଇଲ ଦୂରରେ ବସୁଥିବା ହାଟକୁ ଯାଇଥାନ୍ତି କାରଣ, ହାଟରେ ତାଙ୍କର ଇପସିତ୍ ବ୍ୟକ୍ତି ସାଙ୍ଗରେ ଦେଖା ହେବାର ସମ୍ଭାବନା ଥାଏ ତଥା ତାଙ୍କ ଗାଆଁର ଅନ୍ୟ କେହି ଦେଖାହେଲେ ମଧ୍ୟ ତାଙ୍କ ବିଷୟରେ ଭଲମନ୍ଦ ଖବର ନିଆଯାଇପାରେ। କେବଳ ଖବର ଦେବାନେବା ନୁହେଁ, ପୁଅଝିଅଙ୍କ ବିବାହ ବିଷୟରେ ବି କଥା ପଡ଼େ। ବନ୍ଧୁ କୁଟୁମ୍ବଙ୍କ ମିଳନ ହୁଏ। ଯୋଗଯୋଗର ସାମ୍ପ୍ରତିକ ଅତ୍ୟାଧୁନିକ ଯୁଗରେ ବି ଅନେକ ଆଦିବାସୀ ଅଞ୍ଚଳ ଯେଉଁଠି ବିକାଶ ଛାଇ ପଡ଼ିନାହିଁ ସେଇଠି ହାଟର ଗୁରୁତ୍ୱପୂର୍ଣ୍ଣ ଭୂମିକା ଉପଲବ୍ଧ କରାଯାଇପାରେ।

ଦ୍ରଷ୍ଟବ୍ୟ: ଦଶା

ଗ୍ରନ୍ଥ ସୂଚନା: ପାଢ଼ୀ, ଓ ଉପାଧ୍ୟାୟ ୨୦୧୦, ୪୮୭-୪୮୯।

ହିଁସଲାବା

ପ୍ରେମ ସମ୍ପର୍କକୁ ନେଇ ଈର୍ଷା କରିବା; ପଶ୍ଚିମାଞ୍ଚଳ ଓଡ଼ିଆ, ଦେଶିଆ; ଆଦିବାସୀ, ମିତାନ୍ ଗୋଷ୍ଠୀ; ସାମାଜିକ ପରମ୍ପରା

ସ୍ୱାମୀ ସ୍ତ୍ରୀର ଅନ୍ୟ ପୁରୁଷ ସହିତ ସମ୍ପର୍କ ଥିବା ଆଶଙ୍କା କରି ଈର୍ଷା କରିବା, ଅନୁରୂପ ଭାବରେ ସ୍ତ୍ରୀ ସ୍ୱାମୀକୁ ସନ୍ଦେହ କରି ଗାଳି କରିବା ସାଧାରଣତଃ ହିଁସଲାବା ଭାବରେ ପରିଚିତ। ବେଳେବେଳେ ଆଦିବାସୀ ତଥା ମିତାନ୍ ଗୋଷ୍ଠୀ ସ୍ୱାମୀର ଅନୁପସ୍ଥିତିରେ ସ୍ତ୍ରୀ, ସ୍ତ୍ରୀର ଅନୁପସ୍ଥିତିରେ ସ୍ୱାମୀ ଅନ୍ୟ କାହା ସହ ନିକଟତର ହେବାର ଆଶଙ୍କା କରି ପରସ୍ପରକୁ ଗାଳି କରିବା ଦେଖାଯାଏ। ଆଦିବାସୀ ତଥା ମିତାନ୍ ଗୋଷ୍ଠୀରେ ପ୍ରେମ ସମ୍ପର୍କକୁ ନେଇ କୌଣସି ରକ୍ଷଣଶୀଳତା ଦେଖାଯାଏନାହିଁ। ପ୍ରେମିକା ଆଉ କାହାକୁ ପସନ୍ଦ କରି ବିବାହ କଲେ ସେଥିରେ କେହି କୌଣସି ଆପତ୍ତି ଉଠାଇନଥାନ୍ତି। ସେହିପରି, ବିବାହିତ ସ୍ତ୍ରୀ ମଧ୍ୟ କିଛି ଦିନ ପରେ କୌଣସି କରାଣରୁ

ଅସନ୍ତୁଷ୍ଟ ପ୍ରକାଶ କରି ସ୍ୱାମୀକୁ ଛାଡ଼ି ଚାଲିଗଲେ ତାହାକୁ ଗୁରୁତ୍ୱ ଦିଆଯାଇନଥାଏ। ଏପରି ହେଲେ ସମାଧାନ ପାଇଁ ସମାଜ ବା ପଁଚ ବସିଥାନ୍ତି ତେବେ, ସେଇ ପଁଚ ବା ସମାଜରେ ଯଦି ସେହି ମହିଳା ଜଣକ ସ୍ୱୀକାର କରନ୍ତି ଓ ନିଜକୁ ତାଙ୍କ ସ୍ୱାମୀଠାରୁ ଦୂରେଇ ଯିବାକୁ ଚାହାଁନ୍ତି ତ କେହି କିଛି ଦଣ୍ଡବିଧାନ କରିନଥାନ୍ତି ବରଂ ତାଙ୍କୁ ସେଥିପାଇଁ ସ୍ୱାଧୀନତା ମିଳିଥାଏ। ସେହିପରି, ଧାଙ୍ଗଡ଼ା ଧାଙ୍ଗଡ଼ୀବସାରେ ଯୁବକ ଯୁବତୀ ନିଜ ପସନ୍ଦର ସାଥୀ ଖୋଜି ବିବାହ କରିବାର ଅଧିକାର ମଧ୍ୟ ରଖିଥାନ୍ତି। ଉଲ୍ଲେଖନୀୟ ଯେ ସ୍ତ୍ରୀ ଛାଡ଼ି ଆଉ କାହା ସହିତ ଘର ସଂସାର କଲେ ମଧ୍ୟ ଯଦି ଭବିଷ୍ୟତରେ କେବେ ଭେଟ ହେଲେ ସବୁ ମନୋମାଳିନ୍ୟ ଭୁଲି ସୌଜନ୍ୟତା ସ୍ୱରୂପ ବାର୍ତ୍ତାଳାପ ମଧ୍ୟ କରିଥାନ୍ତି। ଆଉ, ଏଭଳି ସ୍ୱାଧୀନ ଚେତନାରେ ମଧ୍ୟ ଈର୍ଷା କରିବା ଦେଖାଯାଏ। ଏହା ଏକ ମାନବୀୟ ପ୍ରବୃତ୍ତି। ଏହି ସନ୍ଦେହର କାରଣ ବେଳେବେଳେ ଅମୂଳକ ବି ହୋଇଥାଏ ଓ ସମାନ କାରଣରୁ ବିବାହ ବିଚ୍ଛେଦ ମଧ୍ୟ ହେବା ଦେଖାଯାଏ। ଅନେକ ସମୟରେ ଅଳ୍ପ କିଛି ଦିନ ଭିତରେ ପରସ୍ପର ଭିତରେ ବୁଝାମଣା ବି ହୋଇଥାଏ।

ଦ୍ରଷ୍ଟବ୍ୟ: ମାଏନ ଧରମ, ଆସ୍କାରାନ୍ଦା, ହୁରିଆ

ଗ୍ରନ୍ଥ ସୂଚନା: ପାଢ଼ୀ, ଓ ଉପାଧ୍ୟାୟ ୨୦୧୦, ୪୦।

ହୁରା ତୁଟା

ଗାଳି; ଓଡ଼ିଆ; ଆଦିବାସୀ, ମିତାନ୍ ଗୋଷ୍ଠୀ; ବାଚିକ ପରମ୍ପରା

ଗାଳି ଦେବା ପାରମ୍ପରିକ ଜୀବନଧାରାରେ ଏକ ସାଧାରଣ ଘଟଣା। ସାଧାରଣତଃ ଉଭୟ ପରିବାର ତଥା ସହାବସ୍ଥିତ ଗୋଷ୍ଠୀର ଅନ୍ୟ କୌଣସି ସଦସ୍ୟଙ୍କ ସହିତ କୌଣସି କାରଣରୁ ଝଗଡ଼ା ବା ବୈଷମ୍ୟତା ଦେଖା ଦେଲେ ପରସ୍ପରକୁ ଗାଳି ଦେବା ଦେଖାଯାଏ। ଉଭୟ ପୁରୁଷ ସ୍ତ୍ରୀ ପରସ୍ପରକୁ ଗାଳି କରିଥାନ୍ତି। ଗାଳି କରିବା ବା ଗାଳି ଦେବା ଏକ ଋଣାତ୍ମକ ପ୍ରକ୍ରିୟା ନିଶ୍ଚୟ। ତେବେ, ପାରମ୍ପରିକ ସହାବସ୍ଥିତ ଗୋଷ୍ଠୀରେ ଏହା ସ୍ୱାଭାବିକ। ଗାଳି ଦେବାବେଳେ ବିଭିନ୍ନ ଅଙ୍ଗଭଙ୍ଗୀ ଓ ଅଶ୍ଳୀଳ ଶବ୍ଦ ପ୍ରୟୋଗ କରିବା ସହିତ ଅନ୍ୟ ଆକ୍ଷେପ ବି କରିଥାନ୍ତି। କୌଣସି କାରଣରୁ ଜଣେ ଅନ୍ୟ ଜଣକର କିଛି କ୍ଷତି କଲେ ବେଳେବେଳେ ତାହା ବିରୁଦ୍ଧରେ ସାମାଜିକ ବା ଆନୁଷ୍ଠାନିକ ତଥା ଆଇନଗତ ଭାବେ କିଛି କରିବା ସମ୍ଭବ ହୋଇନଥାଏ ଅତଏବ, ଗାଳି ଦିଆନିଆ ହୋଇ ନିଜକୁ ବୁଝାଇନେବାକୁ ହୋଇଥାଏ। ପୁରୁଷମାନଙ୍କ ଅପେକ୍ଷା ନାରୀମାନେ ଅଧିକ ସମୟ ଯାଏଁ ଗାଳି ଦେବା ଦେଖାଯାଏ। ତେବେ, ଉଭୟ ନାରୀପୁରୁଷ ଗାଳି ବା କଳହ ଶୀର୍ଷକୁ ପହଞ୍ଚିଲେ ପରସ୍ପରକୁ ଆଘାତ କରିବା ମଧ୍ୟ

ଦେଖିବାକୁ ମିଳେ। ଏଭଳିକି କଳହର ଚରମସୀମାରେ ପହଞ୍ଚିଲେ କପଡ଼ା ଖୋଲି ଉଲଗ୍ନ ହୋଇ ନିଜର ବିରୋଧ ପ୍ରଦର୍ଶନ କରିବା ମଧ୍ୟ ଦୁର୍ଲଭ ନୁହେଁ। ଉଲ୍ଲେଖନୀୟ ଯେ, ଉଲଗ୍ନ ହୋଇ ଏପରି ବିରୋଧକୁ ବି ରଣାତ୍ମକ ପରମ୍ପରା ଦେଖାଯାଇପାରେ ତେବେ, କେବଳ ଆଦିବାସୀ କିମ୍ବା ମିତାନ୍ ଗୋଷ୍ଠୀରେ ନୁହେଁ ବିଶ୍ୱର ସର୍ବତ୍ର ବିଭିନ୍ନ ଗୋଷ୍ଠୀ ଏହି ପରମ୍ପରା ଦେଖାଯାଏ।

ଦ୍ରଷ୍ଟବ୍ୟ: ଆସ୍କାରାନ୍ଦା

ଗ୍ରନ୍ଥ ସୂଚନା: ପାଢ଼ୀ ୨୦୦୩, ୩୦; ମିଶ୍ର ୨୦୧୨, ୧୬-୧୯।

ପ୍ରାନ୍ତ କଥା

ବିଶ୍ୱର ଅନ୍ୟାନ୍ୟ ଦେଶର ଜାତି, ଜନଜାତି ଭଳି ଓଡ଼ିଶାରେ ବସବାସ କରୁଥିବା ଆଦିବାସୀ ଓ ମିତାନ୍ ଗୋଷ୍ଠୀର ମଧ୍ୟ ସ୍ୱତନ୍ତ୍ର ଜୀବନଧାରା, ସଂସ୍କୃତି ଅଛି ।

ଆଦିବାସୀ ଓ ମିତାନ ଗୋଷ୍ଠୀରେ ମାଟି, ପାଣି, ପବନ, ଅନ୍ନ, ଓ ଆଗି(ଅଗ୍ନି)କୁ ନେଇ ସ୍ୱତନ୍ତ୍ର ଅବଧାରଣା ଏବେ ବି ଦେଖିବାକୁ ମିଳେ । 'ମଲାବେଳେ ମାଏଟ୍ ମୁଠେକ୍ ଆର୍ ଜୀବନ ଥିଲା ବେଲେ ପାଏନ୍ ଢୋକେକ୍', ଜୋଏଦିଆ ମାଏଟଦିଆ, 'ପବନ ଖଣେକର ଜୀବନ', 'ମାଏଟ ମାଆ', 'ପାଏନ ଆର୍ ପରାନ୍' ଭଳି ପରିପ୍ରକାଶରୁ ପ୍ରକୃତି ପ୍ରତି ଏହି ଗୋଷ୍ଠୀର ଅବଧାରଣା ଓ କୃତଜ୍ଞତା ଅନୁମେୟ । ଅତଏବ, ଏବେ ବି ଏହି ଗୋଷ୍ଠୀ ପ୍ରକୃତିକୁ ଉତଖାତ୍ ନକରି ଦିନରାତି କୃତଜ୍ଞତା ଜ୍ଞାପନ କରିବା ସହ ସହାବସ୍ଥିତ ଅନ୍ୟ ଗୋଷ୍ଠୀ, ଜାତି ସହ ଶୃଙ୍ଖଳିତ ଅବସ୍ଥାନ, ମୈତ୍ରୀବନ୍ଧନ, ଓ ସାମୂହିକ ଜୀବନ ଜୀଇଁ ନିଜନିଜର ସାଂସ୍କୃତିକ ପରିଚିତ ନିର୍ମାଣରେ ବିଶ୍ୱାସ ରଖନ୍ତି ।

ପାରମ୍ପରିକ ଜୀବନଧାରାରେ ଆଦିବାସୀ କି ମିତାନ୍ ଗୋଷ୍ଠୀର କୌଣସି ସଦସ୍ୟ କୌଣସି ଏକ ସ୍ଥାନକୁ ଯାଇ ଘର ତିଆରି କରି ରହିଯାଉନଥିଲେ । ଏଥିପାଇଁ ଚୟନିତ ଅଞ୍ଚଳକୁ ପୂଜାପାଠ କରି, ମାଟି ମାଆକୁ ଅଂଗ (ଆଶ୍ରୟ) ମାଗିବା ପରେ ହିଁ ବସବାସ କରୁଥିଲେ । ଏହି ପରମ୍ପରା 'ମୁଡ଼ା ଗାଡ଼ିବା' ବା 'ଗାଁ ବସେଇବା' ଭାବରେ ପରିଚିତ । ଏହି ପରମ୍ପରା ବର୍ତ୍ତମାନ ମଧ୍ୟ ସମ୍ପୃକ୍ତ ପରିସରରେ ଦେଖିବାକୁ ମିଳେ । ଆଦିବାସ ଓ ମିତାନ ଗୋଷ୍ଠୀ ପାଇଁ ନିଜ ଗାଁ ମାଟି ଅତ୍ୟନ୍ତ ଗୁରୁତ୍ୱପୂର୍ଣ୍ଣ କାରଣ ଏହି ଗାଁ ମାଟିରେ ସେମାନଙ୍କ ପୂର୍ବପୁରୁଷ ଡୁମା ହୋଇଛନ୍ତି ।

ପାରମ୍ପରିକ ଆଦିବାସୀ ଗୃହଗୁଡ଼ିକ ସେମାନଙ୍କ 'ସାଂସ୍କୃତିକ ପରିଚିତି (cultural marker)' ବହନ କରିଥାଏ । ଏହାର ଉଦାହରଣ ଭାବରେ ସଉରା ଓ ସାନ୍ତାଳ ଗୋଷ୍ଠୀର କାନ୍ଥ ଚିତ୍ର ତଥା ଗୃହ ନିର୍ମାଣ ଶୈଳୀକୁ ଗ୍ରହଣ କରାଯାଇପାରେ ।

ପ୍ରତ୍ୟେକ ଆଦିବାସୀ ତଥା ମିତାନ୍ ଗୋଷ୍ଠୀ ବସବାସ କରୁଥିବା ଗ୍ରାମରେ ପାରମ୍ପରିକ ଗ୍ରାମ୍ୟ ମୁଖ୍ୟଙ୍କ ସହିତ ପୂଜକ ରୂପରେ ଝାଙ୍କର, ଜାନୀ, ଦିଆରୀ, ଶିରା,

ତଥା ଗୁରୁମାଇ ଆଦି ଥାଆନ୍ତି। ସମ୍ପ୍ରତି ଗଣତନ୍ତ୍ରର ପଞ୍ଚାୟତ ବ୍ୟବସ୍ଥାରେ ଶାସନଗତ ନହେଲେ ମଧ୍ୟ ସାମାଜିକ ରୀତିନୀତି କ୍ଷେତ୍ରରେ ଏମାନଙ୍କ ଗୁରୁତ୍ୱପୂର୍ଣ୍ଣ ଭୂମିକା ରହିଛି। ବିଭିନ୍ନ ପର୍ବପର୍ବାଣି, ସାମାଜିକ ରୀତିନୀତି ପାଳନ ଓ ପରିବେଷଣରେ ଏମାନଙ୍କ ଭୂମିକା ପୂର୍ବ ଭଳି ଅତୁଟ ଏବଂ ସମସ୍ତ ସଦସ୍ୟ ଏହାକୁ ସ୍ୱୀକାର କରନ୍ତି।

ପୂଜା ପର୍ବରେ ତଥା ବିଶେଷ ଆୟୋଜନରେ ପାଲି, ପଁଚୁରାର ଲୋକମାନେ ମଧ୍ୟ ଏକତ୍ର ଅଂଶଗ୍ରହଣ କରିଥାନ୍ତି। ଉଦାହରଣ ସ୍ୱରୂପ, ଯଦି କୌଣସି ଏକ ଗ୍ରାମରେ ପୋଢ ବଳି ବା ମେରିଆ ପଡୁଛି ତେବେ, ଆଖପାଖର ସମ୍ପୃକ୍ତ ଗୋଷ୍ଠୀର ସଦସ୍ୟ ମଧ୍ୟ ସେଥିରେ ଭାଗ ନେଇଥାନ୍ତି। ଅତଏବ, କେବଳ ଗ୍ରାମ ମଧ୍ୟରେ ନୁହେଁ, ବରଂ ପାଲି, ପଁଚୁରା ଭଳି ଆଖପାଖର ଅନେକ ଗ୍ରାମରେ ମଧ୍ୟ ପରସ୍ପର ଭିତରେ ସାଂସ୍କୃତିକ ତଥା ପ୍ରଜାତିକ ଏକତା ଦେଖାଯାଏ।

ପାରମ୍ପରିକ ପରିବେଶ ଓ ପରିସରରେ ବସବାସ କରୁଥିବା ଆଦିବାସୀ ଓ ମିତାନ୍ ଗୋଷ୍ଠୀର ସଦସ୍ୟ ନିଜନିଜ ଜମିରେ ଧାନ, ମକା, ଯଅ, ମାଣ୍ଡିଆ ସହିତ ଝୁଡ଼ଙ୍ଗ, କାନ୍ଦୁଲ, ହରଡ଼, ମୁଗ, ବିରି, ଝୁଡ଼ଙ୍ଗ, କୋଳଥ ଭଳି ଡାଲି ଜାତୀୟ ଫସଲ ସହ ବିଭିନ୍ନ ପନିପରିବା ଚାଷ କରିଥାନ୍ତି। ଏହା ବ୍ୟତୀତ, ଜଙ୍ଗଲରୁ ମିଳୁଥିବା ଫଳ, କନ୍ଦ, ଓଲୁଅ, ଛତୁ, ପାଲୁଅ, କରଡ଼ିକୁ ମଧ୍ୟ ଖାଦ୍ୟ ଭାବରେ ଗ୍ରହଣ କରିଥାନ୍ତି। ଚାଉଳ ଓ ମାଣ୍ଡିଆ ଚୁନାରେ ପ୍ରସ୍ତୁତ ଜାଉ ମଧ୍ୟ ଅନେକ ଆଦିବାସୀ ଗୋଷ୍ଠୀର ମୁଖ୍ୟ ଖାଦ୍ୟ।

ଆଦିବାସୀ ଓ ମିତାନ ଗୋଷ୍ଠୀର ସଦସ୍ୟ କୁକୁଡ଼ା, ଗୋରୁ, ମଇଁଷି, ଛେଳି, ମେଣ୍ଢା, ଘୁଷୁରି ପ୍ରଭୃତି ଗୃହପାଳିତ ପଶୁ ବ୍ୟତୀତ ହରିଣ, କୁଟୁରା, ସମ୍ବର, ଠେକୁଆ ପ୍ରଭୃତି ବନ୍ୟଜନ୍ତୁ ମାଂସ ମଧ୍ୟ ଆଦିବାସୀ ଖାଦ୍ୟ ପରମ୍ପରାରେ ଦେଖିବାକୁ ମିଳେ। ବିଲମୂଷା, କଙ୍କଡ଼ା, ହରଡ଼ ଚଢେଇ, ନାଲି ପିମ୍ପୁଡ଼ି ଆଦିକୁ ସିଝାଇ ବା ପତ୍ରପୋଡ଼ା କରି ଖାଇବାକୁ ମଧ୍ୟ ଅନେକ ଆଦିବାସୀ ଓ ମିତାନ୍ ଗୋଷ୍ଠୀର ସଦସ୍ୟ ଭଲପାଆନ୍ତି।

କଙ୍କଡ଼ା, କୁକୁଡ଼ା, ହରିଣ, କୁଟ୍ରା ତଥା ଅନ୍ୟାନ୍ୟ ପ୍ରାଣୀଙ୍କ ମାଂସରେ କେତେକ ଆଦିବାସୀ ଗୋଷ୍ଠୀ ପିଠା ମଧ୍ୟ ପ୍ରସ୍ତୁତ କରି ଖାଇଥାନ୍ତି। ତେନ୍ତୁଳି ପତ୍ର, ଆମ୍ବ, ଆମ୍ବଡ଼ା, ତେନ୍ତୁଳି ପ୍ରଭୃତିରୁ ସେମାନେ ବିଭିନ୍ନ ପ୍ରକାର ଚଟଣି ପ୍ରସ୍ତୁତ କରିଥାନ୍ତି। ଆମ୍ବ, ପଣସ, ସପୁରୀ, କରମଙ୍ଗା, କମଳା, ଅମୃତଭଣ୍ଡା, ପିଜୁଳି, ଖଜୁରୀ, କ୍ଷୀରକୋଳି, ଜାମୁକୋଳି, ବରକୋଳି ଭଳି ବିଭିନ୍ନ କୋଳି ଆଦି ଫଳ, ବିଭିନ୍ନ କନ୍ଦମୂଳ ମଧ୍ୟ ଏମାନଙ୍କର ପ୍ରିୟ।

ଆଦିବାସୀ ଓ ମିତାନ ଗୋଷ୍ଠୀର ଲୋକେ ମଧ୍ୟ ଅଣଆଦିବାସୀମାନଙ୍କ ଭଳି ଧୂଆଁପତ୍ର ଓ ବିଭିନ୍ନ ପାନୀୟ ବ୍ୟବହାର କରିଥାନ୍ତି। ରନ୍ଧା ଭାତରୁ ତିଆରି ହାଣ୍ଡିଆ, ରନ୍ଧା ମାଣ୍ଡିଆରୁ ଲନ୍ଦା, ତଥା ମହୁଲ ଫୁଲ, ନିମ୍ବ ଫୁଲ, କାଜୁ, ଜାମୁକୋଳି ଆଦିରୁ

ପ୍ରସ୍ତୁତ ମଦ, ଏବଂ ସଲପ, ଖଜୁରୀ ତାଡ଼ି ଆଦି ସେମାନଙ୍କର ପ୍ରିୟ ପାନୀୟ। ସେହିପରି, ଅଣଆଦିବାସୀମାନଙ୍କ ଭଳି ଆଦିବାସୀମାନଙ୍କ ବିବାହ, ପର୍ବପର୍ବାଣି ତଥା ଶୁଭକାମରେ ମଧ୍ୟ ମଦର ବହୁଳ ବ୍ୟବହାର ଦେଖାଯାଏ।

ଓଡ଼ିଶାର ଆଦିବାସୀ ଓ ଅଣଆଦିବାସୀମାନଙ୍କ ବେଶପୋଷାକ ତଥା ପରିଚ୍ଛଦ ମଧ୍ୟରେ ବିଶେଷ ପ୍ରଭେଦ ଦେଖିବାକୁ ମିଳିନଥାଏ। ତେବେ, କେତେକ ଅଞ୍ଚଳରେ ଆଦିବାସୀମାନେ ସମ୍ପ୍ରତି ମଧ୍ୟ ସେମାନଙ୍କର ପାରମ୍ପରିକ ବେଶପୋଷାକ ପରିଧାନ କରିବା ଦେଖାଯାଏ। ଅନେକ ଆଦିବାସୀ ବିଭିନ୍ନ ପ୍ରକାର ଫୁଲ, ପକ୍ଷୀର ପର, କାଇଁଚ ଫଳ ପ୍ରଭୃତିଦ୍ୱାରା ନିଜକୁ ସଜ୍ଜିତ କରିବାକୁ ପସନ୍ଦ କରିଥାନ୍ତି। ଗଳାରେ କଉଡ଼ି ମାଳ, ରସ ହାର, ପାପୁଲିଠାରୁ କହୁଣି ପର୍ଯ୍ୟନ୍ତ ରସ ନିର୍ମିତ ବଳା, କାନରେ ବିଭିନ୍ନ ପ୍ରକାର ରିଙ୍, ହାତ ଓ ଗୋଡ଼ରେ ବଳା ତଥା ଆଙ୍ଗୁଠିରେ ବିଭିନ୍ନ ପ୍ରକାର ମୁଦି, ଝୁଣ୍ଟିଆ ଆଦି ପିନ୍ଧିଥାନ୍ତି। ଅଳଙ୍କାରମାନ ସାଧାରଣତଃ ସୁନା, ରୂପା, ତମ୍ବା, ପିତଳ, ରସ ପ୍ରଭୃତି ଧାତୁଦ୍ୱାରା ନିର୍ମିତ ହୋଇଥାଏ। ତେବେ ସ୍ୱର୍ଣ୍ଣ ଅଳଙ୍କାର ମଧ୍ୟ ଦୁର୍ଲଭ ନୁହେଁ। ସମଗ୍ର ଓଡ଼ିଶାରେ ଅଣଆଦିବାସୀ ଗୋଷ୍ଠୀମାନଙ୍କରେ ଯେଭଳି ଅଳଙ୍କାର ଗ୍ରହଣପାଇଁ ଝିଅ ପିଲାଙ୍କ କାନ ଫୋଡ଼ିବାକୁ ପଡ଼ିଥାଏ ସେହିପରି ଆଦିବାସୀ ତଥା ମିତାନ୍ ଗୋଷ୍ଠୀରେ ମଧ୍ୟ ଉଭୟ ପୁଅ ଓ ଝିଅ ପିଲାଙ୍କ କାନନାକ ଫୋଡ଼ିବା ଦେଖିବାକୁ ମିଳେ। ଆଦିବାସୀ ଓ ମିତାନ ଗୋଷ୍ଠୀର ନାରୀ ମୁହଁ, ଶରୀରର ବିଭିନ୍ନ ଅଙ୍ଗରେ ଚିତା କୁଟାଇବାକୁ ପସନ୍ଦ କରିଥାନ୍ତି।

ପ୍ରାୟ ଆଦିବାସୀ ତଥା ମିତାନ୍ ଗୋଷ୍ଠୀରେ ବସ୍ତ୍ର ବୟନର ପରମ୍ପରା ଅଛି, ଉଦାହରଣ ସ୍ୱରୂପ– ବଣ୍ଡା, ଗାଦବା, ସାନ୍ତାଳ, ଡମ୍, ଭୋଲିଆ, କୋଷ୍ଟା ପ୍ରଭୃତି ଆଦିବାସୀ ଓ ମିତାନ୍ ଗୋଷ୍ଠୀ ସେମାନଙ୍କ ବ୍ୟବହାର ପାଇଁ ସ୍ୱତନ୍ତ୍ର କପଡ଼ା ବୁଣିଥାନ୍ତି। ସମ୍ପ୍ରତି କିନ୍ତୁ ଏହି ପାରମ୍ପରିକ ବସ୍ତ୍ରର ବ୍ୟବହାର ଧୀରେଧୀରେ କମିବାରେ ଲାଗିଛି। ତେବେ, ଏସବୁର ସୌଖୀନ, ବ୍ୟବସାୟିକ ଉତ୍ପାଦନ, ଓ ସାଂସ୍କୃତିକ ପରିଚିତିର ସାମ୍ପ୍ରତିକ ଧାରା ଏସବୁର ପୁନଃପ୍ରଚଳନକୁ ଫେରାଇ ଆଣୁଛି ବୋଲି କୁହାଯାଇପାରେ।

ଆଦିବାସୀ ଓ ମିତାନ୍ ଗୋଷ୍ଠୀରେ ମଧ୍ୟ ଜନ୍ମ-ବିବାହ-ମୃତ୍ୟୁ ତଥା ଏହି ଅନୁଷ୍ଠାନର ପୂର୍ବପର ସମୟରେ ଅନେକ ସ୍ୱତନ୍ତ୍ର ରୀତିନୀତି ପାଳନ କରିବା ଦେଖାଯାଏ। ତେବେ ଏହି ରୀତିନୀତି ସମ୍ପୃକ୍ତ ଗୋଷ୍ଠୀର ସାଂସ୍କୃତିକ ପ୍ରତିନିଧିମାନଙ୍କଦ୍ୱାରା ହିଁ ଅନୁଷ୍ଠିତ ହୋଇଥାଏ। ଆଦିବାସୀମାନଙ୍କ ବିବାହ ପ୍ରଥା ମଧ୍ୟ ଅଞ୍ଚଳ ତଥା ଗୋଷ୍ଠୀ ଭେଦରେ ସ୍ୱତନ୍ତ୍ର। ପ୍ରତ୍ୟେକ ଆଦିବାସୀ ଗ୍ରାମରେ ସାଧାରଣତଃ ଯୁବକ ଯୁବତୀମାନଙ୍କ ପାଇଁ ଗୋଟିଏ ଗୋଟିଏ ଅଲଗା ଘର ଥାଏ ଯାହା ବିଭିନ୍ନ ଆଦିବାସୀ ଗୋଷ୍ଠୀରେ ଧାଙ୍ଗଡ଼ାଧାଙ୍ଗିଡ଼ୀ ବସା 'ଘୋଟୁଲ', 'ସେଲାନିଡ଼ିଙ୍ଗୋ', 'ପୋଲାଡ଼ପା', 'ଡ଼ିଆଁଶି

ବାସା', 'ଅଡୁବବାସା', 'ଅନବବାସା', 'ଧୁଗଲା' ଆଦି ଭାବରେ ପରିଚିତ। ଅବିବାହିତ ଯୁବକଯୁବତୀମାନେ ଏହି ସାମୂହିକ ଶୟନାଗାରରେ ଏକାଠି ନୃତ୍ୟ, ସଙ୍ଗୀତ ଓ ଗପସପ କରିବା ସହିତ ନିଜନିଜର ଜୀବନସାଥୀ ବାଛିବାର ସ୍ୱାଧିନତା ପାଇଥାନ୍ତି। ସେହିପରି, ପ୍ରତ୍ୟେକ ଆଦିବାସୀ ଗୋଷ୍ଠୀରେ ବିଧବା ବିବାହ ପ୍ରଚଳିତ। ବିଧବାମାନେ ସାଧାରଣତଃ ସ୍ୱାମୀର ଭାଇ ସହିତ ବିବାହ କରିଥାନ୍ତି, ସ୍ୱାମୀର ନିଜଭାଇ କିମ୍ବା ରକ୍ତ ସମ୍ପର୍କୀୟ ଅନ୍ୟ କୌଣସି ଭାଇ ନଥିଲେ ଅନ୍ୟତ୍ର ବିବାହ କରିବାକୁ ମଧ୍ୟ ନିୟମ ଜନିତ କୌଣସି ବାଧା ନଥାଏ। ଏଠାରେ ଏହା ଉଲ୍ଲେଖନୀୟ ଯେ, ଆଦିବାସୀ ସମାଜରେ ସ୍ୱାମୀ ନିକଟରେ ରହିବାକୁ ଚାହୁଁନାହିଁ ବୋଲି ଗ୍ରାମ ତଥା ଜାତି ପଞ୍ଚାୟତ ନିକଟରେ ସ୍ତ୍ରୀଟିଏ କହି ଦେଲେ ଅନାୟାସରେ ତାକୁ ଛାଡ଼ପତ୍ର ପାଇଁ ଅନୁମତି ମିଳିଥାଏ।

ଆଦିବାସୀ ସମାଜରେ ମହିଳାମାନେ ମଧ୍ୟ ପୁରୁଷମାନଙ୍କ ଭଳି ବ୍ୟକ୍ତି ସ୍ୱାଧୀନତା ଉପଭୋଗ କରିଥାନ୍ତି। ବିବାହ ପୂର୍ବରୁ ପୁରୁଷମାନଙ୍କ ସହିତ ମିଶି ଗୀତ ଓ ନାଚରେ ସହଯୋଗ କରିବା ପାଇଁ ମଧ୍ୟ ସାମାଜିକ ଭାବରେ ସେମାନଙ୍କୁ ବାଧା ଦିଆଯାଏ ନାହିଁ। ବିବାହ ପରେ ମଧ୍ୟ ବିବାହ ଓ ଅନ୍ୟାନ୍ୟ ପର୍ବପର୍ବାଣି ପ୍ରଭୃତି ଉତ୍ସବ ଅନୁଷ୍ଠାନଗୁଡ଼ିକରେ ପୁରୁଷମାନଙ୍କ ସହ ମିଶି ମଦ୍ୟପାନ ସହ ଗୀତ ଓ ନାଚରେ ଯୋଗ ଦେବାକୁ ସେମାନଙ୍କୁ କେହି ବାରଣ କରିନଥାନ୍ତି।

ଆଦିବାସୀ ତଥା ମିତାନ୍ ଗୋଷ୍ଠୀ ଅନେକ ଦେବଦେବୀଙ୍କୁ ପୂଜା କରିବା ଦେଖାଯାଏ। ପ୍ରତ୍ୟେକ ସମ୍ପ୍ରଦାୟ ମଧ୍ୟରେ ସେମାନଙ୍କ ଗୋଷ୍ଠୀ ପରିଚିତିସ୍ୱରୂପ ବିଭିନ୍ନ ପ୍ରକାର ଧର୍ମ ବିଶ୍ୱାସ ରହିଥିଲେ ମଧ୍ୟ କେତେକ କ୍ଷେତ୍ରରେ ବିଶେଷ ପ୍ରଭେଦ ଥିବାର ସୂଚନା ମିଳେନାହିଁ। ଏହି ସବୁ ବିଶ୍ୱାସ ତଥା ଅବଧାରଣା ସାଧାରଣତଃ ପୂର୍ବପୁରୁଷ, ପୁନର୍ଜନ୍ମ, ବହୁ ଦେବଦେବୀ ଉପରେ ପ୍ରତିଷ୍ଠିତ। ସେହିଭଳି ପ୍ରାୟ ସମସ୍ତ ଆଦିବାସୀ ଓ ମିତାନ୍ ଗୋଷ୍ଠୀରେ 'ଜୀ' ପୂର୍ବପୁରୁଷଙ୍କ ଡୁମାକୁ ପରିବାର ବା ବଂଶର ଆରାଧ୍ୟ ଦେବତା ସହିତ ପୂଜା କରିବା ଦେଖାଯାଏ। ପରିବାରରେ ଜଣେ ବ୍ୟକ୍ତିର ମୃତ୍ୟୁ ହେଲେ ସେ ବାରମ୍ବାର ପୁଅଝିଅ ନାତିନାତୁଣୀ ଘରେ ପୂନର୍ବାର ଜନ୍ମଗ୍ରହଣ କରିଥାଏ ବୋଲି ମଧ୍ୟ ପ୍ରତ୍ୟେକ ଆଦିବାସୀ ଓ ମିତାନ୍ ଗୋଷ୍ଠୀ ବିଶ୍ୱାସ କରନ୍ତି।

ଆଦିବାସୀ ଓ ମିତାନ୍ ଗୋଷ୍ଠୀରେ ମୂଳଦେବତା ବା ମହାପ୍ରଭୁଙ୍କ ଅବଧାରଣା ଦେଖିବାକୁ ମିଳେ। ପ୍ରତ୍ୟେକ ଗ୍ରାମରେ ଗ୍ରାମଦେବଦେବୀଙ୍କ ଅବଧାରଣା ଆମେ ଦେଖିଥାଉ। ସାଧାରଣତଃ ଗଛ ମୂଳରେ ପଥର ଖଣ୍ଡେ ରଖି ସେଥିରେ ସିନ୍ଦୂର ଦେଇ 'ଠାକୁରାଣୀ' ନାମରେ ତାଙ୍କୁ ପୂଜା କରାଯାଏ। ଅନେକ ଗୋଷ୍ଠୀରେ ସୂର୍ଯ୍ୟଙ୍କୁ ଧର୍ମଦେବତା ଓ ଧରିତ୍ରୀଙ୍କୁ ମାଟିଦେବତା ବା ଧାରନୀ ଦେବୀ ରୂପେ ପୂଜା କରନ୍ତି।

ଏହା ବ୍ୟତୀତ, ପ୍ରତ୍ୟେକ ପରିବାରରେ ଜଣେଜଣେ କୁଳଦେବୀ ଦେବତା ଥାଆନ୍ତି। କେତେକ ଆଦିବାସୀ ଗ୍ରାମରେ ଏହି ଦେବୀଦେବତାମାନେ ଗ୍ରାମ ଠାକୁରାଣୀ, ବୁଢାରଜା ଆଦି ବ୍ୟତୀତ ଅନ୍ୟତମ ମୁଖ୍ୟ ଦେବୀଦେବତା ରୂପରେ ମଧ୍ୟ ପୂଜା ପାଇଥାଆନ୍ତି। ଗ୍ରାମ ମଧ୍ୟରେ ଥିଲେ କୌଣସି ଏକ ଗୁଡ଼ି ବା ଝାଟିମାଟିର ଛୋଟ ଆସ୍ଥାନ ଘର, ପରିବାର ମଧ୍ୟରେ ହୋଇଥିଲେ ଧାନଘର, ବା ରୋଷେଇ ଘରର କୌଣସି ଏକ କୋଣକୁ ଏହି ଦେବଦେବୀଙ୍କ ଆସ୍ଥାନ ଭାବରେ ଗ୍ରହଣ କରାଯାଏ।

ମାଟି, ପାଣି, ଓ ବୃକ୍ଷ ପ୍ରକୃତି ଆଉ ଜୀବନଧାରଣର ମୂଳ ଆଧାର ଭାବରେ ପ୍ରତ୍ୟେକ ଆଦିବାସୀ ଓ ମିତାନ୍ ଗୋଷ୍ଠୀରେ ପୂଜିତ। ଧାରନୀ ଦେବୀ, ସିଂବୋଙ୍ଗା, କାମିନୀ ଦେବୀ ସହିତ ମହୁଲ ଗଛିଏନ, ମହୁଲଗୁଣି, ମାଣ୍ଡିଆ ରାନୀ, ସିନ୍ଧିବୁଟା, କରମା, ଡାଲଖାଇ, କୁରେଇ ପତର ଆଦି ଏ କ୍ଷେତ୍ରରେ ଉଲ୍ଲେଖନୀୟ। କୌଣସି କାଳ୍ପନିକ ଦେବଦେବୀଙ୍କ ଅବଧାରଣା ନୁହେଁ ବରଂ ଆଦିବାସୀ ଓ ମିତାନ୍ ଗୋଷ୍ଠୀ ସାଧାରଣତଃ ସେହି ବୃକ୍ଷକୁ ଦେବତା ତୁଲ୍ୟ ପୂଜା କରିଥାନ୍ତି ଯେଉଁ ବୃକ୍ଷରୁ ଖାଦ୍ୟ ଓ ପାନୀୟ ମିଳିଥାଏ, ସେମାନଙ୍କ ଜୀବନ ଓ ପ୍ରାଣକୁ ପରିପୁଷ୍ଟ କରିଥାଏ। ସେହିପରି ମାଟି, ପାଣି, ପବନର ପ୍ରକାରଭେଦ, ରଙ୍ଗ, ଉତ୍କୃଷ୍ଟତାକୁ ନେଇ ବିଭିନ୍ନ ପାରମ୍ପରିକ ଅବଧାରଣା ଦେଖିବାକୁ ମିଳେ। ଏସବୁକୁ ମଧ୍ୟ ଦେବତା ଭାବରେ ଗ୍ରହଣ କରି ବର୍ଷର ବିଭିନ୍ନ ସମୟରେ ସେମାନଙ୍କର ପୂଜା କରିଥାନ୍ତି, ଓ ଉତ୍ତର ପିଢ଼ି ପାଇଁ ସୁରକ୍ଷିତ ରଖିବାକୁ ଆପ୍ରାଣ ଚେଷ୍ଟା କରନ୍ତି।

ସାଧାରଣ ପାରମ୍ପରିକ ଲୋକ ଜୀବନ ଭଳି ସହାବସ୍ଥିତ ବିଭିନ୍ନ ଗ୍ରାମକୁ ନେଇ ଯେଉଁ ପାଲି, ପଁଚୁରା ଗଠିତ ହୋଇଥାଏ ସେସବୁ ଅଞ୍ଚଳରେ ବିଭିନ୍ନ ଦେବୀଦେବତା ମଧ୍ୟରେ ବି କୌଟୁମ୍ବିକତା ଲକ୍ଷ୍ୟ କରାଯାଏ। ଏମାନଙ୍କର ବଂଶ, ବର୍ଗ, ଗୋତ୍ର, ବିବାହ ପରମ୍ପରା ଆଦି ଦେଖିବାକୁ ମିଳେ। କେଉଁ ବଂଶର ଦେବୀ କେଉଁ ବଂଶର ଦେବତା ସହିତ ବିବାହ କରିପାରିବେ, କେଉଁ ଦେବୀ ସାତ ଭଉଣୀ ତ କେଉଁ ଦେବୀ ଷୋହଳ ଭଉଣୀ, କେଉଁ ଦେବତା ବାର ଭାଇ ତ କେଉଁ ଦେବତା ଆଠ ଭାଇ, ସେହିପରି କେଉଁ ଦେବତା କାହାର ମାମୁଁ, ଭାଇ, ଜ୍ୱାଇଁ ତ କେଉଁ ଦେବୀ ଆଉ କୋଉ ଦେବୀଦେବତାଙ୍କ ମାଉସୀ, ଭାଇବୋହୂ, ପତ୍ନୀ, ଝିଅ ଭାବରେ ପରିଚିତ ହୋଇଥାନ୍ତି। ଏପରିକି କେତେକ ଗୋଷ୍ଠୀରେ ବିଭିନ୍ନ ଦେବଦେବୀଙ୍କ ବିବାହ ଆୟୋଜନ ନିଜ ପୁଅ ଝିଅଙ୍କ ବିବାହ ଅନୁରୂପ କରିବା ଦେଖାଯାଏ।

ଅଣଆଦିବାସୀ ପରମ୍ପରାରେ ଯେପରି କାର୍ତ୍ତିକ ମାସ ପୁଣ୍ୟ ମାସ ଭାବରେ ପରିଗଣିତ ସେହିପରି ଆଦିବାସୀ ତଥା ମିତାନ୍ ଗୋଷ୍ଠୀରେ ମଧ୍ୟ 'ଦିଏଲ ମାସ' ବା

‘ଦେବୀ ମାସ’ ଭାବରେ ପରିଚିତ। ତେବେ, ଦଶରା, ଚଇତ୍ର ଆଦି ମାସ ମଧ୍ଯ ‘ଦେହେଲିଆ ମାସ’ ଭାବରେ ପରିଚିତ। ଦଶରା ମାସର ସପ୍ତମୀଠାରୁ ଦଶମୀ ପର୍ଯ୍ୟନ୍ତ ତଥା କେତେକ ସ୍ଥାନରେ ନବମୀ ଏବଂ ଦଶମୀ ଦୁଇ ଦିନ ପ୍ରାୟ ଦେବାଦେବୀ ଆସ୍ଥାନଗୁଡ଼ିକରେ ପୂଜା ଆରାଧନା ହୁଏ। ଆଦିବାସୀ ଓ ମିତାନ୍ ଗୋଷ୍ଠୀରେ ଦେବୀଦେବତାମାନେ ସର୍ବସାଧାରଣଙ୍କ ମଙ୍ଗଳାର୍ଥେ କେବଳ ଦାଣ୍ଡକୁ ଆସନ୍ତି ନାହିଁ ବରଂ, ପ୍ରତ୍ୟେକ ଆଶାୟୀଙ୍କ ଦୁଆର ମୁହଁକୁ ଯାଇଥାଆନ୍ତି। ଏଠାରେ ଉଲ୍ଲେଖନୀୟ ଯେ’ ଆଦିବାସୀ ତଥା ମିତାନ୍ ଗୋଷ୍ଠୀର ସଦସ୍ୟମାନେ ସେମାନଙ୍କର ଦେବ ଦେବୀମାନଙ୍କୁ କେବଳ ନଡ଼ିଆ, କଦଳୀ ଆଦି ସାତ୍ତ୍ୱିକ ଭୋଗ ପ୍ରଦାନ କରିନଥାନ୍ତି ବରଂ, ସେମାନେ ଖାଉଥିବା ସମସ୍ତ ଖାଦ୍ୟ ପଦାର୍ଥ ଏପରିକି ମଦ, ଛେଳି, କୁକୁଡ଼ା, ଘୁଷୁରି ଆଦି ମଧ୍ଯ ବଳି ଦେଇଥାଆନ୍ତି।

ଆଦିବାସୀ ଓ ମିତାନ୍ ଗୋଷ୍ଠୀରେ ବର୍ଷସାରା ବହୁ ପର୍ବପର୍ବାଣି ପାଳିତ ହୋଇଥାଏ, କୁହାଯାଏ, “ବାର ମାସେ ଅଠର ଯାତରା”। ଏହି ପର୍ବପର୍ବାଣିଗୁଡ଼ିକରୁ କେତେକ କୃଷିଭିତ୍ତିକ, କେତେକ ଦେବଦେବୀଙ୍କ ସହିତ ସମ୍ପୃକ୍ତ ବା ଧର୍ମ ସମ୍ବନ୍ଧୀୟ। ବିଲରେ ବିହନ ବୁଣିବା, ଫସଲ କାଟିବା ଓ ନୂଆ ଫସଲ ଖାଇବାବେଳେ ମଧ୍ଯ ଉତ୍ସବମାନ ପାଳନ କରିଥାନ୍ତି। ଆମ୍ବ, ଶିମ୍ବ ପ୍ରଭୃତି ନୂଆ ଖାଦ୍ୟ ପଦାର୍ଥ ଖାଇଲାବେଳେ ଓ ମହୁଲ ଫୁଲ ଫୁଟିଲାବେଳେ ମଧ୍ଯ ପ୍ରାୟ ସମସ୍ତ ଆଦିବାସୀ ମିତାନ ଗୋଷ୍ଠୀରେ ନାନା ଉତ୍ସବ ପାଳିତ ହୋଇଥାଏ। ଅନୁରୂପ ଭାବରେ, ଶେମି ନୂଆ, ଆମ୍ବ ନୂଆ, ଚାଉଳ ଧୂଆ, କେନ୍ଦୁ ନୂଆ, ଏବଂ ସର୍ବସାଧାରଣ ନୂଆଖାଇ ପ୍ରଭୃତି ପର୍ବ ଏକ ଏକ ଉଲ୍ଲେଖନୀୟ ଉତ୍ସବ।

ଆଦିବାସୀ ଓ ମିତାନ୍ ଗୋଷ୍ଠୀ ଅଧ୍ୟୁଷିତ ଗ୍ରାମରେ ଧାନ ବିହନ ବୁଣିବା ଅବସରରେ ‘ବିହନଛିନା ଯାତ୍ରା’, କ୍ଷେତରେ ପୋକଜୋକ ନଲାଗିବା ପାଇଁ ‘ଆଷାରଖେନା’, ‘ଡ଼ାଣସରା’ ଆଦି ପର୍ବ ପାଳିତ ହୋଇଥାଏ। ଫସଲ ଅମଳ ପରେପରେ ‘ପୁଷ ପୁନି’, ‘ଚୋରୋଦିଆ’ ଆଦି ପାଳନ କରାଯାଏ। ରୋଗ ବିପଦରୁ ରକ୍ଷା ପାଇବା ଭଳି ବିଶ୍ୱାସକୁ ଆଧାର କରି ମଧ୍ଯ ବର୍ଷର ବିଭିନ୍ନ ସମୟରେ ‘ରୋଗୀ ବହଲା’, ‘ହରାଲି ଉଆଁସ୍’, ‘ଘଣ୍ଟ ଯାତ୍ରା’ ଆଦି ପାଳନ କରାଯାଏ। ସେହିପରି, ବର୍ଷା ହେଉନଥିଲେ ସମ୍ଭାବ୍ୟ ବର୍ଷା ପାଇଁ ‘ବେଙ୍ଗବେଙ୍ଗୁଲୀ ବିବାହ’, ‘ବାଲି ଯାତ୍ରା’ ବା ‘ଭୀମା ବିବାହ ଉତ୍ସବ’ ଆଦି ଆୟୋଜିତ ହୋଇଥାଏ। ଏହି ସମସ୍ତ ପର୍ବପର୍ବାଣିର ପାଳନ ଆଉ ପରିବେଷଣରେ ମଦ୍ୟପାନ ଓ ନୃତ୍ୟ ଗୀତର ଆୟୋଜନ ବହୁଳ ଭାବରେ ସମସ୍ତଙ୍କ ଦୃଷ୍ଟି ଆକର୍ଷଣ କରିଥାଏ।

ଆଦିବାସୀ ଓ ମିତାନ୍ ଗୋଷ୍ଠୀ ବସବାସ କରୁଥିବା ପାରମ୍ପରିକ ଗ୍ରାମରେ ସିଆନ୍, ଗଣା, ଝାଁକର, ଧଙ୍ଗଡ଼ାମାଂଝି, ଦିଆରୀ ଆଦି ଗୋଷ୍ଠୀ ମୁଖ୍ୟ, ସାମାଜିକ ସାଂସ୍କୃତିକ କର୍ମକର୍ତ୍ତା ଦେଖିବାକୁ ମିଳନ୍ତି। ଏମାନେ ବଂଶାନୁକ୍ରମିକ ଭାବରେ ବିଭିନ୍ନ ସାମାଜିକ ରୀତିନୀତିରେ ପର୍ବପର୍ବାଣିର ପାଳନରେ ନିଜନିଜ ଭୂମିକା ତୁଲାଇଥାଆନ୍ତି। ଯେପରି, ଗାଁ ଦେବଦେବୀ ପୂଜାରେ କିଏ ପୂଜା କରିବ, କିଏ ପୂଜା ସାମଗ୍ରୀ ବଳି ଭୋଗ ଯୋଗାଡ଼ କରିବ, ଅନ୍ୟ ସମସ୍ତଙ୍କୁ ପୂଜା ସମ୍ପର୍କରେ ଅବଗତ କରାଇବ ଏସବୁ କାର୍ଯ୍ୟ ନିଜନିଜ ଭିତରେ ବାଣ୍ଟି ନେଇଥାନ୍ତି, ଏବଂ ଆବଶ୍ୟକ ସମୟରେ ସୂଚାରୁ ରୂପେ ପାଳନ କରିଥାନ୍ତି।

ପ୍ରତ୍ୟେକ ଆଦିବାସୀ ଗୋଷ୍ଠୀରେ ଘରକୁ ଅତିଥି ଆସିଲେ ସେମାନଙ୍କୁ ସ୍ୱତନ୍ତ୍ର ମାନ୍ୟତାଦେବା ସହ ଅତି ଆନନ୍ଦରେ ସ୍ୱାଗତ କରିବା ଦେଖିବାକୁ ମିଳେ। ମୁଣ୍ଡା, ମୁଣ୍ଡାରୀ, ଖଡ଼ିଆ, ହୋ, ବିଞ୍ଝାଲ, ଭୁଞ୍ଜିଆ, ବଣ୍ଡା, ଭୂମିଜ ଆଦି ଆଦିବାସୀ ଗୋଷ୍ଠୀରେ ଅତିଥିଙ୍କୁ ଅନେକ ଗୁରୁତ୍ୱ ଦିଆଯାଏ। କୋଇ ଗୋଷ୍ଠୀରେ ତାଟିଆରେ ପାଣି ଆଣି ହାତ ଧୋଇ ଦିଅନ୍ତି, ତ କୋଇ ଗୋଷ୍ଠୀରେ ଘରର ଅବିବାହିତ ଝିଅମାନେ ଢାଳରେ ପାଣିଆଣି ପାଦ ପ୍ରକ୍ଷାଳନ କରିଥାନ୍ତି। ସାନ୍ତାଳ ଗୋଷ୍ଠୀରେ ଅତିଥି ବୟସରେ ସାନ ହୋଇଥିଲେ ସୁଦ୍ଧା ତାଙ୍କୁ 'ଜୋହାର' ହୋଇଥାନ୍ତି। ଅନୁରୂପ ଭାବରେ, ଭୁଞ୍ଜିଆ ଗୋଷ୍ଠୀରେ ଅତିଥିମାନଙ୍କ ପାଇଁ ସ୍ୱତନ୍ତ୍ର ଗୃହ ମଧ୍ୟ ନିର୍ମାଣ କରାଯାଇଥିବା ଦେଖିବାକୁ ମିଳେ। ଏହା ବ୍ୟତୀତ, ଅତିଥିଙ୍କ ଆସିବା ଦିନଟି ଅନେକ ଆଦିବାସୀ ଗୋଷ୍ଠୀ ପାଇଁ ଏକ ଉତ୍ସବର ଦିନ ଭାବରେ ପରିଗଣିତ ହୋଇଥାଏ। ଅତିଥିଙ୍କୁ ମଦ ଓ ମାଂସରେ ଆପ୍ୟାୟିତ କରିବା ସହିତ ରାତିରେ ନାଚଗୀତର ଆୟୋଜନ ମଧ୍ୟ କରିଥାନ୍ତି।

ଆଦିବାସୀ ଓ ମିତାନ୍ ଗୋଷ୍ଠୀରେ ଜନ୍ମଠାରୁ ମୃତ୍ୟୁ ପର୍ଯ୍ୟନ୍ତ ବିଭିନ୍ନ ଅବସରରେ ମିଥ୍, କଥାନି, ଗୀତ ଅନେକ ବାଚିକ ପରିପ୍ରକାଶ ଦେଖିବାକୁ ମିଳେ। ସେହିପରି, ମନୋରଞ୍ଜନ ତଥା ସମୟ ଅତିବାହିତ କରିବା ପାଇଁ ମଧ୍ୟ ନୃତ୍ୟ ନାଟକର ପରିବେଷଣ ଦେଖାଯାଏ। ଆଦିବାସୀ ସମାଜରେ ଆମୋଦପ୍ରମୋଦଭିତ୍ତିକ ଗୀତ ବ୍ୟତୀତ ଖେଳ ଗୀତ, କର୍ମ ଗୀତ, ପାରିବାରିକ ରୀତିନୀତିକାଳୀନ ଗୀତ (ଜନ୍ମ, ବିବାହ, ଶ୍ରାଦ୍ଧ, ଡୁମା ଆବାହାନକାଳୀନ), ସାମାଜିକ ଧର୍ମାଚାରକାଳୀନ ଗୀତ, ଏବଂ ବିଭିନ୍ନ ପାରମ୍ପରିକ କାବ୍ୟ, ଗାଥା, କିମ୍ବଦନ୍ତୀ ଆଦି ଆଖ୍ୟାୟିତ ହୋଇଥାଏ। ଧର୍ମାଚାରରେ ଗାନ କରାଯାଉଥିବା ଗୀତ, ବନ୍ଦନା, ବିନତିଗୁଡ଼ିକୁ ପବିତ୍ର ବୋଲି ଗ୍ରହଣ କରାଯାଏ। ଅତଏବ, କେବଳ ପର୍ବପର୍ବାଣି ଓ ଦେବଦେବୀ ବନ୍ଦନା ସମୟ ବ୍ୟତୀତ ଅନ୍ୟ ସମୟରେ ଏହାର ପରିବେଷଣକୁ ଉପେକ୍ଷା କରାଯିବା ବି ଦେଖାଯାଏ। ସୃଷ୍ଟି ମିଥ୍, ତଥା ବଂଶର ଇତିହାସ

ମୌଖିକ ଭାବରେ ଧର୍ମାଚାରମାନଙ୍କରେ ଆଖ୍ୟାନ ଭାବରେ ଶୁଣିବାକୁ ମିଳେ। ସେହିପରି, ପ୍ରଜାତିକ ଗାଥା ପରିବେଷଣ କରୁଥିବା ଗୋଷ୍ଠୀ ବ୍ୟବସାୟିକ କିମ୍ବା ମନୋରଞ୍ଜନ ଦୃଷ୍ଟିରୁ ତ ଦୂର ନିଜ ପ୍ରଜାତି ଭିନ୍ନ ଅନ୍ୟ କୌଣସି ଗୋଷ୍ଠୀର ସଦସ୍ୟଙ୍କ ପାଖରେ ଏହାର ପରିବେଷଣକୁ ସର୍ବଦା ଉପେକ୍ଷା କରନ୍ତି। ଏହା ସେମାନଙ୍କ ପ୍ରଜାତି ପ୍ରୀତି ଓ ସାଂସ୍କୃତିକ ଦାୟବଦ୍ଧତାକୁ ପ୍ରମାଣିତ କରେ।

ପ୍ରତ୍ୟେକ ଆଦିବାସୀ ଗୋଷ୍ଠୀରେ ମୌଖିକ ଇତିହାସ ଅଛି। ଏହି ଇତିହାସ ତଥା ବଂଶର ସ୍ମରଣୀୟ ଘଟଣାବଳୀକୁ ନେଇ ଦୀର୍ଘ ଗୀତ ପରିବେଷିତ ହୋଇଥାଏ ଯାହାକୁ କାବ୍ୟ ଭାବରେ ପରିଚିତ କରାଯାଇପାରେ। ଏହି କାବ୍ୟଗୁଡ଼ିକ ବିଶ୍ୱର ସମସ୍ତ ପାରମ୍ପରିକ କାବ୍ୟ ଭଳି ଗୋଷ୍ଠୀ ପରିଚିତିକୁ ବଜାୟ ରଖିବାପାଇଁ ଏକ ସଚେତନ ପ୍ରୟାସ। ଏଥିରେ ନିଜନିଜ ଜାତିର ଆଦିପୁରୁଷଙ୍କ ଅଲୌକିକ ଗୌରବ, ଯୁଦ୍ଧ, ରାଜ୍ୟ ଜୟ, ଭୂଅଧିକାର, ରାଜକନ୍ୟା ବିବାହ, ଅସାଧ ସାଧନ, ଦେବୀ ଦେବତା, ଶସ୍ୟ, ବୃକ୍ଷଲତା ଆଦିର ଉତ୍ପତ୍ତି, ମହିମା, କରୁଣା ପ୍ରଭୃତିର ଚିତ୍ର ଦେଖିବାକୁ ମିଳେ।

ଆଦିବାସୀ ତଥା ମିତାନ୍ ଗୋଷ୍ଠୀର କାହାଣୀଗୁଡ଼ିକ ମୁଖ୍ୟତଃ ପ୍ରାକୃତିକ ପରିବେଶ ସହିତ ମାନବୀୟ ଆବେଗର ସମନ୍ୱିତ ପରିପ୍ରକାଶ। କାହାଣୀରେ ମଣିଷ, ପଶୁପକ୍ଷୀ, ବୃକ୍ଷଲତା, ଫଳମୂଳ ତଥା ଅନ୍ୟାନ୍ୟ କୃଷି ଉତ୍ପାଦ, ଖେତ, ଶସ୍ୟ, ପାହାଡ଼, ଝରଣା, ଅସୁର, ପରୀ, ରାଜକୁମାର, ରାଜକୁମାରୀ ଆଦି ସମସ୍ତ ଚରିତ୍ର ଆଖ୍ୟାନ ପ୍ରସଙ୍ଗରେ ଆସିଥାନ୍ତି। ସେହିପରି, ମଣିଷ ମୃତ୍ୟୁ ପରେ ବୃକ୍ଷହେବା ପଶୁପକ୍ଷୀ ମୂଷା, ବିଲେଇ, ଠେକୁଆ, ମାଙ୍କଡ଼, ଗଧ, ବିଲୁଆ ଭଳି ଦୁର୍ବଳ ପ୍ରାଣୀମାନେ ହାତୀ, ବାଘ, ସିଂହ ଆଦି ବଳବାନ ପ୍ରାଣୀମାନଙ୍କୁ କୌଶଳରେ ପରାଜିତ କରିବା, ପଶୁପକ୍ଷୀଙ୍କଦ୍ୱାରା ଏପରିକି ହିଂସ୍ର ପ୍ରାଣୀମାନଙ୍କଦ୍ୱାରା ମଧ୍ୟ ମଣିଷ ଶିଶୁ ଘଟଣାକ୍ରମରେ ପାଳିତ ହେବା, ବଣ ମଇଁଷି, ହାତୀ, ବାଘ, ତିତିର ପକ୍ଷୀ ଆଦି ପଶୁପକ୍ଷୀଙ୍କ ସହାୟତାରେ ଗାଈଆଳ ପିଲା ଭଳି ସାଧାରଣ ଚରିତ୍ରମାନେ ଅସାଧ ସାଧନ କରିବା, ସାମୟିକ ଭାବେ ମଣିଷ ବାଘ ପାଲଟିବା ଆଦି ଅସଂଖ୍ୟ ଘଟଣା ଆଦିବାସୀ ମାନସିକତାର ସାଂକେତିକ ପରିପ୍ରକାଶ ଭାବରେ ପ୍ରକାଶିତ ହୋଇଥାଏ। ଆଦିବାସୀ ସମାଜର ଏହି ବାଚିକ ପରିପ୍ରକାଶଗୁଡ଼ିକ ବିଭିନ୍ନ ସମୟରେ ପରିବେଷିତ ହୋଇଥାଏ। ଏହି କଥାନି, ଗୀତ, ଗାଥା, କିମ୍ବଦନ୍ତୀ ସବୁ ସମ୍ପୃକ୍ତ ସମାଜରେ କିନ୍ତୁ କଥାନି ଏବଂ ଗୀତ ଭାବରେ ହିଁ ଗୃହୀତ। ଏଠାରେ ଉଲ୍ଲେଖନୀୟ ଯେ, ଏହି ସବୁ ପରିପ୍ରକାଶର ସମାଲୋଚନାତ୍ମକ ପ୍ରତିପରିପ୍ରକାଶର ପରମ୍ପରା ମଧ୍ୟ ଦୁର୍ଲଭ ନୁହେଁ।

ଆଦିବାସୀ ଓ ମିତାନ୍ ଗୋଷ୍ଠୀରେ କେବଳ ବାଚିକ ପରିପ୍ରକାଶ ଦେଖିବାକୁ ମିଳେନାହିଁ ବରଂ, ନୃତ୍ୟ ନାଟକ ଭଳି ଅନେକ ପାରମ୍ପରିକ ପରିବେଷଣ ବି ଦେଖିବାକୁ

ମିଳେ। ବିଭିନ୍ନ ଧର୍ମାଚାରରେ ଅର୍ଥାତ୍ ଦେବୀ ପୂଜା ସମୟରେ, ବାହାଘର, ନାମକରଣ, ପ୍ରାକ୍-ବିବାହ, ନୂଆଖାଇ, ଦଶରା, ଦାସାଇଁ, ଚଇତ୍ରା, ମାଗେ, ସାରହୁଲ, ବାହା ଆଦି ପର୍ବ, ସାମାଜିକ ସାଂସ୍କୃତିକ ଉତ୍ସବରେ ସମ୍ପୃକ୍ତ ଆଦିବାସୀ ଓ ମିତାନ୍ ଗୋଷ୍ଠୀର ସଦସ୍ୟମାନେ ବିଭିନ୍ନ ନୃତ୍ୟ ପରିବେଷଣ କରିଥାନ୍ତି। ସେହିପରି, ଅବସର ସମୟର ଅପନୋଦନ ପାଇଁ ମଧ୍ୟ ଧାଙ୍ଗଡ଼ାଧାଙ୍ଗଡ଼ୀ ବସାରେ, ଜହ୍ନ ରାତିରେ ଗାଁ ଦାଣ୍ଡରେ ସ୍ୱତନ୍ତ୍ର ଭାବରେ ବିଭିନ୍ନ ନୃତ୍ୟ ଗୀତର ଆୟୋଜନ କରାଯାଏ। ଏହିସବୁ ନୃତ୍ୟଗୀତ ପରିବେଷଣରେ ଗୋଷ୍ଠୀ ସଦସ୍ୟଙ୍କଦ୍ୱାରା ପ୍ରସ୍ତୁତ ବାଦ୍ୟଯନ୍ତ୍ର ହିଁ ବାଦନ କରାଯାଇଥାଏ।

ଓଡ଼ିଶାର ଆଦିବାସୀ ଓ ମିତାନ ଗୋଷ୍ଠୀ ଚିତ୍ରକଳା, ହସ୍ତଶିଳ୍ପ, ବୟନକଳା, କାଠ, ବାଉଁଶ, ଲୁହା, ଏବଂ ମୃଣ୍ମୟ କଳା ଆଦି ବିଭିନ୍ନ କଳାତ୍ମକ ଉତ୍ପାଦନ କ୍ଷେତ୍ରରେ ମଧ୍ୟ ପ୍ରମୁଖ ଭୂମିକା ଗ୍ରହଣ କରନ୍ତି। ଓଡ଼ିଶାର ସମଗ୍ର ଜିଲ୍ଲାରେ ପଥର, କାଠ, ବାଉଁଶ ଆଦିରେ ବିଭିନ୍ନ ନିତ୍ୟ ବ୍ୟବହାର୍ଯ୍ୟ ଗୃହପୋକରଣ ଦେଖିବାକୁ ମିଳେ ଯାହା ସାଧାରଣତଃ ଆଦିବାସୀ ଓ ମିତାନ୍ ଗୋଷ୍ଠୀର ସଦସ୍ୟଙ୍କଦ୍ୱାରା ହିଁ ପ୍ରସ୍ତୁତ ହୋଇଥାଏ। ଏହି ପାରମ୍ପରିକ କଳା ଓ ଶିଳ୍ପ ଓଡ଼ିଶାର ଶିଳ୍ପ ସୌନ୍ଦର୍ଯ୍ୟ ତଥା କଳାତ୍ମକ ସୃଜନଶୀଳତା ତଥା ସାମାଜିକ ସାଂସ୍କୃତିକ ଜୀବନର ଚିତ୍ରକୁ ପରିପ୍ରକାଶ କରିବା ସହିତ ଆମର ପାରମ୍ପରିକ ଐତିହ୍ୟର ଅବବୋଧ ପାଇଁ ଏକ ଅବଧାରଣା ସୃଷ୍ଟି କରିଥାଏ। ଏହି ସବୁ ଉତ୍ପାଦଗୁଡ଼ିକ ଆଜି ସମସ୍ତ ଅଣଆଦିବାସୀ ଗୋଷ୍ଠୀରେ ଜନପ୍ରିୟ, ସୌଖୀନ ବସ୍ତୁ ଭାବରେ ଗ୍ରହଣୀୟ ହୋଇପାରିଛି।

ସମ୍ପ୍ରତି ଆଧୁନିକ ଶିକ୍ଷା, ଗଣମାଧ୍ୟମ, ଓ ବହୁବିଧ କର୍ମଜୀବନର ପ୍ରଭାବ ଫଳରେ ଅନେକ ପରମ୍ପରାର ପରିବେଷଣ ଓ ପାଳନରେ ପରିବର୍ତ୍ତନ ଦେଖିବାକୁ ମିଳୁଛି। ବିବାହ, ଜନ୍ମୋତ୍ସବ, ମୃତକର୍ମ ଆଦିରେ ବ୍ରାହ୍ମଣ ପୁରୋହିତଙ୍କୁ ଆମନ୍ତ୍ରଣ କରିବା, ନିଜ ଗୋଷ୍ଠୀ ଭିନ୍ନ ଅନ୍ୟ ଗୋଷ୍ଠୀର ଦେବଦେବୀଙ୍କୁ ପୂଜା କରିବା, ପାରମ୍ପରିକ ନାଚଗୀତରେ ଜନପ୍ରିୟ ସଂଗୀତ ଓ ନୃତ୍ୟର ସଂଯୋଜନା, ବିଧବା ବିବାହକୁ ଉପେକ୍ଷା କରିବା, ଧାଙ୍ଗଡ଼ାବସା ଧାଙ୍ଗଡ଼ୀବସା ଅପସୃୟମାନ ହେବା, ବା ନିଜକୁ ସେଠାରୁ ଦୂରେଇ ନେବା ଆଦି ଘଟଣା ଏ ପ୍ରସଙ୍ଗରେ ଉଲ୍ଲେଖନୀୟ। ସେହିପରି, ଆଦିବାସୀ ଓ ମିତାନ ଗୋଷ୍ଠୀର ଚିତାକୁଟା ସମ୍ପ୍ରତି 'ଟାଟୁ' ରୂପରେ ଆଧୁନିକ ଯୁବକ ଯୁବତୀଙ୍କ ପାଖରେ ଏକ 'ଜନପ୍ରିୟ ପରମ୍ପରା' ଭାବରେ ଦେଖିବାକୁ ମିଳୁଛି।

ଆଦିବାସୀ ଓ ମିତାନ ଗୋଷ୍ଠର ସ୍ୱତନ୍ତ୍ର ଜୀବନଧାରା ଅଛି, ଏକ ସ୍ୱତନ୍ତ୍ର ବିଚାରବୋଧ, ସାଂସ୍କୃତିକ ମୂଲ୍ୟବୋଧ ଅଛି ଯାହା ଅଣଆଦିବାସୀଙ୍କ ସାଂସ୍କୃତିକ ଅବବୋଧଠାରୁ କୌଣସି ଗୁଣରେ ନ୍ୟୁନ ନୁହେଁ।

ସହାୟକ ଗ୍ରନ୍ଥସୂଚୀ

ଆଚାର୍ଯ୍ୟ, ଦାଶରଥୀ। "ବର୍ଷା ଆବାହନୀ ପର୍ବ: ବେଙ୍ଗେଇ ନାଟ"। *କଳାହାଣ୍ଡି: ଲୋକ ଅନୁଷ୍ଠାନ* । ସମ୍ପାଦନା। ଜୟନ୍ତ କୁମାର ବେହେରା, ଦୋଳଗୋବିନ୍ଦ ବିଶୀ, ଓ ପରମେଶ୍ୱର ମୁଣ୍ଡ। ଭାବାନୀପାଟଣା: ମହାବୀର ସାଂସ୍କୃତିକ ଅନୁଷ୍ଠାନ, ୧୯୯୮। ୬୮-୭୪।

ଆଚାର୍ଯ୍ୟ, ଦାଶରଥୀ। *କଳାହାଣ୍ଡିର ଲୋକ ଖେଳ*। କଟକ: ନବଦିଗନ୍ତ, ୨୦୧୩।

ଆଦିବାସୀ ଭାଷା ଓ ସଂସ୍କୃତି ଏକାଡ଼େମୀ। *ଆଦିବାସୀ ପର୍ବପର୍ବାଣି ଓ କର୍ମକର୍ମାଣି: ଡଙ୍ଗରିଆ କନ୍ଧ* । ଭୁବନେଶ୍ୱର: ଆଦିବାସୀ ଭାଷା ଓ ସଂସ୍କୃତି ଏକାଡ଼େମୀ, ୨୦୦୧।

ଆଦିବାସୀ ଭାଷା ଓ ସଂସ୍କୃତି ଏକାଡ଼େମୀ । *ଆଦିବାସୀ ପର୍ବପର୍ବାଣି ଓ କର୍ମକର୍ମାଣି: ମାଙ୍କିଡ଼ିଆ* । ଭୁବନେଶ୍ୱର: ଆଦିବାସୀ ଭାଷା ଓ ସଂସ୍କୃତି ଏକାଡ଼େମୀ, ୨୦୦୧।

ଓତା, ଅଖିଳ ବିହାରୀ, ଓ ଅନନ୍ତ ଚରଣ ସାହୁ। *କୁଟିଆ କନ୍ଧ* । ଓଡ଼ିଆ ଅନୁସୃଜନ। ଅଖିଳ ବିହାରୀ ଓତା, ପରମାନନ୍ଦ ପଟେଲ, ଓ ପ୍ରଦୀପ୍ତ କୁମାର ସାମଲ। ଭୁବନେଶ୍ୱର: ଆଦିବାସୀ ଭାଷା ଓ ସଂସ୍କୃତି ଏକାଡ଼େମୀ, ୨୦୧୨।

ଓତା, ଅଖିଳ ବିହାରୀ, ଓ ଅନନ୍ତ ଚରଣ ସାହୁ। *ବିରହୋର* । ଓଡ଼ିଆ ଅନୁସୃଜନ। ଅଖିଳ ବିହାରୀ ଓତା, ପରମାନନ୍ଦ ପଟେଲ, ଓ ପ୍ରଦୀପ୍ତ କୁମାର ସାମଲ। ଭୁବନେଶ୍ୱର: ଆଦିବାସୀ ଭାଷା ଓ ସଂସ୍କୃତି ଏକାଡ଼େମୀ, ୨୦୧୨।

ଓତା, ଅଖିଳ ବିହାରୀ, ଓ ଅନନ୍ତ ଚରଣ ସାହୁ। *ଲୋଧା* । ଓଡ଼ିଆ ଅନୁସୃଜନ। ଅଖିଳ ବିହାରୀ ଓତା, ପରମାନନ୍ଦ ପଟେଲ, ଓ ପ୍ରଦୀପ୍ତ କୁମାର ସାମଲ। ଭୁବନେଶ୍ୱର: ଆଦିବାସୀ ଭାଷା ଓ ସଂସ୍କୃତି ଏକାଡ଼େମୀ, ୨୦୧୨।

ଓତା, ଅଖିଳ ବିହାରୀ, ଓ ତ୍ରିଲୋଚନ ସାହୁ। *ଚୁକଟିଆ ଭୁଞ୍ଜିଆ* । ଓଡ଼ିଆ ଅନୁସୃଜନ। ଅଖିଳ ବିହାରୀ ଓତା, ପରମାନନ୍ଦ ପଟେଲ, ଓ ପ୍ରଦୀପ୍ତ କୁମାର ସାମଲ। ଭୁବନେଶ୍ୱର: ଆଦିବାସୀ ଭାଷା ଓ ସଂସ୍କୃତି ଏକାଡ଼େମୀ, ୨୦୧୨।

ଓତା, ଅଖିଳ ବିହାରୀ, ଓ ତ୍ରିଲୋଚନ ସାହୁ। *ଜୁଆଙ୍ଗ* । ଓଡ଼ିଆ ଅନୁସୃଜନ। ଅଖିଳ ବିହାରୀ ଓତା, ପରମାନନ୍ଦ ପଟେଲ, ଓ ପ୍ରଦୀପ୍ତ କୁମାର ସାମଲ। ଭୁବନେଶ୍ୱର: ଆଦିବାସୀ ଭାଷା ଓ ସଂସ୍କୃତି ଏକାଡ଼େମୀ, ୨୦୧୨।

ଓତା, ଅଖିଳ ବିହାରୀ, ଓ ତ୍ରିଲୋଚନ ସାହୁ। *ପାହାଡ଼ି ଖଡ଼ିଆ* । ଓଡ଼ିଆ ଅନୁସୃଜନ। ଅଖିଳ ବିହାରୀ ଓତା, ପରମାନନ୍ଦ ପଟେଲ, ଓ ପ୍ରଦୀପ୍ତ କୁମାର ସାମଲ। ଭୁବନେଶ୍ୱର: ଆଦିବାସୀ ଭାଷା ଓ ସଂସ୍କୃତି ଏକାଡ଼େମୀ, ୨୦୧୨।

ଓତା, ଅଖିଳ ବିହାରୀ, ଓ ଶରତ ଚନ୍ଦ୍ର ମହାନ୍ତି। କ। *ସଉରା* । ଓଡ଼ିଆ ଅନୁସୃଜନ। ଅଖିଳ ବିହାରୀ ଓତା, ପରମାନନ୍ଦ ପଟେଲ, ଓ ପ୍ରଦୀପ୍ତ କୁମାର ସାମଲ। ଭୁବନେଶ୍ୱର: ଆଦିବାସୀ ଭାଷା ଓ ସଂସ୍କୃତି ଏକାଡ଼େମୀ, ୨୦୧୨।

ଓତା, ଅଖିଳ ବିହାରୀ, ଓ ଶରତ ଚନ୍ଦ୍ର ମହାନ୍ତି। ଖ। *ଲାଞ୍ଜିଆ ସଉରା* । ଓଡ଼ିଆ ଅନୁସୃଜନ। ଅଖିଳ ବିହାରୀ ଓତା, ପରମାନନ୍ଦ ପଟେଲ, ଓ ପ୍ରଦୀପ୍ତ କୁମାର ସାମଲ। ଭୁବନେଶ୍ୱର: ଆଦିବାସୀ ଭାଷା ଓ ସଂସ୍କୃତି ଏକାଡ଼େମୀ, ୨୦୧୨।

ଓତା, ଅଖିଳ ବିହାରୀ, ଓ ଶରତ ଚନ୍ଦ୍ର ମହାନ୍ତି। *ଡଙ୍ଗରିଆ କନ୍ଧ* । ଓଡ଼ିଆ ଅନୁସୃଜନ। ଅଖିଳ ବିହାରୀ ଓତା, ପରମାନନ୍ଦ ପଟେଲ, ଓ ପ୍ରଦୀପ୍ତ କୁମାର ସାମଲ। ଭୁବନେଶ୍ୱର: ଆଦିବାସୀ ଭାଷା ଓ ସଂସ୍କୃତି ଏକାଡେମୀ, ୨୦୧୨।

ଓତା, ଅଖିଳ ବିହାରୀ, ଓ ଶରତ ଚନ୍ଦ୍ର ମହାନ୍ତି। *ପାହାଡ଼ି ଭୂୟାଁ* । ଓଡ଼ିଆ ଅନୁସୃଜନ। ଅଖିଳ ବିହାରୀ ଓତା, ପରମାନନ୍ଦ ପଟେଲ, ଓ ପ୍ରଦୀପ୍ତ କୁମାର ସାମଲ। ଭୁବନେଶ୍ୱର: ଆଦିବାସୀ ଭାଷା ଓ ସଂସ୍କୃତି ଏକାଡ଼େମୀ, ୨୦୧୨।

ଓତା, ଅଖିଳ ବିହାରୀ, ଓ ଶରତ ଚନ୍ଦ୍ର ମହାନ୍ତି। *ବଣ୍ଡା* । ଓଡ଼ିଆ ଅନୁସୃଜନ। ଅଖିଳ ବିହାରୀ ଓତା, ପରମାନନ୍ଦ ପଟେଲ, ଓ ପ୍ରଦୀପ୍ତ କୁମାର ସାମଲ। ଭୁବନେଶ୍ୱର: ଆଦିବାସୀ ଭାଷା ଓ ସଂସ୍କୃତି ଏକାଡେମୀ, ୨୦୧୨।

ଓତା, ଅଖିଳ ବିହାରୀ, ଓ ଶରତ ଚନ୍ଦ୍ର ମହାନ୍ତି। *ମାଙ୍କିଡ଼ିଆ* । ଓଡ଼ିଆ ଅନୁସୃଜନ। ଅଖିଳ ବିହାରୀ ଓତା, ପରମାନନ୍ଦ ପଟେଲ, ଓ ପ୍ରଦୀପ୍ତ କୁମାର ସାମଲ। ଭୁବନେଶ୍ୱର: ଆଦିବାସୀ ଭାଷା ଓ ସଂସ୍କୃତି ଏକାଡ଼େମୀ, ୨୦୧୨।

ଓତା, ଅଖିଳ ବିହାରୀ, ଶରତ ଚନ୍ଦ୍ର ମହାନ୍ତି, ବିଜ୍ଞାନାନନ୍ଦ ମହାନ୍ତି, ଓ ତ୍ରିଲୋଚନ ସାହୁ। *ଓଡ଼ିଶାର ପ୍ରାଚୀନତମ ଜନଜାତି* । ଓଡ଼ିଆ ଅନୁସୃଜନ। ଅଖିଳ ବିହାରୀ ଓତା, ପରମାନନ୍ଦ ପଟେଲ, ଓ ପ୍ରଦୀପ୍ତ କୁମାର ସାମଲ। ଭୁବନେଶ୍ୱର: ଆଦିବାସୀ ଭାଷା ଓ ସଂସ୍କୃତି ଏକାଡେମୀ, ୨୦୧୨।

ଓତା, ଅଖିଳ ବିହାରୀ, ପ୍ରମୋଦ ପରିଡ଼ା, ଓ ପରମାନନ୍ଦ ପଟେଲ। *ଓଡ଼ିଶାର ପ୍ରମୁଖ*

ଜନଜାତିଙ୍କର ଖାଦ୍ୟରୁଚି ଓ ଖାଦ୍ୟାଭ୍ୟାସ । ଭୁବନେଶ୍ୱର: ଆଦିବାସୀ ଭାଷା ଓ ସଂସ୍କୃତି ଏକାଡ଼େମୀ, ୨୦୧୦।

କର, ଅନନ୍ତରାମ। "ବଡ଼ଖେମୁଣ୍ଡିର ଲୋକ ବାଦ୍ୟ: ଡୁମ୍ପା"। *ଆମ ଲୋକ ଗୀତ ଓ ଲୋକ ବାଦ୍ୟ* । ସମ୍ପାଦକ। ଦୁର୍ଗାମାଧବ ନନ୍ଦ। ପୁରୀ: ଲୋକ ସଂସ୍କୃତି ଗବେଷଣା ପରିଷଦ, ୨୦୦୧। ୧୮୬- ୧୯୪।

ଚଲାନ, ଶରତଚନ୍ଦ୍ର। "ପଶ୍ଚିମ ଓଡ଼ିଶାର ଲୋକ ଗୀତରେ ଦାମ୍ପତ୍ୟ ଜୀବନ"। *ଆମ ଲୋକ ଗୀତ ଓ ଲୋକ ବାଦ୍ୟ* । ସମ୍ପାଦକ। ଦୁର୍ଗାମାଧବ ନନ୍ଦ। ବ୍ରହ୍ମପୁର: ଲୋକ ସଂସ୍କୃତି ଗବେଷଣା ପରିଷଦ, ୨୦୦୧। ୧୬୩-୧୭୬।

ଦାନୀ, ସାମୁଏଲ। "ଗଣ୍ଡ ଜାତିର ମୌଖିକ ପରମ୍ପରା: ପୃଷ୍ଠଭୂମି ଓ ବିଭବ"। *ଆଦିବାସୀ ମୌଖିକ ସାହିତ୍ୟ ପରମ୍ପରା* । ନୂଆଦିଲ୍ଲୀ: ସାହିତ୍ୟ ଅକାଦେମୀ, ୨୦୦୭। ୭୪-୮୩।

ନାଏକ, ବିନୋଦ କୁମାର। "ଲୋଧା ସମାଜର ବିବାହ ରୀତିନୀତି"। *ବନଜା* (୨୦୧୬): ୩୭-୪୯।

ନାଏକ, ବିନୋଦ କୁମାର। "ସାନ୍ତାଳ ମୃତ୍ୟୁ ସଂସ୍କାର– ପାରମ୍ପରିକ ଲୋକ ଗୀତ"। *ବନଜା* (୨୦୧୮): ୨୦-୪୨।

ନାଏକ, ସତ୍ୟ ନାରାୟଣ। "କଳାହାଣ୍ଡିର ଅଦ୍ଭୁତ ଦେବଦେବୀ"। *କଳାହାଣ୍ଡିର ଦେବଦେବୀ* । ସମ୍ପାଦକ। ପରମେଶ୍ୱର ମୁଣ୍ଡ। ଭବାନୀପାଟଣା: ମହାବୀର ସାଂସ୍କୃତିକ ଅନୁଷ୍ଠାନ, ୨୦୦୬। ୧୦୨- ୧୦୫।

ନାୟକ, କୃଷ୍ଣଚନ୍ଦ୍ର। "ଗଣ୍ଡ ସମ୍ପ୍ରଦାୟର ନବକଳେବର"। *ବନଜା* (୨୦୧୬): ୮୯-୯୫ ।

ନାୟକ, ଗୋବର୍ଦ୍ଧନ। "ପ୍ରାଚୀନ ପାଟଣାର ତନ୍ତ୍ରପୀଠ: ନକଟିଗୁଡ଼ି"। *ପଶ୍ଚିମ ଓଡ଼ିଶାର ଧର୍ମୀୟ ପରମ୍ପରା* । ସମ୍ପାଦକ। ଶଶାଙ୍କ ଶେଖର ପଣ୍ଡା। କଟକ: ଚିନ୍ମୟ ପ୍ରକାଶନ, ୨୦୧୫। ୧୧୦-୧୧୪।

ନାୟକ, ଦ୍ୱାରିକାନାଥ। "କିସାନ ସମ୍ପ୍ରଦାୟର ବିବାହକାଳୀନ ଗୀତ"। *ଆଦିବାସୀ ମୌଖିକ ସାହିତ୍ୟ ପରମ୍ପରା* । ନୂଆଦିଲ୍ଲୀ: ସାହିତ୍ୟ ଅକାଦେମୀ, ୨୦୦୭। ୮୪-୮୯।

ନାୟକ, ରାଜକିଶୋର। "ବାଥୁଡ଼ି ଜନଜାତିରେ ଧର୍ମଧାରଣା" । *ବନଜା* (୨୦୧୬): ୩୧-୩୬।

ପଟେଲ, ପରମାନନ୍ଦ। ସମ୍ପାଦକ। *ଡିଡ଼ାୟୀ* । ଭୁବନେଶ୍ୱର: ଆଦିବାସୀ ଭାଷା ଓ ସଂସ୍କୃତି ଏକାଡ଼େମୀ, ୨୦୧୫।

ପଟ୍ଟନାୟକ, ପ୍ରଦୀପ କୁମାର। "ଗଞ୍ଜାମର ଲୋକ ବାଦ୍ୟ: ଏକ ସାଂସ୍କୃତିକ ଅନୁଶୀଳନ"। *ଆମ ଲୋକ ଗୀତ ଓ ଲୋକ ବାଦ୍ୟ* । ସମ୍ପାଦକ। ଦୁର୍ଗାମାଧବ ନନ୍ଦ। ବ୍ରହ୍ମପୁର: ଲୋକ ସଂସ୍କୃତି ଗବେଷଣା ପରିଷଦ, ୨୦୦୧। ୧୪୦-୧୫୮।

ପଣ୍ଡା, ନିମାଇଁ ଚରଣ। "ସାଂସ୍କୃତିକ ସମନ୍ୱୟର ପ୍ରତୀକ: କମଗେଇଁ ଯାତ୍ରା"। *ପଶ୍ଚିମ ଓଡ଼ିଶାର ଧର୍ମୀୟ ପରମ୍ପରା* । ସମ୍ପାଦକ। ଶଶାଙ୍କ ଶେଖର ପଣ୍ଡା। କଟକ: ଚିନ୍ମୟ ପ୍ରକାଶନ, ୨୦୧୫। ୧୬୯-୧୭୪।

ପରିଡା, ସରୋଜ କୁମାର। "କନ୍ଧମାଳର ଲୋକ ଦେବତା"। *ଲୋକ ସଂସ୍କୃତି* । ସମ୍ପାଦକ। ଦୁର୍ଗାମାଧବ ନନ୍ଦ। ପୁରୀ: ଲୋକ ସଂସ୍କୃତି ଗବେଷଣା ପରିଷଦ, ୨୦୧୭। ୩୮-୪୪୬।

ପରିଡା, ସରୋଜ କୁମାର। "କନ୍ଧମାଳର ଲୋକ ବାଦ୍ୟ"। *ଆମ ଲୋକ ଗୀତ ଓ ଲୋକ ବାଦ୍ୟ* । ସମ୍ପାଦକ। ଦୁର୍ଗାମାଧବ ନନ୍ଦ। ବ୍ରହ୍ମପୁର: ଲୋକ ସଂସ୍କୃତି ଗବେଷଣା ପରିଷଦ, ୨୦୦୧। ୧୭୭-୧୮୫।

ପଶାୟତ, ଚିତ୍ରସେନ। "ଓଡ଼ିଶାରେ ହିନ୍ଦୁ-ଆଦିବାସୀ ସାଂସ୍କୃତିକ ସମନ୍ୱୟର ପରିପ୍ରେକ୍ଷୀରେ କରମା"। *ନୃତାତ୍ତ୍ୱିକ ଓ ସମାଜତାତ୍ତ୍ୱିକ ପ୍ରବନ୍ଧାବଳୀ* । କଟକ: ଓଡ଼ିଆ ଗବେଷଣା ପରିଷଦ, ୧୯୯୯। ୧୫-୨୧।

ପଶାୟତ, ଚିତ୍ରସେନ। "ଡାଲଖାଇ: ଏକ ଅଧ୍ୟୟନ"। *ନୃତାତ୍ତ୍ୱିକ ଓ ସମାଜତାତ୍ତ୍ୱିକ ପ୍ରବନ୍ଧାବଳୀ* । କଟକ: ଓଡ଼ିଆ ଗବେଷଣା ପରିଷଦ, ୧୯୯୯। ୫୯-୭୦।

ପଶାୟତ, ଚିତ୍ରସେନ। "ପଶ୍ଚିମ ଅଞ୍ଚଳର ପାଟଖଣ୍ଡା ଯାତ୍ରା"। *ନୃତାତ୍ତ୍ୱିକ ଓ ସମାଜତାତ୍ତ୍ୱିକ ପ୍ରବନ୍ଧାବଳୀ* । କଟକ: ଓଡ଼ିଆ ଗବେଷଣା ପରିଷଦ, ୧୯୯୯। ୪୨-୫୮।

ପାଢ଼ୀ, ରାଜେନ୍ଦ୍ର। "ଦୁରୁଆ ଜନଜାତିଙ୍କର ସାମାଜିକ ସଂସ୍କାର"। *ବନଜା* (୨୦୧୬): ୨୪-୩୦।

ପାଢ଼ୀ, ରାଜେନ୍ଦ୍ର। "ବିରଳ ଆଦିବାସୀ ଲୋକ ବାଦ୍ୟ: ଏକ ସାଂସ୍କୃତିକ ବିଶ୍ଳେଷଣ"। *ଆମ ଲୋକ ଗୀତ ଓ ଲୋକ ବାଦ୍ୟ*। ସମ୍ପାଦକ। ଦୁର୍ଗାମାଧବ ନନ୍ଦ। ବ୍ରହ୍ମପୁର: ଲୋକ ସଂସ୍କୃତି ଗବେଷଣା ପରିଷଦ, ୨୦୦୧। ୧୬୩-୧୭୬।

ପାଢ଼ୀ, ରାଜେନ୍ଦ୍ର। "ଲୋକ ବଚନରେ ଗାଳି"। *ଆମ ଲୋକ ସଂସ୍କୃତି* । ସମ୍ପାଦକ। ଦୁର୍ଗାମାଧବ ନନ୍ଦ। ପୁରୀ: ଲୋକ ସଂସ୍କୃତି ଗବେଷଣା ପରିଷଦ, ୨୦୦୩। ୨୯-୩୫।

ପାଢ଼ୀ, ରାଜେନ୍ଦ୍ର। *କୋରାପୁଟର ଆଦିବାସୀ ଲୋକ ସଂସ୍କୃତି* । ବାଲେଶ୍ୱର: ସୁବର୍ଣ୍ଣଶ୍ରୀ ପ୍ରକାଶନୀ, ୨୦୧୬।

ପାଢ଼ୀ, ରାଜେନ୍ଦ୍ର। *ଧାରୁଆ ଲୋକ ସଂସ୍କୃତି*। ଭୁବନେଶ୍ୱର: ଆଦିବାସୀ ଭାଷା ଓ ସଂସ୍କୃତି ଏକାଡ଼େମୀ, ୨୦୦୩।

ପାଢ଼ୀ, ରାଜେନ୍ଦ୍ର, ଓ ବିଜୟ ଉପାଧ୍ୟାୟ। *ଦେଶିଆ ଜ୍ଞାନକୋଷ* । ଭୁବନେଶ୍ୱର: ଆଦିବାସୀ ଭାଷା ଓ ସଂସ୍କୃତି ଏକାଡ଼େମୀ, ୨୦୧୦।

ପାଣିଗ୍ରାହୀ, ଭାଗ୍ୟଲତା। "ଦୁରୁଆ ଜନଜାତିଙ୍କର ଲୋକ ପର୍ବ"। *ଆମ ଲୋକ ପର୍ବ*। ସମ୍ପାଦକ। ଦୁର୍ଗାମାଧବ ନନ୍ଦ। ପୁରୀ: ଲୋକ ସଂସ୍କୃତି ଗବେଷଣା ପରିଷଦ, ୨୦୧୮। ୮୬-୯୦।

ପାତ୍ର, ଦେବାଶିଷ। *ଜନଜାତି ସାଂସ୍କୃତିକ ପରିଭାଷା* । ଭୁବନେଶ୍ୱର: ଓଡ଼ିଶା ରାଜ୍ୟ ପାଠ୍ୟପୁସ୍ତକ ପ୍ରଣୟନ ଓ ପ୍ରକାଶନ ସଂସ୍ଥା, ୨୦୧୮।

ପାତ୍ର, ରାଧାଶ୍ୟାମ। "ମୟୂରଭଞ୍ଜର ଚୁସୁ ପର୍ବ"। *ଆମ ଲୋକ ପର୍ବ* । ସମ୍ପାଦକ। ଦୁର୍ଗାମାଧବ ନନ୍ଦ। ପୁରୀ: ଲୋକ ସଂସ୍କୃତି ଗବେଷଣା ପରିଷଦ, ୨୦୧୮। ୭୯-୮୦।

ପ୍ରଧାନ, କୃଷ୍ଣଚନ୍ଦ୍ର। "ପଶ୍ଚିମ ଓଡ଼ିଶାର ଦୁଇଟି ଲୋକପ୍ରିୟ ପର୍ବ"। *ଆମ ଲୋକ ପର୍ବ*। ସମ୍ପାଦକ। ଦୁର୍ଗାମାଧବ ନନ୍ଦ। ପୁରୀ: ଲୋକ ସଂସ୍କୃତି ଗବେଷଣା ପରିଷଦ, ୨୦୧୮। ୪୬-୪୯।

ପ୍ରଧାନ, ନମିତା। "କନ୍ଧମାଳର ଦାର୍ନି ପର୍ବ"। *ଆମ ଲୋକ ପର୍ବ* । ସମ୍ପାଦକ। ଦୁର୍ଗାମାଧବ ନନ୍ଦ। ପୁରୀ: ଲୋକ ସଂସ୍କୃତି ଗବେଷଣା ପରିଷଦ, ୨୦୧୮। ୭୧-୭୪।

ପ୍ରଧାନ, ପୁରୁଷୋତ୍ତମ। "ଓଡ଼ିଶାର ଜୀବନଧାରା ଓ ଲୋକ ଗୀତ"। *ଆଦିବାସୀ ମୌଖିକ ସାହିତ୍ୟ ପରମ୍ପରା* । ନୂଆଦିଲ୍ଲୀ: ସାହିତ୍ୟ ଅକାଦେମୀ, ୨୦୦୭। ୪୫-୫୮।

ପ୍ରଧାନ, ରଞ୍ଜନ। *ପରଜା ଜୀବନ ଓ ସଂସ୍କୃତି* । ନିଗିନିପୁର, କେନ୍ଦ୍ରାପଡ଼ା: ପ୍ରଜ୍ଞା ପରିମିତା, ୨୦୦୭।

ପ୍ରଧାନ, ରଞ୍ଜନ। "ଆଦିବାସୀ ପାରମ୍ପରିକ 'ଗ୍ରାମ ସଂଗଠନ': ଅତୀତ ଓ ବର୍ତ୍ତମାନ"। *ବନଜା* (୨୦୧୬): ୫୦-୭୪।

ପ୍ରଧାନ, ରଞ୍ଜନ। "ଜୁଆଙ୍ଗ ଗୋଷ୍ଠୀ ଜୀବନରେ ମହିଳାଙ୍କ ସ୍ଥିତି ଓ ଭୂମିକା: ଅତୀତ ଓ ବର୍ତ୍ତମାନ"। *ବନଜା* (୨୦୧୮): ୫୨-୭୧।

ପ୍ରଧାନ, ରଞ୍ଜନ। *ଆଦିବାସୀ ନାଚ ଓ ଗୀତ* । ନିଗିନିପୁର, କେନ୍ଦ୍ରାପଡ଼ା: କ୍ରିଏଟିଭ୍ ଓଡ଼ିଶା, ୨୦୧୨।

ବଘେଲ, ଭାରତ ଭୂଷଣ। "ପ୍ରକୃତିର ପୂଜା: ବୁଢ଼ା ଡଙ୍ଗର ଯାତ୍ରା"। *ପଶ୍ଚିମ ଓଡ଼ିଶାର ଧର୍ମୀୟ ପରମ୍ପରା* । ସମ୍ପାଦକ। ଶଶାଙ୍କ ଶେଖର ପଣ୍ଡା। କଟକ: ଚିନ୍ମୟ ପ୍ରକାଶନ, ୨୦୧୫।୧୯୦-୧୯୪।

ବନଜାରା, ଶମ୍ଭୁଧର। "ବନଜାରାମାନଙ୍କ ଦେବଦେବୀ"। *କଳାହାଣ୍ଡିର ଦେବଦେବୀ*। ସମ୍ପାଦକ। ପରମେଶ୍ୱର ମୁଣ୍ଡ। ଭବାନୀପାଟଣା: ମହାବୀର ସାଂସ୍କୃତିକ ଅନୁଷ୍ଠାନ, ୨୦୦୬। ୭୬-୮୮।

ବଶା, ସୁଶାନ୍ତ କୁମାର। "ମୟୂରଭଞ୍ଜର ଲୋକ ବାଦ୍ୟ"। *ଆମ ଲୋକ ଗୀତ ଓ ଲୋକ ବାଦ୍ୟ*। ସମ୍ପାଦକ। ଦୁର୍ଗାମାଧବ ନନ୍ଦ। ପୁରୀ: ଲୋକ ସଂସ୍କୃତି ଗବେଷଣା ପରିଷଦ, ୨୦୦୧। ୧୫୯-୧୬୨।

ବହିଦାର, ସପନ କୁମାର। "ପାଟଖଣ୍ଡା ଯାତ୍ରା: ଏକ ଐତିହାସିକ ବିବେଚନା"। *ପଶ୍ଚିମ ଓଡ଼ିଶାର ଧର୍ମୀୟ ପରମ୍ପରା*। ସମ୍ପାଦକ। ଶଶାଙ୍କ ଶେଖର ପଣ୍ଡା। କଟକ: ଚିନ୍ମୟ ପ୍ରକାଶନ, ୨୦୧୫। ୯୫-୧୦୦।

ବାଗ, ଗୋପୀନାଥ। *ଡମ ଲୋକ ସଂସ୍କୃତି*। ପର୍ଲା: ପ୍ରେମାଧର ସେଠିଆ, ୨୦୦୯।

ବାଗ, ସଞ୍ଜୟ କୁମାର। "ଡମ୍ ଗୋଷ୍ଠୀର ମୃତକର୍ମ: ଏକ ଆଲୋଚନା"। *ନବନୀତା* ଅକ୍ଟୋବର-ଡିସେମ୍ବର (୨୦୧୮): ୮୨-୮୮।

ବାଗ, ସଞ୍ଜୟ କୁମାର। "ବିଶ୍ୱାସ: ଏକ ଲୋକତାତ୍ତ୍ୱିକ ଅବଧାରଣା"। *ଝଙ୍କାର* ୬୮.୧(୨୦୧୬): ୧୧୭-୧୨୬।

ବାଗ, ସଞ୍ଜୟ କୁମାର। *ଓଡ଼ିଶାର ଲୋକକ୍ରୀଡ଼ା*। ଭୁବନେଶ୍ୱର: ଓଡିଶା ସାହିତ୍ୟ ଏକାଡ଼େମୀ, ୨୦୧୭।

ବାଗ, ସଞ୍ଜୟ କୁମାର। *ପଶ୍ଚିମ ଓଡ଼ିଶାର ପାରମ୍ପରିକ କ୍ରୀଡ଼ା: ଏକ ଲୋକତାତ୍ତ୍ୱିକ ଅଧ୍ୟୟନ*। ୨୦୦୯। ଭୁବନେଶ୍ୱର: ତୃପ୍ତି, ୨୦୧୨।

ବାଗ, ସଞ୍ଜୟ କୁମାର। *ଲୋକଧାରା: ପାରମ୍ପରିକ ସର୍ଜନଶୀଳ ଜୀବନଧାରାର ଅଧ୍ୟୟନ*। ଭୁବନେଶ୍ୱର: ଏଥେନା ବୁକ୍ସ, ୨୦୧୨।

ବିଶୀ, ଦୋଳଗୋବିନ୍ଦ। "ପ୍ରସଙ୍ଗ: ଲୋକ ଅନୁଷ୍ଠାନ"। *କଳାହାଣ୍ଡି : ଲୋକ ଅନୁଷ୍ଠାନ*। ସମ୍ପାଦନା। ଜୟନ୍ତ କୁମାର ବେହେରା, ଦୋଳଗୋବିନ୍ଦ ବିଶୀ, ଓ ପରମେଶ୍ୱର ମୁଣ୍ଡ। ଭାବାନୀପାଟଣା: ମହାବୀର ସାଂସ୍କୃତିକ ଅନୁଷ୍ଠାନ, ୧୯୯୮। କ-ପ।

ବିଶୀ, ଦୋଳଗୋବିନ୍ଦ। ସମ୍ପାଦକୀୟ। *କଳାହାଣ୍ଡିର ଲୋକ କଥା*। ସମ୍ପାଦନା। ଦୋଳଗୋବିନ୍ଦ ବିଶୀ। ଭାବାନୀପାଟଣା: ମହାବୀର ସାଂସ୍କୃତିକ ଅନୁଷ୍ଠାନ, ୧୯୯୬। ୧-୮।

ବେଶ୍ରା, ଦମୟନ୍ତୀ। *ସମାଜ ସଂସ୍କୃତି ପୃଷ୍ଠପଟରେ ମୟୂରଭଞ୍ଜର ସାନ୍ତାଳ*। ଭୁବନେଶ୍ୱର: ଆଦିବାସୀ ଭାଷା ଓ ସଂସ୍କୃତି ଏକାଡ଼େମୀ, ୨୦୧୦।

ବେହେରା, ସତ୍ୟନାରାୟଣ। "ଜୁହାର ମା ପାଟଖଣ୍ଡା"। *ପଶ୍ଚିମ ଓଡ଼ିଶାର ଧର୍ମୀୟ*

ପରମ୍ପରା । ସମ୍ପାଦକ। ଶଶାଙ୍କ ଶେଖର ପଣ୍ଡା । କଟକ: ଚିନ୍ମୟ ପ୍ରକାଶନ, ୨୦୧୫। ୧୦୧-୧୦୪।

ଭୋଇ, ତାଉ। "କଳାହାଣ୍ଡିର ଲୋକ ପର୍ବ"। *ଆମ ଲୋକ ପର୍ବ* । ସମ୍ପାଦକ। ଦୁର୍ଗାମାଧବ ନନ୍ଦ। ପୁରୀ: ଲୋକ ସଂସ୍କୃତି ଗବେଷଣା ପରିଷଦ, ୨୦୧୮। ୧୫୧-୧୬୭।

ଭୋଳ, ଲତା । *ଭୂମିଜ ଲୋକ ସଂସ୍କୃତି* । ଭୁବନେଶ୍ୱର: ଆଦିବାସୀ ଭାଷା ଓ ସଂସ୍କୃତି ଏକାଡ଼େମୀ, ୨୦୦୩।

ମହାନ୍ତ, ଆଦିକନ୍ଦ। "ଉତ୍ତର ଓଡ଼ିଶାର କୁମାରୀ ବ୍ରତ ଜାଅଁଆ ଓ ତାର ଗୀତ"। *ଆମ ଲୋକ ଗୀତ ଓ ଲୋକ ବାଦ୍ୟ* । ସମ୍ପାଦକ। ଦୁର୍ଗାମାଧବ ନନ୍ଦ। ପୁରୀ: ଲୋକ ସଂସ୍କୃତି ଗବେଷଣା ପରିଷଦ, ୨୦୦୧। ୫୦-୬୧।

ମହାନ୍ତ, ଆଦିକନ୍ଦ। "ମୟୂରଭଞ୍ଜର ସାନ୍ତାଳ ଓ ମୁଣ୍ଡା ଆଦିବାସୀ ଜୀବନଧାରା ଓ ଲୋକ ଗୀତ"। *ଆଦିବାସୀ ମୌଖିକ ସାହିତ୍ୟ ପରମ୍ପରା* । ନୂଆଦିଲ୍ଲୀ: ସାହିତ୍ୟ ଅକାଦେମୀ, ୨୦୦୭। ୬୭- -୭୩।

ମହାନ୍ତ, ଆଦିକନ୍ଦ। "ଲୋକ ବାଦ୍ୟ ପରମ୍ପରାରେ ମାଦଳ"। *ଆମ ଲୋକ ଗୀତ, ଓ ଲୋକ ବାଦ୍ୟ* । ସମ୍ପାଦକ। ଦୁର୍ଗାମାଧବ ନନ୍ଦ। ପୁରୀ: ଲୋକ ସଂସ୍କୃତି ଗବେଷଣା ପରିଷଦ, ୨୦୦୧। ୨୧୭-୨୨୧।

ମହାନ୍ତ, ଆଦିକନ୍ଦ। *ମୟୂରଭଞ୍ଜର ଲୋକ ବାଦ୍ୟ* । ବାରିପଦା: କୁଡ଼ମାଲୀ ଲେଖକ ପରିଷଦ, ୨୦୦୭।

ମହାନ୍ତ, ଆଦିକନ୍ଦ, ଓ କୃପାସିନ୍ଧୁ ମହାନ୍ତ। "ଉତ୍ତର ଓଡ଼ିଶାର ଲୋକ ବାଦ୍ୟ ଧୁମସା"। *ଆମ ଲୋକ ଗୀତ, ଓ ଲୋକ ବାଦ୍ୟ*। ସମ୍ପାଦକ। ଦୁର୍ଗାମାଧବ ନନ୍ଦ। ପୁରୀ: ଲୋକ ସଂସ୍କୃତି ଗବେଷଣା ପରିଷଦ, ୨୦୦୧। ୨୦୧-୨୦୮।

ମହାନ୍ତି, କୃଷ୍ଣ କୁମାର। *ଡିଡ଼ାୟୀ* । ଓଡ଼ିଆ ଅନୁସୃଜନ। ଅଖିଳ ବିହାରୀ ଓତା, ପରମାନନ୍ଦ ପଟେଲ, ଓ ପ୍ରଦୀପ୍ତ କୁମାର ସାମଲ। ଭୁବନେଶ୍ୱର: ଆଦିବାସୀ ଭାଷା ଓ ସଂସ୍କୃତି ଏକାଡ଼େମୀ, ୨୦୧୨।

ମହାନ୍ତି, ଜଗନ୍ନାଥ। "କଳାହାଣ୍ଡିର ଆଦିବାସୀ ଚିତ୍ରକଳା"। *ବନଜା* (୨୦୧୪): ୨୫-୩୨।

ମହାନ୍ତି, ବାସନ୍ତୀ। "ନବରଙ୍ଗପୁର ଜିଲ୍ଲାର ଲୋକ ଦେବୀ"। *ଆମ ଲୋକ ଦେବତା*। ସମ୍ପାଦକ। ଦୁର୍ଗାମାଧବ ନନ୍ଦ। ପୁରୀ: ଲୋକ ସଂସ୍କୃତି ଗବେଷଣା ପରିଷଦ, ୨୦୧୭। ୧୦୧-୧୦୭।

ମହାନ୍ତି, ବ୍ରଜମୋହନ। ସମ୍ପାଦକ। *ଓଡ଼ିଶାର ଦେବଦେବୀ* । କଟକ: ଓଡ଼ିଶା ଓଡିଶା ବୁକ୍ ଷ୍ଟୋର୍ଷ, ୧୯୮୦।

ମହାନ୍ତି, ବ୍ରଜମୋହନ। ସମ୍ପାଦକ। *ଓଡ଼ିଶାର ପର୍ବପର୍ବାଣି, ଓଷାବ୍ରତ, ଯାନିଯାତ୍ରା।* କଟକ: ଓଡିଶା ବୁକ୍ ଷ୍ଟୋର୍ଷ, ୧୯୭୯।

ମହାନ୍ତି, ବ୍ରଜମୋହନ। ସମ୍ପାଦକ। *ଓଡ଼ିଶାର ସାଂସ୍କୃତିକ ପରମ୍ପରା* । ୧୯୮୯। କଟକ: ଓଡିଶା ବୁକ୍ ଷ୍ଟୋର୍ଷ, ୧୯୯୧।

ମହାପାତ୍ର, ନଗେନ୍ଦ୍ରନାଥ। *ଲୋଧା ସଂସ୍କୃତି ଓ ଲୋକ ସାହିତ୍ୟ* । ଭୁବନେଶ୍ୱର: ଆଦିବାସୀ ଭାଷା ଓ ସଂସ୍କୃତି ଏକାଡ଼େମୀ, ୨୦୦୨।

ମହାପାତ୍ର, ବିଜୟ ପ୍ରସାଦ। "ଓଡ଼ିଆ ଭାଷା ବିକାଶରେ ଅନ୍ତରାୟ"। *ଓଡ଼ିଆ ଭାଷା* ବିଭବ। ୧୯୯୫। କଟକ: ବିଦ୍ୟାପୁରୀ, ୨୦୧୭।

ମହାପାତ୍ର, ସତ୍ୟନାରାୟଣ। "ଲାଞ୍ଜିଗଡ଼ର ଝାମୀ ଯାତ୍ରା"। *ପଶ୍ଚିମ ଓଡ଼ିଶାର ଧର୍ମୀୟ ପରମ୍ପରା* । ସମ୍ପାଦକ। ଶଶାଙ୍କ ଶେଖର ପଣ୍ଡା। କଟକ: ଚିନ୍ମୟ ପ୍ରକାଶନ, ୨୦୧୫। ୬୭-୭୨।

ମାନସେଠ୍, କ୍ଷେତ୍ରବାସୀ। "କନ୍ଧମାଳ: ଡମ୍ ଜନଜାତିର ଲୋକ ଦେବତା"। *ଆମ ଲୋକ ଦେବତା* । ସମ୍ପାଦକ। ଦୁର୍ଗାମାଧବ ନନ୍ଦ। ପୁରୀ: ଲୋକ ସଂସ୍କୃତି ଗବେଷଣା ପରିଷଦ, ୨୦୧୭। ୧୮୯-୧୯୮।

ମାନସେଠ୍, କ୍ଷେତ୍ରବାସୀ। "କନ୍ଧମାଳର ଡମ୍ ଲୋକ ସଂସ୍କୃତିରେ ଦିଆଲ ପରବ"। *ଆମ ଲୋକ ପର୍ବ* । ସମ୍ପାଦକ। ଦୁର୍ଗାମାଧବ ନନ୍ଦ। ପୁରୀ: ଲୋକ ସଂସ୍କୃତି ଗବେଷଣା ପରିଷଦ, ୨୦୧୮। ୧୧୫-୧୨୧।

ମାନସେଠ୍, କ୍ଷେତ୍ରବାସୀ। "କନ୍ଧମାଳର ଡମ୍ ଲୋକଚିତ୍ର : ବନାକୁଦା"। *ଲୋକ ସଂସ୍କୃତି*। ସମ୍ପାଦକ। ଦୁର୍ଗାମାଧବ ନନ୍ଦ। ପୁରୀ: ଲୋକ ସଂସ୍କୃତି ଗବେଷଣା ପରିଷଦ, ୨୦୧୩। ୧୭-୨୩।

ମାନସେଠ୍, କ୍ଷେତ୍ରବାସୀ। "କୁଟିଆ କନ୍ଧ ପରମ୍ପରାରେ ବୁରଲାଙ୍ଗ୍ ପୂଜା"। *ବନଜା* (୨୦୧୬): ୭-୧୩।

ମାନ୍ଦ୍ରା, ଲକ୍ଷ୍ମଣ। "ବଣ୍ଡା ଜନଜାତିର ପର୍ବପର୍ବାଣି"। *ଆମ ଲୋକ ପର୍ବ* । ସମ୍ପାଦକ। ଦୁର୍ଗାମାଧବ ନନ୍ଦ। ପୁରୀ: ଲୋକ ସଂସ୍କୃତି ଗବେଷଣା ପରିଷଦ, ୨୦୧୮। ୨୨୧-୨୨୯।

ମିଶ୍ର, ଅଜୟ କୁମାର। "ଗାଳି"। *ବିଜୟା* ୨୦.୨ (୨୦୧୨): ୧୬-୧୯।

ମିଶ୍ର, ଅଜୟ କୁମାର।*ଓଡ଼ିଆ ଲୋକ ସଂସ୍କୃତି ଶବ୍ଦକୋଷ* । ଭୁବନେଶ୍ୱର: ଓଡ଼ିଶା ସାହିତ୍ୟ ଏକାଡ଼େମୀ, ୨୦୦୮।

ମିଶ୍ର, ନୀଳାଦ୍ରି ବିହାରୀ। "ଜୁଆଙ୍ଗମାନଙ୍କର ହସ୍ତଶିଳ୍ପ"। *ବନଜା* (୨୦୧୮): ୭୬-୮୪।

ମିଶ୍ର, ମହେନ୍ଦ୍ର କୁମାର। *କଳାହାଣ୍ଡିର ଲୋକ ସଂସ୍କୃତି* । କଟକ: ଫ୍ରେଣ୍ଡସ ପବ୍ଲିଶର୍ସ, ୧୯୯୬।

ମିଶ୍ର, ମହେନ୍ଦ୍ର କୁମାର। *ପଶ୍ଚିମ ଓଡ଼ିଶାର ଲୋକ ସଂସ୍କୃତି* । କଟକ: ଫ୍ରେଣ୍ଡସ ପବ୍ଲିଶର୍ସ, ୧୯୯୦।

ମିଶ୍ର, ମହେନ୍ଦ୍ର କୁମାର। *ଲୋକ ସଂସ୍କୃତି ପରିକ୍ରମା* । ୧୯୯୬। କଟକ: ଗ୍ରନ୍ଥ ମନ୍ଦିର, ୨୦୧୭।

ମିଶ୍ର, ସୁବାସ ଚନ୍ଦ୍ର। "ଅବିଭକ୍ତ କୋରାପୁଟ ଜିଲ୍ଲାର ବାଲିଯାତରା ପର୍ବ"। *ଆମ ଲୋକ ପର୍ବ* । ସମ୍ପାଦକ। ଦୁର୍ଗାମାଧବ ନନ୍ଦ। ପୁରୀ: ଲୋକ ସଂସ୍କୃତି ଗବେଷଣା ପରିଷଦ, ୨୦୧୮। ୯୧-୧୦୦।

ମିଶ୍ର, ସୁରେନ୍ଦ୍ର କୁମାର। *ଗୋଁଡ଼ ସଂସ୍କୃତି ଓ ଲୋକ ସାହିତ୍ୟ* । ଭୁବନେଶ୍ୱର: ଆଦିବାସୀ ଭାଷା ଓ ସଂସ୍କୃତି ଏକାଡ଼େମୀ, ୧୯୯୮।

ମିଶ୍ର, ସୁରେନ୍ଦ୍ର କୁମାର। *ଚୁକଟିଆ ଭୁଞ୍ଜିଆ ସଂସ୍କୃତି ଓ ଲୋକ ସାହିତ୍ୟ* । ଭୁବନେଶ୍ୱର: ଆଦିବାସୀ ଭାଷା ଓ ସଂସ୍କୃତି ଏକାଡେମୀ, ୨୦୦୨।

ମୁଣ୍ଡ, ପରମେଶ୍ୱର। "ଲୋକ ପର୍ବ: ବାଲିଯାତ୍ରା"। *କଳାହାଣ୍ଡି: ଲୋକ ଅନୁଷ୍ଠାନ*। ସମ୍ପାଦନା। ଜୟନ୍ତ କୁମାର ବେହେରା, ଦୋଳଗୋବିନ୍ଦ ବିଶୀ, ଓ ପରମେଶ୍ୱର ମୁଣ୍ଡ। ଭବାନୀପାଟଣା: ମହାବୀର ସାଂସ୍କୃତିକ ଅନୁଷ୍ଠାନ, ୧୯୯୮। ୩୮-୪୩।

ମୁଣ୍ଡ, ପରମେଶ୍ୱର। "ଲୋକ ପର୍ବ– ବାଲି ଯାତ୍ରା ଭୀମାଭିଆ"। *କଳାହାଣ୍ଡି ଲୋକ: ଅନୁଷ୍ଠାନ* । ସମ୍ପାଦନା । ଜୟନ୍ତ କୁମାର ବେହେରା, ଦୋଳଗୋବିନ୍ଦ ବିଶୀ, ଓ ପରମେଶ୍ୱର ମୁଣ୍ଡ। ଭବାନୀପାଟଣା ମହାବୀର ସାଂସ୍କୃତିକ ଅନୁଷ୍ଠାନ, ୧୯୯୮। ୩୮-୪୩।

ମୁଣ୍ଡ, ପରମେଶ୍ୱର। "ସମ୍ପାଦକୀୟ ସନ୍ଦର୍ଭ"। *କଳାହାଣ୍ଡିର ଦେବଦେବୀ* । ସମ୍ପାଦକ। ପରମେଶ୍ୱର ମୁଣ୍ଡ। ଭବାନୀପାଟଣା: ମହାବୀର ସାଂସ୍କୃତିକ ଅନୁଷ୍ଠାନ, ୨୦୦୬। କ-ଜ।

ମୁଣ୍ଡ, ପରମେଶ୍ୱର। ସମ୍ପାଦକ। "ସମ୍ପାଦକୀୟ ସନ୍ଦର୍ଭ"। *କଳାହାଣ୍ଡିର ଲୋକ ସାହିତ୍ୟ* । ଭାବାନୀପାଟଣା: ମହାବୀର ସାଂସ୍କୃତିକ ଅନୁଷ୍ଠାନ, ୨୦୦୩। କ-ଜ।

ମୁଣ୍ଡ, ପରମେଶ୍ୱର। ସମ୍ପାଦକ। *କଳାହାଣ୍ଡିର ଲୋକ ନୃତ୍ୟ* । ଭାବାନୀପାଟଣା: ମହାବୀର ସାଂସ୍କୃତିକ ଅନୁଷ୍ଠାନ, ୨୦୧୧।

ମେହେର, ରଘୁନାଥ। *ଆଦିବାସୀ* । ଭୁବନେଶ୍ୱର: ଏଥେନା ବୁକ୍ସ, ୨୦୧୨।
ମେହେର, ରଘୁନାଥ। *ପଶ୍ଚିମ ଓଡ଼ିଶାର ଓଡ଼ିଶାର ଲୋକ ଦେବୀ* । ଭୁବନେଶ୍ୱର: ଏଥେନା ବୁକ୍ସ, ୨୦୧୦।
ମେହେର, ରଘୁନାଥ। *ଦକ୍ଷିଣ ଓଡ଼ିଶାର ଆଦିବାସୀ ସଂସ୍କୃତି*। ଭୁବନେଶ୍ୱର: ସାହିତ୍ୟ ଶ୍ୱେତପଦ୍ମା, ୨୦୧୦।
ରଥ, ଗିରିଜା ପ୍ରସାଦ। "ବାଲିଗୁଡ଼ାର ଦେବୀ ମା ପାଟଖଣ୍ଡା"। *ପଶ୍ଚିମ ଓଡ଼ିଶାର ଧର୍ମୀୟ ପରମ୍ପରା* । ସମ୍ପାଦକ। ଶଶାଙ୍କ ଶେଖର ପଣ୍ଡା। କଟକ: ଚିନ୍ମୟ ପ୍ରକାଶନ, ୨୦୧୫। ୧୮୬-୧୮୯।
ରଥ, ରଘୁନାଥ। "କୁଟିଆ କନ୍ଧ ବାଦ୍ୟଯନ୍ତ୍ର: ଏକ ଅନୁଶୀଳନ"। *ଆମ ଲୋକ ଗୀତ ଓ ଲୋକ ବାଦ୍ୟ* । ସମ୍ପାଦକ। ଦୁର୍ଗାମାଧବ ନନ୍ଦ। ପୁରୀ: ଲୋକ ସଂସ୍କୃତି ଗବେଷଣା ପରିଷଦ, ୨୦୦୧। ୧୯୫-୨୦୧।
ରାଜପୁତ, ସତ୍ୟନାରାୟଣ। "ଆଦି କନ୍ଧର ସୃଷ୍ଟି ଓ ଟୋକି ପରବର ପରମ୍ପରା"। *ପଶ୍ଚିମ ଓଡ଼ିଶାର ଧର୍ମୀୟ ପରମ୍ପରା* । ସମ୍ପାଦକ। ଶଶାଙ୍କ ଶେଖର ପଣ୍ଡା। କଟକ: ଚିନ୍ମୟ ପ୍ରକାଶନ, ୨୦୧୫। ୫୪-୬୨।
ଶତପଥୀ, ସୁବୋଧ କୁମାର। "କଳାହାଣ୍ଡିର ଆଦିବାସୀର ବିଶ୍ୱାସ ଦେବୀ ସାତ ଭଏନୀ ଜଲକାମିନୀ"। *କଳାହାଣ୍ଡିର ଦେବଦେବୀ* । ସମ୍ପାଦକ। ପରମେଶ୍ୱର ମୁଣ୍ଡ। ଭବାନୀପାଟଣା: ମହାବୀର ସାଂସ୍କୃତିକ ଅନୁଷ୍ଠାନ, ୨୦୦୬। ୮୯-୯୬।
ଶବର, ସୁରେନ୍ଦ୍ର। "ଗଜପତି ଓ ରାୟଗଡା ଜିଲ୍ଲାର ସଉରା ପର୍ବ"। *ଆମ ଲୋକ ପର୍ବ* । ସମ୍ପାଦକ। ଦୁର୍ଗାମାଧବ ନନ୍ଦ। ପୁରୀ: ଲୋକ ସଂସ୍କୃତି ଗବେଷଣା ପରିଷଦ, ୨୦୧୮। ୧୪୩-୧୫୦।
ସାହୁ, ଚମ୍ପକ। *ଆମ ଜୁଆଙ୍ଗ ଲୋକ ସାହିତ୍ୟ* । ଭୁବନେଶ୍ୱର: ଆଦିବାସୀ ଭାଷା ଓ ସଂସ୍କୃତି ଏକାଡ଼େମୀ, ୨୦୧୪।
ସାହୁ, ରବୀନ୍ଦ୍ରନାଥ। *ଓଡ଼ିଶାର ଆଦିବାସୀ ଚିତ୍ରକଳା* । ୧୯୯୧। ଭୁବନେଶ୍ୱର: ଆଦିବାସୀ ଭାଷା ଓ ସଂସ୍କୃତି ଏକାଡ଼େମୀ, ୨୦୧୨।
ସାହୁ, ସୁଧୀର କୁମାର । *ପଶ୍ଚିମ ଓଡ଼ିଶାର ସାଂସ୍କୃତିକ ବିକାଶଧାରା* । କଟକ: ଅଗ୍ରଦୂତ, ୨୦୦୮।
ସାହୁ, ସୁରେଶ ଚନ୍ଦ୍ର। "ମାଲକାନଗିରି ଜିଲ୍ଲାର କୋୟା ଜନଗୋଷ୍ଠୀର ଲୋକ ପର୍ବ"। *ଆମ ଲୋକ ପର୍ବ* । ସମ୍ପାଦକ। ଦୁର୍ଗାମାଧବ ନନ୍ଦ। ପୁରୀ: ଲୋକ ସଂସ୍କୃତି ଗବେଷଣା ପରିଷଦ, ୨୦୧୮। ୧୩୪-୧୪୨।

ସୁନାନୀ, ବାସୁଦେବ। *ଦଳିତ ସଂସ୍କୃତିର ଇତିହାସ* । ନୂଆପଡ଼ା: ଈଶାନ-ଅଙ୍କିତ ପ୍ରକାଶନୀ, ୨୦୦୯ ।
ସ୍ୱାଇଁ, ନିରଞ୍ଜନ। "ଡିଡ଼ାୟୀ ଜନଜାତିର ପର୍ବପର୍ବାଣି" । *ଆମ ଲୋକ ପର୍ବ* । ସମ୍ପାଦକ। ଦୁର୍ଗାମାଧବ ନନ୍ଦ। ପୁରୀ: ଲୋକ ସଂସ୍କୃତି ଗବେଷଣା ପରିଷଦ, ୨୦୧୮ । ୧୯୪-୨୦୧ ।
ସ୍ୱାଇଁ, ପ୍ରଦୋଷ କୁମାର। "କୋରାପୁଟିଆ ଗଦବା ଜନଜାତିର ଲୋକ ପର୍ବ"। *ଆମ ଲୋକ ପର୍ବ* । ସମ୍ପାଦକ। ଦୁର୍ଗାମାଧବ ନନ୍ଦ। ପୁରୀ: ଲୋକ ସଂସ୍କୃତି ଗବେଷଣା ପରିଷଦ, ୨୦୧୮ । ୫୦-୫୫ ।
ହାଁସଦାଃ, ନାକୁ। "ଓରାମ୍ ପର୍ବପର୍ବାଣି"। ବନଜା (୨୦୧୬): ୧୧୪-୧୨୦।
ହୋତା, ପ୍ରମୋଦିନୀ। "କୋରାପୁଟ ଅଞ୍ଚଳର ବାଘଯାତରା ପର୍ବ"। *ଆମ ଲୋକ ପର୍ବ* । ସମ୍ପାଦକ। ଦୁର୍ଗାମାଧବ ନନ୍ଦ। ପୁରୀ: ଲୋକ ସଂସ୍କୃତି ଗବେଷଣା ପରିଷଦ, ୨୦୧୮ । ୬୦-୬୩।
ହୋତା, ବିଷ୍ଣୁପ୍ରିୟା। "ମୟୂରଭଞ୍ଜର ଆଦିବାସୀ ପର୍ବ" । *ଆମ ଲୋକ ପର୍ବ* । ସମ୍ପାଦକ। ଦୁର୍ଗାମାଧବ ନନ୍ଦ। ପୁରୀ: ଲୋକ ସଂସ୍କୃତି ଗବେଷଣା ପରିଷଦ, ୨୦୧୮ । ୨୬୦-୨୬୮ ।

Aaron. Sushil J. "Contrarian Lives: Christians and Contemporary Protest in Jharkhand". Web. Accessed on 21 February 2019. <http://www.lse.ac.uk/resources/copyright.htm.1-36>.
Anita, Bassey Edem. *Terminology and Language Planning: On Alternative Framework of Discourse*. Amsterdam: John Benjamins Publishing Company, 2000.
Bage, Mary Gabriela. "The Munda: Their Songs and Dances". *Tribal Dance of Orissa*. Ed. Akhil Bihari Ota. Bhubaneswar: Academy of Tribal Languages and Culture, 2009. 24-37.
Balley, Frederick George. *Tribe, Caste, and Nation: A Study of Political activity and Political Change in Highland*

Orissa. Manchester: Manchester University Press, 1960.

Biswas, Dhruba Kumar. "Blood and Belief in the Kandha Society of Orissa: A Historical Analysis". *Social Sciences International Research Journal* 3.2 (2017): 122-125.

Brighenti, Francesco. "Buffalo Sacrifice and Tribal Mortuary Rituals". Web. Accessed on 21 February 2019. <http://www.svabhinava.org/friends/FrancescoBrighenti/HumanSacrifice-frame.php>.

Cabré, Maria Teresa. *Terminology: Theory, Methods, and Applications*. 1992. Trans. Janet Ann DeCesaris. Amsterdam: John Benjmins Publishing Company, 1999.

Campbell, John. *A Personal Narrative of Thirteen Years of Service amongst the Wild Tribe of Khondistan for the Suppression of Human Sacrifice*. London: Hurst and Blackett Publishers, 1864.

Census of India. SC and ST List. Web. Accessed on 12 November 2018. <http://censusindia.gov.in/Tables_Published/SCST/ ST%20Lists.pdf>

Centre for Cultural Resources and Training. *Living Traditions: Tribal and Folk Paintings of India*. New Delhi: Centre for Cultural Resources and Training, Ministry of Culture, Government of India, 2017.

Choudhurry, Girija Kumar. "Koraput Tribal Dance". *Tribal Dance of Orissa*. Ed. Akhil Bihari Ota. Bhubaneswar: Academy of Tribal Languages and Culture, 2009. 87-93.

Crooke, William. "Tree and Serpent Worship". *An Introduction to the Popular Religion and Folklore of North India*. Allahbad: The Government Press, North-Western Provinces and Oudh, 1894. 237-277.

Dasbabu, A. K. "Mongei Gomango: The Father of Sora Script-

Soran Sompen." *Tribal Language and Culture of Orissa.* Bhubaneswar: Academy of Tribal Dialects and Culture, 1997. 76-80.

Dash, Abhimanyu. "Tribal Origin of the Cult of the Jagannath". *Odisha Review* February-March (2014):1-6.

Datta-Majumdar, Nabendu. *The Santal: A Study in Cultural Cahange.* Delhi: Government of India, Department of Anthropology, 1955.

Dundes, Alan, Jerry W. Leach, and BoraÖzkök. "The Strategy of Turkish Boys' Verbal Dueling Rhymes". *The Journal of American Folklore* 83.329 (1970): 325-349.

Els, Koendaard. "The Sarna: A Case Study in Natural Religion" Web, Accessed on 21 March 2019. <http://koenraadelst.bharatvani.org/articles/chr/sarna.html>.

Elwin, Verrier. *The Religion of an Indian Tribe.* London: Oxford University Press, 1955.

Eschmann, Anncharlot, Herman Kulke, and Gaya Charan Tripathi. *The Culture of Jagannath and the Regional Tradition of Orissa.* 1978. New Delhi: Manohr, 1986.

Gangte, Lalrameng K. "Human Sacrifice among the Khonds of Orissa C.1836-1861: A Study". *Mizoram University Journal of Humanities & Social Science* III.1 (2017): 114-125.

Glazer, Mark. "On Verbal Dueling among Turkish Boys". *The Journal of American Folklore* 89.351 (1976): 87-89.

Griffiths, Walter G. *The Kol Tribe of Central India.* 1946. Calcutta: The Asiatic Society, 1993.

Gunthorpe, E. J. *Notes on Criminal Tribes Residing on Frequenting the Bombay Presidency, Behar and the Central Provinces.* Bombay: The Times of India Steam Press, 1882.

Guru, Giridhari Prasad, and Padma Lochan Das. *Folklore of West-Odisha*. Vol-II. Sonepur: Koshal Sahitya Sanskruti Academy & Koshal Heritage Trust, 2014.

Guzy, Lidia. "Ritual Village Music and Marginalised Musicians of Western Orissa". *International Journal of Asia Pacific Studies* 9.1 (2013): 121-140.

Guzy, Lidia. *Marginalised Music: Music, Religion, and Politics from Western Odisha/India*. Berlin: Lit, 2013.

Harris, Grace. "Taita Bride wealth and Affinal Relationships". *Marriage in Tribal Societies*. Ed. Meyer Fortes. Cambridge: Cambridge University Press, 1972.

Hughes, Geoffrey. *An Encyclopedia of Swearing: the Social History of Oaths, Profanity, Foul Language, and Ethnic Slurs in the English-Speaking World*. New York: M. E. Sharpe, 2006.

Jay, Timothy, and Krristin Janschewitz. "The Pragmatics of Swearing". *Journal of Politeness Research* 4 (2008): 267-288.

Joshi, Dina Krishna. "Lord Jagannath-The Tribal Deity". *Orissa Review* June-July (2007): 80-84

Kerketta, Vijay Kumar. "The Santals' Belief System: An Indication to their Deeper Dimension". *International Journal of Engineering Development and Research* 6.1 (2018): 205-214.

Konduru, Delliswararao. "Ethnographic Analysis of Savara Tribe in India". *Imperial Journal of Interdisciplinary Research* 2.4 (2016): 985-998.

Koreti, Shamrao I. "Religion of the 'Gond' Tribes of Middle India". *South Asia Culture, History & Heritage* (2015): 86-93.

Koreti, Shamrao I. "Socio-Cultural History of the Gond Tribes of Middle India". *International Journal of Social Science and Humanity* 6.4 (2016): 288-292.

Kumar, V. Sraavya Rajasri. "Gondi Language- Identity, Politics and Struggle in India". *Journal of Humanities and Social Science* 24.2/7 (2019): 51-57.

Labadi, Sophia. *UNESCO, Cultural Heritage and Understanding Universal Value.* New York: AltaMira Press, 2013.

List of notified Scheduled Tribes. Web. Accessed on 12 November 2018. <http://censusindia.gov.in/TablesPublished/SCST/ST%20Lists.pdf>.

Mahanta, Basanta. "Invention of Al Chiki Script for Santali language: An attempt to Preserve an Endangered Tribal Dialect." *Endangered Culture and Languages in India: Empirical Observation.* Eds. Gautam Kumar Bera, K Jose Syd. Guwahati: Spectrum Publications, 2015. 211-229.

Mahapatra, Khageswar. "Tribal Languages of Orissa." *Tribal Language and Culture*. Bhubaneswar: Academy of Tribal Dialects and Culture, 1997. 1-19.

Mandal, Hrisikesh, Sumit Mukherjee, and Archana Datta. *India: An Illustrated Atlas of Tribal World*. Kolkata: Anthropological Survey of India Calcutta, Ministry of Tourism and Culture, Government of India, 2002. 39-41.

Manseth, Khetrabasi. "Dance in Kutia Kondh Tradition". *Tribal Dance of Orissa*. Ed. Akhil Bihari Ota. Bhubaneswar: Academy of Tribal Languages and Culture, 2009. 57-66.

Mendaly, Subodha. "A Study of Living Megalithic Tradition among the Gond Tribes, District – Nuaparha, Odisha". *Ancient Asia* 6: 9(2015): 1–6.

Ministry of Tribal Affairs. "State wise List of Scheduled Tribes in India." Web. Accessed on 12 November 2018. <https://tribal.nic.in/ST/Lates ListofScheduledtribes.pdf>

Ministry of Tribal Affairs. "State-Wise List of PVTGs." Web. Accessed on 12 November 2018.<https://tribal.nic.in/DivisionsFiles/SwLPVTGs.pdf>.

Mishra, Bhabagrahi. "Rice Rituals of Orissa". Web. Accessed on 22 December 2018.<http://asianethnology.org/downloads/ae/pdf/a179.pdf>.

Mishra, Mahedra Kumar. "Oral Epics of Kalahandi". Folklore 26 (2004): 81-100. Web. Accessed on 12 December 2017. <http://www.folklore.ee/folklore/vol26/mishra.pdf>.

Mishra, Mahendra Kumar. "Sacred Worldview in Tribal Memory: Sustaining Nature through Cultural Actions". *Language & Ecology* 2.4 (2009):1-7.

Mishra, Mahendra Kumar. *Visioning Folklore*. Bhubaneswar: Lark Books, 2002.

Mishra, Subash Chandra. "Mandri and Mandar Dance of Madia Gonds". *Tribal Dance of Orissa*. Ed. Akhil Bihari Ota. Bhubaneswar: Academy of Tribal Languages and Culture, 2009. 67-71.

Mohanty, Uma Charan . "The Ind Festival in Sundargarh, Orissa A Case of Tribal Dysphoria and Its Alcoholic Twist". *The Economic Weekly* April 7 (1962): 595-597.

Moseley, Christopher. Ed. *Atlas of the World's Languages in Danger*. 3rd Edn. Paris: UNESCO, 2010. Web. Accessed on 12 December 2017. <http://www.unesco.org/culture/en/endangeredlanguages/atlas>.

Naik, Binod Kumar. "Senge Susun, Kajige Durang". *Tribal*

Dance of Orissa. Ed. Akhil Bihari Ota. Bhubaneswar: Academy of Tribal Languages and Culture, 2009. 115-128.

Nayak, Abhaya Narayan. "Primitive Tribal Groups of Orissa: An Evaluation of Census Data." *Orissa Review* (Census Special) December (2010): 202-205.

Odisha List of Scheduled Tribes. Web. Accessed on 12 November 2018.<http:/stscodisha.gov.inpdfScheduled Tribe_List.pdf>

Ota, Akhil Bihari, and Sarat Chandra Mohanty. *Jatapu*. Bhubaneswar: Scheduled Caste & Scheduled Tribe Research and Training Institute, 2013.

Ota, Akhil Bihari, P Pattanaik, and Sarat Chandra Mohanty. *Binjhal*. Bhubaneswar: Scheduled Caste & Scheduled Tribe Research and Training Institute, 2015.

Ota, Akhil Bihari, Sarat Chandra Mohanty, and A. K. Gamango. *Kawar*. Bhubaneswar: Scheduled Caste & Scheduled Tribe Research and Training Institute, 2017.

Ota, Akhil Bihari, Sarat Chandra Mohanty, and A. Kadamasingh. *Ho*. Bhubaneswar: Scheduled Caste & Scheduled Tribe Research and Training Institute, 2013.

Ota, Akhil Bihari, Sarat Chandra Mohanty, and B. K. Paikray. *Kondadora*. Bhubaneswar: Scheduled Caste & Scheduled Tribe Research and Training Institute, 2015.

Ota, Akhil Bihari, Sarat Chandra Mohanty, and P. K. Samal. *Kolha*. Bhubaneswar: Scheduled Caste & Scheduled Tribe Research and Training Institute, 2018.

Ota, Akhil Bihari. *Tribal Dance of Orissa*. Bhubaneswar: Academy of Tribal Languages and Culture, 2009.

Pagliai, Valentina. "The Art of Dueling with Words: Toward a

New Understanding of Verbal Duels across the World". *Oral Tradition* 24.1 (2009): 61-88.

Panda, P., and Trilochan Sahoo. *Gond*. Bhubaneswar: Scheduled Caste & Scheduled Tribe Research and Training Institute, 2012.

Pasayat, Chitrasen. *Tribal Non-Tribal Divide: Myth and Reality*. Bhubaneswar: Sabita Barik, 2007.

Patel, Chandra Bhanu. "The Sauras and their Panoramic Painting". *Orissa Review January* (2005): 53-57.

Patnaik, Nityananda, Prasant Kumar Mohanty, and Trilochan Sahoo. *Life in Sonabera Plateu: Anthropology of the Bhunjias of Kalahandi, Orissa*. Bhubaneswar: Tribal and Harijan Research-cum-Training Institute, 1984.

Pavel, Silvia, and Diane Nolet. *Handbook of Terminology*. Trans. Christine Leonhardt. Canada: Terminology and Standardization Translation Bueau, 2001.

Pradhan, Bandana, and Debabrata Panda. "Wild Tuber and its Ethno-medicinal Use by Tribal People of Koraput District of Odisha". *India. Journal of Natural Products and Resources* 2.1(2011):33.36.

Pradhan, Sada Siba. "Rock Art and Tribal Art of Orissa: An Ethno-Archaeological Perspective". Papers XXIII, Valcamonica Symposium 2009. 297-307. Web. Accessed on 12 December 2018. <https://www.ccsp.it/web/INFOCCSP/VCS%20storico/vcs2009pdf/Pradhan.pdf>.

Rath, Raghunath. "Kandha Culture of Kalahandi in Orissa". *Orissa Review* May-June (2010):76-82.

Roy, Shibani. "Tribal Youth Dormitory: A Hiatus or Heuristic?" *Studies of Tribes Tribals* 4.1 (2006):19-30.

Russell, Robert Vane, and Rai Bahadur Hira Lal. *The Tribes and Castes of the Central Provinces of India.* 4 Vols. London: Macmillan and Co., Ltd. 1916.

Sabar, Bhubaneswar. "Anthropological Observation of Life Cycle Rituals among Chuktia Bhunjia Tribe of Nuapada District, Odisha". *South Asian Anthropologist* 17.2 (2017): 145-155.

Sager, Juan C. *Essays on Definition.* Amsterdam: John Benjamins Publishing Company, 2000.

Satpathy, Atish Kumar. "Folk Theatre in Western Odisha". *International Research Journal of Management Sociology & Humanity* 7.5 (2016): 58–72.

Schwarz, Henry. *Constructing the Criminal Tribe in Colonial India: Acting like a Thief.* Oxford: Wiley-Blackwell, 2010.

Shaktiprasad, Swadhin. "Role and Presence of Women in Tribal Festivals: A Case Study of Odisha". *American Research Thoughts* 1.6 (2015): 1212-1221.

Srivastava, Malini. "The Sacred Complex of Munda Tribe". *Anthropologist* 9.4 (2007): 327-330.

Sterkenburg, Piet van. Ed. *A Practical Guide to Lexicography.* Amsterdam: John Benjamin Publishing Company, 2000.

Temmerman, Rita. *Towards New Ways of Terminology Description: The Sociocognitive Approach.* Amsterdam, Philadelphia: John Benjamins Publishing Company, 2000.

Tudu, Fagu. "Socio-Cultural History of the Hill Kharia Tribe of Mayurbhanj District, Odisha". *The Researchers'* III.II (2017): 58-71.

Vingerhoets, Ad J. J. M., Lauren M. Bylsma, and Cornelis de Vlam. "Swearing: A Bio-psychosocial Perspective". *Psychological Topics* 22.2 (2013): 287-304.

Xalxo, Albin Rico. "An Overview of Language, Culture and Identity of the Oraon Tribe in Odisha". *Language in India* 18:5 (000): 27-33. Web. Accessed on 22 December 2018. <http://www.languageinindia.com/may2018/albinricolanguage cultureoroan. pdf>.

Yong, Heming, and Jing Peng. *Bilingual Lexicography from Communicative Perspective*. Amsterdam: John Benjamins Publishing Company, 2007.

Zide, Norman. "Scripts for Munda Languages". *The World's Writing Systems*. Ed. Peter T. Daniels. Oxford University Press, 1996. 612-618.

ଅନୁକ୍ରମଣିକା

ଅଏଁଠା ପତର ମାଡ଼ବା ୧୮୬
ଅଙ୍ଗ ମାଗବା ୧୯୧
ଅଚିପତେର ୫୭
ଅଣ୍ଡା ୧୮୧
ଅନଅନଲ ୧୩୦
ଅନକାକରା ୨୪
ଅନବବାସା ୧୧୪, ୨୧୪
ଅମେରା ବକା ୨୪
ଅଲଚିକି ୧୩୦
ଅଲୁଆ, ଆଦଆ ୨୨
ଅଳାଃ ଜଓୟାଁ ୭୨
ଆଃରାଲା ୧୫୧
ଆକାବାନ୍ଦେ ୬୫
ଆକୁଁଅଜାଅ ୨୯
ଆଝନାରଦାୟ ଗୋଡ଼ ଜୋହାର ୯୦
ଆଡ଼ପ ୫୭
ଆଡ଼ମୁଆଲି ୧୦୬
ଆଣ୍ଡିଦାରାନି ୭୩
ଆଦିମିଦୁଆଁ ୧୫୫
ଆଲଙ୍ଗନ ୫୭
ଇଂଚା ଜାନୀ ୮୬
ଇଡ଼ିତାଲମାର ୩୨
ଇଲେନକୁଲ ୧୧୪
ଇଲେସିଲ ୧୧୪
ଉଟୁକା ୫୭
ଉତରେନ୍ ୯୨, ୧୪୨
ଉପସନ କଥା ୩୯
ଉପିଆତା ୪୫
ଉମୁଲ ଆଦେର ୮୮
ଉମ୍ମୁସଆଣଦି ୧୫୬
ଉଲଙ୍ଗ ୫୭
ଉସୁର ଇଲେ ୧୯୯
ଓଲି ୬୭
ଓସନା ଡେଗା ୩୫, ୧୮୫
ଓସମାର ୬୯
କପଟା ୫୪
କଫରା ୧୯୫
କରଲା ଭାତ ୧୩୬
କରସପାନି ୨୪
କରସି ସୁଅଁଲ୍ ୨୧
କଲାଲୁଣା ୯୮
କଲା-କିଲସ ୯୮
କାକନ ୯୯, ୬୨, ୮୫
କାଣବିନ୍ଧା ୭୪
କାଣ୍ଡନି ୧୪୩
କାତି ୫୧
କାଦୁଅଖେଳା ୪୮
କାରଲିମାଲ ୧୧୧
କିକରି ୧୩୪
କିରିଆ ୩୪, ୩୫

କିଷାଣ ବଙ୍ଗା ୧୫୭
କୁଆମରନ ୮୯
କୁଇ ଅରା ୧୩୦
କୁଟି ୧୪୨
କୁଟି ପୋଢ଼ ୬୦
କୁଟୁମ ଛୁଆଁ ୧୪୯
କୁଡ଼ାଙ୍ଗ ୩୨
କୁଦବ୍ ୪୧
କେନ୍ଦୁନୁଆ ୧୩୫
ଖଣ୍ଡ ୧୫୧
ଖଡ଼ାଶଳିଆ
ଖମନା ୩୯
ଖଲା ୬୭
ଖଲା ପୂଜା ୩୬
ଖଲାଛଡ଼ା ୩୬
ଖଲିଆ ମାଟି ୧୦୨
ଖାଟଗୋରୋ ୬୪
ଖାଣ୍ଡା ୪୫
ଖୁଟ ଜାନୀ ୧୩୬
ଖୁଦ୍ରାଓଙ୍ଗଲାନି ୬୨
ଖେଲି ୧୪୦
ଖୋଦରା ୬୨
ଗଡ଼େତ ୧୦୦
ଗତରମୁଣ୍ଡା ୬୧
ଗସାଏଁ ଏରା ୮୭
ଗାଁ ବସେନ୍ ୧୯୨
ଗାଇସେ ୧୦୬
ଗାଉଇଜ୍ ୯୦
ଗାଏନିଦା ୧୦୨
ଗାର୍ଦି ଜଓଁଆ ୭୨
ଗୀତ ବେଟିବା ୬୮
ଗୁଆକିନ୍ଦ୍ରାନି ୭୦
ଗୁଆର ୬୧
ଗୁଞ୍ଜାରେନ ଗୀତ ୬୯

ଗୁରାଡ଼ଗ୍ ବୀର ୬୪
ଗୁସାନି ୬୮
ଗୋଷ୍ଠି ଲିପି ୧୩୧
ଗୋବର ଲେଉଟାନି ୭୬
ଗୋଭା ଜାନୀ ୧୩୬
ଗୋଭାଉତରା ୯୫
ଘରଜେନ ୭୨
ଘିଚା ୩୪
ଘରମଣ୍ଡାନି ୭୩
ଘୋଗିଆ ୧୫୩
ଚଉଲରୁକା ୧୧୭
ଚଘେନ ୪୦
ଚତରାଙ୍ଗି ୩୯
ଚରୁ ଭାଇ ୭୯
ଚହଲେନ ୩୯
ଚାଖନା ବେଁଟ ୭୫
ଚାଙ୍ଗୁ ୬୩, ୫୯
ଚାଲାଣ ୧୧୮, ୧୪୮, ୧୭୩, ୨୦୦
ଚାଲାପାଚୋ ୮୭
ଚିରାଙ୍ଗୁଲ ୯୭
ଚୁଆବାଲ ୬୯
ଚୁମାଣ ୭୨
ଚୋରିଲୀଳା ୧୩୫
ଚୋରୋଦିଆ ୨୧୬
ଛତର ଯାତ୍ରା ୮୧
ଛିଡ଼େନ ୬୮, ୧୪୨
ଛିଡୁକ ଘର ୮୧
ଜଗତା ୪୯
ଜଗମାଁଝି ୧୭୩, ୨୦୦
ଜନପ୍ରିୟ ପରମ୍ପରା ୨୯
ଜନାଖାଲ ୯୨
ଜଳକଳସି ଦା ୨୪
ଜାଗରନା ୫୦
ଜାହେର ଏରା ୮୭

ଜୀ ୯୮, ୨୧୪
ଝୁଡୁଇ ହୟ ୧୧୬
ଝୁରୁଂ, ଝୁରୁନ ୨୧
ଊଁଗା ହାଁସା ୧୭୬
ଊଁକେଡ୍ରା ୧୧୪
ଟହଲିଆ ୧୭୩
ଠୁମକେଲ ୧୪୨
ଠେଙ୍ଗୁଆ ଡୁମା ୯୭
ଠୋଲା ୫୭
ଡାଆଁହାନେ ୪୨
ଡାଲ ସମର ୭୫
ଡାଲାବାଟ ୨୯, ୧୫୯
ଡାଲଭାଙ୍ଗୁଣି ପର୍ବ ୮୪
ଡାଲିଢ଼ିବା ୧୧୩
ଡାଲିମ୍ ଖୋସା ୫୮
ଡାହିଡୃସା ୧୪୨
ଡିଆଁଶିକାବାସା ୧୧୪, ୨୧୩
ଡିଣ୍ଡାପାନି ୨୪
ଡୁକେର ଖେଦା ୧୩୯
ଡୁମଣି ୨୩, ୨୪
ଡୁମା ରୁଷା ୯୯
ଡୁଲା ୧୪୦
ଢଙ୍ଗା ଚୁଲହା ୫୭
ଭୁଣ୍ଡତୁଣିଆ ୯୫
ଢୋଲିଆ ୧୨୦
ଢୋଲିଆ ଖୋସା ୫୮
ତଅଡ଼େ ୭୬
ତାପେଙ୍ଗା ୪୫
ତାବେର ଗୋଡ଼ ଜୋହାର ୯୦
ତିକିସୁବଦ୍ ୭୩
ଥାକେନ ୩୯
ଦଢ୍ ଏନେଜ ୧୧୯
ଦଶ ଆଙ୍ଗଟିର ବିନତି ୧୭୮
ଦା'ଦୁପୁର ୨୯

ଦା'ହୟ ୧୧୬
ଦାଁଣ୍ଡାବସା ୧୧୪
ଦୁଆଁଦେଖା ୧୩୩
ଦୁଗେର ୧୩୩
ଦୁରଲାନଚା ୬୩, ୧୬୨
ଦୁସରାନି ୧୯୩
ଦେବଗୁନିଆ ୧୫୪
ଧନୁ ପୁଜା ୭୬
ଧାଙ୍ଗରିଦୋଲା ୯୨
ଧାନ୍ଦା କଥା ୩୯
ଧାରନୀ ଖାଲ ୯୨
ଧୁଗଲା ୧୧୪
ନଚନିଆ ୧୨୦
ନାଗେ ଉଡୁଁ ୨୦୭
ନାପାନ୍ ଆଣଦି ୧୫୬
ନାହାନ ବୁରନା ୪୨
ନିତାଡ଼ାଗ୍ ୨୪
ନିତାହାଣ୍ଡି ପାନି ୨୪, ୧୯
ନିୟମରାଜା ୧୧୦
ପଚରେନ ୪୦
ପଛ ଘିଚେନ ୬୮
ପଟକର ୯୬
ପରମ୍ପରା ବାହାକ ୨୦୪
ପରସାମୁତ୍ତି ୧୫୫
ପର୍ଗନା ବଙ୍ଗା ୧୭୪
ପଲଙ୍ଗା ୫୭
ପାଚାମୁ ୧୧୩
ପାଦାନକାରୀ ୫୧
ପାନି ବାରିବା ୧୨୮
ପାନି ମିଶାନି ୧୨୮
ପାର ବଢ଼େନ ୧୪୨
ପାଲି ଧରେନ ୬୮
ପାଶ ୧୯୫
ପିଥୋଡ଼ି ଯାତ୍ରା ୧୫୨

ପିଟୋରି ଯାତ୍ରା ୭୮
ପୁଷପୁନି ୪୦, ୮୬, ୯୬
ପୁଷପୁନି ୪୦, ୮୬, ୯୬
ପେଶ୍ମ ୧୮୬, ୧୯୪
ପେଣ୍ଟୁଲ ୧୫୬
ଫୁଲ ବେଂଟ ୭୬
ବଉଲାନି ଯାତ୍ରା ୩୦
ବଏତାଣି ୩୬
ବଜାଶାଲିଆ ୩୯
ବଡ ବେଂଟ ୭୬
ବଡାମ ୬୩, ୮୪
ବଣ୍ଡା ପାଚେରି ୯୭
ବନାବାଡ଼ି ୧୦୭
ବନୁଆ ୯୭
ବନ୍ଦାପନା ୬୧, ୭୭
ବମଲିଖାଲ ୬୬
ବରୁଆ ୧୬୬
ବାଏଲଗଂଜା ୧୭୭
ବାଃରାମା ୩୬
ବାଡ଼ିକାଲ ୧୧୩
ବାପଲା ଗିରଃ ୭୦
ବାପଲୋକ୍ ୧୮୮
ବାଲାୟ ଗୋଡ଼ ଜୋହାର ୯୦
ବାଲିଫୁଲ ୧୭୭, ୧୮୮
ବାହାଁଟିଆ ୧୬୬
ବାହୁଡ଼ାନି ୩୬
ବିଟଲାହା ୮୭
ବିତୁଦୁଲ ୧୫୬
ବିନତିମରା ୧୫୩
ବୁଡ଼ ଘର ୧୦୬
ବେହେରାନ୍ ୨୦୪
ବୈଷୟିକ ପରଂପରା ୨୦୧
ବୋଏଲ ବୁଲା ୭୧, ୧୬୧
ବୋଧ ହାଁସା ୧୭୬

ବ୍ରହ୍ମବିଣା ୯୫
ଭାଇଭଉଣୀ ପର୍ବତ ୧୧୦
ଭାଏ ଲୋକ ୧୭୭, ୧୮୮
ଭାଣ୍ଡାନ ୧୦୬
ଭାଣ୍ଡାନ ଗିରଃ ୭୦
ଭାତ ନାୟକ ୨୦୦
ଭାତପରସି ଗୁଡ଼ି ୧୫୬
ଭୁଆସେନ ୭୬
ଭେଲି ୧୪୦
ମଅଲା ଲୋକ ୧୭୭, ୧୮୮
ମଅଲାକରିଆ, ମଅଲାଚିନା ୧୦୪
ମଙ୍ଗଲକାରିଆ ୩୭
ମଜାଙ୍ଗ ୫୯
ମଣ୍ଡା ଠେଙ୍ଗା ୮୪
ମଥାନ କଥା ୩୯
ମରାଟ ୧୪୫
ମରାପାର ୫୯
ମରାବାଜା ୫୯
ମାଂଝି ଥାନ ୧୭୪
ମାଏସାରୀ କପଡ଼ା ୧୦୪
ମାଠି ୧୪୬
ମାଣ୍ଡିଆ ରାନୀ ୧୮୬
ମାଣ୍ଡୁଡାଣ ୧୫୯
ମାରାଂହୋଡ଼ ଗୋଡ଼ ଜୋହାର ୯୦
ମାଲହାଣ୍ଡି ପୂଜା ୨୦୭
ମାହାଲକାରିଆ ୮୦, ୨୦୦
ମିଟିମଡ଼ ୧୭୧
ମିଡ଼ଭାର ୧୦୭
ମିରକିଟିଆ ଘର ୧୭୧
ମିଶେନ ୪୦
ମୁଇତ ମରା ୧୫୩
ମୁଢ଼ ଧୋଏବା ୧୮୬
ମୁଡ଼ା ଗାଡ଼ିବା ୨୧୧
ମୁଡ଼େନ ୧୪୩

ଓଡ଼ିଶାର ଆଦିବାସୀ ସଂସ୍କୃତି: ପ୍ରମୁଖ ଅବଧାରଣା । ୨୪୩

ମୁଣ୍ଡମାରିନ ୧୪୩
ମୁଣ୍ଡାରୀ ବାନି ୧୩୦
ମୃତ ପାଏନ ୯୧, ୯୨
ମୃଦୁଲି ୨୦୦
ମୃନରାଧରିଆ ୯୨
ମୃନ୍ଦଲେନ ୩୯, ୬୮
ମେରିଆ ପାତ ୯୨
ଯୁଗଲ ୩୯
ରଏନଟାଣି ୧୯୨, ୧୯୩
ରକତମୁଣ୍ଡା ୧୦୫
ରସମୁଆଁଣା ୯୧
ରସି ୧୬୯
ରାଏଶ୍ ୫୩, ୧୪୩
ରାଗ ଧରେନ ୬୮
ରାବାଁହୟ ୧୧୬
ରାଷ୍ଟାଡୃପ ୧୫୬
ରୁକୁଡ଼ା ୭୭
ରୁନୁକବୋର ୯୭
ଲଗନିଆ, ଲଗନକାରିଆ ୧୪୧
ଲବଜ ୩୯
ଲମକ ୩୯
ଲସ ୧୪୨
ଲହରେନ ୬୮
ଲାଗୁତ ୬୫
ଲାରକା ୫୭
ଲେଡ଼ାମରା ୧୪୯
ୱାରାଁଚିତି ୧୩୦
ଶୁକ୍ ଦାନ ୧୫୪
ସାଏରେମ୍ ୧୦୬
ସାଙ୍ଗାଅ ଆଣଦି ୧୫୬
ସାଙ୍ଗାତିଯା ଗୋଡ଼ ଜୋହାର ୯୦
ସାତେ ଲାତାର ୩୫
ସାରାଡ଼୍ ସୋମପେଡ଼୍ ୧୩୦
ସାଲଯରାନୀ ୧୪୮

ସିନ୍ଦି ଛିଙ୍ଗଲାଣି ୧୦୫
ସିନ୍ଦିବୋର ୧୫୯, ୧୦୦, ୧୦୫
ସିଲାନିଡାଙ୍ଗେ ୨୧୩
ସୁଉତି ୫୭
ସୁତରେନ ୮୫
ସୁତଲେନ ୬୮
ସେନ୍ଦରା ଗିର୍ୟ ୭୦
ସେରେଞ୍ଚ ୧୧୩
ସେଲାରେଲା ୨୧
ସେସେର ୧୧୩
ହଣ୍ଡୁଆ ୫୭
ହୟନ ୧୦୬
ହୟୁଡ଼ ହୟ ୧୧୬
ହରକା ୧୧୩
ହରଦାଗରଦୀ ଗୀତ ୬୯
ହଲିବହଡ଼େନ ୪୦
ହାଁଫିକା ଯାତ୍ରା ୭୮
ହାଦା'ହୟ ୧୧୬
ହିଚରୁ ୨୧
ହିତେନ ୪୦
ହୁଁକରେନ ୩୯
ହୁରହୁରିଆ ଧୁକା ୧୧୬
ହେନ୍ଦରା ୬୫

ପରାମର୍ଶଦାତା

ଖିଲ, ପ୍ରଦୀପ। କୋରାପୁଟ: କାଙ୍ଗରାପାଡ଼ , ଲମତାପୁଟ।୨୭-୨୮ ଜାନୁୟାରୀ, ୨୦୧୯।

ନାୟକ, କୃଷ୍ଣଚନ୍ଦ୍ର। କେଉଁଝର: ଧରଣୀଧର ମହାବିଦ୍ୟାଳୟ ରାସ୍ତା, କେଉଁଝର। ୨୨ ଅକ୍ଟୋବର, ୨୦୧୮।

ନାଏକ, ରାଜା କୁମାର। ମୟୂରଭଞ୍ଜ: କାଦମଡ଼କ, କରଞ୍ଜିଆ। ୪-୫ ଫେବୃୟାରୀ, ୨୦୧୯।

ପୁଝାରୀ, ଦେବପାଲି। କୋରାପୁଟ: ଭକ୍ତିଗୁଡ଼ା, ବରିଗୁମ୍ମା। ୨୭-୨୮ ଜାନୁୟାରୀ, ୨୦୧୯।

ବଡ଼ନାୟକ, ସୁନାଦେଇ। କୋରାପୁଟ: ହନୁମାଲ, ଲମତାପୁଟ। ୨୭-୨୮ ଜାନୁୟାରୀ, ୨୦୧୯।

ଭୁଞ୍ଜିଆ, ବାଲଯୋଗେଶ୍ୱର। ନୂଆପଡ଼ା: ଭାଓସିଲ, କୋମନା। ୧୯ ଜାନୁୟାରୀ, ୨୦୧୯।

ଭୋଇ, ଜଗଦୀଶ। ବଲାଙ୍ଗୀର: ନେଗୀପାଲି, ବେନ୍ଦ୍ରା, ସାଲେଭଟା। ୧୫ ଜାନୁୟାରୀ, ୨୦୧୯।

ମାଝୀ, ଋତୁରାଜ। କଳାହାଣ୍ଡି: ଆମପାଣି, କୋକସରା। ୨୪-୨୫ ମାର୍ଚ୍ଚ, ୨୦୧୯।

ମାଝୀ, ଚୈତନ୍ୟ ପ୍ରସାଦ। ଖୋର୍ଦ୍ଧା: କଳିଙ୍ଗ ବିହାର, ଭୁବନେଶ୍ୱର। ୨୪-୨୫ ମାର୍ଚ୍ଚ, ୨୦୧୯।

ମାନ୍ଦ୍ରା, ଲକ୍ଷ୍ମଣ। ମାଲକାନଗିରି: ଖେମାଗୁରୁ, ଖଇରପୁଟ। ୦୩-୦୪ ନଭେମ୍ବର, ୨୦୧୯।

ମୁର୍ମୁ, ତନ୍ମୟା ତପସ୍ୱନୀ। କେଉଁଝର: ଶତସିଂହ, ବଣିଆପାଟ। ୨୨ ଫେବୃୟାରୀ, ୨୦୧୯।

ଲୁଗୁନ, ଅଗଷ୍ଟିନ୍। ସୁନ୍ଦରଗଡ: ମିଶନ ଛକ, ସୁନ୍ଦରଗଡ଼। ୨୧ ଫେବୃୟାରୀ, ୨୦୧୯।

ସିଂହ, ଧନଞ୍ଜୟ। ବାରିପଦା: ତୁଳସୀ ଚଉରା, ବାରିପଦା। ୨୧-୨୨ ନଭେମ୍ବର, ୨୦୧୮।

www.ingramcontent.com/pod-product-compliance
Lightning Source LLC
Chambersburg PA
CBHW031104080526
44587CB00011B/820
* 9 7 8 1 6 4 5 6 0 0 5 8 9 *